秦文明新探叢書

秦封泥集釋 下

劉瑞 編著

上海古籍出版社

下册目録

1269　下編　未歸類未釋讀及殘碎封泥

1357　附編　私名·吉語

地方職官

第一章　關中地區

一、內　史

（一）咸　陽

咸陽

| 1 | 2 | 3 | 4 |

1.《秦封》P241
2.《大系》P296
3、4.《大系》P297

【發現1997】

　　《漢書·地理志》右扶風,故秦內史,縣二十一,"渭城,故咸陽,高帝元年更名新城,七年罷,屬長安。武帝元鼎三年更名渭城。"《史記·秦本紀》:"孝公十二年,作爲咸陽。築冀闕,秦徙都之。"《秦始皇本紀》:"孝公十三年,始都咸陽。"《正義》:"《本紀》云:'十二年作咸陽,築冀闕',是十三年始都之。"山南水北曰陽,縣在九嵕諸山之南,渭水之北,山水皆陽,故曰咸陽。

【秦印1997】

　　"咸陽""廢丘"等,據《漢書·地理志》也早於漢高祖時。

【郡縣1997】

　　此爲秦之都城,爲秦內史所屬縣。《漢書·地理志》右扶風下本注:"故秦內史";下屬縣有"渭城"本注:"故咸陽,高帝元年更名新城,七年罷,屬長安。武帝元鼎三年更名渭城。有蘭池宫。"由於咸陽是秦京師所在地,故此雖屬縣級,但地位非一般縣可比。

【秦封2000】

《漢志》:右扶風有渭城縣。"故咸陽,高帝元年更名新城,七年罷,屬長安。武帝元鼎三年更名渭城。有蘭池宫。"《史記·秦本紀》:孝公十二年"作爲咸陽,築冀闕,秦徙都之。"《史記·高祖本紀》:"高祖常繇咸陽。"索隱:"名咸陽者,山南曰陽,水北亦曰陽,其地在渭水之北,又在九嵕山之南,故曰咸陽。"《括地》:"咸陽故城亦名渭城,離州北五里,今咸陽縣東十五里,京城北四十五里,秦孝公以下並都此城,始皇鑄金人十二於咸陽,即此也。"《元和》:"秦自孝公、惠公、悼武、昭襄、莊襄、始皇、胡亥並都之。""苻堅時改爲咸陽郡,後魏又移咸陽縣于涇水北,今咸陽縣是也,隋開皇九年改涇陽爲咸陽。大業三年廢入涇陽縣,城本杜郵也,武德元年置白起堡,二年置縣,又加營築焉。山南水北,故曰咸陽。"《讀史》:"秦置縣,孝公徙都於此。"清爲陝西省西安府咸陽縣。咸陽爲秦都城,地屬內史。值得注意的有《史記·高祖本紀》注引《關中記》曰:"(秦)孝公都咸陽,今渭城是,在渭北。始皇都咸陽,今城南大城是也。"因此,秦都咸陽就有了始皇前咸陽與始皇都咸陽這兩個概念。今在陝西省咸陽市,及咸陽、西安兩市間跨渭河南北。參見"咸陽丞印"。《睡虎》:"咸陽十萬石一積",《秦陶》:"咸陽野","咸陽衣","咸鄜里善"等。《秦銅》:秦權"咸陽亭"。秦印見:《徵存》"咸陽右鄉"。秦封泥又見:《讀金》"咸陽令印"。

【簡讀2002】

秦首都,《漢志》"渭城,故咸陽,高帝元年更名新城,七年罷,屬長安。"《史記·秦本紀》:"孝公十二年,作爲咸陽,築冀闕,秦徙都之。"《史記·高祖本紀》:"高祖常繇咸陽。"《索隱》:"名咸陽者,山南曰陽,水北亦曰陽,其地在渭水之北,又在九嵕山之南,故曰咸陽。"《張家·二年·秩律》:"咸陽……秩各八百石,有丞、尉者半之。"

【縣考2007】

《秦本紀》:"[孝公]十二年,作爲咸陽,築冀闕,秦徙都之。"然《秦始皇本紀》:"其(按,指孝公)十三年,始都咸陽。"對此《史記正義》釋曰:"本紀云'十二年作咸陽,築冀闕',是十三年始都之。"張守節所説應是。此前秦都櫟陽。既然孝公十二年咸陽爲都城,且此年秦又"併諸小鄉聚,集爲大縣",則咸陽當爲秦縣。出土秦封泥中有"咸陽丞印""咸陽工室""咸陽工室丞"等,其中的"工室"與"丞"一樣,應是縣級官員。

【分域2009】

咸陽爲秦之都城,《史記·秦本紀》云:"孝公十二年,作爲咸陽。"《正義》曰:"《本紀》云'十二年作咸陽,築冀闕,'是十三年始都之。"上列兩印爲秦都咸陽的官署和管理咸陽的佐官所用之物。釋"咸陽右鄉"(《徵存》8.43)。"咸陽"爲秦都,《史記·秦始皇本紀》孝公十二年:"作爲咸陽,築冀闕,秦徙都之。"其地在今陝西咸陽市以東。

【集證2011】

此封泥左旁不太清楚,不知是否還有兩字。《漢書·地理志》右扶風有"渭城"縣,云:"渭城,故咸陽。高帝元年更名新城,七年罷,屬長安,武帝元鼎三年更名渭城。"可見咸陽漢初稱新城,武帝以後稱渭城,此封泥稱"咸陽",可見這批封泥皆爲秦物。《史記·秦本紀》:"(孝公)十二年,作爲咸陽,築冀闕,秦徙都之。"《正義》引《括地志》云:"咸陽故城亦名渭城,在雍城咸陽縣東十五里,京城北四十五里,即秦公徙都之者。今咸陽縣古之杜郵,即白起死處。"咸陽故城約在今咸陽市東十多里的窑店鎮附近。70至80年代,陝西省考古研究所曾在鎮北原上發掘三處大型宫殿遺址,出土陶文有"咸邑如頃""咸陽成申""咸原小嬰"等,"咸邑"即咸陽邑。

【職地2014】

秦璽印有"咸陽右尉"。

【秦地2017】

里耶簡有"二人行書咸陽",《漢志》右扶風渭城縣下注:"故咸陽,高帝元年更名新城,七年罷,屬長安。武帝元鼎三年更名渭城"。《漢志》另有咸陽縣,屬雲中郡。此簡文之咸陽當爲秦縣,屬内史。

咸陽丞印

1　　　　　　　　　　2

1.《上封》P59
2.《秦封》P242;《彙考》P170;《璽印》P421;《大系》P297

【新見1996】

"咸陽丞印",咸陽爲秦都所在。

【發現1997】

説見"咸陽丞印"。

【郡縣1997】

此爲秦内史所屬咸陽縣令之佐官——丞之印。按戰國秦、三晋之縣長官曰"令",《漢書·百官表》云:"縣令、長,皆秦官,掌治其縣。萬户以上爲令,秩千石至六百石。減萬户爲長,秩五百石至三百石。皆有丞、尉,秩四百石至二百石,是爲長吏。"《後漢書》志第二八《百官》亦云:"縣萬户以上爲令,不滿爲長。侯國爲相,皆秦制也。丞各一人。尉大縣二人,小縣一人。本注曰:丞署文書,典知倉獄。尉主盗賊,凡有賊發,主各不立,則推索行尋,案察奸宄,以起端緒。"西漢京師長安縣設左、右丞(《漢書·百官表》);東漢京師洛陽丞三人(《後漢書·百官志》注引《漢官》)。秦京師咸陽設丞幾人不明。

【印考1997】

印面均爲正方形,前後兩者爲田字格,邊長2釐米,中者日字格,邊長1.8釐米,印文、邊欄完整(瑞按:該條原釋讀本封泥、"咸陽工室丞""咸陽亭丞")。咸陽,古都邑名,公元前349年(孝公十二年)自櫟陽遷都於此。後置縣。《史記·秦本紀》:"十二年(孝公),作爲咸陽,築冀闕,秦徙都之。""併諸小鄉,聚集爲大縣,縣一令,四十一縣。""咸陽丞印",當是秦咸陽市之佐官,戰國時秦縣置令丞;秦統一後,天下諸縣並置丞,以貳令長,此印是爲見證。"咸陽工室丞",顯然是咸陽市府官營手工機構的官員,隸於縣丞。

【秦封2000】

咸陽説見"咸陽"。《漢表》:"縣令、長,皆秦官,掌治其縣。""皆有丞尉。"

【考略2001】

咸陽爲秦之都城,《史記·秦本紀》載:孝公十二年"作爲咸陽,築冀闕,秦徙都之。"秦咸陽城遺址位於今陝西省咸陽市渭城區窯店鎮一帶,其範圍東自柏家咀,西至長陵火車站附近,北起成國渠故道,南到漢長安城遺址以北約3275米。推斷秦咸陽城東西長7200米,南北寬6700米。《漢書·百官公卿表》:"縣令、長皆秦官,掌治其縣。……皆有丞、尉。"咸陽丞爲咸陽令之佐官。

【簡讀2002】

釋讀見"咸陽"條。《漢表》:"縣令、長皆秦官,掌治其縣。"

【上封2002】

諸家新獲"咸陽丞印"有不同範的個體,表明有前後更鑄之印。咸陽範圍較大,秦印又有"咸陽右尉",大縣置左右尉,故又有亭,陶文也有"咸亭東里""咸亭右里"。亭主治安,捕盗。咸陽並有左右鄉,同見秦印"咸陽右鄉",此種組織結構顯然與作爲京畿的地位有關。亭並有署印,西安中國書法藝術博物館藏有"咸陽亭印"。三種印文篆法、刻鑄風格基本一致,與其他郡縣的印文亦然,又表明咸陽亭的官印也是由朝廷統製的。

【彙考2007】

咸陽,戰國秦置,秦之國都。其地在今陝西省咸陽市東北。《史記·秦本紀》:"(孝公)十二年,作爲咸陽,築冀闕,秦徙都之。"《正義》引《括地志》云:"咸陽故城亦名渭城,在雍州咸陽縣東十五里,京城北四十五里,即秦孝公徙都之者。"《史記·秦始皇本紀》:"孝公十三年,始都咸陽。"《正義》曰:"(本紀)云十二年作咸陽築冀闕,是十三年始都之。"《三秦記》:"咸陽秦所都也。在九嵏山南,渭水北,山水俱陽,故名咸陽。"

【分域2009】

説見"咸陽"。

【政區2009】

秦始皇陵遺址和秦都咸陽遺址出土大量秦陶文,有"咸陽危""咸陽亭久""咸陽市久"等。其他秦金文也多有"咸陽"銘文。《史記·秦本紀》:"孝公十二年,作爲咸陽,築冀闕,秦徙都之。"又《史記·秦始皇本紀》:"(孝公)十三年,始都咸陽。"《正義》云"十二年作咸陽,築冀闕,是十三年始都之"。《讀史·卷三十五》:"咸陽縣,秦置,孝公徙都於此。山南水北曰陽,縣在九嵏諸山之南,渭水之北,山水皆陽,故曰咸陽。"秦咸屬內史,級別同縣,但帝居所在,地位特殊。秦二世時,趙高專權,其女婿閻樂爲咸陽令,控制首都。秦咸陽故城遺址在今陝西省咸陽市東三十里渭城區窯店鎮一帶,其範圍東自柏家咀,西至長陵火車站附近,北起成國渠故道,南到漢長安城遺址以北。

【集證2011】

此爲咸陽縣丞之印。

【戰國2013】

秦封泥有"咸陽丞印";秦始皇陵遺址和秦都咸陽遺址出土大量秦陶文,有"咸陽危""咸陽亭久""咸陽市久"等。其他秦金文也多有"咸陽"銘文。《史記・秦本紀》:"孝公十二年,作爲咸陽,築翼闕,秦徙都之。"又《史記・秦始皇本紀》:"孝公十三年,始都咸陽。"《讀史・卷三十五》:"咸陽縣,秦置,孝公徙都於此。山南水北曰陽,縣在九嵏諸山之南,渭水之北,山水皆陽,故曰咸陽。"秦咸陽屬內史,級別同縣,但帝居所在,地位特殊。秦二世時,趙高專權,其女婿閻樂爲咸陽令,控制首都。秦咸陽故城遺址在今陝西省咸陽市東30里渭城區窯店鎮一帶,其範圍東自柏家嘴,西至長陵火車站附近,北起成國渠故道,南到漢長安城遺址以北。現代考古調查表明,秦咸陽故城東西7200米,南北6700米,面積2000萬平方米。

【廣封2019】

案《史記・秦本紀》:"(孝公)十二年,作爲咸陽,築冀闕,秦徙都之。併諸小鄉聚,集爲大縣,縣一令,四十一縣。爲田開阡陌。"注,《正義》《括地志》云:"咸陽故城亦名渭城,在雍州咸陽縣東十五里,京城北四十五里,即秦孝公徙都之者。今成陽縣,古之杜郵,白起死處。"《史記・秦始皇本紀》:"孝公享國二十四年,葬弟圉。生惠文王。其十三年,始都咸陽。"注,《正義》本紀云:"十二年作咸陽,築冀闕",是十三年始都之。此其丞之印也。

咸陽工室

1   2

1.《相家》P24;《大系》P298
2.《新出》P40;《大系》P298

【考略2001】

相家巷遺址流散秦封泥有"咸陽工室丞"。"工室"爲手工業生產管理機構,除秦都城咸陽之外,雍城、櫟陽等地亦置"工室",有的工室還分置左右,如"櫟陽右工室丞"秦封泥可以爲證。

【工室2001】

　　説見"少府工室"。

【簡讀2002】

　　釋讀見"咸陽""少府工室"條。

【秦工2007】

　　説見"屬邦工室"。

【圖説2009】

　　秦自德公至靈公居雍,前後253年。雍地有五畤、"太昊黃帝以下祠三百三所"、橐泉宮、祈年宮、棫陽宮,所需器物必多。故設工室以主其事。"雝工室丞""工室"下設有直接負責生產的"工師"或工。臣(身份是奴隸)鬼薪(服役刑徒)在官府作坊服役,並承擔一定的技術責任。

咸陽工室丞

1　　　　　　2　　　　　　3　　　　　　4

1.《印考》圖199;《補讀》圖38;《秦封》P244;《書法》P33;《印集》P89;《書集》P125;《彙考》P172;《璽印》P423;《大系》P298

2、3.《彙考》P172;《大系》P298

4.《大系》P298

【印考1997】

　　説見"咸陽丞印"。

【補讀1998】

　　錄於《秦封》。此爲秦都咸陽工室或考工室之丞。《後漢書·百官志》記凡郡縣"有工多者置工官,主工税物。"漢封泥見《再續》《澂秋》"右工室丞"。《齊魯》《再續》"右工室印"。

【秦封2000】

　　參見"咸陽""咸陽丞印"。此爲秦都咸陽工室或考工室之丞。《後漢·百官志》記,凡郡縣"有工多者置工官,主工税收"。漢封泥見:《再續》《澂秋》"右工室丞",《齊魯》

《再續》"右工室印"。

【簡讀2002】

釋讀見"咸陽工室"條。

【彙考2007】

秦自戰國即設置管理手工業的政府機構——工室,除了直屬於中央的,如:少府工室、屬邦工室外,在各郡縣亦設有工室。《雲夢睡虎地秦簡》即有"縣工室……"的記載。此封泥應爲設於咸陽的工室官吏所用。

【圖説2009】

説見"咸陽工室"。

【分域2009】

戰國時期,秦就設立專門管理手工業的機構——工室。除了直屬中央的少府工室外,各郡縣也都設有工室。如雲夢睡虎地秦簡中有"縣工室"。該印當爲秦都咸陽工室令的佐官所用之物。

【工官2010】

説見"少府工室"。

【集證2011】

咸陽是首都,製造器物甚多,故設工室。工室亦見太原揀選的五年相邦吕不韋戈,該戈銘有"少府工室阾",寶雞出土的二十六年戈銘有"西工室閻",西爲秦之舊都,亦有工室。《漢書·百官公卿表》少府屬官有"考工室"令丞,臣瓚曰:"《冬官》爲考工,主作器械也。"少府工室是中央機構,而"咸陽工室"則是地方機構。

【廣封2019】

案《睡虎地秦墓竹簡·工律》:"縣及工室聽官爲正衡石贏(累)、斗用(桶)、升。"整理小組注:"工室,管理官營手工業的機構。《封泥彙編》有漢封泥'右工室丞''左工室印'。《漢書·百官表》有考公室,屬於少府。"工室是秦設立的管理手工業的機構,中央和地方各郡縣均有設置。(詳見"屬邦工室""少府工室"。)此印即爲設立在咸陽的工室之丞之印也。

咸陽□丞

《大系》P298

瑞按:原釋"咸陽工丞",封泥殘,"工"字釋當存疑。

咸陽陰市

《大系》P300

　　瑞按：咸陽爲秦都，有市，見"咸陽市于"等陶文。劉慶柱、李毓芳指出，秦獻公七年初行爲市，"櫟市"陶文應即"櫟陽市"。文獻中咸陽的市有咸陽市、直市、奴婢之市、鹽市、鐵市、地市等等，但出土陶文僅見"咸陽市于"一例，其中"咸陽市"爲市名，"于"爲人名（《古文字論集》一P76）。封泥中"咸陽"爲都城名，"陰市"爲市名。

咸亭□□

《大系》P299

　　瑞按：原釋"咸陽亭尉"，封泥殘，從殘存筆畫看，咸、亭當可成立，而右側二字尚難確定。

咸陽亭印

1　　　　　　　　　　2

1.《秦封》P364；《彙考》P169
2.《印風》P159；《印集》P88；《彙考》P168；《璽印》P400；《大系》P299

【發現1997】

說見"咸陽丞印"。

【管窺1997】

秦自獻公七年（前378年）"初行爲市"之後，政府設立的市場迅速發展起來。秦負責市場管理的機構稱作市亭，或省稱亭。在很多地方出土市亭字樣的戳記或烙印，說明秦時城市裏普遍建立市亭機構。秦咸陽遺址出土陶文中的咸陽市、咸亭、咸等，顯示了秦首都市亭的情況。新發現的咸陽亭印封泥，正好與陶文咸亭印證。據封泥可知，陶文"咸亭""咸"等，應爲"咸陽亭"的省稱。爲研究秦的市亭制度及商業發展提供了寶貴資料。

【郡縣1997】

《漢書·百官表》云："大率十里一亭，亭有長。十亭一鄉，鄉有三老：有秩、嗇夫、遊徼。""縣大率方百里，其民稠則減，稀則曠，鄉、亭亦如之，皆秦制也。"關於漢承秦的縣制，縣以下的行政單位，國内學者大多以爲縣以下是鄉，鄉以下爲里；亭僅作爲縣之屬吏，其掌職如《後漢書·百官志》所云"亭有亭長，以禁盜賊"；衛宏《漢舊儀》亦云："設十里一亭，亭長、亭侯；五里一郵，郵間相去里半，司奸盜。亭長持三尺板以劾賊，索繩以收執盜。"劉邦就曾任秦泗水亭長（《漢書·高祖紀》），仇鑒爲蒲亭長、王忳爲大度亭長、李充曾署縣都亭長等（見《後漢書》七九《仇覽傳》；同書卷八一《王忳傳》《李充傳》）。亭長屬吏，除上述亭侯外，還有兩卒："其一爲亭父，掌開閉掃除；一爲求盜，掌捉捕盜賊。"封泥"咸陽亭印"，當指秦京師咸陽縣屬之亭，漢代又稱京師縣亭爲"都亭"。又咸陽近來出土陶器上之陶文有"咸亭""焦亭""麗亭""杜亭"等，此皆爲咸陽或杜縣所屬之亭。當然，秦漢之"亭"還有亭舍之亭，即指公共建築而言，又有"郵亭"，爲交通驛站之用；也有市肆之亭，或稱"市亭"，指市場或交易中心等。

【秦封2000】

咸陽說見"咸陽"。此當指咸陽之亭，即都亭。《秦銅》見秦權："咸陽亭"。《秦陶》有："咸陽亭""咸陽亭久"。《徵存》見秦印："亭印"。

【簡讀2002】

釋讀見"咸陽"條。《漢表》云："大率十里一亭，亭有長。……縣大率方百里，其民稠則減，稀則曠，鄉、亭亦如之，皆秦制也。"

【上封2002】

說見"咸陽丞印"。

【彙考2007】

咸陽亭，曾見於秦都咸陽遺址附近出土的陶器上。而帶"亭"字的器物在歷年考古發現中亦爲多見。袁仲一先生釋"咸陽亭"爲咸陽旗亭的簡稱，即咸陽市府官署的代稱，"以察商賈貨財買賣貿易之事"。近年來在秦咸陽宮遺址内出土大量帶"咸陽亭""里"的陶文，說明在咸陽市區内確實設有咸陽亭的機構，或稱咸陽市亭，以管理市務。

【分域2009】

咸陽亭爲咸陽市亭的簡稱,即咸陽市府官署的代稱,以察商賈財貨買賣貿易之事。此兩印可能就是其官長所用之物。又釋:"亭印"(《集證》159)、"召亭之印"(《官璽印》8)。指出"召"可能爲縣名。"召亭"可能即《左傳》杜預注所説的扶風縣東南的召亭。該印可能爲召縣的亭所用之印。

【集證2011】

《秦代陶文》拓片1282"咸陽亭",1421"咸亭"用省稱。前人多以爲亭爲鄉之下級單位,如《史記·高祖本紀》:"(劉邦)爲泗水亭長。"《正義》:"秦法,十里一亭,十亭一鄉。亭長,主亭之吏。"又《漢書·百官公卿表》:"大率十里一亭,亭有長。十亭一鄉,……縣大率方百里,其民稠則減,稀則曠,鄉、亭亦如之,皆秦制也。"不過秦代的亭與鄉是否一定有統屬關係,尚難於確定。如上所説,亭應是一種商業機構,即《三輔黃圖》所説"旗亭"的省稱。《三輔黃圖》云:"長安市有九,各方二百六十六步,六市在道西,三市在道東。凡四里爲一市,……市樓皆重屋。""旗亭樓,在杜門大道南。""當市樓有令署,以察商賈貨財買賣貿易之事,三輔都尉掌之。"此類"亭"是市府官署的代稱,主要管理商業活動。咸陽爲秦都城,商業遠較其它郡縣發達,故"咸陽亭"之文多見。

【廣封2019】

案《漢書新證》:直案,陶器中有"咸亭當柳枲器"陶壺蓋、"墊亭"陶瓶、"咸陽亭久"陶瓶(均見《關中秦漢陶録》卷一)。又案:"西漢重都亭鄉亭之制,封泥中所稱鄉印爲縣之都鄉,陶器中所稱某亭,爲縣之都亭。舉例如廣陵鄉、墊亭、咸陽亭是也。"《秦封泥彙考》:咸陽亭,曾見於秦都咸陽遺址附近出土的陶器上。而帶"亭"字的器物在歷年考古發現中亦多見。袁仲一先生釋"咸陽亭"爲咸陽旗亭的簡稱,即咸陽市府官署的簡稱,"以察商賈買賣貿易之事"。近年來在秦咸陽宮遺址内出土大量帶"咸陽亭""里"的陶文,説明在咸陽市區内確實設有咸陽亭的機構,或稱咸陽市亭,以管市務。

瑞按: 從文獻看,亭爲秦漢時期的基層單位,《漢書·百官公卿表》"大率十里一亭,亭有長。十亭一鄉,鄉有三老、有秩、嗇夫、遊徼。三老掌教化。嗇夫職聽訟,收賦税。遊徼徼循禁賊盜。縣大率方百里,其民稠則減,稀則曠,鄉、亭亦如之,皆秦制也。"漢高祖劉邦曾職爲泗水亭長,韓信亦"從其下鄉南昌亭長寄食",《史記·平準書》有"異爲濟南亭長"。又有市亭,如《史記·三代世表》"會旗亭下",《集解》引《西京賦》"旗亭五里",薛綜曰,"旗亭,市樓也。立旗於上,故取名焉"。秦咸陽遺址多有"咸亭"類陶文出土,李學勤認爲此之"咸亭"當睡虎地秦墓所出漆器上"咸陽市亭"的簡稱,陶文冠"咸亭",是因爲印有這種印文的陶器都是在市場上出售的商品,商品製造時標出某地市亭,表明它是該市場合法出售並經市亭批准(《文物》1980年9期P30)。封泥未見"咸陽市亭",從文字看,咸陽亭和咸陽市亭,應有一定差異,因此"咸亭"是否確爲"咸陽市亭"的簡稱,尚可存疑。

咸陽亭丞

1　　　　　　　　2

1.《上封》P60
2.《印風》159;《秦封》P365;《彙考》P169;《璽印》P400;《大系》P299

【印考1997】

說見"咸陽丞印"。

【補讀1998】

說見"咸陽丞印"。

【秦封2000】

此爲咸陽亭之丞印。說見"咸陽亭印"。

【簡讀2002】

釋讀見"咸陽亭印"條。

【彙考2007】

咸陽亭當設有主管管理,丞爲其副。

【圖説2009】

《漢書·地理志》云:"渭城,故咸陽,高帝元年更名新城,七年罷,屬長安。"前人多以爲亭是鄉之下級單位,如《史記·高祖本紀》:"(劉邦)爲泗水亭長。"《正義》:"秦法,十里一亭,十亭一鄉。亭長,主亭之吏。"又《漢書·百官公卿表》:"大率十里一亭,亭有長。十亭一鄉……縣大率方百里,其民稠則減。稀則曠,鄉、亭亦如之,皆秦制也。"據秦簡等資料研究,亭有三個概念:一,"十里一亭"的亭是治安的機構,猶如今天的派出所,兼爲郵亭。二,邊境置亭,以守望防敵。如江蘇鹽城市出土戰國封泥"祝其亭璽"。祝其在今江蘇贛榆縣西北約五十一里。三,市亭的亭是駐市的派出所,管治安。秦統一後合而爲一,曰市亭,或曰亭市,共同"掌市之治教、政刑、量度、禁令。"(《周禮·地官·司市》)出土秦漢器物"市亭"一類印迹習見,這些說明市亭是一種商業管理機構,亭亦即《三輔黄圖》所説"旗亭"的省稱。此類"亭"是市府官署的代稱,主要管理商業活動。咸陽爲秦都城,商業遠較其他郡縣發達,故"咸陽亭"之文多見。《漢書·地理志》"渭城,故咸陽。"《史記·秦本紀》:"孝公十二年,作爲咸陽,築冀闕,秦徙都之。"《秦始皇本紀》:"孝公十三年,始都咸陽。"《正義》:"《本紀》云:'十二年作咸陽,築冀闕',是十三年始都之。"山南水北曰陽,縣在九嵏諸山之南,渭水之北,山水皆陽,故曰咸陽。

【分域2009】

　　"咸陽亭印"。

【集證2011】

　　此爲咸陽亭丞之印。

【廣封2019】

　　説見"咸陽亭印"。此其丞之印也。

（二）瀕　　陽

瀕陽

　　　　1　　　　　　　　　　　2

1.《新選》P87
2.《大系》P37

【十則2019】

　　瀕陽,秦内史轄縣,《漢書·地理志》作"頻陽",隸屬左馮翊（故秦内史）,云:"秦厲公置",應劭曰:"在頻水之陽。"可能是因爲縣位於"頻水之陽",故字作"瀕"。此封泥在校正文獻的同時也還原了縣得名的本意。《新出封泥彙編》收録"瀕陽丞印"14枚,但半通秦封泥"瀕陽"目前僅見於此,很是珍貴。像"瀕陽—瀕陽丞印"這種僅有縣名的半通印多有與之對應的縣丞印,如高陵—高陵丞印、成固—成固丞印、杜陽—杜圃丞囿、廢丘—廢丘丞印、高平—高平丞印、好畤—好畤丞印、郃陽—郃陽丞印、胡印—胡丞之印、江陵—江陵丞印、藍田—藍田丞印、臨晋—臨晋丞印等。秦郡有日常辦公的場所"府",如秦封泥和秦簡所見的"大/泰守府",依例秦縣亦應有辦公的曹署官府,如見於睡虎地秦簡的"縣廷"和"廷府";但奇怪的是秦封泥中尚未出現"縣名+府印"式的縣級曹署用印。另"任城"半通印還有"任城之印"和"任城丞印",似乎分别是縣官曹署用印、縣令長用印和縣丞用印,所以我們懷疑這種僅有縣名的半通印或爲當時縣曹署的機構用印,即縣府公章。

　　瑞按:瀕陽,《漢書·地理志》屬左馮翊。《史記·絳侯周勃世家》"還下郿、頻陽"。注引《正義》:"《括地志》云:'郿縣故城在岐州郿縣東北十五里,頻陽故城在宜州土門縣南四里。'今土門縣併入同官縣,屬雍州,宜州廢也。"張家山漢墓竹簡《二年律令》第

443號有"櫟陽、長安、頻陽、臨晋、成都"。秦陶文有瀕陽工處、瀕陽狀、瀕沽等。袁仲一指出其地當在陝西省富平縣東北五十里(《秦代陶文》P49)。

瀕陽丞印

1

2

1.《相家》P26;《大系》P38
2.《大系》P38

【發現1997】

(讀爲"瀕陽丞印")《漢書·地理志》左馮翊:"頻陽,秦厲公置。"應劭注:"在頻水之陽。"《史記·秦本紀》"厲公二十一年,初縣頻陽。"《水經·沮水注》:"城北有瀕山,縣在山南故名,有瀕陽宮,秦厲公置。"秦將王翦即此縣人。

【郡縣1997】

瀕陽即頻陽。《史記·秦本紀》秦厲共公二十一年(公元前456年)"初縣頻陽"。《漢書·地理志》亦云"秦厲公置"。地在今陝西耀縣東。秦統一六國後,屬秦內史,丞爲縣令佐官。

【印考1997】

(讀爲"瀕陽丞印")印面正方形,田字格,邊長1.8釐米。瀕陽,亦即"頻陽",古縣名,秦置。《史記·秦本紀》:"厲公二十一年(公元前456年),初縣頻陽"《漢書·地理志》左馮翊:"頻陽,秦厲公置。"應劭曰:"在頻水之陽。"《史記·白起王翦列傳》:"王翦者頻陽東鄉人也。"《正義》:"故城在雍州東同官縣界也。"故址在陝西省富平縣東北五十里。《秦代陶文》收錄"瀕陽工處""瀕陽狀""瀕沽"等秦代印陶數枚。

【秦封2000】

瀕即頻字。《漢志》左馮翊有頻陽縣,"秦厲公置"。《史記·秦本紀》:秦厲公二十一年,"初縣頻陽"。正義:"《括地志》云頻陽故城在雍州同官縣界,古頻陽縣城也。"《元和》:"秦、漢頻陽之地,以縣西北十一里有頻山,秦厲公於山南立縣,故曰頻陽。後魏別立土門縣,以頻山有二土阜,狀似門,隋大業二年省,義寧二年再置。貞觀十七年又省,咸亨二年復置,改名曰美原。頻陽故城在縣西南三里,秦將王翦即此縣人也。漢亦曰頻陽縣,屬左馮翊。"《水經·沮水》:"沮循鄭渠,東至當道城南,城在頻陽縣故城南,頻陽宮也,秦厲公置,城北有頻山,山有漢武帝殿,以石架之,縣在山南,故曰頻陽也。"《一統》:"故城在富平縣東北五十里,南有王翦宅,即始皇賜美田處。"美原唐至金不更。元屬耀州,改曰富平縣,明清屬西安府富平縣。頻陽縣秦約屬内史,今在陝西省富平縣美原鎮古城村。《秦陶》有"頻陽工處,頻陽狀,頻亭"。漢封泥見:《封泥》"瀕陽丞印"。漢印見:《徵存》"頻陽令印"。

【簡讀2002】

秦縣,《漢志》屬左馮翊,"秦屬公置。"應劭曰:"在頻水之陽。"《史記·秦本紀》"二十一年,初縣頻陽。"《張家·二年·秩律》:"頻陽……秩各千石,丞四百石。"

【縣考2007】

《秦本紀》載:"(屬共公)二十一年,初縣頻陽。"是該年秦置頻陽縣。其地在今陝西省富平縣東北。出土秦封泥中有"頻陽丞印"。頻陽縣有東鄉,《王翦列傳》所載"王翦者,頻陽東鄉人也"可證。《漢志》頻陽縣屬左馮翊,頻陽縣下班固自注亦曰:"秦屬公置。"

【彙考2007】

瀕即頻字。頻陽,縣名。戰國秦置,秦屬内史轄。《漢書·地理志》左馮翊有頻陽縣。班固自注曰:"秦屬公置。"顏師古注引應劭曰:"在頻水之陽。"王先謙:《漢書補注》:"厲共公縣頻陽,見《秦紀》。縣人王翦見《傅介子等傳》……《沮水注》:'沮水自萬年來,循鄭渠,東徑當道城南,城在頻陽縣故城南,頻陽宮也。城北有頻山,縣在山南,故曰頻陽。'……《一統志》:故城今富平縣東北五十里。"

【政區2009】

秦陶文有"頻市",爲秦頻陽縣市亭之省文。此外臨潼新豐劉家村秦遺址出土官營徭役性制陶作坊類陶文"頻陽工處""頻陽狀""頻陽工□"。此縣設置較早,秦屬共公二十一年就置縣,秦名將王翦即此縣人。《史記·秦本紀》:"(屬共公)二十一年,初縣頻陽。"《正義》引《括地志》云:"頻陽故城在雍州同官縣界,古頻陽縣城也。"《史記·絳侯周勃世家》:"(勃)西定汧。還下郿、頻陽。圍章邯廢丘。"《漢志》:"頻陽,秦屬公置。"《元和·卷二》:"秦、漢頻陽之地,以縣西北十一里有頻山,秦屬公於山南立縣,故曰頻陽。""頻陽故城在(美原)縣西南三里,秦將王翦即此縣人也。"《水經·沮水注》:"沮循鄭渠,東逕當道城南,城在頻陽縣故城南,頻陽宮也,秦屬公置,城北有頻山,山有漢武帝殿,以石架之。縣在山南,故曰頻陽也。"《讀史·卷五十三》陝西西安府:"頻陽城,在縣東北六十里,秦屬公二十一年初縣頻陽,以在頻水南而名。始皇二十一年王翦謝病歸頻陽,即此。"《清一統志·卷二百二十八》:"故城在富平縣東北五十里。南有王翦宅,即始皇賜美田處。"秦頻陽故城在今陝西渭南市富平縣東北美原鎮古城村,面積約20萬平方米。

【集證2011】

"蘋"應讀爲頻。《秦代陶文》拓片1257瓦有"頻陽工處"。《漢書·地理志》左馮翊有頻陽縣,云:"頻陽,秦屬公置。"《史記·秦本紀》:"(屬共公)二十一年,初縣頻陽。"《正義》引《括地志》云:"頻陽故城在雍州同官縣界古頻陽縣城也。"《史記·白起王翦列傳》:"王翦者,頻陽東鄉人也。"《索隱》應劭曰:"在頻水之陽也。"其地在今富平縣美原鎮古城村。

【戰國2013】

秦封泥有"頻陽丞印";秦陶文有"頻市",爲秦頻陽縣市亭之省文。此外臨潼新豐劉家村秦遺址出土官營徭役性制陶作坊類陶文"頻陽工處""頻陽狀""頻陽工口"。此縣設置較早,秦屬共公二十一年就置縣,秦名將王翦即此縣人。《史記·秦本紀》:"(屬共公)二十一年,初縣頻陽。"《正義》引《括地志》云:"頻陽故城在雍州同官縣界,古頻陽縣城也"。《漢志》:"頻陽,秦屬公置。"《元和·卷二》:"秦、漢頻陽之地,以縣西北十一里有頻山,秦屬公於山南立縣,故曰頻陽"。"頻陽故城在(美原)縣西南四里,秦將王翦即此縣人也"。《水經·沮水注》:"沮循鄭渠,東至當道城南,城在頻陽故城南,頻陽宮也,秦屬公置,城北有頻山,山有漢武帝殿,以石架之。縣在山南,故曰頻陽也。"《讀史·卷五十三》陝西西安府:"頻陽城,在縣東北六十里,秦屬公二十一年初縣頻陽,以在頻水南而名。始皇二十一年王翦謝病歸頻陽,即此。"《清一統志》卷228:"故城在富平縣東北五十里。南有王翦宅,即始皇賜美田處。"秦頻陽故城在今陝西渭南市富平縣東北美原鎮古城村,面積約20萬平方米。

【廣封2019】

　　案《漢書·地理志》,"左馮翊,故秦内史,高帝元年屬塞國,二年更名河上郡,九年罷,復爲内史。武帝建元六年分爲左内史,太初元年更名左馮翊。"有縣"頻陽","秦屬公置"。(應劭曰:"在頻水之陽。")則蘋陽即秦頻陽縣。又《漢書·百官公卿表》:"縣令、長,皆秦官,掌治其縣。萬户以上爲令,秩千石至六百石。減萬户爲長,秩五百石至三百石。皆有丞、尉,秩四百石至二百石,是爲長吏。"此其丞之印也。

（三）重　泉

重泉丞印

1 　　　　　　　　　　　　2

1.《古封》P145;《秦封》P273;《彙考》P182;《璽印》P416;《大系》P50

2.《印集》P95;《彙考》P182;《大系》P50

【發現1997】

　　《漢書·地理志》左馮翊有"重泉"縣。《史記·秦本紀》:"簡公六年……塹洛,城重泉。"

【郡縣1997】

　　《史記·秦本紀》:簡公六年(公元前409年)"城重泉(今陝西蒲城東南)";秦併六國前後,爲秦内史屬縣,丞爲縣令佐官。

【印考1997】

印面正方形，無界格，上部殘缺，僅"泉"字、"印"字可見，推測其餘二字應是"重"與"丞"字。重泉，古縣名。《漢書·地理志》左馮翊有"重泉"縣。《史記·秦本紀》："簡公六年，令吏初帶劍。塹洛。城重泉。"其治所在陝西境內。

【秦封2000】

《漢志》左馮翊有重泉縣，莽曰調泉。《史記·秦本紀》簡公六年，"城重泉"。正義：《括地》云，"重泉故城在同州蒲城縣東南四十五里也。"《史記·灌嬰列傳》記秦騎士李必、駱甲爲重泉人。《元和》："本秦重泉縣，後魏省，至孝文帝分白水縣置南白水縣，西魏改爲蒲城縣，本屬同州，開元四年以縣西北三十里有豐山，於此置睿宗橋陵，改爲奉先縣，隸京兆。"《讀史》：蒲城縣重泉城，"縣東南五十里，《史記》秦簡公塹洛城重泉，即此。漢置縣，屬左馮翊，後漢因之。晋仍屬馮翊。"《一統》："故城在今蒲城東南。"奉先縣之名至宋改稱蒲城，隸華州，清隸同州。秦時重泉縣屬內史，今在陝西省蒲城縣鈐鉺鄉晋城村。《秦銅》商鞅方升銘文有"重泉"。

【簡讀2002】

縣，《漢志》屬左馮翊。《史記·秦本紀》："簡公六年，……塹洛，城重泉。"《張家·二年·秩律》："重泉……秩各八百石，有丞、尉者半之"。

【縣考2007】

《秦本紀》："簡公六年，令吏初帶劍。塹洛。城重泉。"《六國年表》秦簡公七年欄曰："塹洛，城重泉。"據《新編年表》中的考訂，城重泉事應在簡公六年。既云"城重泉"，則頗疑秦在是年置有該縣。又，出土秦封泥中有"重泉丞印"。《漢志》重泉縣屬左馮翊。

【彙考2007】

重泉，縣名。戰國秦置，屬內史轄。《漢書·地理志》左馮翊有重泉縣。王先謙《漢書補注》："秦邑。簡公城之，見《秦紀》。……縣人李必，見《項羽傳》；王吉，見《儒林傳》。……《一統志》：今蒲城縣東南五十里。"

【分域2009】

《漢書·地理志》左馮翊有"重泉"縣，其地在今陝西蒲城。《史記·秦本紀》云："簡公六年……塹洛，城重泉。"該印當爲重泉縣丞之用印。

【政區2009】

《秦金文錄》收有秦重泉量。秦重泉城爲秦簡公六年所修築。《史記·秦本紀》："簡公六年，令吏初帶劍，塹洛，城重泉。"《史記·樊滕酈灌列傳》："故秦騎士重泉人李必、駱甲即習騎兵，今爲校尉，可爲騎將。"《正義》引《括地志》云："重泉故城在同州蒲城縣東南四十五里也。"《元和·卷一》："奉先縣，本秦重泉縣，後魏省，至孝文帝分白水縣置南白水縣，西魏改爲蒲城縣。"《讀史·卷五十四》陝西西安府華州蒲城縣重泉城，"縣東南五十里，《史記》秦簡公塹洛城重泉，即此。漢置縣，屬左馮翊，後漢因之。晋仍屬馮翊"。此縣因有重泉水流經而得名。《水經·濟水注》："黄水又北逕高陽亭東，又北至故市縣，重泉水注之。"其故址在今陝西省蒲城縣鈐鉺鄉有重泉村，村有重泉故城，城址爲長方形,東西1150米,南北750米,時代從戰國至秦漢。

【集證2011】

《漢書·地理志》左馮翊有"重泉"縣。《漢書補注》王先謙曰:"秦邑。簡公城之,見《秦紀》。莊熊羆請穿洛灌重泉,見《河渠書》。縣人李必,見《項羽傳》;王吉,見《儒林傳》。"又云:"《一統志》:'今蒲城縣東南五十里。'引《縣志》云:'今重泉里。'"今按重泉又見商鞅方升前壁刻文。

【戰國2013】

秦封泥有"重泉丞印"。《秦金文錄》收有秦重泉量。秦重泉城爲秦簡公六年所修築。《史記·秦本紀》:"簡公六年,令吏初帶劍,塹洛,城重泉。"《正義》引《括地志》云:"重泉故城在同州蒲城縣東南四十五里也。"《元和·卷一》:"奉先縣,本秦重泉縣,後魏省,至孝文帝分白水縣置南白水縣,西魏改爲蒲城縣,本屬同州,開元四年以縣西北三十里有豐山,於此置睿宗橋陵,改爲奉先縣。隸京兆。"《讀史·卷五十四》陝西西安府華州蒲城縣重泉城,"縣東南五十里,《史記》秦簡公塹洛城重泉,即此。漢置縣,屬左馮翊,後漢因之。晉仍屬馮翊"。此縣因有重泉水流經而得名。《水經注·濟水注》:"黃水又北逕高陽亭東,又北至故市縣,重泉水注之,水出京城西南少陘山。"其故址在今陝西省蒲城縣鈐鉺鄉重泉村,村有重泉故城,城址爲長方形,東西1150米,南北750米,時代從戰國至秦漢。

【廣封2019】

案《封泥考略》:漢縣名有重泉、柳泉、折泉、街泉、淵泉、武泉、陽泉。莽縣名有調泉、流泉、順泉、塞泉。此唯"重"字爲近似。重泉縣隸左馮翊。丞爲其主管官員之副。印有十字欄文,橫讀,似秦制。此惠爲秦物。

瑞按:嶽麓秦簡《奏讞書》"田與市和奸案"有"重泉"。

(四) 寧　秦

寧秦丞印

　　　　　1　　　　　　　　2　　　　　　　　3

1.《印風》P150;《印集》P95;《彙考》P183;《璽印》P419
2.《大系》P183
3.《補讀》圖45;《秦封》P273;《彙考》P183;《璽印》P417;《大系》P183

【補讀1998】

《漢書·地理志》京兆尹：“華陰，故陰晋，秦惠文王五年更名寧秦，高帝八年更名華陰。”《水經》：“渭水逕縣故城北，春秋之陰晋也，秦惠文王五年改曰寧秦，漢高帝八年更名華陰，王莽之華疆也。”《史記·六國年表》：“惠文王六年，魏以陰晋爲和，命曰寧秦。”《史記·秦本紀》：“（惠文君六年）魏納陰晋，陰晋更名寧秦。”《漢書·蕭何曹參傳》：“賜食邑於寧秦”。寧秦在秦約屬内史，位於今華陰縣附近。《秦陶》有“寧秦”。

【秦封2000】

《漢書·地理志》京兆尹屬縣有“華陰，故陰晋，秦惠文王五年更名寧秦，高帝八年更名華陰”。《水經·渭水》：“渭水經縣故城北，春秋時陰晋也，秦惠文王五年改曰寧秦，漢高帝八年更名華陰，王莽之華疆也”。《史記·六國年表》：惠文王六年“魏以陰晋爲和，命曰寧秦”。《史記·秦本紀》：“（惠文君六年）魏納陰晋，陰晋更名寧秦”。《漢書·蕭何曹參傳》：“賜食邑于寧秦”。《一統》：“故城在華陰縣西南”。寧秦在秦約屬内史，位於今陝西省華陰市附近。《秦陶》有“寧秦”。

【簡讀2002】

秦縣，《漢志》屬京兆尹，“華陰，故陰晋，秦惠文王五年更名寧秦，高帝八年更名華陰。”《史記·六國年表》：“魏以陰晋爲和，命曰寧秦”。

【縣考2007】

本魏縣。秦惠文君七年（前332年），魏將陰晋獻給了秦國，以求和好，並更名爲寧秦。又，《蘇秦列傳》之《正義》引《華山記》云：“此山分秦晋之境，晋之西鄙則曰陰晋，秦之東邑則曰寧秦。”據此，秦得魏陰晋縣後更名之寧秦縣，應包括魏之陰晋縣與秦之寧秦邑，其領域要遠比原魏陰晋縣爲大。出土秦封泥中也有“寧秦丞印”之文。

【彙考2007】

寧秦，縣名。戰國秦置，屬内史轄。《漢書·地理志》京兆尹有華陰。班固自注：“故陰晋，秦惠文王五年更名寧秦，漢高帝八年更名華陰。太華山在南，有祠，豫州山。”王先謙《漢書補注》：“段玉裁曰：‘故陰晋，所謂下及戰國秦漢也。’齊召南曰：‘《秦紀》惠文王六年，魏納陰晋，更名寧秦，非五年，當是傳寫之訛。’錢坫曰：‘《六國表》亦作六年。’《華山記》云：‘華山界秦晋之境，晋之西鄙，則曰陰晋。秦之東邑，則曰寧秦。’……《一統志》：故城在華陰縣東南。”

【政區2009】

陝西華陰市秦寧秦古城遺址出土秦陶文“寧秦”。秦寧秦本爲戰國時魏國之陰晋，魏獻給秦後，秦惠文王更名寧秦，漢高祖時又改爲華陰，三名實指一地。其名也因魏獻地求和而得名。《史記·秦本紀》：“（惠王）六年，魏納陰晋，陰晋更名寧秦。”其事也見《史記·六國年表》：“魏以陰晋爲和，命曰寧秦。”《水經·渭水注》：“渭水逕縣故城北，《春秋》時陰晋也，秦惠文王五年改曰寧秦，漢高帝八年更名華陰，王莽之華疆也。”《漢志》："華陰,故陰晋,秦惠文王五年更名寧秦,高帝八年更名華陰。"《讀史·卷五十四》陝西西安府華州華陰縣,"州東七十里,東至河南閿鄉縣一百里。春秋時晋陰晋地,秦曰寧秦,漢初曹參食邑寧秦是也"。陰晋城,"縣東南五里,春秋時故城也,初屬晋,後屬魏,《史記》:'趙肅侯二年與魏惠王遇於陰晋,又魏文侯三十六年侵我陰晋',秦惠文王五年魏納陰晋於秦,更名曰寧秦"。《清一統志·卷二百二十四》云:"故城在(同州府)華陰縣東南。"考古發掘證明,今陝西華陰市東南的秦寧秦故城爲橢圓形,周長3330米,面積78.4萬平方米,時代從戰國晋陰晋—秦寧秦—漢華陰。漢武帝時京師倉的倉城即利用該城城墻整修後繼續使用。

【分域2009】

寧秦,縣名。其地在今陝西華陰。《漢書·地理志》云:"京兆尹有華陰。"班固自注曰:"故陰晋,秦惠王五年更名寧秦,高帝八年更名華陰。"該印當爲寧秦縣丞所用之物。

【集證2011】

《漢書·地理志》京兆尹"華陰"條下班固自注:"故陰晋,秦惠文王五年更名寧秦,高祖八年更名華陰。"《史記·六國年表》:"(惠文王初元)六年,魏以陰晋爲和,命曰寧秦。"《秦本紀》:"(惠文君)六年,魏納陰晋,陰晋更名寧秦。"

【戰國2013】

秦封泥有"寧秦丞印"。陝西華陰市秦寧秦故城遺址出土秦陶文"寧秦"。寧秦本爲戰國時魏國之陰晋,魏獻給秦後,秦惠文王更名寧秦,漢高祖時又改爲華陰,三名實指一地。其名也因魏獻地求和而得名。《史記·秦本紀》:"(惠王)六年,魏納陰晋,陰晋更名寧秦。"其事也見《史記·六國年表》:"魏以陰晋爲和,命曰寧秦。"《水經·渭水注》:"渭水逕縣故城北,春秋時陰晋也,秦惠文王五年改曰寧秦,漢高帝八年更名華陰,王莽之華疆也。"《讀史·卷五十四》陝西西安府華州華陰縣,"州東七十里,東至河南閿鄉縣一百里。春秋時晋陰晋地,秦曰寧秦,漢初曹參食邑寧秦是也"。《清一統志》卷224云:"故城在(同州府)華陰縣東南。"考古發掘證明,今陝西華陰市東南的秦寧秦故城爲橢圓形,周長3330米,面積78.4萬平方米,時代從戰國晋陰晋—秦寧秦—漢華陰。漢武帝時京師倉的倉城即利用該城墻整修後繼續使用。

【廣封2019】

案《漢書·地理志》:"京兆尹,故秦内史,高帝元年屬塞國,二年更爲渭南郡,九年罷,復爲内史。武帝建元六年分爲右内史,太初元年更爲京兆尹。"有縣"華陰","故陰晋,秦惠文王五年更名寧秦,高帝八年更名華陰。太華山在南,有祠,豫州山"。丞爲其主管官員之副,此其丞之印也。

（五）下　邽

下邽

　　1　　　　　　　　　　　　2

1.《於京》圖46;《璽印》P389;《大系》P293
2.《新出》P80;《秦選》P92;《大系》P293

【簡讀2002】

　　秦縣,《漢志》屬京兆尹,應劭曰“秦武公伐邽戎,置有上邽,故加下。”師古曰:“邽音圭。取邽戎之人而來爲此縣。”《張家・二年・秩律》:“下邽……秩各八百石,有丞、尉者半之”。

【於京2005】

　　《史記・封禪書》:“(雍)西亦有數十祠。……於下邽有天神。”《史記・汲鄭列傳》:“太史公曰:……下邽翟公有言……。”《漢書・地理志》:“下邽”應劭曰:“秦武公伐邽戎,置有上邽,故加下。”師古曰:“邽音圭,取邽戎之人而來爲此縣。”《水經注》卷一九:“渭水又東逕下邽縣故城南,秦伐邽,置邽戎於此,有上邽,故加下也。”下邽秦屬内史,其治地在今陝西渭南市臨渭區東北。《秦封2000》録有“下邽丞印”。

【政區2009】

　　下邽,地名,傳世文獻無載,但從封泥的性質看,爲縣級之印,自應是失載之縣。

【分域2009】

　　下邽,縣名。《漢書・地理志》載,京兆尹有“下邽”縣,應劭曰:“秦武公伐邽戎,置有上邽,故加下。”該印爲秦下邽縣丞所用之物。

下邽丞印

　　1　　　　　　　2　　　　　　　3　　　　　　　4

1.《印考》圖195;《印風》P145;《秦封》P274;《書法》P41;《印集》P96;《書集》P129;
　《彙考》P183;《璽印》P408;《大系》P293
2.《大系》P293
3、4.《新出》P80;《大系》P293

【發現1997】
　　《漢書·地理志》:京兆尹有"下邽縣",應劭曰:"秦武公伐邽戎,置有上邽,故加下。"
【郡縣1997】
　　《漢書·地理志》京兆尹下邽應劭注曰:"秦武公伐邽戎,置有上邽,故加下。"顏師
古注云:"邽音圭,取邽戎之人而來爲此縣。"地在今陝西華縣西北、渭水北岸。秦併六國
前後,其爲秦内史屬縣;丞爲縣令之佐官。
【印考1997】
　　印面正方形,田字格,邊長2釐米,印文四字清晰,邊欄右寬。下邽,古縣名,秦置。
《漢書·地理志》京兆尹有"下邽縣",應劭曰:"秦武公伐邽戎,置有上邽,故加下。"其
地在今渭南市東北的固市鎮。《秦代陶文》中有"下邽"印陶一枚。
【秦封2000】
　　《漢志》京兆尹有下邽縣。應劭曰:"秦武公伐邽戎,置有上邽,故加下。"《太平》:
"下邽城在華州下邽縣東南,本秦舊縣,自漢及晋不改。"《通典》:"秦漢舊縣,取邽戎之人
而來爲此縣。"《元和》:"下邽,秦武公伐邽戎置,以隴西有上邽,故此加下也,董卓遷都長
安,華歆求爲邽令,即此也,後魏避道武帝諱,改爲夏封,隋大業二年復舊。後魏屬馮翊,
隋屬華州,武德□年屬同州,垂拱元年復屬華州。"至元元年併入渭南縣,明清均屬西安
府渭南縣,下邽秦約屬内史,今在陝西省渭南市固市鎮東南古城村。《秦陶》有"下邽"。
漢封泥見:《封泥》"下邽之印"。
【縣考2007】
　　《漢志》京兆尹下邽縣下應劭注曰:"秦武公伐邽戎,置有上邽,故加下。"顏師古注
曰:"邽音圭,取邽戎之人而來爲此縣。"《水經·渭水注》云:"渭水又東逕下邽縣故城
南,秦伐邽置邽戎於此。有上邽故加下也。"綜合上述可知秦在武公十年伐邽戎,在其地
置邽上邽縣之後,又遷其人至渭水流域置下邽縣。出土秦封泥中有"下邽丞印",而丞
爲縣令之佐官,是亦可證秦置有雍縣。
【彙考2007】
　　下邽,縣名。秦置。秦伐邽戎,取邽戎之人而此爲縣。又因另有上邽縣。故名下
邽。漢沿之。《漢書·地理志》京兆尹有下邽縣。顏師古注引應劭曰:"秦武公伐邽戎,
置有上邽縣,故加下。"今在陝西渭南市固市鎮東南。
【政區2009】
　　秦始皇陵附近出土秦代官營徭役性制陶作坊陶文有"下邽"(《秦陶》1255)。秦下邽
因秦武公十年伐邽、冀戎,置有上邽,又再取邽戎之地設此縣,爲加以區別故取名下邽。《史

記·秦本紀》：“武公十年，伐邽、翼戎，初縣之。”《水經·渭水注》：“渭水又東逕下邽縣故城南，秦伐邽置邽戎於此，有上邽，故加下也。”《太平寰宇記·卷二十九》：“下邽城在華州下邽縣東南，本秦舊縣，自漢及晋不改。”《通典》：“秦漢舊縣，取邽戎之人而來爲此縣。”《元和·卷二》：“下邽縣，望。東南至州八十里。本秦舊縣……下邽，秦武公伐邽戎置，以隴西有上邽，故此加下也，董卓遷都長安，華歆求爲邽令，即此也。”《讀史·卷五十三》陝西西安府渭南縣：“下邽城在縣北五十里。秦武公伐邽戎，取其人置縣。隴西有上邽，故此爲下。”今陝西渭南市臨渭區巴邑鎮，又名廢下邽鎮，是最早的下邽縣城遺址，秦下邽故城即在此地。

【集證2011】

《漢書·地理志》京兆尹有“下邽”縣。顏師古注：“應劭曰：‘秦武公伐邽戎，置有上邽，故加下。’師古曰：‘邽音圭。取邽戎之人而來爲此縣。’”《漢書補注》王先謙曰：“……《渭水注》：渭水自新豐來，東逕下邽縣故城南，合竹水，又得白渠口，下入鄭。《一統志》：‘故城今渭南縣東北。’”

【戰國2013】

秦封泥有“下邽承印”；秦始皇陵附近出土秦代官營徭役性制陶作坊陶文有“下邽”（《秦陶》1255）。秦下邽因秦武公十年伐邽、冀戎，置有上邽；又再取邽戎之地設此縣，爲加之區別故取名下邽。《史記·秦本紀》：“武公十年，伐邽、翼戎，初縣之。”《水經·渭水注》：“渭水又東逕下邽縣故城南，秦伐邽置邽戎於此，有上邽，故加下也。”《太平寰宇記》卷29“下邽城在華州下邽縣東南，本秦舊縣，自漢及晋不改。”《通典》：“秦漢舊縣，取邽戎之人而來爲此縣。”《元和·卷二》：“下邽，秦武公伐邽戎置，以隴西有上邽，故此加下也，董卓遷都長安，華歆求爲邽令，即此也。”《讀史·卷五十三》陝西西安府渭南縣：“下邽城在縣北五十里。秦武公伐邽戎，取其人置縣。隴西有上邽，故此爲下。”今陝西渭南市臨渭區巴邑鎮，又名廢下邽鎮，是最早的下邽縣城遺址，秦下邽故城即在此地。

【廣封2019】

案《漢書·地理志》：京兆尹，有縣“下邽”。（應劭曰：“秦武公伐邽戎，置有上邽，故加下。”師古曰：“邽音圭，取邽戎之人而來爲此縣。”）丞爲其主管官員之副，此其丞之印也。

下邽少内

《大系》P294

瑞按：下邽爲秦縣，陳曉捷先生在秦始皇陵附近採集陶文有“下邽”。《史記·孝景本紀》載中元六年更名"治粟内史爲大農,以大内爲二千石,置左右内官,屬大内。"《集解》韋昭曰:"大内,京師府藏。"《索隱》:"主天子之私財物曰少内,少内屬大内也。"此爲縣少内。縣少内之設,之前《官印徵存》有"芷陽少内",睡虎地秦簡、里耶秦簡、嶽麓秦簡均載有縣設少内,已公布秦封泥内除下邽有少内外,還可見高陵少内等。

下邽右尉

1　　　　2　　　　3　　　　4

1—4.《新出》P80;《大系》P294

　　瑞按:下邽爲秦縣,陳曉捷先生在秦始皇陵附近採集陶文有"下邽"。傳世有"高陵右尉"秦印。

(六) 櫟　　陽

櫟陽

1　　　　2　　　　3　　　　4

1.《新出》P105;《大系》P362
2.《大系》P361
3.《大系》P362
4.《新選》P119;《大系》P361

【分域2009】
　　(釋"櫟陽鄉印")。該印銅質,鼻鈕;印文"櫟陽"爲地名,又可省爲櫟。《史記·貨殖列傳》云:"櫟邑北却戎翟,東通三晉,亦多大賈。"考古資料證實,其地在今臨潼縣閻良鎮東南的武家屯附近。“鄉”爲秦地方最基層的治安組織,爲都尉、縣尉的派出機構。
【職地2014】

　　在考訂“櫟陽鄉印”時指出,櫟陽,《史記·六國年表》云:“十一年縣櫟陽”,可見之前不是縣。《漢書·地理志》屬左馮翊。

　　瑞按:經中國社會科學院考古研究所與西安市文物考古研究所聯合組成的阿房宮與上林苑考古隊在西安市閻良區櫟陽遺址2003—2018年的考古工作,在武屯街道、新興街道一帶又發現三座古城,其中位於閻良區新興街道新牛村南三號古城的時代爲戰國中期至西漢早期,應是秦獻公、秦孝公所都的櫟陽。

櫟陽丞印

1　　　　　　　2　　　　　　　3　　　　　　　4

1.《大系》P362
2.《新出》P105
3.《大系》P363
4.《酒餘》P49上

【新地2001】
　　《風》Pl46;櫟陽左工室丞(圖3),《聚》。櫟陽秦故都,參見《集》二·一·10“櫟陽右工室丞”。
【簡讀2002】
　　秦縣,《史記·秦本紀》:“(獻公)二年,城櫟陽。”《張家·二年·秩律》:“櫟陽……秩各千石,丞四百石。”
【於京2005】
　　《史記·秦本紀》:“(獻公)二年,城櫟陽。”《集解》:“徐廣曰:‘徙都之,今萬年是也。’”《正義》:“《括地志》云:‘櫟陽故城一名萬年城,在雍州東北百二十里。漢七年,分櫟陽城內爲萬年縣,隋文帝開皇三年,遷都於龍首川,今京城也。改萬年爲大興縣。至唐武德元年,又改曰萬年,置在州東七里。’”櫟陽秦屬內史,其治地在今陝西西安閻良區武屯鎮。
【縣考2007】
　　《秦本紀》:“(秦獻公)二年,城櫟陽。”《六國年表》秦獻公二年欄曰:“城櫟陽。”《魏世家》:“（魏武侯）十三年，秦獻公縣櫟陽。”秦獻公二年即魏武侯十三年，由上所載可知戰國時期“城”某地與“縣”某地爲同義，故可知是年秦置有櫟陽縣。出土秦封泥中有“櫟陽丞印”“櫟陽右工室丞”“櫟陽左工室丞”等。獻公二年城櫟陽後，即將秦都自雍遷至此處。於此又可知，秦國都城亦可爲縣，此與春秋晉國都絳縣（新絳）蓋同。至孝公十二年（前350年），秦又徙都咸陽。櫟陽又稱櫟邑，《貨殖列傳》所載“獻公徙櫟邑，櫟邑北却戎翟，東通三晉，亦多大賈”可證。《漢志》櫟陽縣屬左馮翊。

【彙考2007】

櫟陽，縣名，戰國秦置。秦漢沿之。《漢書·地理志》左馮翊有櫟陽縣。班固自注:“秦獻公自雍徙。莽曰師亭。”王先謙《漢書補注》:“《項羽紀》: 司馬欣都，高祖二年都櫟陽，七年徙長安……《渭水注》:‘白渠自高陵來，東徑櫟陽城北，又徑秦孝公陵北，下入蓮勺。’”《一統志》:“故城今臨潼縣武屯鎮東北古城屯。”

【政區2009】

秦陶文“櫟亭”，臨潼魚池秦遺址出土秦陶文有“櫟市”，此外陝西渭南市也出土“櫟市”秦陶文，爲櫟陽市亭之省文。《史記·秦本紀》:“獻公元年，止從死。二年，城櫟陽。”《集解》引徐廣曰:“徙都之，今萬年是也。”秦獻公曾遷都於此，並設縣，後孝公又徙都咸陽。又《史記·六國年表》:“獻公十一年，縣櫟陽。”秦櫟陽故城在戰國時一度爲秦都，秦末，項羽封司馬欣爲塞王，都櫟陽。漢初，劉邦亦曾都於此，西漢爲萬年邑。《元和·卷二》:“櫟陽縣，本秦舊縣。獻公自雍徙居焉，屬左馮翊。”《讀史·卷五十三》:“櫟陽城在臨潼縣北三十里渭水北。或曰，本晉之櫟邑。晉悼公十一年，秦取我櫟是也。”現在考古表明，秦櫟陽故城在今西安市閻良區武屯鄉，城址爲長方形，東西約2500米，南北1600米，面積約200萬平方米。

【分域2009】

櫟陽，縣名，戰國時爲秦之舊都。

【廣封2019】

案《漢書·地理志》: 左馮翊，有縣“櫟陽”，“秦獻公自雍徙。莽曰師亭”。丞爲其主管官員之副，此其丞之印也。

櫟工

《大系》P361

瑞按：櫟工，不見於文獻。傳世和出土銅兵器多有“櫟陽工”的銘文，可能即與此有關。然從秦封泥中另有“櫟陽左工室”“櫟陽右工室”的情況看，顯示櫟陽工室又分爲左右，與本封泥單一的“櫟工”存在很大差異。故推測不分左、右的單一“櫟工”，應早於或晚於分櫟陽左工室、櫟陽右工室的時間。如從封泥風格看，其時代較早的可能性更大。

櫟陽右工室丞

1　　　　　　　　　　2　　　　　　　　　　3

1.《印考》圖198；《補讀》圖40；《印風》P136；《秦封》P248；《印集》P97；《書集》
　P125；《彙考》P185；《璽印》P424；《大系》P363
2、3.《大系》P363

【印考1997】

印面爲正方形，日字格，邊長2釐米，印文六字，右下角略殘，推測爲“右”字，此官印爲這批封泥中印文字最多的一枚。櫟陽，古縣名，秦置。治所在今西安臨潼渭水北岸。公元前383年秦獻公在此建都，《史記·秦本紀》：“獻公即位，鎮撫邊疆，徙治櫟陽。”工室，爲秦縣級官營手工業機構，“工室丞”“左工室丞”“右工室丞”“工室嗇夫”，均爲秦縣官營手工業機構的官吏。《秦簡·工律》：“縣及工室聽官爲正衡石累、斗甬、升，毋過歲壹。”秦簡整理小組注云：“工室隸於縣令或縣丞，是縣的一個經濟管理機構。”

【補讀1998】

《漢志》左馮翊有櫟陽縣，“秦獻公自雍徙”。秦時約屬內史。《史記·秦本紀》：“（獻公）二年城櫟陽。”《集解》：“徐廣曰：徙都之，今萬年是也。”《正義》引《括地志》云：“櫟陽故城一名萬年城，在雍州東北百二十里。漢七年，分櫟陽城内爲萬年縣。”《水經》：“又東逕櫟陽城北，《史記》秦獻公二年，城櫟陽，自雍徙都之，十八年雨金於是處也。”《史記·項羽本紀》云“項梁嘗有櫟陽逮”，時“櫟陽獄掾司馬欣”。後項羽“故立司馬欣爲塞王，王咸陽以東至河，都櫟陽”。《漢書·高帝紀》：“（八年）自櫟陽徙都長安。”治所在今陝西省臨潼渭水北岸。秦櫟陽不僅設工官，且設左右丞，與其故都地位有關。四年相邦戈：“櫟陽工上造間。”《秦陶》“櫟陽”。

【秦封2000】

《漢志》左馮翊有櫟陽縣，“秦獻公自雍徙。莽曰師亭”。秦時約屬內史。《史記·秦本紀》："(獻公)二年城櫟陽。"《集解》徐廣曰：徙都之，今萬年是也。《正義》："《括地志》云：櫟陽故城一名萬年城，在雍州東北百二十里，漢七年，分櫟陽城内爲萬年縣，隋文帝開皇三年，遷都於龍首川，今京城也，改萬年爲大興縣。至唐武德元年，改曰萬年，置在州東七里。"《水經·渭水注》："獻公都櫟陽，天雨金。""又東遷櫟陽城北，《史記》秦獻公二年，城櫟陽，自雍徙都之，十八年雨金於是處也。"《史記·項羽本紀》"項羽嘗有櫟陽逮"，時"櫟陽獄掾司馬欣"。後項羽"故立司馬欣爲塞王，王咸陽以東至河，都櫟陽"。《漢書·高帝紀》"漢王還歸，都櫟陽諸將略地，拔隴西"，(八年)"自櫟陽徙都長安"。治所在今陝西省西安閻良武屯鎮東。工室爲秦工官之稱，參見"咸陽工室丞"。櫟陽不僅設工官，且設左右丞，與其故都地位有關。《睡虎》"櫟陽二萬石一積"。《秦銅》四年相邦樛戈銘"櫟陽工上造間"。十四年相邦冉戈"樂(櫟)工帀□"。秦封泥見：《動態》有"離工室丞，汪府工室，弩工室印"。《秦陶》有"櫟陽"。漢封泥見：《續封》《建德》"櫟陽丞印"，《再續》《澂秋》"右工室丞"，《齊魯》《再續》"右工室印"。

【工室2001】

説見"少府工室"。

【簡讀2002】

釋讀見"櫟陽丞印""少府工室"條。由封泥知，櫟陽所設工室分置左右。《張家·二年·秩律》："右工室……秩各六百石，有丞、尉者半之"。

【秦工2007】

説見"屬邦工室"。

【彙考2007】

秦自戰國即設置管理手工業的機構——工室。除在中央設置以外，在各郡縣均設有工室。《睡虎地秦墓竹簡》亦有"工室"的記載。由此可知此封泥應爲設於櫟陽的工室官吏所用。

【圖説2009】

"櫟陽"，古縣名，秦置。治所在今西安市臨潼縣東北七十里的武家屯一帶。公元前383年秦獻公在此建都，歷時三十四年。"工室"爲秦縣級官營手工業機構。雲夢睡虎地《秦簡·工律》有："縣及工室聽官爲正衡石累……"的記載，秦簡整理小組注云："工室隸於縣令或縣承，是縣的一個經濟管理機構。"櫟陽工室還分置左右。(《秦銅器銘文編年集釋》62/140)遼寧寬甸出土秦二世元年承相斯戈刻辭"櫟陽左工去疾"，同爲其佐證。

【分域2009】

櫟陽右工室丞爲秦設在櫟陽的工室官所用之物。

【政區2009】

説見"櫟陽丞印"。

【工官2010】

説見"少府工室"。

【集證2011】

櫟陽亦秦舊都,故有工室之設。遼寧寬甸縣出土的元年丞相斯戈銘有"櫟陽左工去疾","左工"應即"左工室"之省。櫟陽有左、右二工室,可見制器甚多。

【戰國2013】

秦封泥有"櫟陽右工室丞""櫟陽丞印";秦陶文"櫟亭",臨潼魚池秦遺址出土秦陶文有"櫟市",此外陝西渭南市也出土"櫟市"秦陶文,爲櫟陽市亭之省文。《史記·秦本紀》:"獻公元年,止從死。二年,城櫟陽";"獻公六年,自雍徙都櫟陽,因城之"。《集解》引徐廣曰:"徙都之,今萬年是也。"秦獻公曾遷都於此,並設縣,後孝公又徙都咸陽。又《史記·六國年表》:"獻公十一年,縣櫟陽。"秦櫟陽故城在戰國時一度爲秦都。《元和·卷二》:"櫟陽縣,本秦舊縣。獻公自雍徙居焉,屬左馮翊。"《讀史·卷五十三》:"櫟陽城在臨潼縣北三十里渭水北。或曰,本晉之櫟邑。晉悼公十一年,秦取我櫟是也。"現在考古表明,秦櫟陽故城在今西安市閻良區武屯鄉,城址爲長方形,東西約2500米,南北1600米,面積約200萬平方米。

【廣封2019】

案《睡虎地秦墓竹簡·工律》:"縣及工室聽官爲正衡石羸(累)、斗用(桶)、升。"整理組注:"工室,管理官營手工業的機構。《封泥彙編》有漢封泥'右工室丞''左工室印'。《漢書·百官表》有考工室,屬於少府。"工室是秦設立的管理手工業的機構,中央和地方各郡縣均有設置。(詳見"屬邦工室""少府工室"。)此印即爲設立在櫟陽的工室之丞之印也。

櫟陽左工室

1　2

1.《相家》P25;《大系》P363
2.《於京》圖2;《璽印》P424;《大系》P363

【工室2001】

説見"少府工室"。

【於京2005】

秦首都、故都、郡設工室,工室又分左右。

【秦工2007】

　　説見"屬邦工室"。

櫟陽左工室丞

《新地》圖3;《於京》圖3;《璽印》P424;《大系》P363

【工室2001】

　　説見"少府工室"。

【簡讀2002】

　　釋讀見"櫟陽右工室丞"條。

【於京2005】

　　即櫟陽左工室之丞。《秦封泥集》録有"櫟陽右工室丞"。

【秦工2007】

　　説見"屬邦工室"。

櫟□丞□

　　　　1　　　　　　　　　2　　　　　　　　　3

1.《酒餘》P48下

2、3.《新出》P105

【考略2001】

　　相家巷流散秦封泥有"櫟陽右工室丞",周明泰《續封泥考略》輯録有"櫟陽丞印"封泥。此"櫟□丞□"當爲"櫟陽丞印"。秦櫟陽城遺址在今陝西省西安市閻良區武屯鎮關莊、玉寶屯、南丁村和新義村一帶,其範圍東西長約2500米,南北寬約1600米。秦獻公曾遷都於此,後孝公又徙都咸陽。

櫟陽□□

1　2　3　4

1.《酒餘》P49
2.《新出》P46
3.《新選》P119
4.《新出》P105

瑞按:封泥殘,無界格,文字與前述各櫟陽類封泥均不同。具體內容,有待完整封泥。

(七) 高　陵

高陵

1　2　3　4

1.《新出》P63;《大系》P87
2—4.《新出》P63

【分域2009】

在釋讀"高陵右尉"(《徵存》7.39)時指出,高陵,地名,《漢書‧地理志》載,左馮翊下有高陵縣,左馮翊,故秦內史。據《元和郡縣志》載,高陵縣爲秦孝公所置。《戰國策‧秦策》范睢至秦章:"今秦,太后、穰侯用事,高陵、涇陽佐之,卒無秦王,此亦淖齒、李兌之類已。"該印當爲秦高陵之地的右尉所用印。

【戰國2013】

　　秦封泥有"高陵""高陵丞印"；秦傳世官印有"高陵右尉"(《徵存》39)。《秦代陶文》著錄有"高市"陶文。高陵縣爲秦舊縣，秦孝公所置，秦昭王時曾封給其同母弟縣之封地。《史記·穰侯列傳》："昭王同母弟曰高陵君、涇陽君，而魏冉最貴。"《水經·渭水注》："白渠又東，枝渠出焉，東南至高陵故城北。"《元和·卷二》："高陵縣本秦舊縣，孝公置。"《讀史·卷五十三》陝西西安府高陵縣："府北八十里，西至涇陽縣五十里，東至三原縣三十五里。本秦縣，爲左輔都尉治。"《清一統志》卷178："高陵縣，秦置高陵縣"；"高陵故城在(西安府)高陵縣西南"。其轄地即今陝西省高陵縣西南。

【秦地2017】

　　里耶簡有"戶曹書四封，遷陵印，一咸陽、一高陵、一陰密、一竟陵"。《漢志》左馮翊有高陵，《元和郡縣圖志》稱秦孝公置高陵縣。又，琅邪郡有高陵侯國。簡文高陵介於咸陽、陰密之間，恐非琅邪郡之高陵侯國。

　　瑞按：高陵，《漢書·地理志》屬左馮翊，琅邪郡有高陵侯國。《漢書·薛宣傳》載薛宣在任職左馮翊太守時"始高陵令(陽)[楊]湛、櫟陽令謝遊皆貪猾不遜，持郡短長，前二千石數案不能竟"，顯示高陵屬左馮翊。

高陵丞印

　　　　1　　　　　　　　　2　　　　　　　　　3

1、2.《秦封》P274；《彙考》P184

3.《發現》圖124；《圖例》P56；《秦封》P274；《書集》P129；《彙考》P184；《璽印》P405；《大系》P88

【發現1997】

　　《漢書·地理志》左馮翊，故秦內史，縣十二，"高陵，左輔都尉治"。

【郡縣1997】

　　《元和郡縣圖志》卷二京兆下高陵縣條云："本秦舊縣，孝公置。"當與藍田一起置縣。秦併六國前後，其爲秦內史屬縣；丞爲縣令佐官。地在今陝西高陵。

【印考1997】

　　印面爲正方形，田字格，邊長1.8釐米，印文清晰，邊欄略殘。高陵，秦置縣。《漢書·地理志》左馮翊:"高陵,左輔都尉治。"治所在今西安市。陝西歷史博物館藏"高陵右尉"印一枚,是爲證。

【秦封2000】

《漢志》:左馮翊有高陵縣,"左輔都尉治。莽曰千春。"《史記·穰侯列傳》:"而(秦)昭王同母弟曰高陵君、涇陽君。"《括地》:"高陵故城在雍州高陵縣西南一里。"《元和》:"高陵縣本秦舊縣,孝公置。漢屬左馮翊,魏文帝改爲高陸,屬京兆郡,隋大業二年,復爲高陵。"《水經·渭水》:"白渠又東,枝渠出焉,東南至高陵縣故城北。"《讀史》"本秦縣,爲左輔都尉治,漢屬左馮翊。"《一統》:"高陵故城在(西安府)高陵縣西南。"隋唐屬京兆轄,元屬奉元路,明清屬西安府。高陵縣秦約屬内史,今在陝西省高陵縣西一里。秦印有:《徵存》"高陵右尉,高陵司馬"。《秦陶》有"高市"。漢封泥見:《封泥》"高陵丞印"。

【簡讀2002】

秦縣,《漢志》屬左馮翊。

【縣考2007】

高陵本西周邑。戰國時屬秦,《穰侯列傳》即載秦昭襄王封同母弟顯爲高陵君。《元和郡縣圖志》卷二關内道高陵縣下曰:"本秦舊縣,孝公置"。又,《碧霞精舍印存》載有秦"高陵司馬印";出土秦封泥中有"高陵丞印"。又依《秦本紀》所載,知孝公十二年,"併諸小鄉聚,集爲大縣,縣一令,四十一縣。"是綜上所述,秦當於孝公十二年置高陵縣。《漢志》高陵縣屬左馮翊。

【彙考2007】

高陵,縣名。秦置,漢沿之。《漢書·地理志》左馮翊有高陵縣,"左輔都尉治,莽曰千春"。今在陝西高陵西南。

【政區2009】

秦傳世官印有"高陵右尉"(《徵存》39)。《秦代陶文》著錄有"高市"陶文。高陵縣爲秦舊縣,秦孝公所置,秦昭王時曾封給其同母弟縣之封地。《史記·穰侯列傳》:"昭王同母弟曰高陵君、涇陽君,而魏冉最賢,自惠王、武王時任職用事。"《水經·渭水注》"白渠又東,枝渠出焉,東南至高陵故城北。"《元和·卷二》:"高陵縣本秦舊縣,孝公置。"《讀史·卷五十三》陝西西安府高陵縣:"府北八十里,西至涇陽縣五十里,東至三原縣三十五里。本秦縣,爲左輔都尉治。"《清一統志·卷一百七十八》:"高陵縣,秦置高陵縣";"高陵故城在(西安府)高陵縣西南。"其轄地即今陝西省高陵縣西南。

【集證2011】

《漢書·地理志》左馮翊有"高陵"縣。王先謙《漢書補注》:"《秦策》昭王封同母弟顯爲高陵君,所謂高陵'不請'也,是高陵秦時已有。"《元和郡縣志》二:"高陵縣本秦舊縣,孝公置。"隴縣出有高陵君鼎,今藏陝西歷史博物館,爲昭王十五年器。此爲高陵縣丞之印。

【廣封2019】

案《漢書·地理志》:左馮翊,有縣"高陵","左輔都尉治。莽曰千春"。丞爲其主管官員之副。此其丞之印也。

高陵發弩

《新選》P93;《大系》P89

【職地2014】

縣發弩僅此一見。睡虎地秦簡《秦律雜抄》"除士吏、發弩嗇夫不如律,及發弩射不中,尉貲二甲"。從簡文看,縣尉與縣發弩職責上有關聯,發弩有過失,縣尉要負連帶責任。張家山漢簡有縣發弩,《二年律令·秩律》"縣道……倉、庫、少內、校長、髳長、發弩……有秩者及毋乘車之鄉部,秩各百廿石",可補充和印證秦簡牘和封泥資料。

【十則2019】

在已知的秦封泥出土地當中,除西安北郊相家巷外,高陵縣城關一帶近年來也出土了大量時代顯得較早的新品秦封泥,高陵作爲秦封泥出土地的性質值得進一步研究。

瑞按:《大系2018》有"高陵弄弩"。封泥殘,從殘字看,讀"高陵發弩"似更合適。發弩,説見"發弩"。縣設發弩,見睡虎地秦簡、里耶秦簡等。

高陵少內

1　　　　　2　　　　　3

1.《新出》P64;《大系》P89
2.《新選》P93;《大系》P89
3.《大系》P89

瑞按:高陵,秦縣。少內,爲設在高陵的縣少內。

高陵司空

　　　　　1　　　　　　　　　2

1.《新選》P93;《大系》P89
2.《大系》P89

【職地2014】

　　里耶秦簡有陽陵司空、遷陵司空、臨沅司空嗇夫、臨沅司空等縣司空,可補秦璽印封泥資料之不足。司空一般掌管土木工程及建築事務,縣道司空亦然。秦簡中司空設計的事務也正是如此。秦遷陵縣司空還負責縣土地的開墾事務。從里耶秦簡中遷陵司空得的情況看,得先爲縣司空,後擔任"佐"應是"令佐",屬於升遷。可看出"司空守"一職可在短時間内由不同人員擔任,與縣"守丞"一樣。從陳松長《嶽麓書院所藏秦簡綜述》一文公布的嶽麓秦簡0687號"廿四年十二月丁丑朔初爲司空史"和0625號"廿五年五月壬子徙爲令史"的記載看,縣司空也有"史"類佐官,且可以陞遷爲令史。里耶秦簡8-375號"司空曹"或即縣司空之曹署。

【十則2019】

　　在已知的秦封泥出土地當中,除西安北郊相家巷外,高陵縣城關一帶近年來也出土了大量時代顯得較早的新品秦封泥,高陵作爲秦封泥出土地的性質值得進一步研究。

高陵右尉

　　1　　　　　　2　　　　　　3　　　　　　4

1.《新選》P93;《大系》P90
2—4.《大系》P90

【官印1990】

在考訂"高陵右尉"印時指出,《漢書·地理志》左馮翊下有高陵縣,《補注》:"先謙曰:秦策昭王封同母弟顯爲高陵君,所謂高陵不請也。是高陵秦時已有"。《元和郡縣志》二:"高陵縣本秦舊縣,孝公置"。秦時高陵縣屬内史,此印有田字格,印文右起由上至下順讀,字體與灊丘左尉、杜陽左尉等印相同,亦可訂爲秦印。右尉,是高陵縣尉之一,由右尉可知高陵縣亦必有左尉。

【集證2011】

此印有"右尉",足見高陵亦有左尉。《後漢書·百官志》五:"凡縣……丞各一人;尉大縣二人,小縣一人。"注:"應劭《漢官》曰:'大縣丞、左右尉,所謂命卿三人。小縣一尉一丞,命卿二人。'"可見大縣設有左、右尉。《商君書·境内》:"三日將軍以不疑致士、大夫勞、爵,其縣四尉。"又《墨子·備城門》:"城上四隅,童異高五尺,四尉舍焉。"于豪亮《雲夢楚簡所見職官述略》據此云:"正在進行統一戰爭的秦國,軍事活動特别多,一縣四尉是適合形勢的需要的。"不過雲夢秦簡僅提到尉,没有提到其數目,王人聰針對于氏所謂秦時一縣有四尉的説法,説"但這是否爲普遍的情況,秦代縣尉的員數是否也有大小縣之分,這個問題目前没有資料可以説明,需待研究。"但王氏仍認爲秦代有些縣的尉"最少有二人"。

【十則2019】

在已知的秦封泥出土地當中,除西安北郊相家巷外,高陵縣城關一帶近年來也出土了大量時代顯得較早的新品秦封泥,高陵作爲秦封泥出土地的性質值得進一步研究。

高陵左尉

1　　　　2　　　　3　　　　4

1.《新選》P93;《大系》P91

2—4.《大系》P90

【集證2011】

説見"高陵右尉"。

高陵廥印

《大系》P88

　　瑞按：原讀"高陵倉□"，從拓本看，似當讀爲"高陵廥印"。高陵，秦縣。縣設倉廥，見睡虎地秦簡、里耶秦簡等。此爲高陵縣所設廥之印遺。

高□船□

《大系》P89

　　瑞按：封泥殘，原讀"高陵船丞"。從拓本看，似可讀爲"高□船□"。高陵，秦縣。此爲設於縣的船丞。縣設船官，見里耶秦簡。

（八）杜

杜印

　　　1　　　　　　2　　　　　　3　　　　　　4

1.《新選》P92;《大系》P75
2.《大系》P75
3.《西見》圖二：11;《大系》P75
4.《大系》P76

【西見2005】

　　杜印半通,兩印均有邊欄無界格,新見。杜,縣名,戰國時秦置。《史記》卷5《秦本紀》:"(武公)十一年,初縣杜、鄭。"縣址在今西安市南山門口一帶。這裏曾出土過著名的"杜虎符"。關於杜的文獻和考古資料都很豐富,與杜相關的已見封泥資料有杜丞之印和杜南苑丞。"材"、木材。"廥"是儲存飼牲畜乾草的房屋。"都材廥"應是掌管木材、飼草倉庫的機構。

　　瑞按: 西安南郊秦墓出土陶文中有"杜亭""杜市""杜氏十斗"等,《訂補2014》指出:杜縣地望,20世紀60年代秦都咸陽遺址發現少量"杜亭"陶文,1973年西安市南郊門口鄉北沈家橋村出土杜虎符,錯金刻有"兵甲之符,右在君,左在杜",又陝西户縣出土的秦封宗邑瓦書也有關於"杜"的記載。一般認爲,杜虎符和瓦書中的"杜"即爲秦之杜縣,縣址在今西安市南郊杜城村附近。此次發掘的墓葬在西南市南郊丈八東路南潘家莊村西和村南,東去爲杜陵,西南距下杜城村不過2公里左右,西距北沈家橋約3公里。因此,秦之杜址在今之南杜城村(或稱下杜城村)附近基本可以確定。

杜丞之印

　　1　　　　　2　　　　　3　　　　　4

1.《大系》P73
2.《新出》P63
3.《秦封》P276;《書集》P127;《彙考》P188
4.《秦封》P276;《彙考》P188

【發現1997】

　　《史記・秦本紀》:"(武公)十一年,初縣杜、鄭。"《李斯列傳》:"十公主矴死於杜。"《漢書・地理志》京兆尹:"杜陵,故杜伯國,宣帝更名。"

【郡縣1997】

　　杜,爲秦最早設置的縣之一。《史記・秦本紀》云:武公十一年(公元前687年)"初縣杜、鄭。"後沿而不改,地在今西安西南杜城。秦併六國前後,其爲秦内史屬縣,丞係縣令之長吏。

【印考1997】

　　印面正方形,田字格,邊長1.8釐米,印文清楚,邊欄寬博,左下角自然留空,爲全印增添了濃郁的泥封氣息。杜,古縣名,秦置縣。《史記・秦本紀》:"(武公)十一年(公元前687年），初縣杜、鄭。"《正義》注："《括地志》云：下杜故城在雍州長安縣東南九里，古杜伯國。"《集解》："地理志京兆有鄭縣、杜縣。"秦代印陶中有"杜建""杜"兩枚；1973年在西安市南郊山門口鄉北沉村曾出土秦國杜虎符一件。當知位於丈八溝與山門口鄉之間的杜城村，似爲秦杜縣故址。

【秦封2000】

《漢志》京兆尹有杜陵縣。"故杜伯國，宣帝更名。有周右將軍杜主祠四所。"《史記·秦本紀》：武公十一年"初縣杜、鄭。"集解：《地理志》京兆有鄭縣、杜縣也。《正義》：《括地志》云故城在雍州長安縣東南九里，古杜伯國。《括地》："下杜故城在雍州長安縣東南九里……蓋宣王殺杜伯以後，子孫微弱，附於秦，及春秋後武王滅之爲縣，漢宣帝時修杜之東原爲杜陵縣，更名爲此爲下杜城。"《水經·渭水》："川水又北，徑杜陵東，元帝初元元年，葬宣帝杜陵，北去長安五十里，陵之西北有杜縣故城，秦武公十一年縣之，漢宣帝……以杜東原上爲初陵，更名杜縣爲杜陵也，王莽之饒安也。"《史記》二世時，"六公子戮死於杜"。"十公主砥死于杜"，"張湯者，杜人也"。杜秦爲內史屬縣，漢時更名爲杜陵縣，王莽曰饒安縣，東漢復舊，曹魏還名杜縣，晉曰杜城縣，北魏改爲杜縣，北周併入萬年縣，隋撤萬年縣，設大興縣，唐改名萬年縣。明清時歸西安府咸寧縣屬。杜縣秦約屬內史，今在陝西省西安市西南山門口北沉村。《秦銅》秦杜虎符："甲兵之符右才君，左才杜。"《秦陶》有"杜亭，杜建"等。漢封泥見：《封泥》"杜丞"，《封存》"杜丞之印"。

【簡讀2002】

秦縣，《漢志》京兆尹有"杜陵"縣。《史記·秦本紀》："十一年，初縣杜、鄭。"

【縣考2007】

杜、鄭春秋秦武公十一年分置此二縣（《秦本紀》）。戰國時期仍當爲秦縣。出土的秦封泥中有"杜丞之印"。《漢志》杜縣屬京兆尹，其時已更名杜陵；鄭縣屬京兆尹。

【彙考2007】

杜，即杜縣。西周爲杜伯國。春秋置爲杜縣。《漢書·地理志》京兆尹有杜陵縣。班固自注："古杜伯國，宣帝更名。有周右將軍杜主祠四所。"王先謙《漢書補注》："宣帝陵，秦武公縣杜，見《秦紀》，宣帝樂之起陵更名，見《宣紀》。瓚注：'杜陵在長安南五十里。'"秦杜虎符："右在君，左在杜。"今在陝西省西安市西南山門口北沈村。

【分域2009】

杜，縣名，其地在今陝西西安東南。《史記·秦本紀》云："（武公）十一年，初縣杜、鄭。"該印當爲秦杜縣縣丞所用之物。

【政區2009】

臨潼魚池秦遺址出土秦陶文有"杜建"（《秦陶》1264）、"杜越"（《秦陶》1263），西安南市郊出土秦陶釜有"杜市"戳記文，《陶匯》也著錄咸陽出土的"杜亭"陶文，爲'"杜縣市亭"之省文。杜縣也是秦較早設置之縣，爲秦武公十一年所設置，秦二世死之後即葬之此地，今西安市南尚有秦二世陵。《史記·秦本紀》："武公十一年，初縣杜、鄭。"《史記·秦始皇本紀》："以黔首葬二世杜南宜春苑中。"《史記·李斯列傳》："十公主砥死於杜"；"六公子戮死於杜"。《水經・渭水注》:"川水又北逕杜陵東……陵之西北有杜縣故城,秦武公十一年縣之。"《讀史・卷五十三》陝西西安府咸寧縣:"杜陵城,府東南十五里,周杜伯國也,秦武公十一年初置杜縣。"秦杜縣故城在今陝西西安市南郊山門口鄉沈家橋村一帶。1975年該遺址出土秦惠文王時杜縣虎符,銘文"兵甲之符,右在君,左在杜"。杜縣古城址爲長方形,東西700米,南北2250米,面積157.5萬平方米,時代從戰國至北周。

【集證2011】

　　《漢書・地理志》京兆尹有"杜陵"縣,云:"故杜伯國,宣帝更名,有周右將軍杜主祠四所。"《史記・秦本紀》:"(武公)十一年,初縣杜、鄭。"《正義》引《括地志》云:"下杜故城在雍州長安縣東南九里,古杜伯國。"杜爲秦設立較早的縣。1975年,西安市山門口鄉北沈家橋村出土杜虎符,銘云:"兵甲之符,右在君,左在杜。"虎符出土地北沈家橋村位於秦杜縣故城内,村南一公里的首帕丈村出土陶釜上有"杜市"戳記。

【戰國2013】

　　秦封泥有"杜丞之印""杜印";臨潼魚池秦遺址出土秦陶文有"杜建"。(《秦陶》1264)、"杜越"(《秦陶》1263),西安南市郊出土秦陶釜有"杜市"戳記文,《陶匯》也著錄咸陽出土的"杜亭"陶文,爲"杜縣市亭"之省文。杜縣也是秦較早設置之縣,爲秦武公十一年所設置。《史記・秦本紀》:"武公十一年,初縣杜、鄭。"《水經・渭水注》:"川水又北逕杜陵東……陵之西北有杜縣故城,秦武公十一年縣之。"《讀史・卷五十三》陝西西安府咸寧縣:"杜陵城,府東南十五里,周杜伯國也,秦武公十一年初置杜縣。"秦杜縣故城在今陝西西安市南郊山門口鄉沈家橋村一帶。1975年西安市山門口鄉北沈家橋村出土秦惠文王時杜縣虎符,銘文"兵甲之符,右在君,左在杜"。杜縣古城址爲長方形,東西700米,南北2250米,面積157.5平方米,時代從戰國至北周。

【廣封2019】

　　案《漢書・地理志》:京兆尹,有縣"杜陵","故杜伯國,宣帝更名。有周右將軍杜主祠四所。莽曰饒安也"。又《讀史方輿紀要》:"杜陵城,府東南十五里。周杜伯國也。秦武公十一年初置杜縣。漢宣帝元康元年葬於杜東原上,曰杜陵。更縣曰杜陵縣。時亦謂之下杜,對陵而言也,屬京兆尹。"杜即爲杜縣,漢更名爲杜陵。此其丞之印也。

(九)莔　　陽

莔丞之印

《大系》P372

【簡讀2002】

秦縣,《漢志》屬京兆尹,“霸陵,故芷陽,文帝更名。”《史記・秦本紀》:“昭襄王享國五十六年,葬芷陽。”

【彙考2007】

“茝丞之印” 即 “茝陽丞印”。説見 “茝陽丞印”。

【廣封2019】

案《史記・秦始皇本紀》:“昭襄王享國五十六年。葬茝陽。”注,《索隱》十九年而立,葬芷陵也。《正義》《括地志》云:“秦莊襄王陵在雍州新豐縣西南三十五里,俗亦謂爲子楚。始皇陵在北,故亦謂爲見子陵。”又 “莊襄王享國三年。葬茝陽。”《史記・呂不韋列傳》:“始皇十九年,太后薨,謚爲帝太后,與莊襄王會葬茝陽。”注,《集解》徐廣曰,“一作 ‘芷陽’。”又 “夏太后子莊襄王葬芷陽。”又《漢書・地理志》:京兆尹,有縣 “霸陵”,“故芷陽,文帝更名。莽曰水章也”。則茝陽即芷陽,漢更名爲霸陵,此其丞之印也。

瑞按:茝,多見於秦陶文,研究者認爲其當爲芷陽之省。然在印章、封泥中,將二字的官名於四字印章中省略爲一字者的情況,確甚爲罕見。而秦封泥中,另有 “芷陽丞印”,因此本封泥的 “茝” 是否即爲芷陽之省,尚可存疑。

茝陽丞印

　　　1　　　　　　　2　　　　　　　3　　　　　　　4

1.《酒餘》P50上

2.《彙考》P189;《大系》P372

3.《發現》圖122;《圖例》P56;《秦封》P277;《彙考》P189;《大系》P372

4.《秦封》P277;《彙考》P189

【發現1997】

《漢書・地理志》京兆尹:“霸陵,故芷陽,文帝更名。”秦莊襄王葬於此,穆公、昭襄王分別建霸宮、芷陽宮於此。茝即芷。

【郡縣1997】

《漢書・地理志》京兆尹霸陵本注:“故芷陽,文帝更名。”《史記・秦本紀》:昭襄王四十二年（公元前265年）十月，"宣太后薨，葬芷陽驪山。"又上述莊襄王與帝太后合葬之陽陵地亦在芷陽（即芷陽）。是秦内史所屬之陽陵、芷陽兩地鄰近，陽陵在灞水東銅人原一帶，芷陽在洪慶原一帶。丞爲縣令佐官。

【印考1997】

印面正方形，田字格，邊長1.8釐米，印文與邊欄之間留有大量空隙，似感天寬地闊。芷陽，古縣名，秦置。漢時改爲霸陵。故城在今西安市長安縣東。《漢書·地理志》京兆尹："霸陵，故芷陽，文帝更名。"《長安圖》記："自驪山以西皆芷陽縣地，蓋秦時芷陽甚廣，不止霸上也。"秦悼太子、昭襄、莊襄俱葬芷陽。宣太后葬芷陽驪山。沛公從驪山道芷陽間上歸霸上，即此。1978年考古工作者又在其地發現了規模宏大的秦東陵。《官印徵存》收録"芷陽少内"一枚；秦印陶中的"芷陽""芷陽癸"數枚，是爲見證。

【秦封2000】

芷陽即芷陽，《漢志》：京兆尹有霸陵縣。"故芷陽，文帝更名。莽曰水章也。"《史記·秦本紀》記昭襄王四十年，"悼太子死魏，歸葬芷陽"。《集解》引徐廣曰："今霸陵。"《正義》引《括地》，芷陽在雍州藍田縣西六里。《三秦》云，白鹿原有霸川之西阪，故芷陽也。《讀史》："春秋時秦繆公築霸宮於此，昭襄王時謂之芷陽宮。"《秦紀》悼太子死魏歸葬芷陽，又宣太后亦葬焉。《三秦》云秦襄王葬芷陽，謂之霸上，其後漢文帝起陵邑於此，因更名霸陵，亦置縣治焉。《史記·項羽本紀》記鴻門宴中，劉邦等"持劍盾步走。從酈山下，道芷陽間行"，沛公謂張良曰："從此道至吾軍（霸上），不過二十里耳。"王莽時改霸陵爲水章縣，東漢復故，曹魏改爲霸城縣，沿至北周建德二年撤霸城、杜二縣併入萬年縣。唐武德二年在萬年縣東復設芷陽縣，七年撤銷。元代歸奉元路管轄，明清爲西安府咸寧縣屬。芷陽秦代約屬内史，今在陝西省西安市東北。《秦陶》見"芷，芷陽癸"。秦印見：《徵存》"芷陽少内"。

【彙考2007】

芷陽，即芷陽。縣名，秦置。漢文帝於此置霸陵，故改芷陽縣爲霸陵縣。《漢書·地理志》京兆尹有霸陵縣。班固自注："故芷陽，文帝更名。"王先謙《漢書補注》："秦宣太后、悼太子葬此，見《秦紀》，亦作芷陽，見《始皇紀》。高帝宴鴻門，脫身從驪山道芷陽間行，見《高紀》……孝文帝九年以芷陽鄉爲霸陵。縣人杜君敖，見《遊俠傳》……《渭水注》：'渭水自長安來合霸水，東過霸陵縣北，下入馮翊、高陵。霸水自南陵來，歷白鹿原東，即霸川之西，故芷陽矣'……《一統志》：故城今咸寧縣東。"即今陝西省西安市東北臨潼區韓峪鄉一帶。

【政區2009】

傳世秦官印有"芷陽少内"（《徵存》4）。《史記·秦本紀》："（昭襄王）四十年，悼太子死魏，歸葬芷陽。"《史記·秦始皇本紀》："昭襄王享國五十六年，葬芷陽"；"莊襄王享國三年，葬芷陽。"《漢志》："霸陵，故芷陽，文帝故名。"《水經·渭水注》："《史記》秦襄王葬于芷陽者是也，謂之霸上。"《讀史·卷五十三》："霸陵城，在西安府東三十里，春秋時,秦穆公築宮於此。昭襄王時謂之芷陽宮。”秦芷陽故城在今陝西省西安市臨潼區韓峪鄉東部酈山西麓油王村、洪慶堡村之間,面積340萬平方米,時代從戰國至西漢,秦芷陽縣城,西漢霸城。其遺址出土大量戰國時期至西漢時代遺物,其中出土大量帶有“芷陽”“芷亭”文字的陶文,其中“芷亭”是秦芷陽縣市亭之省文,爲芷陽故城地望確定提供了有力佐證。

【分域2009】

在釋讀“茝(芷)陽少內”(《天津》40)時指出,茝陽,地名,文獻或作“芷陽”,“茝”“芷”二字可以通假。茝陽在今陝西長安縣。《史記·秦始皇本紀》云:“昭襄王享國五十六年,葬茝陽……莊襄王享國三年,葬茝陽。”該印當爲秦茝陽少內官署所用之印。

【集證2011】

“茝”即“芷”。《漢書·地理志》京兆尹:“霸陵,故茝陽,文帝更名。”《漢書補注》王先謙曰:“秦宣太后、悼太子葬此,見《秦紀》,亦作茝陽,見《始皇紀》。高帝宴鴻門,脫身從驪山道芷陽間行,見《高紀》。夏侯嬰戰芷陽,見《嬰傳》。”芷陽故城在今西安市洪慶鄉與臨潼縣韓峪鄉之間,1983年,陝西省文管會曾在此處作調查試掘,嗣後又於其東發現秦東陵,二處出土陶文多有“茝陽”戳記。

【戰國2013】

秦封泥有“茝陽丞印”;傳世秦官印有“茝陽少內”(《徵存》4)。《史記·秦本紀》:“(昭襄王)四十年,悼太子死魏,歸葬芷陽。”《史記·秦始皇本紀》:“昭襄王享國五十六年,葬芷陽”;“莊襄王享國三年,葬芷陽”。《水經·渭水注》:“《史記》秦襄王葬於芷陽者是也,謂之霸上。”《讀史·卷五十三》:“霸陵城,在西安府東三十里,春秋時,秦穆公築宮於此。昭襄王時謂之芷陽宮。”秦芷陽故城在今陝西省西安市臨潼區韓峪鄉東部酈山西麓油王村、洪慶堡村之間,面積340萬平方米,時代從戰國至西漢,秦芷陽縣城,西漢霸城。其遺址出土大量戰國時期至西漢時代遺物,其中出土大量帶有“茝陽”“茝亭”文字的陶文,其中“茝亭”是秦芷陽縣市亭之省文,爲芷陽故城地望確定提供了有力佐證。

【廣封2019】

案《史記·秦始皇本紀》:“昭襄王享國五十六年。葬茝陽。”注,《索隱》十九年而立,葬茝陵也。《正義》《括地志》云:“秦莊襄王陵在雍州新豐縣西南三十五里,俗亦謂爲子楚。始皇陵在北,故亦謂爲見子陵。”又“莊襄王享國三年。葬茝陽。”《史記·呂不韋列傳》:“始皇十九年,太后薨,謚爲帝太后,與莊襄王會葬茝陽。”注,《集解》徐廣曰,“一作‘芷陽’。”又“夏太后子莊襄王葬茝陽。”又《漢書·地理志》:京兆尹,有縣“霸陵”,“故芷陽,文帝更名。莽曰水章也”。則茝陽即芷陽,漢更名爲霸陵,此其丞之印也。

芷陽□□

1　　　　　　2　　　　　　3

1、2.《新出》P47

3.《新出》P106

【考略2001】

《史記·秦本紀》: 昭襄王四十年, "悼太子死魏, 歸葬芷陽。"《史記·秦始皇本紀》: "昭襄王享國五十六年, 葬芷陽。" "莊襄王享國三年, 葬芷陽。" 芷陽於秦已設縣。相家巷流散秦封泥有 "芷陽丞印", 此封泥 "芷陽□□" 或亦爲 "芷陽丞印"。秦芷陽故址位於陝西省西安市臨潼區韓峪鄉油王村、洪慶堡村之間。遺址面積3.4平方公里。遺址之内出土大量戰國時期至西漢時代遺物。陶器上的 "芷" 字陶文, 爲芷陽故城地望確定提供了有力佐證。

(十)雲　　陽

雲陽

《印風》P165;《印集》P102;《新地》圖6;《彙考》P192;《璽印》P399;《大系》P363

【新地2001】

參見《集》二·三·9 "雲陽丞印"。

【簡讀2002】

秦縣,《漢志》屬左馮翊。《史記·秦始皇本紀》 "三十五年, 除道, 道九原, 抵雲陽"。《張家·二年·秩律》: "雲陽……秩各八百石, 有丞、尉者半之"。

【彙考2007】

雲陽, 縣名。秦置, 漢因之。《漢書·地理志》左馮翊有雲陽縣。《史記·秦始皇本紀》: (始皇)十四年 "韓非使秦, 秦用李斯謀, 留非, 非死雲陽。" 也爲甘泉宮所在地。陳直《漢書新證》："甘泉在雲陽,比起他縣爲重要,故稱以雲陽都。"今陝西省涇陽縣北。

【分域2009】

雲陽,縣名,其地在今陝西淳化境内。《史記‧秦始皇本紀》云:"韓非使秦,秦用李斯謀,留非,非死雲陽。"

【廣封2019】

案《漢書‧地理志》:左馮翊,有縣"雲陽"。《史記‧秦始皇本紀》:"韓非使秦,秦用李斯謀,留非,非死雲陽。"注,《正義》《括地志》云:"雲陽城在雍州雲陽縣西八十里,秦始皇甘泉宫在焉。"此其印也。

瑞按:張家山漢墓《二年律令》第447號有"鄭、雲陽、重泉、華陰、慎、衙"。

雲陽丞印

1　2

1.《印風》P148;《秦封》P278;《彙考》P192;《璽印》P421;《大系》P364
2.《大系》P364

【發現1997】

《漢書‧地理志》左馮翊:"雲陽,有休屠、金人及徑路神祠三所,越巫䄳鄜祠三所。"《史記‧秦始皇本紀》記:十四年,韓非子死於此,三十五年道九原抵雲陽,因徙五萬家雲陽。

【郡縣1997】

《史記‧秦始皇本紀》云:十三年(公元前234年)"韓非使秦,秦用李斯謀,留非,非死雲陽。"則雲陽爲秦舊縣,秦併天下前後,其爲秦内史屬縣;丞爲縣令佐官。地在今陝西淳化北。

【印考1997】

印面爲正方形,田字格,邊長1.6米,印文筆畫精勁,邊欄單薄。雲陽,秦置縣,治所在今陝西淳化縣。秦始皇三十五年(公元前212年)築直道,從九原(今内蒙古包頭市西北)至此。《史記‧秦本紀》:"道九原,抵雲陽。"李吉甫《元和郡縣志》卷三《寧州》說:"秦故道,在縣東八十里子午山,始皇三十五年,自九原抵雲陽,即此道。"

【簡讀2002】

　　釋讀見"雲陽"條。

【縣考2007】

　　《秦始皇本紀》載:"十四年,……韓非使秦,秦用李斯謀,留非,非死雲陽。"出土秦封泥中又有"雲陽丞印"。綜上可證,至遲秦始皇十四年,秦置有雲陽縣。《漢志》雲陽縣屬左馮翊。

【政區2009】

　　雲陽在秦時地位重要,有秦林光宫、甘泉宫等著名離宫,韓非子即死於此地。始皇三十五年,使蒙恬通直道,自九原至雲陽,並有計劃的移民五萬家至雲陽。《史記·秦始皇本紀》:"十四年,韓非使秦,秦用李斯謀,留非,非死雲陽";"三十五年,除道,道九原,抵雲陽";"因徙五萬家雲陽。"《史記·匈奴列傳》注解中《正義》引《括地志》云:"雲陽也,秦之林光宫……秦始皇作甘泉宫,去長安三百里,望見長安。秦皇帝以來祭天圜丘處。"《讀史·卷五十三》:"雲陽城,縣西北三十里,秦始皇二十五年使蒙恬通直道,自九原至雲陽,既而徙五萬家雲陽。漢亦曰雲陽縣,屬左馮翊。"《清一統志·卷二百四十八》:"在淳化縣西北。"秦雲陽故城在今陝西省淳化縣西北,其遺址出土大量的"雲亭""雲市"陶文,爲秦雲陽市亭的簡稱。

【秦封2000】

　　《漢志》:左馮翊有雲陽縣,"有休屠、金人及徑路神祠三所,越巫祠三所。"《史記·秦始皇本紀》:秦王政十四年,"韓非使秦,秦用李斯謀,留非,非死雲陽。"正義:《括地》云,雲陽城在雍州雲陽縣西八十里,秦始皇甘泉宫在也。"三十五年,除道,抵雲陽,塹山堙谷,直通之。"《讀史》:涇陽縣雲陽城,"縣西北三十里,秦始皇二十五年使蒙恬通直道,自九原至雲陽,既而徙五萬家雲陽。漢亦曰雲陽縣,屬左馮翊。後漢建武二年,赤眉自隴坻大畧而鄧禹拒之不克,棄長安走雲陽。"至清屬邠州淳化縣。雲陽縣秦約屬内史,今在陝西省淳化縣西北。《秦陶》有"雲市"。漢印見:《徵存》"雲陽令印"。漢封泥見:《再續》《澂秋》"雲陽之印"。

【彙考2007】

　　雲陽丞,雲陽令之副。説見"雲陽"。

【集證2011】

　　《漢書·地理志》左馮翊有"雲陽"縣。《漢書補注》王先謙曰:"秦邑。蒙恬通直道,自九原至雲陽,徙五萬家於此;韓非死焉,並見《始皇紀》。……《一統志》:'故城今淳化縣西北。'"淳化縣出土的兩件罐上有"雲市"二字,"雲市"爲"雲陽市"之省。

【戰國2013】

　　秦封泥有"雲陽丞印""雲陽"。雲陽在秦時地位重要,有秦林光宫、甘泉宫等著名離宫,韓非子即死於此地。《史記·秦始皇本紀》:"十四年,韓非使秦,秦用李斯謀,留非,非死雲陽。"《史記·匈奴列傳》注解中《正義》引《括地志》云:"雲陽也,秦之林光宫……秦始皇作甘泉宫,去長安三百里,望見長安。秦皇帝以來祭天圜丘處。"秦雲陽故城在今陝西省淳化縣西北,其遺址出土大量的"雲亭""雲市"陶文,爲秦雲陽市亭的簡稱。

【廣封2019】

案《漢書·地理志》:左馮翊,有縣"雲陽"。《史記·秦始皇本紀》:"韓非使秦,秦用李斯謀,留非,非死雲陽。"注,《正義》《括地志》云:"雲陽城在雍州雲陽縣西八十里,秦始皇甘泉宮在焉。"此其丞之印也。

雲陽工丞

無圖,釋讀見《五十例》P317。

【五十例2005】

《漢志》:左馮翊有雲陽縣,"有休屠、金人及徑路神祠三所,越巫䂮鄾祠三所。"《史記·秦始皇本紀》:秦王政十四年,"韓非使秦,秦用李斯謀,留非,非死雲陽。"正義:《括地》云,雲陽城在雍州雲陽縣西八十里,秦始皇甘泉宮也。"三十五年,除道,抵雲陽,塹山堙谷,直通之。"《讀史》:涇陽縣雲陽城,"縣西北三十里,秦始皇二十五年使蒙恬通直道,自九原至雲陽,既而徙五萬家雲陽。漢亦曰雲陽縣,屬左馮翊。後漢建武二年,赤眉自隴坻大略而鄧禹拒之不克,棄長安而走雲陽。"直道屬邠州淳化縣。雲陽縣秦約屬內史,今在陝西省淳化縣西北。秦縣級設"工丞"少見,蓋因雲陽地處北要,秦時有甘泉宮、獄、諸祠、直道,等等重要建設,因此設有雲陽工丞。秦陶文有"雲市"。《秦封2000》有秦封泥"雲陽丞印",《新集》秦封泥"雲陽"。

【秦官2018】

說見"內史之印"。"雲陽工丞"應爲"雲陽工室丞"之省。

(十一)灃丘／廢丘

灃丘

1　　　　　2

1—2.《大系》P77

【官印1990】

在考訂"灃丘左尉"印時指出,印文灃假爲廢,羅福頤云:"按周盂鼎(《三代吉金文存》卷四,四十二頁)有'若敬乃正,勿灃朕命'句。又師西毀(《三代》卷九,廿一頁)、師毃毁(《三代》卷九,三十五頁)、師虎毁(《三代》卷,廿九頁)、均有'敬夙夜,勿灋朕命'句。克鼎(《三代》卷四,四十頁)、盉侯鼎(《三代》卷四,卅六頁)亦有'勿灋朕命'。此語辭與《詩・大雅・蕩之什・韓奕》詩中有'王親命之,纘戎祖考,無癈朕命,夙夜匪懈'句相同。於是知《詩經》之無癈朕命,周金文中均作勿灋朕命。此灋、廢古通用之明證矣"。今按,秦簡《除吏律》:"任灋官者爲吏,貲二甲"。《秦律》:"不當稟軍中而稟者,皆貲二甲,灋"。簡文之中灋字均讀爲廢,是灋假爲廢之確證,印文灋丘即是廢丘。《漢書・地理志》:"槐里,周曰犬丘,懿王都之,秦更名廢丘,高祖三年更名"。《補注》引汪遠孫曰:"《史》高紀二年更名廢丘爲槐里,本書高紀同,三當爲二"。《史記・高祖紀》:"二年……引水灌廢丘,廢丘降,章邯自殺,更名廢丘爲槐里"。《漢書・高帝紀》:"章邯爲雍王,都廢丘",韋昭曰:"即周時犬丘,懿王所都,秦欲廢之,更名廢丘"。秦簡《封診式》有"告灋丘主",是知灋丘爲秦置縣,屬内史,漢高祖二年更名槐里。印文左尉,尉爲縣之佐官,掌軍事與治安。《漢書・百官公卿表》:"縣令長皆秦官,掌治其縣……皆有丞尉"。《續漢書・百官志》:"丞各一人;尉,大縣二人,小縣一人",注引應劭《漢官》曰:"大縣丞左右尉,所謂命卿三人;小縣一尉一丞,命卿二人"。秦簡有關於縣尉的記載,《秦律雜抄》:"縣毋敢包卒爲弟子,尉貲二甲,免;令、二甲"。《戍律》:"縣嗇夫、尉、士吏行戍不以律,貲二甲"。簡文之尉,即是縣尉。秦縣尉的員數,《史記》《漢書》無明確記載。漢代的縣尉,據《續百官志》所記,一般是大縣二人,小縣一人。京師則是四人,衛宏《漢舊儀》云:"長安城方六十里中,皆屬長安令,置左右尉;城東城南置廣部尉;城西北置明部尉,凡四尉";于豪亮據《商君書・境内》篇:"其縣過三日有不致士、大夫勞、爵,能其縣四尉"及《墨子・備城門》:"城上四隅,童異高五尺,四尉舍焉",認爲秦時一縣有四尉。但這是否爲普遍的情況,秦代縣尉的員數是否也有大小縣之分,這個問題目前没有資料可以説明,需待研究。此印印文署左尉,可知必定也有右尉,灋丘縣的縣尉至少有二人。此印由其字體、印面田字格特點及地名沿革,可以確定爲秦印。

　　瑞按:灋丘,即廢丘,説見"灋丘丞印"。

灋丘丞印

　　　　　1　　　　　　　　　　　2

1.《新出》P11;《青泥》P37;《大系》P77
2.《酒餘》P29上

【考略2001】

　　“灋”爲古文“法”字。《睡虎地秦墓竹簡》有“灋丘”簡文,《秦漢南北朝官印徵存》有“灋丘左尉”印。“灋”與“廢”雙聲可通,金文恒見“勿灋朕命”語,“灋”均用爲廢。故“灋丘”亦即“廢丘”。《漢書·地理志》載:右扶風轄“槐里”,注:“周曰犬丘,懿王都之。秦更名廢丘。”“灋丘丞印”與“廢丘丞印”同,均爲秦廢丘縣丞之印。

【簡讀2002】

　　秦縣,《漢志》右扶風“槐里,周曰犬丘,懿王都之。秦更名廢丘。”《史記·高祖本紀》:“引水灌廢丘,廢丘降。章邯自殺,更名廢丘爲槐里。”《秦簡·封診式》“告灋丘主”。《張家·二年·秩律》:“槐里……秩各千石,丞四百石。”

【分域2009】

　　“灋”當讀做廢。周代金文中習見“勿灋朕命”語。雲夢秦簡《除放吏》云:“任灋官者爲吏,貲二甲。”“灋官”即廢官,所以,“灋”讀做廢是毫無疑問的。廢丘,地名,其地在今陝西興平縣東南。《漢書·地理志》云:“槐里,周曰犬丘,懿王都之;秦更名廢丘;高祖三年更名。”可見,“廢丘”爲秦縣名。丞、左尉,職官名,《漢書·百官志》云:“縣萬户以上爲令,不滿爲長,侯國爲相,皆秦制也。丞各一人,尉,大縣二人,小縣二人。”劉昭注引應劭《漢官》:“大縣,丞、左右尉,所謂命卿三人。小縣,一尉一人,命卿二人。”由此可知,設有左、右尉者是大縣。

【集證2011】

　　灋讀爲廢。羅福頤《史印新證舉隅》指出大盂鼎、師卣簋、克鼎等所見之“勿灋朕命”,即《詩·大雅·韓奕》之“無廢朕命”;王人聰指出睡虎地秦簡《除吏律》“任灋官者爲吏,貲二甲”,“灋官”即“廢官”。二説皆是。《漢書·地理志》:“右扶風,槐里。”顔師古曰:“周曰犬丘。懿王都之,秦更名廢丘。高祖三年更名,有黃山宫,孝惠二年起。”《史記·高祖本紀》:“(二年)引水灌廢丘,廢丘降,章邯自殺,更名廢丘爲槐里。”秦簡《封診式》有“告灋丘主”,《攈古録》4·41有“灋丘工同”瓦,較晚的寫法作廢,《小校》11·46有廢丘鼎蓋,又1972年武功縣薛固鄉上王村亦出有廢丘鼎。漢則稱槐里,《封泥彙編》79·6有“槐里丞印”,陳直先生亦藏“槐里市久”陶文。廢丘故城在今陝西興平縣東南十里。

　　瑞按:睡虎地秦墓《封診式》有“告灋丘主”,整理小組言灋丘爲秦縣名,在今陝西興平,是從咸陽出發前往蜀郡的第一站。2018年中國社會科學院考古研究所與西安市文物保護考古研究院聯合組成的阿房宫與上林苑考古隊,在陝西省西咸新區灃西新城東馬坊遺址發掘中,發現大量高等級建築、建築材料,並出土“灋丘　公”陶文陶罐,綜合分析認爲,東馬坊遺址爲灋丘,興平南佐遺址可能爲槐里,但與灋丘無關。

廢丘

1 　　　　　　　　　2

1.《補讀》圖61;《印風》P166;《秦封》P278;《書法》P41;《書集》P128;《彙考》P193;
　《大系》P80
2.《大系》P80

【續考1998】
　　印面長方形,日字格,長2.2釐米,寬1.2釐米,右上角略殘,印文清楚。《漢書·地理志》右扶風:"廢丘",古時爲"槐里",亦爲"犬丘",秦時更名"廢丘"。已出土秦封泥中有"廢丘丞印"一枚。其治今在陝西興平縣東南。

【秦封2000】
　　《漢志》:右扶風有槐里縣,"周曰犬丘,懿王都之。秦更名廢丘。高祖三年更名。"《史記·樊噲列傳》:"下郿、槐里、柳中,灌廢丘最。"《史記·高祖本紀》:"走廢丘","引兵圍雍王廢丘。"《通典》:"周曰犬丘,項羽封章邯爲王,都於此,漢高帝改名槐里,武帝又割置茂陵縣,有武帝茂陵。昭帝又割其地置平陵縣,有昭帝平陵,魏改爲始平,開元中改爲金城。"《括地》:"犬丘故城,一名槐里,亦曰廢丘,在雍州始平縣東南十里。《史記》引水灌廢丘,廢丘降,章邯自殺,更名廢丘爲槐里。"清屬西安府興平縣。廢丘縣秦約屬內史,今在陝西省興平市東南十里。《集古》著錄有"廢丘鼎"。《睡虎》"法丘"。《考與》秦陶文有"灋丘□□"。秦印有:《徵存》"灋丘左尉"。

【簡讀2002】
　　釋讀見"灋丘丞印"條。

【彙考2007】
　　廢丘,縣名。原名犬丘,後名槐里。《漢書·地理志》右扶風有槐里縣。班固自注:"周曰犬丘,懿王都之。秦更名廢丘。高祖三年更名。"王先謙《漢書補注》:"吳卓信曰:'《世本》,懿王二年自鎬徙都犬丘。《紀年》:懿王十五年自宗周遷於槐里,是周時已有之名。周既自鎬遷此,豈有天子所都仍名犬丘之理。蓋已更名槐里矣。據《周勃樊噲傳》:漢初有廢丘,又有槐里,或其後置縣,乃統謂之槐里耳。'先謙曰:'非子居犬丘,見《秦紀》,章邯都,見《項羽傳》。'……《渭水注》:'渭水自雍來,東徑槐里縣故城南……

北下入茂陵。'《一統志》:'故城今興平縣東南十里。'"廢丘"二字,一繁一簡,印面飾有"日"字界格,故此産生了一種平衡肅穆之感。

【政區2009】

傳世有秦印"瀍丘左尉"(《徵存》36)和秦銅器"廢丘鼎"。此外臨潼新豐劉家村秦遺址出土官營徭役性制陶作坊類陶文"廢丘口"。《史記·項羽本紀》:"項王立章邯爲雍王,王咸陽以西,都廢丘。"《史記·高祖本紀》:"引水灌廢丘,廢丘降,章邯自殺,更名廢丘爲槐里。"(槐里一名爲秦時已有,非漢時改名,具體其後討論。)此事在《史記·曹相國世家》《史記·絳侯周勃世家》和《史記·樊酈滕灌列傳》都有相同記載。《水經·渭水注》:"古犬丘邑也,周懿王都之,秦以爲廢丘,亦名舒丘。"《讀史·卷五十三》:"即漢之槐里縣,故城在興平縣東南十一里。"秦廢丘縣在今陝西省興平市東南十里。

【分域2009】

説見"瀍丘丞印"。

【廣封2019】

案《漢書·地理志》:右扶風,有縣"槐里",周曰犬丘,懿王都之。秦更名廢丘。高祖三年更名。有黃山宮,孝惠二年起。莽曰槐治。《史記·秦本紀》:"非子居犬丘,好馬及畜,善養息之。"注,《集解》徐廣曰:"今槐里也。"《正義》《括地志》云:犬丘故城一名槐里,亦曰廢丘,在雍州始平縣東南十里。《括地志》云:扶風在槐里縣,周曰犬丘,懿王都之,秦更名廢丘,高祖三年更名槐里也。

廢丘丞印

1　　　　　2　　　　　3　　　　　4

1.《發現》圖135;《圖例》P57;《書集》P128;《大系》P81
2.《新出》P11
3.《彙考》P193;《大系》P81
4.《秦封》P279;《彙考》P193

【發現1997】

《漢書·地理志》右扶風:"槐里,周曰犬丘,懿王都之,秦更名廢丘,高祖三年更名。"

【郡縣1997】

《漢書·地理志》右扶風槐里本注:"周曰犬丘,懿王都之。秦更名廢丘。高祖三年更名。"則廢丘當爲秦舊縣,地在今陝西興平。秦併六國前後,其爲秦内史所屬;丞爲縣令佐官。

【印考1997】

印面正方形,田字格,邊長1.9釐米,印文精勁,邊欄完整。廢丘,亦稱"犬丘",古邑名。治所在今陝西興平東南。《漢書·地理志》右扶風:"槐里,周曰犬丘,懿王都之,秦更名廢丘。"秦簡《封診式》"告廢丘主";《十鐘山房印舉》收録"灋丘左尉"秦官印一枚,是爲證。

【秦封2000】

廢丘丞爲該縣之丞,説見"廢丘"。

【簡讀2002】

釋讀見"灋丘丞印"條。

【彙考2007】

廢丘丞乃廢丘令之副,説見"廢丘"。

【分域2009】

説見"灋丘丞印"。

【集證2011】

此封泥作"廢",不作"灋",時代顯然比上印晚。此爲廢丘縣丞之印。

【戰國2013】

秦封泥有"廢丘丞印""廢丘""灋丘丞印","灋丘"即"廢丘";傳世有秦印"灋丘左尉"(《徵存》36)和秦銅器"廢丘鼎"。此外臨潼新豐劉家村秦遺址出土官營徭役性制陶作坊類陶文"廢丘□"。《水經·渭水注》:"古犬丘邑也,周懿王都之,秦以爲廢丘,亦名舒丘。"《讀史·卷五十三》:"即漢之槐里縣,故城在興平縣東南十一里。"秦廢丘縣在今陝西省興平市東南10里。

【廣封2019】

案《漢書·地理志》:右扶風,有縣"槐里",周曰犬丘,懿王都之。秦更名廢丘。高祖三年更名。有黄山宮,孝惠二年起。莽曰槐治。《史記·秦本紀》:"非子居犬丘,好馬及畜,善養息之。"注,《集解》徐廣曰:"今槐里也。"《正義》《括地志》云:犬丘故城一名槐里,亦曰廢丘,在雍州始平縣東南十里。《括地志》云:扶風在槐里縣,周曰犬丘,懿王都之,秦更名廢丘,高祖三年更名槐里也。此其丞之印也。

（十二）鮐

鮐印

1　　　　　　　　　2　　　　　　　　　3

1.《於京》圖25；《璽印》P389；《大系》P152
2.《大系》P152
3.《大系》P153

【於京2005】

　　鮐即鮐。《史記·曹相國世家》："漢王封參爲建成侯。……從還定三秦，初攻下辯、故道、雍、鮐。"《史記·樊酈滕灌列傳》："（噲）從攻雍、鮐城，先登。"《史記·酷吏列傳》："趙禹者，鮐人。"《正義》："音胎，故鮐城在雍武功縣西南二十二里，古邰國，后稷所封，漢鮐縣也。"《史記·周本紀》："（帝舜）封棄於邰，號曰后稷，別姓姬氏。"《集解》"徐廣曰：今鮐鄉在扶風，字異耳。"《索隱》："即《詩·生民》曰'有邰家室'是也，鮐即邰，古今字異耳。"《正義》："《括地志》云，故鮐城一名武功，在雍州縣西南二十二里，古邰國后稷所封也，有后稷及姜嫄祠。毛萇云：'邰，姜嫄國也，后稷所生，堯見天因邰而生，故周封於邰也。'"《水經注》卷一八："渭水又東，逕鮐縣故城南，舊邰城也，后稷之封邑矣，《詩》所謂即有邰家室也。城東北有姜嫄祠，城西南百步有稷祠，郿之鮐亭也。'"《漢書·地理志》："右扶風，故秦内史。……鮐，周稷所封。"鮐秦屬内史，其治所在今陝西武功縣西南。

【縣考2007】

　　《元和郡縣圖志》卷二關内道京兆府武功縣下曰："漢舊縣。古有邰國，堯封后稷之地。周平王東遷，以賜秦襄公。孝公置四十一縣，鮐、美陽、武功各其一也。"是鮐、美陽、武功三縣當置於孝公十二年。出土秦封泥中有"鮐丞之印""美陽丞印"。另外，《愙齋集古録》及《秦金文録》皆載有秦美陽權，《小校經閣金文拓本》亦録有其拓文。鮐，即邰，傳爲周始祖后稷封國。《漢志》美陽、武功皆屬右扶風。

【分域2009】

　　鮐，縣名，其地在今陝西武功。《漢書·地理志》右扶風："鮐，周后稷所封。"顏師古注曰："讀與邰同，音胎。"

瑞按：封泥中字下從牛，文獻中字下從來。《漢書・地理志》屬右扶風，言其“周后稷所封”。曾憲通等指出，《説文》中該字下從牛，“西南夷長髦牛也”（《出土戰國文獻字詞集釋》卷二上 P553）。王輝先生指出，1993年在西寶高速建設中，於眉縣白家村秦遺址出土“斄亭”陶文8片，之外斄亦見於咸陽塔爾坡十九年大良造鞅殳錞。指出斄縣轄今陝西楊凌區、武功鎮，亦轄扶風縣絳帳鎮及眉縣北部地方（《四川大學考古專業創建四十周年暨馮漢驥教授百年誕辰紀念文集》P304—305）。

斄丞之印

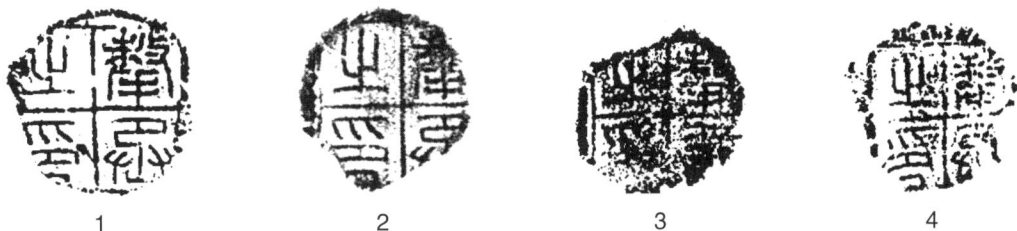

1
2
3
4

1.《彙考》P194；《大系》P151
2.《大系》P151
3.《秦封》P280；《彙考》P195；《大系》P152
4.《秦封》P280；《彙考》P195

【發現1997】

《漢書・地理志》右扶風：“斄，周后稷所封。”師古曰：“讀與邰同，音胎。”

【郡縣1997】

按斄與斄皆“斄”之異體字，此處音作邰。《漢書・地理志》右扶風縣本注“周后稷所封”。地在今陝西武功西。《元和郡縣圖志》卷二京兆武功縣記：“漢舊縣。古有邰國，堯封后稷之地。周平王東遷，以賜秦襄公。孝公作四十一縣，斄、美陽、武功，各其一也。”則斄爲秦孝公時所置縣，秦併六國前後，爲内史所屬；丞爲縣令佐官。

【印考1997】

印面正方形，田字格，邊長2釐米，印文四字清晰，邊欄泥封味濃郁。“斄”，古縣名，秦置，治今陝西武功縣西。《元和郡縣志》載：“（秦）孝公作四十一縣，斄、武功、美陽各其一也。”據考證，邰城遺址位於扶風縣揉穀鄉法禧村一帶。1993年考古工作者曾在這裏發現了秦“亭”印陶數枚，是爲見證。

【秦封2000】

《漢書・地理志》右扶風有斄縣，“周后稷所封”。《史記・曹相國世家》：“從還定三秦，初攻下辯、故道、雍、斄。”《史記・樊噲列傳》：“從攻雍、斄城、先登。”《元和》：“故斄城,一名武功城,在縣西南二十二里。古邰國也。"《讀史》:"古邰國也,后稷封此,秦孝公始置斄縣,漢初曹參攻斄是也……後漢省,志云武功,舊治渭川南郿縣境,後漢又移治古斄城,今亦曰武功城。周建德三年始移武功縣於今治……邑志古斄城,在今縣南八里。"《水經·渭水》:"渭水又東至斄縣故城南,舊邰城也,后稷之封邑矣。"清屬乾州武功縣。斄縣秦約屬內史,今在陝西省扶風縣揉穀鄉法禧村。《秦銅》商鞅鐓"犛鄭"。秦陶文有:《秦陶》"犛"。漢印見:《兩漢》"犛田之史"。漢封泥見:《封泥》"斄丞之印"。

【簡讀2002】

秦縣,《漢志》屬右扶風,"周后稷所封"。《張家·二年·秩律》:"斄……秩各八百石,有丞、尉者半之"。

【彙考2007】

"犛"通"斄",古縣名。戰國秦置。《漢書·地理志》右扶風屬縣有斄縣。班固自注:"周后稷所封。"顏師古注:"讀與邰同,音胎。"王先謙《漢書補注》:"段玉裁曰:'《史記》封棄於邰。'徐廣云:'今斄鄉亦作釐鄉,漢以名縣。斄鄉之名必起於古。'……《渭水注》:'渭水自武功來,東經斄縣故城南,舊邰城也。'……《一統志》:故城今武功縣南。"

【政區2009】

秦陶文有"斄市",此外文獻著録"斄亭"兩枚(《陶匯》307、306)。秦斄縣原爲周古邰國,秦末曹參、樊噲等人都曾在此攻擊秦軍。《史記·曹相國世家》:"(參)遷爲將軍,從還定三秦,初攻下辯、故道、雍、斄,擊章平軍於好時南,破之。"又《史記·樊酈滕灌列傳》:"(樊噲)從攻雍、斄城,先登,擊章平軍好時。"《正義》引《括地志》云:"故斄城一名武功城,在雍州武功縣西南二十二里,古邰國,后稷所封也。"《水經·渭水注》:"渭水又東,逕斄縣故城南,舊邰城也,后稷之封邑矣,《詩》所謂即有邰家室也。城東北有姜嫄祠,城西南百步有稷祠,郿之斄亭也。"《漢志》:"右扶風,故秦內史。"有"斄,周稷所封"。秦斄縣置縣較早,秦孝公時即已經設縣。《元和·卷二》關內道京兆府武功縣:"故斄城,一名武功城,在縣西南二十二里,古邰國也";"孝公置四十一縣,城斄、美陽、武功,各其一也。"《讀史·卷五十四》陝西西安府乾州武功縣斄城,"縣西南二十二里。斄讀曰邰,即后稷所封。秦孝公置斄縣。漢初曹參功斄是也。後亦曰斄縣,屬右扶風"。"《邑志》:古斄城在今縣南八里"。《清一統志·卷二百四十七》:"故城在武功縣西南。"即今陝西扶風縣西南。秦斄縣故城址東西1200米,南北約1000米,時代從戰國至秦漢。

【集證2011】

《漢書·地理志》右扶風有"斄"縣。拙著《十九年大良造鞅殳鐏考》指出殳鐏刻銘"犛鄭"之"犛"讀與斄同,即漢之斄縣,扶風縣姜原村附近出有"犛林共鼎",漢斄縣治應在此。秦漢斄縣轄今之楊陵區(原屬武功縣,今屬咸陽市)、武功鎮,亦轄扶風縣之絳帳鎮及眉縣北部地區。

【戰國2013】

秦封泥有"斄丞之印"和"斄印";秦陶文有"犛市",此外文獻著録"斄亭"兩枚(《陶匯》307、306)。《正義》引《括地志》云:"故斄城一名武功城,在雍州武功縣西南二十二里,古邰國,后稷所封也。"《水經·卷十八》:"渭水又東,逕斄縣故城南,舊邰城也,后稷之封邑矣,《詩》所謂即有邰家室也。城東北有姜嫄祠,城西南白步有稷祠,郿之斄亭也。"《元和·卷二》關内道京兆府武功縣:"故斄城,一名武功城,在縣西南二十二里,古邰國也";"孝公置四十一縣,城斄、美陽、武功,各其一也"。《讀史·卷五十四》陝西西安府乾州武功縣斄城,"縣西南二十二里。斄讀曰邰,即后稷所封。秦孝公置斄縣。漢初曹參攻斄是也。後亦曰斄縣,屬右扶風"。《邑志》:"古斄城在今縣南八里。"秦斄縣置縣較早,秦孝公時即已經設縣。陝西省扶風縣秦斄縣故城址東西1200米,南北約1000米,時代從戰國至秦漢。

【廣封2019】

　　案《秦封泥彙考》:"釐"通"斄",古縣名。戰國秦置。《漢書·地理志》:右扶風屬縣有斄縣。班固自注:"周后稷所封。"顔師古注:"讀與邰同,音(眙)〔胎〕。"王先謙《漢書補注》:"段玉裁曰:'《史記》封弃於邰。'徐廣曰:'今斄鄉亦作釐鄉,漢以名縣。斄鄉之名必起于古。'……《渭水注》:'渭水自武功來,東經斄縣故城南,舊邰城也。'……《一統志》:故城今武功縣南。"此其丞之印也。

斄□□□

《大系》P153

　　瑞按: 封泥殘,下之字磨泐較重。從封泥拓本看,不排除爲半通的可能。

(十三)美　　陽

美陽丞印

《初探》圖5;《印風》P160;《書法》P42;《印集》P105;《彙考》P195;《大系》P166

【發現1997】

《漢書·地理志》右扶風:"美陽,《禹貢》岐山在西北。中水鄉,周大王所邑,有高泉宮,秦宣太后起也。"

【印考1997】

印面正方形,田字格,邊長2釐米,印文四字清晰,邊欄上部留一自然的透氣空。美陽,古縣名。秦孝公置。《史記·秦本紀》:"(孝公)置四十一縣。"嘉慶《扶風縣誌》云:"秦孝公作四十一縣,一曰美陽。"《注》説"縣城在今縣北二十里的崇正鎮"。崇正鎮亦即今法門寺。《漢書·地理志》云:"美陽,《禹貢》岐山在西北,中水鄉,周太王所邑。"考古工作者先後在法門寺附近出土了若干枚戰國時的"美亭"印陶。1995年新豐秦驪邑遺址亦出土了"美陽工倉"印陶一枚。

【秦封2000】

《漢志》:右扶風有美陽縣,"《禹貢》岐山在西北,中水鄉,周大王所邑,有高泉宮,秦宣太后起也。"《括地》武功縣:"故周城,一名美陽城,在雍州武功縣西北二十五里,即太王城也。"《讀史》:"美陽城在武功縣西北二十五里,秦孝公置。漢屬右扶風,後漢永元中改耿秉爲侯邑,或謂之美陽關。"晉屬始平郡,後周屬扶風郡,後魏又爲美陽縣,又于美陽置武功郡,周武帝省武功郡及美陽縣,後又置武功縣,屬扶風郡,清屬乾州武功縣。美陽縣秦約屬內史,今在陝西省扶風縣法門鎮。《秦銅》秦權銘"美陽"。《秦陶》"美陽工蒼,美亭"。漢封泥見:《封泥》《澂秋》"美陽丞印"。

【新地2001】

參見《集》二·三·13"美陽丞印"。

【簡讀2002】

在釋讀"美陽"(瑞按:應爲"弋陽")時指出,秦縣,《漢志》屬右扶風,"有高泉宮,秦宣太后起也。"《張家·二年·秩律》:"美陽……秩各六百石,有丞、尉者半之"。釋讀見"美陽"條。

【縣考2007】

説見"犛丞之印"。

【彙考2007】

美陽,縣名,戰國秦置。《漢書·地理志》右扶風屬縣有美陽縣。班固自注:"《禹貢》:岐山在西北。中水鄉,周大王所邑。有高泉宮,秦宣太后起也。"王先謙《漢書補注》:"段玉裁曰:'此謂雍州荊岐既旅道汧及岐之岐。'……先謙曰:《禹貢山水澤地篇》:岐山在美陽與《志》合。'……《渭水注》:'雍水、杜水自杜陽來,南徑美陽縣之中亭川入雍水,謂之中亭水……又徑美陽縣西入渭。'……《一統志》:故城今武功縣西南。"

【分域2009】

在釋讀"美陽"(瑞按:應爲"弋陽")時指出,美陽,縣名,其地在今陝西武功縣西南。《漢書・地理志》右扶風："美陽，《禹貢》岐山在西北。中水鄉，周大王所邑，有高泉宮，秦宣太后起也。"

【政區 2009】

上海博物館藏傳世秦二世美陽銅權(《編年》1025)；臨潼魚池秦遺址出土秦陶文有"美陽工蒼"(《秦陶》1273)。此外扶風出土三枚秦陶文"美亭"，是美陽市亭之省文。秦美陽置縣較早，秦孝公時就已經設縣，有秦離宮高泉宮。《元和・卷二》："孝公作四十一縣，釐、美陽、武功各一也。"《史記・周本紀》注解中《正義》引《括地志》云："(武功縣)故周城，一名美陽城，在雍州武功縣西北二十五里，即太王城也。"《漢志》右扶風有美陽，"《禹貢》岐山在西北。中水鄉，周大王所邑。有高泉宮，秦宣太后起也"。《讀史・卷五十四》陝西西安府乾州武功縣，"美陽城在武功縣西北二十五里。秦孝公置。……或謂之美陽關，以其地當控扼之要也"。秦美陽縣在今陝西省扶風縣法門寺。秦美陽故城爲抹角三角形，南700米，西500米，北850米，時代從戰國一直延續至北周美陽縣，唐岐陽縣。

【分域 2009】

說見"美陽"。

【集證 2011】

《漢書・地理志》右扶風有"美陽"縣，云："《禹貢》岐山在西北。中水鄉，周大王所邑，有高泉宮，秦宣太后起也。"《讀史方輿紀要》："美陽城在武功縣西北二十五里，秦孝公置。"《小校經閣金文拓本》11・18著錄"美陽"權，器呈鐘形，棱間刻始皇二十六年詔及二世元年詔，鼻紐左右刻"美陽"兩字。《秦代陶文》拓片1273瓦文"美陽工倉"，同文亦見於臨潼劉寨村採集陶文(《考古與文物》1996年4期5頁圖二，6)。羅西章《美陽、岐陽城域考》以爲"岐陽鎮即今之法門寺，漢時之美陽縣城。"

【戰國 2013】

在釋讀"美陽"(瑞按，應爲"弋陽")時指出，秦封泥有"美陽""美陽丞印"；上海博物館藏傳世秦二世美陽銅權(《編年》1025)；臨潼魚池秦遺址出土秦陶文有"美陽工蒼"(《秦陶》1273)。此外扶風出土三枚秦陶文"美亭"，是美陽市亭之省文。秦美陽置縣較早，秦孝公時就已經設縣，有秦離宮高泉宮。《元和・卷二》："孝公作四十一縣，釐、美陽、武功各一也。"《史記・周本紀》注解中《正義》引《括地志》云："(武功縣)故周城，一名美陽城，在雍州武功縣西北二十五里，即太王城也。"《讀史・卷五十四》陝西西安府武功縣，"美陽城在武功縣西北二十五里。秦孝公置。……或謂之美陽關，以其地當控扼之要也"。秦美陽縣在今陝西省扶風縣。秦美陽故城爲抹角三角形，南700米，西500米，北850米，時代從戰國一直延續至北周美陽縣、唐岐陽縣。

【廣封 2019】

案《漢書・地理志》：右扶風，有縣"美陽"，"禹貢岐山在西北。中水鄉，周大王所邑。有高泉宮，秦宣太后起也"。此其丞之印也。

（十四）臨　晉

臨晉

1　2　3

1.《新出》P102;《大系》P157
2.《新選》P101;《大系》P157
3.《大系》P157

　　瑞按：臨晉，《漢書・地理志》左馮翊屬縣，"故大荔，秦獲之，更名。有河水祠。"注引應劭曰："臨晉水，故曰臨晉。"臣瓚曰："晉水在河之間，此縣在河之西，不得云臨晉水也。舊說曰，秦築高壘以臨晉國，故曰臨晉也。"師古曰："瓚說是也。說者或以爲魏文侯伐秦始置臨晉，非也。文侯重城之耳，豈始置乎！"《漢書・溝洫志》"其後嚴熊言'臨晉民願穿洛以溉，重泉以東萬餘頃故惡地。誠即得水，可令畝十石。'於是爲發卒萬人穿渠，自徵引洛水至商顏下。"《漢書・郊祀志》"水曰河，祠臨晉"，師古曰："即今之同州朝邑縣界。"《史記・封禪書》"水曰河，祠臨晉"，《索隱》韋昭云："馮翊縣。"《地理志》臨晉有河水祠。《正義》即同州馮翊縣，本漢臨晉縣，故大荔，秦獲之更名。《括地志》云"大河祠在同州朝邑縣南三十里。《山海經》云'冰夷，人面，乘兩龍也'。《太公金匱》云'馮脩也'。《龍魚河圖》云'河伯姓呂，名公子，夫人姓馮名夷。河伯，字也。華陰潼鄉堤首人水死，化爲河伯'。應劭云'夷，馮夷，乃水仙也'。"《漢書・郊祀志》"北嶽常山於上曲陽，河於臨晉，江於江都"，師古曰："馮翊之縣也，臨河西岸。"《漢書・高帝紀》"三月，漢王自臨晉渡河，魏王豹降，將兵從。"師古曰："舊縣名，其地居河之西濱，東臨晉境，本列國時秦所名也，即今之同州朝邑縣界也。"《漢書・魏豹傳》"漢王還定三秦，渡臨晉，豹以國屬焉，遂從擊楚於彭城。"《後漢書・西羌傳》"洛川有大荔之戎"，注"洛川即洛水。大荔，古戎國，秦獲之，改曰臨晉，今同州城是也。"《史記・魏世家》《史記・六國年表》魏文侯十六年（公元前409年）"伐秦，築臨晉、元里"。臨晉因爲秦晉邊界之地，因此常爲二國相會之處。如魏哀王六年（公元前313年）"秦來立公子政爲太子。與秦王會臨晉"，"九年，與秦王會臨晉。"《史記・韓世家》"襄王四年，與秦武王會臨晉。"

臨晉丞印

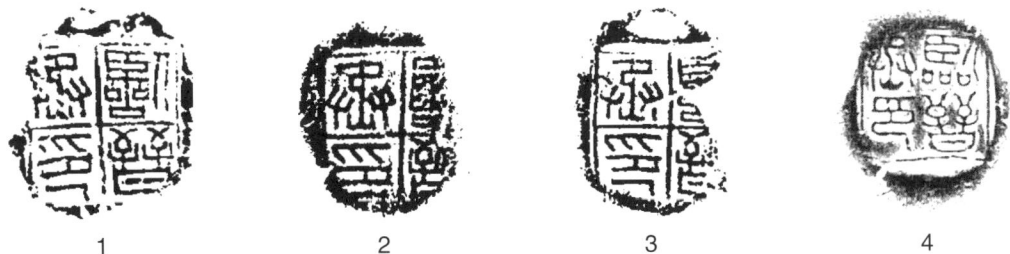

1　2　3　4

1、2.《彙考》P190;《大系》P157
3.《發現》圖127;《圖例》P56;《秦封》P281;《彙考》P190
4.《大系》P157

【發現1997】

《漢書·地理志》左馮翊:"臨晉,故大荔,秦獲之,更名。有河水祠。"應劭曰:"臨晉水,故曰臨晉。"臣瓚曰:"晉水在河之間,此縣在河之西,不得云'臨晉水'也。舊説曰:'秦築高壘以臨晉國,故曰臨晉也。'"師古曰:"瓚説是也。説者或以爲魏文侯伐秦始置臨晉,非也。文侯重城之耳,豈始置乎!"

【郡縣1997】

《漢書·地理志》左馮翊臨晉本注:"故大荔,秦獲之,更名。"《史記·秦本紀》屬共公十六年(公元前461年),"以兵二萬伐大荔,取其王城。"臨晉設晉,或於此時;其地在今陝西大荔。秦併六國前後,其爲秦内史屬縣;丞爲縣令佐官。

【印考1997】

印面似爲長方形,田字格,長2釐米,寬1.8釐米。細觀原爲正方形,因蓋於封泥受擠壓略顯長,印文清楚,邊欄寬博。臨晉,爲戰國時魏邑,入秦後置縣。治所在今陝西大荔東朝邑舊縣東南。《漢書·地理志》左馮翊:"臨晉,故大荔,秦獲之,更名。"《秦代陶文》中有"臨晉翏"印陶一枚。

【秦封2000】

《漢志》:左馮翊有臨晉縣,"故大荔,秦獲之更名。有河水祠。芮鄉,故芮國。莽曰監晉。"應劭曰:"臨晉水,故曰臨晉。"臣瓚曰:"晉水在河之東,此縣在河之西,不得云臨水也。舊説曰:秦築高壘以臨晉國,故曰臨晉也。"師古曰:"瓚説是也。"《史記》:"魏文侯十六年,伐秦,築臨晉、元里。"《史記·秦本紀》:屬公十六年,"伐大荔,取其王城。"集解:"徐廣曰:今之臨晉也。臨晉有王城。"《元和》"禹貢雍州之城,春秋時其地屬秦,本大荔戎國,秦獲之,更名曰臨晉,魏文侯伐秦,秦築臨晉,今朝邑西南有此城。""晉武帝改爲大荔縣,後魏改爲華陰縣,後以名重,改爲武鄉。隋大業三年改爲馮翊縣。"《讀史》:

“在縣西南二里，本大荔國，或曰本晋邑，後屬魏。《史記》魏文侯十六年伐秦築臨晋，後復入於秦，秦惠文王后十二年與梁王會臨晋，武王元年復與魏惠王會臨晋，三年與韓襄王會臨晋，亦曰應亭，昭襄王五年魏王來朝應亭，即臨晋也，秦取其地曾築高壘，以臨晋國，因名。漢王初定三秦，自臨晋渡河而東，後復置縣，屬左馮翊，後漢因之。”隋改稱馮翊縣，元代改稱同州，隸奉元路。明隸于西安府，清改稱大荔縣。臨晋縣秦約屬內史，今陝西省大荔縣朝邑鎮西南。《秦陶》有“臨晋戮”。漢封泥見：《齊魯》《再續》“臨晋丞印”。

【簡讀2002】

秦縣，《漢志》屬左馮翊，“故大荔，秦獲之，更名。”應劭曰：“臨晋水，故曰臨晋。”臣瓚曰：“晋水在河之間，此縣在河之西，不得云臨晋水也。舊説曰：秦築高壘以臨晋國，故曰臨晋也。”師古曰：“瓚説是也。”《張家·二年·秩律》：“臨晋……秩各千石，丞四百石。”

【縣考2007】

《秦本紀》：“（厲共公）十六年，塹河旁。以兵二萬伐大荔，取其王城。”《史記集解》引徐廣曰：“今之臨晋也。臨晋有王城。”《漢志》左馮翊臨晋縣下班固自注曰：“故大荔，秦獲之，更名。”應韻曰：“臨晋水，故曰臨晋。”臣瓚：“晋水在河之間，此縣在河之西，不得云臨晋水也。舊説曰，秦築高壘以臨晋國，故曰臨晋也。”顏師古：“瓚説是也。説者或以爲魏文侯伐秦始置臨晋，非也。文侯重城之耳，豈始置之乎！”據上所引可知，秦屬共公十六年秦奪取大荔後即築高壘，並更名臨晋，以防御晋國的攻擊。故頗疑秦于更名之時即置具有軍事防御功能的臨晋縣。又，出土秦封泥中有“臨晋丞印”。靈公六年（前422年），臨晋之元里爲魏所得。《魏世家》：“［魏文侯］十六年，伐秦，築臨晋元里。”（《六國年表》所載與此同）此處之魏文侯十六年，據《新編年表》的考證，乃是魏文侯稱侯二十六年減十年之紀年，即公元前412年，馬非百據上所載以爲魏文侯由秦奪取臨晋後，當是重修之耳（參見《秦集史·郡縣志上》）。其實恐不然。《魏世家》之文當釋爲“築臨晋之元里”，即魏只奪取了秦臨晋的元里，而非臨晋全縣，臨晋依然屬秦。如此也就不難理解此後秦與魏、韓二國國君的多次會面皆在臨晋。

【彙考2007】

臨晋，縣名。戰國魏邑。秦置縣，漢沿之。《漢書·地理志》左馮翊屬縣有臨晋。班固自注：“故大荔，秦獲之，更名。”顏師古注引應劭曰：“臨晋水，故曰臨晋。”臣瓚曰：“晋水在河間，此縣在河之西，不得云臨晋水也。舊説曰：秦築高壘以臨晋國，故曰臨晋也。”師古曰：“瓚説是也。説者或以爲魏文侯伐秦始置臨晋，非也。文侯重城之耳，豈始置乎！”今在陝西省大荔朝邑鎮西南。

【政區2009】

臨潼魚池秦遺址出土秦陶文有“臨晋繆”（《秦陶》1229）。秦臨晋原爲魏國大荔，因此城面臨晋水而得名，在戰國末年，曾多次作爲秦王與韓、魏王會盟之場所。《史記·魏世家》：“文侯十六年，伐秦，築臨晋元里。”《史記·秦本紀》：“十二年，王與梁王會臨晋”；“武王元年，與魏惠王（九年）會臨晋。……三年，與韓襄王（四年）會臨晋外。”《漢志》左馮翊臨晋縣，“故大荔，秦獲之更名。有河水祠。芮鄉，故芮國。莽曰監晋”。應劭曰：“臨

晉水,故曰臨晉。”臣瓚曰:“晉水在河之東,此縣在河之西,不得云鄰水也。舊説曰:秦
築高壘以臨晉國,故曰臨晉也。”師古曰:“瓚説是也。”《元和・卷二》:“同州,禹貢雍州之
城。春秋時其地屬秦,本大荔戎國,秦獲之,更名曰臨晉,魏文侯伐秦,秦築臨晉,今朝邑
城南有此城。”“晉武帝改爲大荔縣,後魏改爲華陰縣,後以名重,改爲武鄉。隋大業三年
改爲馮翊縣。”《讀史・卷五十四》:“臨晉城,在縣西南二里,本大荔國,或曰本晉邑,後屬
魏。《史記》魏文侯十六年伐秦築臨晉,後復如於秦,秦惠文王後元十二年與梁王會臨晉,
武王元年復與魏惠王會臨晉,三年與襄王會臨晉,亦曰應亭,昭襄王五年魏王來朝應亭,
即臨晉也,秦取其地曾築高壘,以臨晉國,因名。漢王初定三秦,自臨晉渡河而東,後復置
縣,屬左馮翊,後漢因之。”秦屬共公十六年,伐大荔,取其王城。秦伐大荔,取其王城在
先,文侯築城在後。故馬非百認爲“文侯當是重修之耳”。《清一統志・卷二百四十四》:
“馮翊古城在(同州府)今同州府治,本古臨晉也。”同州府即今陝西大荔縣。

【集證2011】

《漢書・地理志》左馮翊有“臨晉”縣,云:“故大荔,秦獲之更名。”《漢書補注》吳
卓信曰:“《秦紀》屬共公六年‘伐大荔,取其王城。’徐廣云:‘今臨晉。’”顏師古注引應
劭曰:“臨晉水,故曰臨晉。”又引臣瓚曰:“晉水在河之間,此縣在河之西,不得云‘臨晉
水’也。舊説曰:‘秦築高壘以臨晉國,故曰臨晉也。’”師古曰:“瓚説是也。説者或以爲
魏文侯伐秦,始置臨晉,非也。文侯重城之耳,豈始置乎!”《秦代陶文》拓本368瓦文有
“臨晉翏”。可見秦有臨晉縣。

【戰國2013】

秦封泥有“臨晉丞印”;臨潼魚池秦遺址出上秦陶文有“臨晉繆”(《秦陶》1229)。秦
臨晉原爲魏國大荔,因此城面臨晉水而得名,在戰國末年,曾多次作爲秦王與韓、魏王會盟
之場所。《史記・魏世家》:“文侯十六年,伐秦,築臨晉、元里。”《史記・秦本紀》:“十二年,
王與梁王會臨晉”;“武王元年,與魏惠王(九年)會臨晉……三年,與韓襄王(四年)會臨晉
外”《漢志》左馮翊臨晉縣,應劭曰:“臨晉水,故曰臨晉。”臣瓚曰:“晉水在河之東,此縣在
河之西,不得云临晉水也。舊説曰:秦築高壘以臨晉國,故曰臨晉也。”《元和・卷二》:“同
州,禹貢雍州之城。春秋時其地屬秦,本大荔戎國,秦獲之,更名曰臨晉,魏文侯伐秦,秦築
臨晉,今朝邑城南有此城”《讀史・卷五十四》:“臨晉城,在縣西南二里,本大荔國,或曰本
晉邑,後屬魏。《史記》魏文侯十六年伐秦築臨晉,後復入於秦,秦惠文王後十二年與梁王
會臨晉,武王元年復與魏惠王會臨晉,三年與襄王會臨晉,亦曰應亭,昭襄王五年魏王來朝
應亭,即臨晉也,秦取其地曾築高壘,以臨晉國,因名。漢王初定三秦,自臨晉渡河而東,後
復置縣,屬左馮翊,後漢因之。”秦屬共公十六年,伐大荔,取其王城。秦伐大荔,取其王城
在先,文侯築城在後。故馬非百認爲“文侯當是重修之耳”。同州府即今陝西大荔縣。

【廣封2019】

案《漢書・地理志》:左馮翊,有縣“臨晉”,故大荔,秦獲之,更名。有河水祠。芮鄉,
故芮國。莽曰監晉。注,應劭曰:“臨晉水,故曰臨晉。”臣瓚曰:“晉水在河之間,此縣在河
之西,不得云臨晉水也。舊説曰,秦築高壘以臨晉國,故曰臨晉也。”師古曰:“瓚説是也。

説者或以爲魏文侯伐始置臨晉,非也。文侯重城之耳,豈始置乎!"此其丞之印也。

瑞按:何有祖在里耶秦簡8-2061中考釋出"臨晉"(《〈里耶秦簡(壹)〉釋地(四則)》,《考古與文物》2019年2期P110)。

(十五) 好　　畤

好畤

《新地》圖7

【新地2001】

　　參見《續》21"好畤丞印"。

【簡讀2002】

　　秦縣,《漢志》屬右扶風。《張家·二年·秩律》:"好畤……秩各千石,丞四百石。"

【職地2014】

　　秦封泥中的"好畤"和"好畤丞印"與秦漢時的"五畤"有關,但"好畤"作爲地名見於《呂不韋列傳》《地理志》,屬右扶風,恐與奉常屬官"五畤"無關。

好畤丞印

　　　1　　　　　　　　2　　　　　　　　3

1.《新選》P95;《大系》P109
2.《大系》P108
3.《大系》P108

【釋續2001】

《漢書・地理志》右扶風有好畤縣。王先謙《補注》:"秦邑。嫪毐斬此,見《呂不韋傳》。雍東有好畤,故縣得名。見《郊祀志》。曹參破章平於此,周勃攻之,見參、勃《傳》。"班氏自注:"有梁山宮,秦始皇起。"好畤今爲陝西永壽縣西南飛地,中隔乾縣西北一角。

【簡讀2002】

釋讀見"好畤"條。

【彙考2007】

《漢書・地理志》右扶風有好畤縣。王先謙《補注》:"秦邑,嫪毐斬此,見《呂不韋傳》。雍東有好畤,故縣得名。見《郊祀志》。曹參破章平於此,周勃攻之,見參、勃《傳》。"班氏自注:"有梁山宮,秦始皇起。"好畤今爲陝西永壽縣西南飛地,中隔乾縣西北一角。

【政區2009】

秦陶文有"好畤工夥"。《史記・呂不韋列傳》:"嫪毐敗走,追斬之好畤。"《史記・高祖本紀》:"雍兵敗,還走,止戰好畤。"《史記・曹相國世家》:"擊章邯軍好畤。"《史記・樊酈滕灌列傳》:"(樊噲)擊章邯軍好畤,攻城先登,斬縣令、丞各一人。"《漢書補注》:"秦邑,嫪毐斬此,見《呂不韋傳》。雍東有好畤,故縣得名,見《郊祀志》。曹參破章平於此,周勃攻之,見參、勃《傳》。"《讀史・卷五十四》陝西西安府乾州好畤廢縣,"在州東南四十里,自古以雍州爲神明之奧,故立畤以郊上帝,諸神明皆聚焉。好畤蓋秦文公時作,所謂'雍東有好畤'者也。漢王定三秦,敗雍王章邯於好畤,後因置縣,屬右扶風"。考古調查表明,今陝西省乾縣東南地秦好畤故城南北1500米,東西不詳,時代從戰國至漢,北周省。

【分域2009】

好畤,縣名,其地在今陝西永壽西南。《漢書・地理志》載,右扶風有好畤縣。

【戰國2013】

秦封泥有"好畤丞印";秦陶文有"好畤工夥"。《史記・呂不韋列傳》:"繆毐敗走,追斬之好畤。"《漢書補注》:"秦邑,繆毐斬此,見《呂不韋傳》。雍東有好畤,故縣得名,見《郊祀志》。"《讀史・卷五十四》陝西西安府乾州好畤廢縣,"在州東南四十里,自古以雍州爲神明之奧,故立畤以郊上帝,諸神明皆聚焉。好畤蓋秦文公時作,所謂'雍東有好畤'者也。漢王定三秦,敗雍王章邯於好畤,後因置縣,屬右扶風"。考古調查表明,今陝西省乾縣東南地秦好畤故城南北1500米,東西不詳,時代從戰國至漢,北周省。

【職地2014】

説見"好畤"。

【廣封2019】

案《漢書・地理志》:右扶風,有縣"好畤","垝山在東。有梁山宮,秦始皇起。莽曰好邑"。《史記・秦始皇本紀》:"始皇帝幸梁山宮。"注,《集解》徐廣曰:"在好畤。"《正義》《括地志》云:"俗名望宮山,在雍州好畤縣西十二里,北去梁山九里。秦始皇(起)〔紀〕'從山上見丞相車騎衆,弗善',即此山也。"此其丞之印也。

（十六）漆

漆丞之印

1　　　　　　　　　　　2

1.《印風》P151;《印集》P105;《大系》P194
2.《大系》P194

【釋續2001】

依通例,末2字應爲"之印",如下文"温丞之印"是。《漢書‧地理志》右扶風有漆縣。王先謙《補注》:"續《志》劉注:'豳國有東北,有漆亭,有師曠塚。'秦邑,周勃北攻漆,見《勃傳》。"今在陝西彬縣東。

【簡讀2002】

秦縣,《漢志》屬右扶風。

【彙考2007】

依通例,末二字應爲"之印",如下文"温丞之印"是。《漢書‧地理志》右扶風有漆縣。王先謙《補注》:"續《志》劉注:'豳國在東北,有豳亭,有師曠塚。'秦邑。周勃北攻漆,見《勃傳》。"今在陝西彬縣東。

【政區2009】

秦始皇陵遺址出土的秦陶文有"漆狀","漆"爲縣名,"狀"爲人名。西安市出土的秦昭襄王三年"高奴禾石權"(《編年》65),銘文有"三年漆工熙",王輝注釋曰"漆、高奴皆上郡縣"。即秦漆縣早在公元前304年就已經置縣,但根據《圖集》看,秦漆縣屬內史。《史記‧絳侯周勃世家》:"(周勃)北攻漆。"《正義》:"今豳州新平縣,古漆縣也。"《清一統志‧卷二百四十八》:"新平故城,今邠州治,古漆縣也。"古豳、邠同音,故址即今陝西省彬縣。

【分域2009】

漆,縣名,其地在今陝西彬縣。《漢書‧地理志》載,右扶風有漆縣。

【戰國2013】

秦封泥有"漆丞之印";秦始皇陵遺址出土的秦陶文有"漆狀","漆"爲縣名,"狀"爲人名。西安市出土的秦昭襄王三年"高奴禾石權"(《編年》65),銘文有"三年漆工熙"，王輝注釋曰"漆、高奴皆上郡縣"。即秦漆縣早在公元前304年就已經置縣，但根據《圖集》看，秦漆縣屬内史。古豳、邠同音，故址即今陕西省彬縣。

（十七）栒　邑

栒邑

《大系》P315

【官印1990】

在考訂"栒邑尉印"印時指出，此印字體秦篆，有田字格，印文右起交叉讀。第一字當釋栒，與《説文》栒字同。《説文》云，栒，"從木，旬聲"。《説文》勹部有旬字，云："從勹，旬聲"。栒字從旬聲，亦即從旬聲。栒與栒字音同，得相通用，由此可知栒邑即是《史記》《漢書》所記之栒邑。《史記·酈商傳》：酈商"破雍將軍焉氏，周類軍栒邑"，《索隱》："栒邑在豳州。地理志屬右扶風"。《漢書·酈商傳》，先謙曰："栒邑，扶風縣，今邠州三水縣東北二十五里"。陳直《漢書新證》云："杭州鄒氏藏八角式權作旬邑，蓋省文"。今據秦權，可知栒邑本秦縣，此印係秦栒邑縣縣尉所用官印。

栒邑丞印

《大系》P315

【分域2009】

《説文·木部》云："從木，旬聲。"又《説文》："旬，從勹，旬聲。"可見，可以讀做栒。

“邑”即文獻中的“栒邑”。栒邑，地名，《史記·酈商列傳》云：“(酈商)破雍將軍焉氏，周類軍栒邑，蘇駐軍於泥陽。”司馬貞《索隱》云：“栒邑，在豳州。”其地在今陝西栒邑縣東北。尉，職官名，秦的“尉”是縣令之佐官，主管軍事與政治。

【集證2011】

在考釋“旬邑尉印”時指出，《秦代陶文》1241有“栒邑書”，栒字與此印同作。而漢代作(《漢印文字徵》6.11)，與此不同。傳世有所謂的秦栒邑權，栒字與漢印相同，但該權作八棱形，學者多以爲僞器。“楥”《説文》云：“從木，㝱聲。”《説文》又有“㝱”字，謂“從兮，旬聲。”楥與“栒”字音同，得相通用，故“楥邑”即典籍所見之“栒邑”。《史記·酈商列傳》：“(酈商)破雍將軍焉氏，周類軍栒邑，蘇駔軍于泥陽。”《索隱》：“栒邑在豳州，《地理志》屬右扶風。”地在今陝西栒邑縣東北。此爲秦栒邑縣縣尉之印。

【戰國2013】

秦傳世官印有“旬邑尉印”；又天津博物館藏傳世秦“旬邑銅權”(《編年》201)。臨潼魚池秦遺址出土秦陶文“旬邑書”。《讀史·卷五十四》：“旬邑城在(三水)縣東北二十五里，本秦邑，漢初酈商破雍將周類軍於旬邑，即此，漢置縣。”今從秦旬邑權和秦璽印可證，旬邑本秦縣，秦旬邑故址在今陝西旬邑縣東北。

楥邑□□

1　　　2

1.《新選》P115
2.《大系》P315

瑞按：封泥殘，左側不存，完整內容有待更新發現。

樗市丞印

1　　　　2　　　　3　　　　4

1、2.《新選》P115;《大系》P316
3、4.《大系》P315

【十五則2017】

　　"樗邑丞印"封泥左半殘缺,將之與"樗市丞印"對比,可知首字應爲同一字。將此兩例封泥首字與秦文字中樗字字形對比,可知應爲樗字。樗邑,秦内史轄縣,《漢書·地理志》屬右扶風。秦璽印有"樗邑尉印",是樗邑縣縣尉用印。惟"樗市丞印"印文特異,難以解釋,存疑待考。

（十八）麗　　邑

麗邑丞印

1　　　　　　　　2

1—2.《相家》P28;《大系》P154

【新見1996】

　　《漢書·地理志》(下簡稱《漢志》)記:京兆尹,故秦内史,"新豐,驪山在南,故驪戎國。秦曰驪邑。"《史記·秦始皇本紀》:十六年,魏獻地於秦,秦置麗邑。麗邑即驪邑,秦屬内史。在今陝西西安市臨潼區新豐鎮,一説在臨潼區代王鎮。秦陶文見《秦出土文獻編年》(下簡稱《出》)錄:1823—1827"麗邑",1672—1797"麗市、麗器、麗亭"。

【新地2001】

　　《漢書·地理志》(下簡稱《漢志》)記:京兆尹,故秦内史,"新豐,驪山在南,故驪戎國。秦曰驪邑。”《史記·秦始皇本紀》：十六年，魏獻地於秦，秦置麗邑。麗邑即驪邑，秦屬内史。在今陝西西安市臨潼區新豐鎮，一説在臨潼區代王鎮。秦陶文見《秦出土文獻編年》（下簡稱《出》）録：1823—1827“麗邑”，1672—1797“麗市、麗器、麗亭”。

【簡讀2002】

秦縣，《史記·秦始皇本紀》：“始皇享國三十七年，葬酈邑。”《漢志》“新豐，驪山在南，故驪戎國。秦曰驪邑。”《史記·秦始皇本紀》“秦置麗邑”。《張家·二年·秩律》：“酈……秩各六百石，有丞、尉者半之”。《張家·奏讞書》：“恢居麗邑建成里”。

【於京2005】

《史記·秦始皇本紀》：“十六年，……秦置麗邑。”《正義》：“《括地志》云：‘雍州新豐縣，本周時驪戎邑。左傳云晉獻公伐驪戎，杜注云在京兆新豐縣，其後秦滅之以爲邑。’”“三十五年，……因徙三萬家麗邑，五萬家雲陽，皆復不事十歲。”《史記·高祖本紀》十年，“更名麗邑曰新豐”《漢書·地理志》：“京兆尹……新豐，驪山在南，故驪戎國，秦曰驪邑。”《水經注》卷三九：“渭水又東，戲水注之，水出麗山馮公谷。東北流，又北逕麗戎城東。《春秋·晉獻公五年》，伐之，獲麗姬於是邑。麗戎，男國也，姬姓。秦之麗邑矣。”麗邑秦屬内史。其治地在今陝西西安臨潼區新豐鎮西南。

【縣考2007】

《秦始皇本紀》：始皇十六年，“魏獻地於秦，秦置麗邑。”《史記正義》引《括地志》云：“雍州新豐縣，本周時驪戎邑。《左傳》云晉獻公伐驪戎，杜注云在京兆新豐縣，其後秦滅之以爲邑。”顧觀光曰：“據《國語》，則滅驪戎乃晉獻公事，蓋晉滅之而不能有，後遂入於秦也。”《秦始皇本紀》此處既言“置麗邑”，而出土的秦封泥中又有“麗邑丞印”，則頗疑麗邑在此年設縣。西漢麗邑改稱新豐，屬京兆尹（《漢志》）。

【政區2009】

秦陶文有“麗亭”。《史記·秦始皇本紀》：“十六年，魏獻地與秦，秦置麗邑”；“始皇享國三十七年，葬麗邑。”《正義》引《括地志》云：“‘雍州新豐縣，本周時驪戎邑。’《左傳》云晉獻公伐驪戎，杜注云在京兆新豐縣，其後秦滅之以爲邑。’”三十五年，“因徙三萬家麗邑，五萬家雲陽，皆復不事十歲”《史記·高祖本紀》漢高祖十年，“更名麗邑曰新豐”。《漢志》京兆尹有“新豐，驪山在南，故驪戎國，秦曰驪邑”。《水經·渭水注》：“渭水又東，戲水注之，水出麗山馮公谷。東北流，又北逕麗戎城東。《春秋》晉獻公五年，伐之，獲麗姬於是邑。麗戎，男國也，姬姓。秦之麗邑矣。”《讀史·卷五十三》陝西西安府臨潼縣“府東七十里”，“周爲驪戎國，秦爲驪邑”。“驪戎城，縣東二十四里。故驪戎國。《春秋》：‘晉獻公伐驪戎，滅驪子’，即此地也。《秦紀》：‘始皇十六年置驪邑，三十五年徙三萬家於驪邑’，即驪戎故城也。《里道記》云：‘城高一丈五尺，周四里。’”秦麗邑是秦始皇爲其陵墓修建和管理而設置的陵邑縣。秦麗邑故城遺址在秦始皇陵以北2.5公里的劉家村一帶，並發現幾處大型的秦建築遺址。城址爲長方形，東西約600米，南北約670米。

【戰國2013】

西安相家巷出土秦封泥有“麗邑丞印”；秦陶文有“麗亭”。《史記·秦始皇本紀》："十六年，魏獻地於秦，秦置麗邑"；"始皇享國三十七年，葬麗邑"。《正義》引《括地志》云："雍州新豐縣，本周時驪戎邑。《左傳》云晉獻公伐驪戎，杜注云在京兆新豐縣，其後秦滅之以爲邑。"三十五年，"因徙三萬家麗邑，五萬家雲陽，皆復不事十歲"。《漢志》京兆尹有"新豐，驪山在南，故驪戎國，秦曰驪邑"。《水經·渭水注》："渭水又東，戲水注之，水出麗山馮公谷。東北流，又北逕麗戎城東。《春秋·晉獻公五年》，伐之，獲麗姬於是邑。麗戎，男國也，姬姓。秦之麗邑矣。"《讀史·卷五十三》陝西西安府臨潼縣"府東七十里"，"周爲驪戎國，秦爲驪邑"。"驪戎城，縣東二十四里。故驪戎國。《春秋》：'晉獻公伐驪戎，滅驪子'，即此地也。《秦紀》：'始皇十六年置驪邑，三十五年徙三萬家於驪邑，'即驪戎故城也。《里道記》云：'城高一丈五尺，周四里'"。秦麗邑是秦始皇爲其陵墓修建和管理而設置的陵邑縣。秦麗邑故城遺址在秦始皇陵以北2.5公里的劉家村一帶，並發現幾處大型的秦建築遺址。城址爲長方形，東西約600米，南北約670米。

　　瑞按：《史記·六國年表》始皇十六年"置麗邑"。《史記·秦始皇本紀》始皇十六年"秦置麗邑"，注引《正義》："麗，力知反。《括地志》云：'雍州新豐縣，本周時驪戎邑。《左傳》云晉獻公伐驪戎，杜注云在京兆新豐縣，其後秦滅之以爲邑。'"三十五年"因徙三萬家麗邑"。嶽麓秦簡《質日》三十五年"乙酉歸宿麗邑"，整理者注"麗邑，縣名，今陝西西安臨潼東北"（《嶽麓書院藏秦簡（一——三）釋文修訂本》P17）。

（十九）杜　　陽

杜陽

1　　　　　　　2　　　　　　　3

1.《新選》P92；《大系》P75
2、3.《大系》P75

【官印1990】
　　在考訂"杜陽左尉"印時指出，《史記·甘茂列傳》："封小令尹於杜陽"《索隱》："杜陽亦秦地，今以封楚令尹是秦楚合也"。《漢書·地理志》右扶風下有杜陽縣，《補注》："先謙曰，秦邑。《國策》蘇代說向壽封小令尹以杜陽"，是知杜陽縣爲秦置，屬內史。此印形略呈長方,印面有田字格,印文右起左行横讀,字體風格與瀘丘左尉印相同,亦可定爲秦印。左尉,詳前瀘丘左尉印考釋。此印係杜陽縣尉左尉所用的官印。

【分域 2009】

在釋讀"杜陽左尉"(《徵存》7.35)時指出,杜陽,地名,《史記・甘茂列傳》載蘇代謂秦使向壽云:"今公與楚解口地,封小令尹以杜陽。秦楚合,復攻韓,韓必亡。"司馬貞《索隱》云:"又封楚之小令尹以杜陽。杜陽亦秦地。"其地在今陝西麟遊縣西北。該印當爲杜陽縣的左尉所用之印。

【集證 2011】

釋讀"杜陽左尉"時指出,《漢書・地理志》右扶風有"杜陽"縣。《史記・甘茂列傳》:"封小令尹以杜陽。"《索隱》:"杜陽亦秦地。"《清一統志》:"麟遊縣,秦杜陽邑,放城在麟遊縣西北。"

【十則 2019】

半通,有邊欄和界格。杜陽,《漢書・地理志》屬右扶風,在今陝西麟遊縣西北。秦璽印有"杜陽左尉",是秦杜陽縣尉用印。睡虎地秦簡《秦律雜抄》"戍律曰:同居毋并行,縣嗇夫、尉及士吏行戍不以律,貲二甲。……縣尉時循視其功及所爲,敢令爲它事,使者貲二甲。"《後漢書・百官志》"尉大縣二人,小縣一人。"既有左尉,則必有右尉,可見杜陽在秦爲大縣。《彙編》250號著錄"杜陽丞印"封泥一枚,但印面下半殘失,印面右上的杜字也僅能看清"木"旁。秦封泥"杜陽",印面界格清晰,文字完整,據此可爲"杜陽丞印"封泥的釋文可靠性提供支援。

杜陽丞印

1　2

1.《於京》圖27;《璽印》P416;《大系》P75
2.《大系》P75

【於京 2005】

《史記・樗里子甘茂列傳》:"今公與楚解口地,封小令尹以杜陽。"《索隱》:"又封楚之小令尹以杜陽。杜陽亦秦地,今以封楚令尹,是秦楚合也。"《漢書・地理志》:"右

扶風,……杜陽,杜水南入渭。(《詩》曰:'自杜')莽曰通杜。"師古曰:"《大雅·綿》
之詩曰:'人之初生,自土、漆、沮',《齊詩》作'自杜',言公劉避狄而來居杜與漆、沮之
地。"《水經注》卷一六:"漆水出扶風杜陽縣俞山,東北入於渭。"《元和郡縣圖志·關
內道二·鳳翔府·麟遊縣》:"本漢杜陽縣地,隋於此置西麟州,營仁壽宮。義寧元年,
唐高祖輔政,廢宮。是年獲白麟於宮所,因置縣。"杜陽秦屬內史,其治地在今陝西麟
遊縣西。

【政區2009】

傳世秦印有"杜陽左尉"。《史記·樗里子甘茂列傳》:"今公與楚解口地,封小令尹
以杜陽。"《索隱》:"杜陽,秦之地。"《水經·漆水注》:"漆水出扶風杜陽縣俞山東,北入
於渭。"《元和·卷二》:"麟遊縣,本漢杜陽縣地,隋於此置西麟州,營仁壽宮。義寧元年,
唐高祖輔政,廢宮。是年獲白麟於宮所,因置縣。"《讀史·卷五十五》陝西鳳翔府鳳翔
縣杜陽城:"府北九十里。漢縣屬右扶風。師古曰:《綿》之詩:'自土沮漆',《齊詩》作
'自杜',言公劉避狄而來,居杜與漆沮之地。漢因置杜陽縣。後漢初省。永和二年復
置。晉廢。《詩譜》云:周原在岐山陽,屬杜陽界,地形險阻而原田肥美是也。《勝覽》:今
隴州吳山縣東四十五里,有文王故城,蓋即漢之杜陽城。又,岐山縣東二十里亦有杜陽
城云。"《清一統志·卷二百三十六》:"麟游縣,秦杜陽邑,故城在麟遊縣西北。"秦杜陽
縣故址在今陝西省麟遊縣西北。

(二十) 胡

胡印

無圖,釋讀見《五十例》P318。

【五十例2005】

《史記·封禪書》:"於湖有周天子祠。"《范睢蔡澤列傳》:"王稽辭魏去,過載范
睢入秦。至湖,望見車騎從西來。"《索隱》:"按:《地理志》京兆有湖縣,本名胡,武
帝更名湖,即今湖城縣也。"《正義》:"今虢州湖城縣也。"《漢志》京兆尹有湖。本
注:"有周天子祠二所。故曰胡,武帝建元年更名湖。"《水經·河水注》:"河水右會
槃澗水,水出湖縣夸父山。""河水又東逕湖縣故城北。""湖水又北逕湖縣東,而北
流入於河。《魏土地記》曰:弘農湖縣有軒轅黃帝登仙處。"《元和郡縣圖志·河南
道二·虢州·湖城》:"本漢湖縣,屬京兆尹。即黃帝鑄鼎之處。後漢改屬弘農郡,
至宋加'城'字爲湖城縣。""湖城故城,在縣西南二里。"湖秦屬內史,其地在今河
南靈寶縣西。

【政區2009】

又西漢初年的張家山漢簡《獻讞書》有"胡狀、丞喜敢讞之"案例,爲高祖十
年事。《史記·范睢蔡澤列傳》:"王稽辭魏去,過載范睢入秦。至湖,望見車騎從西
來。"《索隱》:"按:《地理志》京兆有湖縣,本名胡,武帝更名湖,即今湖城縣也。"

《正義》：“今虢州湖城縣也。”《水經·河水注》：“河水又東逕湖縣故城北。昔范叔入關，遇穰侯於此矣。”《漢志》京兆尹屬縣湖，“故曰胡，武帝建元年更名湖”。《讀史·卷四十八》河南府靈寶縣湖城：“縣東四十里。秦曰湖關。王稽載范睢入秦，至湖關，即此。漢置湖縣，屬京兆尹。”今文獻和文物證明胡亦爲秦時舊縣，在今河南省靈寶縣西。

【戰國2013】

秦封泥有“胡印”。《史記·范睢蔡澤列傳》：“王稽辭魏去，過載范睢入秦。至湖，望見車騎從西來。”《索隱》：“按：《地理志》京兆有湖縣，本名胡，武帝更名湖，即今湖城縣也。”《正義》：“今虢州湖城縣也。”《水經·河水注》：“河水又東逕湖縣故城北。昔范叔入關，遇穰侯於此矣。”《讀史·卷四十八》河南河南府靈寶縣湖城：“縣東四十里。秦曰湖關。王稽載范睢入秦，至湖關，即此。漢置湖縣，屬京兆尹。”今文獻和文物證明胡亦爲秦時舊縣，在今河南省靈寶縣西。

胡丞之印

1　　　　　　2　　　　　　3

1.《新選》P96；《大系》P115
2、3.《大系》P115

瑞按：胡，從《水經注》的記載看，在漢爲湖縣。《水經注》卷4“又東過河北縣”注，“南縣與湖縣分河……河水右會槃澗水，水出湖縣夸父山，北逕漢武帝思子宮歸來望思臺東，又北流入於河。河水又東逕湖縣故城北，昔范叔入關，遇穰侯於此矣。湖水出桃林塞之夸父山，廣圓三百仞。武王伐紂，天下既定，王巡嶽瀆，放馬華陽，散牛桃林，即此處也。其中多野馬，造父於此得驊騮、綠耳、盜驪之乘，以獻周穆王，使之馭以見西王母。湖水又北逕湖縣東，而北流入於河。《魏土地記》曰：弘農湖縣有軒轅黃帝登仙處。黃帝采首山之銅，鑄鼎於荆山之下，有龍垂胡於鼎，黃帝登龍，從登者七十人，遂升於天。故名其地爲鼎胡。荆山在馮翊，首山在蒲阪，與湖縣相連。《晋書·地道記》《太康記》並言胡縣也。漢武帝改作湖。俗云黃帝自此乘龍上天也。《地理志》曰：京兆湖縣有周天子祠二所，故曰胡，不言黃帝升龍也。”

胡□之□

《酒餘》P32下;《大系》P115

（二十一）上　雒

上雒

1　　　　　　　　2

1.《精品》P65;《大系》P210
2.《大系》P210

【戰國2013】

　　湖北江陵市九店東周墓出土魏"二十八年上洛左庫"戈,銘文"二十八年上洛左庫工師□烯冶□"。上洛,地名,古璽有"上各(洛)付(府)"(《璽匯》3228)。吴振武考證:"'上各'是地名,即吾甌中的上洛,典籍或作上雒(《左傳·哀公四年》),春秋晋邑。戰國時先屬魏,後屬秦。《戰國策·秦策五》:'楚、魏戰於陘山,魏許秦以上洛,以絶秦於楚。'其地在今陕西商縣。此璽從形制和文字風格上看,可以確定爲魏璽。"其説甚確。又《史記·蘇秦列傳》:"西河之外,上洛之地。"錢穆曰:"此上雒在西河之外,則洛乃'涇洛'之洛,而非以'伊洛'上源之地説之。"此戈和古璽互證魏置上洛縣,故址在今陕西省商縣。

上雒丞印

1　2　3　4

1.《釋續》圖22;《印風》P144;《大系》P210
2.《大系》P210
3—4.《新出》P74

【釋續2001】

　　《漢書·地理志》弘農郡有上雒縣。王先謙《補注》:"春秋晋地,見《左哀傳》。自此東至陸渾,謂之陰地。見《宣傳》(引者按"宣"爲哀之誤)杜注。烈公時楚伐我南都,至此,見《紀年》。戰國屬魏,與楚戰,以上雒許秦,見《國策》。漢元鼎四年置縣,見《寰宇記》。……《一統志》: 故城今商州治。"秦上雒爲今商州,而商縣爲今丹鳳,有所不同。丹鳳縣秦商邑遺址出土"商"字半瓦當,是其明證。

【簡讀2002】

　　秦縣,《漢志》屬弘農郡。《張家·二年·秩律》:"上雒……秩各六百石,有丞、尉者半之"。

【彙考2007】

　　王輝先生考:《漢書·地理志》弘農郡有上雒縣。王先謙《漢書補注》:"春秋晋地,見《左哀傳》。自此東至陸渾,謂之陰地。見《宣傳》(引者按"宣"爲哀之誤)杜注。烈公時楚伐我南都,至此,見《紀年》。戰國屬魏,與楚戰,以上雒許秦,見《國策》。漢元鼎四年置縣,見《寰宇記》。……《一統志》: 故城今商州治。"秦上雒爲今商州,而商縣爲今丹鳳,有所不同。丹鳳縣秦商邑遺址出土"商"字半瓦當,是其明證。

【政區2009】

　　戰國屬魏地,魏置上洛縣。湖北江陵市九店東周墓出土魏二十八年上洛左庫戈,銘文"二十八年上洛左庫工師□烯冶□"。"上洛"即"上雒",可見上洛置縣較早,秦實因之。《史記·蘇秦列傳》:"西河之外,上雒之地,叄川晋國之禍,三晋之半,秦禍如此其大也。"秦上雒縣屬秦内史,故址今在陝西省商縣。

【戰國2013】

　　秦封泥有"上雒丞印"。戰國屬魏地,魏置上洛縣。湖北江陵市九店東周墓出土魏二十八年上洛左庫戈,銘文"二十八年上洛左庫工師□烯冶□"。可見上洛置縣較早,秦實因之。秦上雒縣屬秦內史,今在陝西省商縣。

【廣封2019】

　　案《漢書・地理志》:弘農郡,有縣"上雒","《禹貢》雒水出冢領山,東北至鞏入河,過郡二,行千七十里,豫州川。又有甲水,出秦領山,東南至錫入沔,遇郡三,行五百七十里。熊耳獲輿山在東北。此其丞之印也"。

（二十二）藍　　田

藍田

1　　　　　　2　　　　　　3

1、2.《新選》P100;《大系》P144

3.《酒餘》P35上;《大系》P145

　　瑞按: 藍田,秦縣。《漢書・地理志》京兆尹屬縣,"山出美玉,有虎侯山祠,秦孝公置也"《史記・楚世家》"十七年春,與秦戰丹陽,秦大敗我軍,斬甲士八萬,虜我大將軍屈匄、裨將軍逢侯醜等七十餘人,遂取漢中之郡。楚懷王大怒,乃悉國兵復襲秦,戰於藍田,大敗楚軍。"《史記・韓世家》對曰:"秦王之言曰'請道南鄭、藍田,出兵於楚以待公',殆不合矣。"《史記・絳侯周勃世家》"南攻南陽守齮,破武關、嶢關。破秦軍於藍田,至咸陽,滅秦。"《水經注》卷19"霸者,水上地名也,古曰滋水矣。秦穆公霸世,更名滋水爲霸水,以顯霸功。水出藍田縣藍田谷,所謂多玉者也。西北有銅谷水,次東有輞谷水,二水合而西注,又西流入涇水。涇水又西逕嶢關,北歷嶢柳城。東、西有二城,魏置青涇軍於城內,世亦謂之青涇城也。秦二世三年,漢祖入,自武關攻秦,趙高遣將距於嶢關者也。《土地記》曰:藍田縣南有嶢關,地名嶢柳道,通荆州。《晋地道記》曰:關當上洛縣西北。涇水又西北流入霸,霸水又北歷藍田川,逕藍田縣東。《竹書紀年》:梁惠成王三年,秦子向命爲藍君,蓋子向之故邑也。"

藍田之印

《彙考》P186

瑞按：封泥收於《彙考2007》，然以封泥文字等看，與"藍田丞印"等有異，似非秦封泥。

藍田丞印

1　　　　　2　　　　　3　　　　　4

1.《印風》P147；《彙考》P186；《大系》P145
2.《大系》P145
3.《秦封》P275；《彙考》P186
4.《新出》P24

【發現1997】
　　《史記·六國年表》："秦獻公六年，初縣藍田。"《漢書·地理志》京兆尹，縣十二，"藍田，山出美玉，有虎侯山祠，秦孝公置也。"

【郡縣1997】
　　《漢書·地理志》京兆尹藍田縣本注："山出美玉，有虎侯山祠，秦孝公置也。"按《史記·秦本紀》孝公十二年（公元前350年）"作爲咸陽，築冀闕，秦徙都之。併諸小鄉聚，集爲大縣，縣一令，四十一縣。"此爲秦地方行政制之一大改革，藍田諸縣當置於此時。秦併六國前後，其爲秦內史屬縣，丞爲縣令佐官。

【印考1997】
　　印面正方形，似有田字格，邊長1.6釐米，印文稍模糊，邊欄單薄。藍田，秦置縣。《史記・六國年表》記,秦獻公六年(公元前379年)"初置蒲、藍田"。故城在今陝西省藍田縣西。《秦代陶文》中收錄秦印陶"藍田"一枚。

【秦封2000】

《漢志》:"京兆尹有藍田縣。山出美玉,有虎侯山祠,秦孝公置也。"《史記・六國年表》秦獻公六年"初置蒲、藍田"。《國策》:"秦取楚漢中,再戰於藍田。"又"子楚立,以呂不韋爲相,號曰文信侯,食藍田十二縣。"《史記・高祖本紀》:"沛公與秦軍戰於藍田南,敗之。"《水經・渭水》:"霸水又北歷藍田川,逕藍田縣東。《竹書》,梁惠成王三年,秦子向爲藍君,蓋子向之故邑也。"《元和》:"本孝公置。按《周禮》,玉之美者曰球,其次爲藍,蓋是出美玉,故曰藍田。周閔帝割京兆之藍田又置玉山、白鹿二縣,置藍田郡,至武帝省郡,復爲藍田,屬京兆,後遂因之。"《讀史》:"藍田故城,在縣治西十一里,竹書梁惠成王三年秦子向命爲藍田君,蓋向之故邑,後置縣。"藍田秦約屬内史,今在陝西省藍田縣西。秦金文見:《秦銅》"藍田"。漢封泥見:《封泥》"藍田之印",《古封》"藍田丞印"。漢印見:《徵存》"藍田胡監"。

【簡讀2002】

秦縣,《漢志》屬京兆尹。《史記・六國年表》獻公六年,"初置蒲、藍田"。《張家・二年・秩律》:"藍田……秩各八百石,有丞、尉者半之"。

【縣考2007】

善明氏《六國年表》秦獻公六年欄曰:"初縣蒲、藍田、善明氏。"據此則是年秦置有蒲、藍田、善明氏三縣。出土秦封泥中也有"藍田丞印"之文。蒲、善明氏二縣之地望,今無考。《元和郡縣圖志》卷一關内道京兆府藍田縣下曰:"本秦孝公置。"不確。《水經・渭水注》曰:"霸水又北歷藍田川,逕藍田縣東。《竹書紀年》,梁惠成王三年,秦子向命爲藍君。蓋子向之故邑也。"則由此可知藍田又單稱藍。《戰國策・秦策五》曰:"子楚立,以不韋爲相,號曰文信侯,食藍田十二縣。"(《呂不韋傳》載:"食河南雒陽十萬户。")《漢志》藍田屬京兆尹。

【彙考2007】

藍田,縣名,戰國秦置。因縣東南有藍田山,故名。秦漢沿之。《漢書・地理志》京兆尹有藍田縣。班固自注:"山出美玉,有虎侯山祠,秦孝公置也。"王先謙《漢書補注》:"秦取楚漢中,再戰於此。呂不韋爲相,食藍田,並見《國策》《楚世家》。梁惠成王三年秦子向命爲藍君,見《紀年》……《渭水注》……《滻水篇》:'滻水出藍田谷,北入霸。'《注》云:滻水自南陵來,北歷藍田川,下入霸陵。《一統志》:故城今藍田縣西三十里。"《漢書・百官公卿表》:"縣令、長,皆秦官,掌治其縣。"故此封泥爲藍田令之副職。

【分域2009】

藍田,縣名。《漢書・地理志》載,京兆尹有藍田縣。《史記・六國年表》云:"秦獻公六年,初縣藍田。"該印當爲秦藍田縣丞所用之印。

【政區2009】

陝西省西安市臨潼區魚池秦遺址出土秦陶文有"藍田"。藍田也是秦設置較早之縣,爲秦獻公六年所設置,此地因所出產美玉而有名。《史記・秦本紀》秦獻公六年,"初縣藍田"。《戰國策・秦策》:"秦取楚漢中,再戰於藍田",又"子楚立,以不韋爲相,食藍田十二縣"。《史記·高祖本紀》:"(沛公)又與秦軍戰於藍田……秦軍懈,因大破之。"《水經·渭水注》:"霸水又北歷藍田川,逕藍田縣東。《竹書紀年》梁惠成王三年,秦子向命爲藍君,蓋子向之故邑也。"《元和·卷一》云:"藍田縣,秦孝公置。按《周禮》,玉之美者曰球,其次爲藍。蓋以縣出美玉,故曰藍田。"《讀史·卷五十三》陝西西安府:"藍田縣,府東南九十里。南至商州二百四十里。秦縣。玉之次美者曰藍,縣之山出玉,因名。漢亦曰藍田縣,屬京兆尹。""藍田故城,志云,在縣治西十一里。《竹書》'梁惠成王三年,秦子向命爲藍田君',蓋向之故邑。後置縣。周赧王三年楚懷王因丹陽之敗,悉國兵復襲秦,戰於藍田,大敗。又沛公與秦軍戰於藍田南,敗之。"秦藍田故城在今陝西藍田縣西三十里。

【集證2011】

《漢書·地理志》京兆尹有"藍田縣",云:"藍田,山出美玉,有虎侯山祠,秦孝公置也。"《漢書補注》王先謙曰:"《六國表》秦獻公六年'縣藍田','孝'蓋'獻'之誤。"藍田置縣在獻公六年(前379年)。

【戰國2013】

秦封泥有"藍田丞印";陝西省西安市臨潼區魚池秦遺址出土秦陶文有"藍田"。藍田也是秦設置較早之縣,爲秦獻公六年所設置,此地因所出產美玉而有名。《史記·秦本紀》秦獻公六年,"初縣藍田"。《戰國策·秦策》:"秦取楚漢中,再戰於藍田",又"子楚立,以不韋爲相,食藍田十二縣"。《水經·渭水注》"霸水又北歷藍田川,逕藍田縣東。《竹書紀年》梁惠成王三年,秦子向命爲藍君,蓋子向之故邑也"。《元和·卷一》云:"藍田縣,秦孝公置。秦末,沛公與秦軍戰於藍田南,敗之。《周禮》,玉之美者曰球,其次爲藍。蓋以縣出美玉,故曰藍田。"《讀史·卷五十三》陝西西安府:"藍田縣,府東南九十里。南至商州二百四十里。秦縣。玉之次美者曰蘭,縣之山出玉,因名。漢亦曰藍田縣,屬京兆尹。""藍田故城,志云,在縣治西十一里。《竹書》'梁惠成王三年,秦子向命爲藍田君',蓋向之故邑。後置縣。周赧王三年楚懷王因丹陽之敗,悉國兵復襲秦,戰於藍田,大敗。又沛公與秦軍戰於藍田南,敗之"。秦藍田故城在今陝西藍田縣西30里。

(二十三)商

商印

1　　　　　　　　2

1.《新出》P29;《大系》P207
2.《於京》圖30;《大系》P206

【簡牘2002】

秦縣，《漢志》屬弘農郡，“秦相衛鞅邑也。”《張家·二年·秩律》:“商……秩各六百石，有丞、尉者半之”。

【於京2005】

《史記·商君列傳》:“衛鞅既破魏還，秦封之於、商十五邑，號爲商君。”《集解》:“徐廣曰:‘弘農商縣也。’”《索隱》:“於、商二縣名，在弘農。”《正義》:“於、商在鄧州内鄉縣東七里，古於邑也;商洛縣在商州東八十九里，本商邑。”《史記·屈原賈生列傳》:“秦甚憎齊，齊與楚從親，楚誠能絶齊，秦願獻商、於之地六百里。”《漢書·地理志》:“弘農郡，……商，秦相衛鞅邑也。”《太平寰宇記·山南西道九·商州·商洛縣》:“本古商國，帝嚳之子，卨所封之地也。漢爲商縣，屬弘農郡。《周地圖記》云:‘商洛郡領商、豐縣，屬洛州’”。盛弘之《荆州記》云:“武關西北一百二十里有商城，即此邑城也。隋開皇四年改商縣爲商洛縣。唐武德二年自故城移於今理。按其地接南陽郡界，漢立商縣，所謂商於之地。”商秦屬内史，其治地在今陝西丹鳳縣西。

【縣考2007】

《商君列傳》載:“衛鞅既破魏還，秦封之鞅商十五邑，號爲商君。”《史記集解》引徐廣曰:“弘農商縣也。”《史記索隱》曰:“於，商，二縣名，在弘農。”《史記正義》曰:“於、商在鄧州内鄉縣東七里，古於邑也。商洛縣在商州東八十九里，本商邑，周之商國。”在這裏徐廣以爲於商即弘農商縣，《史記索隱》《史記正義》則皆認爲於、商乃爲二邑。然《水經·濁漳水注》引《竹書紀年》曰:“梁惠成王三十年，秦封衛鞅於鄔，改名曰商。”陳逢衡《竹書紀年集證》卷四七曰:“《商君列傳》謂:‘鞅既破魏，封之於商十五邑。’‘於’讀爲烏，當即鄔也。舊名止鄔今改曰商，故謂之商於(按，當作於商)。”楊寬同意陳氏觀點，並引《漢志》弘農郡商縣下班固自注所云“秦相衛鞅邑也”爲證。他認爲此地原名於或鄔，封給衛鞅時改名曰商，因而或稱爲於商。今從陳、楊二氏之説。出土秦封泥中有“商丞之印”。又由《秦本紀》及《六國年表》知，商鞅受封於秦孝公二十二年，是至遲此年秦已置商縣。

【政區2009】

秦傳世官印有“商庫”半通印，爲秦商縣之屬庫印。此外臨潼新豐南社秦遺址出土官營徭役性制陶作坊類陶文“商昌”“商□”。戰國初，商爲楚地。《左傳》文公十五年:“楚使子西爲商公。”杜預注:“商，楚邑，今上雒商縣。”商地後歸之於秦，爲商鞅封邑。《史記·商君列傳》:“衛鞅既破魏還，秦封之於、商十五邑，號爲商君。”《索隱》:“於、商，二縣名，在弘農。”《漢志》:弘農郡，有“商，秦相衛鞅邑也”。《讀史·卷五十四》陝西西安府，“商州，府東南二百二十里”，“戰國屬秦，衛鞅封於此爲商君;始皇併天下屬内史，漢屬弘農郡”。“商洛廢縣，州東九十里。古商邑，契所封也。戰國時爲商於地，蓋近南陽之界。秦商君封此，張儀以給楚懷王也。漢置商縣，屬弘農郡”。《清一統志·卷二百四十六》:“故城在今(商)州東，志云在州東八十里。”近年陝西省丹鳳縣城西的丹江北岸臺地考古發現一座大規模的戰國時期古城址，出土了帶有秦“商”字瓦當和其他文物,表明其地即爲秦商縣所在地。考古調查表明,商邑城址東西1000米,南北1500米,時代從戰國至漢。

【秦地2017】

里耶簡有"商丞",指商縣之丞,秦封泥有"商丞之印",商縣亦見《秩律》。《漢書》屬弘農郡,秦及漢初屬内史。商縣正當關中至南郡交通路綫上。

商丞之印

《彙考》P200;《大系》P206

【發現1997】

《漢書·地理志》弘農郡:"商,秦相衛鞅邑也。"

【郡縣1997】

《史記》卷一六《商君列傳》云:孝公"封之於、商十五邑,號爲商君。"後商鞅被誅,商又爲秦縣;地在今陝西丹鳳。秦併六國前後,爲秦内史屬縣;丞爲縣令之佐官。

【印考1997】

印面爲正方形,田字格,邊長1.6釐米,印文四字清晰,邊欄下側留有大片封泥痕迹。商,古地名,今河南商丘南。商始祖契所屬。《史記·殷本紀》:契長而佐禹治水有功,封於商,賜姓子氏。

【秦封2000】

《漢志》:弘農郡有商縣,"秦相衛鞅邑也。"《史記·商君列傳》:"衛鞅既破魏還,秦封之於商十五邑,號商君。"集解:"徐廣曰,弘農商縣也。"索隱:"於、商,二縣名。在弘農。"正義:"於、商在鄧州内鄉縣東七里,古於邑也,商洛縣,在商州東八十九里,本商邑,周之商國。"《史記·楚世家》:"秦封衛鞅于商,南侵楚。"《左傳·文公十年》:楚王使子西"爲商公"。杜注:"商,楚邑,今上洛商縣。"《通典》:"古商國也,春秋時其地屬晉,戰國屬秦,即衛鞅所封商邑也。秦併天下,屬内史地,漢置弘農郡,後漢屬京兆尹。"《一統》"商縣故城在今商州東。"商縣秦約屬内史,今在陝西省丹鳳縣西古城村。秦印見:《徵存》"商庫"。秦瓦當有"商"。漢封泥見:《封泥》"商長之印,商丞之印"。

【考略2001】

《左傳·文公十一年志》：楚使子西爲商公。杜注：商，楚邑。《漢書·地理志》：弘農郡轄"商"，注：商爲"秦相衛鞅邑"。其地在今陝西省丹鳳縣西河鄉古城村，遺址範圍東西1000米、南北1500米，南臨丹江，位於江北老君河東岸臺地之上。遺址中的古代遺物反映出其時代爲戰國時期至西漢時代。遺址出土的"商"字古瓦當對確定商邑地望甚爲重要。

【彙考2007】

商，此爲縣名。戰國秦置，秦漢沿之。《漢書·地理志》弘農郡有商縣。班固自注："秦相衛鞅邑也。"王先謙《漢書補注》："春秋楚邑，以封子西爲公，見《左文傳》。戰國入秦。續《志》後漢改屬京兆……《丹水注》：'丹水自上雒來，東南過商縣南。契始封商，皇甫謐、闞駰並以爲斯縣也。殷商之名起於此矣。'……《一統志》：故城今商州東八十五里。"

【分域2009】

商，縣名，其地在今陝西商州東。《漢書·地理志》弘農郡："商，秦相衛鞅邑也。"

【集證2011】

《漢書·地理志》弘農郡有"商"縣，云："秦相衛鞅邑也。"《漢書補注》王先謙曰："春秋楚邑，以封子西爲公，見《左文傳》。戰國入秦。續《志》後漢改屬京兆，劉注：《左傳》少習縣東之武關'。《丹水注》：'丹水自上雒來，東南過商縣南。……'《一統志》：'故城今商州東八十五里。'"秦漢商縣在今丹鳳縣西，不在今之商縣（古商州）。1996年陝西省考古研究所配合基建，對312國道丹鳳商邑故城遺址作了發掘，出土有"商"字瓦當，見後。（以下文字原爲釋讀"商庫"秦印）商爲秦縣。《史記·商君列傳》："商鞅既破魏還，秦封之於商十五邑，號爲商君。"《集解》徐廣曰："弘農商縣也。"地在今陝西丹鳳縣城西五里故城村。該處戰國秦建築遺址，陝西省考古研究所1995年清理出土瓦文"商"字。

【戰國2013】

秦封泥有"商丞之印"；秦傳世官印有"商庫"半通印，爲秦商縣之屬庫印。此外臨潼新豐南杜秦遺址出土官營徭役性制陶作坊類陶文"商昌""商□"。戰國初，商爲楚地。《左傳》文公十五年："楚使子西爲商公。"杜預注："商，楚邑，今上雒商縣。"商地後歸之於秦，爲商鞅封邑。《史記·商君列傳》："衛鞅既破魏還，秦封之於、商十五邑，號爲商君。"《索隱》："於、商，二縣名，在弘農。"《讀史·卷五十四》陝西西安府，"商州，府東南二百二十里"，"戰國屬秦，衛鞅封於此爲商君；始皇併天下屬內史，漢屬弘農郡"。"商洛廢縣，州東九十里。古商邑，契所封也。戰國時爲商于地，蓋近南陽之界。秦商君封此，張儀以給楚懷王也。漢置商縣，屬弘農郡"。近年陝西省丹鳳縣城西的丹江北岸臺地考古發現一座大規模的戰國時期古城址，出土了帶有秦"商"字瓦當和其他文物，表明其地即爲秦商縣所在地。考古調查表明，商邑城址東西1000米，南北1500米，時代從戰國至漢。

【職地 2014】

在考訂秦印"商庫"時指出,商,春秋楚邑,戰國入秦,秦以封商鞅,商庫爲秦商邑庫官之印。

【秦地 2017】

説見"商印"。

【廣封 2019】

案《漢書·地理志》:弘農郡,有縣"商","秦相衛鞅邑也"。此其丞之印也。

（二十四）衙

衙印

《大系》P344

瑞按:衙,《漢書·地理志》屬左馮翊,"莽曰達昌"。《史記·秦始皇本紀》"憲公享國十二年,居西新邑。死,葬衙。"《集解》:"《地理志》云馮翊有衙縣。"《索隱》"憲公滅蕩社,居新邑,葬衙。本紀憲公徙居平陽,葬西山。""出子享國六年,居西陵。庶長弗忌、威累、參父三人,率賊賊出子鄙衍,葬衙。武公立。"《史記·秦本紀》:"繆公於是復使孟明視等將兵伐晋,戰於彭衙。秦不利,引兵歸。"《集解》杜預曰:"馮翊郃陽縣西北有衙城。"《正義》:《括地志》云:"彭衙故城在同州白水縣東北六十里。"《後漢書·光武帝紀》"更始中郎將公乘歙將十萬衆拒禹於衙,禹擊破之。時赤眉入關,三輔擾亂,民無所歸。聞禹至衙,軍兵整齊,百姓喜悦,相隨迎禹,降者日以千數,號百萬衆。"《後漢書·西羌傳》"羌既轉盛,而二千石、令、長多内郡人,並無守戰意,皆爭上徙郡縣以避寇難。朝廷從之,遂移隴西徙襄武,安定徙美陽,北地徙池陽,上郡徙衙。"《後漢書·孝安帝紀》"三月,詔隴西徙襄武,安定徙美陽,北地徙池陽,上郡徙衙",注"上郡,今綏州也。衙,縣,故城在同州白水縣東北。左傳曰秦晋戰於彭衙,即此也。"以出子等所處位置言,衙應不會位於後之白水一帶,即《秦式 1998》言"出子不當葬於彭衙,繆公時戰于彭衙,則此地尚未屬秦,出子安得葬此或衙當位於鳳翔雍地附近。"然二地關係,尚待更多發現。

徛丞之璽

  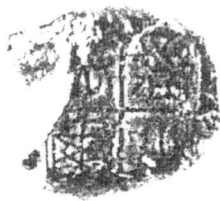

1　　　　　　　　2　　　　　　　　3

1—3.《大系》P343

瑞按：徛，説見"徛印"。璽，説見"皇帝信璽"。

徛丞之印

《古封》P145；《秦封》P283；《彙考》P262；《璽印》P403；《大系》P343

【秦式1998】

録於《再續》《澂秋》。《漢志》：左馮翊有徛縣，莽曰達昌。《史記・秦始皇本紀》："憲公享國十二年，居西新邑，死，葬徛。"《集解》：馮翊有徛縣。《秦本紀》："出子享國六年，居西陵……葬徛。《秦本紀》"武公元年伐彭戲氏"，《正義》："戎號也，蓋同州彭徛故城是也"。出子不當葬於彭徛，繆公時戰於彭徛，則此地尚未屬秦，出子安得葬此？或徛當位於鳳翔雍地附近。《史記・秦本紀》繆公三十四年"使孟明視等將兵伐晋，戰於彭徛"，《集解》："杜預曰馮翊陽縣西北有徛城"。《國語》韋注："徵、徛，(秦)桓公之子景公之弟公子鍼封邑。"蓋秦時舊縣。《括地志》：彭徛城在同州白水縣東北六十里。徛縣秦約屬內史，今在陝西省白水縣東北六十里彭徛堡。《陶齋集古録》著録有"秦徛"鼎。

【秦封2000】

《漢志》：左馮翊有徛縣，"莽曰達昌"。《史記・秦始皇本紀》："憲公享國十二年，居西新邑，死葬徛。"索隱："憲公徙居平陽，葬西山。""出子享國六年，居西陵……葬徛。"

案《秦本紀》：“武公元年伐彭戲氏。”正義：“戎號也，蓋同州彭衙故城是也。”出子不當回葬於彭衙，穆公時又戰於彭衙。則此地尚未屬秦，出子安得葬此。或此衙當在雍地附近。《史記·秦本紀》繆公三十四年“使孟明視等將兵伐晋，戰于彭衙”，集解：“杜預曰，馮翊郃陽縣西北有衙城。”《國語》書注“徵、衙，（秦）桓公之子景公之弟公子鍼封邑。蓋秦時舊縣。”正義：“《括地》云，彭衙故城在同州白水東北六十里。”《一統》：“春秋秦彭衙邑，漢置衙縣，晋廢，故城在今陝西白水縣東北四十里。”衙縣秦約屬內史，今在陝西省白水縣東北六十里彭衙堡。

【彙考2007】

衙，縣名。春秋時秦國彭衙邑。《漢書·地理志》左馮翊有衙縣。顏師古注曰：“即《春秋》所云：‘秦晋戰於彭衙。’”今在陝西省白水縣東北彭衙村。

【政區2009】

秦傳世兵器有秦惠文王“四年相邦樛游”戈，銘文：“四年相邦樛遊之造，櫟陽工上造間（正面），吾（背面）”（《編年》56）、吾通衙，即此戈爲衙縣之兵器。秦衙縣即爲春秋時彭衙，亦彭戲。《史記·秦本紀》：“武公元年，伐彭戲氏”；又“（穆公三十四年），復使孟明視等將兵伐晋，戰於彭衙，秦不利，引兵歸。”彭戲即春秋時，秦晋戰於彭衙。《史記·秦始皇本紀》：“憲公享國十二年，居西新邑，死，葬衙。……出子享國六年……葬衙。”又《國語》范無宇云：“秦有徵、衙。”韋注：“徵、衙，桓公之子景公之弟公子鍼封邑。蓋秦時舊縣。”可見秦衙縣有相當久遠的設縣歷史，故王先謙在《漢書補注》也主此説。《正義》引《括地志》云：“彭衙故城，在同州白水縣東北六十里。”《清一統志·卷二百四十四》：“故城在（同州府）白水縣東北。”秦衙縣在今陝西省白水縣東北。其地還有南彭衙和北彭衙兩地名，爲古地名之沿襲。

【集證2011】

《漢書·地理志》左馮翊有“衙”縣。《漢書補注》王先謙曰：“春秋秦邑。《國語》范無宇云：‘秦有徵、衙。’”《清一統志》：“故城今白水縣東北。”

【戰國2013】

秦封泥有“衙丞之印”；秦傳世兵器有秦惠文王“四年相邦樛遊”戈，銘文：“四年相邦樛遊之造，櫟陽工上造間（正面），吾（背面）。”（《編年》56）吾通衙，秦衙縣即爲春秋時彭衙，亦彭戲。《史記·秦本紀》：“武公元年，伐彭戲氏”；又“（穆公三十四年），復使孟明視等將兵伐晋，戰於彭衙，秦不利，引兵歸”。彭戲即春秋時，秦晋戰於彭衙。《史記·秦始皇本紀》：“憲公享國十二年，居西新邑，死，葬衙。……出子享國六年……葬衙。”又《國語》範無宇云：“秦有徵、衙。”韋注：“徵、衙，桓公之子景公之弟公子誠封邑。蓋秦時舊縣。”可見秦衙縣有相當久遠的設縣歷史，故王先謙在《漢書補注》也主此説。《正義》引《括地志》云：“彭衙故城，在同州白水縣東北六十里。”秦衙縣在今陝西省白水縣東北。其地還有南彭衙和北彭衙兩地名，爲古地名之沿襲。

（二十五）武　　城

武城丞印

1　　　　　　　　　2　　　　　　　　　3

1—3.《大系》P281

【縣考2007】

《六國年表》秦孝公十九年欄曰："城武城"。此處既云"城武城"，故頗疑秦在此時設置了武城縣。此武城，當即《左傳》文公八年所載之"秦人伐晋，取武城"之武城。又，始皇二十三年，秦大敗楚，廣陵、蘭陵、武城等縣至遲此年屬秦。

【政區2009】

傳世秦兵器有"武城"戈；又中國歷史博物館藏秦武城銅橢量，柄上淺刻"武城"二字（《編年》177）。《左傳·文公八年》："秦伐晋，取武城。"《史記·秦本紀》："二年，秦伐晋取武城，報令狐之役。"又《史記·六國年表》秦惠公十年，"與晋戰武城"；秦孝公十九年，"城武城"。《正義》引《括地志》云："故武城一名武平城，在華州鄭縣東十三里。"《清一統志·卷二百二十四》："故城在（同州府）華州東北。"即秦武城故城在今陝西省華縣東北。

【楚地2013】

包山楚簡有"武城"（《包山》175號），顔世鉉認爲該地在今河南南陽市北。《左傳》僖公六年："蔡穆侯將許僖公以見楚子於武城。"哀公十七年："王卜之，武城尹吉。"杜預注："武城，楚地。在南陽宛縣北。"顧高棟《春秋大事表》卷七之四"武城"條云："今南陽府治南陽縣北有武廷城。故爲申國地，申滅屬楚。"武城在春秋爲楚縣，包山楚簡"武城"即此地，徐少華說同（《包山楚簡釋地五則》，《考古》1999.11）。

【戰國2013】

傳世秦兵器有"武城"戈；又中國歷史博物館藏秦武城銅橢量，柄上淺刻"武城"二字（《編年》177）。《左傳·文公八年》："秦伐晋，取武城。"《史記·秦本紀》："秦康公伐晋取武城。"又《史記·六國年表》秦惠公十年，"與晋戰武城"；秦孝公十九年，"城武城"。《正義》引《括地志》云："故武城一名武平城，在華州鄭縣東十四里。"秦武城故城在今陝西省華縣東北。

　　又：傳世戰國趙兵器“十四年武城令”戈（《集成》17.11377戈），銘文“十四年武城命（令）□□首□，嗇□□□，治章執齊”。該戈爲易縣燕下都出土，銘文“執齊”，爲趙兵器之特徵。武城爲趙地，一度爲孟嘗君之封地。《戰國策·趙策》：“趙王封孟嘗君以武城，孟嘗君擇舍人以爲武城吏。”《史記·趙世家》：“幽繆二年，秦攻武城。”其事又見《史記·秦始皇本紀》云：“十四年，攻趙，定平陽、武城。”《正義》云：“即貝州武城縣外城也，七國時趙邑。”錢穆考之：“平陽近鄴，今河北臨漳縣西。”又《圖集》第一册的“戰國趙圖”中，平陽西有城邑“武城”。今從該戈銘文可推之趙置武城縣，其地在今河南省安陽北與河北交界之地。

　　又：1991年山東臨朐縣沂山鄉劉家峪村的戰國墓葬出土齊“武城”戈。其他還有《貞續》收録一枚齊“武城”戈（《貞續》7.22）和《文物》1982年第2期發表的“武城徒”戈。武城，春秋晚期屬魯國。《孟子·離婁下》：“曾子居武城，有越寇。”閻若璩云：“武城，魯邊邑也，在今費縣西南八十里石門山下，吳未滅，與吳鄰，吳即滅，與越鄰。”齊武城因有別於當時位於北邊的清河之東武城，亦稱南武城。故《史記·仲尼弟子列傳》：“曾參，南武城人。”南武城，《漢志》作南城。《史記·田敬仲完世家》：“齊威王使檀子守南城，則楚人不敢爲寇。”《元和》云：“南城縣城在沂州費縣南。”其地在今山東費縣西南。

　　又：包山楚簡有“武城人番衰耳”（J175）。《左傳》哀公十七年有“武城黑謂子常曰……”杜預注：“黑，楚武城大夫。”此外文獻還有楚國武城尹公孫朝，乃令尹子西之子。《漢志》會稽郡婁縣，“有南武城，闔閭所起以候越”。此地在戰國時屬楚國，南武城或與此有關，故址地望在今江蘇省昆山市。

（二十六）郃　　陽

郃陽

1　　　　　　　　　　　　2

1、2.《大系》P111

【縣考2007】

　　本魏縣。秦孝公二十四年，大荔圍合陽，至遲此時已由魏屬秦。《漢志》合陽作郃陽，屬左馮翊。

　　瑞按：郃陽，《漢書・地理志》屬左馮翊，應劭曰："在郃水之陽也。"師古曰："音合。即《大雅・大明》之詩所謂'在洽之陽'。"《史記・魏世家》"西攻秦，至鄭而還，築雒陰、合陽。"《正義》：雒，漆沮水也，城在水南。郃陽，郃水之北。《括地志》云："郃陽故城在同州河西縣南四里。雒陰在同州西也。"《史記・高祖本紀》"高祖之東垣，過柏人，趙相貫高等謀弒高祖，高祖心動，因不留。代王劉仲棄國亡，自歸雒陽，廢以爲合陽侯。"《正義》：《括地志》云："郃陽故城在同州河西縣四里。魏文侯十七年，攻秦至鄭而還築，在郃水之陽也。"《水經注》卷4"水又逕郃陽城東，周威烈王之十七年，魏文侯伐秦至鄭，還築汾陰郃陽，即此城也。故有莘邑矣，爲太姒之國。《詩》云：在郃之陽，在渭之涘。又曰：纘女維莘，長子維行。謂此也。城北有瀵水，南去二水各數里，其水東逕其城內，東入於河。又於城內側中，有瀵水東南出城，注於河。城南又有瀵水，東流注於河。水南猶有文母廟，廟前有碑，去城十五里，水，即郃水也，縣取名焉。故應劭曰：在郃水之陽也。河水又南，瀵水入焉。水出汾陰縣南四十里，西去河四里，平地開源，濆泉上湧，大幾如輪，深則不測，俗呼之爲瀵魁。古人壅其流以爲陂水，種稻。東西二百步，南北百餘步，與郃陽瀵水夾河，河中渚上，又有一瀵水，皆潛相通。"

郃陽丞印

《大系》P111

【戰國2013】

　　《史記・魏世家》："文侯十七年，伐中山，使子擊守之，趙倉唐傅之⋯⋯西攻秦，至鄭而還，築雒陰、合陽。"《史記・六國年表》："秦孝公二十四年，大荔圍合陽。"《讀史・卷五十四》："合陽縣，州東北百二十里，東北至韓城縣九十里。古莘國地。洽，水名也。《詩》曰：在洽之陽。其後流絶，故去水加邑。戰國時，魏文侯築合陽城。漢置郃陽縣，以在合水之陽也。"故址今在陝西省合陽縣東南。

　　又：天津考古出土秦兵器有"十七年丞相啓狀"戈，銘文："十七年丞相啓狀造，合陽嘉，丞兼，庫脽，工邪（內正面）"，"郃陽（內背面）"。王輝先生考證此戈時代爲秦昭襄王十七年，郃陽爲兵器置地，縣名，甚是。《史記・魏世家》："文侯十七年，西攻秦，至鄭而還，築雒陰、郃陽。"《史記・六國年表》："秦孝公二十四年，大荔圍合陽。"《讀史・卷五十四》："郃陽縣，州東北百二十里，東北至韓城縣九十里。古莘國地。洽，水名也。《詩》曰：在洽之陽。其後流絶，故去水加邑。戰國時，魏文侯築郃陽城。漢置郃陽縣，以在郃水之陽也。"從秦文物證之，郃陽縣實爲魏地，秦漢因之，故址今在陝西省合陽縣。

【十則2019】

《彙編》收録有半通"郃陽"秦封泥一枚，但"合"字全殘，而地名"某陽"者甚多，故其釋文不一定準確。此"郃陽丞印"雖然略殘，但郃字清晰完整，陽字雖殘但仍可辨認。"郃陽丞印"封泥是唯一能確證郃陽在秦時已經置縣的直接證據。《集成》11379號著録的秦十七年丞相啟狀戈銘文有"十七年丞相啟狀造，郃陽嘉，丞兼，庫脾，工邪"，内背銘文有"郃陽"。因爲此戈銘文格式較爲特殊，地名"郃陽"的性質不好認定。現將這兩項資料結合起來看，秦時郃陽置縣就没有疑義了。郃陽，《漢書·地理志》屬左馮翊，在今陝西郃陽縣東南。

郃□之□

《大系》P110

瑞按：封泥殘，右側殘字似爲"郃"，然尚可存疑。

（二十七）戲

戲丞之印

　　　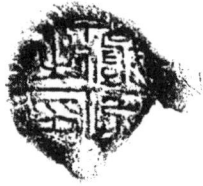

1　　　　　2　　　　　3　　　　　4

1.《陝封》（上）圖二：7;《秦封》P284;《彙考》P193;《璽印》P409;《大系》P291
2.《新出》P80;《大系》P292
3、4.《大系》P291

【陜封1996】

戲縣,史書失載。八十年代秦始皇陵的勘查發掘爲解決這一問題提供了可靠的資料。在兵馬俑坑、陵園内外之間以及附近的建築遺址出土的磚瓦和陶俑上,發現帶有地名的陶工戳記數十種,其中就有"戲□"和"戲工禾"各一品。這些來自全國各地的陶工,都是以縣爲單位開設窯場,爲始皇陵燒造磚瓦、陶俑,在其產品上都要列印上戳記,以便考核。戳印上的地名都是當時的縣名,如咸陽、櫟陽、芷陽、美陽、頻陽、臨晉、下邦、好時、汧、西、栒邑、藍田、安邑、蒲反、楊、宜陽、烏氏、高陽、延陵、新城等,大都見於《史記·秦本紀》《漢書·地理志》以及新近出土的《雲夢秦簡·編年紀》等。無疑,戲也應是當時的一個縣邑。《國語·魯語》:"幽滅於戲",《史記·秦始皇本紀》二世"二年冬,陳涉所遣周章等將西至戲。"《高祖本紀》:"聞沛公已定關中,大怒,使黥布等攻破函谷關,十二月中遂至戲。"又"漢元年四月,諸侯罷戲下,各就國。"集解引蘇林曰:"戲,邑名,在新豐縣東南三十里。"正義引《括地志》云:"戲水源出雍州新豐縣西南驪山,《水經注》云戲水出驪山馮公谷,東北流,今新豐縣東北十一里,戲水當官道即其處。"唐新豐縣在今陝西臨潼縣新豐鎮。因此,戲邑故址在今臨潼縣東北二十公里戲河西岸,西潼公路經此。戲河西岸今有戲下村,當是諸侯罷兵處。

【秦式1998】

收藏於《陝博》,録於《考與》。《史記·秦始皇本紀》:"二年冬,陳涉所遣周章等將西至戲"《史記·高祖本紀》:"(羽)使黥布等攻破函谷關,十二月中遂至戲。"《集解》引蘇林曰:"戲,邑名,在新豐縣東南三十里。"《正義》引《括地志》:"戲水源出雍州新豐縣西南驪山。《水經》云戲水出驪山馮公谷,東北流,今新豐縣東北十一里,戲水當官道,即其處"《國語·魯語》:"幽滅於戲。"戲縣秦約屬内史,今在陝西省西安市臨潼區東北四十里戲水處。《秦陶》有"戲工禾"等。

【秦封2000】

《史記·秦始皇本紀》:"二年冬,陳涉所遣周章等將西至戲。"《史記·高祖本紀》:"聞沛公已定關中,大怒,使黥布等攻破函谷關,十二月中遂至戲。""漢元年四月,諸侯罷戲下,各就國。"集解引蘇林曰:"戲,邑名,在新豐縣東南三十里。"正義引《括地》:"戲水源出雍州新豐縣西南驪山。《水經·渭水》云戲水出驪山當官道即其處。"《山海經·海内東經》:"涇水出長城北山,山在郁郅長垣北,北入渭,戲北。"郭璞注:"戲,地名,今新豐縣也。"《國語·魯語》:"幽滅於戲。"戲縣秦約屬内史,今在陝西省西安市臨潼區東北四十里戲水處。《秦陶》有"戲,戲□,戲工禾"。秦金文見:《文物》"戲傪"。

【彙考2007】

《秦封》考:《史記·秦始皇本紀》:"二年冬,陳涉所遣周章等將西至戲。"《史記·高祖本紀》:"聞沛公已定關中,大怒,使黥布等攻破函谷關,十二月中遂至戲。""漢元年四月,諸侯罷戲下,各就國。"集解引蘇林曰:"戲,邑名,在新豐縣東南三十里。"正義引《括地》:"戲水源出雍州新豐縣西南驪山。《水經·渭水》云戲水出驪山當官道即其處。"《山海經·海内東經》:"涇水出長城北山,山在郁郅長垣北,北入渭,戲北。"郭璞注:"戲,地名,今新豐縣也。"《國語·魯語》:"幽滅於戲。"戲縣秦約屬内史,今在陝西省西安市臨潼區東北四十里戲水處。

【政區2009】

　　秦始皇陵遺址出土秦陶文"戲□"(《秦陶》1243),"戲工禾"(《秦陶》1260)。有關秦始皇陵遺址出土的陶文性質,袁仲一指出是秦代官營徭役性的制陶作坊類的陶文,其特徵是"具有縣邑和人名,或僅具縣邑名"。戲,古地名。《國語·魯語》:"幽滅於戲"。《史記·秦始皇本紀》:"二年冬,陳涉所遣周章等將西至戲,兵數十萬。"《史記·高祖本紀》:"(項羽)聞沛公已定關中,大怒,使黥布等攻函谷關,十二月中遂至戲",又"漢元年四月,諸侯罷戲下,各就國"《集解》引蘇林曰:"戲,邑名,在新豐縣東南三十里。"《正義》引《括地志》云:"戲水源出雍州新豐縣西南驪山。"《山海·海内東經》:"涇水出長城北山,山在郁郅長垣北,北入渭,戲北。"郭璞注:"戲,地名,今新豐縣也。"過去多認爲秦戲地未置縣,今秦文物證之,正如吳鎮烽所言:"戲縣,史書失載,但見於秦陶文……無疑是當時一個縣邑。"其地在今西安市臨潼區東北四十里戲水處。秦戲縣在《漢志》中無,估計西漢已廢。

【集證2011】

　　據吳鎮烽《陝西歷史博物館藏封泥考(上)》說,此封泥1955年由陝西省文管會撥交省博物館。吳氏以爲從印文風格看,此"封泥應是秦代至西漢初年之物"。吳氏說"戲縣,史書失載",但戲縣見於秦陶文、《國語·魯語》《史記·秦始皇本紀》《高祖本紀》,無疑"是當時的一個縣邑",其說是。《史記·秦始皇本紀》:"(二世)二年冬,陳涉所遣周章等將西至戲。"《高祖本紀》:"漢元年四月,諸侯罷戲下,各就國。"《集解》引蘇林曰:"戲,邑名,在新豐縣東南三十里。"戲邑故址在今臨潼縣東北20公里戲河西岸,今有戲下村,吳氏以爲"當是諸侯罷兵處"。

【戰國2013】

　　秦封泥有"戲丞之印",又秦始皇陵遺址出土秦陶文"戲□"(《秦陶》1243)、"戲工禾"(《秦陶》1260)。有關秦始皇陵遺址出土的陶文性質,袁仲一指出是秦代官營徭役性的制陶作坊類的陶文,其特徵是"具有縣邑和人名,或僅具縣邑名"。戲,古地名。《史記·秦始皇本紀》:"二年冬,陳涉所遣周章等將西至戲。"《正義》引《括地志》云:"戲水源出雍州新豐縣西南驪山。"又《水經·渭水注》:"戲水出驪山,當官道即其處。"《山海·海内東經》:"涇水出長城北山,山在郁郅長垣北,北入渭,戲北。"郭璞注:"戲,地名,今新豐縣也。"過去多認爲秦戲地未置縣,今秦文物證之,正如吳鎮烽所言:"戲縣,史書失載,但見於秦陶文……無疑是當時一個縣邑。"其地在今西安市臨潼區東北四十里戲水處。秦戲縣在《漢志》中無,估計西漢已廢。

戲□共印

《大系》P292

瑞按：封泥完整，然左上角之字未釋，所指不詳。

（二十八）酆

酆丞

1　2　3　4

1、3、4.《大系》P82

2.《發現》圖136；《圖例》P57；《秦封》P284；《大系》P83

【發現1997】

　　《漢書・地理志》右扶風："枸邑，有鄠鄉。"應劭曰《左氏傳》曰：'畢、原、酆、枸，文之昭也。'"

【郡縣1997】

　　按此酆，應即西周所都豐、鎬之豐，在今西安西豐水一帶。此封泥與單名縣（如郿、釐等）四字印不同，故秦時是否以酆地爲縣？不能肯定。然又未見有秦時以酆爲名之宮殿苑囿，故爲縣名的可能更大。

【印考1997】

　　印面爲長方形，日字格，長2釐米，寬1釐米，印文清楚，邊欄左下角略殘。酆，古地名。治在今陝西長安西南灃河以西。《史記·周本紀》周文王:"明年,伐崇侯虎。而作豐邑,自岐下而徙都豐。"《詩經·大雅·文王有聲》:"即伐於崇,作邑於豐。"武王時都雖遷於鎬,而豐宮不改仍爲全國的政治文化中心。

【秦封2000】

《漢志》右扶風枸邑縣,"有豳鄉,《詩》豳國,公劉所都",應劭曰:"《左氏傳》曰:'畢、原、酆、郇,文之昭也。'"《史記·秦本紀》及《通典》:"周自平王東遷雒邑,以岐豐之地賜秦襄公,乃爲秦地矣。"《讀史》:"在縣東五里,殷爲崇侯虎國,文王伐之,《詩》云'即伐於崇,作邑于豐'是也,豐宮在焉,周武王雖遷鎬,而豐宮不改,《書》云步自宗周至於豐,《左傳》昭四年楚椒舉曰,康有豐宮之朝,杜預曰:豐宮去長安鎬池二十五里有文王豐宮。"《史記》:"伐崇、密須、犬夷,大作豐邑。"酆縣秦約屬內史,今陝西省西安市西南。一說"酆"爲沛郡之豐縣,在今江蘇省西北。《秦陶》秦封邑瓦書銘有"酆邱"。

【簡讀2002】

秦縣,《史記·周本紀》"明年,伐崇侯虎。而作豐邑,自岐下而徙都豐"。《集解》:"徐廣曰:豐在京兆鄠縣東,有靈臺。"《張家·二年·秩律》:"酆……秩各千石,丞四百石。"

【彙考2007】

《秦封》考:《漢書·地理志》右扶風枸邑縣,"有豳鄉,《詩》豳國,公劉所都"。應劭曰:"《左氏傳》曰:'畢、原、酆、郇,文之昭也。'"《史記·秦本紀》及《通典》"周自平王東遷雒邑,以岐豐之地賜秦襄公,乃爲秦地矣。"《讀史》:"在縣東五里,殷爲崇侯虎國,文王伐之,《詩》云'即伐於崇,作邑於豐'是也,豐宮在焉,周武王雖遷鎬,而豐宮不改,《書》云步自宗周至於豐,《左傳》昭四年楚椒舉曰,康有豐宮之朝,杜預曰:豐宮在長安鎬池二十五里有文王豐宮。"《史記》:"伐崇、密須、犬夷,大作豐邑。"酆縣秦約屬內史,今陝西省西安市西南。

【分域2009】

酆即酆縣。《漢書·地理志》右扶風:"枸邑,有豳鄉。"應劭注曰:"《左氏傳》曰:'畢、原、酆、枸,文之昭也。'"

【政區2009】

半通印。酆縣本周豐邑地,周平王東遷後,因秦襄公護送有功,賜給岐、酆之地。秦攻逐犬戎後,即有其地。《史記·秦本紀》:"(平王)東徙雒邑,襄公以兵送周平王。平王封襄公爲諸侯,賜之岐以西之地。"又1948年鄠縣出土秦惠文君四年(公元前334年)的封宗邑瓦書:"取杜才(在)酆丘到於潏水,以爲右庶長歜宗邑。"(《編年》55)杜爲秦杜縣省稱,酆與杜連言,可知當時此地名酆,而非鄠。又阜陽漢簡《倉頡篇》:"酆、鎬□□"《漢志》右扶風有鄠縣下提到"酆水"。《説文解字》:"酆,周文王所都。"即秦時設酆縣,而非唐人文獻所言"鄠縣"。又西漢初年張家山漢簡《秩律》中有"酆"縣和"新豐"縣。"酆""新豐"二者同列,且"豐"字不同，都是當時漢初年內史屬縣，可證西漢初年尚有酆縣，酆縣或爲西漢中期後所改名。酆音同户，漢酆縣即今陝西户縣。《讀史·卷五十三》陝西西安府："酆城，在縣東五里，殷爲崇侯虎國，文王伐之，故《詩》云'既伐於崇，作邑於酆'也。酆宫在焉。周武王雖遷鎬，而酆宫不改。《書》云：'步自宗周，至於豐。'《左傳》昭四年：楚椒舉曰：康有酆宫之朝。杜預曰：'豐宫東有靈臺，康王於是朝諸侯'孔穎達曰：'豐去長安西鎬池二十五里'《括地志》：'酆縣東三十五里有文王豐宫'。""鐘官城在今酆縣東北二十五里，相傳秦始皇銷兵鑄鐻於此。"秦酆縣故址在今陝西省西安市西南户縣。

【集證2011】

酆不見於《漢書·地理志》縣名，只是在右扶風鄠縣條下提到"酆水"，是否秦縣已不盡可知，但既有丞，則其級別應接近縣。周偉州亦云："此封泥與單名縣（如郿、犛等）四字印不同，故秦時是否以酆地爲縣？不能肯定。然又未見秦時以酆爲名之宫殿苑囿，故爲縣名的可能更大。"在西北大學舉行的周秦漢唐研究中心成立會上，史念海先生説酆爲秦縣，但未深入討論。《説文》："酆，周文王所都，在京兆尹杜陵西南。"段玉裁注："《詩》《書》皆作豐。《左傳》：酆，文之昭也。字從邑，前、後二《志》亦作酆。《大雅》曰：'既伐於崇，作邑于豐。'杜預曰：'酆在鄠縣。'後《志》曰：'酆在京兆杜陵西南。'"西周金文皆作豐，宅簋："同公在豐。"然鄠縣出土的秦封宗邑瓦書已作酆，云："取杜在酆邱到潏水以爲右庶長歜宗邑。"瓦書作於惠文君前元四年（前334年）。此封泥作酆，正是秦文字的特點。

【廣封2019】

案《秦封泥集》考：《漢志》右扶風枸邑縣，"有豳鄉，《詩》豳國，公劉所都。"（應劭曰："《左氏傳》曰：'畢、原、酆、郇，文之昭也'。"）《史記·秦本紀》及《通典》："周自平王東遷雒邑，以岐豐之地賜秦襄公，乃爲秦地矣。"《讀史》："在縣東五里，殷爲崇侯虎國，文王伐之，《詩》云'既伐于秦，作邑于豐'是也，豐宫在焉，周武王雖遷鎬，而豐富不改，《書》云步自宗周至于豐，《左傳》昭四年楚椒舉曰，康有豐宫之朝，杜預曰：'豐宫去長安鎬池二十五里，有文王豐宫。'"《史記》："伐崇、密須、犬夷，大作豐邑。"酆縣秦約屬內史，今陝西省西安市西南。一説"酆"爲沛郡之豐縣，在今江蘇省西北。《秦陶》：秦封邑瓦書銘有"酆邱"。

瑞按：黄盛璋1991年在考釋"酆邱"時曾指出，酆即周豐邑，原爲豐國，因豐水得名，酆邱之"邱"應屬後加，原只名豐，酆邱應指豐水東岸之高階地。唐有神禾原、細柳原等，今名與地形尚在，豐水在西，故自酆邱至潏水，酆邱應是封地的西限（《考古與文物》1991年3期P86）。

（二十九）雒

雒印

《大系》P332

瑞按：雍爲秦都，説見“雍丞之印”。此封泥“雍”之寫法，與“雍丞之印”等均不同。

雒工

《大系》P332

瑞按：雍工，不見於文獻。秦封泥中有“雍工室印”等，此或爲“雍工室”之省。此外秦封泥尚有“櫟工”，與此類似。然從秦封泥中另有“櫟陽左工室”“櫟陽右工室”看，櫟陽工室即分左右，而“櫟工”爲單一，存在差異。從封泥風格、文字特點看，“雍工”與“櫟工”的時間應大體一致，然兩職官的設置和延續時間當自有差異。

雒丞之印

《印考》圖192;《印風》P152;《秦封》P246;《印集》P106;
《彙考》P197;《璽印》P410;《大系》P331

【官印1990】

在考訂"雍城之印"印時指出，雕通作雍，《説文》雕字下段注云："隸作雍"。《詩·周頌》："有來雕雕"，《漢書·楚元王傳》作"有來雍雍"。《漢書·地理志》右扶風下有雍縣。丞，即縣丞。縣丞秩四百石至二百石，《漢舊儀》云："千石、六百石、四百石，銅印鼻鈕"，該印爲蛇鈕，亦係漢初之物。

【發現1997】

《漢書·地理志》右扶風："雍，秦惠公都之。有五畤，太昊、黄帝以下祠三百三所。橐泉宫，孝公起。祈年宫，惠公起。棫陽宫，昭王起。有鐵官。"應劭曰："四面積高曰雍。"《史記·秦本紀》記德公元年："初居雍城大鄭宫。"

【郡縣1997】

雍原爲秦之國都。《史記·秦本紀》："德公元年（公元前667年），初居雍，城大鄭宫……卜居雍。"《漢書·地理志》右扶風雍縣本注："秦惠公都之。"後秦遷都，雍爲縣。秦統一六國前後，其屬秦内史屬縣；丞爲縣令之佐官。其地在今陝西鳳翔。

【印考1997】

印面爲正方形，田字格，邊長1.8釐米，印文清楚，邊欄寬博。雍，古時稱雍州，周稱岐周，周召公之采地。秦置雍縣。《史記·秦本紀》：秦德公元年（公元前667年）初居雍城大鄭宫。至秦獻公二年（公元前383年），建都於此，稱爲雍城。《正義》引《括地志》云："岐州雍縣南七里故雍城秦德公大鄭宫也。"治所在今陝西鳳翔南。

【秦封2000】

雕即雍，《漢志》右扶風有雍縣，"秦惠公都之。有五畤，太昊、黄帝以下祠三百三所。橐泉宫，孝公起。祈年宫，惠公起。棫陽宫，昭王起，有鐵官"。應劭曰："四面積高曰雍。"雍舊爲秦之國都。《史記·秦本紀》："德公元年，初居雍城大鄭宫……卜居雍。"集解：徐廣曰：今縣在扶風。正義：《括地》云岐州雍縣南七里故雍城，秦德公大鄭宫也。至獻公始都櫟陽。始皇併天下，屬内史，漢屬右扶風。後漢曰雍縣，屬右扶風。唐改曰天興縣。至清爲陝西鳳翔府鳳翔縣。今在陝西省鳳翔縣，丞爲縣令之佐吏。秦金文《秦銅》"雍工敀"銅壺，又見"雍工師"。《秦陶》"雍崇里"。漢封泥見：《封泥》"雍令之印，雍丞之印"。漢印見：《徵存》"雍丞之印"。

【考略2001】

"雕"與"雍"通。雍爲秦故都，《史記·秦本紀》德公元年，初居雍城大鄭宫……卜居雍。《秦漢南北朝官印徵存》有"雕丞之印"，《封泥考略》有"雕丞之印""雕令之印"。雍城故址在今陝西省鳳翔縣之南、雍水以北，城址範圍東西長3300米，南北寬3200米。

【簡讀2002】

爲秦之舊都，《漢志》："雍，秦惠公都之，有五畤。"應劭曰："四面積高曰雍。"《史記·秦本紀》："德公元年，初居雍，城大鄭宫。……卜居雍。"

【上封2002】

《地理志》在秦内史。

【縣考2007】

雍本春秋秦邑，德公元年（前679年）爲秦都。《秦本紀》曰：“德公元年，初居雍城大鄭宮。”此後至靈公間皆以此爲都。至靈公時，秦又遷都涇陽。《秦始皇本紀》載：“肅靈公，昭子子也。居涇陽。”秦靈公在位時間爲公元前427至公元前416年，是至遲公元前416年雍已不再爲都城。此後雍理當爲秦縣。出土秦封泥中有“雍丞之印”。《漢志》雍縣屬右扶風。

【彙考2007】

雍，縣名，舊秦國都。《漢書·地理志》右扶風有雍縣。班固自注：“秦惠公都之。”王先謙《漢書補注》：“秦邑，始見《左僖傳》。秦始皇宿此，見《始皇紀》。曹參攻之，見《參傳》……王念孫曰：‘《封禪書》：秦德公即立，卜居雍。《詩譜》亦曰：秦德公徙居此。’……《渭水注》：‘渭水自釐來，東徑雍縣南，合雍水、洛谷水、芒水下入槐里。’……《一統志》：故城今鳳翔縣南。”

【政區2009】

《史記·秦本紀》：“（武公）二十年，武公卒，葬雍平陽。”《史記·秦本紀》：“德公元年，初居雍城大鄭宮。”《史記·曹相國世家》：“從還定三秦，初攻下辯、故道、雍、斄。”《元和·卷二》：“天興縣本秦雍縣，秦國都也。”《括地志》云：“周爲召穆公采邑，秦置雍縣，故縣在雍縣南七里。”《讀史·卷五十五》陝西鳳翔府：“鳳翔縣，附郭。本召穆公采邑，春秋時之故雍也。秦置雍縣，漢初曹參攻雍，即此。”考古勘探表明，位於今陝西省鳳翔縣南的秦雍城故城，城址近方形，東西3300米，南北3200米，時代從春秋至漢代。城內有四大宮殿區和市場區，其南爲秦公陵區。

【分域2009】

雍，縣名，其地在今陝西鳳翔。《漢書·地理志》右扶風：“雍，秦惠公都之。有五畤，太昊、黃帝以下祠三百三所。橐泉宮，孝公起。祈年宮，惠公起。棫陽宮，昭王起，有鐵官。”應劭注曰：“四面積高曰雍。”

【集證2011】

《漢書·地理志》右扶風有“雍”縣，云：“秦惠公都之。有五畤，太昊、黃帝以下祠三百三所。橐泉宮，孝公起。祈年宮，惠公起。棫陽宮，昭王起。有鐵官。”雍爲秦之舊都，《史記·秦本紀》：“德公元年（前677年），初居雍城大鄭宮。”《地理志》“秦惠公都之”之“惠”，《漢書補注》引王念孫說云：“悪、惠字形相似，又涉下文惠公而誤。”秦都雍城，自德公至靈公，前後253年。靈公居涇陽，獻公居櫟陽，孝公十二年徙都咸陽。在靈公以後，雍地爲縣。《史記·曹參世家》：“初攻下辯、故道、雍、斄。”雍城故城遺址在今陝西鳳翔縣城南，南臨雍水北岸，北伸入今鳳翔南城墻以北150米，西至西古城村東500米，東至塔寺河。城址東西長3480米，南北寬3130米。70年代以來，陝西省考古研究所雍城考古隊曾作鑽探、試掘。

【戰國2013】

秦封泥有“雍丞之印”。《史記·秦本紀》：“（武公）二十年，武公卒，葬雍平陽。”《史記・秦本紀》:"德公元年,初居雍城大鄭宫。"《元和・卷二》:"天興縣本秦雍縣,秦國都也。"《括地志》云:"周爲召穆公采邑,秦置雍縣,故縣在雍縣南七里。"《讀史・卷五十五》陝西鳳翔府:"鳳翔縣,附郭。本召穆公采邑,春秋時之故雍也。秦置雍縣,漢初曹參攻雍,即此。"考古勘探表明,位於今陝西省鳳翔縣南的秦雍城故城,城址近方形,東西3300米,南北3200米,時代從從春秋至漢代。城内有四大宫殿區和市場區,其南爲秦公陵區。

【廣封2019】

案:"雒"即"雍",《漢書・地理志》:右扶風,有縣"雍","秦惠公都之。有五時,太昊、黄帝以下祠三百三所。橐泉宫,孝公起。祈年宫,惠公起。棫陽宫,昭王起。有鐵官"。此其丞之印也。

雒工室印

《印風》P141;《釋續》圖19;《印集》P106;《於京》圖5;
《彙考》P198;《璽印》P421;《大系》P332

【釋續2001】

秦時在其都城咸陽及舊都西、櫟陽、雍都設有工室。新出封泥有"咸陽工室丞""櫟陽右工室丞",寶雞出土二十六年秦戈有"西工室閭",遼寧寬甸出土二世元年丞相斯戈有"櫟陽左工去疾","左工"即"左工室"。這些工室都屬於中央系統。秦自德公至靈公居雍,前後253年。雍地有五時、"太昊黄帝以下祠三百三所"、橐泉宫、祈年宫、棫陽宫,所需器物必多,故設工室以主其事。

【工室2001】

説見"少府工室"。

【簡讀2002】

釋讀見"雒丞之印""少府工室"條。

【秦工2007】

説見"屬邦工室"。

【彙考2007】

王輝先生考:秦時在其都城咸陽及舊都西、櫟陽、雍都設有工室。新出封泥有"咸陽工室丞""櫟陽右工室丞",寶雞出土二十六年秦戈有"西工室閭"(王輝:《秦銅器銘文編年集釋》六二頁),遼寧寬甸出土二世元年丞相斯戈"櫟陽左工去疾"(同上一六〇頁),“左工”即“左工室”。這些工室都屬於中央系統。秦自德公至靈公居雍,前後二五三年。雍地有五畤,“太昊、黄帝以下祠三百三十所”,橐泉宫、祈年宫、棫陽宫所需器物必多,故設工室以主其事。

【圖説 2009】

　　説見“咸陽工室”。

【分域 2009】

　　雍,地名,該兩印當爲秦在雍地設立的管理手工業事務的官吏所用之物。

　　瑞按:雍爲秦人故都,咸陽博物館藏有“雍工啟壺”,《訂補 2014》列其爲秦莊襄王器,認爲約與二年寺工壺(公元前248年)同時,指出“雍工”乃雍地工師。

雝工室丞

1 　　　　　　　　　　　　2

1.《秦封》P247;《釋續》圖19;《印集》P107;《彙考》P199;《大系》P332
2.《璽印》P421;《大系》P332

【續考 1998】

　　“邕”通“雝(雍)”,《集韻·用韻》:“雍,地名。”古縣名,雍縣,即今陝西鳳翔縣。《嘉慶一統志·鳳翔縣》:“雍,春秋時雍邑,爲秦都,後置雍縣屬内史,漢屬右扶風。”此印當是雍地主管手工業的輔佐官。

【秦封 2000】

　　參見“雝丞之印”。雝爲秦之故都,設有“工室”,此爲工室之丞用印。秦金文:《秦銅》“雝工啟”,“雝工師”。

【釋續 2001】

　　説見“雍工室印”。

【簡讀 2002】

　　釋讀見“雝工室印”。

【於京 2005】

　　《史記·秦本紀》:“(武公)二十年,武公卒,葬雍平陽。”“德公元年,初居雍城大鄭宮。”“以船漕車轉,自雍相望至絳。”“(繆公)三十九年,繆公卒,葬雍。”《集解》:“徐廣曰:‘今縣在扶風。’”《正義》:“《括地志》云:‘岐州雍縣南七里故雍城,秦德公大鄭宮城也。’”雍秦屬內史,其治地在今陝西鳳翔縣南。

【秦工2007】

說見“屬邦工室”。

【彙考2007】

說見“雝丞之印”。雝爲秦之故都,設有“工室”,此謂工室之丞用印。

【圖說2009】

說見“咸陽工室”。

【分域2009】

說見“雍工室印”。

【工官2010】

說見“少府工室”。

【廣封2019】

同《彙考2007》“雝工室印”。此其丞之印也。

(三十) 虢

虢丞□印

《新地》圖31;《印集》P144;《彙考》P236;《大系》P103

【新見1996】

因少一關鍵字,不能遽定,似又可讀作“庸□丞印”或“□庸丞印”,《索隱》“表在琅邪”,是地秦在琅邪郡。秦四川郡蘄縣有庸城。又《漢志》漢中郡有上庸縣,《史記·秦本紀》:昭襄王三年“與楚王會黃棘,與楚上庸。”三十四年“秦與魏、韓上庸爲一郡,南陽免臣遷居之。”上庸秦屬漢中郡。

【新地2001】

索隱:“表在琅邪”,是地秦在琅邪郡。秦四川郡蘄縣西有庸域。又“漢志”漢中郡有上庸縣,《史記·秦本紀》:昭襄王三年“與楚王會黃棘,與楚上庸。”三十四年“秦與魏、韓上庸地爲一郡,南陽免臣遷居之。"上庸秦屬漢中郡。

【簡讀2002】

秦縣,《漢書·英布傳》"上乃壁庸城。"《漢志》:"庸,管叔尹之。"

【三地2003】

章爲郭之本字,《説文》以爲"象城郭之重"。古璽郭姓之郭多用之,《吉大璽印選》136有"章講",《香港中文大學藏印續一》69有"章洋□",71有"章起"。郭在封泥中有兩種可能的解釋:1. 指山東聊城之郭地。《説文》:"郭,齊之郭氏虛(墟)。"段玉裁注:"郭,本國名。郭國既亡,謂之郭氏虛。郭氏虛在齊境内。"秦或於此置縣。2. 指《漢書·地理志》右扶風虢縣。章、虢、郭通用。1974年陝西扶風縣彊家村有5件西周有銘銅器出土,其中師𩰝鼎銘云:"𩰝敢對王休,用妥,作公上父障於朕考章季易父敕宗。"同出之師丞鐘銘:"師丞肇作朕烈祖虢季、亮公、幽叔⋯⋯大林鐘。"兩相對照,知"章季"即"虢季"。馬王堆帛書《春秋事語·晋獻公欲伐虢章》:"晋獻公欲襲郭⋯⋯獻公之師襲郭還。"此章事又見《春秋》三傳僖公二年,《公羊傳》作郭,《左傳》《穀梁傳》作虢。《元和郡縣志》:"虢縣,故虢國,周文王弟虢叔所封,是曰西虢。後秦武公滅爲縣。《漢志》有虢宮,秦宣太后起。"故城即今寶雞縣虢鎮。兩種可能性中以第二種可能性爲大。

【縣考2007】

《秦本紀》:"﹝武公﹞十一年,初縣杜、鄭。滅小虢。"《元和郡縣圖志》卷二關内道鳳翔府虢縣下曰:"古虢國。周文王弟虢叔所封,是曰西虢。後秦武公滅爲縣"。虢本爲西周姬姓諸侯國,有東、西、北虢之分。此處所説的小虢,乃是西虢的支族。倘《元和郡縣圖志》所載無誤,則秦當在武公十一年滅小虢後,即置縣。至戰國,虢仍當爲秦縣。《漢志》虢縣屬右扶風。

【彙考2007】

𩰝即郭字。《説文解字》:"郭,從邑章聲。"又曰:"章,度也;民所度居也。從回,象城郭之重,兩亭相對也。"《古篆釋源》注曰:"增邑符本示地名,後以郭兼章義,而章字廢。"《集韻》陌韻:"郭,國名,通作虢。"《漢書·地理志》右扶風有虢縣。班固自注:"虢,有黃帝子、周文武祠。虢宮,秦宣太后起也。"今在陝西省寶雞市虢鎮。由此封泥得知"𩰝丞"應爲秦時虢縣之官吏。後二字殘,或可釋爲"𩰝丞之印"似可。又春秋時有郭國。《説文》:"郭,齊之郭氏虛。"段玉裁注:"郭,本國名,郭國既亡,謂之郭氏虛。郭氏虛在齊境内。"郭也可能是齊地縣。

【政區2009】

章、虢、郭三字相通,王輝利用金文、帛書文字和文獻互證,認爲"章"即"虢",可從。《史記·秦本紀》:"武公十一年,初縣杜、鄭。滅小虢。"《元和·卷二》:"虢縣,古虢國,周文王弟虢叔所封,是曰西虢,後秦武公滅爲縣。《漢志》有虢宮,秦宣太后起。"《讀史·卷五十五》:"蓋虢仲之采邑,支子所封。漢置虢縣,屬右扶風。後漢初,併入雍縣。⋯⋯在寶雞東六十里。"秦虢縣故城即今陝西省寶雞縣虢鎮。

【戰國2013】

秦封泥有"葦丞□□"。葦、虢、郭三字相通,王輝利用金文、帛書文字和文獻互證,認爲葦即虢,可從。《史記・秦本紀》:"武公十一年,滅小虢。"《元和・卷二》:"虢縣,古虢國,周文王弟虢叔所封,是曰西虢,後秦武公滅爲縣。《漢志》有虢宮,秦宣太后起。"《讀史・卷五十五》:"蓋虢仲之采邑,支子所封。漢置虢縣,屬右扶風。後漢初,併入雍縣。……在寶雞東六十里。"秦虢縣故城即今陝西省寶雞市陳倉區虢鎮。

【職地2014】

首字《新出土秦封泥印集》釋爲"庸",誤。《集韻・陌韻》郭,"郭,國名,通作虢",漢右扶風虢縣。亦可能是齊地縣名,《説文・邑部》"郭,齊之郭氏墟"。

（三十一）郿

郿丞之印

《秦封》P283

【郡縣1997】

《元和郡縣圖志》卷三京兆下郿縣云:"本秦縣。"地在今陝西眉縣東。秦併六國前後,其爲秦内史屬縣,丞爲縣令佐官。

【秦封2000】

該品第一字殘,當爲郿字,秦縣名。《漢志》中華書局本右扶風條誤植郿縣於本注,"郿,成國渠首受渭,東北至上林入蒙籠渠。右輔都尉治。"《詩經・大雅》"王餞於郿。"《史記・秦本紀》:寧公二年,"公徙居平陽。"徐廣曰:"郿之平陽亭。"《史記・白起列傳》:"白起者,郿人也。"《史記・樊噲列傳》:"攻趙賁,下郿、柳中、咸陽。"《水經・渭水》"郿縣有召亭,故召公之采地也。"《毛詩》:郿"秦文公所營。"《元和》:郿縣,"本秦縣名,在今縣東一十五里,有故城。"《一統》:"故城在今郿縣東北。"秦約屬内史,在今陝西省眉縣東。漢封泥見:《齊魯》《再續》"郿右尉印"。

【簡讀2002】

秦縣,《漢志》屬右扶風。《史記・白起列傳》:"白起者,郿人也。"

【縣考2007】

郿本西周邑，即《詩·大雅·崧高》所曰"申伯信邁，王餞於郿"中的郿邑。春秋時期郿屬秦。戰國時期，秦當置郡縣。《白起列傳》載："白起者，郿人也。善用兵，事秦昭王。昭王十三年，而白起爲左庶長"。依列傳記人籍貫的體例，"白起者，郿人也"，當釋爲白起爲郿縣人。《傳》文又云白起在昭襄王十三年時爲左庶長，則可推知白起至遲當生於武王之世，而武王於公元前311年至公元前307年在位，故秦置郿縣的時間當不會晚於公元前307年。出土秦封泥中也有"郿丞之印"。《漢志》郿縣屬右扶風。

【政區2009】

秦眉縣原爲周邑，秦置縣，秦名將白起爲郿縣人。《史記·白起王翦列傳》："白起，郿人也。"《史記·絳侯周勃世家》："(勃)西定汧，還下郿、頻陽。"《史記·樊酈滕灌列傳》："(樊噲)攻趙賁，下郿、槐里、柳中、咸陽。"《元和·卷二》："郿縣，本秦縣名，在今縣東一十五里，有故城。"《清一統志·卷二百三十六》："故城在(鳳翔府)郿縣東北。"秦郿縣即在今陝西省眉縣東北。

【戰國2013】

秦封泥有"郿丞之印"。秦郿縣原爲周邑，秦置縣，秦名將白起爲郿縣人。《史記·白起王翦列傳》："白起，郿人也。"《元和·卷二》："郿縣，本秦縣名，在今縣東一十五里，有故城。"秦郿縣即在今陝西省眉縣東北。

瑞按：封泥殘，目前僅發表一枚，是否爲"郿"，有待完整封泥。

（三十二）襄　　德

襄德丞印

　　　　1

　　　　2

1.《於京》圖24;《璽印》P418;《大系》P117
2.《發現》圖129;《圖例》P56;《秦封》P282;《彙考》P191

【新見1996】

壞德即襄德、環(瑞按，字原作亻旁)德、懷德，參見《集》二·三·15"襄"。

【發現1997】

《漢書·地理志》左馮翊有"襄德"縣。云："《禹貢》北條荊山在南，下有强梁原。

洛水東南入渭,雍州浸。”師古曰:“襄亦懷字。”

【郡縣1997】

　　《史記》卷五七《周勃世家》記勃從漢王劉邦“還定三秦,至秦,賜食邑懷德”。則懷德爲秦内史所屬縣,地在今陝西朝邑西南。西漢沿置,東漢廢。丞爲縣令佐官。

【印考1997】

　　印面正方形,田字格,邊長1.8釐米,印文模糊,邊欄左下側殘,推測爲“襄德丞印”。“襄”,亦爲“懷”,懷德,古縣名。《漢書・地理志》左馮翊有“襄德”縣。《史記・劉敬孫叔通列傳》:“及周之盛時,天下和洽,四夷鄉(向)風,慕義懷德,附離而並事天子。”其地在今吉林省中部。

【秦封2000】

　　襄即懷,又作壞。《漢書・地理志》:左馮翊有襄德縣,《禹貢》北條荆山在南,下有彊梁原。洛水入渭,雍州浸。莽曰德驩。”懷德爲秦縣,《史記》:“還定三秦,至秦,賜食邑懷德。”正義《括地》云,懷德故城在同州朝邑縣西南四十四里。《水經・沮水》:“渭水又至舒城北……渭水之陽即懷德縣界也,城在渭水之北,沙苑之南,即懷德縣故城也。世謂之高陽城,非也。”《讀史》:“縣西南三十里,本秦邑,漢王還定三秦,賜周勃食邑懷德是也,尋置縣,屬左馮翊,晋廢。王莽時改名德驩縣,東漢撤銷,併入臨晋縣。”襄德縣秦約屬内史,今在陝西省大荔縣東南渭水北岸。秦金文見:《秦銅》三十一年相邦冉戈“壞德”。金文又作“懷德”。

【簡讀2002】

　　秦縣,《漢志》屬左馮翊。《史記・周勃世家》:“賜食邑懷德。”《張家・二年・秩律》:“壞德……秩各六百石,有丞、尉者半之”。

【於京2005】

　　《史記・絳侯周勃世家》:“還定三秦,至秦,賜食邑懷德。”《正義》:“《括地志》云:‘懷德故城在同州朝邑縣西南四十三里。’”《漢書・地理志》:“襄德,《禹貢》北條荆山在南,下有强梁原。”師古曰:“襄亦懷字。”《水經注》卷二九:“渭水之陽,即懷德縣界也。城在渭水之北,沙苑之南,懷德縣故城也。”懷德秦屬内史。其地在今陝西大荔縣南。《秦封》録有:“襄德丞印”,又見“壞德”半通印秦封泥,皆一縣。

【彙考2007】

　　王輝先生考:《漢書・地理志》左馮翊有襄德縣。封泥首字左旁已殘,不知是玉還是土。不管是襄,還是壞、瓌皆當讀爲懷。懷德,懷有德行也。《詩・大雅・板》:“懷德維寧,宗子維城。”高亨注:“懷德,有德。”《地理志》顏師古注:“襄亦懷字。”瓌德亦見(秦昭襄王)十一年相邦冉戈(王輝著《秦銅》圖版四八)。懷德,《一統志》説在今富平縣南十里。徐松、胡渭據《水經注》謂在今大荔縣東舊朝邑縣地。二説以前説爲可信,吳卓信曰:“今富平已有襄德城,《寰宇記》謂後漢及三國時,因漢舊名於此立縣,今有廢城存,是也。”

【政區2009】

　　秦時璽印文“壞”即“懷”字,互通。又傳世秦兵器有秦昭襄王二十一年相邦冉戈

（《編年》79），其銘文有"懷德"，表其置地。秦文獻没有懷德縣的相關記載，秦末周勃定三秦之後，因軍功賜食邑於懷德。《史記·絳侯周勃世家》："(勃)還定三秦，至秦，賜食邑懷德"《水經·渭水注》："渭水之陽即懷德縣界也，城在渭水之北，沙苑之南，即懷德縣故城也。"《正義》引《括地志》："懷德故城在同州朝邑縣西南四十三里。"《讀史·卷五十四》陝西朝邑縣懷德城："縣西南三十里。本秦邑。漢王還定三秦，賜周勃食邑懷德是也。尋置縣，屬左馮翊。晋廢。《水經》：城在渭水之北，沙苑之南，世謂之高陽城。非也。"從前面秦昭襄王二十一年相邦冉戈銘文看，秦懷德縣設縣也較早，其地在今陝西省渭南市大荔縣南部。

【集證2011】

《漢書·地理志》左馮翊有"襄德"縣。云："《禹貢》北條荆山在南，下有彊梁原。洛水東南入渭，雍州寖。"《漢書補注》王先謙曰："秦邑。周勃食邑於此，見《勃傳》。"顔師古曰："襄亦懷字"。王先謙曰："續《志》後漢省。'雲陽'下劉注：'有荆山。《帝王世紀》云：禹鑄鼎荆山。在馮翊襄德之南，今其下荆渠也。'據此縣併入雲陽。《一統志》：'故城今富平縣西南十里。'""襄德"又見三十一年相邦冉戈。

【戰國2013】

秦封泥有"懷德丞印"。又傳世秦兵器有秦昭襄王二十一年相邦冉戈（《編年》79），其銘文有"懷德"，表其置地。《水經·渭水注》："渭水之陽即懷德縣界也，城在渭水之北，沙苑之南，即懷德縣故城也。"《正義》引《括地志》："懷德故城在同州朝邑縣西南四十三里。"《讀史·卷五十四》陝西朝邑縣懷德城："縣西南三十里。本秦邑。漢王還定三秦，賜周勃食邑懷德是也。尋置縣，屬左馮翊。晋廢。《水經》：城在渭水之北，沙苑之南，世謂之高陽城。非也。"從前面秦昭襄王二十一年相邦冉戈銘文看，秦懷德縣設縣也較早，其地在今陝西省渭南市大荔縣南部。

【秦地2017】

里耶簡有"壞德中里悍"。秦封泥有"壞德□□"，《秩律》亦寫作"壞德"，並與里耶簡同。秦兵器銘刻"卅一年相邦冉戈"寫作"襄德"，秦封泥已有"襄德丞印"。《漢志》有"襄德"縣，屬左馮翊，師古曰"襄亦懷字"。《史記·絳侯周勃世家》："還定三秦，至秦，賜食邑懷德。"壞、襄、懷，並音近通假字。秦及漢初屬内史。

壞德□□

《新地》圖9；《印集》P101；《彙考》P191；《大系》P118

【新地2001】

　　壞德即襄德、德、懷德,參見《集》二·三·15"襄德丞印"。《雙劍訪吉金圖録》載秦《魏冉戈》也作:"壞德"。

【簡讀2002】

　　釋讀見"襄德丞印"條,壞德即襄德。

【新地2017】

　　説見"襄德丞印"。

懷德之印

《新出》P66

【新地2017】

　　説見"襄德丞印"。

（三十三）鄭

鄭璽

1　　　　　　　　　　2

1.《新選》P120;《大系》P371
2.《大系》P371

【十五則2017】

　　鄭爲秦最早設置的縣之一。《史記·秦本紀》:秦武公"十一年,初縣杜、鄭"。正義引

《括地志》云："華州鄭縣也。《毛詩譜》云鄭國者，周畿内之地。宣王封其弟於咸林之地，是爲鄭桓公。"此封泥印文稱"壐"，印面無界格，與本編著綠的田字格"鄭丞之印"（0835號）對比，其時代顯然在秦統一之前。目前所見秦封泥中，除"皇帝信壐"和"鄭壐"外，尚有邦尉之壐、豐壐、鄬壐、廄壐、客事之壐、請壐、寺工丞壐、唯王御壐、□（衙）丞之壐、□車丞壐等。在總量超過1000種、數量將近7000枚的秦封泥資料群中，這些印文標明了"壐"字，可明確斷限爲秦統一之前封泥品類，在秦封泥斷代，封泥字體結構和風格變化、相關職官和地名演變以及秦印風格變化等方面都有着重要的參照意義和標本作用。

瑞按：嶽麓秦簡《質日》三十五年"戊子宿鄭"，整理者注"鄭，縣名。秦置，治今陝西渭南市華州區"（《嶽麓書院藏秦簡（一——三）釋文修訂本》P17）。

鄭□

《酉餘》P49 厂,《大系》P371

瑞按：封泥殘,鄭,説見"鄭壐"。

鄭丞之印

1　　　　　2　　　　　3

1.《新選》P120;《大系》P371
2、3.《大系》P371

【政區2009】

1978年雲夢秦墓出土鳳形勺漆器烙印"鄭亭"，同出圓盒蓋烙印"咸亭"，推之爲秦物。"鄭亭"，秦鄭縣市亭之省文。《史記・秦本紀》："武公十一年，初縣杜、鄭。"《史記・商君列傳》："商君既復入秦，走商邑，與其徒屬發邑兵北出擊鄭。"《漢志》京兆尹有鄭縣，"周宣王弟鄭桓公邑。有鐵官"。《水經・渭水注》："渭水又東逕鄭縣故城北，《史記》武公十一年縣之，鄭桓公友之故邑也。"《讀史・卷五十四》陝西西安府："鄭城，在州城北，即鄭桓公所封邑。戰國時屬魏，魏文侯十七年西攻秦，至鄭而還，後入於秦，武公十一年初置鄭縣。"《清一統志・卷二百四十四》："故城在（同州府）華州北。"華州即今陝西省華縣，即秦鄭縣故址在此。

【戰國2013】

河南新鄭市鄭韓故城出土多件鄭令戈、矛、劍，其中有韓六年鄭令戈，銘文"六年鄭令韓熙右庫工師司馬□，治狄"。傳世戰國兵器尚有多件韓國的鄭令戈（《三代》19.52.1；《三代》20.40.5）。《史記・韓世家》載："韓哀侯二年（前375年），滅鄭，遷都於鄭"。胡三省云："韓本都平陽，其地屬漢之河東郡，中間徙都陽翟。……今韓既滅鄭，自陽翟徙都之"。戰國中期，韓國鄭地一度爲秦所攻占。《史記・秦本紀》載昭襄王五十年，"張唐攻鄭，拔之"。鄭地先後爲鄭、韓兩國所都，故今通稱鄭韓故城。其城在今河南新鄭市周圍，位於洧水與黃水交會之處，東西長約5000米，南北寬約4500米，由一南北向城墻分爲東、西兩城。鄭是韓國同時也是戰國主要鑄造兵器的中心，所置兵器作坊不止一處。戰國時，鄭是韓國國都，從兵器銘文可知韓置鄭縣。

又：西安市相家巷出土秦封泥有"鄭丞之印"；1978年雲夢秦墓出土鳳形勺漆器烙印"鄭亭"，同出圓盒蓋烙印"咸亭"。"鄭亭"，秦鄭縣市亭之省文。《史記・秦本紀》："武公十一年，初縣杜、鄭。"《史記・商君列傳》："商君既復入秦，走商邑，與其徒屬發兵北出擊鄭。"《漢志》京兆尹有鄭縣，"周宣王弟鄭桓公邑。有鐵官"。《水經・渭水注》："東逕鄭故城北，武公十一年縣之，桓公友之故邑也。"《讀史・卷五十四》陝西西安府："鄭城，在州城北，即鄭桓公所封邑。戰國時屬魏，魏文侯十七年西攻秦，至鄭而還，後入於秦，武公十一年初置鄭縣。"華州即今陝西省華縣，即秦鄭縣故址在此。

鄭丞□□

1　　　　　　2

1.《酒餘》P49上
2.《大系》P371

鄭□馬□

《大系》P371

瑞按：封泥殘，釋讀尚可存疑。

（三十四）夏　　陽

夏陽之印

《大系》P296

　　瑞按：夏陽，《漢書·地理志》屬左馮翊，"故少梁，秦惠文王十一年更名。《禹貢》梁山在西北，龍門山在北。有鐵官。莽曰冀亭。"河南郡有"梁"，應劭曰："《左傳》曰秦取梁。梁，伯翳之後，與秦同祖。"臣瓚曰："秦取梁，後改曰夏陽，今馮翊夏陽是也。此梁，周之小邑，見於春秋。"師古曰："瓚説是也。"《漢書·地理志》"瀕南山，近夏陽，多阻險輕薄，易爲盜賊，常爲天下劇。"師古曰："夏陽即河之西岸也。今在同州韓城縣界。"《史記·秦本紀》"十一年，縣義渠。歸魏焦、曲沃。義渠君爲臣。更名少梁曰夏陽"。《史記·張儀列傳》"秦惠王十年，使公子華與張儀圍蒲陽，降之。儀因言秦復與魏，而使公子繇質於魏。儀因説魏王曰：'秦王之遇魏甚厚，魏不可以無禮'。魏因入上郡、少梁，謝秦惠王。惠王乃以張儀爲相，更名少梁曰夏陽。"《集解》徐廣曰："夏陽在梁山龍門。"《索隱》：音下。夏，山名也，亦曰大夏，是蜀所都。《正義》：少梁城，同州韓城縣南二十四里。夏陽城在縣南二十里。梁山在縣東南十九里。龍門山在縣北五十里。《史記·太史公自序》"事武安君白起。而少梁更名曰夏陽。"《漢書·武帝紀》"四年冬十月，行幸雍，祠五畤。賜民爵一級，女子百户牛酒。行自夏陽，東幸汾陰。"師古曰："夏陽，馮翊之縣也。汾陰屬河東。"《水經注》卷4"河水又南，右合暢谷水,水自溪東南流,逕夏陽縣西北,東南注於河。河水又南逕梁山原東,原自山東南出至河,晋之望也,在馮翊夏陽縣之西北,臨於河上。……溪水又東南逕夏陽縣故城北,故少梁也。秦惠文王十一年,更從今名矣。王莽之冀亭也。……又東南逕華池南,池方三百六十步,在夏陽城西北四里許。故司馬遷《碑文》云:高門華池,在兹夏陽。今高門東去華池四里。溪水又東南逕夏陽縣故城南。服虔曰:夏陽,虢邑也,在大陽東三十里。"

夏陽丞印

1.《精品》P54;《大系》P296
2.《新出》P80;《大系》P296

【政區2009】

　　《史記・秦本紀》:"靈公六年,晋城少梁,秦擊之";又"惠文王十一年,更名少梁曰夏陽。"《史記・魏世家》:"惠王九年,與秦戰少梁;十七年,與秦戰元里,秦取我少梁。"《漢志》左馮翊有夏陽,"故少梁,秦惠文王十一年更名,《禹貢》梁山在西北,龍門山在北,有鐵官"。《水經・渭水注》與此同。《讀史・卷五十四》陝西同州韓城縣"古韓國,晋爲少梁邑,秦更名夏陽"。"少梁城,縣南二十二里。周梁國也。《左傳》僖公十九年:'梁伯好土功,民罷而弗堪,秦穆公取之'即此。文十年,晋伐秦,取少梁。《魏世家》:'文侯六年,城少梁。梁惠王九年,與秦戰少梁,虜我將公孫痤。'《秦紀》:'秦取魏少梁'是也。惠文王十七年更名曰夏陽,漢因置夏陽縣"。《清一統志・卷二百四十四》:"夏陽故城在(同州府)韓城縣南。"現考古發現秦夏陽故城遺址在陝西省韓城市芝川鎮北,有多處夯土建築基址、城門遺址、冶鐵製陶作坊遺址等。城址爲長方形,東西1750米,南北1500米,時代從秦至西漢。

【戰國2013】

　　西安市相家巷出土秦封泥有"夏陽丞印"。《史記・秦本紀》:"靈公六年,晋城少梁,秦擊之";又"惠文王十一年,更名少梁曰夏陽"。《史記・魏世家》:"惠王九年,與秦戰少梁,十七年,秦取我少梁。"《水經・渭水注》與此同。《讀史・卷五十四》陝西同州韓城縣"古韓國,晋爲少梁邑,秦更名夏陽"。"少梁城,縣南二十二里。周梁國也。《左傳》僖十九年：'梁伯好土功，民罷而弗堪，秦穆公取之'即此。文十年，晋伐秦，取少梁。《魏世家》：'文侯六年，城少梁。梁惠王九年，與秦戰少梁，虜我將公孫痤。'《秦紀》：'秦取魏少梁。'是也。惠文王十七年更名曰夏陽，漢因置夏陽縣"。考古發現秦夏陽故城遺址在陝西省韓城市芝川鎮北，有多處夯土建築基址、城門遺址、冶鐵制陶作坊遺址等。城址爲長方形，東西1750米，南北1500米，時代從秦至西漢。

（三十五）漆　　垣

漆垣丞印

1　　　　　2　　　　　3　　　　　4

1、2.《新出》P74；《大系》P194
3、4.《大系》P194

【縣考2007】

　　1975年，内蒙古自治區准格爾旗瓦爾吐溝秦墓中出土一銅戈，其銘文曰："十二年上郡守壽造，漆垣工師乘，工更長椅。洛都。廣衍"據此，崔璿認爲漆垣應是秦上郡屬縣。又因漆垣當爲魏縣，故可推知該地爲原魏上郡屬秦前所領十五縣之一。惠文君十一年，魏上郡屬秦（《秦本紀》《魏世家》），漆垣當在此年由魏屬秦。《漢志》漆垣縣屬上郡。

【戰國2013】

　　戰國魏圜錢有"桼一釿"，"桼桓"即"漆垣"。亦即《漢志》上郡屬縣漆垣，在今陝西銅川市西北，戰國初年爲魏之河西地區。《史記·魏世家》：魏襄王五年，"予秦河西之地"；"七年，魏盡入上郡于秦"。

　　瑞按：《漢書·地理志》上郡屬縣有"漆垣"，"莽曰漆牆"。張家山漢墓竹簡《二年律令》第452號簡有"洛都、襄城、漆垣、定陽"。何琳儀先生指出，《説文》："垣，墙也。從土，亘聲。"趙方足布"戴垣"，讀"襄垣"，地名。垣上官鼎、魏國錢垣，地名。《史記·秦本紀》昭襄王："十五年，大良造白起攻魏，取垣，復予之。"在今山西垣曲東南。魏圓錢"桼垣"，讀"漆垣"，地名。秦兵"漆垣"，地名（《戰國古文字典》P1053）。

（三十六）華　　陽

華陽丞印

1　　　　　　2　　　　　　3　　　　　　4

1.《彙考》P128
2.《秦封》P202;《彙考》P129
3.《新出》P17;《大系》P116
4.《彙考》P128

【發現1997】

　　始皇二十三年,以王翦將六十萬發頻陽伐楚,降華陽公主,簡宮中麗色百人爲媵,北迎翦於途。詔即遇處成婚。詔頻陽別開主第,名相遇處是爲華陽。此爲華陽公主之丞屬。

【郡縣1997】

　　《史記》卷七三《白起列傳》云:"昭王三十四年(公元前273年),白起攻魏,拔華陽,走芒卯,而虜三晉將,斬首三十(瑞按:原作十三)萬。"同書卷七二《穰侯列傳》亦云:秦武王母宣太后有同父弟戎,"爲華陽君"。《索隱》注:"華陽,韓地,後屬秦。戎後又號新城君。"按《禹貢》曰:"華陽黑水惟梁州。"胡渭注:"華陽,今商州之地。"又《史記正義》引司馬彪語云:"華陽,亭名,在洛州密縣。"後者指亭名,似前者爲是,即秦取魏地華陽置縣,地在今陝西商縣。秦併六國前後,其爲內史屬縣;丞爲縣令佐官。

【印考1997】

　　印面正方形,田字格,邊長1.8釐米,印文清晰,邊欄完整。華陽,秦太子宮名。治今西安市北郊舊長安城內。《史記·穰侯傳》:"穰侯魏冉同父弟曰戎,爲華陽君。"又據《秦史》云:秦孝文王柱夫人,即秦妃,曰華陽夫人。莊襄王子楚即位,華陽夫人被尊爲華陽太后。"華陽丞印"當是華陽宮的佐官。

【秦封2000】

　　《史記·周本紀》:"縱馬於華山之陽。"《尚書·禹貢》:"華陽黑水惟梁州。"今陝西洛南有傳李密塚,調查者以爲當是秦華陽宮。如是,則當爲華陽宮丞。《史記·秦始皇本紀》:秦有華陽太后,則此又當爲華陽太后宮之丞。《史記·秦本紀》:秦昭王三十三年,

"客卿胡陽攻魏卷、蔡陽、長社，取之，擊芒卯華陽，破之。"集解引司馬彪曰："華陽，亭名，在密縣。"正義引《括地志》："故華城在鄭州管城縣南三十里。《國語》云史伯對鄭桓公，虢、鄶十邑，華其一也。華陽即此城也。"《後漢·郡國志一》：河南尹密縣，"有陘山"。注："《史記》魏襄王六年伐楚，敗之陘山，秦破魏華陽，地亦在縣。"如是，則華陽秦時爲縣，其地在今鄭州南。《山海》："溫水出崆峒……入於河，華陽北。"郭璞注："今溫水在京兆陰盤縣。"如是則華陽在今陝西，具體不詳。

【考略2001】

《史記·秦本紀》：秦昭王三十三年，"客卿胡陽攻魏卷、蔡陽、長社，取之。擊芒卯華陽，破之。"《集解》引司馬彪注："華陽，亭名，在密縣。"《正義》引《括地志》載："故華城在鄭州管城縣南三十里。《國語》云史伯對鄭桓公，虢、鄶十邑，華其一也。華陽即此城也。"　"華陽丞印"當爲華陽縣丞之印。

【簡讀2002】

《漢志》："華陽、黑水惟梁州。"《史記·白起列傳》："白起攻魏，拔華陽，走芒卯。"《史記·秦本紀》"客卿胡陽攻魏卷、蔡陽、長社，取之，擊芒卯、華陽，破之。"《集解》："司馬彪曰：華陽，亭名，在密縣。"《正義》："《括地志》：'故華陽在鄭州管城縣南三十里。《國語》云史伯對鄭桓公，虢、鄶十邑，華其一也。華陽即此城也。'按：是時韓、趙聚兵於華陽攻秦，即此矣。"

【縣考2007】

説見"卷丞之印"。

【彙考2007】

説見"華陽禁印"。

【分域2009】

印文"華陽"秦時有數處。可能爲戰國末年的"華陽公主"；也可能因在華山之陽而得名，具體待考。

【集證2011】

華陽本地名，《尚書·禹貢》："華陽黑水惟梁州。"僞孔《傳》："東據華山之南，西距黑水。"孔穎達《正義》："《周禮·職方氏》：'豫州，其山鎮曰華山。'在豫州界内。此梁州之境，東據華山之南，不得其山，故言陽也。此山之西，雍州之境也。"秦宣太后曾封其弟戎爲華陽君，《史記·范睢列傳》："穰侯、華陽君，昭王母宣太后之弟也。……穰侯相，三人者（華陽君及昭王同母弟涇陽君、高陵君）更將有封邑，以太后故，私家富重於王室。"秦又有華陽太后，《史記·秦始皇本紀》："十七年……華陽太后卒。"此華陽太后原爲昭王太子安國君夫人，安國君後立爲孝文王，華陽夫人爲王后。孝文王薨，養子子楚立爲莊襄王，尊華陽后爲太后。華陽君、華陽太后皆以封地爲號。又《陝西通志》《富平縣誌》説秦始皇有女華陽公主，下嫁名將王翦。馬非百《秦集史》274頁云："其事不知何出，而兩書皆言之鑿鑿。"漢時諸侯王封國，太后、皇后、公主有食邑，他們有自己的官署，只是比中央官署機構簡單而已。所以"華陽丞"有可能是華陽君或華陽太后封邑之丞。

【川渝2013】

由"華陽禁印"之例可知,此並非華陽縣丞之印,此當爲華陽禁苑丞用印之遺。

【戰國2013】

雲夢睡虎地秦簡有(秦昭襄王)"卅四年攻華陽"。《史記・韓世家》:"釐王二十三年,趙、魏攻我華陽。"秦發兵救韓,"敗趙、魏於華陽之下"。又《史記・白起王翦列傳》:"白起攻魏,拔華陽,走芒卯,而虜三晉將。"《史記・六國年表》和《史記・秦本紀》也同。可知華陽後期一度屬魏地。《括地志》:"故華陽城在鄭州管城縣南三十里。"故址即今河南鄭州市南40里郭店。

【悠悠2015】

秦封泥有"華陽丞印"。《史記・秦本紀》:"(昭襄王)三十三年,客卿胡傷攻魏卷、蔡陽、長社,取之。擊芒卯、華陽,破之"。其事又見《史記・白起王翦列傳》,也與睡虎地秦簡《編年紀》中"卅四年,攻華陽"的記載相同。秦武王時有華陽君,《索隱》注:"華陽,韓地,後屬秦"。又《史記・韓世家》:"釐王二十三年,趙、魏攻我華陽。"《正義》引《括地志》:"故華城在鄭州管城縣南三十里。《國語》云:史伯對鄭桓公,虢、鄶十邑,華其一也。華陽即此城也。"秦華陽故城在今河南省新鄭市東南,地名華陽寨,因城南有洧水,故稱華陽。《漢志》中没有華陽縣,估計此縣在西漢時廢。

【秦地2017】

華陽,韓地,今河南新鄭北。

【廣封2019】

案《漢書・地理志》:"華陽黑水惟梁州。"(師古曰:"東據華山之南,西距黑水。")則應在華山以南地區。又《史記・秦本紀》:(昭襄王)三十三年,客卿胡(傷)〔陽〕攻魏卷、蔡陽、長社,取之。擊芒卯華陽,破之,斬首十五萬。注,《集解》司馬彪曰:"華陽,亭名,在密縣。"《史記・穰侯列傳》:"及昭王即位,羋八子號爲宣太后……同父弟曰羋戎,爲華陽君。"注,《索隱》華陽。韓地,後屬秦。羋戎後又號新城君。《正義》司馬彪云:"華陽,亭名,在洛州密縣。"又故華城在鄭州管城縣南三十里,即此。《秦封泥彙考》:秦宣太后弟戎封華陽君,昭襄王太子夫人封華陽夫人。且其《秦文字集證》以爲華陽丞爲華陽君或華陽太后之丞(臺灣藝文印書館一九九九年版)。

華陽尚果

《大系》P116

【選考2013】

　　《秦封泥集》著録有"華陽丞印"封泥。秦有兩位王室成員封號爲華陽。其一爲華陽君。《史記·穰侯列傳》載,秦昭王母宣太后"同父弟曰芈戎,爲華陽君"。關於華陽君封地所在,《索隱》云:"華陽,韓地,後屬秦。"《正義》引司馬彪云:"華陽,亭名,在洛州密縣。又故華城在鄭州管城縣南三十里,即此。"《讀史方輿紀要》卷四十七《河南二·開封府·新鄭縣》:"華城在縣東南三十里。亦曰華陽亭。古華國。史伯謂鄭桓公:華,君之土也。赧王四十二年,趙、魏伐韓華陽,秦昭王使白起救韓,敗魏軍於華陽之下,走芒卯,即此。華陽在今河南新鄭市東南。其二爲華陽夫人。"《史記·吕不韋列傳》:"秦昭王四十年,太子死。其四十二年,以其次子安國君爲太子。安國君有子二十餘人。安國君有所甚愛姬,立以爲正夫人,號曰華陽夫人。""秦昭王五十六年,薨,太子安國君立爲王,華陽夫人爲王后,子楚爲太子。趙亦奉子楚夫人及子政歸秦。秦王立一年,薨,謚爲孝文王。太子子楚代立,是爲莊襄王。莊襄王所母華陽後爲華陽太后。""始皇七年,莊襄王母夏太后薨。孝文王后曰華陽太后,與孝文王會葬壽陵。"另外又有華陽宮。"安陵鼎頂蓋"銘文:"華共一斗一升半升十斤十九","今安陵容二升重一斤十四兩,元年四月受雲陽廚第卌六,甲","今安陵二升一斤十四兩"。郝紅霞、馬孟龍認爲:"'華共'有可能是華陽宫共廚之省寫……漢代'酈偏鼎'有刻銘'今鎬,上林華陽,六',據此可知華陽宫秦代已有,地處上林苑。"其説甚是。其實"安陵鼎頂蓋"銘文中的"華共"銘文字體風格較其他兩段銘文明顯要早一些,即其可能早到秦代。安陵鼎頂蓋最早的使用地當在秦華陽宮中。"尚果",爲掌管各種果品之職。按《漢舊儀》載:"省中有五尚。"列國封君則未有此職官。而金文資料又顯示上林苑中有華陽宫。那麽,此封泥或爲華陽夫人屬吏所使用,或爲華陽宫中所使用。華陽夫人之封時在秦昭王四十二年(前265),秦昭王五十六年(前251),太子安國君即位,是爲孝文王,此時華陽夫人已立爲王后,然華陽之封號仍存,此名號存在到秦王政七年(前241)孝文王后死。此封泥若爲華陽夫人所屬,其使用年代應在秦昭王四十二年至秦王政七年之間,即屬於戰國時期。若爲華陽宫所用,其下限可至秦統一以後。

(三十七)平　　陵

平陵丞印

1

2

1、2.《大系》P188

【楚地2013】

包山楚簡"坪陵"(《包山》184),從《包山》第192號簡有"坪陵君"等情況推測,"坪陵"應是當時的楚縣邑之名。顏世鉉推測,坪陵可能在河南新蔡西北、平輿以東的洪河南側。劉信芳引《水經注·汝水》"汝水又東南,逕坪陵亭北",楊守敬《疏》"亭當在今新蔡縣西南",也將簡文"坪陵"定在今河南新蔡縣境內。

【戰國2013】

傳世齊陶文有"平陵陳得立事歲系公";又傳世有齊陶文"平陵陳見丕怨王淘"和"平陵左廩"(《陶齋》1.15.3)。考古調查表明,平陵故址在今山東章丘市西,故城爲方形,邊長1900米,面積360萬平方米。時代從東周齊國的平陵邑,至秦東平陵縣治和漢濟南國、濟南郡治。

【職地2014】

《地理志》右扶風有平陵,乃漢昭帝陵墓。又《史記·衛將軍驃騎列傳》:"將軍蘇建,杜陵人。以校尉從衛將軍青有功,爲平陵侯。"可見漢昭帝之前的漢武帝時期已有平陵,或即秦封泥之平陵,但具體地望文獻失載。

瑞按:1935年張政烺先生在分析平陵陶文時指出,文獻中平陵之地甚多,一見《左傳》昭公二十八年,顧棟高謂在山西文水;一見《漢書·地理志》右扶風下,爲昭帝陵墓之名;一見《説苑》,爲齊地,漢屬濟南郡,因右扶風有平陵而改爲東平陵,地在山東歷城,爲戰國之時田氏所守(《張政烺文史論叢》P47)。現在所見秦封泥中,既有平陵,亦有東平陵,並非漢代所更,其位置當與東平陵非一。

（三十八）安　　陵

安陵丞印

1　　　　　　　　　　2

1、2.《大系》P22

【字典1998】

包山簡"安陵",地名,楚安陵君封地,見《戰國策·楚策一》,又名"鄢陵"。《戰國策·魏策四》"安陵",《説苑·奉使》作"鄢陵"。在今河南漯河東。又湖南郴州永興西南也有"安陵"。

【政區2009】

包山楚簡有"安陵莫囂變獻爲蓼貸越異之黃金七益以翟種"（J105）；"安陵公□爲株陽貸越異之金五益"（J117）。故徐少華認爲安陵時爲楚縣，"□"即安陵縣之某縣公。《史記·魏世家》："無忌謂魏王曰：'王之使者出過而惡安陵氏於秦，秦之欲誅之久矣。'"《史記·田敬仲完世家》："明年，伐魯、葛及安陵。"《史記·扁鵲倉公列傳》："安陵阪里公乘項處病。"《戰國策·魏策四》："秦王使人謂安陵君曰：'寡人欲以五百里之地易安陵。'"《郡國志》："汝南郡召陵有安陵鄉征羌侯國。"《元和·卷九》："征羌故城，在縣東南七十五里。本秦安陵縣，建武十二年，來歙征西羌有功，故改名以封之。"《清一統志》："故城在今鄢陵縣西北，至許州七十五里。"考古調查表明河南省商水縣的安陵故城爲正方形，邊長500米，面積25萬平方米，時代從戰國安陵城至秦漢安陵縣。

【楚地2013】

包山楚簡有"武陵"（《包山》105、117號），整理者云：安陵，地名。《戰國策·楚策一》："江乙説於安陵君。"《戰國策釋地》："鄢陵、召陵皆有安陵，鄢陵屬魏，召陵屬楚。鄢陵故城在今縣西南四十里，安陵城在今縣西北十五里。召陵故城在今郾城縣東四十五里。"《後漢書·郡國志》："征羌有安陵亭。"故征羌亦在縣東南。《方輿紀要》："郾城縣東南七十里有安陵城"是也。何浩原將安陵定在今河南鄢陵西北，後又改定在召陵的安陵："郾城縣，今屬河南省，是知楚召陵位於今漯河境內。"何琳儀認爲簡文"安陵"即"鄢陵"，在今漯河東。顏世鉉根據《中國文物地圖集·河南分册》所載楚安陵故城的內容，將包山楚簡"安陵"定在今河南商水縣西境內。劉信芳認爲包山楚簡"安陵"以《續漢志》之説交界近是，召陵故城在今河南省郾城縣東南。今按《戰國策·楚策一》中的安陵君是楚宣王時期的人，而《楚策四》中鄢陵君是頃襄王時人，從現有的資料來看，他們的封地肯定都不是今河南鄢陵縣。已有的資料都不能證明今河南鄢陵縣的"安陵"在戰國中晚期爲楚地，因此包山楚簡中的楚地"安陵"地望待考。

【戰國2013】

包山楚簡有"安陵莫囂"（J175），"安陵公"（J175）。莫囂是楚國特有的職官名。1986年安徽六安發現楚"大莫囂璽"。《漢書·五行志》引《左傳》桓公十三年："楚屈瑕伐羅，鬥伯比送之。還，謂其馭曰：'莫囂必敗，舉止高，心不固矣'。"顏師古曰："莫囂，楚官名也，字或作敖，其音同。"《戰國策·楚策一》中有"安陵君"，故吳良寶認爲"安陵是楚設置的一個縣"，可從。《戰國策釋地》云："鄢陵、召陵皆有安陵，鄢陵屬魏、召陵屬楚"，"安陵城在今縣西北十五里。召陵故城在今郾城縣東四十五里"。考古調查表明河南省商水縣的安陵故城爲正方形，邊長500米，面積25萬平方米，時代從戰國安陵城至秦漢安陵縣。

【十則2019】

安陵，地名。自戰國至漢代均見於文獻記載。漢代的安陵爲漢惠帝陵邑，與此封泥無關。戰國地名有安陵。《史記·魏世家》"王之使者出，過而惡安陵氏於秦"句，正義引《括地志》云:"鄢陵縣西北十五里。李奇云六國時爲安陵也。"又《漢書·地理志》潁川郡"傿陵"條下,顏師古注引李奇曰:"六國爲安陵。"王先謙補注:"官本《注》無陵字。引宋祁曰:安下當添陵字。先謙按……後漢因,傿作鄢……是鄢陵亦單稱鄢……《一統志》,故城在今鄢陵縣西北,至許州七十五里"。可見漢潁川郡之"傿陵"本或僅單稱爲"鄢",六國時或本僅作"安",並不是"安陵"。此所謂的"安陵"與秦封泥"安陵丞印"所指應該不同。文獻記載楚國有安陵君。《戰國策·楚策》有"江乙説於安陵君",此安陵君就是《漢書·古今人表》中的"安陵纏",當楚宣王時;又《魏策》"魏攻管而不下"章:安陵人縮高,其子爲管守。信陵君使人謂安陵君曰:"君其遺縮高,吾將仕之以五大大,使爲持節尉。"安陵君曰:"安陵,小國也……"可見安陵確是楚封君的封地。從包山楚簡所見的"安陵莫敖"和"安陵公"等官員名稱來看,在楚懷王時期安陵曾設縣,與文獻記載的安陵君封邑當在同一地域。又《後漢書·郡國志》載汝南郡召陵縣(今漯河市)有安陵鄉和安陵亭,與戰國楚之安陵應爲同一地,其地望約在今河南省漯河市郾城區。也早已有學者指出安陵在秦時已經設縣,但却無直接證據。今由"安陵丞印"封泥知安陵在秦即已置縣,此爲《漢書·地理志》所失載。至此,我們可以疏證秦封泥中"安陵""傿陵"(《西安相家巷遺址秦封泥的發掘》T2③:138號"傿陵□□"和《鑒印山房藏古封泥印菁華》276號"傿陵丞印")以及"鄢"("鄢印"和"鄢丞之印"爲《選編》收錄)三者之間的關係。秦"安陵"縣應是上承楚縣或楚安陵君封邑而設置,漢安陵鄉、安陵亭應是承秦縣而置;秦"傿陵"縣,本或可單稱爲"傿/鄢",六國時或本僅作"安",並不稱"安陵",蓋爲與楚舊都"鄢"區別而後加"陵"字。秦"鄢"縣即文獻記載的"鄢郢"。當然,考慮到安與傿/鄢通假的可能性,安君可寫作鄢君,安陵君亦可寫作鄢陵君,"安陵"或可能與"傿陵"所指相同;"安陵"是秦統一之前、按照楚地書寫習慣製作的印章,而"傿陵"是統一後所採用的規範文字,我們認爲這種可能性較小。

(三十九) 郝

郝丞之印

1.《新選》P95;《大系》P109
2.《精品》P52;《新選》P95;《大系》P109

【五十例2005】

《説文·邑部》：“郝，右扶風鄠、盩厔鄉。”段注：“鉉本如此，謂右扶風之鄠縣、盩厔縣皆有郝鄉也……前《志》曰：右扶風盩厔。按，在今陝西西安府盩厔縣。”王筠句讀：“小徐衍‘鄠鄉’二字，大徐删之未盡耳。《玉篇》無‘鄠’字。顏注《急就篇》‘郝，京兆盩厔鄉名也’，亦無‘鄠’字。”《玉篇·邑部》：“郝，右扶風盩厔鄉。”《集韻》：“郝，盩厔鄉名。”郝之得名當與赤谷有關，《水經·渭水注》：“（始平郡治）東有漏水，出南山赤谷。東北流逕長楊宮東。”郝秦屬内史，其治地約在今陝西盩厔縣東南。

【政區2009】

周曉陸釋讀：《説文·邑部》：“郝，右扶風鄠、盩厔鄉。”段注：“鉉本如此，謂右扶風之鄠縣、盩厔縣皆有郝鄉也”，“《前志》曰：右扶風盩厔：按，在今陝西西安府盩厔縣。”王筠句讀：“小徐衍‘鄠鄉’二字，大徐删之未盡耳。《玉篇》無‘鄠’字。顏注《急就篇》‘郝，京兆盩厔鄉名也’，亦無‘鄠’字。”《玉篇·邑部》：“郝，右扶風盩厔鄉。”《集韻》：“郝，盩厔鄉名。”故考證郝之得名當與赤谷有關，《水經·渭水注》：“（始平郡治）東有漏水，出南山赤谷。東北流逕長楊宮東。”故其認爲郝縣，秦屬内史，其治地約在今陝西省盩厔縣東南。但從其論證看，似難成立，或許此封泥需重新釋讀，爲秦代某郡某縣。

【職地2014】

《説文·邑部》“右扶風鄠盩厔鄉”。蓋秦時爲縣邑，漢時爲鄉。

（四十）池　　陽

池陽丞印

1　　　　　　　　　　2

1、2.《大系》P50

瑞按：《漢書·地理志》左馮翊下有池陽，“惠帝四年置。嶻嶭山在北。”《漢書·溝洫志》：“後十六歲，太始二年，趙中大夫白公復奏穿渠。引涇水，首起谷口，尾入櫟陽，注渭中，袤二百里，溉田四千五百餘頃，因名曰白渠。民得其饒，歌之曰：‘田於何所？池陽、谷口。鄭國在前，白渠起後。’”《漢書·匈奴傳》“上自甘泉宿池陽宮”，《漢書·東方朔傳》“初，建元三年，微行始出，北至池陽，西至黄山，南獵長楊，東遊宜春。”《漢書·百官公卿表》“又有胡騎校尉，掌池陽胡騎，不常置。”師古曰：“胡騎之屯池陽者也。”《漢書·周緤傳》"周緤,沛人也。以舍人從高祖起沛。至霸上,西入蜀漢,還定三秦,常爲參乘,賜食邑池陽。"《史記正義》"雍州涇陽縣西北四里池陽故城是也。"《三輔黃圖》卷二"《關輔記》曰:林光宫,一曰甘泉宫,秦所造,在今池陽縣西,故甘泉山,宫以山爲名。或曰高泉山,蓋習俗語訛爾。宫周匝十餘里。漢武帝建元中增廣之,周十九里。"

池陽北乡

《大系》P49

池陽鄉印

　　　1　　　　　　　　　　　2

1.《新選》P89;《大系》P50
2.《大系》P52

【職地2014】

　　《漢書·地理志》左馮翊有池陽縣,云"漢惠帝四年置"。王先謙補注:"先謙曰:《周緤傳》,賜食邑池陽,是秦有地名,惠帝置縣耳。"張家山漢簡《二年律令·秩律》有"沱(池)隔",可見池陽置縣更早。據秦封泥"池陽北鄉"可知,池陽秦時或已是縣,池陽鄉是與縣同名的鄉。文獻中另有一池陽鄉。《後漢書·張酺傳》:"張酺字孟侯,汝南細陽人,趙王張敖之後也。敖子壽,封細陽之池賜鄉,後廢,因家焉。"秦封泥之池陽鄉應爲兩者之一。

【十則2019】

　　此兩例均爲秦鄉印,印面有田字格。從秦封泥南卿—南鄉、北鄉—北卿,以及秦封泥“新昌卿印”和漢封泥“新昌鄉印”對應出現來看,秦封泥中的“卿”讀爲“鄉”應無問題;而且卿鄉的不同或可能有區分時代的意義,值得進一步研究。今由“池陽鄉印”可知至少秦時已有池陽鄉,“池陽北卿”應與上舉南鄉、北鄉同例。《漢書·地理志》:“左馮翊,故秦内史,池陽,惠帝四年置。”王先謙補注:“先謙曰:《周緤傳》,賜食邑池陽,是秦有地名,惠帝置縣耳。”時代爲呂后二年的張家山漢簡《秩律》有“沱(池)陽”,可見漢惠帝四年置池陽縣的説法不確;但秦時池陽是否已置縣則難以確定。文獻中另有一池陽鄉。《史記·張耳陳餘列傳》:“(魯)元王弱,兄弟少,及封張敖他姬子二人:壽爲樂昌侯,侈爲信都侯。”徐廣曰:“《漢紀·張酺傳》曰:張敖之子壽封樂昌侯,食細陽之池陽鄉也。”又《後漢書·張酺列傳》:“張酺字孟侯,汝南細陽人,趙王張敖之後也。敖子壽,封細陽之池陽鄉,後廢,因家焉。”可見漢代確有一池陽鄉侯國。秦封泥池陽鄉和池陽北鄉更可能與漢池陽鄉侯國有關。值得注意的是,秦璽印封泥中有同一地名既是鄉印又是縣或縣丞印的情況,如,安陽鄉印(璽印)—安陽丞印,長平鄉印—長平丞印、高陵鄉印—高陵丞印、櫟陽鄉印(璽印)—櫟陽丞印,軹鄉—軹丞之印,陽夏鄉印—陽夏、陽夏丞印等。這或與典籍和出土文獻中的“鄉邑”有關,《史記·商君列傳》有“集小鄉邑聚爲縣”,龍崗秦簡250號“☐鄉邑上☐”,嶽麓秦簡485號“同罪其繇使而不敬,唯大嗇夫得笞之如律、新地守時修其令,都吏分部鄉邑間,不從令者論之。”安陽、櫟陽、軹和陽夏等地可能開始時僅爲“鄉”的建制,後來發展到“縣”。《史記·六國年表》:“十一年縣櫟陽”,可見櫟陽之前不是縣。當然,還有縣鄉同名的可能性,最明顯的例子是秦的都城咸陽,秦印有咸陽右鄉,封泥有咸陽亭丞。綜合以上信息,我們認爲池陽在秦時僅是鄉的建制,其置縣時間最晚應在呂后二年之前。類似這種秦時爲鄉,漢已置縣的地名還有安平、安陽、安國、宜春、廣陵、平望、西平、新息等。

(四十一) 武　關

武關丞印

《大系》P282

【選考2013】

《戰國策·楚策一·蘇秦爲趙合從説楚》:“大王不從親,秦必起兩軍:一軍出武關;一軍下黔中。”《史記·秦始皇本紀》記始皇二十八年(前219)“上自南郡由武關歸”。《集解》引應劭注曰："武關,秦南關,通南陽。" 文穎曰："武關在析西百七十里弘農界。"《正義》引《括地志》云："故武關在商州商洛縣東九十里,春秋時少習也。杜預云少習,商縣武關也。" 又《史記·楚世家》載楚懷王二十六年(前303)齊湣王遺楚王書云："王取武關、蜀、漢之地。"《正義》:"武關在商州東一百八十里商洛縣界。"《續漢書·郡國志四》南陽郡析縣 "故屬弘農,故楚白羽邑。有武關,在縣西。"《水經·丹水注》:"丹水自自商縣東南流注,歷少習,出武關。應劭曰:秦之南關也,通南陽郡。"《太平寰宇記》卷一百四十一 "金州":商洛縣 "武關在縣東南九十里,春秋時少習地。《左傳》云:'楚使謂晉大夫士蒐曰:"晉楚有盟,好惡同之。若將不廢寡君之願也,不然將通於少習,以聽命。"' 注:'少習,商縣武關也。將大開關道以伐晉也。'"《史記》中《秦始皇本紀》載秦秦二世三年(前207)"沛公將數萬人已屠武關"。"子嬰為秦王四十六日,楚將沛公破秦軍入武關,遂至霸上,使人約降子嬰。" 秦武關在今陝西商南縣西南丹水上,唐代將關城移至今丹鳳縣武關鎮。

　　瑞按:原讀為 "武關"。從封泥拓本看,右下字 "門" 下為 "䌛",與關字的寫法有別。該字曾見於塔爾坡出土秦陶文 "咸䦶里林"。䦶,《説文》"妄入宮掖也,從門,䌛聲。讀若闌"。《漢書·成帝紀》"闌入尚方掖門" 注,應劭曰 "無符籍妄入宮曰闌"。師古曰:"掖門在兩傍,言如人臂掖也。" 該封泥所指不詳。

二、隴 西 郡

隴西右漕丞

《大系》P159

【政區2009】

　　陝西寶雞隴縣鳳閣嶺出土秦昭襄王 "廿六年隴西守" 戈,銘文 "廿六年□棲(西)守□造,西工室奄,工□(内背面),武庫(内正面)"(《編年》81),李學勤隸作 "□棲(西)守造",並説 "□棲" 即 "隴西",器作於始皇二十六年。李仲操先生也隸定 "隴西",但時代定為昭襄王廿六年器。隴西原為義渠地,通常以為公元前279年設郡,《水經·河水注》："狄道故城……漢隴西郡治,秦昭襄王二十八年置。"但《史記·秦本紀》："昭王二十七年,使司馬錯發隴西,因蜀攻楚黔中,拔之。"則秦隴西置郡,當在昭王二十八年以前,酈氏説似有誤。秦人李崇曾爲隴西郡。《新唐書·宗室世系表》："李崇,字伯佑,隴西守,南鄭公。"郡治狄道,今在甘肅臨洮縣。

【戰國2013】

隴西原爲義渠地,通常以爲公元前279年設郡,《水經·河水注》："狄道故城,漢隴西郡治,秦昭襄王二十八年置。"但《史記·秦本紀》："昭王二十七年,使司馬錯發隴西,因蜀攻楚黔中。"則秦隴西置郡,當在昭王二十八年以前,酈氏説似有誤。秦人李崇曾爲隴西郡。《新唐書·宗室世系表》："李崇,字伯佑,隴西守,南鄭公。"郡治狄道,今在甘肅臨洮縣。

又:秦隴西郡原爲西戎義渠地,因隴山之西得名。《水經·河水注》："秦昭王二十八年置。"應劭曰:"有隴坻在其東,故曰隴西也。"其北界與秦北地郡、上郡一樣,以秦昭襄王所築長城爲界。據史念海考證"由現在甘肅岷縣城西十公里開始興築,沿洮河東岸,到今臨洮縣境,繞縣城東行,至寧夏固原縣附近,再東經甘肅環縣北,循陝西志丹、安塞等縣境的橫山山脈東行,分爲二支,一支經綏德縣西,再北達於榆林縣南境,而止於秦上郡治所膚施縣附近"。即由今甘肅岷縣附近北行,至今甘肅臨洮轉而向東北蜿蜒延伸,斜貫今隴東、陝北的黄土高原。轄境有今甘肅省臨夏、臨潭以西,禮縣以北地,郡治狄道,今甘肅省臨洮縣。

瑞按:首字殘,是否爲"隴"尚可存疑,《説文解字》"漕,水轉穀也"。唐司馬貞《史記索隱》"車運曰轉,水運曰漕"。秦設漕官,此爲首見。從"右"看,當尚有"左漕"。

（一）臨　洮

臨洮丞印

1　2

1.《於京》圖54;《璽印》P412;《大系》P158
2.《大系》P158

【於京2005】

《史記·秦始皇本紀》："八年,王弟長安君成蟜將軍擊趙,反,死屯留,軍吏皆斬死,遷其民於臨洮。"《索隱》："臨洮在隴西。"《正義》："臨洮水,故名臨洮。洮州在隴右,去京千五百五十一里。言屯留之民被成蟜略衆共反,故遷之於臨洮郡也。"《史記·蒙恬列傳》："築長城,因地形,用制險塞,起臨洮,至遼東,延袤萬餘里。""起臨洮屬之遼東,城塹萬餘里,此其中不能無絕地脈哉!"《史記·匈奴列傳》："因邊山險塹溪穀可繕者治之,起臨洮至遼東萬餘里。"《漢書·地理志》："隴西郡,秦置。……臨洮,洮水出西羌中,北至枹罕東入(西)〔河〕。《禹貢》西頃山在縣西,南部都尉治也。"《水經注》卷二："洮水又東逕臨洮縣故城北。"其治地在今甘肅岷縣。

【政區2009】

臨洮是秦代極爲重要的地名,秦長城的西端點,一般意義上的秦之西界。《史記·秦始皇本紀》："八年,王弟長安君成蟜將軍擊趙,反,死屯留,軍吏皆斬死,遷其民於臨洮。"《索隱》："臨洮在隴西"《正義》："臨洮水,故名臨洮。洮州在隴右,去京千五百五十一里。言屯留之民被成蟜略衆共反,故遷之於臨洮郡也。"《史記·蒙恬列傳》："築長城,因地形,用制險塞,起臨洮,至遼東,延袤萬餘里";"起臨洮屬之遼東,城塹萬餘里,此其中不能無絕地脈哉?"《史記·匈奴列傳》："而通直道,自九原至雲陽,因邊山險塹溪谷可繕者治之,起臨洮至遼東萬餘里。"《漢書·西域傳》："始皇攘却戎狄,築長城,界中國,然西不過臨洮。"《水經·河水注》："洮水又東,逕臨洮縣故城北。"《元和·卷三十九》："溢樂縣,中下。郭下。本秦、漢之臨洮縣也,屬隴西郡。"《讀史·卷六十》陝西洮州衛："《禹貢》雍州地,秦、漢以來皆諸戎所居。《括地志》:'秦地西至臨洮',即洮州也。"《讀史·卷六十》陝西岷州衛："溢樂城,今衛治。本秦臨洮縣地。"《清一統志·卷二百五十六》："故城在今鞏昌府岷州治。"岷州即今甘肅省岷縣。

【戰國2013】

相家巷出土秦封泥有"臨洮丞印"。臨洮是秦極爲重要的地名,秦長城的西端點,一般意義上秦之西界。《史記·秦始皇本紀》："八年,王弟長安君成蟜將軍擊趙,反,死屯留,軍吏皆斬死,遷其民於臨洮。"《索隱》："臨洮在隴西。"《正義》："臨洮水,故名臨洮。洮州在隴右,去京千五百五十一里。言屯留之民被成蟜略衆共反,故遷之於臨洮郡也。"《史記·蒙括列傳》："築長城,因地形,用險制塞,起臨洮,至遼東,延袤萬餘里";"起臨洮屬之遼東,城塹萬餘里,此其中不能無絕地脈哉?"《史記·匈奴列傳》："因邊山險塹溪谷可繕者治之,起臨洮至遼東萬餘里。"《漢書·西域傳》："始皇攘却戎狄,築長城,界中國,然西不過臨洮。"《水經注·河水注》："洮水又東,逕臨洮縣故城北。"《元和·卷三十九》："溢樂縣,中下。郭下。本秦、漢之臨洮縣也,屬隴西郡。"《讀史·卷六十》陝西岷州衛："溢樂城,今衛治。本秦臨洮縣地。"岷州即今甘肅省岷縣。

（二）西

西丞之印

1　　　　　　　　　　　2

1.《發掘》圖一八：8；《新獲》P288；《璽印》P412；《大系》P285
2.《大系》P285

【考略2001】

《漢書·地理志》：“隴西郡，秦置。”轄西縣。《史記·秦本紀》：“周宣王乃召莊公昆弟五人，與兵七千人，使伐西戎，破之。於是復予秦仲後，及其先大駱地犬丘并有之，爲西垂大夫。”《正義》引《水經注》云：“秦莊公伐西戎，破之，周宣王與大駱犬丘之地，爲西垂大夫。”又引《括地志》云：“秦州上邽縣西南九十里，漢隴西西縣是也。”莊公爲西垂大夫，文公居“西垂宫”，其“西”均與“西縣”有關。西縣之名秦已有之，並非始於漢。近年考古工作者在甘肅禮縣大堡子和趙坪發現的秦公大墓和秦人貴族墓地説明，秦人早期都邑西犬丘（即秦之西縣）當距此不遠。“西丞”當爲“西縣丞”之省稱。

【簡讀2002】

《史記·秦本紀》：“周宣王乃召莊公昆第五人，與兵七千人，使伐西戎，破之。於是復予秦仲後，及其先大駱地犬丘並有之，爲西垂大夫。”《正義》：“《括地志》云：秦州上邽縣西南九十里，漢隴西西縣是也。”西，《漢志》屬隴西郡。

【政區2009】

秦陶文有“西道”“西處”等；湖南博物館藏秦昭王“廿年相邦冉”戈，銘文：“廿年相邦冉造，西工師□，丞□，隸臣□”。西，地名，爲秦故都，並設有工官，後改置縣。《史記·樊酈滕灌列傳》：“（樊噲）還定三秦，別擊西丞白水北。”又《史記·絳侯周勃世家》：“圍章邯廢丘，破西丞。”《水經注疏》：“西漢水又西南，合楊廉川水，水出西谷，衆川瀉流，合爲一川，東南流逕西縣故城北。秦莊公伐西戎破之，周宣王與其先大駱犬丘之地，爲西垂大夫，亦西垂宫也。”《讀史·卷五十九》陝西鞏昌府：“西城在秦州西南百二十里，即所謂西犬丘也，非子始居此，後莊公復居焉。秦併天下后改爲縣。故秦末時有周勃、樊噲擊破西丞。漢亦曰西縣，屬隴西郡。”《漢志》隴西郡西縣，“莽曰西治”。《正義》引

《括地志》云："西縣故城在秦州上邽縣西南九十里。"從秦昭王二十年相邦戈銘文看,秦西縣置縣較早,其故址在今甘肅省禮縣東北,天水市西南。

【戰國2013】

秦封泥有"西共丞印""西丞之印";秦陶文有"西道""西處"等;湖南博物館藏秦昭王"廿年相邦冉"戈,銘文:"廿年相邦冉造,西工師□,丞□,隸臣□。"西,地名,爲秦故都,並設有工官,後改置縣。《水經注疏》:"西漢水又西南,合楊廉川水,水出西谷,衆川瀉流,合爲一川,東南流逕西縣故城北。秦莊公伐西戎破之,周宣王與其先大駱犬丘之地爲西垂大夫,亦西垂宮也。"《讀史・卷五十九》陝西鞏昌府:"西城在秦州西南百二十里,即所謂西犬丘也,非子始居此,後莊公復居焉。秦併天下後改爲縣。"《正義》引《括地志》云："西縣故城在秦州上邽縣西南九十里。"從秦昭王二十年相邦戈銘文看,秦西縣置縣較早,其故址在今甘肅省禮縣東北,天水市西南。

【秦地2017】

里耶秦簡8-34有"西巫里夫練",西指西縣,巫里爲里名,秦封泥有西丞之印、西采金印、西共丞印、西共、西鹽丞印、西鹽,秦兵器刻銘有西工師等。西縣《漢志》屬隴西郡,論者以爲秦西縣亦屬隴西郡。西縣在今甘肅天水市西南,爲非子之居地,地位重要,不排除在秦代屬於內史的可能性。

瑞按:嶽麓書院藏秦簡有"泰上皇時內史言:西工室司寇、隱官踐更多貧不能自給糧。……西工室伐斡沮、南鄭山,令沮、南鄭聽西工室,致其入禾者及事移西工室。二年曰:復用"。西有工室之名,與出土銅器所示一致。

西共

1   2

1.《新出》P79;《大系》P287
2.《發掘》圖一六:21;《新獲》P288;《璽印》P390;《大系》P286

【考略2001】

"西"爲秦之西縣,即西犬丘,解見前條。"共"即"共廚"省稱。漢代銅器銘文中其例甚多,如容庚先生編《秦漢金文録》之《漢金文録》輯録相關銘文有"長安共廚金鼎”“美陽共廚金鼎”“汧共廚銅一斗鼎”“好時共廚金鼎”“雍棫共廚銅鼎”等。漢代銅器銘文中的“共廚”亦有省稱“共”者,如同書所輯録的“平陽共”“藍田共”“頻共”“杜共”“甑陽共”“黄山共”“長楊共”“鼇屋共”“成山共”“華共”等。漢代亦有“西共”銘文銅器,如《漢金文録》卷一《杜鼎》銘:“一斗十斤。西共左。”見於漢代銅器銘文中有“共廚”或其省文“共”字者,絶大多數在銅鼎之上,個别銅銷、甗、匜之上銘文也有,這證明“共廚”主要是提供祭祀食品,凡設“共廚”之地大多與祭祀活動有關。“西”爲秦之故都,在此設置“共廚”是需要的。

【簡讀2002】

“共”即“共廚”。《史記・封禪書》:“西亦有數十祠”。《索隱》:“西即隴西之西縣,秦之舊都,故有祠焉。”“西共”爲西縣共廚省稱。

【圖説2009】

《漢書・地理志》:“隴西郡,秦置。”轄西縣(秦人早期都邑西犬丘)。秦之西縣在甘肅禮縣大堡子和趙坪附近。舊説“共”即“共廚”省稱。筆者按:容庚編《秦漢金文録》之《漢金文録》輯録相關銘文有“長安共廚金鼎”“美陽共廚金鼎”“□汧共廚銅一斗鼎”“好時共廚金鼎”“雍棫共廚銅鼎”等,在地名後注明共廚。但同書所輯録的“藍田共”“頻共”“杜共”“黄山共”“長楊共”“鼇屋共”“成山共”“華共”等在地名後只注明共,而無廚字;秦律嚴屬,似不能隨意省略。故共非共廚之省而是共府之省,共廚應是共府之屬下。西漢銅量有上林共府銅升(《中國古代度量衡圖集》115),共府應是貢物獻納的儲藏出納之府。西共是西縣共府之省。

【訂補2014】

在考訂信宫疊時指出,“西共”一説爲地名,指甘肅省涇川,即古阮國所屬之共地。“共”亦可指共官,蓋爲設於西縣之共官。秦封泥有“西共”“西共丞印”。《爾雅・釋詁》:“般,樂也。”而趙平安《秦漢誤釋未釋官印考》(《歷史研究》1997年1期)則説“般”讀爲班,有排列順序的意思。《爾雅・釋訓》:“有客信信,言四宿也。”郭璞注:“再宿爲信。”《左傳・莊公三年》:“凡師,一宿爲舍,再宿爲信。”信宫爲暫宿之宫。秦都咸陽在渭水北,故於渭南作信宫。“信宫左般”蓋爲後宫助后妃、諸公子遊樂之私官,有左右之分。秦封泥有“左般私官”“右般私官”“私官丞印”等。“西左”即“西共左”之省,“廿”爲器物編號,或爲“共”之誤字。“四斗”爲容量,“十九斤”爲重量。蓋此疊先置於西共使用,後調撥於“信宫”,故刻字有先後。在考訂西共銀盤時指出,全洪《南越王墓出土秦代“西共”銀洗及相關問題》(《文物》2012年2期)説“西共”爲“西縣共廚”之省文。器原爲秦西縣共廚物,而西縣共廚是供應西時牲廚用具的機構。“西共左”爲“西共左般”之省。“左般”習見戰國末至漢初器銘。左般、右般爲奉常、少府、私官屬官。

【職地2014】

一説爲地名,秦西縣有共地,爲古阮國屬地,稱“西”是區别於河内郡“共”,在今甘肅省涇川縣北;一説“西共”爲職官,“西”爲地名,“共”即“共廚”,“西共”爲秦西縣之共廚機構。後説的可能性較大。

　　瑞按：西爲秦人故都，設西畤。《史記·秦本紀》"襄公於是始國，與諸侯通使聘享之禮，乃用騮駒、黃牛、羝羊各三，祠上帝西畤"。《史記·秦始皇本紀》"襄公立，享國十二年。初爲西畤。葬西垂"。《史記·封禪書》"秦襄公既侯，居西垂，自以爲主少暤之神，作西畤，祠白帝，其牲用騮駒黃牛羝羊各一。……秦以冬十月爲歲首，故常以十月上宿郊見，通權火，拜於咸陽之旁，而衣上白，其用如經祠云。西畤、畦畤，祠如其故，上不親往。"共有多意，一指共具，祭祀時所用，如《漢書·郊祀志》，"又置壽宮、北宮，張羽旗，設共具，以禮神君。"二指供養，如《漢書·郊祀志》"天子親如五利之弟，使者存問共給，相屬於道"，"郡縣治道共張，吏民困苦"。秦人在西縣長期保持祭祀活動，於此設"共"官當甚自然。

西共丞印

《印集》P125；《彙考》P218；《印風》P135；《大系》P287

【發現1997】

　　此疑是隴西郡西縣共廚丞或西共縣丞之印。

【郡縣1997】

　　按秦置西共縣無考。傳世也有西漢封泥"西共丞印"（見《上海博物館藏印選》1979年版）。按秦漢時有"共"縣。《詩·大雅》："密人不恭，敢距大邦，侵阮徂共。"鄭箋："共，阮國地名，今共池也。"地在今甘肅涇川北。又周時有古共伯國，《左傳·桓公十年》"虞公出奔共池"，即指共伯國，地在今河南輝縣。西漢河内郡所置"共"是即此。是此兩個共地，一在西稱"西共"；一在東稱"東共"耶？如以上推測不謬，則封泥之"西共"，當指今甘肅涇川之共地，秦時屬北地郡。丞爲縣令之佐官。

【印考1997】

　　印面正方形，田字格，邊長1.8釐米，印文、邊欄均完整。西共一名，文獻記載不明確。秦昭王二十八年置隴西郡，郡下屬有"西縣"，爲秦於故西丘地置，治今甘肅天水西南。"西共"，有可能是"西縣"之省稱，或者還另有"西共縣"，待進一步考證。

【秦封2000】

　　《漢志》隴西郡有西縣，"《禹貢》嶓冢山，西漢所出，南入廣漢白水，……莽曰西治"。

《水經·漾水》：“秦莊公伐西戎破之。周宣王與其先大駱犬丘之地，爲西垂大夫，亦西垂宮也。”《讀史》：“西城在秦州西南百二十里，即所謂西犬丘也，非子始居此，後莊公復居焉，秦併天下改爲縣，周勃、樊噲擊破西丞是也。”《一統》：“故城在（秦）州西南。”《州志》：“州西南一百二十里。”西縣本爲秦故都，秦約屬隴西郡，今在甘肅省禮縣。共即“供”，供養之義。一説《漢志》河内郡有共縣。《詩·大雅》：“密人不恭，侵阮徂共。”鄭箋：“阮國地名，今共池也。”《左傳·桓公十年》：“虞公奔共。”據之有二共，阮之共爲西共，秦時約屬北地，今在甘肅涇川縣北。虞公奔之共，秦時約屬河内郡，今在河南省輝縣市。《秦銅》西周《不其簋》“西俞”。《文物》《貮陽鼎》“貮共”。《度量》《秦公簋》上刻“西，……西元器”。

【考略2001】

　　“西共”之解見前。“西共丞印”爲西縣共廚丞印之省稱。

【簡讀2002】

　　釋讀見“西共”條。

【上封2002】

　　西，或説縣名。《地理志》隴西郡下有西縣。如是，則“共”當共官。容庚《漢金文録》杜鼎銘：“一斗十斤。西共左。”同書又見漢銅器銘文“杜共”“貮陽共”“長陽共”等。

【彙考2007】

　　西共，一説爲地名，指今甘肅省涇川，即古阮國所屬之共地。共，亦可指共官。《周禮·天官·内饔》：“掌共羞、脩刑、臐胖、骨鱐，以待共膳。”一九七一年所發現和林格爾東漢墓壁畫中有榜題“共官掾史”，其人做驅使僕奴宰埋牛羊及捧持膳食之形。“共官”當是掌供膳食之官。西共或爲共官之一，以東西分曹；或爲設於西縣之共官。

【政區2009】

　　説見“西丞之印”。

【圖説2009】

　　“西共丞印”爲西縣共府丞印之省稱。

【集證2011】

　　《漢書·地理志》無“西共”縣。周曉陸以爲此印有兩種可能。一種可能是“西共”即隴西郡西縣共廚。另一種可能是“西共”即西方之“共”縣。先秦有二共地，西方者在今甘肅涇川縣北五里，即《詩·大雅·皇矣》“密人不恭，敢距大邦，侵阮徂共”之“共”；東方者在今河南輝縣，原爲共伯和之國，後爲衛邑。東“共”見《漢書·地理志》河内郡。西“共”漢代未設縣，作爲地名，見《中國歷史地圖集》第一册39—40戰國“秦蜀”幅。周氏比較傾向於第二種可能，我則比較傾向於第一種可能。一則秦有西方之共縣，史闕乏證；二則東“共”未見逕稱“東共”者，則西“共”即使設縣，也未必會稱“西共”。我以爲“西共”猶“西鹽”（見前），指西縣共廚。此問題的最終解決還要等待新出資料,目前只能存疑。

【研究2012】

　　周曉陸等先生説:"此疑是隴西郡西縣共廚或西共縣丞之印",疑莫能定。"西共丞印"封泥又見於《古封泥集成》1598號,年代比這枚封泥略晚,但不會晚於西漢。我認爲它應是西縣共廚丞之印,不是西共縣丞之印,無論秦代還是漢代都没有西共這個縣名。《漢書・地理志》隴西郡有西縣。西曾爲秦國都城,前後凡二百餘年,留下了許多祠廟。《史記・封禪書》:"西亦有數十祠。"司馬貞《索隱》云:"西即隴西之西縣。"據廿年相邦冉戈,秦昭王時期西縣設有工官,表明此時西仍未衰落。因此,在西設立共廚是很自然的事情。秦印多爲四字,故"西共廚丞印"省作"西共丞印"。

【職地2014】

　　説見"西共"。

【廣封2019】

　　同《彙考2007》。

西共飤室

《大系》P287

　　瑞按:西爲秦縣,屬隴西郡。西共,説見"西共"。飤指食官,秦始皇陵出"麗山飤官"陶文,封泥亦有"麗山飤官"。《漢書・百官公卿表》有食官,"奉常,秦官,掌宗廟禮儀,有丞。景帝中六年更名太常。屬官有太樂、太祝、太宰、太史、太卜、太醫六令丞,又均官、都水兩長丞,又諸廟寢園食官令長丞,有雍太宰、太祝令丞,五畤各一尉。""詹事,秦官,掌皇后、太子家,有丞。屬官有太子率更、家令丞,僕、中盾、衛率、廚廄長丞,又中長秋、私府、永巷、倉、廄、祠祀、食官令長丞。"《漢書・馮奉世傳》"竟寧中,以王舅出補渭陵食官令",注引如淳曰:"給陵上祭祀之事。"《漢官六種・漢舊儀》"食官令,秩六百石。丞一人。"《後漢書・鄧晨傳》注引《漢官儀》曰"長公主官屬,傅一人,員吏五人,騶僕射五人,私府長、食官長、永巷令、家令各一人"也。《後漢書・百官四》"太子食官令一人,六百石。本注曰:主飲食。"張家山漢墓竹簡第467號有"未央食官、食監,長信食"。

西鹽

《書法》P36；《印集》P28；《彙考》P61；《大系》P289

【發現1997】

《漢書・地理志》隴西郡：“秦置。……有鐵官、鹽官。”“西，《禹貢》嶓冢山，西漢所出，南入廣漢白水，東南至江州入江，過郡四，行二千七百六十里。”疑是。《水經・漾水注》：“秦莊公伐西戎，破之，周宣王與其先大駱犬丘之地爲西垂大夫，亦西垂宮也。”

【郡縣1997】

《漢書・地理志》隴西郡本注：“秦置……有鐵官、鹽官。”下有屬縣曰“西”，在今甘肅天水西南。封泥“西鹽”，應即秦西縣鹽官之印。如前述漢承秦制，中央於郡縣置特種屬官，鹽官爲其一。漢隴西郡有鹽官，也當承秦而置，秦時在西縣。

【續考1998】

考文釋讀爲“西監”有誤，應爲“西鹽”，“西”爲“西縣”之省稱，古縣名，秦於故西犬地置。治今在甘肅天水西南。《漢書・地理志》隴西郡：“秦置。……有鐵官、鹽官”。此枚封泥當爲秦時西縣之鹽官。

【秦封2000】

西即西縣，秦故都，說見“西共丞印”。《漢志》隴西郡“有鐵官、鹽官”。《後漢書・百官志》記：“凡郡縣出鹽多都置鹽官，主鹽稅。”《水經・漾水》：“右則鹽官水南入焉，水有鹽官，在嶓冢西五十里，相承營煮不輟，味與海鹽同，故《地理志》云：西縣有鹽官是也。”秦封泥見：“江左鹽丞，江右鹽丞”。

【彙考2007】

西鹽爲秦時設於西縣的主鹽稅的官署。《漢書・地理志》：“隴西郡，秦置，……有鐵官、鹽官。縣十一……西。”班固自注：“《禹貢》嶓冢山，西漢水所出，南入廣漢白水，東南至江州入江，過郡四，行二千七百六十里。莽曰：西治。”王先謙《漢書補注》：“王念孫曰：‘此下有鹽官二字。’《漾水注》：‘水北有鹽官，在嶓冢山西五十許里，相承營煮不輟，味與海鹽同，故《地理志》云西縣有鹽官，是其證。’”

【分域2009】

“西”爲地名，其地在今甘肅天水境內。“鹽”是鹽官。《漢書・地理志》隴西郡：“秦置。……有鐵官、鹽官。”《後漢書・百官志》云：“凡郡縣出鹽多者置鹽官，主鹽稅。”《水經注·漾水》云："秦莊公伐西戎,破之,周宣王與其先大駱犬丘之地爲西垂大夫,亦西垂宮也。"該印當爲秦設在西地管理鹽税的官署所用。

【集證2011】

鹽字不見於甲骨、金文,小篆作"鹽",從鹵,監聲。此印文從𠂤,與《説文》西之籀文同。《説文》又云："鹵,西方鹹地也,從西省。"印文當是誤鹵爲西。《漢印文字徵》鹽字有從卤與從鹵兩體,卤即𠂤字。睡虎地秦簡鹽字作"鹽","𠂤"爲卤之訛變。西爲隴西郡西縣,即今日甘肅禮縣。民國初年天水出土的秦公簋蓋外刻"西一斗七升大半升",1978年寶雞鳳閣嶺出土的二十六年戈有"西工室","西"與此印同。《漢書·地理志》云隴西郡"有鐵官、鹽官"。又"西縣"條曰："莽曰西治。"《漢書補注》王念孫曰："此下脱'有鹽官'三字。《漾水注》:'鹽官水北有鹽官,在蟠冢西五十許里,相承營煮不輟,味與海鹽同。故《地理志》云西縣有鹽官,是其證也。'"可見西縣確有鹽官。《漢書·百官公卿表》治粟内史條注引如淳曰："幹,主也,主均輸之事,所謂'幹鹽鐵而榷酒酤'也。"由此而論,"西鹽"應爲治粟内史屬官。

【職地2014】

據《漢書·食貨志》記載,大農(即治粟内史)屬官有鹽鐵丞,可推知秦時的鹽官也歸屬治粟内史。鹽鐵官主要設置在鹽鐵礦產地。秦封泥"西鹽"可與《漢書·地理志》隴西郡有"鹽官"印證。至今甘肅禮縣尚有"鹽官鎮"。

【秦官2018】

據《漢書·食貨志》,大農(即治粟内史)屬官有鹽鐵丞。鹽鐵官主要是在鹽鐵礦產地設置。秦封泥"西鹽"可與《漢書·地理志》隴西郡有"鹽官"印證。秦西縣產黃金和鹽已被秦封泥所證實,且至今甘肅禮縣尚有"鹽官鎮"。

【廣封2019】

案《漢書·地理志》:"隴西郡,秦置。莽曰厭戎。户五萬三千九百六十四,　口二十三萬六千八百二十四。有鐵官、鹽官。縣十一……西,《禹貢》蟠冢山,西漢所出,南入廣漢白水,東南至江州入江,過郡四,行二千七百六十里。莽曰:西治。"又《秦封泥彙考》:王先謙《漢書補注》:"王念孫曰:'此下有鹽官二字。'"《漾水注》:"水北有鹽官,在蟠冢西五十許里,相承營煮不輟,味與海鹽同,故《地理志》云西縣有鹽官,是其證明。"

西鹽丞□

《於京》圖4;《璽印》P416;《大系》P289

【簡讀2002】

　　釋讀見 "西丞之印" 條。《漢志》"隴西郡，秦置，……有鐵官、鹽官。"《水經‧漾水》："右則鹽官水南入焉。水有鹽官，在嶓冢西五十許里，相承營煮不綴，味與海鹽同。故《地理志》云：西縣有鹽官是也。"

【於京2005】

　　《漢書‧地理志》：隴西郡，有西縣 "秦置。……有鐵官、鹽官。"《水經注》卷二〇："西漢水又西南，逕嚴備戍南，左則嚴備水自東南，西北注之。右則鹽官水南入焉。水北有鹽官，在嶓冢西五十許里，相承營煮不輟，味與海鹽同。故《地理志》云：西縣有鹽官是也。" 西秦屬隴西郡，其治地在今甘肅禮縣。《秦封2000》錄有 "西鹽" 半通印之泥。

【秦官2018】

　　說見 "西鹽"。

西采金印

1 2

1.《印考》圖184；《補讀》圖39；《印風》P135；《秦封》P246；《印集》P30；《書集》
　P124；《彙考》P63；《璽印》P426；《大系》P283
2.《大系》P283

【印考1997】

　　印面正方形，田字格，邊長2釐米，印文中 "西" 與 "印" 略殘，"采" 與 "金" 完整。秦代以有 "采鐵" 部門，並設 "左采鐵" "右采鐵"。"采金" 與 "采鐵" 甚似。推知此印當是秦時主冶鐵的部門。

【補讀1998】

　　初披露時讀作 "□□金印"，據《秦封》（瑞按：指任隆《秦封泥官印考》）補讀。《漢志》隴西郡有西縣。《水經》："秦莊公伐西戎破之。周宣王與其先大駱犬丘之地爲西垂大夫，亦西垂宮也。"《讀史》："西城在秦州西南百二十里，即所謂西犬丘也。非子始居此，後莊公復居焉，秦併天下改爲縣，周勃、樊噲擊破西丞是也。" 西縣本爲秦之故都，秦約屬隴西郡，今在甘肅省禮縣。《睡虎》記："左采鐵，右采鐵。" 注謂掌冶鐵之官。當爲西縣掌冶金

（銅）之官。漢封泥見《臨淄》"齊采鐵印，采鐵"。《文物》"楚采銅丞"。《續封》《建德》"臨淄采鐵"。漢印見《徵存》"金府"。

【秦封2000】

西縣説見"西共丞印"。《睡虎》："左采鐵、右采鐵。"注謂掌冶鐵之官，則此當爲西縣掌冶金（銅）之官。《韓非·内儲説上》："荆南之地麗水之中生金，人多竊采金，采金之禁得而輒辜磔於市。"又曰："是以麗水之金不守。"《墨子·公輸》："請獻十金。"是金當如本字作黄金解，則此又爲黄金之官。漢封泥見：《臨淄》"齊采鐵印、采鐵"，《文物》"楚采銅丞"，《續封》《建德》《封泥》"采銅"，《續封》《建德》"臨菑采鐵"。漢印見《徵存》"金府"。

【彙考2007】

見《秦封》：《睡虎》："左采鐵，右采鐵。"注謂掌冶鐵之官，則此當爲西縣掌冶金（銅）官。《韓非·内儲説上》："荆南之地麗水中生金，人多竊采金，采金之禁得而輒辜磔於市。"又曰："是以麗水之金不守。"

【政區2009】

釋讀見"西丞之印"條。周曉陸、路東之先生認爲"是金當如本字作黄金解，則此又爲黄金之官。"

【分域2009】

"西"是指隴西郡西縣。"采金"可能就是采銅。該印當爲秦在西縣的采金官所用。

【集證2011】

"西"指西縣，見上文。"金"指銅，睡虎地秦簡《金布》："其金及鐵器入以爲銅。"意即銅器、鐵器上繳回爐作爲金屬原料。《效律》"黄金衡羸（累）不正……"之"黄金"則與此不同。

【官名2013】

説見"采青丞印"。

【秦官2018】

説見"采司空印"。"西采"之"西"應指隴西西縣。近年來甘肅禮縣大堡子山和圓頂山秦人墓地出土了大量黄金製品可以佐證秦人注重黄金開採、嗜好黄金製品。

【廣封2019】

案《秦封泥彙考》，《秦封泥集》考：《睡虎地秦墓竹簡》："左采鐵，右采鐵。"注謂掌冶鐵之宫。則此當爲西縣掌冶金（銅）之官。《韓非子·内儲説上》："荆南之地麗水之中生金，人多竊采金。采金之禁，得而輒辜磔於市。"又曰："是以麗水之金不守。"

(三) 成　　紀

成紀丞印

《大系》P47

【秦地2017】

　　里耶簡8-1119 "書三封,令印,二守府,一成紀"。馬非百定其爲秦縣,今由里耶簡證成其說。秦封泥有 "□紀丞印",王偉先生補作 "成紀",當是。《漢志》屬天水郡,秦當屬隴西郡。

　　瑞按:成紀,《漢書·地理志》屬天水郡。《史記·孝文本紀》"十五年,黄龍見成紀。……於是天子始幸雍,郊見五帝,以孟夏四月答禮焉。"

(四) 下　　辯

下辯丞印

1　　　　　　　　　　　　　2

1.《於京》圖58;《璽印》P408;《大系》P292
2.《大系》P292

【於京2005】

　　《史記·曹相國世家》:"(曹参) 從還定三秦,初攻下辯、故道、雍、斄。"《正義》引《括地志》云:"成州同谷縣,本漢下辯道。"《漢書·地理志》,武都郡有下辯。《元和郡縣圖志·山南道三·興元府·成州·同谷縣》:"本漢下辯道地,屬武都郡。故氐白馬王國。

後魏宣武帝於此置廣業郡並白石縣,恭帝改白石爲同谷縣。隋開皇三年罷郡,以縣屬康州,大業初屬鳳州,貞觀元年屬成州。"下辯秦屬隴西郡,其治在今甘肅成縣西北。

【政區2009】

西漢初年的張家山漢簡《秩律》有"下辯",其上屬郡爲隴西郡。《史記·曹相國世家》:"從還定三秦,初攻下辯、故道、雍、斄。"《正義》引《括地志》云:"成州同谷縣,本漢下辯道。"《元和·卷三十九》山南道三興元府成州同谷縣:"本漢下辯道地,屬武都郡,故氐白馬王國。"《讀史·卷五十九》:"同谷廢縣即今成縣治,秦下辯邑也。漢初,曹參攻下辯,即此。尋曰下辯道。"《清一統志·卷二百七十七》:"故城在(階州)成縣西三十里,秦置。"即秦下辯故址在今甘肅省成縣西北。

【戰國2013】

秦封泥有"下辯丞印"。《正義》引《括地志》云:"成州同谷縣,本漢下辯道。"《讀史·卷五十九》:"同谷廢縣即今成縣治,秦下辯邑也。漢初,曹參攻下辯,即此。尋曰下辯道。"《清一統志》卷277:"故城在(階州)成縣西三十里,秦置。"即秦下辯故址在今甘肅省成縣西北。

(五)冀

冀閶

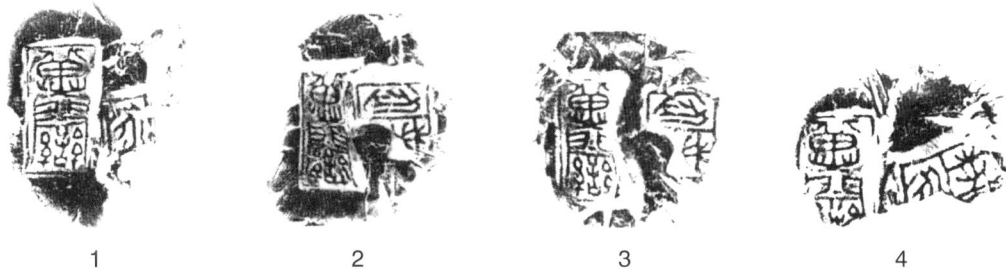

1　　　　2　　　　3　　　　4

1—4.《大系》P124

【縣考2007】

說見"上邽丞印"。

瑞按:冀,《漢書·地理志》屬天水郡,"《禹貢》朱圄山在縣南梧中聚。莽曰冀治。"現所見封泥均爲兩枚印章所抑,除"冀"外另一枚印章暫難確定内容。冀下之字,王輝先生指出,《說文》:"'閶',妄入宫掖也。從門,緣聲。讀如闌。"段玉裁注:《漢書》以闌爲閶字之假借。《成帝紀》:"'闌入尚方掖門。'應劭曰:'無符籍妄入宫曰闌。'"依許、段之說,後世文獻通用闌。但闌的本義是門欄。《說文》:"闌,門遮也。"闌亦見睡虎地秦墓竹簡《法律答問》：“未出徼闌亡。”（《陝西歷史博物館館刊》五P3）。秦陶文有“咸闡里林”（《秦陶文新編》P463）。此封泥之冀，是否確爲天水郡下轄之冀，實難確定。

（六）冀　　□

《大系》P124

瑞按：冀之説，見“冀闡”。

冀□之□

《大系》P124

瑞按：冀之説，見“冀闡”。

（七）上　　邽

上邽丞印

《大系》P207

【縣考2007】

邽（上邽）、冀春秋秦武公十年（前689年）伐邽、冀戎，於二地分別置縣（《秦本紀》)。戰國時期二地仍當爲秦縣,更名爲上邽。《漢書·地理志》(以下簡稱《漢志》)上邽縣屬隴西郡,冀縣屬天水郡。

【政區2009】

秦始皇陵遺址出土陶文有"邽""上邽";又甘肅天水市放馬灘秦墓出土的地圖有地名"邽"。諸位專家都考證其爲秦邽縣,"爲秦武公十年,伐邽,縣之"。又陳直言:"《善齋吉金録》璽印中二頁,有'邽印'當爲秦代製作,蓋秦代只稱邽縣,不稱上邽。"陳語正誤參半。武公伐邽戎後,"初縣之",按理在邽戎故地設縣應爲邽縣,秦"邽印"就印證了這一點,放馬灘地圖爲戰國末年的作品,地圖中邽地只稱"邽丘",同出《墓主記》竹簡中也稱"邽丞""邽守",更進一步驗證了戰國末年以前的上邽縣稱邽縣。始皇二十六年,統一郡縣制,改"邽縣"爲"上邽縣",以對應内史的下邽縣。秦始皇陵遺址出土陶文有"邽""上邽",也證明秦邽縣後改稱爲上邽縣。秦末之際,周勃就曾"破西丞,攻上邽"。《太平寰宇記》:"廢上邽縣本邽戎地,秦伐邽戎而置縣,屬隴西郡。"《讀史·卷二》:"(上邽城),今鞏昌府秦州西六十里有故城。"秦州,即今天水市。雍際春從秦放馬灘地圖考證其地在今甘肅省天水市北道區所在地。

【戰國2013】

秦始皇陵遺址出土陶文有"邽""上邽";又甘肅天水市放馬灘秦墓出土的地圖有地名"邽"。諸位專家都考證其爲秦邽縣,"爲秦武公十年,伐邽,縣之"。又陳直言:"《善齋吉金録》璽印中二頁,有'邽印'當爲秦代製作,蓋秦代只稱邽縣,不稱上邽。"陳語正誤參半。武公伐邽戎後,"初縣之",按理在邽戎故地設縣應爲邽縣,秦"邽印"就印證了這一點,放馬灘地圖爲戰國末年的作品,地圖中邽地只稱"邽丘",同出《墓主記》竹簡中也稱"邽承""邽守",更進一步驗證了戰國末年以前的上邽縣稱邽縣,後改"邽縣"爲"上邽縣",以對應内史的下邽縣。秦始皇陵遺址出土陶文有"邽""上邽",也證明秦邽縣後改稱爲上邽縣。《太平寰宇記》:"廢上邽縣本邽戎地,秦伐邽戎而置縣,屬隴西郡。"《讀史·卷二》:"(上邽城),今鞏昌府秦州西六十里有故城。"雍際春從秦放馬灘地圖考證其地在今甘肅省天水市北道區所在地。

(八) 獂　　道

獂道

1　　　　2

1、2.《大系》P118

【悠悠 2015】

　　西漢初年張家山漢簡《秩律》有"獂道"。《史記·秦本紀》："孝公元年,西斬戎之獂王。"《後漢·西羌傳》："秦獻公初立,欲復穆公之迹,兵臨渭首,滅狄獂戎。"可知秦獻公時已據有其地。《漢書·地理志》天水郡屬縣獂道,"騎都尉治密艾亭。"故馬非百曰："漢無獂戎,故獂道亦當爲秦之舊縣而漢因之"。今秦封泥證之,馬氏甚確,秦置獂道。《水經注》卷17："渭水又東南逕獂道縣故城西。昔秦孝公斬戎之獂王。"《正義》引《括地志》云："獂道故城在渭州襄武縣東南三十七里。古之獂戎邑。漢獂道,屬天水郡。"《元和郡縣志》卷三十隴西縣："本漢獂道縣也,屬天水郡。後漢末於此置南安郡,隋開皇元年廢郡,移武陽縣名於郡理,屬渭州,八年改武陽爲隴西。"《讀史方輿紀要》卷五十九陝西鞏昌府隴西縣獂道城："府東南二十五里。獂,音桓。應劭曰:戎邑也。"《史記》："秦孝公元年,西斬戎之獂王。漢置縣,屬天水郡。騎都尉治此。"今據《中國歷史地圖集》第二冊知,獂道地望在今甘肅省隴西西南,渭水之北。

獂道丞印

1　　　　　　　　　　　　　　2

1.《於京》圖51;《璽印》P411;《大系》P118
2.《大系》P118

【於京 2005】

　　《漢書·地理志》："天水郡,……獂道,騎都尉治密艾亭。"應劭曰:"獂,戎邑也。"《漢書·元帝紀》："乃二月戊午,地震於隴西郡,毀落太上皇廟殿壁木飾,壞敗獂道縣城郭官寺及民室屋,壓殺人衆。"師古曰:"獂道屬天水。"《水經注》卷一七:"渭水又東南,逕獂道縣故城西。昔秦孝公斬戎之獂王。"《元和郡縣圖志·隴西縣》:"本漢獂道縣也,屬天水郡。後漢末於此置南安郡,隋開皇元年廢郡,移武陽縣名於郡理,屬渭州,八年改武陽爲隴西。"獂道在秦屬隴西郡,其地在今甘肅隴西縣。

【戰國 2013】

　　西安市相家巷出土秦封泥有"獂道丞印"。《史記·秦本紀》："孝公元年,西斬戎之獂王。"《後漢·西羌傳》："秦獻公初立,欲復穆公之迹,兵臨渭首,滅狄獂戎。"可知秦獻公時已據有其地。故馬非百曰:"漢無獂戎,故獂道亦當爲秦之舊縣而漢因之。"今秦封

泥證之,馬氏甚確,秦置獂道。《水經·渭水注》:"渭水又東南逕獂道縣故城西。昔秦孝
公斬戎之獂王。"《正義》引《括地志》云:"獂道故城在渭州襄武縣東南三十七里。古之
獂戎邑。漢獂道,屬天水郡。"《讀史·卷五十九》陝西鞏昌府隴西縣獂道城:"府東南
二十五里。獂,音桓。應劭曰:'戎邑也。'《史記》:秦孝公元年,西斬戎之獂王。漢置
縣,屬天水郡。騎都尉治此"。獂道故址在今甘肅省隴西西南,渭水之北。

【悠悠2015】

　　西漢初年的張家山漢簡《秩律》有"獂道"。《史記·秦本紀》:"孝公元年,西斬戎之
獂王。"《後漢·西羌傳》:"秦獻公初立,欲復穆公之迹,兵臨渭首,滅狄獂戎。"可知秦獻
公時已據有其地。《漢書·地理志》天水郡屬縣獂道,"騎都尉治密艾亭。"故馬非百曰:
"漢無獂戎,故獂道亦當爲秦之舊縣而漢因之"。今秦封泥證之,馬氏甚確,秦置獂道。
《水經注》卷17:"渭水又東南逕獂道縣故城西。昔秦孝公斬戎之獂王。"《正義》引《括
地志》云:"獂道故城在渭州襄武縣東南三十七里。古之獂戎邑。漢獂道,屬天水郡。"
《元和郡縣志》卷三十九隴右道隴西縣:"本漢獂道縣也,屬天水郡。後漢末於此置南安
郡,隋開皇元年廢郡,移武陽縣名於郡理,屬渭州,八年改武陽爲隴西。"《讀史方輿紀要》
卷五十九陝西鞏昌府隴西縣獂道城:"府東南二十五里。"獂,音桓。應劭曰:戎邑也。
《史記》:秦孝公元年,西斬戎之獂王。漢置縣,屬天水郡。騎都尉治此。"今據《中國歷
史地圖集》第二册知,獂道地望在今甘肅省隴西西南,渭水之北。

（九）綿　　諸

綿諸丞印

《於京》圖55;《大系》P169

【於京2005】

　　《史記·六國年表》:"綿諸乞援"。《水經注》卷一六:"渭水又歷橋亭南面是入綿諸
縣。"《漢書·地理志》:"天水郡,……罕开,綿諸道"綿諸秦屬隴西郡,其治地在今甘肅
天水市東。

【政區2009】

　　西漢初年的《秩律》有"綿諸"縣。綿諸戎爲戰國時西戎之一。《史記·六國年表》
秦厲共公二十年,"綿諸乞援";"公將師與綿諸戰"。秦惠公元年"伐綿諸"。《水經·渭

水注》："渭水又厤橋亭南而逕綿諸縣東，東與東亭水合，亦謂之爲橋水也。"《漢志》天水郡屬縣有綿諸道。《讀史·卷五十九》陝西鞏陽府西河縣綿諸城："在縣東北五十里，《史記》秦自隴以西有綿諸之戎。" 今據《圖集》，秦綿諸故址在今甘肅省天水市東。

【戰國 2013】

　　西安市相家巷出土秦封泥有 "綿諸丞印"。綿諸戎爲戰國時西戎之一。《史記·六國年表》秦厲共公二十年，"綿諸乞援"；"公將師與綿諸戰"。秦惠公元年 "伐綿諸"。《水經·渭水注》："渭水又厤橋亭南面入綿諸縣，東與東亭水合，亦謂之爲橋水也，又或爲清水之通稱矣。"《讀史·卷五十九》陝西鞏陽府西河縣綿諸城，"在縣東北五十里，《史記》秦自隴以西有綿諸之戎"。今據《圖集》，秦綿諸故址在今甘肅省天水市東。

綿者□部

《大系》P169

綿□巍部

《大系》P169

綿者略部

《大系》P168

（十）蘭　干

蘭干丞印

《秦封》P287;《彙考》P212;《璽印》P419;《大系》P146

【發現1997】

《漢書・地理志》天水郡,有"蘭干"縣。

【郡縣1997】

《漢書・地理志》天水郡屬縣有蘭干,地在今甘肅天水南。按西漢天水郡地原爲秦隴西郡,漢武帝元鼎三年(公元前114年)分隴西郡置天水郡。《元和郡縣圖志》卷三九渭州條云:"秦昭王伐得義渠戎,始置隴西郡。"蘭干爲秦隴西郡屬縣;丞爲縣令佐官。傳世有漢"蘭干右尉"封泥(見上引《封泥考略》第四頁下),漢蘭干縣當承秦而置。

【印考1997】

印面似爲方形,邊長1.8釐米,印文四字模糊,邊欄右側殘,推知爲"蘭干丞印"。蘭干,古縣名。《漢書・地理志》天水郡有"蘭干"縣。其地當在甘肅省境内。

【秦封2000】

《漢志》天水郡有蘭干縣,"莽曰蘭盾。"《元和》:"秦昭王伐義渠戎,始置隴西郡。"蘭干縣秦約屬隴西郡,具體地點待考。漢印見:《徵存》"蘭干左尉"。

【簡讀2002】

秦縣,《漢志》屬天水郡。

【彙考2007】

闌干,縣名,秦置。《漢書・地理志》天水郡有闌干縣。王先謙《漢書補注》:"續《志》後漢因。吳卓信曰:'《典略》馬騰父子碩嘗爲闌干尉。'"具體地址不詳。

【政區2009】

《漢志》天水郡蘭干縣,"莽曰蘭盾"。西漢天水郡是漢武帝元鼎三年分原秦隴西郡而增置郡。《元和・卷三十九》:"戰國時羌、戎雜居其地,秦昭王伐得義渠戎,始置隴西郡。"由此封泥可證秦代就已經設置此縣,漢蘭干縣爲因秦置之,具體地點待考。

【分域2009】

蘭干,秦縣名。《漢書・地理志》天水郡有蘭干縣。

【集證2011】

《漢書·地理志》天水郡有"蘭干"縣,未說明始置年,後人皆以爲漢置,由此封泥可證明秦時已有。《漢書補注》引吳卓信云:"《典略》馬騰父子碩嘗爲蘭干尉。"蘭干縣今已不存,或以爲在舊鞏昌府(今隴西縣)境。

【戰國2013】

秦封泥有"蘭干丞印"。《漢志》天水郡有蘭干縣,"莽曰蘭盾"。西漢天水郡是漢武帝元鼎三年分原秦隴西郡而增置郡。《元和·卷三十九》:"戰國時羌戎雜居其地,秦昭王伐義渠戎,始置隴西郡。"由此封泥估計秦就已經設置此縣,漢蘭干縣爲因秦置之,具體地點待考。

(十一) 略　陽

略陽丞印

《釋續》圖45;《印風》P159;《印集》P123;《彙考》P217;《大系》P162

【釋續2001】

《漢書·地理志》天水郡有略陽道。王先謙《補注》:"後漢因,續《志》無道字。《渭水注》:'略陽川水出隴山香谷,……'《一統志》:故城今秦安縣東北九十里。"西周末年(約周宣王六年前數年内)秦莊公所作不其簋有"余命女御追于畧",天水放馬灘出土地圖一有地名"略",徐日輝以爲"畧""略"皆《地理志》之"略陽",可備一説。此與今陝西漢中市西南之略陽縣非一地。漢中略陽爲漢沮縣,後魏改武興縣,宋更名略陽。

【簡讀2002】

秦縣,《漢志》屬天水郡。

【彙考2007】

王輝先生考:《漢書·地理志》天水郡有略陽道。王先謙《補注》:"後漢因,續《志》無道字。《渭水注》:'略陽川水出隴山香谷,……'《一統志》:故城今秦安縣東北九十里。"西周末年(約周宣王六年前數年内)秦莊公其所作不其簋有"余命女御追於畧",天水放馬灘出土地圖一有地名"略",徐日輝以爲"畧""略"皆《地理志》之"略陽",可備一説(徐日輝:《對秦嬴"西垂"及相關問題的考察》,《陝西歷史博物館館刊》第七輯,三秦出版社二〇〇〇年版)。此與今陝西漢中市西南之略陽縣非一地。漢中略陽爲漢沮縣,後魏改武興縣,宋更名略陽。

【政區2009】

天水放馬灘出土秦地圖有地名"略",徐日輝認爲"略"是《漢志》中的略陽道。《漢志》天水郡有略陽道。王先謙《漢書補注》:"後漢因,續《志》無道字"。《水經·渭水注》:"又西逕略陽道故城北。"秦置略陽縣較早。《清一統志》:"故城今秦泰安縣東北九十里。"秦略陽縣故址即今甘肅省秦安縣境内。

【戰國2013】

秦封泥有"略陽丞印"。甘肅省天水市放馬灘出土秦地圖有地名"略",徐日輝認爲"略"是《漢志》中的略陽道。王先謙《漢書補注》:"後漢因,續《志》無道字"。《水經·渭水注》:"略陽川水出隴山香谷"。《清一統志》:"略陽故城今秦泰安縣東北九十里"。秦置略陽縣較早,故址即今甘肅省秦安縣境内。

【廣封2019】

同《彙考2007》。

(十二) 襄　　武

襄武

| 1 | 2 | 3 |

1.《新出》P41;《青泥》P34;《大系》P302
2.《於京》圖56;《璽印》P390;《大系》P302
3.《大系》P302

【於京2005】

《史記·建元以來侯者年表》:"襄城"《索隱》"漢表作'襄武侯乘龍',不同也。案:韓嬰亦封襄城侯,《地理志》襄城在潁川,襄武在隴西也。"《漢書·地理志》:"隴西郡,秦置。……襄武,莽曰相桓。"《水經注》卷一七:"渭水又東南,逕襄武縣東北,荆頭川水入焉。水出襄武西南鳥鼠山荆谷,東北逕襄武縣故城北,王莽更名相桓。"《元和郡縣圖志·隴右道上·渭州·襄武縣》:"襄武縣,本漢舊縣也,屬隴西郡。……武德元年改屬渭州。"襄武秦屬隴西郡,其治地在今甘肅隴西縣。

【政區2009】

《漢志》隴西郡屬縣襄武，"莽曰相桓"。《水經·渭水注》："渭水又東南，逕襄武縣東北，荆頭川水入焉，水出襄武西南鳥鼠山荆谷，東北逕襄武縣故城北，王莽更名相桓。"《元和·卷三十九》隴右道渭州："襄武縣，本漢舊縣也，屬隴西郡……武德元年改屬渭州"《讀史·卷五十九》陝西鞏陽府襄武縣："府東南五里，漢置縣，屬隴西郡。"從《圖集》可知，襄武縣在獂道縣西北。今甘肅省隴西縣南。

【戰國2013】

西安市相家巷出土秦封泥有"襄武□□"。《水經·渭水注》："渭水又東南，逕襄武縣東北，荆頭川水入焉，水出襄武西南鳥鼠山荆谷，東北逕襄武縣故城北，王莽更名相桓。"《元和·卷三十九》隴右道渭州："襄武縣，本漢舊縣也，屬隴西郡……武德元年改屬渭州。"從《圖集》可知，襄武縣在獂道縣西北，今甘肅省隴西縣南。

瑞按：封泥首字左側"土"旁，首字當寫爲"壤"。

（十三）溥　　導

溥導

　　　　1　　　　　　　　　2　　　　　　　　　3

1.《印集》P130；《彙考》P223；《大系》P193
2.《新出》P74
3.《大系》P193

【新地2001】

說見"溥導丞印"。

【簡讀2002】

秦道，《漢志》屬山陽郡。

【彙考2007】

王輝先生考：專作🗲，與《説文》小篆作🗲不合，而與西周金文毛公鼎"🗲"、番生簋"🗲"合（容庚：《金文編》，中華書局一九八五年版，張振林、馬國權摹補本，二〇九頁），亦與銀雀山竹簡《孫臏兵法》"溥"合（漢語大字典字形組：《秦漢魏晉篆隸字形表》，四川辭書出版社一九八五年版,七八八頁),可見《説文》小篆並非全承秦篆。《漢書·地理志》無溥道。《廣韻》鐸韻:"溥,水名。"亦不明其所在。從音讀來説,溥可能讀爲薄。馬王堆帛書《老子》乙本卷前古佚書《經法·亡論》:"德溥而功厚者,隋(墮)名禁而不王者死。""德溥"即德薄。《漢書·地理志》山陽郡有薄縣。顔師古注引臣瓚曰:"湯所都"。薄即亳,今山東曹縣南二十里。《地理志》薄爲縣,非道。不過先秦名亳者非一地,《左傳·昭公九年》:"肅慎、燕、亳,吾北土也。"似乎河北也有亳地。

【政區2009】

又西漢初年的張家山漢簡《秩律》有"溥導"。周振鶴就懷疑"(溥道)要皆在隴西郡中"? 溥導不見《史》《漢》等書,但秦封泥和漢初年簡牘證明秦和西漢初年確置溥道,周言可備一説。具體地望無考。

【分域2009】

溥導,地名,文獻無載。"溥"可能讀做薄,《漢書·地理志》載,山陽郡有薄縣,其地在今山東曹縣。丞,爲溥道令的佐官。

【戰國2013】

説見"溥導丞印"。

【職地2014】

山陽郡有薄縣,今山東曹縣南。又張家山漢簡《二年律令·秩律》有"薄導",與武都道、予道、氐道下辨等秦時隴西郡屬縣並列,應爲秦隴西郡轄縣。此溥導(道)似應爲後者。

【廣封2019】

同《彙考2007》。

溥導丞印

《釋續》圖56;《印風》P148;《印集》P131;《彙考》P223;《璽印》P415;《大系》P193

【新見1996】

《續》56隸定正確,並指出《漢志》山陽郡有薄縣,今山東曹縣南二十里。又指出《漢志》薄爲縣,非道。《漢表》曰:"縣有蠻夷謂之道。"在印及封泥上表達的與《漢志》

有時並不一致,如秦封泥,漢印皆稱"朐衍道",而《漢志》爲縣,不作道;《漢志》北地郡有略畔道,漢印作"略畔",爲縣。在秦屬碭郡。漢印見《秦漢南北朝官印徵存》324"薄丞之印"。

【釋續 2001】

專作□,與《說文》小篆作□不合,而與西周金文毛公鼎"□"、番生簋"□"合,亦與銀雀山竹簡《孫臏兵法》"□"合。可見《說文》小篆並非全承秦篆。《漢書·地理志》無薄道。《廣韻》鐸韻:"薄,水名。"亦不明其所在。從音讀來說,薄可能讀爲薄。馬王堆帛書《老子》乙本卷前古佚書《經法·亡論》:"德薄而功厚者,隋(隳)名禁而不王者死。""德薄"即德薄。《漢書·地理志》山陽郡有薄縣。顔師古注引臣瓚曰:"湯所都。"薄即亳,今山東曹縣南二十里。《地理志》薄爲縣,非道。又先秦名亳之地有多處,《左傳·昭公九年》:"及武王翦商……肅慎、燕、亳,吾北土也。"此亳傅斯年《夷夏東西說》謂在今河北省渤海岸。封泥"薄道"也有可能指此處。

【新地 2001】

《續》56隸定正確,並指出《漢志》山陽郡有薄縣,今山東曹縣南二十里。又指出《漢志》薄爲縣,非道。《漢表》曰:"縣有蠻夷謂之道。"在印及封泥上表達的與《漢志》有時並不一致,如秦封泥,漢印皆稱"朐衍道",而《漢志》爲縣,不作道;《漢志》北地郡有略畔道,漢印作"略畔",爲碭縣。在秦屬郡。漢印見《秦漢南北朝官印徵存》324"薄丞之印"。

【簡讀 2002】

釋讀見"薄道"。

【彙考 2007】

說見"薄道"。

【政區 2009】

說見"薄道"。

【分域 2009】

說見"薄道"。

【戰國 2013】

秦封泥有"薄導丞印""薄導";又西漢初年的張家山漢簡《秩律》有"薄道"。周振鶴認爲"要皆在隴西郡中"。薄導不見史漢等書,但秦封泥和漢初年簡牘證明秦和西漢初年確置薄道,周言可備一說。具體地望無考。

【悠悠 2015】

西漢初年的張家山漢簡《秩律》有"薄道。"周振鶴認爲薄道"要皆在隴西郡中"。薄道不見史漢等書,即此道到西漢中期之後廢除,但秦封泥和漢初年簡牘證明秦代和西漢初年都確實設置薄道,周言可備一說。具體地望無考。

【廣封 2019】

說見"薄導"。此其丞之印也。

溥□丞□

　　1　　　　　　2　　　　　　3　　　　　　4

1.《新出》P28;《大系》P194

2、3.《秦封》P313;《彙考》P203

4.《於京》圖71;《璽印》417

【於京2005】

　　殘損太甚,内容不明。

（十四）氐　　導

氐導

　　　1　　　　　　　　2

1、2.《大系》P61

【政區2009】

　　甘肅天水市放馬灘秦墓出土的地圖有地名"邸"。學者多認爲其爲秦邦縣下一基層行政地名,筆者認爲或爲秦置縣。《漢志》隴西郡屬縣氐道,"禹貢養水所出,至武都爲漢,莽曰亭道"。事實表明,漢道大部分都爲秦道之延續,故此"邸"或爲漢氐道之前身,具體地望待考。

氐道丞印

1   2   3

1、2.《新出》P62;《大系》P61
3.《新出》P62;《秦選》P69;《大系》P61

【邸丞2013】

　　西漢隴西郡有氐道,《漢書·百官公卿表》"有蠻夷曰道",秦封泥出土"氐導丞印""溥導丞印""故導丞印""荆山導丞"等,道、導通,在秦印中多篆作導,西漢印文中均作道。氐道爲秦置亦已可定。

三、北　地　郡

北地郡印

《發掘》圖一八:11

【發掘2001】

　　前二字未釋。

【政區2009】

　　原爲義渠地,秦昭襄王時征服此地設郡。《史記·匈奴列傳》:"秦昭王時……起兵伐殘義渠,於是秦有隴西、北地、上郡,築長城以拒胡。"北地置郡年月,文獻記載其事於周赧王四十三年,即秦昭王三十五年。《後漢書·西羌傳》:"至赧王四十三年,宣太后誘殺義渠王於甘泉宫,因起兵滅之,始置隴西、北地、上郡焉。"秦北地郡治義渠,今在甘肅寧縣西北。

【璽印2010】

　　釋讀爲"北地郡印"。

【職地2014】

　　此封泥右半面基本完整,但右半的兩字筆畫殘缺嚴重,釋"北地"似嫌證據不足。

　　瑞按:封泥第二字殘,釋讀存疑。

（一）義　渠

義渠

《大系》P328

【縣考2007】

　　義渠本春秋西戎國。義渠或作儀渠,《墨子》:"秦之西有儀渠之國者。"儀、義古通。戰國時,秦置義渠縣。《秦本紀》:"(惠文君)十一年,縣義渠。……(後元十年)伐取義渠二十五城。"《六國年表》秦惠文王十一年欄曰:"侵義渠,得二十五城。"《匈奴列傳》:"義渠之戎築城郭以自守,而秦稍蠶食,至於惠王,遂拔義渠二十五城。"據《新編年表》的考證,上述《秦本紀》及《六國年表》所載的秦惠文王十年(或十一年)取義渠二十五城之事亦當在惠文君十一年,這是由於司馬遷將惠文君時期的立年稱元法與逾年稱元法混淆所致。如此則應是秦取義渠二十五城之後,才置的義渠縣。胡三省未曉司馬遷年代的排列有誤,徒據《秦本紀》及《六國年表》所載,以爲"蓋先此秦以義渠爲縣,君爲臣,雖臣屬於秦,義渠之國未滅也,秦稍蠶食,侵其地。今得二十五城,義渠之國所餘無幾矣。"實爲大誤。《漢志》北地郡有義渠道。

【戰國2013】

　　秦始皇陵遺址出土官營徭役性的制陶作坊陶文中有"義渠新城"(《秦陶》1210)。義渠,本西北少數民族,在和漢人交往中,"築城郭以自守"。《史記·秦本紀》:"惠文王十一年,縣義渠。"此與秦武公十一年初縣杜、鄭,屬共公二十二年初縣頻陽,同一手法,是以所取義渠地命名置縣。秦設置義渠縣,故《正義》引《括地志》:"北地義渠道,秦縣也。"《讀史·卷五十七》:"義渠城,在州西北。春秋時爲義渠國。秦屬公十六年,伐義渠,獲其王。惠文君十一年,縣義渠。漢置義渠道,屬北地郡。"具體地點在今甘肅寧縣焦村鄉西溝村,該地有一戰國故城遺址,基本認爲是秦義渠故城。

義渠中部

《大系》P328

　　瑞按：義渠，文獻中爲道，見《漢書·地理志》屬北地郡，“義渠道，莽曰義溝”。義渠爲戎人，《史記·匈奴列傳》：“當是之時，秦晋爲强國。晋文公攘戎翟，居於河西圁、洛之間，號曰赤翟、白翟。秦穆公得由余，西戎八國服於秦，故自隴以西有綿諸、緄戎、翟、獂之戎，岐、梁山、涇、漆之北有義渠、大荔、烏氏、朐衍之戎。而晋北有林胡、樓煩之戎，燕北有東胡、山戎。各分散居溪谷，自有君長，往往而聚者百有餘戎，然莫能相一。”《索隱》韋昭云：“義渠本西戎國，有王，秦滅之。今在北地郡。”《正義》：《括地志》云：“寧州、慶州，西戎，即劉拘邑城，時爲義渠戎國，秦爲北地郡也。”《史記·匈奴列傳》“其後義渠之戎築城郭以自守，而秦稍蠶食，至於惠王，遂拔義渠二十五城。惠王擊魏，魏盡入西河及上郡于秦。秦昭王時，義渠戎王與宣太后亂，有二子。宣太后詐而殺義渠戎王於甘泉，遂起兵伐殘義渠。於是秦有隴西、北地、上郡，築長城以拒胡。”《後漢書·西羌傳》“及平王之末，周遂陵遲，戎逼諸夏，自隴山以東，及乎伊、洛，往往有戎。於是渭首有狄、獂、邽、冀之戎，涇北有義渠之戎，洛川有大荔之戎，渭南有驪戎，伊、洛間有楊拒、泉皋之戎，潁首以西有蠻氏之戎。……周貞王八年，秦厲公滅大荔，取其地。趙亦滅代戎，即北戎也。韓、魏復共稍併伊、洛、陰戎，滅之。其遺脱者皆逃走，西踰汧、隴。自是中國無戎寇，唯餘義渠種焉。至貞王二十五年，秦伐義渠，虜其王。後十四年，義渠侵秦至渭陰。後百許年，義渠敗秦師於洛。後四年，義渠國亂，秦惠王遣庶長操將兵定之，義渠遂臣於秦。後八年，秦伐義渠，取郁郅。後二年，義渠敗秦師於李伯。明年，秦伐義渠，取徒涇二十五城。及昭王立，義渠王朝秦，遂與昭王母宣太后通，生二子。至王赧四十三年，宣太后誘殺義渠王於甘泉宮，因起兵滅之，始置隴西、北地、上郡焉。”《水經注疏》卷19“補涇水”：“又《文選·北征賦》登赤須之長阪，入義渠之舊城。李善注云：赤須阪在北地郡，《水經注》：赤須水出赤須谷，西南流注羅水。《寰宇記》：真寧縣羅川水出羅山，寧州古公劉邑，《春秋》爲義渠。戎國有義渠城，即《漢書·地理志》北地郡義渠道也。”

　　義渠設中部，不見文獻。《初學記》卷8“州郡”：“晋《太康地志》：併州部太原六郡，又有護匈奴中郎，左部、右部、中部、南部、北部五都尉。”漢有中部都尉，如《漢書·地理志》敦煌郡屬縣敦煌有“中部都尉治步廣候官”，秦是否如此，尚難明確。

　　文獻中義渠爲道，然封泥爲縣，或另有義渠道。

（二）烏　氏

烏氏丞□

《大系》P279

【於京2005】

《史記·匈奴列傳》："岐、梁山、涇、漆之北有義渠、大荔、烏氏、朐衍之戎。"《正義》引《括地志》云："烏氏故城在涇州安寧縣東三十里。周之故地，後入戎，秦惠王取之，置烏氏縣也。"《貨殖列傳》："烏氏倮畜牧。"《漢書·地理志》："安寧郡……烏氏，烏水出西，北入河。都盧山在西。莽曰烏亭。"烏氏秦屬北地郡，其治地在今甘肅平涼市西北。

【縣考2007】

《匈奴列傳》："秦穆公得由余，西戎八國服於秦，故自隴以西有綿諸、緄戎、翟、獂之戎，岐、梁山、涇、漆之北有義渠、大荔、烏氏、朐衍之戎。"《史記正義》引《括地志》云："烏氏故城在涇州安定縣東三十里。周之故地，後入戎，秦惠王取之，置烏氏縣也。"據此可知烏氏縣本烏氏戎地，倘《括地志》所云無誤，則秦惠王時當置該縣。秦惠王於公元前338至公元前311年在位執政，故烏氏縣之置應不會晚於公元前311年。《貨殖列傳》載："烏氏倮畜牧，及眾，斥賣，求奇增物，間獻遺戎王。戎王什倍其償，與之畜，畜至其用谷量馬牛，秦始皇令倮比封君，以時與列臣朝請。"《漢志》烏氏縣屬安定郡。

【政區2009】

秦始皇陵出土秦官營徭役性的制陶作坊陶文有"烏氏工昌"（《秦陶》1267）；以及臨潼劉家寨秦遺址出土秦陶文"烏氏援"。烏氏，地名。《史記·匈奴列傳》："岐、梁山、涇、漆之北有義渠、大荔、烏氏、朐衍之戎。"《正義》注："氏音支，括地志云：'烏氏故城在涇州安定縣東三十里。周之故地，後入戎。秦惠王取之，置烏氏縣也。'"又《史記·貨殖列傳》記載，有烏氏倮以畜牧致富，"畜至用谷量馬牛"。《集解》注："韋昭曰：烏氏，縣名，屬安定，倮，名也。"《正義》注："縣故城在涇州安定縣東四十里。"《讀史·卷五十八》陝西七涇州烏氏城："'在安定縣東三十三里。'周之故地也，後入于戎，秦惠王取之，置爲烏氏縣；氏讀支。漢因之。屬安定郡。"秦烏氏縣治所在今甘肅省平涼市西北。

【戰國2013】

秦封泥有"烏氏丞印"；秦始皇陵出土秦官營徭役性的制陶作坊陶文有"烏氏工昌"（《秦陶》1267）；臨潼劉家寨秦遺址出土秦陶文"烏氏援"。烏氏，地名。《史記·匈奴列傳》:"岐、梁山、涇、漆之北有義渠、大荔、烏氏、朐衍之戎。"《正義》注:"氏音支,《括地志》云:'烏氏故城在涇州安定縣東三十里。周之故地,後入戎。秦惠王取之,置烏氏縣也。'"《讀史·卷五十八》涇州烏氏城:"在安定縣東三十四里。周之故地也,後入於戎,秦惠王取之,置爲烏氏縣。氏讀支。漢因之,屬安定郡。"秦烏氏縣治所在今甘肅省平涼市西北。

【烏氏2017】

黃盛璋先生以烏氏扁壺初刻屬趙,是由其誤釋地名爲"原氏",並牽合趙地"元氏"所致。現既已改釋"烏氏",那麼根據正確的地名,便足以確定初刻的國別。秦得烏氏地,時在春秋。《史記·匈奴列傳》曰:"秦穆公得由余,西戎八國服於秦,故自隴以西有緜諸、緄戎、翟、豲之戎,岐、梁山、涇、漆之北有義渠、大荔、烏氏、朐衍之戎。"秦置烏氏縣,時在戰國。《史記正義》引《括地志》云:"烏氏故城在涇州安定縣東三十里。周之故地,後入戎,秦惠王取之,置烏氏縣也。"烏氏在秦漢以後的情形,裘錫圭先生亦已提及:"秦時有烏氏縣倮以畜牧致富,見《史記·貨殖列傳》。西漢時烏氏屬安定郡,故址在今甘肅平涼縣西北。"此外,1979年在烏氏故地寧夏固原曾出土一"朝那鼎",漢初刻銘中亦有"烏氏"。

瑞按:《訂補2014》收録有戰國晚期烏氏漆耳杯,定爲秦器。

(三) 陰　密

陰密

《大系》P328

【政區2009】

《史記·秦本紀》:"昭襄王五十年,武安君白起有罪,爲士伍,遷陰密。"故王先謙《漢書補注》:"秦邑,遷白起於此,見《秦紀》。"《漢志》安定郡陰密縣。班氏自注"《詩》,密人國"。西漢安定郡爲漢武帝元鼎三年分秦北地郡置,秦時屬北地郡。《清一統志·卷二百七十二》載,"(陰密)故城在今靈臺縣西五十里"。其故址即今甘肅省靈臺縣西。

【秦地2017】

里耶簡8-1533有陰密,亦見《秩律》,《漢志》屬安定郡,秦屬北地郡。

瑞按：陰密，《漢書・地理志》屬安定郡，“《詩》密人國，有鶯安亭”。河南郡“密”下引應劭曰：“‘密人不恭’，密須氏姞姓之國也。”臣瓚曰：“密，姬姓之國也，見《世本》。密須，今安定陰密是也。”師古曰：“應、瓚二説皆非也。此密即春秋僖六年‘圍新密’者也，蓋鄭地。而詩所云‘密人’，即《左傳》所謂‘密須之鼓’者也，在安定陰密。”《史記・周本紀》“明年，伐密須”下注，《集解》應劭曰：“密須氏，姞姓之國。”瓚曰：“安定陰密縣是。”《正義》：“《括地志》云：‘陰密故城在涇州鶉觚縣西；其東接縣城，即古密國。’杜預云姞姓國，在安定陰密縣也”。《史記・秦本紀》“五十年十月，武安君白起有罪，爲士伍，遷陰密。”《史記・白起王翦列傳》“於是免武安君爲士伍，遷之陰密。武安君病，未能行。”注引《集解》徐廣曰：“屬安定。”《正義》：故城在涇州鶉觚縣，城西即古陰密國，密康公國也。張家山漢墓竹簡《二年律令》第451號有“朝那、陰密、郁郅”。

陰密丞印

《釋續》圖46；《印風》P140；《印集》P137；《彙考》P229；《璽印》P420

【釋續2001】

《漢書・地理志》安定郡有陰密縣。班氏自注：“《詩》‘密人’國。”王先謙《補注》：“秦邑，遷白起於此，見《秦紀》。續《志》後漢省，陰盤下劉注：‘舊有陰密縣，未詳所並。’《一統志》：故城今靈臺縣西五十里。”

【簡讀2002】

秦縣，《漢志》屬安定郡。

【彙考2007】

《漢書・地理志》安定郡有陰密縣。班氏自注：“《詩》‘密人’國”。王先謙《補注》：“秦邑，遷白起於此，見《秦紀》。續《志》後漢省，陰盤下劉注：‘舊有陰密縣，未詳所並。’《一統志》：故城今靈臺縣西五十里。”

【分域2009】

陰密，秦縣名。其地在今甘肅靈臺。《史記・秦本紀》云：“（昭襄王）五十年十月，武安君白起有罪，爲士伍，遷陰密。”

【戰國2013】

秦封泥有“陰密丞印”。《史記・秦本紀》：“昭襄王五十年，武安君白起有罪，遷陰密。”故王先謙《漢書補注》:“秦邑,遷白起於此,見《秦紀》。”《清一統志》卷272;“(陰密)故城在今靈臺縣西五十里。”其故址即今甘肅省靈臺縣西。

【廣封2019】

案《漢書·地理志》:安定郡,有縣“陰密”,“《詩》密人國。有囂安亭。”(師古曰:“即詩大雅所云‘密人不恭,敢距大邦’者。”)

(四)泥　　陽

泥□丞□

《大系》P182

【政區2009】

傳世戰國晚期秦兵器有“泥陽”戈。西安臨潼新豐南杜秦遺址出土官營徭役性制陶作坊陶文“泥陽”。《史記·樊酈滕灌列傳》載,“(酈商破)蘇駔軍於泥陽。”《漢志》北地郡泥陽縣,“莽曰泥陽”《正義》:“故城在寧州羅川縣北三十里,泥谷水源出羅川縣東北泥陽。”《讀史·卷五十七》:“泥陽城,在州東南五十里。本秦邑。漢初,酈商破雍將蘇駔軍於泥陽,即此。漢亦曰泥陽縣,屬北地郡。後漢因之。”漢泥陽縣實因秦置縣,其故址即今甘肅省寧縣東南。

【戰國2013】

傳世戰國晚期秦兵器有“泥陽”戈。西安臨潼新豐南杜秦遺址出土官營徭役性制陶作坊陶文“泥陽”《讀史·卷五十七》:“泥陽城,在州東南五十里。本秦邑。漢初,酈商破雍將蘇駔軍於泥陽。即此。漢亦曰泥陽縣,屬北地郡。後漢因之。”漢泥陽縣實因秦置縣,其故址即今甘肅省寧縣東南。

【訂補2014】

在考訂“泥陽矛”時指出,《漢書·地理志》北地郡有“泥陽縣”,王先謙《補注》:“秦縣。酈商破周駔軍於此,見《商傳》。……《後漢》因,《續志》有五柞亭。《一統志》:故城在今寧州東南五十里泥陽里。”地在今甘肅寧縣東南。

【秦地2017】

里耶簡8-1293+8-1459+8-1466有泥陽,里耶8-2113亦有泥陽。泥陽,《漢志》屬北地郡。

　　瑞按：封泥殘存"泥丞"二字。《漢書·北地郡》有"泥陽"，注引應劭曰："泥水出郁郅北蠻中。"《史記·樊噲傳》"蘇駔軍於泥陽"，《集解》徐廣曰："駔，一作'騠'"。《索隱》北地縣名。駔者，龍馬也。《正義》"故城在寧州羅川縣北三十一里。泥谷水源出羅川縣東北泥陽。源側有泉，於泥中潛流二十餘步而流入泥谷。又有泥陽湫，在縣東北四十里。"《漢書·酈商傳》"沛公爲漢王，賜商爵信成君，以將軍爲隴西都尉。別定北地郡，破章邯別將於烏氏、栒邑、泥陽"。出土有"泥陽戈"，何琳儀指出泥陽當在今甘肅寧縣東（《考古與文物》1996年6期P72）。此外在里耶秦簡中有"泥陽益固里"（何有祖《〈里耶秦簡（壹）〉釋地（四則）》，《考古與文物》2019年2期P110）。此前周波指出里耶秦簡中"沂陽"當爲"泥陽"，屬北地郡。但《二年律令》中的"沂陽"非"泥陽"，屬河東郡（《張家山漢簡〈二年律令〉與秦簡律令對讀劄記》，《出土文獻與法律史研究（6）》P206—212）

（五）昫　　衍

昫 衍

《大系》P311

　　瑞按：昫衍，文獻多作"朐衍"，然《漢書·地理志》北地郡屬縣作"昫衍"，應劭曰："昫音煦。"師古曰："音香於反"。《史記·匈奴列傳》載"朐衍之戎"，《集解》徐廣曰："在北地。朐音詡。"《索隱》案：《地理志》朐衍，縣名，在北地。徐廣音詡。鄭氏音籲。《正義》：《括地志》云："鹽州，古戎狄居之，郎朐衍戎之地，秦北地郡也。"《漢書·五行志》："秦孝文王五年，斿朐衍，有獻五足牛者。"師古曰："朐衍，地名，在北地。朐音許於反。"《漢書·匈奴傳》"故隴以西有綿諸、畎戎、狄獂之戎，在岐、梁、涇、漆之北有義渠、大荔、烏氏、朐衍之戎，而晉北有林胡、樓煩之戎，燕北有東胡、山戎。各分散溪谷，自有君長，往往而聚者百有餘戎，然莫能相壹。"《太平御覽》卷164引《史記》曰："夏道衰，而公劉失其稷官，變於西戎，邑於邠。至秦繆公得由余，西戎八國服於秦。梁山、涇、漆之北有義渠氏、朐衍之戎築城郭以居，秦稍蠶食，至於惠王，遂拔義渠二十五城。秦昭王殺義渠戎王，於是秦有北地、隴西、上郡之地"，與今本不同。文獻中作朐衍、煦衍，然以封泥言，或當以"昫衍"爲正。

朐衍丞印

《大系》P312

　　瑞按: 封泥殘,下是否爲"衍"字尚難確定。

朐□左□

《大系》P313

　　瑞按: 封泥殘,下是否爲"衍"字尚難確定。

(六) 朐 衍 導

朐衍導印

1　　　　　　　　　2

1.《新出》P82;《大系》P313
2.《大系》P313

瑞按：昫衍，説見"昫衍"；道，《漢書·百官公卿表》縣"有蠻夷曰道"。從封泥看，秦在昫衍的管理或應縣、道並存。

昫衍道丞

《考釋》圖一：3；《印集》P136；《彙考》P228；《璽印》P420；《大系》P312

【新見1996】

《史記·匈奴列傳》："岐、梁山、涇、漆之北有義渠、烏氏、昫衍之戎。"《正義》："《括地志》云：鹽州古戎狄居之，即胸衍戎之地，秦北地郡也。"《漢志》記北地郡昫衍，按昫、胸、昫，一字之訛。《漢表》曰："縣有蠻夷謂之道"，導、道可通。漢銅印有《兩》828"昫衍道尉"。

【考釋2001】

"昫"字略殘。漢有"昫衍道尉"印（《漢印》7·2），"昫"字作"𣊫"，筆畫粗壯，雖風格不同，但二者無疑爲一字。《漢書·地理志》北地郡有昫衍縣。王先謙《補注》："昫衍本戎名，見《匈奴傳》，誤作'胸衍'。秦孝文遊此，見《五行志》。《一統志》：故城今靈州東南花馬池北。"王氏説《史記·匈奴傳》《漢書·五行志》之"胸"爲"昫"之誤，當是。至於《五行志》所謂秦孝文王五年遊胸衍一事，馬非百先生有駁議，云："孝文王即位僅三日，安得有五年？《秦本紀》惠文王後五年，王遊至北河。《六國年表》惠文王後五年，'王北遊戎地，至河上'。《五行志》所記當即此事。義渠、烏氏皆以戎地爲縣，胸亦必以戎地爲秦縣無疑。"《漢書·百官公卿表》："縣令長皆秦官，掌治其縣⋯⋯皆有丞、尉⋯⋯有蠻夷曰道。"昫衍爲戎地，故稱道。由此封泥可知，昫衍爲秦道，《中國古今地名大辭典》以爲"漢置"，是不對的。昫衍道秦時屬北地郡，治所在今寧夏回族自治區鹽池縣南。

【新地2001】

《史記·匈奴列傳》："岐、梁山、涇、漆之北有義渠、烏氏、胸衍之戎。"《正義》："《括地志》云：鹽州古戎狄居之，即胸衍戎之地，秦北地郡也。"《漢志》記北地郡昫衍，按昫、胸、昫，一字之訛。《漢表》曰："縣有蠻夷謂之道"，導、道可通。漢銅印有《兩》828"昫衍道尉"。

【簡讀2002】

秦縣，《漢志》屬北地郡。《史記·匈奴列傳》："岐、梁山、涇、漆之北有義渠、大荔、烏氏、朐衍之戎。"《漢表》云:"有蠻夷曰道。"《張家·二年·秩律》:"朐衍道……秩各六百石,有丞、尉者半之",另有"朐衍",整理組注疑爲抄重。

【縣考2007】

朐衍本春秋西戎國。《匈奴列傳》:秦穆公時,"岐、梁山、涇、漆之北有義渠、大荔、烏氏、朐衍之戎。"《史記索隱》曰:"案,《地理志》朐衍,縣名,在北地。"《漢書·五行志》載:"秦孝文王五年,遊朐衍,有獻五足牛者。"然據《秦本紀》知,秦孝文王在位僅三日即卒,則上引《五行志》文中"秦孝文王五年"定誤。又,《秦本紀》載:"〔惠文王〕五年,王遊至北河。"《六國年表》惠文王五年欄亦曰:"王北遊戎地,至河上。"馬非百據《史記》此二處所載,以爲《漢書·五行志》所記當即此事,甚是。《漢書·五行志》"秦孝文王五年"中"孝"字當"惠"字之誤。馬非百還認爲既然義渠、烏氏皆以戎地爲秦縣,則朐衍亦必以戎地爲秦縣,其説當是。又因秦惠文王五年遊朐衍,故頗疑秦置該縣當不遲於是年。《漢志》朐衍縣屬北地郡,唯"朐"字作"昫"。

【彙考2007】

《漢書·地理志》:"北地郡……縣十九……昫衍。"注引應劭曰:"昫音煦。"同郡中有除道、略畔道、義渠道。據此封泥可知秦時已置昫衍道。其置官同於縣置,有令、丞、尉。今在寧夏鹽池縣境。

【悠悠2015】

"導"同"道"。西漢初年的張家山漢簡《秩律》有"昫衍道"。昫衍一名,戰國時就已存在。《漢書·五行志》:"秦孝文王五年,遊昫衍。"昫衍爲戎地,也爲西戎之一。《史記·匈奴列傳》:"岐、梁山、涇、漆之北,有義渠、大荔、烏氏、昫衍之戎"。《索隱》引《括地志》云:"昫衍,縣名,在北地。義渠、烏氏皆以戎地爲秦縣,昫衍亦必以戎地爲秦縣無疑。"《漢書·地理志》北地郡有昫衍縣,按三處昫爲一字之説。《漢書·百官公卿表》曰"縣有蠻夷謂之道",導、道可通,即昫衍導丞爲昫衍道丞。又《正義》引《括地志》云:"鹽州古戎狄居之,即昫衍戎之地,秦北地郡也。"秦時,義渠、烏氏皆是戎地爲秦縣,故昫衍也以戎地爲秦縣(道)。秦昫衍道地望具體不詳。

【朐衍2016】

漢印有"朐衍道尉",朐衍爲歷史悠久的部落,是西戎的一支。朐衍道尉印,證明《漢書·地理志》記載的朐衍縣應是昫衍道。新發現的秦封泥表明,大部分的"道"應設置於秦朝,昫衍道丞封泥,是秦朝中央政府頒發當地官員的官印。昫衍部落建立的昫衍道城應在今陝北定邊縣境南部。

【廣封2019】

同《彙考2007》。

（七）涇　　陽

涇陽□□

《大系》P128

【戰國2013】

　　秦封泥有"涇下家馬"。"家馬"爲秦漢太僕或郡縣屬官家馬令,秦封泥有"上郡家馬","涇下家馬"應是秦涇陽縣下家馬令之省文。秦人西戎牧馬,在此設置家馬官也在情理之中。此例也同於《漢志》太原郡有家馬官。《史記·周本紀》:"宣王時,玁狁内侵,至於涇陽。"《史記·秦本紀》:"昭王母弟曰涇陽君。"《通典》:"唐京兆府涇陽獮,本秦舊縣地,非漢縣。"《清一統志》:"故城在平涼縣西四十里。"其故址在今甘肅省涇陽縣。

　　瑞按:涇陽,《漢書·地理志》安定郡屬縣,"涇陽,开頭山在西,《禹貢》涇水所出,東南至陽陵入渭,過郡三,行千六十里,雍州川。"《史記·秦本紀》"肅靈公,昭子子也。居涇陽。享國十年。"《漢書·匈奴傳下》"當周宣王時,獫允内侵,至於涇陽,命將征之,盡境而還。"

涇下家馬

《補讀》圖44;《印考》圖145;《印風》P145;《秦封》P271;《印集》P21;
《書集》P115;《彙考》P46;《璽印》P426;《大系》P128

【印考1997】

　　説見"上家馬丞"。

【補讀1998】

　　録於《秦封》。涇即涇河，下指涇河下游地區。《史記·項羽本紀》漢元年四月，"諸侯罷戲下，各就國"。《索隱》："戲，水名也，言下者，如許下、洛下然也。"是其例。《史記·秦始皇本紀》："二世夢白虎齧其左驂馬，殺之，心不樂，怪問占夢。卜曰：'涇水爲崇。'二世乃齋於望夷宮，欲祠涇，沈四白馬。"此事或關"涇下家馬"。

【秦封2000】

　　涇即涇河，下指涇河下游地區。《史記·項羽本紀》漢元年四月，"諸侯罷戲下，各就國"。《索隱》："戲，水名也，言下者，如許下、洛下然也。"是其例。《史記·秦始皇本紀》記："二世夢白虎齧其左驂馬，殺之，心不樂，怪問占夢。卜曰：'涇水爲崇。'二世乃齋於望夷宮，欲祠涇，沈四白馬。"此事或關"涇下家馬"。一説當指涇陽之"下家馬"置。漢瓦當見：《古陶》藏"涇置陽陵"。

【簡讀2002】

　　涇指涇陽，《漢志》屬安定郡。《史記·秦本紀》："肅靈公，昭子子也。居涇陽。"此當屬設於涇陽之"下家馬"。

【彙考2007】

　　下即涇河下游。涇，即今涇河。有南北兩源，入陝西境後經長武、淳化、禮泉，至高陵縣入渭河。此封泥可證秦在涇河流域設有廄苑，爲帝室提供私用馬匹。

【政區2009】

　　"家馬"爲秦漢太僕或郡縣屬官家馬令，秦封泥有"上郡家馬"，"涇下家馬"應是秦涇陽縣下家馬令之省文。秦人西戎牧馬，在此設置家馬官也在情理之中。此例也同於《漢志》太原郡有家馬官。《史記·秦始皇本紀》："肅靈公，昭王子也，居涇陽。"《史記·秦本紀》："昭王母弟曰涇陽君。"《通典》："唐京兆府涇陽，本秦舊縣地，非漢縣。"《清一統志》："故城在平涼縣西四十里。"其故址在今甘肅省涇川縣。

【圖説2009】

　　涇，即今涇河。有南北兩源，人陝西境後經長武、淳化、禮泉至高陵縣入渭河。此封泥可證秦在涇河流域或涇陽縣設有廄苑，爲帝室提供私用馬匹。禮縣博物館收藏有一件"天水家馬鼎"，出土於禮縣永興鄉，而鼎上刻辭却是天水，其重要價值就在於該鼎證實了天水、禮縣一帶正是爲秦王室飼養"家馬"的地方，同時也表明自非子以來畜牧業經濟的發達與昌盛。同樣，作爲主要的經濟活動之一，有力地支持着秦的發展壯大（徐日輝《秦早期經濟考略》）。

【分域2009】

　　涇即涇河。該印當爲秦在涇河流域設立的廄苑，爲皇室提供私用馬匹的家馬官署所用。

【秦廄2010】

　　説見"家馬"。

【集證2011】

　　涇即涇河。周曉陸以爲"涇下"指涇河下游，如《史記·項羽本紀》"（漢元年四月）

諸侯罷戲下”之“戲下”,殆是。《漢書·地理志》太原郡條下班固自注:“有家馬官。”臣瓚曰:“漢有家馬廄,一廄萬匹,時以邊表有事,故分來在此。”所說爲漢代事。不過秦代地方上也可能有家馬之設。涇河附近有望夷宮,秦二世曾齋於該處,“欲祠涇,沈四白馬”。既然皇帝長居,所需馬匹甚多,故設此官。

【官名2013】

說見“上家馬丞”。

【悠悠2015】

秦封泥有“涇下家馬”。“家馬”爲秦漢太僕或郡縣屬官家馬令,秦封泥有“上郡家馬”,“涇下家馬”應是秦涇陽縣下家馬令之省文。秦人西戎牧馬,在此置家馬官也在情理之中。此例也同於《漢志》太原郡有家馬官。《史記·周本紀》:“宣王時,獫狁內侵,至於涇陽。”《史記·秦本紀》:“昭王母弟曰涇陽君。”《通典》:“唐京兆府涇陽,本秦舊縣地,非漢縣。”《大清一統志》:“故城在平涼縣西四十里。”其故址在今甘肅省涇川縣。

【秦官2018】

“涇下家馬”蓋爲“涇陽下家馬”之省,應是設置在涇陽、主供天子私用的管理馬匹的官署。

(八) 方　　渠

方渠除丞

《釋續》圖49;《印風》P151;《印集》P137;《彙考》P229;《璽印》P420;《大系》P79

【新見1996】

《續》49隸定正確。《漢志》北地郡有方渠、除道兩縣,這兩縣名緊接,而除道一地長期人們不明所在。按可能是硬加標點斷開之誤,實際上“方渠除”爲一縣名。漢印見《兩》952“方除長印”,可能因爲渠、除音近,在漢已有稱“方除”者。在秦屬北地郡,在今甘肅省環縣南。

【釋續2001】

第二字已殘,但其左旁爲水,至爲明顯。右旁僅殘存兩點,不知是否爲“渠”字之殘?《漢書·地理志》北地郡有方渠、除道二縣。方渠據王先謙《補注》引《一統志》

説,在今甘肅環縣南。除道縣不明所在,但其得名與秦始皇修直道有關。王先謙《補注》引錢坫云:"秦始皇除道九原抵雲陽,此以其事氏縣,疑與直路縣近。"也僅是推測。"方□除"若是"方渠除",則"除"殆"除道"之省。或秦時二者爲一縣,或除秦時僅爲方渠一鄉,疑不能決。

【新地2001】

同《新見1996》。

【簡讀2002】

秦縣,《漢志》北地郡舊點讀有方渠、除道兩縣,由封泥知"方渠除道"應爲一名。《張家·二年·秩律》:"方渠除道……秩各六百石,有丞、尉者半之"。

【彙考2007】

同《釋續2001》。

【政區2009】

《漢志》北地郡有方渠縣。《讀史·卷五十七》陝西七慶陽府環縣,"府西北二百里"。方渠城,"在南七十里。本漢縣,屬北地郡,後漢廢"。推之西漢初年置方除縣即爲秦方渠縣。漢方渠縣據王先謙《補注》引《清一統志》説,在今甘肅環縣南。即秦方渠縣故址在今甘肅省環縣南一帶。

【研究2012】

"方除長印",羅福頤《官印徵存》歸入西漢印,曰:"二漢志未見方除縣名。此當是縣長印。"方除應即方與。《説文·女部》:"嬩,女字也。从女,與聲。讀若余。"與余上古同聲母同韻部(魚部、喻母)。除从余聲,例可與與通假。方與本爲楚邑,秦於此置方與縣,漢因之。《漢書·地理志》屬山陽郡。

【廣封2019】

同《彙考2007》。

【戰國2013】

秦封泥有"方渠除丞"。《漢志》北地郡有方渠縣。漢方渠縣據王先謙《補注》引《清一統志》説,在今甘肅環縣南。即秦方渠縣故址在今甘肅省環縣南一帶。

瑞按:漢印有"方除長印",劉釗先生判斷"除"應讀"與",《漢書·地理志》山陽郡下有方與縣,印文中"方除"應即"方與"(《釋兩方漢代官印》,《古文字考釋叢稿》P205)。《漢書·地理志》北地郡舊讀有方渠、除道兩縣,由封泥知"方渠除道"應連讀。張家山漢墓竹簡《二年律令·秩律》亦可連讀爲"方渠除道"。封泥中,"方渠除"爲縣,文獻中爲"道",或有變化,或縣道並存。又,《印風1999》有"萬□除丞",《簡讀2002》指出,"公布之此封泥與上枚封泥首字一爲方一爲萬,其餘保存狀況全同,是否爲兩種封泥? 其原因不詳。萬渠除,史籍失載。"從後續發表的拓片看,"萬□除丞"及"方渠除丞",爲同一枚封泥。首字爲"萬"應爲打製拓片所致。

□渠□印

《大系》P79

瑞按：封泥殘，是否爲"方渠除印"之殘，尚難確定。

（九）郁　郅

郁郅

《西見》圖20；《大系》P342

【政區2009】

傳世秦兵器有"郁郅"戈。北京大學《古銅兵器展覽會目録》著録"郁郅戟，戰國晚期，易縣出土"。黃盛璋斷爲秦器，可從。郁郅本義渠之地。《後漢書·西羌傳》："後八年，秦伐義渠，取郁郅。"可知，郁郅城實爲義渠戎置。故馬非百云："《秦本記》：'惠文君十年，縣義渠。'取郁郅當在此時，乃分郁郅地別置義渠縣，則郁郅亦必自爲一縣甚明。"《漢志》北地郡郁郅縣，"泥水出北蠻夷中，有牧師菀官，莽曰攻著"。《清一統志》載，"故城在慶陽府安化縣治"。秦郁郅縣其地在今甘肅省慶陽市。

【西見2005】

半通印，有邊欄無界格。新見。封泥完整，但第二字只抑出了上半部，反復推敲後方識得"郅"字。郁郅，秦置縣，即今甘肅省慶陽市。《漢書》卷8《地理志》："北地郡，秦置。縣十九……郁郅，泥水出北蠻夷中。"

【戰國2013】

同《政區2009》。

【秦地2017】

里耶簡8-1277"均佐上造郁郅往春曰田"，秦封泥有"郁郅"，亦見《秩律》。《漢志》

屬北地郡。

瑞按：郁郅，《漢書·地理志》屬北地郡，"泥水出北蠻夷中。有牧師菀官。莽曰功著"。《漢書·趙充國辛慶忌傳·贊》："秦漢已來，山東出相，山西出將。秦將軍白起，郿人；王翦，頻陽人。漢興，郁郅王圍、甘延壽，義渠公孫賀、傅介子，成紀李廣、李蔡……"張家山漢墓竹簡《二年律令》第451號有"朝那、陰密、郁郅"。施謝捷先生指出1962年秦咸陽遺址長陵車站出土銅戈上二字當爲"郁郅"，其地在甘肅省寧縣北（《秦兵器刻銘零釋》，《安徽大學學報》2008年第4期P10）。

（十）安　武

安武丞印

《印風》P150；《釋續》圖47；《印集》P124；《彙考》P217；《大系》P24

【釋續2001】

《漢書·地理志》安定郡有安武縣。王先謙《補注》："續《志》後漢省。《一統志》：故城今鎮原縣南。《府志》：府東北。"

【簡讀2002】

秦縣，《漢志》屬安定郡。

【彙考2007】

《漢書·地理志》安定郡有安武縣。王先謙《漢書補注》："續《志》後漢省。《一統志》：故城今靈臺縣西五十里。鎮原縣南。《府志》：府東北。"

【政區2009】

《漢志》安定郡安武縣，"莽曰安桓"。王先謙《漢書補注》"續《志》後漢省"。《清一統志》載，"故城在今鎮原縣南"。秦安武縣故址在今甘肅省鎮原縣南。

【戰國2013】

秦置安武縣，秦封泥"安武丞印"證之。《清一統志》："故城在今鎮原縣南。"秦安武縣故址在今甘肅省鎮原縣南。

【廣封2019】

案《漢書·地理志》：安定郡，有縣"安武"，"莽曰安桓"。

（十一）歸　　德

歸德丞印

《於京》圖61;《璽印》P418;《大系》P103

【於京2005】

　　《漢書·地理志》:"北地郡,秦置。……鶉孤,歸德,洛水出北蠻夷中,入河。"其治地在今陝西吳旗縣界。

【政區2009】

　　西漢初年的張家山漢簡《秩律》有"歸德"縣。《漢志》北地郡屬縣歸德,"洛水出北蠻夷中,入河"。從此秦封泥和漢簡文知,秦至漢初,北地郡已經設置歸德縣。從《圖集》上看,秦歸德故址地望大約在陝西省吳旗縣一帶。

【戰國2013】

　　相家巷出土秦封泥有"歸德丞印"。從此秦封泥知,秦時北地郡已經設置歸德縣。從《圖集》上看,秦歸德故址地望大約在陝西省吳旗縣一帶。

（十二）鹵

鹵丞□印

《大系》P161

【政區2009】

　　甘肅省崇信縣戰國秦墓葬出土戳記陶器,計有陶葬、釜、盆、罐、缶、甌、孟、缽、繭形壺等多件,戳記有"鹵市""鹵"等陶文。"鹵市"爲"鹵縣市亭"之省文。《漢志》安定郡屬縣有鹵縣,其地屬無考。這批秦"鹵市"陶文的出土,表明漢鹵縣的置縣時間可上推至戰國秦,西漢因之,同時也表明秦漢鹵縣地望就是今甘肅省崇信縣境內。

【戰國2013】

同《政區2009》。

（十三）彭　　陽

彭陽

《大系》P186

【秦地2017】

彭陽,《漢志》屬安定郡。亦見《秩律》,或以爲屬北地郡。從里耶秦簡看,"彭陽"與"内史"間留有明顯的空白,中間一黑點。里耶秦簡牘凡此文例,前者均爲後者之屬縣。所以里耶簡所見彭陽當屬内史。由此反觀《二年律令·秩律》彭陽前有"胡、夏陽",後爲"朐忍",胡、夏陽均屬漢初内史,彭陽漢初亦當屬内史。漢彭陽縣故址,或説在甘肅鎮原縣東南彭陽鄉故城遺址,或説在甘肅慶陽西峰區野林鄉政府所在古城遺址,漢武帝時遷到鎮原縣東南。但無論如何,均在傳統内史範圍之外。因此内史的西北或當擴展到涇水上游地區。

彭陽丞印

《釋續》圖48;《印風》P158;《印集》P143;《彙考》P235;《璽印》P411;《大系》P186

【釋續2001】

《漢書·地理志》安定郡有彭陽縣。王先謙《補注》："縣見《文紀》。《北征賦》所謂‘釋余馬於彭陽’也。續《志》後漢因。《一統志》：故城今鎮原縣東八十里。"由此封泥看,彭陽應爲秦縣。

【簡讀2002】

秦縣,《漢志》屬安定郡。

【彙考2007】

《漢書·地理志》安定郡有彭陽縣。王先謙《補注》："縣見《文紀》。《北征賦》所謂‘釋余馬于彭陽’也。"由此封泥看,彭陽應爲秦縣。

【分域2009】

彭陽,秦縣名。《漢書·地理志》載,安定郡有彭陽縣。其地在今甘肅鎮原境内。

【戰國2013】

秦置彭陽縣,秦封泥有"彭陽丞印"。王先謙《漢書補注》："縣見《紀》。《北征賦》所謂‘釋余馬於彭陽也’。續《志》後漢因。"《清一統志》："故城今鎮原縣東八十里。"其故址在今甘肅省鎮原縣東。

【廣封2019】

案《漢書·地理志》："安定郡,武帝元鼎三年置",有縣"彭陽"。由此封泥,彭陽應爲秦縣。

（十四）略　　畔

略畔丞印

《大系》P162

【政區2009】

西北大學歷史博物館藏秦官印"略畔之丞"。此印爲典型的田字界格,帶有明顯的秦印特徵;又西漢初年的張家山漢簡《秩律》有"略畔道"。《漢志》北地郡屬縣略畔道,"莽曰延年道"。從此秦印和簡文看,秦代設置略畔縣,西漢初略畔改縣置道,據《圖集》點注其地望在今甘肅省合水縣。

【戰國2013】

近同《政區2009》。

（十五）長　武

長武丞印

《彙考》P199；《大系》P43

【新地2001】

待考。

【簡讀2002】

史籍未載，所屬不明。

【彙考2007】

王輝先生考：《漢書·地理志》無長武縣，北地郡有鶉孤縣。馬非百《秦集史·郡縣志上》：“《方輿紀要》：鶉孤縣即今靈臺縣。或曰：漢縣治在今縣東，接邠州長武縣之鶉孤原。秦蒙恬築長城以爵奠祭鶉集觚上，縣因爲名。”不知在蒙氏之先，此地是否長武，宋人因舊名曰長武縣。

【分域2009】

長武，縣名，其地望待考。該印當爲秦長武縣丞所用之物。

【職地2014】

文獻失載，里耶秦簡有“啟封到長武九十四里”“長武到鄢陵八十七里”，應在今河南尉氏一帶。

【悠悠2015】

秦封泥有“長武丞印”。長武，地名，史無記載。此名始見於《新唐書·地理志》。筆者原認爲“漢鶉觚縣即秦長武縣，屬北地郡，今在陝西長武縣西北”，實誤。湖南里耶秦簡出土三枚地名里程木牘中［17］14正面記載：“……啟封到長武九十四里，長武到鄢陵八十七里……”即秦長武在啟封和鄢之間，故張春龍認爲“長武，不見於文獻記載，從簡文揭示的路綫和距離分析，長武應在今尉氏一帶”。今從秦封泥和簡牘文看，可見秦時在今河南尉氏縣一帶設置此縣，估計西漢時又廢。

【廣封2019】

同《彙考2007》。此其丞之印也。

四、上　　郡

上郡大守

1　　　　　　　　　　　2

1.《於京》圖6;《璽印》P422;《大系》P209
2.《大系》P209

【於京2005】

　　《史記・李斯列傳》:"長子扶蘇以數直諫上,上使監兵上郡,蒙恬爲將。"《正義》:"上郡故城在綏州上縣東南五十里。"《水經注》卷三:"秦昭王三年置,上郡治。漢高祖併三秦,復以爲郡。"《漢書・地理志》:"上郡,秦置,高帝元年更爲翟國,七月復故。匈歸都尉治塞外匈歸障。屬并州。"《元和郡縣圖志・關内道四・綏州・龍泉縣》:"上郡故城,在縣東南五十里。始皇使太子扶蘇監蒙恬於上郡,即此處也。"上郡治所膚施,即今陝西延安。《秦封2000》録有"上郡侯(候)丞"。

【政區2009】

　　有關秦上郡的文物資料豐富,其中傳世和出土的秦兵器"上郡守"戈就有多件,如秦惠文王五年上郡守疾戈、惠文王六年上郡守疾戈、秦昭襄王七年上郡守間戈、秦昭襄王十二年上郡守壽戈、秦莊襄王二年上郡守冰戈等(《編年》59、60、67、68、101);秦封泥有"上郡太守"和"上郡候丞"等。秦上郡原爲魏上郡地,公元前328年,魏被迫獻上郡十五縣,秦始有上郡地。《史記・秦本紀》:"惠文王十年,張儀相秦,魏納上郡十五縣。""二十年,王(嬴政)之漢中,又之上郡北河。"公元前312年,魏盡獻上郡給秦。《史記・魏世家》:"魏襄王七年,魏盡獻上郡於秦。"公元前304年,秦設置上郡。但從秦兵器銘文看,特別是陝西歷史博物館藏秦惠文王五年上郡守疾戈等,秦上郡設置較早。又《史記・張儀列傳》:"儀相秦四歲,立惠王爲王,居一歲,爲秦將,取陝,築上郡塞。"故陳平以爲"秦之上郡始置之年,不應晚於秦惠文王後元元年"。始皇長子扶蘇和秦將蒙恬曾長期駐守邊地上郡。《史記・秦始皇本紀》:"三十五年……始皇怒,使扶蘇北監蒙恬於上郡。"《史記・李斯列傳》:"始皇有二十餘子,長子扶蘇以數直諫上,上使監兵上郡,蒙恬爲將。"秦上郡郡治膚施,在今陝西榆林縣東南。《水經・河水注》:"奢延水又東逕膚施縣南,秦昭王三年,置上郡治,漢高祖併三秦,復以爲郡。"

【官名2013】

郡守,治理一郡之長。秦滅六國後,曾設三十六郡,郡置守、尉、監等官吏。據兵器銘文"十三年上郡守壽造,漆垣工師乘,工更長牙奇"可推知,郡守另有職司是掌督造兵器。郡尉守,古籍闕載,疑是郡尉的屬吏,典武職甲卒,佐輔守備,防範盜賊。

【戰國2013】

同《政區2009》。

【訂補2014】

考證"王五年上郡疾戈"時:周蕚生《王五年上郡疾殘戟考》指出"疾"即樗里疾。但周氏據《水經・河水注》,謂秦昭王襄王三年始置上郡,戈作於昭襄王五年,則非。陳平據《史記・張儀列傳》"儀相秦四歲,立惠文王爲王。居一歲爲秦將,取陝,築上郡塞",以爲"秦之上郡始置之年,不應晚於秦惠文王後元元年"。陳氏又以爲兵器年代前冠以"王"字有其深意。蓋惠文稱王改元,得周天子重視,故規定兵器刻辭前加一"王"字。但惠文王稱王後不幾年,戰國七雄全部稱王,"'王'號也就失去了它的尊隆地位而流於一般了",惠文王之後這一習慣遂自行廢止。

　　瑞按:上郡,本魏地,《史記・秦始皇本紀》"孝公元年,河山以東強國六,與齊威、楚宣、魏惠、燕悼、韓哀、趙成侯並。淮泗之間小國十餘。楚、魏與秦接界。魏築長城,自鄭濱洛以北,有上郡。"惠文王時爲秦所有,《史記・張儀列傳》"秦惠王十年,使公子華與張儀圍蒲陽,降之。儀因言秦復與魏,而使公子繇質於魏。儀因説魏王曰:'秦王之遇魏甚厚,魏不可以無禮。'魏因入上郡、少梁,謝秦惠王。"《史記・六國年表》同。《史記・李斯列傳》"惠王用張儀之計,拔叁川之地,西併巴、蜀,北收上郡,南取漢中,包九夷,制鄢、郢,東據成皋之險,割膏腴之壤,遂散六國之從,使之西面事秦,功施到今。"注引《史記正義》"上郡故城在綏州上縣東南五十里"。《漢書・地理志》有上郡,"秦置,高帝元年更爲翟國,七月復故。匈歸都尉治塞外匈歸障。屬并州。户十萬三千六百八十三,口六十萬六千六百五十八。縣二十三","子惠公初稱王,得上郡、西河",《史記・秦始皇本紀》:"年十三歲,莊襄王死,政代立爲秦王。當是之時,秦地已併巴、蜀、漢中,越宛有郢,置南郡矣;北收上郡以東,有河東、太原、上黨郡;東至滎陽,滅二周,置叁川郡。"楊寬先生指出魏的上郡相當於洛河以東、黃梁河以東,東北至子長、延安一帶,認爲《韓非子・内儲説上》的上洛即上郡,上洛是因在洛水之上而得名,上郡又因上洛而得名(《楊寬古史論文選集》P405—406)。傳世、出土秦兵器中常有上郡銘文。

上郡候丞

《發現》圖114;《圖例》P56;《秦封》P249;《彙考》P173;《璽印》P422;《大系》P209

【發現1997】

　　《漢書·地理志》:"上郡,秦置。高帝元年更爲翟國,七月復故。"署有"上郡守"的銅兵器爲數不少,但此"上郡侯"未有所聞,秦之封侯皆爲勳戚,秦始皇帝曾讓扶蘇駐上郡,將軍蒙恬輔之,史書未載扶蘇之封爵,按其身份應爲上郡侯,上郡侯丞爲其丞屬。

【郡縣1997】

　　按此印令人費解,據《漢書》卷九上《百官公卿表》(下簡稱《漢書·百官表》)列西漢爵二十級,"十九關内侯,二十徹侯"。且云"皆秦制,以賞功勞。徹侯金印紫綬,避武帝諱,曰通侯,或曰列侯,該所食國令長名相,又有家丞、門大夫、庶子。"西漢"列侯所食縣曰國",即是説西漢時列侯食邑僅爲縣,即僅縣侯一等,或僅食一鄉,與縣脱離;東漢則有縣侯、鄉侯、亭侯之別,從未見有以郡封侯者。封泥曰"上郡侯",顯然與承秦制之西漢封侯僅食縣不同。秦時是否有以郡爲侯食封者? 考秦自建國以來封侯者不多,有以縣爲侯食封者,如衛鞅爲列侯,食邑商,號商君;長信侯嫪毐食封山陽等;但也確有以郡封侯者,如《史記》卷五《秦本紀》惠文王后十一年(公元前314年)"公子通封於蜀";《華陽國志·蜀志》亦記:"赧王元年(即公元前314年),秦惠王封子通爲蜀侯,以陳莊爲相,置巴郡,以張若爲蜀國守。"即是説,秦於是年封子通(蜀王後代)爲蜀侯,又以張若爲蜀郡(國)守。直至"(周赧王)三十年(公元前283年),疑蜀侯縮反,王復誅之,但置蜀守"(《華陽國志·蜀志》)。可見,秦代確有以郡封侯者,與漢不同。封泥"上郡侯丞",上郡治今陝西榆林南;上郡侯丞,即侯之家丞,佐官之一。秦上郡侯之封,不見史籍,或有考此上郡侯爲秦太子扶蘇者,因扶蘇曾至上郡監蒙恬軍也(周曉陸先生面告)。

【管窺1997】

　　上郡爲北方重鎮,僅傳世及出土的上郡戈就多大10餘件,但此地封有列侯,却從未見過任何蛛絲馬迹。據此封泥,秦史的某些篇章,無疑需要重新改寫。

【印考1997】

　　印面似爲正方形,田字格,邊長1.8釐米,邊欄略殘,印文受損,推測爲"上郡侯丞"四字。上郡,郡名,戰國時魏文侯置。《史記·魏世家》:"秦惠文君十年,魏納上郡十五縣。秦於是始有上郡。"轄境約當今陝西北部及内蒙古烏審旗等地。"侯丞",邊郡侯官置,掌侯官轄内諸事務。"上郡侯丞",何人斯其職,查諸多文獻未有明確記載。又始皇三十五年(公元前212年),坑儒事件發生後,扶蘇納諫,始皇因之大怒,讓扶蘇遠離京城,"北監蒙恬軍於郡"。

【叢考1998】

同意周曉陸先生的認識,提出:上郡侯丞封泥年代當在前221年(秦併天下)至前210年(扶蘇自殺)。……上郡侯地位與徹侯相當。

【秦封2000】

《漢志》:"上郡,秦置,高帝元年更爲翟國,七月復故。匈歸都尉治塞外匈歸障。屬并州。"《括地》:"上郡故城在綏州上縣東南五十里,秦之上郡城也。"《史記·秦本紀》:惠文王十年"魏納上郡十五縣。……二十年王(嬴政)之漢中,又之上郡,北河。"《史記·秦始皇本紀》:"(始皇)使扶蘇北監蒙恬於上郡。"《水經·河水注》:"秦昭王三年置上郡治,漢高祖併三秦,復以爲郡。王莽以漢馬員爲增山連率歸,世祖以爲上郡太守,司馬彪曰:增山者,上郡之別名也。"《史記》:"儀相秦四歲,立惠王爲王,居一歲爲秦將,取陝,築上郡塞。"《史記·秦始皇本紀》:"分天下爲三十六郡,郡縣守、尉、監。"《史記》"長子扶蘇以數直諫上,上使監兵上郡,蒙恬爲將。"正義:"上郡故城在綏州上縣東南五十里。"秦上郡,治於膚施(今之延安),西漢相沿,東漢廢。轄境在今陝西省北部及内蒙古的一小部分。《漢表》:"十九關内侯,二十徹侯。""皆秦制,在賞功勞……又有家丞,門大夫,庶子。"據文獻秦以郡封侯者,《史記·秦本紀》"公子通封於蜀",依《華陽國志》"秦惠王封子通爲蜀侯"。何人封侯於上郡,史書無載,今疑封上郡侯者爲公子扶蘇。《史記》記扶蘇曾監蒙恬於上郡,但未記其官職,始皇去世前曾有意召扶蘇會葬,其對扶蘇並未因其數諫而嫌,委之上郡監軍乃一要職,可見看重之意,封之爲上郡侯乃情理中事。一説"侯"同"候",故本泥又讀"上郡候丞",與封侯之事無關。秦兵器銘文有上郡者甚多,如《秦銅》"十五年上郡守壽戈","五年上郡守疾戈","十二年上郡守壽戈"等。漢封泥見:《封泥》"上郡長史,上郡庫令"。

【簡讀2002】

《漢志》:"上郡,秦置。"《漢表》:"中尉,秦官,……有兩丞、候、司馬、千人。"師古曰:"候及司馬及千人皆官名也。"《張家·二年·秩律》:"郡候……秩各六百石"。

【彙考2007】

上郡,郡名。戰國魏文侯置。秦復置上郡,至於膚施(今延安),轄境較魏爲大,即今陝西省北部及内蒙古的一部分。《漢書·地理志》:"上郡,秦置,户十萬三千六百八十三,口六十萬六千六百五十八。縣二十三。"王先謙《漢書補注》:"據《河水注》:'秦治膚施,漢因之。'又曰:秦惠文王十年,魏納上郡十五縣,見《秦記》,昭王三年置上郡,見《河水注》。"候是一種武官,秦漢時終於官署及郡、國設有候。《漢書·百官公卿表》:"中尉,秦官,掌徼循京師。有兩丞、候、司馬、千人。"顏師古注:"候及司馬及千人皆官名也。"《史記·秦始皇本紀》:"(始皇)使扶蘇北監蒙恬與上郡。"由此可見"上郡候丞"當釋爲上郡武官,爲是。

【分域2009】

上郡,郡名。《漢書·地理志》云:"上郡,秦置。高帝元年更爲翟國,七月復故。"　"上郡侯"文獻無載，公子扶蘇曾駐此地，按照身份推算，可能是指扶蘇。該印當爲其屬官丞之用印。

【集證2011】

周曉陸云："《漢書·地理志》：'上郡，秦置，高帝元年更爲翟國，七月復故。'署有'上郡守'的銅兵器爲數不少，但此'上郡侯'未有所聞，秦之封侯皆爲勳戚，秦始皇帝曾讓扶蘇駐上郡，將軍蒙恬輔之，史書未載扶蘇之封爵，按其身份應爲上郡侯，上郡侯丞爲其丞屬。"按周氏所説有其道理，不過這只是一種可能性，目前無法證實。我以爲除此之外，還有另一種可能性，即候爲一種武官。西周金文只有"侯"字作"" (噩侯簋)、秦簡、漢印和《説文》始有"候"字作""，與此封泥同。睡虎地秦簡《内史雜》："候、司寇及群下吏毋敢爲官府佐、史及禁苑憲盗。"《漢印文字徵》8·5有"都候之印"。《説文》："侯(矦)，春饗所射侯也。……"又云："候，伺望也。"《説文》分侯、候爲二字，反映的是後世侯、候分化的情況。雖然從字源上説，侯、候爲古今字，但後代意義已有分別，就不應簡單的看作一字。候字後世或指武官。如《漢書·百官公卿表》云："中尉，秦官，掌徼循京師。有兩丞、候、司馬、千人。"顏師古注："候及司馬及千人皆官名也。"《百官表》又云："典屬國，秦官，掌蠻夷降者。"武帝元狩三年，昆邪王降，復增屬國，置都尉、丞、候、千人。"從這個意義上説，"上郡候"也可能是一種武官，只是不見於記載罷了。當然，這一種可能性目前也是無法證實的。

【研究2012】

周曉陸等先生考釋説："署有'上郡守×'的銅器爲數不少，但此'上郡侯'未有所聞，秦之封侯皆爲勳戚，秦始皇帝曾讓扶蘇居上郡，將軍蒙恬輔之。《史記》未載扶蘇之封爵. 按其身份應爲上郡侯. 上郡侯丞爲其丞屬。"上郡爲魏文侯置。秦惠王十五年. 魏納上郡十五縣，之後，秦復置上郡。"上郡侯丞"爲"郡名＋侯丞"，侯通候，同類還有"蒼梧候丞"，《漢書·地理志》："蒼梧郡。武帝元鼎六年開。"印面有田字界格，羅福頤先生定爲漢初印。又有"北地候丞"，北地郡爲秦置，漢仍舊名，印的時代屬於西漢。漢初還有一枚"南郡候印"，爲"郡名＋候"。秦至漢初，"上郡""蒼梧""北地""南郡"都不曾封侯，所以，這裏的候或侯，只能理解爲官名。《漢書·百官公卿表》："郡尉，秦官，掌佐守典武職甲卒，秩比二千石。……景帝中二年更名都尉。"從傳世文獻和西北所出漢簡看，邊郡和屬國都尉(郡尉)屬下有候。《漢舊儀》："邊郡太守……置部都尉、千人、司馬、候、農都尉，皆不治民。"西北漢簡都尉屬下有候官，候官之長稱候。上郡、蒼梧、北地本來就是邊邑，漢初南郡大概也被看做邊邑，因此，"上郡候""蒼梧候""南郡候"可以理解爲上郡、蒼梧、南郡都尉(或郡尉)的屬官，"候丞"應爲候的佐官。"郡名＋候"的稱法還見於古籍，如《漢書·趙充國傳》，馮奉世爲酒泉候，《佞幸傳》，董賢之父爲雲中候。皆其證。

【戰國2013】

魏文侯時設置，因方位而得名。前文魏有西河、上郡"以與戎界邊"。魏上郡又稱上地郡，魏文侯時李悝曾爲上地守，轄十五縣之地。《韓非子·内儲説上篇》："李悝爲魏文侯上地之守，而欲人之善射也。"此上地之守即爲上郡之守。《史記·魏世家》："襄王七年，魏盡入上郡于秦。"《史記·秦本紀》："(惠文君)十年……魏納上郡十五縣。"錢林書認爲“魏之上郡僅轄十五縣,其地當包括延州、鄜州及丹州之半,即秦上郡南部。北界應在膚施、平都以南,即今陝西安塞、延川等縣一綫,南界與河西郡接壤”。轄境相當於今陝西省洛河以東,黃梁河以北,東北到陝北的子長、延安一帶。

【職地2014】

秦漢時郡設斥候之職除見於《漢書》等文獻記載外,還見於張家山漢簡。張家山漢簡《二年律令·秩律》中“中候”和“郡候”對舉,“中候”是九卿之中尉的屬官,中央設立;“郡候”是郡所設之候。秦璽印之蒼梧候丞、南郡候印、清河候印、參川候印,現均可證明爲各郡所設之候官,及斥候,與之同類的秦封泥有恒山候丞、琅邪候印、上郡候丞等。再結合睡虎地秦簡中縣司空與邦司空對舉的情況,我們完全有理由將秦璽印中的“邦候”和“邦候丞印”理解爲郡級候官。

(一)高　奴

高奴丞印

《大系》P92

【縣考2007】

惠文君十一年,魏上郡屬秦,高奴縣由魏屬秦。另外,在陝西博物館還藏有“高奴禾石”權,當爲秦昭襄王三年時物,也可爲戰國後期該地屬秦添一佐證。《漢志》高奴縣屬上郡。

【政區2009】

20世紀西安市西郊阿房宮遺址出土秦高奴銅權,背面加刻始皇二十六年詔書及“高奴石”三個字,爲高奴縣所用之標準度量衡器;又秦惠文王時“王五年上郡疾”戈,銘文:“王五年,上郡疾造,高奴工□”(《編年》59)。《水經·河水注》:“(高奴)縣有洧水,肥可戁,水上有肥,可接取用之。”秦末項羽以封董翳爲翟王,都高奴,爲三秦之一也。《史記·項羽本紀》:“(羽)立董翳爲翟王,王上郡,都高奴。”《正義》引《括地志》云:“延州州城即漢高奴縣。”《清一統志·卷二百三十四》:“膚施附郭,秦置高奴縣。”《讀史·卷五十七》:“故城在(延安)府西北百里,杜佑曰:古高奴也。項羽封董翳爲翟王,都高奴。漢爲縣,屬上郡。文帝三年,匈奴人居河南地,侵盜上郡。遣丞相灌嬰發車騎詣高奴,擊之。匈奴走出塞,上自甘泉之高奴,因幸太原。後漢亦爲高奴縣。”秦漢高奴故址即今陝西省延安市。

【戰國2013】

　　傳世戰國魏兵器"四年咎奴令"戈(《三代》20·25·2),銘文:"四年咎奴善命(令)壯嬰,工師貪疾,治問。"又戰國魏橋形布有"咎奴"布。"咎"在此讀"高"音,借爲高。《史記集解》説"咎音高",即高明認爲"咎、高古爲雙聲迭韻",二者互借。"咎奴"當讀作高奴。高奴原爲魏國的城邑,屬上郡,後爲秦國所奪。《史記·秦本紀》秦惠文王五十年,"張儀相秦,魏納上郡十五縣"。高奴即應在公元前328年以後歸秦所有。從此兵器銘文和魏布幣可知,魏置高奴縣,秦漢高奴縣實因魏縣。餘同《政區2009》。

(二)徒　淫

徒淫丞印

1　　　　　　　　　　　2

1.《新出》P78;《大系》P272
2.《大系》P272

【政區2009】

　　考古出土秦兵器有"徒淫"戈。安徽潛山戰國墓出土秦"二十四年上郡守"戈的内部附刻"上,徒□"。其中後者銘文細審拓片,"徒"後之字爲"淫",從"淫"。其例在張家山漢簡中也得到證實,《秩律》簡文有"徒涅"。"徒涅"即徒徑,《後漢書·西羌傳》就作"徒涇",即《漢志》西河郡的領縣徒經。其地具體地望現無考。

(三)陽　周

陽周丞印

1　　　　　　　　　　　2

1.《新選》P116;《大系》P322
2.《陝北》P109

【政區2009】

　　傳世秦兵器有"陽周"矛。此外榆林市靖邊縣楊橋畔的龍眼古城的墓葬區出土一件陶罐,上腹部陰刻"陽周塞司馬"五字。《史記・李斯列傳》載:"蒙恬不肯死,使者即以屬吏,繫於陽周。"秦末蒙恬將軍曾被關押此地,並最後吞藥自殺。其事也見於《史記・蒙恬列傳》《史記・項羽本紀》。《水經・河水注》:"水出西南長城北陽周故城南橋山,昔二世賜蒙恬死於此。王莽更名上陵時,山上有黃帝塚故也……門即橋山之長城門。始皇令太子扶蘇與蒙恬築長城,起自臨洮,至於碣石,即是城也。"漢因秦縣,沿置陽周縣。《正義》引《括地志》云:"寧州羅川縣在州東南七十里,漢陽周縣。"現代考古表明,其故址在今陝西省子長縣西北。陽周故城爲長方形,位於秦直道支綫東側約2公里,東西1500米,南北1000米。

【戰國2013】

　　同《政區2009》。

【訂補2014】

　　在考訂"陽周矛"時指出,《漢書・地理志》上郡有"陽周"縣。班固自注:"橋山在南,有黃帝塚。"王先謙《補注》:"秦縣。二世賜蒙恬死處,見《恬傳》。"

【十五則2017】

　　《殷周金文集成》11463、11464著錄兩件陽周矛,從矛的樣式和刻銘字體風格來看,屬秦器。《漢書・地理志》上郡有陽周縣。班固自注:"橋山在南,有黃帝塚。"王先謙補注:"秦縣。二世賜蒙恬死處,見《恬傳》。"在今陝西子長縣北。

陽周□□

《大系》P322

（四）平　都

平都

《大系》P188

【政區2009】

　　傳世秦兵器有"平都"弩機。《史記·趙世家》："春平君者，趙王甚愛之而郎中妒之，故相與謀：'春平君入秦，秦必留之'，故相與謀而内之秦也。今君留之，是絶趙而郎中之計中也。君不如遣春平君而留平都。春平君者言行信於王，王必厚割趙而贖平都。"《漢志》上郡平都縣，實爲秦縣漢因。《正義》引《括地志》云："平都縣在今新興郡，與陽周縣相近也。"傳統上認爲漢平都縣在陽周附近，《圖集》也注其地望在漢陽周和高奴縣之間，今子長縣附近，但没有給出具體地點，持模糊觀點。考古調查表明，陝西横山有石刻峁古城、楊家窠古城遺址和駝巷古城遺址，城址形制分别爲長方形、圓形和方形，城址時代都是秦漢時期。1982年陝西省横山縣張家坻村出土漢代平都鼎，或許能證明今横山縣應爲秦漢平都屬境，其地望當在今横山一帶。横山在秦關中北邊長城内側，秦漢膚施西，相對陽周則爲北，也與文獻記載相合。故筆者考證今横山縣應爲秦漢平都屬境，平都地望當在今陝西横山一帶，三座古城之一或許即與秦漢平都縣治有關。

【戰國2013】

　　同《政區2009》。

平都丞印

《大系》P188

　　瑞按：平都，《漢書・地理志》屬上郡。張家山漢墓竹簡《二年律令・秩律》："饒、陽周、原都、平都、平周、武都。"《史記・趙世家》："二年，李牧將，攻燕，拔武遂、方城。秦召春平君，因而留之。泄鈞爲之謂文信侯曰：春平君者，趙王甚愛之而郎中妒之，故相與謀曰'春平君入秦，秦必留之'，故相與謀而内之秦也。今君留之，是絶趙而郎中之計中也。君不如遣春平君而留平都。春平君者言行信於王，王必厚割趙而贖平都。'文信侯曰：善。因遣之。城韓皋。"《正義》引《括地志》云："平都縣在今新興郡，與陽周縣相近也。"《漢書・食貨志》："民或苦少牛，亡以趨澤，故平都令光教過以人挽犁。"又有平都君，如《戰國策》卷25"長平之役"："長平之役，平都君說魏王曰：王胡不爲從？魏王曰：秦許吾以垣雍。平都君曰：臣以垣雍爲空割也。魏王曰：何謂也？平都君曰：秦、趙久相持於長平之下而無決……"。此外東漢還有平都，見《後漢書・郡國志》巴郡屬縣，"《巴記》曰：和帝分枳置"《水經注》卷33："又逕東望峽，東歷平都。峽對豐民洲，舊巴子別都也。《華陽記》曰：巴子雖都江州，又治平都。即此處也。有平都縣，爲巴郡之隸邑矣。"《太平御覽》卷167："《續漢志》曰：和帝永元中，分枳縣置平都縣。"平都即今豐都縣也。

（五）饒

饒丞之印

《大系》P199

【政區2009】

　　傳世秦兵器中有"中陽饒"戈，銘文有"饒"。西漢初年的張家山漢簡《秩律》有"饒縣"，其上屬郡周振鶴斷爲上郡。《漢志》西河郡屬縣饒縣，"莽曰饒衍"，爲《圖集》中朔方刺史部無考縣，地望不詳。

【戰國2013】

　　傳世秦兵器中有"中陽/饒戈"，銘文"饒"。《漢志》西河郡屬縣饒縣，"莽曰饒衍"，爲《圖集》中朔方刺史部無考縣，地望不詳。

（六）定　　陽

定陽丞印

《大系》P64

【縣考2007】

　　本爲趙邑。《戰國策・齊策五》載蘇秦説齊閔王曰：昔魏王"其强而拔邯鄲，西圍定陽"，即此。出土上郡守戈刻銘中有"定陽"二字，頗疑此地由趙屬秦後置縣，並成爲秦上郡屬縣之一。又參照上述廣衍的情況，推測至遲應在公元前295年該縣成爲上郡屬縣。《漢志》定陽屬上郡。

定陽市丞

《山全》P132

【官印1990】

　　在考訂"市印""都市"印時指出，二印字體與秦都咸陽遺址及秦始皇陵附近出土之秦陶器戳記"咸陽市于""櫟市"，山西左雲縣出土秦陶器戳記"市"，均風格相同，可知也是秦印。秦代在都城咸陽及其他縣邑均設有"市"的官署，其職責是管理市場和商品的生產。印文"都市"之都，可能是總管之義，《漢書・西域傳》："乃因使吉並護北道，故號曰都護"，師古曰："都，猶總也"。

【兩漢1993】

　　西漢早期，封泥，印文二行四字，有界欄。上海博物館藏。市丞爲市令、長佐官。今據此封泥,知其時定陽有市長、丞之置。

【秦式1998】

録於《續封》《建德》。《漢志》上郡有定陽縣,應劭曰 "在定水之陽。"《戰國策》記蘇子謂齊王曰:"昔魏拔邯鄲,西圍定陽。"定陽縣秦約屬上郡,今在陝西省延安市東南南泥灣附近。《史記·秦本紀》:秦獻公七年 "初行爲市"。秦金文見上郡戈 "定陽",秦印見《徵存》"市印",漢印見《徵存》"市印" "市府" "市亭" "長安市長"。漢封泥見《封泥》"定陽丞印" "長安市令";《齊魯》《再續》《封泥》"市印";《齊魯》"常安東市令"。

【秦封2000】

《漢志》上郡有定陽縣,應劭曰:"在定水之陽。"《戰國策》蘇子謂齊王曰:"昔魏拔邯鄲,西圍定陽。"《水經·黑水》:"水西出其縣南定水谷,更經定陽縣故城南。應劭曰:'縣在定水之陽也。' 定水又東注於黑水,亂流東南,入於河。"定陽縣秦約屬上郡,在今陝西省宜川縣西北。《史記·秦本紀》記:秦獻公七年,"初行爲市"。秦金文見《秦銅》上郡戈:"定陽"。秦印見:《徵存》"市印"。漢印見:《徵存》"市府、市亭、長安市長"。漢封泥見:《封泥》"定陽丞印、長安市令",《齊魯》《再續》《封泥》"市印",《齊魯》"常安東市令"。

【彙考2007】

定陽,縣名。《漢書·地理志》上郡有定陽縣。顏師古注引應劭曰:"在定水之陽。"市丞,官名。秦漢時在商業區設置的專職管理官員。市丞爲市長、市令之副職。今仕陝西省延安市東南固縣鎮。

【政區2009】

秦昭襄王十三年上郡守壽戈有 "定陽" 銘文(《編年》70),二者可證秦設置定陽縣。戰國時,魏地。《戰國策·齊策五》:"蘇秦謂齊王:'昔者魏王擁土千里,帶甲三十六萬,其強而拔邯鄲,西圍定陽。' "《漢志》上郡定陽縣,應劭曰 "在定水之陽"。《水經·黑水注》:"(黑)水出定陽縣西山……水西出其縣南山定水谷,東逕定陽縣故城南。"應劭曰:"縣在定水之陽也,定水又東注於黑水,亂流東南,入於河。"從秦昭襄王十三年上郡守壽戈銘文看,秦定陽縣置縣較早,其縣治在今陝西省宜川縣西北。

【分域2009】

定陽,縣名,其地在今陝西延安境内。《漢書·地理志》載,上郡有定陽縣。顏師古注引應劭曰:"在定水之陽。"市丞,官名,是管理市場貿易的市令之佐官。

【圖説2009】

是定陽亭市機構的印迹,丞爲副職。

【集證2011】

定陽爲上郡縣,原在秦魏界上。《戰國策·齊策》:"蘇子謂齊王曰:'昔魏拔邯鄲,西圍定陽。' "《殷周金文集成》17.11363 "□□年上郡守戈" 内背面刻銘有 "定陽",可見秦爲縣。

【戰國 2013】

同《政區 2009》。

【職地 2014】

定陽市戰國趙地,《漢書・地理志》屬上郡。

【廣封 2019】

案《續封泥考略》,《漢書・地理志》: 定陽縣屬上郡。"丞"詳前。

瑞按: 王輝先生指出,定陽爲上郡地名,原在秦魏界上。《戰國・策齊策》:"蘇子謂齊王曰,昔魏拔邯鄲,西圍定陽。"定陽初屬魏,秦惠王時,魏獻於秦。西漢設定陽縣,故址在今宜川縣西北十五里,今猶有定陽村。黄氏謂更即戍邊服兵役之更卒,引《漢書・食貨志》:"至秦則不然,用商鞅之法,改地望之制。""月爲更卒,已復爲正,一歲屯戍,一歲力役,三十倍於古,漢興循而未改。"顏師古注:"更卒謂給郡縣一月而更者也。"黄氏云:"上郡正屬秦邊郡,秦兵器直接鑄造之工,除刑徒、隸屬、鬼薪外,還利用戍邊之更卒,這是值得指出的。"(《秦銅器銘文編年集釋》P53)

(七)西　都

西都□□

《大系》P285

【政區 2009】

1985年内蒙古伊克昭盟伊金霍洛旗紅慶河鄉出土的十五年上郡守壽戈,銘文:"十五年上郡守壽之造,漆垣工師乘,巫鬵,冶工隸臣? 中陽、西都",該戈與秦十二年上郡守壽戈一樣,是秦昭襄王十五年時上郡守向壽督造的銅戈。此器先後置用於中陽和西都二地。西都,戰國時屬趙地。《史記・趙世家》:"武靈王十年,秦取我西都及中陽。"即趙之西都與中陽二地同時歸秦,趙武靈王十年,時值秦昭襄王九年。此年較伊盟出土的十五年上郡守壽戈的鑄造年代早六年。故秦人於昭襄王十五年鑄成此戈後,將其首先置用於中陽,繼而置用於西都。從時空觀念上看,都是可能的。秦占趙地西都置縣,《漢志》西河郡屬縣西都實因之於秦。關於秦漢的西都地望,《圖集》無考。

瑞按: 西都,《漢書・地理志》屬西河郡。戰國錢幣有"西都"。陳平、楊震先生指出，王先謙補注《漢書》西都云"戰國趙地，武靈王時秦取之。"然《史記·趙世家》中華書局標點本作"武靈王十年，秦取我中都及西陽"，地名與補注皆不合。然中華聚珍版四部備要本作"武靈王十年，秦取我西都及中陽"，兩地名及史實與補注皆合。《集解》於該條下有注："太原有中都縣，西河有中陽縣。"與補注前地不符而後地合。認爲《史記》原本當如聚珍版作西都及中陽。而《集解》注前作中都後作中陽，説明劉宋時即有《史記》的某種版本將西都訛成中都，標點本進一步將中陽訛成西陽，聚珍版西都與中陽二地歸秦在趙武靈王十年，值秦昭王九年，其較出土秦戈鑄造之年早六年。故秦人在昭王十五年鑄成戈後，將其首先置用於中陽，繼而置用於西都。秦漢西都地望，王先謙補注《漢書》引錢坫語云："今孝義縣地。"按該地即今山西省孝義，在中陽縣東南約百餘里（《考古》1990年6期P552），其説可從。

（八）中　　陽

中陽丞印

《大系》P385

【戰國2013】

雲夢睡虎地秦簡有（秦昭襄王）"卅三年攻蔡、中陽"。《史記·魏世家》安釐王三年（秦昭王三十三年），"秦拔我四城"。《史記·六國年表·魏表》也同。但《史記·秦本紀》和《史記·穰侯列傳》僅記取卷、蔡陽、長社，尚缺一城，今依秦簡知爲中陽。《水經·渠水注》云："承水北逕中陽城西，《竹書紀年》：'梁惠成王十七年，鄭釐侯來朝中陽。'"可證中陽確爲魏地，故址在今河南鄭州市東南。

瑞按：中陽，《漢書·地理志》屬西河郡，此外張家山漢墓竹簡《二年律令·秩律》有中陽："安陵、徒涅、西都、中陽、廣衍、高望"。睡虎地秦簡《編年紀》"卅三年，拔蔡、中陽"。《水經·渠水注》引《竹書紀年》："梁惠成王十七年，鄭厘侯來朝中陽"。《史記·六國年表》趙惠文王十四年"與秦會中陽"，《史記·趙世家》"十年，秦取我中都及西陽"，《集解》：徐廣曰："年表云'秦取中都、西陽、安邑。十一年，秦敗我將軍英'。太原有中都縣，西河有中陽縣。"《史記·趙世家》"十四年，相國樂毅將趙、秦、韓、魏、燕攻齊，取靈丘。與秦會中陽"，《正義》：《括地志》云："中陽故縣在汾州隰城縣南十里，漢中陽縣也。"《史記·燕召公世家》"武成王七年,齊田單伐我,拔中陽。十三年,秦敗趙於長平四十餘萬。"《史記·六國年表》燕武成王七年"齊田單拔中陽",《史記·趙世家》"齊安平君田單將趙師而攻燕中陽,拔之。"《正義》:燕無中陽。《括地志》云:"中山故城一名中人亭,在定州唐縣東北四十一里,爾時屬燕國也。"《後漢書·鮑永傳》"永至河東,因擊青犢,大破之,更始封爲中陽侯。"注"中陽,縣,屬西河郡,今汾州孝義縣也"。《舊唐書·地理志》"孝義漢中陽縣,後魏曰永安。貞觀元年,改爲孝義。"《史記·秦本紀》"九年,司馬錯伐蜀,滅之。伐取趙中都、西陽",《集解》:《地理志》太原有中都縣。《正義》引《括地志》云:"中都故縣在汾州平遥縣西十二里,即西都也。西陽即中陽也,在汾州隰城縣東十里。《地理志》云西都、中陽屬西河郡。"此云"伐取趙中都西陽"。《趙世家》云"秦即取我西都及中陽"。《年表》云"秦惠文王後元九年,取趙中都、西陽、安邑。趙武靈王十年,秦取中都安陽"。本紀、世家、年表其縣名異,年歲實同,所伐唯一處,故具録之,以示後學。

（九）高　　望

高望丞印

《大系》P92

【訂補2014】

　　在考訂"高望戈"時指出,《漢書·地理志》上郡有"高望縣",班固自注:"北部都尉治,莽曰堅寧。"王先謙《補注》:"《續志》後漢省。《一統志》:'故城今鄂爾多斯右旗前,直榆林北。'"約在今蒙古烏審旗北。胡長春《新出殷周青銅器銘文研究》説:"'高望'在内蒙,此戈在河北正定發現,可能爲秦繳獲的趙兵,加刻置用地發往各地的遺漏。"可爲一説。

　　瑞按:高望見於《集成》11493矛、《近出》1103戈銘,樊瑞平、王巧蓮先生指出《漢書·地理志》屬上郡,在内蒙古烏審旗北(《文物》1999年第4期P88)。

（十）平　　周

平周丞印

《大系》P191

【政區2009】

　　1984年山西省屯留縣出土秦“平周”戈，銘文：“七年上郡守聞造？（漆）垣工師嬰工鬼薪？高奴、平周、平周”，此戈銘文首先記上郡守監督製造，其次記漆垣工師負責組織和技術管理，最後工鬼薪生產，並記戈的先後使用地高奴、平周，銘文是典型秦兵器刻銘格式。平周在戰國時是魏邑。《史記·魏世家》云：“（襄王）十三年，張儀相魏。魏有女子化爲丈夫。秦取魏曲沃、平周。”又李學勤認爲秦國銅器銘文中工師的“師”字，秦昭王以前都寫作“帀”，以後則寫作“師”。平周戈銘文工師之“師”作“師”，所以此戈爲秦王政七年（公元前240年）製。《漢志》西河郡領縣平周，實沿襲秦縣。傳統上認爲其故城地在今山西介休縣西五十里。今考古文物證之，可能有誤。陝西米脂縣官莊多次出土漢畫像石，其題記有“平周”，故筆者考證秦漢平周縣在陝西省米脂縣一帶。

【戰國2013】

　　汪慶正主編《中國歷代貨幣大系·先秦編》中收録戰國聳肩尖足布“平州”35枚。“州”與“周”音近可通，典籍習見，故多數學者都認爲“平州”即“平周”。餘同《政區2009》。

【訂補2014】

　　在考訂“平周矛”時指出，平周二字右上部原刻一“武”字（集成11465），後被刮磨掉。平周爲戰國魏邑。《史記·魏世家》：“襄王十三年（前317年），秦取我平周。”故城在今山西介休縣西。

（十一）雕　　陰

雕陰丞印

1　　　　　　　　　　　2

1、2.《大系》P63

【政區2009】

　　陝西黄龍縣採集到約爲秦惠文王後元十一年的陶罐上戳印"雕陰"陶文(《編年》1278)；又陝西歷史博物館藏有1990年從黄龍縣徵集的秦"雕陰"銅鼎。《史記·魏世家》："襄王五年，秦敗我龍賈軍四萬五千於雕陰。"即是年魏雕陰入秦境。二者可證之秦置雕陰縣。故秦末漢初，《史記·傅靳蒯成列傳》："(傅寬)從定三秦，賜食邑雕陰。"《正義》引《括地志》云："雕陰故城在鄜州洛交縣北三十里，雕陰故城是也。"秦雕陰故址即今陝西省富縣北。

【集證2011】

　　雕陰爲上郡縣，見《漢書·地理志》。應劭曰："彫山在西南。"《漢書補注》："先謙曰：戰國魏地，秦敗龍賈軍於此，見《魏世家》《蘇秦傳》。傅寬食邑，見《寬傳》。續志後漢因。《一統志》：'故城今鄜州北，雕山在州西南，一名雕陰山。'"《史記·魏世家》："(襄王)五年，秦敗我龍賈軍四萬五千於雕陰。"魏襄王五年即秦惠文王後元十一年(前314年)。《史記正義》引《括地志》云："雕陰故縣在鄜州洛郊縣北三十里，雕陰故城是也。"唐洛交縣即今富縣(原鄜縣)。雕陰于惠文王時歸秦，故此鼎時代上限爲前314年。

【戰國2013】

　　同《政區2009》。

（十二）雕 陰 道

雕陰道印

《大系》P63

瑞按：《漢書·地理志》“雕陰道”屬上郡。張家山漢墓竹簡《二年律令·秩律》“雕陰道、青衣道、嚴道”。

雕陰道丞

　　　　1

　　　　2

1.《大系》P63
2.《大系》P329；《新獲》P290

瑞按：雕陰道，説見“雕陰道印”，爲雕陰道之丞。第二例《大系》P329釋爲“□陰御丞”。

（十三）洛　　都

洛都

《大系》P163

【秦封2000】

《漢志》，上郡有洛都，“莽曰卑順”。洛都縣秦約屬上郡，今在陝西省甘泉縣西北。秦金文見：《秦銅》十二年上郡守壽戈“洛都”。

【簡讀2002】

秦縣，《漢志》屬上郡。《張家·二年·秩律》：“洛都……秩各六百石，有丞、尉者半之。”釋讀見“洛都”條。

【政區2009】

説見“洛都丞印”。

【戰國2013】

説見“洛都丞印”。

瑞按：洛都又見於廿五年上郡戈“上郡武庫、洛都”。黄盛璋先生認爲廣衍故城南北有兩座古城，其中一個當爲洛都（《文博》1988年第6期P40）。張家山漢墓竹簡《二年律令》第452號有“雕陰、洛都、襄城、漆垣、定陽”。

洛都丞印

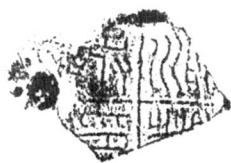 

1　2

1.《新選》P102;《大系》P164
2.《大系》P164

【發現1997】

《漢書·地理志》上郡有“洛都”縣。

【郡縣1997】

《漢書·地理志》上郡本注：“秦置”，下屬縣有“洛都”。則西漢洛都係承襲秦上郡洛都而來，地在今陝西甘泉西北。丞爲縣令佐官。

【印考1997】

印面似爲正方形，田字格，邊長2釐米，“洛都”二字清晰；左側大半殘缺，推測尚有文字，似爲“丞印”。洛都，古縣名。《漢書·地理志》上郡有“洛都”縣。1975年内蒙古川掌公社出土一戈、矛互配之戟，戈部内刻“十二年上郡守造，漆垣工師乘、工更長倚”。内背刻“洛都”。從銘文推知，用於洛都之戟，皆上郡武庫撥去。

【秦封2000】

説見"洛都"。

【簡讀2002】

釋讀見"洛都"條。

【縣考2007】

出土上郡守戈刻銘中有"洛都"二字，説明該地當爲秦上郡屬縣。該縣何時所置與具體地望均不詳。依據上述廣衍的情況，推測至遲應在秦昭襄王十二年，洛都成爲上郡屬縣。《漢志》洛都屬上郡。

【彙考2007】

一品完整，但字迹已殘。其他二品僅存"洛都"二字。洛都見内蒙古准格爾旗出土十二年上郡守壽戈。洛都爲秦上郡縣，在今陝西北部。

【政區2009】

又前述秦昭襄王十二年上郡守壽戈和昭襄王二十五年上郡守錯戈都刻有"洛都"銘文，二者可證之秦早在秦昭襄王時就設置了洛都縣。《漢志》上郡洛都縣，"莽曰卑順"。其地約今陝西省甘泉縣西北。

【分域2009】

《漢書·地理志》上郡有洛都縣。

【集證2011】

"洛都"見内蒙古准格爾旗出土的十二年上郡守壽戈，《周漢遺寶》55·1著錄的二十五年上郡守厝戈。《漢書·地理志》上郡有"洛都"縣，云"莽曰卑順"。班氏未言洛都始置年，但由上舉二戈看，其爲秦縣應無問題。

【戰國2013】

秦封泥有"洛都丞印""洛都"。又前述秦昭襄王十二年上郡守壽戈和昭襄王二十五年上郡守錯戈的内部都刻有"洛都"銘文，二者可證之秦早在秦昭襄王時就設置了洛都縣。《漢志》上郡有洛都縣，"莽曰卑順"，屬地望不詳之縣。其地約今陝西省甘泉縣西北。

（十四）圜　　陽

圜□

《大系》P118

【政區2009】

　　傳世秦兵器有上郡戈，其銘文"□□年上郡守□□（造）高工師□，丞□，工隸臣□"（正面）、"圜陽"（背面）。此戈爲上海博物館藏，黃盛璋隸定，可從。《漢志》西河郡圜陽縣，師古曰："此縣在圜水之陽。"傳統上認爲圜陽地望在今陝西佳縣北，應誤。考古出土物表明，陝北綏德縣是東漢畫像石墓出土較爲集中地，且大量出土的畫像石多有文字題記，其内容涉及地理、時代、墓主生平等，其中題記中大量的"圜陽"記載，就是指秦漢（上郡）西河郡屬縣圜陽，因此秦漢圜陽縣地望應在今陝西省綏德縣。

【戰國2013】

　　同《政區2009》。秦圜陽實爲魏圜陽之延續，戰國前期屬魏地。《史記・魏世家》在魏襄王七年（公元前312年），"魏盡入上郡于秦"，估計是年圜陽也入秦地。

圜陽丞印

《大系》P118

【戰國2013】

　　戰國魏橋形布有"言易二釿""言易一釿""言半釿"；又傳世戰國兵器有"言陽冶戈"。《珍秦齋藏——吳越三晉篇》有"圜陽"戈，銘文"言陽冶，瘠鑄也"。布文倒書，裘錫圭改釋"圜陽"，可從，即《漢志》上郡屬縣圜陽，戰國前期屬魏地。《史記・魏世家》在魏襄王七年（公元前312年），"魏盡入上郡于秦"。其地原認爲在今陝西神木，實誤，今考古表明其地望在陝西綏德縣，並爲秦漢圜陽縣所延續。

（十五）翟　　道

翟道

《大系》P365

瑞按：翟道，《漢書‧地理志》屬左馮翊，“莽曰渙”。《水經注》卷19又有油水，“與追語川水並東出翟道山”，西流注於泥。《太平御覽》卷164：“《禹貢》雍州之域。春秋時翟國。秦屬内史。漢爲左馮翊翟道縣之地。《郡國志》曰：鄜城，本三秦高奴之地，翟道故城即今郡城是也，俗謂之高樓城。《穆天子傳》曰：癸酉，天子命駕八駿之駟，造父爲御，翔行經翟道，升於太行。”張家山漢墓竹簡《二年律令‧秩律》“上雒、商、武城、翟道、烏氏、朝那”。

翟道丞印

1 　　　　　　　　2

1.《印風》P149；《彙考》P191；《大系》P366
2.《發現》圖125；《圖例》圖P56；《秦封》P287；《彙考》P191；《璽印》P402；《大系》P365

【發現1997】

即翟道也，《漢書‧地理志》：左馮翊有“翟道”縣。

【郡縣1997】

《漢書‧百官表》云：“列侯所食縣曰國，皇太后、皇后、公主所食曰邑，有蠻夷曰道。”衛宏《漢官舊儀》亦曰：“内郡爲縣，三邊爲道，皇后、太子、公主所食爲邑。”《後漢書‧百官志》更明確地指出：“凡縣主蠻夷曰道……皆秦制也。”據此，過去史家也多以在蠻夷之邊地置道之制，係漢承秦制。然而，《漢書‧地理志》左馮翊所屬縣中有“翟道”，史家不敢斷此翟道係因承秦置翟道而來。此封泥出土，則完全證明秦時已置翟道（今陝西黃陵西），因其地有翟（即狄）人所居之故。此狄人，當爲春秋時活躍於今陝北地區之“白狄”。秦置翟道，屬上郡，丞爲翟道令長之佐官。

【印考1997】

印面正方形，田字格，邊長2釐米，印文四字尚清，左右邊欄略殘。翟道，古縣名。秦置。《漢書‧地理志》左馮翊有“翟道”縣。此印當是翟道縣的輔佐官。

【簡讀2002】

秦縣，《漢志》屬左馮翊。導同道，《漢表》云：“列侯所食縣曰國，皇太后、皇后、公主所食曰邑，有蠻夷曰道。”《漢官舊儀》：“内郡爲縣，三邊爲道。”《張家‧二年‧秩律》：“翟道……秩各六百石，有丞、尉者半之。”

【集證2011】

《漢書・地理志》左馮翊有"翟道"縣,《漢書補注》王先謙曰:"《百官表》縣'有蠻夷曰道'。《穆天子傳》:'天子南征朔野,逕絶翟道,升於太行。'是翟地道名,周時已有。"翟道故城,《清一統志》云在陝西"中部縣西北四十里",中部縣即今黃陵縣。

【秦封2000】

《漢志》:左馮翊有翟道縣,"莽曰渙"。《漢表》:"有蠻夷爲道。"《元和》坊州:"禹貢雍州之城,古之翟國,秦屬内史,漢爲左馮翊翟道縣之地,魏晋陷於夷狄,不置郡縣,劉、石、苻、姚堅於今州理西七里置杏林鎮,常以兵守之,後魏孝文帝改爲東秦州,孝明帝改爲北華州,廢帝改爲鄜州,元皇帝以周武帝時天和七年放牧於今州界,置馬坊,結構之處尚存,武德二年,高祖駕幸於此,聖情永感,因置坊州,取馬坊爲名。"隋時爲中部縣,傳至明清而不更。翟導縣秦約屬上郡,今在陝西省黃陵縣。

【彙考2007】

翟道,縣名,戰國秦置,屬内史轄。《漢書・地理志》左馮翊,屬縣有翟道。"翟"即"狄",即居住於我國北方的少數民族。《史記・秦本紀》:"(孝公時)秦僻在雍州,不與中國諸侯之會盟,夷翟遇之。""道",《漢書・百官公卿表》云:"列侯所食縣曰國,皇太后、皇后、公主所食曰邑,有蠻夷曰道。"《後漢書・百官志》:"凡縣主蠻夷曰道……皆秦制也。"故翟道當爲狄人聚居區所置縣。故城在今陝西省黃陵西。

【戰國2013】

秦封泥有"翟道丞印"。《史記》無翟道之相關歷史事件記載,但翟道早在周時就已經有此地名,秦時只是沿用舊有地名而已。《穆天子傳》曰:"癸西,天子命駕八駿之駟,造父爲御,南征朔野,逕絶翟道,升於太行。"秦漢有蠻夷地爲道。《漢書・百官公卿表》:"列侯所食縣曰國,皇太后、皇后、公主所食曰邑,有蠻夷爲道。"《元和・卷四》云:"《禹貢》雍州之城,古之翟國,秦屬内史,漢爲左馮翊翟道縣之地。"《讀史・卷五十七》陝西延安府中部縣翟道城:"縣西北四十里,漢縣置此。"譚其驤等先生認爲其地屬秦上郡,不知何故。從漢左馮翊爲秦内史舊地看,秦翟道縣應屬内史,故址今在陝西省黃陵縣。

【悠悠2015】

同《戰國2013》。

【廣封2019】

同《彙考2007》。

五、蜀　郡

蜀□守印

《大系》P226

【官印1990】

在考訂"蜀邸倉印"印時指出，蜀，係指蜀郡。《漢書·地理志》："蜀郡，秦置"。《補注》："先謙曰：江水注，秦惠王二十七年遣張儀、司馬錯等滅蜀，遂置蜀郡焉"。邸，係郡邸，《漢書·百官公卿表》："典客，秦官……武帝太初元年更名大鴻臚，屬官有行人、譯官、別火三令丞及郡邸長丞"，師古曰："主諸郡之邸在京師者也"。《補注》引錢大昭曰："郡國朝宿之舍在京師者名邸"。倉，係指貯存糧食的糧倉。秦時有倉吏，《史記·貨殖列傳》："宣曲任氏之先，爲督道倉吏。秦之敗也，豪傑皆爭取金玉，而任氏獨窖倉栗"。秦簡亦記有倉嗇夫，《倉律》："入禾倉，萬石一積，而比黎之爲戶，縣嗇夫若丞及倉、鄉相雜以印之，而遣倉嗇夫及離邑倉佐主稟者各一戶以氣，自封印"。由上所述，可知此印有田字格，印文右起由上至下順讀，字體風格與其他的秦官印相同，亦知是秦印。

【政區2009】

西安相家巷出土秦封泥有"蜀左織官"；傳世秦璽印有"蜀邸倉印"。前者爲蜀郡之左織官等遺物，後者爲蜀郡駐京師邸官之下屬官印。又陝西歷史博物館藏秦昭襄王"卅四年蜀守"戈，銘文"卅四年蜀守□造，西工師□，丞□工□（內背面），成十，卯，陝（內正面）"（《編年》87）。又四川涪陵縣小田溪戰國秦墓出土秦始皇"二十六年蜀守武"戈，銘文"武廿六年蜀守武造，東工師宜，丞末工□"（《編年》163）。蜀郡原爲蜀國地，因國名而得名。據《史記·秦本紀》記載，秦惠文王後九年，"司馬錯伐蜀，滅之"。秦滅蜀國後，初設封國，貶蜀王更號爲侯，以陳壯相蜀；十一年，公子通封於蜀；十四年，陳壯反，殺蜀侯通；武王元年，復伐蜀，遣張儀與司馬錯滅蜀，遂置蜀郡。秦滅蜀之初，只封侯國而未設郡，自秦昭襄王誅蜀侯綰之後，始不復封侯國而僅設蜀守，即正式設置蜀郡，並成爲秦統一大業的重要基地。《史記·張儀列傳》："（惠王）遂定蜀，貶蜀王更號爲侯，而使陳莊相蜀。蜀既屬秦。秦以益强，富厚，輕諸侯。"《史記·秦本紀》"（昭襄王）三十年，蜀守若伐楚，取巫郡，及江南爲黔中郡。"戰國司馬錯、張若、李冰先後爲秦蜀郡太守。此外從前面兵器銘文可知，秦始皇時蜀郡太守武。《漢書·司馬遷傳》："在秦者錯，與張儀爭論。於是惠王使錯將兵伐蜀，遂拔，因而守之。"蘇林注曰："爲郡守"。《華陽國志·蜀志》："周滅後,秦孝文王以李冰爲蜀守。"《漢志》:"蜀郡,秦置。有小江入,並行千九百八十里。禹貢桓水出蜀山西南,行羌中,入南海。莽曰導江。屬益州。"秦蜀郡治成都,今在四川成都市。《水經・江水注》:"秦惠王二十七年,遣張儀與司馬錯等滅蜀,遂置蜀郡焉。"

【戰國2013】

同《政區2009》。

【秦地2017】

里耶簡有"蜀"。睡虎地秦簡《封診式・遷子》簡46"遷蜀邊縣,令終身毋得去遷所"。由於蜀郡在秦代是罪犯的主要遷徙地,在人們的心理上造成一種影響。

瑞按:封泥殘。《漢書・地理志》蜀郡,"秦置。有小江入,並行千九百八十里。《禹貢》桓水出蜀山西南,行羌中,入南海。莽曰導江。屬益州。戶二十六萬八千二百七十九,口百二十四萬五千九百二十九。縣十五"。《史記・秦本紀》昭襄王六年"蜀侯煇反,司馬錯定蜀。"《史記・秦始皇本紀》"年十三歲,莊襄王死,政代立爲秦王。當是之時,秦地已併巴、蜀、漢中……"。守,說見"上郡大守"。

蜀大府印

1 　　　　2

1.《新出》P31;《大系》P226

2.《新選》P107;《大系》P226

瑞按:蜀,《漢書・地理志》"蜀郡,秦置"。大府,說見"漢大府印"。

蜀大府丞

1 　　　　2

1.《菁華》P37;《大系》P226

2.《璽印》P423;《大系》P226

【於京 2005】

《史記·秦本紀》："丹、犁臣，蜀相壯殺蜀侯來降。"《史記·張儀列傳》："(惠王)遂定蜀，貶蜀王更號爲侯，而使陳莊相蜀。蜀既屬秦，秦以益强，富厚，輕諸侯。"《漢書·地理志》："蜀郡，秦置。有小江入，並行千九百八十里。禹貢桓水出蜀山西南，行羌中，入南海。莽曰導江。屬益州。"《元和郡縣圖志·劍南道上·蜀州》："蜀州，《禹貢》梁州之域。秦滅蜀，爲蜀郡。"蜀郡治成都，即今四川成都市。

【體系 2010】

説見"南郡大府"。

【川渝 2013】

《漢書·地理志》："蜀郡，秦置。有小江入，並行千九百八十里。《禹貢》桓水出蜀山西南，行羌中，入南海。莽曰導江。屬益州。"按：秦之蜀郡大部在今四川以成都平原爲中心及以西之區域。蜀郡的郡治在今成都市，傳爲張儀、張若所建。大府，《周禮·天官》有大府，掌府藏會計。西漢時併其職於司農少府，此爲蜀郡大府丞用印之遺。

【文府 2014】

"蜀大府丞"之"大府"是否蜀郡署衙，甚或蜀郡太守的尊稱，似乎難以定論。秦封泥另有"大府丞印"(《泥匯》0166—0169)，前無郡名，不能肯定其"大府"是郡太守。戰國時其他國家的"大府"多爲國家府庫。如安徽壽縣出土楚銅牛銘"大賓(府)之器"。楚器鄂君啓節："女(如)載馬、牛、羊以出内(入)圅(關)，則政(徵)於大賓(府)，勿政(徵)於關。"此"大府"徵稅，自是國家府庫。另《古璽彙編》0127有"大賓"官璽。《周禮·天官·大府》："大府掌九貢九賦九功之貳，以受其貨賄之入。……"已指出其職掌。蜀雖秦郡，但地域較大，是否可設大府不得而知。漢人稱公府爲大府，《漢書·杜周傳》："郡吏大府舉之廷尉。"顏師古注引文穎曰："大府，公府也。"《張湯傳》："言大府。"顏師古注："大府，丞相府也。"秦時"大府"是否可如此解，甚或"大府"爲"大守府"之省，材料太少，目前還無從判斷。

【廣封 2019】

案《漢書·地理志》："蜀郡，秦置。有小江入，並行千九百八十里。《禹貢》桓水出蜀山西南，行羌中，入南海。莽曰導江。屬益州。""大府"詳前。

蜀尉之印

《大系》P226

瑞按：蜀，《漢書·地理志》："蜀郡，秦置。"蜀尉，蜀郡之尉。《史記·秦始皇本紀》："分天下以爲三十六郡，郡置守、尉、監。"《集解》引《漢書·百官表》曰："秦郡守掌治其郡有丞；尉掌佐守典武職甲卒；監御史掌監郡。"《漢書·曹參列傳》："攻秦監公軍，大破之。"晉灼曰："秦一郡置守尉監三人。"

蜀 工 師丞

《大系》P227

瑞按：封泥殘泐，右下字似爲"工"。工師，睡虎地秦墓竹簡《秦律十八種·均工律》中有"工師"："新工初工事，一歲半紅（功），其後歲賦紅（功）與故等。工師善教之，故工一歲而成，新工二歲而成。能先期成學者謁上，上且有以賞之。盈期不成學者，籍書而上內史。均工。"《秦律雜抄》中亦有不少記載："省殿，貲工師一甲，丞及曹長一盾，徒絡組廿給。省三歲比殿，貲工師二甲，丞、曹長一甲，徒絡組五十給。"《史記·五帝本紀》："讙兜進言共工，堯曰不可而試之工師，共工果淫辟。"《正義》："工師，若今大匠卿也"。又言"垂主工師，百工致功"。《呂氏春秋·季春紀》"是月也，命工師，令百工，審五庫之量"，《呂氏春秋·孟冬紀》"是月也，工師效功。陳祭器，按度程，無或作爲淫巧，以蕩上心，必功致爲上。物勒工名，以考其誠；工有不當，必行其罪，以窮其情"。《左傳·定公十年》有"叔孫謂郈工師駟赤"，注："工師，掌工匠之官。"

蜀西□師

《大系》P227

瑞按：封泥殘，左上原讀爲"工"，從拓本看尚難遽定爲"工"。工師，說見"蜀工師丞"。蜀郡所設西工師，多見出土兵器銘文。若"工"字不誤，此爲西工師用印之遺。

蜀西工丞

《於京》圖13;《璽印》P423;《大系》P227

【於京2005】

　　此爲蜀郡西工室之丞。一般秦時單位多稱"左右",西漢多稱"東西",此蜀郡西工室之稱,或已在秦末。

【川渝2013】

　　爲蜀郡西工室之丞。秦時在中央、地方(郡級,還有個別縣級)設有工室,爲手工業管理機構,封泥所見有"北宮左工丞、少府工丞、咸陽工室丞、邯鄲造工、櫟陽左工室"等等。據睡虎地秦簡《工律》,秦時的單位常稱"左、右",例見下一條"巴左工印";漢時的單位往往稱"東、西",此"蜀西工室"之稱,或已經在秦末。此爲蜀郡的西工室丞用印之遺。

【訂補2014】

　　在考訂"蜀西工戈"時指出,秦始皇二十六年蜀守武戈有"東工師","西工"與東工相對,殆其時蜀郡設東、西二工師,故其時代應相去不遠。又陝歷博藏有陝西渭南市臨渭區出土的一件蜀西工戈(吳鎮烽《秦兵新發現》,《容庚先生百年誕辰紀念文集》,廣東人民出版社1998年),形制和銘文均與以上兩件蜀西工戈相同。吳文未見戈圖版。該戈圖文後見《銘文暨圖像集成》16577號。

蜀左織官

1　　　　　　　　　2

1.《印風》P132;《秦封》P253;《彙考》P87;《璽印》P423;《大系》P227
2.《印集》P41;《彙考》P87;《大系》P227

【續考1998】

《漢書・百官公卿表》:"少府,秦官。屬官有東織、西織。"職掌"文繡郊廟之服"。從新發現的秦封泥分析,"織室"不僅有東西之分,似乎還有左右之別。有關"織室"的職掌,《漢舊儀》云:"凡蠶絲絮,織室以作祭服,祭服者冕服也,天地宗廟群神五時之服,皇帝得以作縷縫衣,皇后得以作巾絮而已。"從以上記載知,織室似爲專作祭服的。"蜀左織官",説明秦曾在蜀郡設立專門製作祭服的機構及官員。

【秦封2000】

《漢志》蜀郡,"秦置"。《史記・秦本紀》惠文王九年:"司馬錯伐蜀,滅之。""十四年,屬相壯殺蜀侯來降。"《水經・江水注》謂蜀郡治成都,秦惠王二十七年,"置蜀郡"。而《秦集》認爲是秦惠文王後九年置蜀郡。秦少府之屬官有"左織、右織",參見"右織"。蜀郡亦設有左織之官職。秦封泥見:"右織,左織縵丞"。秦陶文見:《關中》"左織二"。秦璽印見:《徵存》"蜀邸倉印"。

【簡讀2002】

《漢志》:"蜀郡,秦置"。《史記・秦本紀》"司馬錯伐蜀,滅之。"左織官見"右織"條。由封泥知蜀郡亦設左織。

【彙考2007】

工官名,爲秦設在蜀郡的主織染、繡作官吏。蜀,爲蜀郡之省稱。《漢書・地理志》:"蜀郡,秦置。有小江入,並行千九百八十里。《禹貢》:桓水出蜀山西南,行羌中,入南海。"秦在中央設有織室機構。而蜀地織錦久負盛名,此封泥可證蜀郡設有織室機構。

【圖説2009】

説見"右織"。

【分域2009】

該印爲秦設在蜀地掌管織染、繡作的官吏用印。

【工官2010】

説見"右織"。

【集證2011】

"蜀"是蜀郡之簡稱。《漢書・地理志》:"蜀郡,秦置。"王先謙《補注》:"《江水注》:'秦惠王二十七年遣張儀、司馬錯等滅蜀,遂置蜀郡焉。'"《華陽國志・蜀志》則云:"周慎靚王五年秋,秦大夫張儀、司馬錯、都尉墨等從石牛道伐蜀。"事在惠文王後元九年,兩年後,秦才"以張若爲蜀國守"。

【川渝2013】

爲蜀郡左織官之用,《漢書・百官公卿表》載少府屬官有"東織、西織","河平元年省東織,更名西織爲織室"。此爲蜀郡的左織官用印之遺。

【職地2014】

説見"左織縵丞"。

【秦官2018】

説見"右織"。

【廣封2019】

案《漢書·地理志》:"蜀郡,秦置。有小江入,并行千九百八十里。《禹貢》桓水出蜀山西南,行羌中,入南海。莽曰導江。屬益州。"則秦在蜀郡設置織室可證也。

（一）成　都

成都丞印

| 1 | 2 | 3 | 4 |

1.《新出》P57;《大系》P44

2—4.《新出》P57;《大系》P45

【補讀1998】

《漢志》蜀郡有成都縣,《史記·司馬相如列傳》:"司馬相如者,蜀郡成都人也。"《水經·江水》成都,"秦惠王二十七年,遣張儀與司馬錯等滅蜀,遂置蜀郡焉","儀築成都以象咸陽"。《讀史》:"成都城舊有大城……府南城也。秦張儀、司馬錯所築,一名龜城。"成都縣秦約屬蜀郡,今在四川省成都市。秦漆器銘"成市草、成市"。漢封泥見《建德》《封泥》"成都丞印"。

【秦封2000】

《漢志》: 蜀郡有成都縣,"户七萬六千二百五十六。有工官。"《史記·司馬相如列傳》:"司馬相如者,蜀郡成都人也。"《水經·江水》成都,"秦惠王二十七年,遣張儀與司馬錯等滅蜀,遂置蜀郡焉。""儀築成都以象咸陽。"《讀史》:"成都城舊有大城。""府南城也。秦張儀、司馬錯所築,一名龜城。"《一統》故城即今(成都府)成都、華陽二縣治,秦置縣。成都縣秦約屬蜀郡,今在四川省成都市。秦漆器銘:"成市草","成市"。漢封泥見:《建德》《封泥》"成都丞印"。

【簡讀2002】

秦縣,《漢志》屬蜀郡。《史記·司馬相如列傳》:"司馬相如者,蜀郡成都人也,字長卿。"《水經注·江水注》:"儀築成都,以象咸陽"。《張家·二年·秩律》:"成都……秩各千石,丞四百石。"

【縣考2007】

成都本爲蜀國都城。秦惠文王九年，蜀爲秦所滅，成都亦隨之歸秦。五年後，成都築城置縣。《華陽國志・蜀志》曰："〔秦〕惠王二十七年，〔張〕儀與〔張〕若城成都，周回十二里，高七丈。……成都縣本治赤里街，若徙少城。内城營廣府舍，置鹽鐵市官並長、丞。修整里鬮，市張列肆，與咸陽同制。"《水經・江水注》曰："秦惠文王二十七年，遣張儀與司馬錯等滅蜀，遂置蜀郡焉，王莽改之曰導江也。儀築成都，以像咸陽。"《讀史方輿紀要》卷六十七四川二成都府成都縣下曰："附郭在府治西北，春秋時蜀侯所理。秦惠文王二十七年始置成都縣。"華陽縣成都城下曰："府城舊有太城，有少城，有子城，又有羅城。太城，府南城也。秦張儀、司馬錯所築，一名龜城。俗傳張儀築城未立，有大龜出於江，周行旋走，隨而築之，城因以立也。少城，府西城也。惟西南北三壁，東即太城之西墉。張儀既築大城後一年，又築少城。"上述的秦惠文王二十七年即秦惠文王更元十四年。綜合上述，是該年秦置成都縣。又，出土秦封泥中有"成都丞印"。《漢志》成都縣屬蜀郡。

【彙考2007】

成都，縣名。戰國時張儀、張若築城。秦惠文王二十七年置縣。《漢書・地理志》蜀郡有成都縣。班固自注："成都，户七萬六千二寶五十六。有工官。"王先謙《漢書補注》："縣人司馬相如、揚雄，見《本傳》……《江水注》：'江水自郫來，東徑成都縣，縣有二江，雙流郡下。《風俗通》云：秦昭王使李冰爲蜀守，開成都兩江，溉田萬頃。江水下入廣都。'先謙案：'郫流二江合於成都城東，又東流與新開河水合。'……《一統志》：故城今成都府治。"

【政區2009】

四川成都北郊戰國墓出土陶擊戳印"成□""成亭"陶文，又四川青川和滎經秦墓出土漆器上有"成亭"烙印戳記。二者是成都縣市亭之省文。成都，原爲蜀地，爲秦較早置縣。《水經・江水注》："秦惠王二十七年，遣張儀與司馬錯等滅蜀，遂置蜀郡焉……儀築成都，以象咸陽。"又《水經・江水注》引《風俗通》曰："'秦昭王使李冰爲蜀守，開成都兩江，溉田萬頃，江神歲取童女二人爲婦。"《華陽國志・蜀志》："惠王二十七年，儀與若城成都，周回十二里，高七丈。"《讀史・卷六十七》："成都城舊有大城、小城。大城，府南城也，秦張儀、司馬錯所築。"《清一統志・卷三百八十五》："故城即今（古都府）成都，華陽縣治，秦置縣。"其故址即今四川省成都市。

【分域2009】

成都，縣名。戰國時期，張儀、張若築城。秦惠文王二十七年置縣。《漢書・地理志》載，蜀郡有成都縣。其地在今四川成都。

【集證2011】

《漢書・地理志》蜀郡有"成都"縣。蜀郡置於惠文王後元十一年，成都設縣亦在其時。昭襄王三十四年的蜀守戈内正面刻"成"字，即成都之省。秦王政九年相邦吕不韋戟正面亦刻"成都"二字。"成亭"之名，還見於四川青川、滎經出土漆器。《古封泥集成》1330有漢"成都丞印"。

【川渝2013】

《漢書·地理志》載蜀郡有"成都"縣,"有工官"。爲蜀郡的郡治所在。按：秦成都縣在今成都市内,縣城傳爲張儀、張若所建,此爲秦成都縣的縣丞用印之遺。

【戰國2013】

同《政區2009》。

【秦地2017】

里耶簡有"成都受遷"。睡虎地秦簡《封診式·遷子》："令吏徙將傳及恒書一封詣,令史可受代吏傳,以縣次傳,詣成都,成都上恒書太守處"。秦封泥有"成都丞印"。亦見《秩律》。《漢志》屬蜀郡,爲蜀郡治。

成都左馬

《大系》P45

瑞按：封泥殘泐,左上"左"字尚難遽定。左馬,封泥中有"公車左馬",有"左廄將馬","成都左馬"或爲"成都左廄將馬"之省。

(二)鄭

鄭印

　　　1　　　　　　　2　　　　　　　3　　　　　　　4

1.《大系》P159

2、3.《新選》P101;《大系》P159

4.《新選》P101;《大系》P160

瑞按：《漢書・地理志》廣漢郡有郪縣，師古曰："音妻，又音千私反。"《後漢書・郡國志》廣漢郡設郪縣。《後漢書・循吏列傳》"王渙字稚子，廣漢郪人也"，注："郪，縣，故城在今梓州郪縣西南也。"此外汝南郡有新郪，"莽曰新延"。應劭曰："秦伐魏，取郪丘。漢興爲新郪。章帝封殷後，更名宋。"臣瓚曰："光武既封殷後於宋，又封新郪。"師古曰："封於新郪，號爲宋國耳。瓚説非。"《史記・魏世家》："十一年，秦拔我郪丘。"《集解》引徐廣曰："郪丘，一作'廩丘'，又作'邢丘'。郪丘今爲宋公縣。"《索隱》：郪，七絲反，又音妻。《正義》：郪，七私反，又音妻。《地理志》云汝南郡新郪縣，應劭曰："秦伐魏，取郪丘，漢興爲新郪，章帝封殷後，更名宋也。"

（三）雒

雒印

《大系》P165

瑞按：《漢書・地理志》廣漢郡屬縣有雒："雒，章山，雒水所出，南至新都谷入湔。有工官。莽曰吾雒。"

（四）葭　　明

葭明丞印

《菁華》P153；《大系》P124

【政區2009】

傳世秦兵器有"廿四年"戈，銘文："廿四年，□□□丞□庫□工□"（正）；"葭明"

(背)。據張光裕考證此戈銘"明"從"目"從"月",寫法常見於出土秦漢文字資料。"葭明"即"葭萌"。葭萌,地名。《史記·貨殖列傳》:"(戰國末)諸遷虜少有餘財,爭力與吏,求近處,處霞萌。"《華陽國志·蜀志》:"蜀王別封弟葭萌於漢中,號苴侯,命其邑曰葭萌焉。"《括地志輯校》:"苴侯都葭萌,今利州益昌縣五十里葭萌故城是。"從此戈銘文看,秦置葭萌縣,其治所在今四川省廣元市西南。

【川渝2013】

《漢書·地理志》載廣漢郡有"葭明"縣,應劭曰:"音家盲。"師古曰:"明音萌。"按:秦葭明縣故址在今四川廣元市元壩區昭化鎮城關村。自漢代以後的文獻常記爲"葭萌"縣,當以秦封泥記載爲准。此爲秦葭明縣的縣丞用印之遺。

【戰國2013】

同《政區2009》。

【廣封2019】

案《漢書·地理志》:廣漢郡,有縣"葭明"。(應劭曰:"音家盲。"師古曰:"明音萌。")

(五) 嚴　　道

嚴道丞印

秦封泥暫未見。以下爲學者據漢"嚴道丞印"封泥討論秦嚴道設置問題。

【戰國2013】

《華陽國志·蜀志》:"始皇滅楚,徙嚴王之族以實其地,因名嚴道。"《元和·卷三十三》:"嚴道縣本秦舊縣也。"《太平寰宇記·卷七十七》:"今雅州即秦嚴道縣也。"考古表明四川省榮經縣嚴道故城有主、子城,主城方形,子城長方形,主城東西400米,南北375米;子城東西300米,南北200—270米,時代從春秋戰國至秦漢嚴道,魏晋時廢。

【職地2014】

無邊欄,西安文保所藏,疑爲漢封泥。

【悠悠2015】

西漢初年的張家山漢簡《秩律》有"嚴道",其上屬郡在西漢初年爲蜀郡。《漢志》蜀郡屬縣嚴道,"莽曰嚴治"。《華陽國志·蜀志》:"始皇滅楚,徙嚴王之族以實其地,因名嚴道。"《元和郡縣志》卷33:"嚴道縣本秦舊縣也。"《太平寰宇記》卷77:"今雅州即秦嚴道縣也。"《大清一統志》卷403:"故城在(雅州府)榮經縣治,秦置。"考古表明,四川省榮經縣嚴道故城有主、子城,主城方形,子城長方形,主城東西400米,南北375米;子城東西300米,南北200—270米,時代從春秋戰國至秦漢嚴道,魏晋時廢。

嚴道橘丞

無圖,釋讀見《職地》P285。

【職地2014】

西安博物院所藏。嚴道屬秦蜀郡,《漢書·地理志》記"有木官",王先謙補注引王念孫云:"木官,當做橘官。《蜀都賦》注可證。下文巴郡朐忍、魚復二縣,並云有橘官。"漢封泥亦有"嚴道橘園"和"嚴道橘丞"。巴蜀地區自古盛產橘類,至今猶然。

橘官

《印風》P164;《新官》圖44;《印集》P81;《彙考》P158;《大系》P136

【簡讀2002】

《漢志》蜀郡嚴道有"木官"。《史記·叔孫通列傳》:"孝惠帝曾春出遊離宮……諸果獻由此興。"橘官當是負責生產或貢獻橘之官職。

【新官2002】

參見《秦封泥集》一·五·29、30,"橘監,橘印"。

【彙考2007】

橘官,官署及職官名。主歲貢橘。《漢書·地理志》載,西漢曾在交趾、蜀郡嚴道、巴郡朐忍縣、魚復縣設有橘官。《楊升庵外集》卷十:秦官名有工官、鹽官、橘官、苑官、沮浦官,皆秦官名。

【分域2009】

橘官,職官名或官署名,專管地方向中央的歲貢橘等事務。據《漢書·地理志》載,西漢曾在交趾、蜀郡嚴道等地設立橘官。

【川渝2013】

橘丞、橘府、橘官、橘印、橘監均爲巴蜀地區向首都貢運柑橘之設官。這些爲橘府、橘監、橘官及設丞用印之遺。漢初封泥有"嚴道橘園",是秦時貢運柑橘之繼承,《漢書·地理志》載蜀郡有"嚴道"縣,"邛來山,邛水所出,東入青衣。有木官",在今四川雅安市榮經縣。又,秦漢時巴郡的朐忍(橘邑)縣、魚復縣,亦設有橘官。

【官名2013】

橘官,應是管理橘等農產品向朝廷歲貢的小官吏,其品秩隸屬難以考察,有待以後進一步探研。據《漢書·地理志》記載,蜀郡嚴道、巴郡朐忍縣、魚復縣、交趾等地設置橘官。橘監,職司當是檢測監理橘之品質。

【職地2014】

　　秦橘類封泥有嚴道橘丞、橘印、橘府、橘官、橘監等,都是負責橘樹管理及橘子生產的官吏。

【秦官2018】

　　秦時在有礦產、林業資源和各類土特產的郡縣因地制宜地設置了一些管理機構,其中鹽官、織官、鐵官、各類採礦業的職官和官署已見於前文各處。新見秦封泥有"橘官""橘丞之印"和"橘府"。其他橘官類秦封泥還有"橘印""橘邑丞印""嚴道橘丞""橘監"等,都是負責橘樹管理及橘子生產的官吏。嚴道屬秦蜀郡,《漢書·地理志》"有木官",王先謙補注引王念孫云:"木官,當作橘官。《蜀都賦》注可證。下文巴郡朐忍、魚復二縣,並云有橘官。"漢封泥亦有"嚴道橘園"(《古封泥集成》2068—2098)和"嚴道橘丞"(《古封泥集成》2099—2115)等。巴蜀地區自古盛產橘類,至今猶然。

【廣封2019】

　　案《漢書·地理志》:"巴郡,秦置。屬益州。"有縣"朐忍,容毋水所出,南(入江)。有橘官,鹽官"。"魚復,江關,都尉治。有橘官。"《漢書新證》:直案,《御覽》卷六百六十五引楊孚《異物志》云:"橘爲樹白華而赤實,皮既馨香,裹有美味,交趾有橘官一人,秩三百石,歲出貢御。"西漢橘官以出土封泥考之,其組織有長、丞、監,以楊孚《異物志》所記秩三百石,當指長或丞之秩而言。交趾貢橘雖爲漢事,其秩奉當與西漢大致相近。可見秦代既有橘官,漢代沿襲之。

　　瑞按:北京大學藏秦水陸里程簡冊有"橘津"。《秦地2017》判斷爲章渠近江陵的一處津渡口,在江陵西。

橘府

  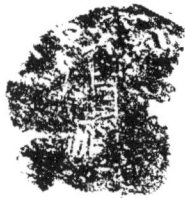 

1　　2　　3　　4

1.《在京》圖四:17;《璽印》P393

2.《新出》P68

3.《新選》P99

4.《新出》P68;《大系》P136

【在京2005】

半通。《漢志》："巴郡,秦置。屬益州。……朐忍,容毋水所出,南〔入江〕。有橘官、鹽官。……魚復,江關,都尉治。有橘官。"

【川渝2013】

説見"橘官"。

【職地2014】

説見"橘官"。

【廣封2019】

説見"橘官"。此應爲其官署之印。

橘印

1　　　　　2　　　　　3　　　　　4

1.《在京》圖四:18;《璽印》P393

2.《大系》P138

3.《新出》P69;《大系》P137

4.《大系》P138

【在京2005】

半通。

【川渝2013】

説見"橘官"。

【職地2014】

説見"橘官"。

橘監

《古封》P373;《秦封》P237;《上封》P44;《山全》P123;《大系》P137

【秦式1998】

橘監録於《續封》《建德》《齊魯》《封存》。橘印著録於《考與》。漢封泥見《封泥》等"嚴道橘園""嚴道橘丞",《臨淄》"官監"。此疑爲由巴蜀向關中輸送柑橘水果之官署。

【秦封2000】

此疑爲秦印之遺,爲由巴蜀向關中輸送橘果之官署,自秦而漢相繼未衰。

【川渝2013】

説見"橘官"。

【官名2013】

説見"橘官"。

【職地2014】

説見"橘官"。

【廣封2019】

案《續封泥考略》:此封泥二字,半通,印文曰"橘監"。《漢書·地理志》,巴郡胊忍縣有橘官。又蜀郡嚴道有木官。而封泥中有嚴道橘丞及嚴道橘園兩封泥,疑郡縣出橘者皆有橘官,如鹽鐵也。此印云橘監而作半章,未能詳其官職之高下。姑附此。

橘丞之印

1　　　　2　　　　3　　　　4

1、2.《新出》P68;《大系》P135
3.《新選》P99;《大系》P135
4.《大系》P135

【川渝2013】
　　説見“橘官”。
【職地2014】
　　説見“橘官”。

橘邑丞印

《古封》P269;《秦封》P331;《上封》P25;《大系》P137

【秦封2000】
　　橘邑失載,待考。
【政區2009】
　　橘邑,傳世文獻無載,但從封泥的性質看,爲縣級之印,自應是失載之縣。
【圖説2009】
　　陝西省博物館藏秦封泥橘印(《考與》1996.6.60),新出秦封泥橘官(《新出》81),説明秦時秦嶺以南的巴蜀地區橘柑類的生産以及向關中都城歲貢的情形,並爲此設有專門的官署橘府(《考與》2005.5),橘(桔)監(《集成》2219—2221),自秦而漢歲貢相繼未衰。
【川渝2013】
　　橘邑,當爲縣級地名,不見於文獻,疑在巴郡。《漢書・地理志》載巴郡有“朐忍”縣,“容毋水所出,南入江,有橘官、鹽官”。“橘邑”“朐忍”兩詞音近,又有橘官之設,或即此地。按:秦時朐忍縣在今重慶市雲陽縣西部。此爲秦橘邑縣的縣丞用印之遺。
【職地2014】
　　橘邑不一定是縣邑名稱,而可能是設置在橘産地的“橘官”或相應的市場管理機構。又,《地理志》巴郡朐忍縣(今重慶雲陽縣)有橘官,魚復(今重慶奉節縣)亦有橘官。秦封泥另有橘丞之印、橘府、橘官、橘監等,橘邑或爲設於巴郡橘官附近的小邑,專管柑橘事務。

六、巴　　郡

（一）巴

巴左工印

《新獲》P288；《大系》P26

【考略2001】

《漢書・地理志》：“巴郡，秦置。”秦都或秦之故都多設工官、工室，如相家巷遺址出土、流散秦封泥有“咸陽工室丞”“雍工室丞”“櫟陽右工室丞”等。秦郡有的也有設工官或工室者，如秦封泥之“邯鄲造工”“邯造工丞”等。上述工官、工室又有分左、右者。“巴左工印”應爲巴郡左工室印或左工官印之省文。

【簡讀2002】

《漢志》：“巴郡，秦置。”左工或爲左工室省稱。

【圖說2009】

《漢書・地理志》：“巴郡，秦置。”“巴左工印”應爲巴郡左工室印之省文。秦封泥還有汪府工室、蜀左織官、江左鹽丞、江右鹽丞、弩工室丞、淮南弩丞、淮陽弩丞、西鹽、琅邪水丞等等。咸陽、雍、西、櫟陽等處的工室丞、鹽官、采金官，反映了對首都、故都於工業經濟的重視與管理。在已出土的秦文物中，已知咸陽、櫟陽、雍、西、上郡、東郡、河東等處設有工官，有稱“工官”，有稱“工室”。秦簡《均工》記載：工師、故工、新工皆由内史登記造册，官府手工業由内史統轄。司工（空）是官府行施行政職權的官署，工師是手工作坊的管理和技術負責人。因爲産品的種類不同，還有些管理機構和産品封檢用印。

【政區2009】

爲秦巴郡工官印。秦在都城和舊都，以及部分郡治設工官，製作宮廷輿器。其他出土“工官”秦封泥有“咸陽工室丞”“雍工室丞”“櫟陽右工室丞”“邯鄲造工”“邯造工丞”等，都是同一性質。巴原爲古巴國地，公元前316年秦滅巴國後設郡。《華陽國志・巴志》：“周慎王五年，儀貪巴、苴之富，因取巴，執王以歸，置巴、蜀及漢中郡，分其地爲三十一縣”；“赧王元年，置巴郡。”秦巴郡治江州，在今重慶市北。《水經・江水注》：“秦惠王遣張儀等救苴侯於巴，儀貪巴、苴之富，因執其王以歸。而置巴郡焉，治江州。”

【川渝2013】

《漢書·地理志》"巴郡,秦置。屬益州。"應劭曰:"《左氏》巴子使韓服告楚。"巴郡郡治在今重慶市渝中區,傳張儀築江州故城。按:秦之巴郡大部在今重慶市,兼有成都平原東部之區域。此爲巴郡的左工室用印之遺。

(二)江　　州

江左鹽丞

《印風》P135;《秦封》P270;《書法》P36;《上封》P67;
《印集》P28;《彙考》P61;《璽印》P422;《大系》P126

【秦封2000】

參見"江右鹽丞"。按江左地區當在今江蘇、浙江、上海一帶。

【簡讀2002】

釋讀見"江右鹽丞"條。此或可讀爲"江鹽左丞"。

【彙考2007】

江左,指長江以東之地,今江蘇省。《後漢書·百官志》:"凡郡縣出鹽多者置鹽官,主鹽稅。"江左鹽丞當爲秦派至江左一帶主鹽稅之官吏。西漢早期"琅左鹽丞"章法雖爲"田"字格,但篆法與此封泥有別。另秦封泥有"江右鹽丞",可見江左、江右概念在秦時已有。

【分域2009】

"江左"是指長江以東的地區,"江右"則是指長江以西的地區。該印當爲秦在江左和江右地區管理鹽稅的官吏所用之物。

【江東2010】

封泥"江左鹽丞",另有"江右鹽丞",印文同式,辭例與"琅左鹽丞"同。秦漢四字官印的緊縮規則是:其官名溢出四字者,遞次省自銘"印"、省雙音節地名後一詞素,而表分職和職掌的實質性詞素不省,"琅"即"琅邪"之省稱甚明。已訂秦郡中並無首字爲"江"者。秦有"江胡郡"雖已辨明,但地位尚待研究。《史記·貨殖列傳》述南楚之地時,涵有"江南",《集解》引徐廣曰:"高帝所置。江南者,丹陽也,秦置爲鄣郡。"透露江南郡的存在。張守節《正義》以爲徐説非，辨曰"此言大江之南"，而清以來各家均不疑此。按司馬遷是接着論説東楚後，以江南與衡山、九江、豫章、長沙諸郡並舉而謂"是南楚也"，若如《正義》所説中間轉入"大江之南"，則全句不免結構失範，語氣突兀。陳松長考訂秦有江胡郡時引用嶽麓書院藏1159簡，恰爲江東、江南郡提供了一個明確的佐證，簡文曰："江東江南郡吏四歲智（知）官留弗遣而弗趨追，與同罪。"以楚滅越所置之江東郡與江南並言其"郡吏"，則前223年秦滅楚後應有此二郡。故此，1159簡文"江東江南"間當逗斷爲是。江南設郡或較短促而晦於載記，故徐廣亦不明高帝所置實本自秦郡。江東本楚郡，地入秦後仍沿舊郡亦多有成例。今印文既揭其置左右兩鹽丞，應是重要的產區所在。產鹽之區類爲海鹽和池鹽、井鹽二系，即《貨殖列傳》所謂"山東食海鹽，山西食鹽鹵"。見於《漢書·地理志》所注各郡鹽官可知二系之不同分布。東、南沿海一區中，楚江東郡舊地之海鹽縣，即西漢會稽郡鹽官所在。上引簡文以"江東江南郡吏"並言，無疑也是一個提示。因此，秦江東郡與鹽官的關係都最爲接近。故"江"後的省文首先考慮江東之"東"，此左右鹽丞也當落實在江東。官印爲一代制度法器，在斷代明確的條件下，其所含職官、地名資料最具有即時性與確定性。由此合江胡郡所得四郡，或爲秦郡研究提出了若干需要重新考慮的問題。

【秦漢2010】

在分析"河外"時指出，"左""右"不應與"江"連讀，可參考秦"琅邪左鹽"封泥。

【官名2013】

孫慰祖先生認爲，江左本爲楚郡，入秦後沿用舊名。秦曾在江左、江右設有掌治鹽業的鹽丞，一方面管理製鹽的工匠，另一方面負責徵收鹽税。

【戰國2013】

秦封泥有"江左鹽丞""江右鹽丞"。周曉陸解釋"江"爲"長江以東、以西之地"，或誤。又1980年湖南省大庸市（今張家界市）三角坪68號戰國墓出土秦"廿七年蜀守"戈，銘文"廿七年蜀守□西工師乘丞□禺"，"江武庫"。從出土器物銘文看，"江"，地名，或爲"江州"。《水經·江水注》："江州縣，故巴子之都也。……及七國稱王，巴亦王焉。秦惠王遣張儀等救苴侯於巴。張儀貪巴苴之富，因執其王以歸，而置巴郡焉。治江州。"此江縣應爲秦巴郡之江縣，故址即今重慶市。

【職地2014】

周曉陸等將江左、江右等同於東漢以後才定形的地區概念，認爲江右地區當在今安徽、江西一帶。王輝先生認爲可能讀作江鹽右丞，爲某郡或縣鹽官之右丞。按王輝先生讀法，與傳世漢印"海鹽右丞"印面文字布局相同，並且二者文字内容似亦可對讀。字面上"海鹽"與"江鹽"相對。但江河不產鹽，故在文義上前者爲優，在讀法上後者有理，姑存兩説。亦可能"左鹽丞"與"右鹽丞"相對，"江"是地理概念，是某郡或縣名的簡稱。

【悠悠2015】

秦封泥有"江左鹽丞""江右鹽丞"，周曉陸解釋爲"長江以東、以西之地"，或誤。廣西平樂銀山嶺戰國墓葬中出土秦兵器有"江"戈，其銘文刻有"江、魚"，原文認爲江、魚是楚之屬地，戰國晚期歸秦；又1980年湖南省大庸市（今張家界市）三角坪68號戰國墓出土秦“廿七年蜀守”戈，銘文“廿七年蜀守□西工師乘丞□禹”（正面），“江武庫”（反面）。原文以爲“江”爲楚國所滅江國，其地在今河南息縣南，實誤。此戈爲秦戈，而非楚器，故此秦“江”非楚“江”地。《水經·江水注》：“江州縣，故巴子之也。……及七國稱王，巴亦王焉。秦惠王遣張儀等救苴侯於巴。張儀貪巴苴之富，因執其王以歸，而置巴郡焉。治江州。”《後漢書·百官志》：“凡郡縣出鹽多者製鹽官，主鹽稅。”秦封泥有“西鹽”，爲秦隴西郡西縣鹽官，故“江左鹽丞、江右鹽丞”也應爲江縣鹽官。《漢志》巴郡有江州縣，同時巴郡屬縣朐忍有鹽官。巴蜀地區自古產鹽，四川、重慶出土的漢畫像石就有此圖景。推之此江縣應爲秦巴郡之江縣，故址即今重慶市。

【秦地2017】

里耶簡有“以江州印行事”。亦見《秩律》，《漢志》屬巴郡，爲巴郡治所。

【秦官2018】

周曉陸認爲，“江右地區當在今安徽、江西一帶”。王輝先生認爲“可能應讀作‘江鹽右丞’，爲某郡或縣鹽官之右丞。後一種讀法與傳世“海鹽右丞”（圖43）印面文字布局相同，並且二者文字內容似亦可對讀。字面上“海鹽”與“江鹽”相對，但江河不產鹽。附此存疑。

【廣封2019】

案：江左，指長江以東之地。《後漢書·百官志》：“其郡有鹽官、鐵官、工官、都水官者，隨事廣狹置令、長及丞……本注曰：凡郡縣出鹽多者置鹽官，主鹽稅。”《秦封泥彙考》：江左鹽官當爲秦派至江左一帶主鹽稅之官吏。西漢早期“琅左鹽丞”章法雖爲“田”字格，但篆法與此封泥有別。另秦封泥有“江右鹽丞”，可見江左、江右概念在秦時已存在。

瑞按：二十七年蜀守若戈（昭襄王二十七年，公元前280年）上有“江武庫”，《訂補2014》指出此江爲地名，“今河南息縣南”。

江右鹽丞

《補讀》圖43；《彙考》P62；《大系》P126

【發現1997】

《漢書·地理志》琅邪郡：“海曲，有鹽官。”疑是。

【補讀1998】

初讀時誤爲"海□鹽□",或"海鹽□□",現綴合通讀。"江右"一詞,在歷史文獻中大約出現於東漢之後,另秦封泥尚有"江左鹽丞",可見江左、江右概念在秦時已存在。《晋書·文苑傳序》:"至於吉甫、太沖,江右之才傑。"魏禧《日録·雜説》:"江東稱江左,江西稱江右,何也? 曰:自江北視之,江東在左,江西在右耳。"江右地區當在今天安徽、江西一帶。秦封泥見《齊魯》《再讀》"琅邪左鹽"。漢封泥見《封泥》"樋左鹽丞"。

【續考1998】

"江左"指長江下游以東地區,即今江蘇省一帶;"江右"指長江下游以西地區,即今江西省一帶。秦惠文王時,"張若治成都,置鹽鐵市官"。《華陽國志》《漢書·地理志》載:巴蜀地區及河東均産鹽。由此推知,這兩枚封泥當爲秦中央設立在長江下游兩岸的鹽官。

【叢考1998】

在原釋讀"海□鹽□"的前提下認爲其所指爲《漢書·地理志》會稽郡下的海鹽縣。

【秦封2000】

"江右"一詞,在歷史文獻中大約出現於東漢之後,另秦封泥有"江左鹽丞",可見江左、江右概念在秦時已存在。《晋書·文苑傳序》:"至於吉甫、太沖,江右之才傑。"魏禧《日録·雜説》:"江東稱江左,江西稱江右,何也? 曰:自江北視之,江東在左,江西在右耳。"江右地區當在今天安徽、江西一帶。秦中央有鹽官,如少府之斡官,郡縣亦有鹽官。此地區級鹽官待考其屬。秦封泥見:《動態》"江左鹽丞",《齊魯》《再續》"琅邪左鹽"。漢封泥見:《封泥》"樋左鹽丞"。

【簡讀2002】

《周禮·天官·鹽人》:"掌鹽之政令,以共百事之鹽。"江右爲地名,確指不明。此封泥或可讀爲"江鹽右丞",江指江水,此或爲負責江水流域鹽政之官職。

【彙考2007】

江右,指長江以西之地,當在今天安徽、江西一帶。説見"江左鹽丞"。

【分域2009】

説見"江左鹽丞"。

【江東2010】

説見"江左鹽丞"。

【集證2011】

周曉陸初讀"海□鹽□",後據新綴合讀首字爲"江",第二、四爲"右""丞"。周氏云:"'江右'一詞,在歷史文獻中大約出現於東漢之後,另秦封泥尚有'江左鹽丞',可見江左、江右概念在秦時已存在。《晋書·文苑傳序》:'至於吉甫、太沖,江右之才傑。'魏禧《日録·雜説》:'江東稱江左,江西稱江右,何也? 曰:自江北視之,江東在左,江西在右耳。'江右地區當在今安徽、江西一帶。"説殆是。不過也可能應讀作"江鹽右丞",爲某郡或縣鹽官之右丞。《官印徵存》52"琅鹽左丞",乃琅邪鹽官之左丞,《古封泥集成》

2044漢"楗鹽左丞"亦同例。

【官名2013】

說見"江左鹽丞"。

【職地2014】

說見"江左鹽丞"。

【悠悠2015】

說見"江左鹽丞"。

【秦官2018】

說見"江左鹽丞"。

【廣封2019】

案江右,指長江以西之地。

江□鹽□

　　1　　　　　　2　　　　　　　3

1.《發現》圖142;《圖例》P57;《彙考》P61;《大系》P125、126

2.《新出》P19;《大系》P126

3.《發現》圖142;《大系》P126

　　瑞按:封泥殘,從前述封泥有"江左鹽丞""江右鹽丞"情況看,所殘之字至少有兩種可能。

（三）枳

枳丞之印

《新地》圖25;《印集》P163;《彙考》P254;《大系》P123

【新地2001】

《漢志》淮陽國有柘縣。《史記·陳涉世家》:"葛嬰攻銍、鄼、苦、柘、譙,皆下之。"徐廣曰:"苦、柘在陳。"在秦屬陳郡,今河南柘城縣。

【簡讀2002】

秦縣,《漢志》屬淮陽國。《史記·陳涉世家》:"攻銍、鄼、苦、柘、譙,皆下之。"徐廣曰:"苦、柘屬陳。"

【縣考2007】

枳本爲戰國楚邑,《戰國策·燕策二》即曰:"蘇代約燕王曰:'楚得積而國亡,齊得宋而國亡,齊、楚不得以有枳、宋而事秦者,何也?……'"後枳屬秦並置縣。《史記正義》云:"枳,支是反,今涪州城。在秦,枳縣在江南。"《元和郡縣圖志》卷三十一江南道涪州涪陵縣下曰:"[涪]州城,本秦枳縣城也。"《太平寰宇記》卷一二〇江南西道涪州濱化縣下云:"賓化縣西南四百里元五鄉,在秦爲枳縣地。"從上引《戰國策》所言"楚得枳而國亡"來看,至遲在秦昭襄王二十八年及二十九年取楚之鄢、郢後秦即得枳地。又《漢志》枳縣屬巴郡,於是可推測秦巴郡亦當領有枳縣,故頗疑秦取楚之枳地後即置縣。

【分域2009】

説見"軹丞之印"。

【戰國2013】

秦封泥有"枳丞之印",原作者釋讀"機之丞印",誤也。"枳"從木從只,其例有秦封泥"軹丞之印"中的"軹"字可證。枳,原巴地,後歸楚。《史記·蘇秦列傳》:蘇代約燕王曰:"楚得枳而國亡。"《正義》:"今涪州城在(乃)秦枳縣,在江南。"《元和·卷三十》:"'涪'州城,本秦枳縣城也。"《四夷縣道記》:"涪陵故城在蜀江之南,涪江之西,上有枳城,即漢枳縣也。"秦枳縣故址在今重慶涪陵區東。

【悠悠2015】

秦封泥有"枳丞之印。"原作者釋讀"機之丞印",誤也。"枳"從木從只,其例有秦封泥"軹丞之印"中的"軹"字可證。枳原巴地,後歸楚。《燕策》:"楚得枳而國亡。"《漢志》巴郡有枳縣。漢巴郡爲秦置郡,其屬縣當沿襲秦縣。《四夷縣道記》:"涪陵故城在蜀江之南,涪江之西,上有枳城,即漢枳縣也。"秦枳縣在今重慶涪陵區東。

【秦地2017】

里耶簡有"居貲枳壽陵左行"。亦見《秩律》。《漢書》屬巴郡。

（四）閬　中

閬中

《大系》P149

【川渝2013】

《漢書・地理志》載巴郡有"閬中"縣，"彭道將池在南，彭道魚池在西南。"師古曰："閬音浪。"按：秦閬中縣在今四川南充市閬中市，此爲秦閬中縣的縣丞用印之遺。

【秦地2017】

里耶簡有"又留不傳閬中漕"。秦封泥有"閬中丞印"。《漢書》屬巴郡。

瑞按：閬中，《漢書・地理志》屬巴郡，"彭道將池在南，彭道魚池在西南"，《後漢書・南蠻西南夷列傳》："板楯蠻夷者，秦昭襄王時有一白虎，常從群虎數游秦、蜀、巴、漢之境，傷害千餘人。昭王乃重募國中有能殺虎者，賞邑萬家，金百鎰。時有巴郡閬中夷人，能作白竹之弩，乃登樓射殺白虎。昭王嘉之，而以其夷人，不欲加封，乃刻石盟要，復夷人頃田不租，十妻不筭，傷人者論，殺人者得以倓錢贖死。盟曰：'秦犯夷，輸黃龍一雙；夷犯秦，輸清酒一鐘。'夷人安之。"

閬中丞印

《釋續》圖43；《印風》P156；《印集》P136；《彙考》P228；《璽印》P419；《大系》P149

【釋續2001】

《漢書・地理志》巴郡有閬中縣。《水經・江水注》："秦惠王遣張儀等救苴侯於巴，儀貪巴苴之富，因執其王以歸，而置巴郡焉。"巴郡置於秦，閬中亦宜爲秦縣。

【簡讀2002】

秦縣，《漢志》屬巴郡。

【縣考2007】

　　《讀史方輿紀要》卷六十八四川三保寧府閬中縣下曰：“附郭秦縣，漢屬巴郡。以閬水纖曲繞縣三面而名。”在該縣閬中城下又曰：“府東二十里，秦築，亦謂之張儀城，縣舊治此。”由顧祖禹所記可以知道秦置閬中縣時治閬中城，亦即張儀城。既然稱作“張儀城”，那麼可以推測此城之築當在張儀率軍滅巴之後。又由於《漢志》閬中縣屬巴郡，加之秦漢巴郡領域變化不是很大，所以秦閬中縣也理應隸屬於巴郡之下。而秦在惠文王十一年設置了巴郡，是秦置閬中縣的時間不會晚於該年。出土秦封泥中有“閬中丞印”。

【彙考2007】

　　閬中，戰國秦置縣。閬水迁曲，徑其三面，縣處其中，故名。《漢書·地理志》巴郡有閬中縣。《水經·江水注》：“秦惠王遣張儀等救苴侯於巴，儀貪巴苴之富，因執其王以歸，而置巴郡。”巴郡置於秦，閬中亦宜爲秦縣。

【政區2009】

　　《華陽國志·巴志》：“巴子時雖都江州，或治墊江，或治平都，後治閬中。”《元和·卷一》：“閬州，在秦爲巴郡閬中縣也。”《讀史·卷六十八》：“閬中縣，附郭。秦縣。漢屬巴郡，以閬水纖曲繞縣三面而名。”《漢志》巴郡有閬中縣，秦閬中縣故址今四川閬中市。

【分域2009】

　　閬中，戰國時秦在此置縣。《漢書·地理志》載，巴郡有閬中縣。其地在今四川閬中。

【戰國2013】

　　秦封泥有“閬中丞印”。《元和·卷一》：“閬州，在秦爲巴郡閬中縣也。”《讀史·卷六十八》：“閬中縣，附郭。秦縣。漢屬巴郡，以閬水紆曲繞縣三面而名。”秦閬中縣故址今四川閬中市。

【廣封2019】

　　案《漢書·地理志》：“巴郡，秦置。屬益州。”有縣“閬中”，“彭道將池在南，彭道魚池在西南”。

七、漢 中 郡

漢大府印

《大系》P107

【政區2009】

湖北荆州博物館現藏荆州市出土秦昭襄王“六年漢中守”戈，銘文“六年漢中守□造，左工師齊，丞□工牲（背面），公（正面）”（《編年》66）。又西安相家巷出土秦封泥有“漢中底印”，“底”當爲“邸”字，爲漢中郡在首都咸陽的辦事官署。漢中原爲巴蜀地，秦滅巴蜀後，公元前312年又加上部分新得楚漢中郡，建爲漢中郡。《史記·秦本紀》：“楚自漢中，南有巴、黔中。”《史記·秦本紀》：“（惠文王後十三年）又攻楚漢中，取地六百里，置漢中郡。”《史記·楚世家》：“十七年春，與秦戰丹陽，秦大敗我軍……遂取漢中之郡。”《史記·秦始皇本紀》：“當是之時，秦地已併巴、蜀、漢中。”秦人任鄙曾做六年多漢中郡守。《史記·秦本紀》：“十三年，任鄙爲漢中守”；“十九年，任鄙卒。”《漢志》：“漢中郡，秦置。莽曰新成。屬益州。”《水經·沔水注》：“周赧王二年，秦惠王置漢中郡，因水名也。《耆舊傳》云：南鄭之號，始於鄭桓公。桓公死於犬戎，其民南奔，故以南鄭爲稱。即漢中郡治也。”秦漢中郡治南鄭，今陝西漢中市。

【戰國2013】

楚懷王時設置漢中郡，因漢水而得名。《史記·秦本紀》：“孝公元年……楚、魏與秦接界，魏築長城，自鄭濱洛以北，有上郡，楚自漢中，南有巴、黔中。”任乃强認爲楚設置漢中郡的目的主要是爲了抵御西部的强秦。秦楚丹陽之戰後，被秦所奪。《史記·楚世家》：“十七年，與秦戰丹陽，秦大敗我軍，斬甲士八萬……遂取漢中之郡。”胡三省謂：“自沔陽至上庸，皆楚漢中地。”沔陽，今陝西勉縣。上庸，今湖北竹山縣。可知楚漢中郡轄境有今陝西的商洛地區，南到今湖北省的鄂西北地方。郡治在南鄭，今陝西漢中市。

又：同《政區2009》。

瑞按：疑爲“漢中大府印”的省稱。漢中爲郡，見《漢書·地理志》：“漢中郡，秦置。莽曰新成。屬益州。戶十萬一千五百七十，口三十萬六百一十四，縣十二。”其舊爲楚地，後爲秦所得。《史記·李斯列傳》：“惠王用張儀之計，拔叄川之地，西併巴、蜀，北收上郡，南取漢中，包九夷，制鄢、郢，東據成皋之險，割膏腴之壤，遂散六國之從，使之西面事秦，功施到今。”《正義》：“惠王十三年，攻楚漢中，取地六百里。”《史記·張儀列傳》“秦齊共攻楚，斬首八萬，殺屈匄，遂取丹陽、漢中之地。楚又復益發兵而襲秦，至藍田，大戰，楚大敗，於是楚割兩城以與秦平。”《史記·蘇秦列傳》：“乃西至秦。秦孝公卒。說惠王曰：‘秦四塞之國，被山帶渭，東有關河，西有漢中，南有巴蜀，北有代馬，此天府也。’”秦亡後項羽封劉邦於漢中，《史記·項羽本紀》：“立沛公爲漢王，王巴、蜀、漢中，都南鄭。”《史記·屈原列傳》：“懷王怒，大興師伐秦。秦發兵擊之，大破楚師於丹、淅，斬首八萬，虜楚將屈匄，遂取楚之漢中地。……明年，秦割漢中地與楚以和。楚王曰：‘不願得地，願得張儀而甘心焉。’張儀聞，乃曰：‘以一儀而當漢中地，臣請往如楚。’如楚，又因厚幣用事者臣靳尚，而設詭辯於懷王之寵姬鄭袖。懷王竟聽鄭袖，復釋去張儀。是時屈平既疏，不復在位，使於齊，顧反，諫懷王曰：‘何不殺張儀？’懷王悔,追張儀不及。”然《史記·張儀列傳》載非“漢中”而爲“黔中”,“秦要楚欲得黔中地,欲以武關外易之。楚王曰:‘不願易地,願得張儀而獻黔中地。’秦王欲遣之,口弗忍言。張儀乃請行。”大府,文獻中含義多指丞相府。如《史記·酷吏列傳》“趙禹者,斄人。以佐史補中都官,用廉爲令史,事太尉亞夫。亞夫爲丞相,禹爲丞相史,府中皆稱其廉平。然亞夫弗任,曰:‘極知禹無害,然文深,不可以居大府’”。又“湯給事内史,爲寧成掾,以湯爲無害,言大府,調爲茂陵尉”,注引如淳曰:“大府,幕府也。茂陵尉,主作陵之尉也。”韋昭曰:“太府,公府。”《漢書·張湯傳》顏師古曰:“大府,丞相府也”。《漢書·杜周傳》“至周爲廷尉,詔獄亦益多矣。二千石繫者新故相因,不減百餘人。郡吏大府舉之廷尉”,注引如淳曰:“郡吏,太守也。”文穎曰:“大府,公府也。”孟康曰:“舉之廷尉,以章劾付廷尉治之也。”師古曰:“孟説非也。舉,皆也。言郡吏大府獄事皆歸廷尉也。大府,丞相、御史之府也。”

漢大府丞

《菁華》P36;《大系》P107

【川渝2013】

　　釋參見上“蜀大府丞、漢中底印”。此爲漢中郡的大府丞用印之遺。

【廣封2019】

　　案《周官·天官·冢宰》:“大府掌九貢、九賦、九功之貳,以受其貨賄之入,頒其貨於受藏之府,頒其賄於受用之府。”《漢書·食貨志》:“太公爲周立九府圜法:黃金方寸,而重一斤;錢圜函方,輕重以銖;布帛廣二尺二寸爲幅,長四丈爲匹。”(師古曰:“此説非也。周官太府、玉府、内府、外府、泉府、天府、職内、職金、職幣皆掌財幣之官,故云九府。圓謂均而通也。”)《鑒印山房藏古封泥菁華》又有“蜀大府丞”,“漢”也應是郡縣名,《漢書·地理志》有漢中郡、廣漢郡。“漢”或爲之省稱,不能確定。

　　瑞按:疑爲“漢中大府丞”的省稱,漢中、大府説見“漢大府印”,丞爲佐官。

漢中底印

1　　　　　　　2　　　　　　　3　　　　　　　4

1.《於京》圖11;《璽印》P421;《新出》P65;《大系》P107
2、3.《新出》P16;《大系》P107
4.《新出》P65;《大系》P108

【於京2005】

　　“底”即“邸”。《史記·秦本紀》:“楚自漢中,南有巴、黔中。”惠文君十三年,“攻楚漢中,取地六百里,置漢中郡。”《秦始皇本紀》:“秦地已併巴、蜀、漢中,都南鄭。”《漢書·地理志》:“漢中郡,秦置。莽曰新成。屬益州。”《水經注》卷二七:“周赧王二年,秦惠王置漢中郡,因水名也。《耆舊傳》云:南鄭之號,始於鄭桓公。桓公死於犬戎,其民南奔,故以南鄭爲稱。即漢中郡治也。”漢中郡治南鄭,即今陝西漢中市。

【川渝2013】

　　《漢書·地理志》:“漢中郡,秦置。莽曰新成,屬益州。”《史記·秦本紀》:“楚自漢中,南有巴、黔中。”惠文君十三年,“攻楚漢中,取地六百里,設漢中郡。”《史記·秦始皇本紀》:“秦地已併巴、蜀、漢中,都南鄭。”《水經注》卷二七:“周赧王二年,秦惠王設漢中郡,因水名也。《耆舊傳》云:南鄭之號,始於鄭桓公。桓公死於犬戎,其民南奔,故以南鄭爲稱。即漢中郡治也。”漢中郡的郡治南鄭,即今陝西漢中市。按:秦之漢中郡之最東南部可達今四川北部山地。“底”即“邸”,此爲漢中郡在首都設邸用印之遺。

【職地2014】

　　説見“郡邸長印”。

　　瑞按: 漢中爲郡,説見“漢大府印”。底爲郡邸,秦封泥有“郡左邸”“郡右邸”。《漢書·百官公卿表》“典客,秦官,掌諸歸義蠻夷,有丞。景帝中六年更名大行令,武帝太初元年更名大鴻臚。屬官有行人、譯官、別火三令丞及郡邸長丞。”顏師古曰:“主諸郡之邸在京師者也。”諸郡在長安有邸,見《漢書·朱買臣傳》:“拜爲太守,買臣衣故衣,懷其印綬,步歸郡邸。……買臣入室中,守邸與共食,食且飽,少見其綬。守邸怪之,前引其綬,視其印,會稽太守章也。守邸驚,出語上計掾吏。皆醉,大呼曰:‘妄誕耳!’守邸曰:‘試來視之。’其故人素輕買臣者入[內]視之,還走,疾呼曰:‘實然!’坐中驚駭,白守丞,相推排陳列中庭拜謁。”注引服虔曰：“守邸丞也。”張晏曰：“漢舊郡國丞長吏與計吏俱送計也。”師古曰：“張説是也。謂之守丞者，係太守而言也。”此封泥當爲漢中郡在都城所設邸之印。然“底”與“邸”用字有別，或有早晚之別。

漢□工□

《大系》P108

瑞按：封泥殘，首字爲漢，疑爲漢中郡之漢。漢中，説見“漢大府印”。左上爲“工”字，應爲工官。秦在郡設工，秦封泥中所見已有蜀西工、東工、巴左工等。吳鎮烽先生認爲蜀郡東西工在秦昭襄王時期已設（《容庚先生百年誕辰紀念文集》P569）。從此封泥看，秦在漢中郡亦設工官，與蜀郡設工官同。

（一）南　鄭

南鄭之印

1　2

1.《青泥》P33；《新出》P72
2.《新出》P72

【縣考2007】

早在戰國初期該地即爲秦所據。《六國年表》秦屬共公二十六年欄即云：“左庶長城南鄭。”其後秦躁公二年（前442年）南鄭又反秦（《史記》之《秦本紀》及《六國年表》），依附蜀國。《秦本紀》載：“〔惠公〕十三年，伐蜀，取南鄭。惠公卒，出子立。”《六國年表》秦惠公十三年欄曰：“蜀取我南鄭。”據《新編年表》的考證，此處的秦惠公當是指秦惠文君，司馬遷誤作了出子父惠公。這樣這裏的秦惠公十三年當秦惠文君十三年，也即周慎靚王二年（前326年）。至於《秦本紀》與《六國年表》關於南鄭歸屬的矛盾記載，平勢隆郎則未作解釋。其實《六國年表》所記恐有訛誤。《水經·沔水》曰：“（沔水）東過南鄭縣南。”酈道元注曰：“縣，故褒之附庸也。周顯王之世，蜀獨有褒漢之地，至六國，楚人併之。懷王衰弱，秦略取焉。周赧王二年，秦惠王置漢中郡，因水名也。”此處明言秦在楚懷王之時奪取了南鄭，而秦惠文君十三年爲楚懷王元年，與上引《秦本紀》所敘相符。如是則《六國年表》所載“蜀取我南鄭”疑爲“我取蜀南鄭”之訛。又，秦置漢中郡在惠文王十三年（前312年），其時爲周赧王十一年，其時南鄭自當爲該郡屬縣，是頗疑即在秦惠文君十三年南鄭屬秦後該地便置爲縣。出土秦封泥中有“南鄭丞印”，是可證秦確置有南鄭縣。《漢志》南鄭縣屬漢中郡。

南鄭丞印

1　　　　　　　2　　　　　　　3

1.《大系》P182
2.《發現》圖144；《圖例》P57；《秦封》P297；《書集》P129；《彙考》P217；《璽印》P407
3.《新出》P71；《大系》P182

【發現1997】

　　《漢書·地理志》漢中郡：“南鄭，旱山，池水所出，東北入漢。”《史記·秦本紀》：“躁公二年，南鄭反。”“惠公十三年，伐蜀，取南鄭。”

【郡縣1997】

　　《史記·秦本紀》惠公十三年（公元前387年）“伐蜀，取南鄭”。後秦置漢中郡，南鄭爲其屬縣。其地在今陝西漢中。丞爲縣令之佐官。

【印考1997】

　　印面正方形，田字格，邊長1.9釐米，印文略殘，邊欄下留有大塊泥封痕迹。南鄭，秦置縣。其地在今陝西西南部。《漢書·地理志》漢中郡：“南鄭，旱山，池水所出，東北入漢。”《史記·秦本紀》惠公十三年，“伐蜀，取南鄭”。此印當是南鄭縣之佐官。

【秦封2000】

《漢志》：漢中郡有南鄭縣，“旱山，池水所出，東北入漢。”《史記·秦本紀》：“躁公二年，南鄭反。”《史記·項羽本紀》：“故立沛公爲漢王，王巴蜀、漢中，都南鄭。”《水經·沔水》：“（漢水）又東過南鄭縣南。”《耆舊傳》云，南鄭之號始於鄭桓公，桓公死於犬戎，其民南奔，故以南爲稱，即漢中郡治也，漢高祖入秦，項羽封爲漢王，蕭何曰：天漢美名也，遂都南鄭。”《元和》：“本漢舊縣，屬漢中郡，幽王爲犬戎所滅，鄭桓公死之，鄭人南奔居此，故曰南鄭。高祖都之，蜀後主以魏延爲南鄭侯。後魏改爲光義縣，隋開皇元年又爲南鄭。”《讀史》：“周時爲褒國地，及周衰，鄭桓公歿於犬戎，其民南奔居此，因曰南鄭，秦屬公二十六年城南鄭，躁公二年南鄭反。惠公二年伐蜀取南鄭（《史記》在惠公十三年）。秦屬公城之，沛公封漢中，初都此，後爲南鄭縣。東漢始爲郡治，後州郡皆治焉。”明爲陝西漢中府治，南鄭縣秦時約屬漢中郡，今在陝西省漢中市。

【簡讀2002】

縣，《漢志》屬漢中郡。《史記·秦本紀》：惠公“十三年，伐蜀，取南鄭。”《張家·二年·秩律》：“南鄭……秩各八百石，有丞、尉者半之。”

【彙考2007】

南鄭，縣名，戰國秦置。《漢書·地理志》漢中郡有南鄭縣。王先謙《漢書補注》：“秦躁公時，南鄭反，蓋其地入蜀；故惠公伐蜀取南鄭，見《秦紀》。《沔水注》漢水自褒中來，東逕漢廟堆下，東過南鄭縣南，縣故褒之附庸也。’”今在陝西省南鄭縣東。

【政區2009】

南鄭因春秋時鄭桓公死於犬戎，其民南奔，在其故地之南而得名。《史記·秦本紀》：“躁公二年，南鄭反。……惠公十三年，伐蜀，取南鄭。”《史記·六國年表》：“厲共公二十六年，左庶長城南鄭。”又《史記·項羽本紀》：“故立沛公爲漢王，王巴、蜀、漢中，都南鄭。”《水經·沔水注》：“（漢水）又東過南鄭縣南……南鄭之號，始於鄭桓公。桓公死於犬戎，其民南奔，故以南鄭爲稱，即漢中郡治也，漢高祖入秦，項羽封爲漢王，蕭何曰：天漢美名也。遂都南鄭。”《元和·卷二十五》：“南鄭縣，本漢舊縣，屬漢中郡，幽王爲犬戎所滅，鄭桓公死之，鄭人南奔居此，故曰南鄭。高祖都之，蜀後主以魏延爲南鄭侯。後魏改爲光義縣，隋開皇三年又爲南鄭。”《讀史·卷五十六》陝西漢中府南鄭縣：“周時爲褒國地，及周衰，鄭桓公歿於犬戎，其民南奔居此，因曰南鄭，秦屬公二十六年城南鄭，躁公六年南鄭反。惠公二年伐蜀取南鄭（《史記》載惠公十三年）。秦屬公城之，沛公封漢中，初都此，後爲南鄭縣。東漢始爲郡治，後州郡皆治焉。”《清一統志·卷二百三十八》：“故城在（漢中府）南鄭縣東。”其故址在今陝西省漢中市，而並非今南鄭市。

【分域2009】

南鄭，縣名，屬漢中郡，其地在今陝西南鄭。《漢書·地理志》漢中郡：“南鄭，旱山，池水所出，東北入漢。”《史記·秦本紀》云：“昭公二年，南鄭反。”

【集證2011】

　　《漢書·地理志》漢中郡有"南鄭"縣。《漢書補注》王先謙曰："秦躁公時,'南鄭反',蓋其地入蜀;故惠公'伐蜀,取南鄭',見《秦紀》。《沔水注》:漢水自褒中來,'東逕漢廟堆下,東過南鄭縣南,縣故褒之附庸也。周顯王之世,蜀有褒漢之地。至六國楚兼之,懷王衰弱,秦略取焉。高祖都南鄭,大城周四十二里,内有小城。……水南即漢陰城,相承言吕后所居。……'《一統志》:'故城今漢中府南鄭縣東。'"歷史上南鄭縣即今之漢中市,不是今之南鄭縣。秦時漢中郡治,或説在南鄭縣,或説在西城縣(今安康縣)。不過這個問題與此印關係不大。此爲南鄭縣丞之印,而非漢中郡丞之印,是没有疑問的。

【戰國2013】

　　同《政區2009》。

【秦地2017】

　　里耶簡8-376有"一詣蒼梧尉府,一南鄭"。秦封泥有"南鄭丞印""南鄭之印"。亦見《秩律》。《漢志》屬漢中郡。

【廣封2019】

　　案《漢書·地理志》:漢中郡,有縣"南鄭","旱山,池水所出,東北入漢"。此其丞之印也。《史記·秦本紀》:"二年,南鄭反。"(《正義》南鄭,今梁州所理縣也。春秋及戰國時,其地屬於楚也。)

南鄭□□

１　　　　　　　　　　２　　　　　　　　　　３

1.《大系》P182
2、3.《新出》P72

　　瑞按:封泥殘,從前述封泥亦有"南鄭之印""南鄭丞印"的情況看,所殘之字至少有兩種可能,同時不排除爲半通的可能。

（二）旱

旱璽

《大系》P107

　　瑞按：旱，職官、地名均不見文獻，所指不詳。封泥中“旱”字的寫法，見於睡虎地秦簡等，亦見於《漢印文字徵》所收“毛旱時”印。

旱丞之印

　　　1　　　　　　　2　　　　　　　3　　　　　　　4

1.《發掘》圖十六：11；《璽印》P411；《大系》P106
2.《新出》P65
3.《大系》P106
4.《新出》P65；《大系》P106

【考略2001】
　　《漢書·地理志》載：漢中郡轄南鄭縣。本注：“旱山，池水所出，東北入漢。”“旱丞”或爲“旱山丞”之省稱。
【釋續2001】
　　《詩·大雅·旱麓》：“瞻彼旱麓，榛楛濟濟。”毛傳：“旱，山名也。”《漢書·地理志》漢中郡南鄭縣下班氏自注：“旱山，池水所出，東北入漢。”王先謙《補注》：“《沔水注》‘池水出旱山，山下有祠，列石十二，不辨其由，蓋社主之流，百姓四時祈禱焉。’……《一統志》，旱山在南鄭縣西南。《府志》：縣南六十五里。”“旱丞”當是管理旱山祠祀之官佐，與下“雍祠丞印”爲同類官印。

【簡讀2002】

《漢志》漢中郡南鄭：“旱山，池水所出，東北入漢。”“旱丞”或即是“旱山丞”省稱，有可能爲祭祀旱山之官職。

【彙考2007】

王輝先生推測：《詩·大雅·旱麓》：“瞻彼旱麓，榛楛濟濟。”毛傳：“旱，山名也。”《漢書·地理志》漢中郡鄭縣下班氏自注：“旱山，池水所出，東北入漢。”王先謙《漢書補注》：“《沔水注》‘池水出旱山，山下有祠，列石十二，不辨其由，蓋社主之流，百姓四時祈禱焉。……《一統志》，旱山在南鄭縣西南。《府志》：縣南六十里。”“旱丞”當時管理旱山祠祀之官佐，與“雍祠丞印”爲同類官印。

【圖説2009】

釋首字爲“旱”，不確，當爲“罕”字。即罕、罕字。罕爲捕鳥之網，《説文·網部》：“罕，網也。”張衡《西京賦》：“飛罕潚簡，流鏑攙擾。”吕向注：“罕，鳥網也。”罕丞又約爲捕禽之吏。罕又做旌解，《玉篇·網部》：“罕，族旗也。”罕丞約爲掌旌旗之官吏。本文從前釋。罕士（《鴨雄》089）秦半通官印，日本菅原石廬氏藏印。《説文》：“罕（罕），網也。”段玉裁注：“謂網之一也。《吴都賦》注曰：‘罼罕皆鳥網一也。’按，‘罕之制蓋似畢，小網長柄。’故《天官書》畢曰‘罕車’。”罕士可能是管理秦王田獵所用網畢之人。《周禮·夏官·序官》：“羅氏下士一人，徒八人。”其職“掌羅烏鳥，蠟則作羅襦，中春羅春鳥……”羅亦網一類。罕士職掌大概近於羅氏。

【政區2009】

旱，地名，文獻無載。《漢志》漢中郡南鄭縣，“旱山，池水所出，東北入漢”。旱山或與此旱丞有關，有學者指出“旱丞”或爲“旱山丞”之省稱。

【分域2009】

第一字或釋爲旱，恐非；從形體看，當釋爲罕，罕即罕，《説文·網部》云：“罕，網也。”罕丞當爲捕獵禽鳥之官。

【銘刻2010】

又有“旱田之印”“旱上□□”。王輝先生云，旱丞當是管理旱山祠祀之官佐。筆者認爲，旱可能是縣邑名稱。《類編》卷六下《邑部》有“郢”字，注云“邑名，在南陽”。此邑很可能是秦封泥中的“旱”。而《漢書·地理志》及《續漢書·郡國志》中均未載此邑，這應當是兩書在後世流傳過程中造成的脱漏。旱在秦代約爲南陽郡屬縣，具體地望待考。

【職地2014】

漢中郡南鄭縣有旱山。

【廣封2019】

同《彙考2007》。

旱田之印

《於京》圖51;《璽印》P412;《大系》P107

【於京2005】

此爲旱之田官所用之印。

【職地2014】

"旱"爲秦縣名,旱地有"旱丞""旱田"和"旱上苑"。"旱田之印"也應是公田在郡縣者。

【秦官2018】

秦璽印有"右公田印",因印文透露信息有限,以往對其級別和隸屬關係均不能作深人探討。新出秦封泥有"旱田之印",新出秦璽印有"左田公印"(或讀"左公田印")和"成紀右田";見於里耶秦簡的縣田官還有"左公田""旬陽左公田"(8-63),"田官"(8-145),"田官佐"(8-580),"田官守"(8-672,8-764,8-1102,8-1328,8-1566,8-1574,8-2246,9-1869),"田守"(8-2138,9-2350)和"田典"(8-2145)等。里耶秦簡8-63"廿六年三月壬午朔癸卯,左公田丁敢言之:佐州里煩故爲公田吏,徙屬。事苔不備,……謁告遷陵,令官計者定,以錢三百一十四受旬陽左公田錢計,問可(何)計付,署計年爲報。敢言之。"簡文中"左公田"機構全稱應是"旬陽左公田",是設在旬陽縣的管理公田的機構,管理公田的職官名稱有"田官"和"田典",他們與"田官佐"和"田官守"共同組成田官機構;而"田守"或是"田官守"的省稱。綜合可知秦時設有專門管理"公田"的機構,並區分左右曹署;設有公田機構的秦縣有旱、成紀、旬陽等。

旱[右]丞印

《大系》P107

瑞按：封泥殘。旱，所指不詳。封泥中既有"旱丞之印"，亦有本"旱右丞印"，應非同時物，時代當有早晚差異。

（三）房　陵

房陵

| 1 | 2 | 3 |

1—3.《大系》P80

【悠悠2015】

　　房縣松嘴戰國秦漢墓地中M57出土的殘漆器，墨書"房陵"二字（墓葬時代爲西漢早期）。又西漢初年的張家山漢簡《秩律》有"房陵"縣，其上屬郡爲漢中郡。房陵，地名。秦漢時常爲貴族流放之地。《史記·秦始皇本紀》："其舍人輕者爲鬼薪，及奪爵遷蜀四千餘家，家房陵。"《淮南子·泰族訓》："趙王遷流於房陵，思故鄉，作山水之謳，聞者莫不殞涕。"高誘注：秦滅趙，王遷之漢中房陵。西漢景帝時濟川王明，武帝時常山王勃，濟川恭王都因罪遷房陵。《正義》引《括地志》云："房陵即今房州房陵縣，古楚漢中郡也，是巴蜀之境。秦漢時爲漢中郡。《地理志》云，房陵縣屬漢中郡，在益州部接東南一千三百一十里也。"又《華陽國志》："新城縣，本漢中郡房陵縣也。秦始皇徙呂不韋舍人萬家於房陵，以其隘地也。"《大清一統志》卷349："故城即今（鄖陽府）房陵治。"即今湖北省房縣。

房陵丞□

《大系》P80

瑞按：封泥殘，多枚封泥對讀可知爲“房陵丞印”。房陵，《漢書·地理志》屬漢中郡。“淮山，淮水所出，東至中廬入沔。又有築水，東至築陽亦入沔。”《史記·秦始皇本紀》“裂以徇，滅其宗。及其舍人，輕者爲鬼薪。及奪爵遷蜀四千餘家，家房陵。”《正義》引《括地志》云：“房陵即今房州房陵縣，古楚漢中郡地也。是巴蜀之境。《地理志》云房陵縣屬漢中郡，在益州部，接東南一千三百一十里也。”《史記·趙世家》：“七年，秦人攻趙，趙大將李牧、將軍司馬尚將，擊之。李牧誅，司馬尚免，趙匆及齊將顏聚代之。趙匆軍破，顏聚亡去。以王遷降。”《集解》引《淮南子》云：“趙王遷流於房陵，思故鄉，作爲山水之謳，聞之者莫不流涕。”《正義》引《括地志》云：“趙王遷墓在房州房陵縣西九里也。”《水經注》卷28“沔水”：“堵水出建平郡界故亭谷，東歷新城郡。郡，故漢中之房陵縣也。世祖建武元年，封鄧晨爲侯國。漢末以爲房陵郡，魏文帝合房陵、上庸、西城，立以爲新城郡，以孟達爲太守，治房陵故縣。”張家山漢墓竹簡《二年律令·秩律》：“庸、武陵、房陵、陽平、垣。”房陵之産，文獻中以李爲名。如《初學記》卷28引《荆州記》曰：“房陵南居有名李。”《太平御覽》卷968引《列異傳》曰：“房陵定山有朱仲李，園三十六所。”潘岳《閑居賦》云：“房陵朱仲之李。”傅玄《李賦》曰：“河沂黃建，房陵縹青，一樹三色，異味殊名。”

（四）西　　成

西成

《大系》P284

瑞按：《史記·五帝本紀》有“敬道日入，便程西成”語。《水經注疏》卷27“《水經注》云，秦惠王置漢中郡，南鄭縣即郡治，漢因之。可知南鄭之爲郡治，實始於秦也。《通鑑》胡《注》謂，漢中治西城，誤。徐松曰，《仙人唐公房碑》，成固人，王莽居攝二年，君爲郡吏，是時府在西成，去家七百餘里，休謁往來，轉景即至，闔郡驚焉。西成即西城，是漢中治始在南鄭，後移西城，胡氏未爲誤。”張家山漢墓竹簡《二年律令》第449號有“上邽、陽翟、西成、江陵、高奴”，作“西成”。

西成丞印

《圖例》P57;《秦封》P298;《彙考》P228;《璽印》P403;《大系》P284

【郡縣1997】

西成應即西城。《漢書·地理志》漢中郡本注:"秦置。"下屬縣有西城。《史記·秦本紀》惠文王後元十三年(公元前312年)"又攻楚漢中,取地六百里,置漢中郡"。西城置縣當在此前後,其地在今陝西安康。丞爲縣令佐官。

【秦封2000】

《漢志》漢中郡有西城縣。應劭曰:"《世本》娥虛在西北,舜之居。"《水經·沔水》:"漢水又東至西城縣城南,《地理志》曰:西城,故漢中郡之屬縣也。漢末爲西城郡,建安二十四年,劉備以申儀爲西城太守,儀據郡降魏,魏文帝改爲魏興郡治,故西城縣之故城也。"西成縣秦約屬漢中郡,今在陝西省安康市。漢封泥有:《旬陽》"西成丞印",《齊魯》《再續》"西成令印"。

【簡讀2002】

《漢志》漢中郡有西城縣。西成或即"西城"。《張家·二年·秩律》:"西成……秩各八百石,有丞、尉者半之。"整理組注:"西成,即西城。"

【彙考2007】

《漢書·地理志》:"漢中郡,秦置……屬益州……縣十二;西城……"注引應劭曰"《世本》娥虛在西北,舜之居。"《水經·沔水》:"漢水又東至西城縣城南。"酈道元注:"《地理志》:西城,古漢中郡之屬縣也。漢末爲西城郡……魏文帝改爲魏興郡治,故西城縣之故城也。"由此看西成縣爲秦時置縣。今在陝西省安康市。

【政區2009】

西成原爲楚地,秦西成設縣較早,估計秦惠文王時就已置縣。《史記·秦本紀》:"(惠文王後元十三年)又攻楚漢中,取地六百里,置漢中郡。"《漢志》漢中郡西成縣,應劭曰:"世本娥虛在西北,舜之君。"《水經·沔水注》:"漢水又東至西成縣城南。"秦西成縣其地今在陝西安康市。

【集證2011】

此封泥極其模糊。周偉洲云:"西成應即西城。《漢書·地理志》漢中郡本注:'秦置。'下屬縣有西城。《史記·秦本紀》惠文王後元十三年(前312年)'又攻楚漢中,取地六百里,置漢中郡。'西城置縣當在此前後。其地在今陝西安康。"其說是。

【戰國2013】

　　秦封泥有"西成丞印"。西成原爲楚地,秦西成設縣較早,估計秦惠文王時就已置縣。《史記·秦本紀》:"(惠文王後元十三年)又攻楚漢中,取地六百里,置漢中郡。"秦西成縣其地今在陝西安康市。

【職地2014】

　　西成應即西城,《地理志》漢中郡有西城縣。

<h2 style="text-align:center">(五)成　固</h2>

成□

　　　1　　　　　　　　　　　　2

1.《新選》P89;《大系》P46
2.《大系》P47

【十則2019】

　　此封泥第二字殘,從印面觀察應是有邊框無界格的半通印。雖然《漢書·地理志》所載地名爲"成某"者除成固外,還有成鄉、成樂、成安、成陽、成紀、成武、成宜和成都等。但據此封泥第二字最上面的一長橫且右端略帶弧度的殘畫來看,釋爲"固"字,有一定道理。秦封泥"成固丞印"(《彙編》1370、1371號)"固"字作█、█,秦成固戈(《集成》10939)銘文"固"字作█,對比可知此封泥釋爲"成固"是可信的。成固秦漢均屬漢中郡,在今陝西成固縣。

　　瑞按:封泥殘,原讀爲"成固",然下字殘,是否爲"固"尚難確定。

成固之印

《大系》P47

瑞按：成固，《漢書·地理志》屬漢中郡。後世文獻載有大、小成固，見《水經注》卷27“又東過成固縣南，又東過魏興安陽縣南，涔水出自旱山北注之”，注“常璩《華陽國志》曰：蜀以成固爲樂城縣也。……又東南逕大成固北，城乘高勢，北臨墉水。水北有韓信臺，高十餘丈……漢水又東逕小成固南，州治大成固，移縣北，故曰小成固。”卷32“東北流逕成固南城北，城在山上，或言韓信始立，或言張良創築，未知定所制矣。義熙九年，索邈爲梁州刺史，自成固治此，故謂之南城。城周七里，衿澗帶谷，絕壁百尋，北谷口造城東門，傍山尋澗，五里有餘，盤道登陟，方得城治。城北水舊有桁，北渡涔水。水北有趙軍城，城北又有桁，渡沔取北城，城，即大成固縣治也”。《太平御覽》卷168“《漢志》曰：成固，屬漢中郡。今洋源縣地是也。”張家山漢墓竹簡《二年律令·秩律》“宜成、蒲反、成固、圜陽、巫”。

成固丞印

| 1 | 2 | 3 | 4 |

1.《璽印》P417
2—4.《新出》P58；《大系》P46

【考略2001】

《漢書·地理志》：“漢中郡，秦置。”成固爲其轄縣。由此可證秦時已設成固縣。至於《漢金文録》卷六戈銘“成固”，有的學者認爲此係秦戈，若此，爲秦置成固縣提供又一佐證。《封泥考略》輯録有“成固令印”和“成固丞印”封泥。

【簡讀2002】

秦縣，《漢志》屬漢中郡。《張家·二年·秩律》：“成固……秩各八百石，有丞、尉者半之。”

【於京2005】

《漢書·地理志》：“漢中郡，秦置……成固。”《水經注》卷二七：（漢水）“又東過成固縣南。”“常璩《華陽國志》曰：蜀以成固爲東城縣也。”《元和郡縣圖志·山南道三·興元府·城固縣》：“本漢舊縣，有鐵官，屬漢中郡。隋開皇三年改屬梁州。武德二年，改爲唐固縣，貞觀二年復舊。”成固秦屬漢中郡，其治地在今陝西城固縣東。

【政區2009】

秦兵器“成固”戈，黃盛璋斷爲秦物，可從。《水經·沔水注》：“（漢水）又東過成固縣南”；“常璩《華陽國志》曰：蜀以成固爲東城縣也。”《元和·卷二十二》：“城固縣，本漢舊縣，有鐵官，屬漢中郡。隋開皇三年改屬梁州。武德二年，改爲唐固縣，貞觀二年復舊。”《讀史·卷五十六》陝西漢中府城固縣：“府東七十里，東南至洋縣六十里，漢縣，屬漢中郡。”秦成固縣故址在今陝西省城固縣。

【戰國2013】

　　秦封泥有“成固□印”；傳世秦兵器“成固”戈，黃盛璋斷爲秦物，可從。《水經·漢水注》：“(漢水)又東過成固縣南”；“常璩《華陽國志》曰：蜀以成固爲東城縣也”。秦成固縣故址在今陝西省城固縣。

【秦地2017】

　　里耶簡5-23有“一泰守府，一成固”。秦封泥有“成固丞印”“成固”。亦見《秩律》。《漢志》屬漢中郡。

　　瑞按：《訂補2014》指出有約秦始皇時成固戈，容庚認爲其爲漢器，馬非百、劉慶柱先生認爲其爲秦器，《集成》定爲戰國。認爲從其形制看，應爲始皇時物。

成固□印

《大系》P46

　　瑞按：所缺字尚難確定。

（六）沮

沮丞之印

《於京》圖53；《璽印》P410；《大系》P139

【於京2005】

《漢書・地理志》武都郡有沮縣。"沮水出東狼谷,南至沙羨南入江,過郡五,行四千里,荆州川。"《水經注》卷二〇:"漾水出隴西氐道縣嶓塚山,東至武都沮縣爲漢水。"《史記・夏本紀》:"九河既道,雷夏既澤,雍、沮會同。"《集解》:"鄭玄曰:'雍水、沮水相觸而合入此澤。'"《水經注》卷二七:"沔水出武都沮縣東狼谷口,沔水一名沮水。""水出河池縣,東南流,入沮縣,會於沔。"《元和郡縣圖志・山南道三・興州》:"《禹貢》梁州之域。戰國時爲白馬氐之東境。秦併天下,屬蜀郡。漢武帝元鼎六年,以白馬氐置武都郡,今州即漢武都郡之沮縣也。"又《順政縣》:"本漢沮縣地,後魏廢帝分置漢曲縣,屬順政郡。隋開皇三年罷郡,以漢曲縣屬興州,十八年改爲順政縣。皇朝因之。"沮縣屬蜀郡,其治所在今陝西勉縣西北。

【政區2009】

西漢初年的張家山漢簡《秩律》有"沮"縣,周振鶴斷其上屬郡爲漢中郡。《漢志》武都郡沮縣,"沮水出東狼谷,南至沙羨南入江,過郡五,行四千里,荆州川"。《水經・漾水注》:"漾水出隴西氐道縣嶓塚山,東至武都沮縣爲漢水。"《水經・沔水注》:"兩水出武都沮縣東狼谷口。兩水一名沮水";"水出河池縣,東南流,入沮縣,會於沔。"《元和・卷二十二》山南道興州:"《禹貢》梁州之域。戰國時爲白馬氐之東境。秦並天下,屬蜀郡。漢武帝元鼎六年,以白馬氐置武都郡,今州即漢武都郡之沮縣也。"又《順政縣志》:"本漢沮縣地,後魏廢帝分置漢曲縣,屬順政郡。隋開皇三年罷郡,以漢曲縣屬興州,十八年改爲順政縣。皇朝因之。"《讀史・卷五十六》陝西漢中府羌寧州略陽縣:"州東北三百十里。東南至府城二百十里。西至鞏昌府成縣二百十五里。漢武都郡沮縣地。"沮水:"在縣東。《水經》:沮水,出沮縣東狼谷中,又東南流經沮水戍西,而東南流注漢。諸戍皆委城崩潰,蓋是時阻沮水列戍以備秦也。後魏延昌末,梁州刺史薛懷吉破叛氐於沮水,亦在縣境。今沮水流經縣南,入沔縣境而合於漢水。"秦沮縣故址其治在今陝西勉縣西北。

【戰國2013】

秦封泥有"沮丞之印"。《水經・沔水注》:"沔水出武都沮縣東狼谷口,沔水一名沮水";"水出河池縣,東南流,入沮縣,會於沔"。《元和・卷二十二》山南道興州:"《禹貢》梁州之域。戰國時爲白馬氐之東境。秦併天下,屬蜀郡。漢武帝元鼎六年,以白馬氐置武都郡,今州即漢武都郡之沮縣也。"《讀史・卷五十六》陝西漢中府羌寧州略陽縣:"州東北三百十里。東南至府城二百十里。西至鞏昌府成縣二百十五里。漢武都郡沮縣地。"沮水"在縣東。《水經》沮水,出沮縣東狼谷中,又東南流逕沮水戍西,而東南流注漢。諸戍皆委城崩潰,蓋是時阻沮水列戍以備秦也。"秦沮縣故址其治在今陝西勉縣西北。

【秦地2017】

里耶簡8-1516有"沮守療言"。秦封泥有"沮丞之印"。嶽麓秦簡秦二世令文有"西工室伐榦沮、南鄭山",沮與南鄭連言。亦見《秩律》。《漢志》屬武都郡,秦當屬漢中郡。

（七）武　　陵

武陵丞印

1   2

1.《新出》P78;《青泥》P34;《大系》P282
2.《新出》P79;《大系》P283

【政區2009】

　　西漢初年的張家山漢簡《秩律》有"武陵"縣,周振鶴斷其上屬郡爲漢中郡,可從。《漢志》漢中郡屬縣武陵。此簡文看,秦時漢初武陵即已置縣,其故址在今湖北省竹山縣西北。

【楚地2013】

　　包山楚簡有"武陵"(《包山》169號),"武陵"地名似未見於先秦史書記載。《漢志》漢中郡有武陵縣,在今湖北竹山縣西。《近出》四・1152有"武陵之王戈",張光裕、吳振武考釋此器(認爲此戈之"武陵"就在今湖北省竹山縣西北)。《左傳》莊公四年:"(楚武王)卒於樠木之下。"顧高棟《春秋大事表》卷七之四:"今安陸府治鍾祥縣東一里有樠木山。一名武陵,以楚武王卒於此因名。"楊伯峻《春秋左傳注》則説:"《傳》文未言卒於何地,或謂之湖北鍾祥縣東一里有樠木山,亦名武陵,因楚武王卒於楚而得名,見《大事表》及《清一統志》。或謂今湖北省應城縣南有樠池,楚武王卒於樠木即此,見《明一統志》,恐皆不可信。"顔世鉉認爲,今湘西之地在漢代屬武陵郡,戰國時則屬楚黔中郡,故楚武陵縣當不在今湘西一帶,而顧高棟所言尚待進一步確認。包山楚簡的武陵縣,暫定在漢武陵縣故城、今竹溪縣境内。楚器"武陵之王戈"之"武陵",可能和包山楚簡的"武陵"同指一地。何琳儀、劉信芳也將簡文"武陵"定爲《漢志》漢中郡的武陵縣。

【戰國2013】

　　包山楚簡有"武陵列尹之人謬足"(J169)。"武陵"地名不見先秦史書記載,《漢志》漢中郡有武陵縣,故址今湖北竹山縣西,或與此有關。

【秦地2017】

　　里耶簡8-1089有"上造武陵當利敬"。秦封泥有"武陵丞印"。亦見《秩律》。《漢志》屬漢中郡。

（八）上　庸

上庸□□

《大系》P211

【縣考2007】

《戰國策·秦策二》載：甘茂謂秦武王曰："臣聞張儀西併巴蜀之地，北取西河之外，南取上庸，天下不以多張儀而賢先王。"《甘茂列傳》亦載此事。據《新編年表》，張儀取上庸在秦惠文王十三年，則是年上庸由楚歸秦。《戰國策·楚策二》：楚靳尚對王之幸夫人鄭袖曰："張儀者，秦王之忠信有功臣也，今楚拘之，秦王欲出。秦王有愛女而美，又簡擇宮中佳麗好玩習音者，以懽從之，資之金玉寶器，奉以上庸六縣爲湯沐邑，欲因張儀內之楚王。"《楚世家》：楚懷王十八年，張儀至楚被囚。靳尚謂夫人鄭袖曰："秦王甚愛張儀，而王欲殺之，今將以上庸之地六縣賂楚，以美人聘楚王，以宮中善歌者爲之媵。"《張儀列傳》載，楚大夫靳尚對楚夫人鄭袖曰："秦王甚愛張儀而不欲出之。今將以上庸之地六縣賂楚，以美人聘楚……"既言"上庸六縣"或"上庸之地六縣"，則上庸歸秦後成爲秦縣。《秦本紀》載："〔昭襄王三年〕與楚王會蒲黃棘，與楚上庸。"《楚世家》亦載："二十五年，懷王入與秦昭王盟，約於黃棘。秦復與楚上庸。"《六國年表》楚懷王二十五年欄亦曰："與秦王會黃棘，秦復歸我上庸。"據《新編年表》，《楚世家》及《六國年表》所云楚懷王二十五年當依《秦本紀》改作與秦昭襄王三年相當的楚懷王二十三年（前304年），據此則是年上庸縣由秦復屬楚。《楚世家》曰："楚頃襄王十九年，秦伐楚，楚軍敗，割上庸、漢北地予秦。"《六國年表》楚頃襄王十九年欄曰："秦敗我軍，與秦漢北及上庸地。"此處的楚頃王十九年，依《新編年表》當作十七年，即公元前280年，則該年上庸復由楚屬秦。《秦本紀》載："〔昭襄王〕三十四年，秦與魏、韓上庸地爲一郡，南陽免臣遷居之。"秦昭襄王三十四年即魏安釐王四年（前273年），而《六國年表》魏安釐王四年欄曰："與秦南陽以和。"《魏世家》載："〔安釐王〕四年，秦破我及韓、趙，殺十五萬人，走我將芒卯。"故可知該年魏、韓均敗於秦，則秦不可能與魏、韓二國上庸地。《秦本紀》所載當有脫文，《新編年表》以爲當作"秦〔以南陽〕與魏、韓上庸地爲一郡，南陽免臣遷居之"，或是。綜上所論，則此年上庸成爲秦漢中郡的一縣。《漢志》上庸縣屬漢中郡。

【政區2009】

《漢志》漢中郡上庸縣，推之或爲“上庸”。《史記·秦本紀》：“昭襄王三年，與楚王會黃棘，與楚上庸”；三十四年，“秦與魏、韓上庸地爲一郡，南陽免臣遷居之”。《戰國策·秦策二》：“張儀西併巴蜀之地，北取西河之外，南取上庸。”《水經·沔水注》：“堵水又東北逕上庸縣，故庸國也。……楚滅之以爲縣，屬漢中郡。”楊守敬曰：“(上庸)立縣已在秦時，故酈氏言之也。《元和志》，漢初立上庸縣，未審。”秦上庸縣故址地望在今湖北竹山縣西南。

【悠悠2015】

同《政區2009》。

（九）旬　　陽

旬陽之丞

1　　　　　　　2　　　　　　　3　　　　　　　4

1.《大系》P314
2、3.《新出》P83
4.《新出》P83；《大系》P314

【政區2009】

西漢初年的張家山漢簡《秩律》有“旬陽”縣，其上屬郡在西漢初年爲漢中郡。《漢志》漢中郡屬縣旬陽，“北山，旬水所出，南人沔”。從此簡文看，秦時漢初旬陽即已置縣，其故址在今陝西省旬陽縣。

【秦地2017】

里耶簡8-63有“受旬陽左公田”“旬陽丞”等。秦封泥有“旬陽之丞”。亦見《秩律》。《漢志》屬漢中郡。

（十）安　陽

安陽丞印

1　　　　　　　　　　　　2

1.《新出》P56;《青泥》P33;《大系》P24
2.《大系》P24

【字典1998】

　　燕方足布"安昜"，讀"安陽"，地名，即"東安陽"，見《漢書·地理志》代郡。在今河北陽原東南。

【政區2009】

　　傳世戰國韓兵器有六年安陽令矛(《集成》11562)，銘文:"六年安陽命(令)韓望，司寇□饗右庫工市(師)若(?)父，冶□造，□(戟)束。"又山西博物館藏戰國韓廿七年安陽令戈，銘文:"廿七年安陽令□□□司寇□衣甲□右庫，工師梁丘，冶……"古地名安陽者不一，戰國趙、魏、韓皆有。該二器的刻辭都爲令之後又加司寇爲監造，其銘文款式和内容爲典型韓國兵器刻辭特點。《漢志》汝南郡有安陽縣。《水經·河水注》:"安陽溪水出石峆南，西徑安陽城南……潘岳所謂我徂安陽也。"其城在陝縣東，黄盛璋認爲在戰國時應屬韓地，爲韓置安陽縣佐證。從韓兵器戈和矛銘文可知，韓置安陽縣，《漢志》汝南郡屬縣安陽實源自同名韓縣。二者互證，秦或置安陽縣，屬淮陽郡，其址在今河南省信陽市東北。

　　又:戰國魏方足布有"安陽"。《史記·趙世家》:"趙惠文王二十四年，廉頗取魏安陽。"《史記·廉頗列傳》:"廉頗攻魏防陵、安陽，拔之。"戰國魏置縣，其地爲《漢志》河内郡屬縣安陽，今河南安陽縣南。又《史記·秦本紀》:"昭襄王五十年，攻汾城，即從張唐拔寧新中，寧新中更名安陽。"《索隱》徐廣曰:"河内郡有安陽縣。"《史記·秦始皇本紀》:"十一年，王翦、桓齮、楊瑞和攻鄴……取鄴、安陽。"《正義》引《括地志》云:"寧新中，七國時魏邑，秦昭襄王拔魏寧新中，更名安陽城，即今相州外城是也。"秦安陽縣故址在今河南省安陽市。

【戰國2013】

　　戰國齊刀幣有"安陽之法化"。齊安陽鑄銘文刀幣，表明安陽爲齊五都之一。有關齊安陽所在地址不見文獻記載。楊寬認爲齊安陽當在東阿西北,今山東陽谷東北,亦即在阿澤之陽,古"安""阿"同音通用,因稱安陽。此地正當齊西北水陸交通要道,因而也是齊國西邊的最大商業城市。

又:據文獻記載及學者研究,趙國有東、西二安陽。東安陽屬《漢志》代郡,其地在今河北蔚縣附近。西安陽屬五原郡,其地在今内蒙古包頭市西,二者分别見於《史記·趙世家》惠文王三年和二十四年。《史記·趙世家》:"武靈王封長子章爲代安陽君。"《正義》引《括地志》云:"東安陽故城在朔州定襄縣界。"《水經·累水注》引《地理風俗記》云:"五原有西安陽,故此加東也。"20世紀50年代,内蒙古包頭市麻池鄉戰國遺址出土"安陽"布石範;90年代内蒙古中部的涼城發現戰國"安陽""戈"布同範的鐵範。經研究,安陽石範屬於趙西安陽,安陽鐵範屬趙東安陽。這一發現,不僅瞭解了趙國東、西安陽布的特點,也證明了趙國東、西安陽的確存在的事實,從而驗證文獻記載和學者研究的可靠。以上趙國文物可知,趙置東、西安陽縣。

【職地2014】

在分析"安陽鄉印"時指出,安陽,《漢書·地理志》有二,一屬汝南郡,漢爲侯國。另一屬漢中郡,約在今城固、洋縣北部,確地無考。"安陽鄉印"恐爲後者。

【秦地2017】

里耶簡8-1039有"安陽守丞"。亦見《秩律》。《漢志》屬漢中郡。《漢志》汝南郡另有安陽侯國。

【古分2018】

"安易(陽)水璽"(《中國歷史博物館館刊》1979年1期88頁、圖版七-5),《史記·項羽本紀》:"行至安陽,留四十六日不進。"《索隱》:"按,傅寬傳:'從攻安陽、杠里。'則安陽、杠里俱在河南。顏師古以爲今相州安陽縣。按,此兵猶未渡河,不應即至相州安陽。今檢《後魏書·地形志》云'己氏有安陽城,隋改己氏爲楚丘',今宋州楚丘西北四十里有安陽故城是也。"

（十一）故　　道

故道

《大系》P101

瑞按:故道,《漢書·地理志》屬武都郡,"莽曰善治"。《漢書·高帝紀》:"五月,漢王引兵從故道出襲雍。"孟康曰:"縣名,屬武都。"《史記·曹相國世家》"從至漢中,遷爲將軍。從還定三秦,攻下辯、故道、雍、斄。"《索隱》:《地理志》二縣名,皆屬武都。辯音皮莧反。《正義》引《括地志》云:"成州同谷縣,本漢下辯道。"又云:"鳳州兩當縣,本漢故道縣,在州西五十里。"《史記·河渠水》:"其後人有上書欲通褒斜道及漕事,下御史大夫張湯。湯問其事,因言:抵蜀從故道,故道多阪,回遠。今穿褒斜道,少阪,近四百里;而褒水通沔,斜水通渭,皆可以行船漕。"《正義》引《括地志》云:"鳳州兩當縣,本漢故道縣也,在州西五十里。"《漢書·溝洫志》所載近同,師古曰:"抵,至也。故道屬武都,有蠻夷,故曰道,即今鳳州界也。回音胡內反。"《水經注》卷17:"渭水又與捍水合,水出周道谷,北逕武都故道縣之故城西,王莽更名曰善治也。故道縣有怒特祠,《列異傳》曰:武都故道縣有怒特祠,云神本南山大梓也,昔秦文公二十七年,伐之,樹瘡隨合,秦文公乃遣四十人持斧斫之,猶不斷。疲士一人,傷足不能去,臥樹下,聞鬼相與言曰:勞攻戰乎? 其一曰:足爲勞矣。又曰:秦公必持不休。答曰:其如我何? 又曰:赤灰跋於子何如。乃默無言。臥者以告,令士皆赤衣,隨所斫以灰跋,樹斷化爲牛入水,故秦爲立祠。其水又東北歷大散關而入渭水也。渭水又東南,右合南山五溪水,夾澗流注之。"《太平御覽》卷167引《十道志》曰:"鳳州,河池郡。土地所屬與金州同。在秦,隴西郡地。漢爲故道縣地。故道,今兩當縣是也。漢武改雍爲涼,後爲涼州之地。《水經》曰:兩當縣,水出陳倉縣之大散嶺西南,流入故道川。謂之故道水,縣因水取名。或云縣西有兩山相當,故名之。"張家山漢墓竹簡《二年律令·秩律》:"漢中、下辯、故道。"

故道丞印

　　1　　　　　　2　　　　　　3　　　　　　4

1.《於京》圖52;《璽印》P411;《大系》P101
2.《新出》P15;《大系》P101
3.《新出》P65;《大系》P101
4.《大系》P101

【於京2005】
　　《史記·高祖本紀》:"八月,漢王用韓信之計,從故道還,襲雍王章邯。"《集解》:

《地理志》武都有故道縣。"《史記·曹相國世家》:"漢王封參爲建成侯。……從還定三秦,初攻下辯、故道、雍、斄。"《史記·河渠書》:"抵蜀從故道,故道多阪,回遠。"《正義》:"《括地志》云:鳳州兩當縣,本漢故道縣也,在州西五十里。"《水經注》卷一七:"渭水又與捍水合,水出周道谷,北逕武都故道縣故城西,王莽更名曰善治也。故道縣有怒特祠。"《漢書·地理志》:"武都郡,……故道,莽曰善治。"《元和郡縣圖志·關内道三·寧州·襄樂縣》:"秦故道,在縣東八十里子午山。始皇三十年,向九原抵雲陽,即此道也。"故道秦屬漢中郡,其治地在今陝西鳳縣西北。

【政區2009】

　　傳世秦青銅器有故道量。《史記·高祖本紀》:"漢王用韓信之計,從故道還,襲雍王章邯。"《史記·曹相國世家》:"從還定三秦,初攻下辯、故道。"《漢志》武都郡故道,"莽曰善治"。《史記·河渠書》:"抵蜀從故道,故道多阪,回遠。"《正義》引《括地志》云:"鳳州兩當縣,本漢故道縣,在州西五十里。"《水經·渭水注》:"渭水又與捍水合,水出周道谷,北逕武都故道縣故城西,王莽更名曰善治也。故道縣有怒特祠。"《元和·卷三十九》關内道三寧州襄樂縣:"秦故道,在縣東八十里子午山。始皇三十年,向九原抵雲陽,即此道也。"《讀史·卷五十六》陝西漢中府鳳縣故道城:"今縣治","漢王從故道出陳倉,定三秦;又曹參攻故道是也"。《清一統志》:"故道故城在(漢中府)鳳縣西北,接甘肅秦州兩當縣境。"今《圖集》點注秦故道在陝西省鳳縣東北約150里處,屬漢中郡,不知所據。

【戰國2013】

　　同《政區2009》。

(十二) 荆 山 道

荆山道印

《菁華》P39;《大系》P310

【悠悠2015】

　　湖南龍山里耶秦簡有"以荆山道丞印行"。《里耶秦簡校釋》一書校釋爲"道名",没有進一步具體解釋。無獨有偶,傳西安相家巷出土秦封泥有"荆山道印"。二者互證,秦設置了荆山道。荆山道不見文獻記載,但在今湖北、河南、安徽、陝西四省都有荆山。其中湖北荆山在今湖北省南漳縣西部。漳水發源於此。山有抱玉岩,傳爲楚人卞和得璞處。《尚書・禹貢》:"導嶓塚,至於荆山。"孔傳:"荆山在荆州。"北魏酈道元《水經注・江水二》:"《禹貢》:'荆及衡陽惟荆州。'蓋即荆山之稱,而制州名矣。故楚也。"估計秦荆山道與此有關。

【秦地2017】

里耶簡8-1516有"以荆山道丞印行事"。荆山道或屬漢中郡。秦封泥有"荆山道丞""荆山道印",王偉以爲荆山道屬漢中郡。荆山道的地望,郭濤以爲或在今湖北南漳縣西北。

荆山道丞

1　　　　　　　　　　　　2

1.《新出》P82;《青泥》P38;《秦選》P93;《大系》P310
2.《大系》P310

瑞按:荆山道雖不見文獻所載,然文獻對荆山的記載却有很多,如《漢書・地理志》載荆州"荆及衡陽惟荆州",師古曰:"北據荆山,南及衡山之陽也。"載豫州"荆、河惟豫州",師古曰:"西南至荆山,北距河水。"此外還載"道汧及岐,至於荆山,逾於河;壺口、雷首,至於大嶽;底柱、析城,至於王屋;太行、恒山,至於碣石,入於海。西傾、朱圉、鳥鼠,至於太華;熊耳、外方、桐柏,至於陪尾。道嶓塚,至於荆山;內方,至於大別",師古注"此荆山在南郡臨沮東北"。南郡之荆山,《後漢書・郡國志》注引《山海經》曰:"其陽多鐵,其陰多赤金,其(東)[中]多牛。"《荆州記》曰:"西北三十里有清溪,溪北即荆山,首曰景山,即卞和抱璞之處。"《南都賦》注曰:"漢水至荆山,東別流,爲滄浪之水。"此外,左馮翊有荆山,《漢書・郊祀志》"黃帝采首山銅,鑄鼎於荆山下",晉灼曰:"《地理志》首山屬河東蒲阪,荆山在馮翊懷德縣也。"《後漢書・郡國志》"雲陽"注"有荆山。《帝王世紀》曰:禹鑄鼎於荆山,在馮翊懷德之南,今其下荆渠也。"此外,《史記・高祖本紀》"高祖曰將軍劉賈數有功,以爲荆王,王淮東。"《索隱》:"乃王吳地,在淮東也。姚察按:虞喜云'總言吳,別言荆者,以山命國也。今西南有荆山,在陽羨界。賈封吳地而號荆王,指取此義'《太康地理志》陽羨縣本名荆溪。"《太平御覽》

卷49：“《荆州記》曰：‘景山，在上洛縣西南二百里，東與荆山連接，有沮水源出焉。其山一名雁浮山，荆山之首曰景山，雁南翔北歸遍經其上，土人由兹改名爲雁山，又爲雁塞山。’《山海經》曰：‘荆山首曰景山，金玉是出。此即卞和抱璞之處，南連青山，北接雁塞，通林交麓，峭崿相望。雖群峰競起，而荆山獨秀。卞和得玉於此山，獻厲王，王使玉人相之，曰：石也。刖其左足。厲王薨，獻之武王，玉人相之，又曰，石也。刖其右足。和抱其璞哭荆山之下。’”卷167：“《釋名》曰：荆州取名於荆山。又曰：荆，驚也。南蠻數寇，常置警備。”卷806：“《韓子》曰：楚人和氏得璞玉於荆山，而獻之，遂名和氏之璧。”卷893引《左傳·僖公四年》：“四嶽、三途、陽城、太室、荆山、中南，九州之險也。”《藝文類聚》卷6：“《釋名》曰：荆州，取名於荆山也。荆，警也，警南蠻數爲寇逆。其民有道後服，無道先强，常警備之也。”

第二章　山東北部

一、河　東　郡

【政區2009】

原爲魏地。《漢志》河東郡，“秦置”。公元前290年，魏被迫獻河東地四百里給秦。《史記·秦本紀》：“昭襄王二十一年，錯攻魏河内，魏獻安邑，秦出其人，募徙河東賜爵，赦罪人遷之。”又《史記·秦始皇本紀》：“（始皇即位時）北收上郡以東，有河東、太原、上黨郡。”即秦始皇之前河東郡就已經設置，漢代沿襲之。文獻記載王稽曾爲秦河東郡守，因法受誅。《史記·范睢蔡澤列傳》：“昭王召王稽，拜爲河東守，三歲不上計”；“後二歲，王稽爲河東守，與諸侯通，坐法誅”。秦河東郡治安邑，今在山西省夏縣。《水經·涑水注》：“安邑，禹都也。……秦使左更白起取安邑，置河東郡。”

【戰國2013】

公元前328年，秦逐步取得魏國西河郡、上郡。魏爲了繼續抗秦，又在河東地設郡，因在國境西部，黄河之東得名。錢林書以爲“正因爲秦完全在魏河東郡故地上置得河東郡，所以魏、秦二郡的轄境也基本相同，即在今山西省西南部，即今黄河以東、以北，太嶽山及歷山以西，介休、隰縣等以南地”。轄境包括今山西沁水以西，霍山以南地區。又《戰國策·楚策一》載：“城渾出周……南游於楚，至於新城。城渾說其令曰：‘鄭、魏者，楚之國；而秦、楚之强敵也。鄭、魏之弱，而楚以上梁應之；宜陽之大也，楚以弱新城圍之。蒲反、平陽相去百里，秦人一夜而襲之，安邑不知；新城、上梁相去五百里，秦人一夜而襲之，上梁亦不知也。’”在此城渾以魏安邑和楚上梁相比較，李曉傑認爲魏曾在安邑置郡，且安邑爲魏河東郡治所。此郡一直持續至昭王十年，全境爲秦所有。

（一）安　邑

安邑丞印

1　　　　　2　　　　　3　　　　　4

1.《秦封》P312；《璽印》P418

2.《秦封》P312

3.《印風》P150

4.《山房》2.10

【發現1997】

《漢書·地理志》河東郡：“安邑，巫咸山在南，鹽池在西南。魏絳自魏徙此，至惠王徙大梁。有鐵官、鹽官。”

【郡縣1997】

《史記·秦本紀》孝公十年（公元前352年）“衛鞅爲大良造，將兵圍魏安邑，降之。”過了兩年，秦徙都咸陽，立四十一縣，安邑當於此時置縣。《漢書·地理志》河東郡本注：“秦置”，下屬縣有安邑，當承秦制。安邑爲秦河東郡屬縣，丞爲縣令佐官。

【印考1997】

印面爲正方形，田字格，邊長1.8釐米，邊欄右側略殘，推測印文應爲“安邑”。安邑，古邑，縣名。相傳夏禹都建於此，戰國初爲魏國都。公元前290年，魏被迫獻出河東地四百里給秦。《史記·秦本紀》秦昭王二十一年（公元前286年）派司馬錯攻魏河内，魏獻安邑。治所在今山西夏縣西北。

【秦封2000】

《漢志》：河東郡有安邑縣，“巫咸山在南，鹽池在西南，魏絳自魏徙此，至惠王徙大梁。有鐵官、鹽官。莽曰河東。”《史記·魏世家》，魏武侯二年“城安邑、王垣”，三十一年“安邑近秦，徙治大梁”。《史記·秦本紀》：“孝公十年，衛鞅爲大良造，將兵圍魏安邑，降之。”正義：《括地》云：“安邑故城在絳州夏縣東北十五里，本夏之都。”《秦本紀》：昭襄王二十一年，“錯攻魏河内，魏獻安邑。”《水經·汾水》：“安邑，夏都也……故晋邑矣，春秋時魏絳自魏徙此。”“武侯二年，又城安邑，蓋增廣之。秦始皇使左更白起取安邑，置河東郡。”《元和》安邑縣：“本夏舊都，漢以爲縣，屬河東郡，隋開皇十六年屬虞州，貞觀十七年屬蒲州,乾元三年割屬陝州。"清屬山西省解州夏縣。安邑縣秦約屬河東郡,今在山西省夏縣西北。《睡虎》:"昭王二十七年,秦攻安邑。"《考與》"安邑皇,安邑禄,安邑□"。《度量》録戰國魏"安邑下官"鍾。漢封泥見:《齊魯》《再續》"安邑丞印"。

【簡讀2002】

秦縣,《漢志》屬河東郡。《史記·秦本紀》:"(孝公)十年,衛鞅爲大良造,將兵圍魏安邑,降之。"

【縣考2007】

本魏縣。秦孝公十年,衛鞅爲大良造,率兵伐魏安邑,圍而降之。在昭襄王二十年(前288年)前,安邑復屬魏。昭襄王二十一年,安邑又爲秦所攻取。出土秦封泥中有"安邑丞印"。《漢志》安邑縣屬河東郡。

【彙考2007】

《漢書·地理志》河東郡有安邑縣。班固自注:"巫咸山在南,鹽池在西南。魏絳自魏徙此,至惠王徙大梁。有鐵官、鹽官。"王先謙《漢書補注》:"絳徙安邑,武侯城之,惠王三十一年,秦地東至河,安邑近秦,於是徙都大梁,見《魏世家》。孝公時圍魏安邑,降之。昭襄王時,魏獻安邑,見《秦紀》……《一統志》:'故城今夏縣北。'"

【政區2009】

山西省夏縣禹王安邑古城遺址出土秦陶文"安亭",安邑縣市亭之省文。又秦始皇陵遺址出土陶俑刻文有"安邑皇""安邑禄"。睡虎地雲夢秦簡《編年紀》有秦昭襄王"廿年,攻安邑"。安邑,戰國時屬魏地。《史記·魏世家》:"武侯二年,城安邑。"《戰國策·齊策三》:"安邑者,魏之柱國也。"高誘注:"柱國,都也。"《史記·秦本紀》:"(孝公)十年,衛鞅爲大良造,將兵圍魏安邑,降之。"又"(昭襄王)二十一年,錯攻魏河内,魏獻安邑,秦出其人。"秦末楚漢戰争,韓信征魏王豹,"襲安邑"。《水經·涑水注》云:"安邑,故晉邑也。春秋時,魏自絳徙此……武侯二年,又城安邑,蓋增廣之:秦使左更、白起取安邑,置河東郡。"《括地志》云:"安邑故城在絳州夏縣東北十五里,本夏之都。"現代考古調查表明,安邑故城遺址在今山西夏縣西北十五里,與《括地志》所云方位略不合。夏縣禹王古城是戰國魏都安邑,秦漢河東郡治,城址東西2900米,南北4700米。

【分域2009】

安邑,縣名,其地在今山西夏縣。《史記·秦本紀》云:"(孝公)十年,衛鞅爲大良造,將兵圍魏安邑,降之。"《漢書·地理志》河東郡:"安邑,巫咸山在南,鹽池在西南。魏絳自魏徙此,至惠王徙大梁。有鐵官、鹽官。"

【集證2011】

《漢書·地理志》河東郡有"安邑"縣,云:"巫咸山在南。鹽池在西南。魏絳自魏徙此,至惠王徙大梁。有鐵官、鹽官。莽曰河東。"安邑爲魏舊都,至秦昭王時歸秦。《漢書補注》王先謙曰:"絳徙安邑,武侯城之。惠王三十一年,秦地東至海。安邑近秦,於是徙都大梁,見《魏世家》。孝公時'圍魏安邑,降之';昭襄王時'魏獻安邑',見《秦紀》。"《史記·淮陰侯列傳》:"襲安邑。"《正義》:"安邑故城在絳州夏縣東北十五里。"《秦代陶文》拓本368、1204有"安邑",臨潼劉寨村出土陶文有"安邑禄""安邑皇""安邑工頭"
(《考古與文物》1996年4期6頁圖二,2、3、4)。

【戰國2013】

　　《珍秦齋藏金——吴越三晋篇》有"廿一年安邑司寇"戈,銘文"廿一年安邑司寇狄
冶匀嗇夫盧冶□。"雲夢睡虎地秦簡《編年記》:(秦昭襄王)"廿年,攻安邑"。戰國橋形
布有"安邑二釿""安邑一釿""安邑半釿"三種。學人研究橋形布是戰國前期魏國貨
幣。安邑爲魏國早期都城。《史記・魏世家》:"武侯二年,城安邑、王垣。"《戰國策・齊
策三》:"安邑者,魏之柱國也。"高誘注:"柱國,都也。"《史記・魏世家》惠王三十一年因
"安邑近秦,於是徙治大梁"。《史記・秦本記》:"(孝公十年),衛鞅爲大良造,將兵圍魏安
邑,降之";秦昭王二十一年,"錯攻魏河内,魏獻安邑"。《正義》引《括地志》云:"安邑
在絳州夏縣東北十五里。"相傳禹都安邑,故安邑故城又稱夏王城,其戰國古城遺址在今
山西夏縣西北十五里,今地方位與《括地志》所云略有不合。現代考古調查表明,夏縣
禹王古城是戰國魏都安邑,秦漢河東郡治,城址東西2900米,南北4700米。

【訂補2014】

　　在考訂"安邑銅鍾"時指出,安邑爲魏都,前286年(秦昭王二十一年,即魏昭王十
年),秦進攻魏河内郡地區,魏將安邑進獻秦國。

【悠悠2015】

　　同《政區2009》《戰國2013》。

【廣封2019】

　　案《漢書・地理志》:河東郡,有縣"安邑","巫咸山在南,鹽池在西南。魏絳自魏
徙此,至惠王徙大梁。有鐵官、鹽官。莽曰河東"。此其丞之印也。

(二) 臨　　汾

臨汾□印

《大系》P156

【政區2009】

　　江西遂川縣出土秦兵器"二十二年臨汾守"戈,銘文:"二十二年臨汾守覃庫系,工烏
造。"戈銘"臨汾守",王輝等認爲臨汾爲郡名,爲《漢志》所漏載。現代考古材料説明,

"也是(縣)守令,過去以爲郡守乃是誤解"。臨汾地屬河東郡。《史記・秦本紀》:"昭襄王二十二年,錯攻魏河内,魏獻安邑,秦出其人,募徒河東,賜爵,赦罪人遷之。"秦河東之置郡,當即在是年。故《史記・范睢列傳》稱:"昭王四十一年,召王稽爲河東守,三歲不上計。"又《史記・秦始皇本紀》亦曰:"始皇繼位時,秦地已北收上郡以東,有河東、太原、上黨也。"《漢志》河東郡有臨汾縣。現代考古表明,秦臨汾縣故址在今山西襄汾縣趙康古城,此城爲長方形,有大、小城之分,大城東2600米,西2700米,南1650米,北1530米;小城東770米,南700米,北660米。城址時代從春秋至漢代,春秋爲晋聚邑,漢代臨汾縣治。

【戰國2013】

上海博物館藏韓方足布"汾"(《貨系》2279),何琳儀釋讀。《史記・韓世家》桓惠王"九年,秦拔我陘,城汾旁"。又《史記・秦本紀》昭襄王五十二年,"十二月,益發率軍汾城旁"。即戰國晚期一直屬韓境。古汾城就是秦漢時臨汾。現代考古表明,古臨汾故址在今山西襄汾縣趙康古城,此城爲長方形,有大、小城之分,大城東2600米,西2700米,南1650米,北1530米;小城東770米,南700米,北660米。城址時代從春秋至漢代,春秋爲晋聚邑,漢代臨汾縣治。

【悠悠2015】

同《政區2009》。

瑞按: 江西遂川縣出土秦兵器有"二十二年臨汾守"戈,發表時判斷臨汾守爲河東郡守,河東郡治在臨汾,故名臨汾守(《考古》1978年1期P66),後彭適凡先生認爲這裏的臨汾守雖是指河東郡,但並非因郡治在臨汾而名,乃因秦始皇二十二年前後此地爲戰争要地,爲河東郡要地,因此在安邑、汾城等地設立製造武器的兵庫,而河東郡守要常往來於此指揮和監督軍工生產,因此在臨汾生產的武器銘刻出現臨汾守(《江西歷史文物》1980年3期P15)。王輝先生據《水經注》判斷河東郡郡治並非臨汾而爲安邑,故據秦器刻銘通例判斷臨汾也可能爲郡名,爲史漢所漏載(《秦銅器銘文編年集釋》P104)。《訂補2014》進一步指出,銘文中的"庫"乃武庫之省,昭襄王十七年丞相啟狀戈有"庫觟",與此同例。臨汾在《漢書・地理志》爲河東郡屬縣,《水經・涑水注》云河東郡治安邑。依常例,戈銘"臨汾"應爲郡名,但爲《地理志》所漏載。指出董珊説此戈作於秦昭襄王二十二年。《史記・秦本紀》:"(昭襄王)二十二年,河東爲九縣。"並非河東設郡,董氏以爲臨汾爲河東重鎮,設守令主管武庫。

臨□丞□

《新出》P25

瑞按：封泥殘，是否爲臨汾，尚待完整封泥。

（三）蒲　　反

蒲反

《大系》P192

【戰國2013】

　　1986年山西芮城縣大禹渡鄉出土戰國魏“十八年蒲反令”戈，銘文：“十八年，蒲反命（令）□，左工師即，治□。”此外戰國魏橋形布有“蒲反”布。蒲反，即蒲阪，地名，春秋屬晉，戰國時屬魏地。《史記·秦本紀》：“昭襄王四年，取蒲反，五年，復與魏蒲阪。”《漢志》注：“故曰蒲，秦更名。”應劭曰：“秦始皇東巡，見長阪，故加反云。”孟康曰：“本蒲也，晉文公以賄秦，後秦人還蒲，魏人喜曰：蒲反矣。謂秦名之，非也。”今魏蒲反令戈的出土，也説明其名早在戰國時即已有之，並非始皇之改也。魏地蒲阪，湖北雲夢出土秦簡《編年紀》：“五年，歸蒲反”，“十八年，攻蒲反”等也證之。《正義》引《括地志》云：“蒲阪故城在蒲州河東縣南二里。”其故址在今山西永濟縣西。

蒲反丞印

　　1　　　　　　2　　　　　　3　　　　　　4

1.《山房》2.11
2.《新出》P74；《大系》P193
3.《彙考》P202；《大系》P192
4.《山房》2.12

【發現1997】

《漢書·地理志》河東郡："蒲反,有堯山,首山祠。雷首山在南,故曰蒲,秦更名。"應劭曰："秦始皇東巡路見長阪,故加'反'云。"孟康曰："本蒲也,晉文公以賂秦,後秦人還蒲,魏人喜曰:'蒲反矣。'謂秦名之,非也。"臣瓚曰:"《秦世家》云:'以垣爲蒲反。'然則本非蒲也。"師古曰:"應説是。"

【郡縣1997】

《史記·秦本紀》昭襄王四年(公元前303年),"取蒲阪",五年"復與魏蒲阪"。十七年"秦以垣爲蒲阪、皮氏"。《索隱》云:"'爲'當爲'易',字訛也。"《漢書·地理志》河東郡有蒲反縣,即蒲阪縣,當沿秦置。地在今山西永濟西。丞爲縣令佐官。

【印考1997】

印面爲正方形,田字格,邊長1.8釐米,印文清楚,邊欄近似圓形,且右寬左窄。蒲反,古邑名。相傳虞舜都此。春秋屬晉,戰國屬魏。秦簡《編年紀》記昭襄王十八年(公元前289年)"攻蒲反",此後始爲秦永遠占領,後置縣邑,故城在今山西永濟縣西。《漢書·地理志》河東郡:"蒲反,有堯山,首山祠。雷首山在南,故曰蒲,秦更名。"《秦代陶文》中有"蒲反"印陶一枚。

【秦封2000】

《漢志》:河東郡有蒲反縣,"有光山、首山祠。雷首山在南,故曰蒲,秦更名。"《史記·秦本紀》:秦昭襄王四年"取蒲阪","五年,魏王來朝應亭,復與魏蒲阪、皮氏。"十七年,"秦以垣爲蒲阪、皮氏。"《水經·河水》:"又南過蒲阪縣西,《地理志》曰:縣,故蒲也,王莽更名蒲城。應劭曰:秦始皇東巡,見有長阪,故加阪也。孟康曰:晉文公以賂秦,秦人還蒲與魏,魏人喜曰:蒲反矣,故曰蒲反也。"《讀史》:"州東南五里……漢曰蒲反縣……後魏曰蒲阪縣,建武十八年上幸蒲阪,祠后土……隋開皇初爲蒲州治,尋析置河東縣,大業初以蒲阪併入焉。"清爲山西省蒲州府之永濟縣。蒲反縣秦約屬河東郡,今在山西省永濟縣西。《睡虎》"歸蒲反"。《秦陶》"蒲反"。漢金文有"蒲反田官"。漢封泥見:《齊魯》《再續》"蒲反丞印"。

【簡讀2002】

秦縣,《漢志》屬河東郡,"故曰蒲,秦更名。"應劭曰:"秦始皇東巡路見長阪,故曰'反'云。"孟康曰:"本蒲也,晉文公以賂秦,後秦人還蒲,魏人喜曰'蒲反矣'。謂秦名之,非也。"臣瓚曰:"《秦世家》云:'以垣爲蒲反',然則本非蒲也。"師古曰:"應説是。"《張家·二年·秩律》:"蒲反……秩各八百石,有丞、尉者半之。"

【縣考2007】

本魏縣。昭襄王四年,秦取蒲阪。次年,復將該地歸還魏國。秦自昭襄王十七年,又開始攻打魏之蒲阪,一直持續到十八年,當從魏手中奪得該地。出土秦封泥中有"蒲反丞印",蒲反即蒲阪。《漢志》蒲阪亦作蒲反,屬河東郡。

【彙考2007】

蒲反,縣名。秦置,漢沿之。《漢書·地理志》河東郡有蒲反縣。班固自注:"有堯山、首山祠。雷首山在南。故曰蒲，秦更名。莽曰蒲城。”顔師古注引應劭曰：“秦始皇巡見長阪，故加‘反’云。”孟康曰：“本蒲也，晋文公以賂秦，後秦人還蒲，魏人喜曰‘蒲反矣’。謂秦名之，非也。”臣瓚曰：“《秦世家》云‘以垣爲蒲反’，然則本非蒲也。”師古曰：“應説是。”今在山西省永濟縣西。

【政區2009】

秦始皇陵遺址出土秦陶文“蒲反”（《秦陶》1261）睡虎地雲夢秦簡《編年紀》有“十八年，攻蒲反”。蒲反原爲魏地，戰國末年在秦、魏之間反復易手。《史記·秦本紀》：“（昭襄王）四年，取蒲阪。”“五年，魏王來朝應亭，復與魏蒲阪、皮氏。”“十五年，大良造白起攻魏，取垣，復予之……十七年……秦以垣爲蒲阪、皮氏。”《正義》：“前秦取蒲反，復以蒲反與魏，魏以爲垣。今又取魏垣，復與之，後秦以爲蒲反，皮氏。”今從《編年紀》可知，昭襄王十八年攻蒲反，説明十七年蒲反歸秦後旋又歸魏，故又攻之。秦魏之間反復争奪數次，十八年後始爲秦永遠占領，成爲秦之置縣。《水經·河水注》：“（河水）又南過蒲阪縣西。”《漢志》河東郡蒲反縣，“有光山、首山祠。雷首山在南，故曰蒲，秦更名”。《讀史·卷四十一》山西蒲州蒲阪城：“州東南五里。杜佑曰：‘秦、晋戰於河曲，即蒲阪也。’戰國時爲魏地。《史記》：‘秦昭襄四年，取魏蒲阪。五年，魏朝臨晋，復與魏蒲阪。十七年，秦以垣易蒲阪、皮氏。’”秦蒲反縣故址地望在今山西永濟縣西。

【分域2009】

蒲反，縣名，文獻作“蒲阪”，其地在今山西永濟。《史記·秦本紀》云：“（昭襄王）四年，取蒲阪。”《漢書·地理志》河東郡：“蒲反，有堯山，首山祠。雷首山在南，故曰蒲，秦更名。”應劭注曰：“秦始皇東巡路見長阪，故加‘反’云。”

【集證2011】

“蒲反”見《秦代陶文》拓本1261瓦文。又睡虎地秦簡《編年紀》昭王“五年，歸蒲反”，“十八年，攻蒲反”。蒲反原爲魏地，其入秦當在昭王十八年。《漢書·地理志》河東郡有“蒲反”縣，班氏云：“有堯山首山祠。雷首山在南。故曰蒲，秦更名，莽曰蒲城。”蒲反是否原名蒲，入秦後改名，應劭、孟康、臣瓚、全祖望諸説不一，當從《編年紀》看，至少在秦昭王時已稱蒲反。《清一統志》：“故城今永濟縣東南。”

【悠悠2015】

同《政區2009》。

【廣封2019】

案《漢書·地理志》：河東郡，有縣“蒲反”，“有堯山、首山祠。雷首山在南。故曰蒲，秦更名。莽曰蒲城”（應劭曰：“秦始皇東巡見長坂，故加‘反’云。”孟康曰：“本蒲也，晋文公以賂秦，後秦人還蒲，魏人喜曰‘蒲反矣’。謂秦名之，非也。”臣瓚曰：“秦世家云‘以垣爲蒲反’，然則本非蒲也。”師古曰：“應説是。”）此其丞之印也。

瑞按：曾憲通等指出，蒲反，出土文獻亦寫作“莆反”（《出土戰國文獻字詞集釋》卷一，P255）。《漢書·藝文志》有“河東蒲反歌詩一篇。”文獻中又做蒲阪，如《史記・秦本紀》“四年，取蒲阪。彗星見。五年，魏王來朝應亭，復與魏蒲阪”，“秦以垣爲蒲阪、皮氏”，《史記・甘茂列傳》“茂懼，輟伐魏蒲阪，亡去”，《史記・蘇秦列傳》注《索隱》引“《魏系家》‘哀王十六年，秦拔魏蒲阪、陽晋、封陵’”。《史記・五帝本紀》注《集解》皇甫謐曰：“舜所都，或言蒲阪，或言平陽，或言潘。潘，今上谷也。”《正義》引《括地志》云：“平陽，今晋州城是也。潘，今嬀州城是也。蒲阪，今蒲州南二里河東縣界蒲阪故城是也。”張家山漢墓竹簡《二年律令》第448號簡有“新野、宜成、蒲反、成固、圜陽、巫、沂陽”。以封泥言，秦時寫法當爲“蒲反”，蒲阪爲後世傳抄之誤。

（四）平　　陽

平陽丞印

| 1 | 2 | 3 | 4 |

1—4.《大系》P189

【政區2009】

　　“萍”即通“平”。秦陶文有“平市”，平陽縣市亭之省文。山西曲沃村遺址出土戳印“平市”陶文；又咸陽黃家溝戰國中晚期秦代的墓葬出土陶罐戳印“平市”陶文；秦始皇陵遺址出土的板瓦刻文有“平陽驛”（《秦陶》489）。平陽爲春秋晋邑，戰國時初屬韓，後屬魏。《史記・韓世家》：“韓貞子徙居平陽。”《史記・魏世家》：“絳水可以灌平陽。”秦末分封魏王豹都平陽。《史記・項羽本紀》：“徙魏王豹爲西魏王，王河東，都平陽。”又《史記・曹相國世家》：“生得魏王豹，取平陽。”《索隱》：“平陽在山西。”宋忠曰：“今河東平陽縣。”即秦平陽縣故址在今山西臨汾縣西南。

【政區2009】

　　戰國齊官印有“平陽司馬璽”（《璽匯》0062），又戰國齊兵器有“平陽高馬里戈”（《集成》11165）。地名“平陽”者不止一處，僅山東境内就有東、西兩“平陽”。《左傳》宣公八年“城平陽”，楊伯峻注：“平陽，魯邑，即漢之東平陽，在今山東省新泰縣西北。”《史記・樊酈滕灌列傳》：“(灌嬰)從韓信攻龍且，留公旋於高密……斬薛公，下下邳，擊破楚騎於平陽。”另有西平陽，《左傳》哀公二十七年“二月，盟於平陽，三子皆從”杜預

注:"西平陽。"在今山東鄒縣。《漢志》泰山郡有東平陽縣,在戰國是屬於齊地,估計其前身爲齊平陽,即秦設置平陽縣,故址在山東新泰縣。

【戰國 2013】

戰國韓方足布有"平陽"布。平陽,本爲春秋晉國縣,戰國時爲韓早期都城,韓以平陽爲都,達一個多世紀。《史記·韓世家》:"晉定公十五年,(韓)宣子與趙簡子侵伐范、中行氏。宣子卒,子貞子徙居平陽。"又《水經·汾水注》引《竹書紀年》云:"晉烈公元年,韓武子都平陽。"至韓哀侯二年,"滅鄭,因徙都鄭"。《戰國策·秦策四》:"汾水利以灌安邑,絳水利以灌平陽。"此處韓故都平陽和魏故都安邑相對爲文,唯汾水、絳水似上下互誤。《史記·蘇秦列傳》載蘇秦族弟蘇代求見燕王曰:"秦正告韓曰:'我起乎宜陽而觸平陽,二日而莫不盡繇。'"《正義》曰:"宜陽,平陽皆韓大都也。"平陽故城在今山西臨汾市西南。

又:戰國魏方足布有"平陽"。《竹書紀年》:"梁惠成王二十九年,齊田朌及宋人伐我東鄙,圍平陽"。《水經·泗水注》云:"泗水又南過平陽縣西,縣即山陽郡之南平陽也"。魏平陽是《漢志》山陽郡南平陽縣之前身,故城在今山東鄒縣,爲齊、魏接壤之地。

【悠悠 2015】

同《政區 2009》。

【古分 2018】

晉國有璽印"晉陽"(3104),吳振武釋璽文"平陽",並謂:"戰國時以'平陽'爲地名的遠不止一處,韓、趙、魏、魯、秦皆有平陽。不過我們從原璽風格上可以確定它是三晉中的平陽。"曹錦炎:"戰國時趙、韓均有'平陽'邑,趙之平陽在今河北臨漳西,《史記·秦始皇本紀》秦始皇十三年:'桓齮攻趙平陽,殺趙將扈輒,斬首十萬。'張守節《正義》引《括地志》:'平陽,戰國時屬韓,後屬趙。'按張説不確,韓之平陽在今山西臨汾縣南,即堯都平陽,漢置平陽縣,與趙之平陽非一地。此璽'平'字寫法與韓璽'平陰'之平字構形有別,故定趙璽。"施謝捷以爲魏官璽。平陽爲韓早期都城。《竹書紀年》云:"晉烈公元年,韓武子都平陽。"(《水經汾水注》引)《戰國策秦四》:"汾水利以灌安邑,降水利以灌平陽。"故城在今山西臨汾市西南。趙有平陽。《史記·秦始皇本紀》:"始皇十三年,桓齮攻趙平陽,殺趙將扈輒,斬首十萬。"《正義》引《括地志云》:"平陽故城在相州臨漳縣西二十五里,戰國時屬韓,後屬趙。"《後漢志》魏郡鄴縣有平陽城。胡三省云:"若據《正義》所云,則以此平陽爲河東之平陽,非也。當以《後漢志》《括地志》爲正。"(《通鑑·秦經一》注)趙平陽邑在今河北臨漳西。

瑞按:《訂補 2014》收錄有"平陽銅權",指出在兩詔之間刻"平陽斤"三字,"平陽"在今山西臨汾縣西南。《考古圖》云此權"河東王氏藏",很可能出土於河東。北京大學藏秦水陸里程簡册有"平陽",《秦地 2017》指出其在潛江市西、東荆河東岸。揚水即陽水,所謂"平陽",也許是指此段水道平直,自此往下則轉曲折。

平陽□□

《大系》P190

　　瑞按：封泥殘,原定爲半通,有待完整封泥。

平陽□印

《大系》P190

　　瑞按：封泥殘,按秦封泥例,至少存在“平陽丞印”“平陽之印”兩種可能,也存在如工官等職官印的可能。

（五）楊

楊丞之印

　　　1　　　　　　　2　　　　　　　3　　　　　　　4

1.《新選》P116;《大系》P323
2—4.《大系》P323

【政區2009】

秦始皇陵附近出土秦代官營徭役性製陶作坊類陶文"楊工積"（《秦陶》1262）。西漢初年的張家山漢簡《秩律》有"楊"縣，其上屬郡爲河東郡。《漢志》河東郡屬縣楊，"莽曰有年亭"。楊，本姬姓小國，周宣王少子尚父封於楊，稱爲楊侯。楊於春秋時併於晋，成爲羊舌氏之采邑。《左傳》昭公二十八年："晋分羊舌氏之田爲三縣，遂安爲楊氏大夫。"杜注："平陽楊氏縣。此時蓋起於春秋之時。"《正義》引《括地志》云："故楊城本秦楊國，漢楊城縣也。今晋州洪洞縣也，秦及漢皆屬河東郡。"現代考古表明，山西洪洞縣范村古城就是春秋羊舌食邑，秦漢楊縣城。此城爲長方形，東西1300米，南北580米，城址時代從春秋至漢。

【戰國2013】

戰國韓方足布有"唐是"布。唐、楊音近可通，唐是可釋讀"楊氏"。楊本是西周姬姓諸侯國，春秋時爲晋國所滅，爲羊舌氏之采邑，後爲晋國之縣。《左傳》昭公二十八年載："秋，晋韓宣子卒，魏獻子爲政，分羊舌氏之田以爲三縣"，其中"僚安爲楊氏大夫"。戰國時爲韓國所繼承，其地在今山西洪洞縣東南。《漢志》鉅鹿郡屬縣楊氏，在今河北，戰國時屬趙地，與此無涉。

【悠悠2015】

同《政區2009》。

【十五則2017】

《漢書·地理志》河東郡有楊縣，顏師古引應劭曰"楊侯國"，此即《新唐書·宰相世系表》所記周宣王子尚父封地楊。卌二年逑鼎銘文"余肇建長父，医（侯）于□"，可與之對讀。據西周晚期楊姞壺銘文等資料，可知楊本姞姓，後改封爲姬姓楊國。春秋時晋滅之以賜大夫羊舌氏，在今山西洪洞縣東南。秦之楊縣應是承繼戰國晋大夫羊舌氏之封邑而來。

楊庫

《大系》P323

瑞按：楊，《漢書·地理志》屬河東郡。楊庫，爲楊縣之庫。縣庫之設，見雲夢睡虎地秦簡、里耶秦簡等簡牘。

（六）降

降丞之印

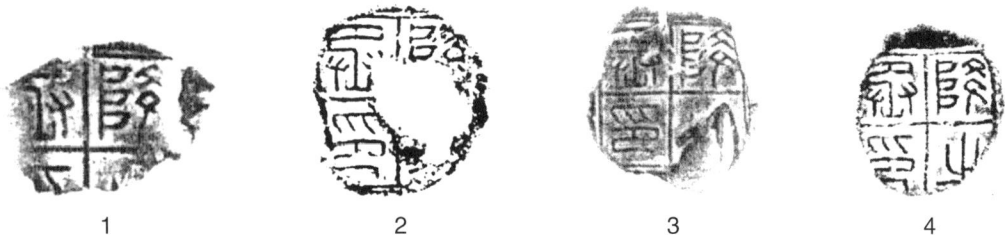

1　　　　　2　　　　　3　　　　　4

1.《於京》圖37;《璽印》P410;《新出》P19;《大系》P126
2.《新出》P19;《大系》P127
3.《山房》2.27
4.《山房》2.25

【於京2005】

　　"降"即"絳"。《漢書·地理志》,河東郡有絳縣。"晋武公自曲沃徙此。有鐵官。"《史記·絳侯周勃世家》《正義》引《括地志》曰:"絳邑城,漢絳縣,在絳州曲沃縣南二里。或以爲秦之舊馳道也。"降秦屬河東郡,其治地在今山西曲沃縣南。

【縣考2007】

　　本魏縣。至遲在昭襄王二十一年由魏屬秦。《漢志》絳縣屬河東郡。

【政區2009】

　　山西侯馬喬村的戰國末年秦墓出土陶盂和翼城的葦村溝——北壽城之間採集的殘陶釜上秦陶文"降亭",降通絳,絳縣市亭之省文。絳,地名,春秋時爲晋都。《史記·晋世家》:"晋獻公八年,城聚都之,名曰絳,始都絳。"戰國時屬魏地。《戰國策·齊策一》:"今秦欲攻梁絳、安邑。秦得絳、安邑以東下河,必表裏河而東攻齊。"《水經·汾水注》:"汾水自臨汾來逕絳縣故城北。……晋景公謀去故絳,欲居郇瑕。韓獻子曰:不如新田,有汾澮以流其惡,遂居新田。又謂之絳,即絳陽也。"《史記·高祖功臣侯者年表》:"六年,封周勃爲絳侯。"《史記·絳侯周勃世家》:"食絳八千一百八十戶,號絳侯。"《讀史·卷四十一》山西蒲州平陽府絳縣"州東南百里二北至曲沃縣九十里。春秋時晋新田之地,漢爲絳縣,屬河東郡,高帝六年封華無害爲侯國。"曲沃縣絳城在"縣西南二里","漢於南境置絳縣"。《清一統志·卷一百三十八》:"故城在(平陽府)曲沃縣西南。"現代考古調查表明秦漢絳縣地望爲山西省翼城縣城關附近帶溝——北壽故城。

【悠悠2015】

　　同《政區2009》。

降少内印

《大系》P127

瑞按：降，《漢書·地理志》屬河東郡。降少内，爲降縣少内。縣少内之設，常見於睡虎地秦簡、里耶秦簡等簡牘資料。

（七）皮　　氏

皮氏

《大系》P187

【於京2005】

《史記·秦本紀》：秦昭王十七年，"秦以垣易蒲反、皮氏。""惠文君九年，渡河取汾陰皮氏。"《史記·魏世家》：魏哀王十二年，"秦來伐我皮氏，未拔而解。"《樗里子甘茂列傳》：昭王元年，"還擊皮氏，皮氏未降，又去。"《正義》："故城在絳州龍門縣西百四十步，魏邑。"《漢書·地理志》：河東郡皮氏，本注："耿鄉，故耿國。晋獻公滅之以賜大夫趙夙。"《水經注》卷六："汾水又西徑皮氏縣南。《竹書紀年》：魏襄王十二年，秦公孫爰率師伐我，圍皮氏，翟章率師救皮氏圍，疾西風。十三年，城皮氏者也。漢河東太守潘系穿渠引汾水以溉皮氏縣，故渠尚存，今無水也。"《元和郡縣圖志》卷一二《河東道一·絳州·龍門縣》古耿國，殷王祖乙所都，晋獻公滅之以趙夙。秦置爲皮氏縣，漢屬河東郡。後魏太武帝改皮氏爲龍門縣，因龍門山爲名，屬北鄉郡，隋開皇三年廢郡，以縣屬絳州，十六年割屬蒲州。武德三年屬泰州，貞觀十七年廢泰州，縣隸絳州。"皮氏秦屬河東郡，其治所在今山西河津市西。

【政區2009】

　　臨潼劉家寨秦遺址出土秦陶文"皮氏卯"。《史記·秦本紀》秦昭王十七年，"秦以垣易蒲反、皮氏"；"惠文君九年，渡河取汾陰、皮氏"。《史記·魏世家》魏哀王十二年，"秦來伐我皮氏，未拔而解"。《史記·樗里子甘茂列傳》昭王元年，"還擊皮氏，皮氏未降，又去"。《正義》："故城在絳州龍門縣西百四十步，魏邑。"《漢志》河東郡皮氏，本注："耿鄉，故耿國。晋獻公滅之以賜大夫趙夙。"《水經·汾水注》："汾水又西逕皮氏縣南。《竹書紀年》：魏襄王十二年，秦公孫爰率師伐我，圍皮氏，翟章率師救皮氏圍，疾西風。十三年，城皮氏者也。漢河東太守潘系穿渠引汾水以溉皮氏縣，故渠尚存，今無水也。"《水經·河水注》："故城在龍門東南。"《元和·卷十二》河東道一絳州龍門縣："古耿國，殷王祖乙所都，晋獻公滅之以趙夙。秦置爲皮氏縣，漢屬河東郡。"《讀史·卷四十一》山西蒲州河津縣龍門城："今縣治。戰國魏皮氏邑也。志云：皮氏城在今縣西一里：秦惠文君九年，渡河取汾陰、皮氏。襄王六年取我汾陰、皮氏、焦。《竹書》：'襄王十二年，秦公孫爰率師伐我皮氏，翟章率師救之。十三年，城皮氏。'又梁哀王十二年，秦來伐我皮氏："《正義》引《括地志》云："皮氏故城在絳州龍門縣西一百三十步，自秦漢魏晋皮氏縣皆治此。"故龍門縣即今河津縣，即秦皮氏故城遺址在今山西河津縣西二里太陽村。

【悠悠2015】

　　秦封泥有"皮氏"；秦始皇陵遺址出土秦陶文有"皮氏"。《史記·秦本紀》：惠文君九年，"渡河取汾陰，皮氏。"《史記·樗里子列傳》："還擊皮氏，皮氏來降。"《水經·汾水注》："汾水西過皮氏縣南。"《漢志》河東郡有皮氏縣。《正義》引《括地志》云："皮氏故城在絳州龍門縣西一百三十步，自秦漢魏晋皮氏縣皆治此。"故龍門縣即今河津縣，即秦皮氏故城在今山西河津縣西二里太陽村。

皮氏丞印

1　　　　　　　　　2

1、2.《大系》P187

【縣考2007】

　　本魏縣。秦於惠文君九年(前329年)曾一度占據魏之皮氏。至遲於公元前307年，皮氏復屬魏。秦昭襄王十五年，秦復得該縣。《漢志》皮氏縣屬河東郡。

【戰國2013】

　　《珍秦齋藏金——吴越三晉篇》有"十三年皮氏"戟,銘文"十三年皮氏戟"。戰國魏平首尖足布和方足布有"皮氏"。雲夢秦簡《編年紀》:"(秦昭襄王)二年,攻皮氏。"又《水經·汾水注》引《竹書紀年》:"魏襄王十二年,秦公孫爰率師伐我,圍皮氏,翟章率師救皮氏圍,疾西風,十三年,城皮氏。"《史記·魏世家》魏惠成王後元六年"秦取我汾陰,皮氏,焦",此即《史記·秦本紀》惠文君九年,"渡河取汾陰,皮氏"。《史記·六國年表》:"昭襄王元年,擊魏皮氏,未拔。"又《史記·秦本紀》:"昭襄王十七年,以垣易蒲反、皮氏。"《史記·魏世家》魏哀襄王"十二年,太子朝于秦。秦來伐我皮氏,未拔而解"。可見秦、魏之間,在皮氏之間曾經反復爭奪。《正義》引《括地志》云:"皮氏故城在絳州龍門縣西一百八十步。"龍門縣即今河津縣,皮氏故城在今山西河津縣太陽村。

（八）蒲　　子

蒲子丞印

1　　　　　　　　　　　　2

1、2.《大系》P193

【縣考2007】

　　本魏縣。秦惠文君十三年,魏蒲子(蒲陽)縣爲秦所據。後又復屬魏。秦始皇九年(前238年),該地才最終入秦。《漢志》蒲子縣屬河東郡。

【政區2009】

　　傳世戰國魏兵器有"三年蒲子令"戈,(《集成》11293)銘文"三年蒲子令"。又西漢初年的張家山漢簡《秩律》有"蒲子"縣,其上屬郡在西漢初年爲河東郡。蒲子春秋屬晉古邑,即《史記·晉世家》:"蒲邊秦,(使)公子重耳居蒲。"蒲地戰國屬魏,置縣。《史記·魏世家》:"(襄王)七年魏盡入上郡于秦,秦降我蒲陽。"又《史記·秦始皇本紀》九年"攻魏垣、蒲陽"。《正義》云:"蒲邑故城在隰州縣北四十五里,在蒲水之北,故言蒲陽,即重耳所居邑。"據《正義》所釋,蒲陽即蒲子。《漢志》河東郡屬縣蒲子,以上互證,秦時漢初蒲子即已置縣,蒲子故城在今山西省隰縣東北五十里。

瑞按：《漢書·地理志》河東郡有"蒲子"，應劭曰："故蒲反舊邑，武帝置。"師古曰："重耳所居也。應説失之。"《史記·晉世家》："十二年，驪姬生奚齊。獻公有意廢太子，乃曰："曲沃吾先祖宗廟所在，而蒲邊秦，屈邊翟，不使諸子居之，我懼焉。"集解韋昭曰："蒲，今蒲阪；屈，北屈；皆在河東。"杜預曰："蒲，今平陽蒲子縣是也。"傳世有"莆子"布幣，中國歷史博物館三年莆子戈爲魏器（黃盛璋《考古學報》1974年1期P30）。陶正剛等認爲莆子故城在山西蒲縣西略東村（《文物世界》2004年1期P32）。"蒲"，十八年莆反令戈、三年莆子戈、莆子方足幣等多寫作"莆"，封泥做"蒲"。

（九）彘

彘丞之印

1　　　　　2　　　　　3

1.《新出》P95；《大系》P374

2、3.《大系》P374

【於京2005】

　　《史記·周本紀》："厲王出奔於彘。"《集解》："韋昭曰：'彘，晉地，漢爲縣，屬河東，今曰永安。'"《正義》："《括地志》云：'晉州霍邑縣本漢彘縣，後改曰永安。'"《周本紀》："共和十四年，厲王死於彘。"《漢書·地理志》："河東郡，秦置……彘，霍大山在東，冀州山，周厲王所奔。莽曰黃城。"彘秦屬河東郡，其治地在今山西霍縣東北。

【政區2009】

　　山西運城博物館藏有秦青銅器"彘"量，銘文："一升半升"。彘，古地名。《史記·周本紀》云："（厲王）三年，乃相與畔，襲厲王。厲王出奔於彘。""共和十四年，厲王死於彘"，鄭玄注："霍山在彘，本周時霍伯國。"《集解》："韋昭曰'彘，晉地，漢爲縣，屬河東，今曰永安。'"戰國時屬魏地，何時歸秦，史無明文記載。《史記·秦本紀》："（昭襄王）二十一年，（司馬）錯攻魏，魏獻安邑。"彘距安邑甚近，其歸秦當在此前後。即彘地入秦後置縣，並爲漢繼之。《漢志》河東郡彘縣，"霍大山在東，冀州山，周厲王所奔"。集解韋昭曰："彘，晉地，漢爲縣，屬河東，晉曰永安。"又《正義》引《括地志》云："晉州霍邑縣奔漢彘縣，後改彘曰永安。"錢穆先生按語曰："今霍縣東北。"《讀史·卷四十一》山西霍州霍邑廢縣："今州治，禹貢岳陽地，周彘邑也，周厲王無道，周人逐之，出居於彘"，"漢置彘縣,屬河東郡。"秦巂縣故址治地在今山西省霍縣東北。

【戰國2013】

　　傳世戰國韓兵器有"十七年巂令"戈(《集成》17.11382戈),銘文:"十七年巂命(令)解胡,司寇(鄭)窖,左庫工帀(師)□較,冶□造。"此戈銘格式和監造制度也爲韓兵器刻辭特點。巂,即周厲王出奔之巂。《史記·周本紀》"(厲王)三年,乃相與畔,襲厲王。厲王出奔於巂"。"共和十四年,厲王死於巂。"鄭玄注:"霍山在巂,本周時霍伯國。"《集解》引韋昭曰:"晉地,漢爲縣,屬河東,今曰承安。"三家分晉,巂地何屬,文獻無考。黃盛璋據此戈認爲,"漢巂縣即今之霍縣,其地正處於三國交界地帶,北爲趙,南爲韓,西爲魏,就城邑而論,巂城應屬韓",可從。《讀史·卷四十一》山西霍州霍邑廢縣:"今州治,禹貢岳陽地,周巂邑也,周厲王無道,周人逐之,出居於巂","漢置巂縣,屬河東郡"。從此戈銘文可知,置巂縣,巂縣故址治地在今山西省霍縣東北。

【訂補2014】

　　收録戰國末至秦代的"巂鋬量",上有銘文"巂一升半升",指出巂在今山西霍縣東北,戰國屬魏,何時歸入秦史無明文。《史記·秦本紀》:"(昭襄王)二十一年,(司馬)錯攻魏,魏獻安邑。"巂距安邑甚近,其歸秦當在此前後。鋬文字風格屬秦,故其上限爲昭襄王晚年。

【悠悠2015】

　　秦青銅器巂量,該物現藏於山西連城博物館,腹上刻五字:巂,一升半升。王輝考證此器爲戰國末至秦代(前206年)。巂,古地名。《史記·周本紀》云:"(厲王)三年,乃相與畔,襲厲王。厲王出奔於巂。"鄭玄注:"霍山在巂,本周時霍伯國。"戰國時屬魏地,何時歸秦,史無明文。《史記·秦本紀》:"(昭襄王)二十一年,(司馬)錯攻魏,魏獻安邑。"巂距安邑甚近,其歸秦當在此前後。即巂地入秦後置縣,並爲漢繼之。《漢志》河東郡,秦置,領縣有巂縣,"霍大山在東,冀州山,周厲王所奔"。《集解》韋昭曰:"巂,晉地,漢爲縣,屬河東,晉曰永安。"又《正義》引《括地志》云:"晉州霍邑縣奔漢巂縣,後改巂曰永安。"錢穆先生按語曰:"今霍縣東北。"故址在今山西霍縣東北。

（十）端　　氏

端氏丞印

《大系》P76

（十一）濩　澤

濩澤丞印

《於京》圖47；《璽印》P417；《大系》P122

【於京2005】

《漢書·地理志》："河東郡,秦置……濩澤,《禹貢》析城山在西南。"應劭曰："有濩澤,在西北。"《元和郡縣圖志·河東道四·澤州·陽城縣》："陽城縣,本漢濩澤縣,屬河東郡,因濩澤爲名也。……濩澤,在縣西北十二里。《墨子》曰舜漁於濩澤。"其治地在今山西晉城北。

【政區2009】

西漢初年的張家山漢簡《秩律》有"濩澤"縣,其上屬郡在西漢初年爲河東郡,可從。《漢志》河東郡屬縣濩澤,應劭曰："有濩澤,在西北。"《元和·卷十五》河東道澤州："陽城縣,本漢濩澤縣,屬河東郡,因濩澤爲名也……《墨子》曰舜漁於濩澤。"從封泥和簡文看,秦代濩澤即已置縣,其治地在今山西省晉城市北。

【悠悠2015】

《漢志》河東郡屬縣濩澤,應劭曰："有濩澤,在西北。"《元和郡縣志》河東道四澤州："陽城縣,本漢濩澤縣,屬河東郡,因濩澤爲名也……《墨子》曰舜漁於濩澤。"從封泥看,秦時濩澤即已置縣,其治地在今山西晉城北。

（十二）風

風丞之印

《於京》圖36；《璽印》P410；《大系》P81

【於京2005】

《水經注》卷四:"關之直北,隔河有層皋,巍然獨秀,孤峙河陽,世謂之風陵。戴延之所謂風堆者也。"《元和郡縣圖志·河東道一·河中府·河東縣》:"風陵堆山,在縣南五十五里。與潼關相對。"風丞殆爲祭祀風陵即女媧陵之職,其地秦屬河東郡,今在山西永濟縣西南。

【政區2009】

雲夢睡虎地秦簡《編年紀》:"四年,攻封陵。""風"即"風陵",又作"封陵"。《水經·河水注》:"(函谷)關之直北,隔河有層皋,巍然獨秀,孤峙河陽,世謂之風陵。戴延之所謂風堆者也。"《史記·魏世家》魏襄王十六年,"秦拔我蒲阪、晉陽、封陵"。二十三年,"秦復予我河外及封陵以和"。《正義》:"封陵在蒲阪南河曲中。"《元和·卷十二》河東道河中府河東縣:"風陵堆山,在縣南五十五里。與潼關相對。"《讀史·卷五十四》陝西西安府風陵堆:"在潼關渭城東四里黃河北岸,北至蒲關六十里。《帝王世紀》以爲女媧陵也。"又《讀史·卷四十一》山西三蒲州風陵堆:"州南五十五里,相傳風后冢也。亦曰封陵。"故周曉陸言"風丞殆爲祭祀風陵即女媧陵之職"。秦風縣之前身或爲戰國魏置封陵縣,其地在今山西永濟縣西南。

【職地2014】

周曉陸說"其地秦屬河東郡,今在山西永濟縣西南"。今晉、陝、豫三省交界處,黃河東轉的拐角有風陵渡,在芮城縣西南端。自古以來風陵渡就是黃河上最大的渡口,相傳四千多年前風后的陵墓就在這裏。我們推測"風丞之印"與此渡口有關,或秦統一後在此設立風縣;而秦璽印中的"封陵"是此地統一前的稱呼。

【悠悠2015】

《水經注》卷四:"關之直北,隔河有層皋,巍然獨秀,世謂之風陵。"《元和郡縣志》河東道一河中府河東縣:"風陵堆山,在縣南五十五里,與潼關相對。"據周曉陸所言"風丞殆爲祭祀風陵即女媧陵之職"。筆者考證戰國時魏國設置封陵縣,即爲秦風縣之前身,其地在河東郡,或也爲一失考之縣。

(十三) 新 襄 陵

新襄陵丞

　　　　1

　　　　2

1.《璽印》P404;《青泥》P37;《大系》P308
2.《於京》圖67;《大系》P308

【於京2005】

《漢書・地理志》,河東郡有襄陵。新襄陵當是秦吞併魏河東之後所新立之縣。

【政區2009】

西漢初年的張家山漢簡《秩律》有"襄陵"縣。從文物可知,襄陵一度改稱新襄陵。《漢志》河東郡屬縣襄陵。《史記・秦本紀》:"昭襄王二十九年,王與楚王會襄陵。"《集解》:"河東有襄陵縣。"《正義》引《括地志》云:"襄陵在晋州臨汾縣東南三十五里。"《讀史・卷四十一》山西平陽府襄陵縣:"府西南三十里。南至太平縣六十里春秋時晋大夫卻之食邑也。漢置襄陵縣,屬河東郡。應劭曰:'縣西北有晋襄公陵,因名。'"襄陵舊城,"縣東二十五里,縣本治此。《水經注》:'襄陵在平陽東南。'是也"《清一統志・卷一百三十八》:"故城在(平陽府)襄陵縣東南十五里。"其故址在今山西臨汾市東南。

【職地2014】

《地理志》河東郡有襄陵,新襄陵爲秦所另置縣名,文獻失載。

【悠悠2015】

從文物可知,襄陵一度改稱新襄陵。《漢志》河東郡屬縣襄陵。《史記・秦本紀》:"昭襄王二十九年,王與楚王會襄陵。"《集解》:"河東有襄陵縣。"《正義》引《括地志》云:"襄陵在晋州臨汾縣東南三十五里。"《大清一統志》卷138:"故城在(平陽府)襄陵縣東南十五里。"當然也有另外一種可能,即周曉陸所言:"襄城、襄陵皆爲中原舊縣,曾經屬三晋或楚國,冠以'新'字,是仍然在舊地,還是秦之新建,待考。"

瑞按:以封泥"襄"字左側"土"旁明顯看,當讀爲"壤"。

(十四) 襄　　陵

襄陵丞印

《大系》P302

【戰國2013】

包山楚簡有"大司馬邵陽敗晋師於襄陵三歲(J103、JI05)"。有關襄陵地望,徐少華認爲,據《漢志》上記載,漢代陳留郡有"襄邑"縣,顏師古注云:"襄邑故地,本承匡襄陵鄉也。宋襄公所葬,故曰襄陵。秦始皇以爲承匡卑濕,故徙縣於襄陵,謂之襄邑。縣西三十里有承匡城。"即此"襄陵"爲包山楚簡中楚敗魏之襄陵,故址在今河南睢縣。

　　瑞按:以封泥"襄"字左側"土"旁明顯看,其當爲"壤"。

（十五）魏

魏璽

《大系》P278

　　瑞按:魏,縣名,説見"魏丞之印"。又,魏字下有"山"旁,當寫爲"巍"。曹操高陵出土石碣上"魏"亦寫作"巍"。

魏丞之印

　　　　1　　　　　　　2　　　　　　　3

1、2.《大系》P278
3.《山房》2.19

【政區2009】

　　雲夢睡虎地秦簡有(秦昭襄王)"十五年攻魏"。通常以爲此"魏"指魏國。從雲夢秦簡《編年紀》所載地名看,都爲戰國各國縣邑名,故此"魏"也爲地名:《史記·白起王翦列傳》:"明年(秦昭襄王十五年),白起爲大良造,攻魏,拔之,取城小大六十一。""拔之"二字説明此"魏"爲城而非國名,二者記載相合。《漢志》魏郡屬縣魏縣,"都尉治",應劭曰:"魏武侯別都。"即此地在戰國時即爲魏重要之地。二者互證,秦應設置魏縣,故址在今河北大名縣東南。

【戰國2013】

雲夢睡虎地秦簡有(秦昭襄王)"十五年攻魏"。通常以爲此"魏"指魏國。從雲夢秦簡《編年記》所載地名看,都爲戰國各國縣邑名,故此"魏"也爲地名。魏,本春秋時晋邑,魏國最早的封地。《史記·魏世家》:"(晋文公立),而立魏武子襲魏氏之後封,列爲大夫,治於魏。"《史記·白起王翦列傳》:"明年(秦昭襄王),白起爲大良造,攻魏,拔之,取城小大六十一。""拔之"二字說明此"魏"爲城而非國名,二者記載相合。《漢志》魏郡屬縣魏縣,"都尉治",注引應劭曰:"魏武侯別都。"即此地在戰國時即爲魏重要之地,今河北大名縣東南。

【秦地2017】

睡虎地秦簡《葉書》十五年"攻魏",整理者以爲指魏國。但據體例,此處不當爲國名。《漢書·地理志》魏郡有魏縣,顏師古注引應劭曰:"魏武侯別都"。韓連琪先生以爲所記當指此魏,其地在河北大名西南。楊寬以爲其地懸遠,非此時秦至勢力所能及。《葉書》所記之魏乃西周分封魏國所載,地在封陵東。從《葉書》所記征戰進程看,楊説得之。

瑞按:魏字下有"山"旁,當寫爲"巍"。

二、河 内 郡

河内邸丞

1   2

1.《璽印》P422;《新出》P16;《青泥》P30
2.《於京》圖8;《大系》P112

【於京2005】

《史記·周本紀》:"襄王乃賜晋文公珪鬯弓矢,爲伯,以河内地與晋。"《正義》:"賈逵云:'晋有功,賞之以地,楊、樊、温、原、攅茅之田也。'"《史記·秦本紀》:"拔衛,迫東郡,其君角率其支屬徙居野王,阻其山以保魏之河内。"《史記·六國年表》:"魏納安邑及河内。"河内郡治懷,其治地在今河南武陟縣西南。

【政區2009】

河内邸丞是河内郡派駐首都的辦事官署。

【職地2014】

說見“郡邸長印”。

河内左工

《於京》圖10；《璽印》P422；《大系》P113

【於京2005】

此爲秦河内郡左工室之印。

【政區2009】

河内左工是河内郡工官印。

河 内司空

《大系》P112

【政區2009】

此郡爲《史記》《漢書》等文獻所没有記載的秦郡。河内一詞，出現較早。《史記·周本紀》：“襄王乃賜晋文公珪璵彤弓矢，爲伯，以河内地與晋。”《正義》：“賈逵云：晋有功，賞之以地，楊樊、温、原、攢茅之田也。”戰國時期，魏國按自然區劃，習慣上分爲河内、河東、河西、河外四個地區。河内指魏國東部黄河以北地區，大體上包括今河南省中部、東北部和河北東南角的一部。北與趙爲界，東與齊爲界。故馬王堆漢墓出土《戰國縱横家書》中“蘇秦自趙獻書於齊王章”言：“梁氏先反，齊、趙攻梁，齊必取大梁以東，趙必取河内，秦案不約而應。”又“朱己謂魏王”章言：“秦固有懷、茅、邢丘，城碻津，以臨河内，河内共、汲必危。”《正義》：“古帝王之都多在河東、河北，故呼河北爲河内，河南爲河外。”“河從龍門南至華陰,東至衛州,折東北入海,曲繞冀州,故言河内云也。”《史記·秦本紀》:“拔衛,迫東郡,其君角率其支屬徙居野王,阻其山以保魏之河内。”《孟子·梁惠王上》梁惠王曰,“河内凶,則移其民於河東,移其粟於河内。河東凶亦然”。《史記·秦本紀》:“(昭襄王)二十一年,錯攻魏河内。魏獻安邑,秦出其人,募徙河東賜爵,赦罪人遷之。”《史記·秦始皇本紀》:“(始皇)十八年,端和將河内,羌瘣伐趙。”《史記·張耳陳餘列傳》二世元年,張耳、陳餘説趙王曰“願王毋西兵,北徇燕、代,南收河内以自廣”。又二年,“章邯引兵至邯鄲,皆徙其民河内,夷其城郭”。秦末,項羽封司馬卬爲殷王,王河内;高祖二年,虜殷王,置河内郡。此皆當因秦舊。故姚鼐曰:“蓋秦有河内郡也,准以濟北、膠東建國因於故郡之例。”其説可信。故譚其驤曰:“河内西阻王屋、析城諸山,本與河東隔絶,自爲一區;昭襄王三十三年魏入南陽,秦始有其地,時東不得邢丘、懷,北不得寧新中,地狹不足以立郡,卒以並屬河東;其後襄地雖拓,軍機倥偬,未遑建置;始皇即併天下,始依山川形便,更加區畫;此衡情度勢,可推而知者。”姚、譚之論在其他出土秦代文物中也再次得到實證。2002年,湖南湘西里耶古城出土秦簡的一號古井出土多件簡牘,其中編號J1(15)169簡牘文:“軹以郵行河内”其例同編號J1(15)176簡牘,其文:“遷陵以郵行洞庭郡”,表示“洞庭郡屬縣遷陵發往洞庭郡之郵物”。同例,“軹以郵行河内”則當也爲軹縣發往河内郡之郵物。秦河内郡屬縣有軹縣,秦封泥“軹丞之印”證之。其地在今河南濟源市南。原文言“當是内史的軹縣發往河内郡的物品”,實爲誤讀,但也無妨秦置河内郡的確立。譚其驤推之秦河内郡“分河東郡置”,可從。河内,原與河東同屬魏國的疆土,聯繫密切,秦代時是關東東北出太行山東地區的交通要道,戰略地位重要,故分出,獨立設郡,有利於秦朝廷掌握控制。

（一）懷

懷令之印

《古封》P128;《中封》P79;《秦封》P289;《彙考》P263;《大系》P117

【秦式1998】
　　録於《封泥》,當時即定爲秦物。《漢志》河内郡有懷縣。《史記·秦本紀》“(昭襄王)四十一年夏,攻魏,取邢丘、懷”。《正義》:“《括地志》云……故懷城,周之懷邑,在懷州武涉縣西十一里。”《史記·六國年表》“魏安釐王九年,秦拔我懷”(此年在秦昭王三十九年)。《范睢列傳》“乃拜睢爲客卿……使五大夫綰伐魏,拔懷。”懷縣秦約屬河南郡,在今河南省武陟縣西南。《睡虎》“懷”。漢印見《兩漢》“懷令之印”。

【秦封2000】

《漢志》河内郡有懷縣,“有工官,莽曰河内”。《史記·秦本紀》“(昭襄王)四十一年夏,攻魏邢丘、懷。”《集解》:徐廣曰:“邢丘在平皋。案:《韓詩外傳》武王伐紂,到於邢丘,勒兵於寧,更名邢丘曰懷,寧曰脩武。”《正義》:“《括地志》云平皋。故城本邢丘邑,漢置平皋縣,在懷州武德縣東南二十里。故懷城,周之懷邑,在懷州武陟縣西十一里。”《元和》懷州武陟縣:本漢懷縣地。故懷城在縣西十一里,兩漢河内郡並理之,晉移郡理野王。《通典》:懷州、武陟“漢懷縣地故城在今縣西”。《讀史》:武陟縣懷城:“在縣西南十一里。”懷縣秦約屬河内郡,今在河南省武陟縣西南。

【縣考2007】

《魏世家》:“[安釐王]九年,秦拔我懷。”《六國年表》魏安釐王九年欄曰:“秦拔我懷城”。秦簡《編年記》:“昭王三十九年,攻懷。”魏安釐王九年與秦昭襄王三十九年爲同一年。據上所述,秦得魏之懷當在是年。又因《六國年表》中稱“懷”爲“懷城”,故頗疑懷屬魏時已置縣。然該地旋又屬魏,兩年之後,又由魏屬秦。因此《秦本紀》又曰:“[昭襄王]四十一年夏,攻魏,取邢丘、懷。”秦得懷後,當置縣,秦封泥中有“懷令之印”可證。《漢志》懷縣屬河内郡。

【彙考2007】

懷,縣名。春秋鄭邑,戰國屬魏。秦置懷縣。《漢書·地理志》河内郡有懷縣。班固自注:“有工官。”今在河南省武陟西南。

【政區2009】

“懷”原名邢丘,周武王時改名懷,戰國時屬魏地。《韓詩外傳》:“武王伐紂到邢丘,更名邢丘曰懷。”《史記·秦本紀》:“(昭襄王)四十一年夏,攻魏,取邢丘、懷。”雲夢秦簡《編年紀》爲“秦昭王卅九年攻懷”。其事又見《史記·六國年表》:“魏安釐王九年,秦拔我懷。”又《史記·范睢蔡澤列傳》:“(秦昭王)乃拜范睢爲客卿謀兵事,卒聽范睢謀,使五大夫給伐魏,拔懷。”《正義》引《括地志》云:“故懷城,周之懷邑,在懷州武陟縣西十一里二”《元和·卷二十》懷州武陟縣:“本漢懷縣地。故懷城在縣西十一里,兩漢河内郡並理之,晉移郡理野王。”《通典》懷州武陟,“漢懷縣地故城在今縣西”。《讀史·卷四十八》武陟縣懷城:“在縣西南十一里。”懷縣爲秦河内郡治所在,其地即今河南武陟縣西南的東張村古城,現存一段400米夯土城墻,時代從春秋鄭邑,戰國屬魏,秦漢爲河内郡治懷縣。

【秦地2017】

睡虎地秦簡《葉書》卅九年“攻懷”。懷,魏地,今河南武陟西南。

【廣封2019】

案《封泥考略》,《漢書·地理志》:“懷縣屬河内郡。”印字是秦篆,又有十闌,殆秦物也。

懷丞之印

1　　　　　　　　　　2

1.《新出》P66;《青泥》P30;《大系》P117
2.《大系》P117

【戰國2013】

　　傳世戰國魏兵器"□年懷庫戈"(《集成》17·11300戈),爲魏懷縣邑設武庫之戈。懷,戰國屬魏地。《史記·魏世家》:"九年,秦拔我懷。"《史記·六國年表》魏表:"安釐王九年(秦昭王三十九年),秦拔我懷城"。《史記·秦本紀》:"(昭襄王)四十一年,攻魏,取邢丘、懷。"又《史記·范睢蔡澤列傳》:"(昭王)乃拜范睢爲客卿謀兵事,卒聽范睢謀,使五大夫綰伐魏,拔懷。"雲夢秦簡《編年紀》秦昭王三十九年"攻懷"。《正義》云"故懷城,周之懷邑,在懷州武陟縣西十一里"。戰國魏之懷縣,秦漢因之。其地即今河南武陟縣西南的東張村古城,現存一段400米夯土城墻,時代從春秋鄭邑,戰國屬魏,秦漢爲河内郡治懷縣。

（二）軹

軹印

《大系》P373

【戰國2013】

　　雲夢睡虎地秦簡《編年記》:(秦昭襄王)"十七年,攻垣、軹。"《戰國策·趙策》:蘇秦說趙王"反温、軹、高平於魏"。《史記·秦本紀》昭王十六年,"左更錯取軹及鄧"。又《史記·六國年表》昭王十六年,"客卿錯擊魏,至軹,取城小大六十一"。《史記·刺客列傳》:"聶政,軹深井里人也。""軹"即"枳",二者相通。《括地志》:"故枳城在懷州濟源縣東南十四里,七國時魏邑也。"《元一統志》:"軹故城,在濟源縣南……《史記》云秦伐魏取軹,漢爲縣,城址尚存,今爲軹城村。"《讀史·卷四十九》河南懷慶府軹城:"縣南三十里……又蘇屬曰:'齊反温、軹、高平於魏。'秦昭王十六年伐魏取軹是也。漢縣,文帝封薄昭爲軹侯。"現代考古調查表明,河南省濟源市南有軹城,當爲古軹縣治所在,領地也在其附近。濟源市軹城村古城近方形,東1766米,南1865米,面積326.36萬平方米,時代從春秋軹國,戰國魏縣,秦漢軹縣,唐貞觀元年省。

軹丞之印

《印風》P152;《新地》圖14;《印集》P162;《彙考》P253

【新見1996】

　　原讀作"斬丞"不確。《史記·秦本紀》昭襄王十六年,"左更錯取軹及鄭"。《正義》:"《括地志》云:故軹城在懷州濟源縣東南十四里,……並六國時魏邑也。"《漢志》河内郡有軹縣,秦時屬河内郡,在今河南省濟源縣南部,漢銅器銘文見《漢》四·54《軹家甑》,四·66《軹家釜》。漢封泥見《古》756"軹令之印"。

【新地2001】

　　原讀作"斬丞"不確。《史記·秦本紀》昭襄王十六年,"左更錯取軹及鄭"。《正義》:"《括地志》云:故軹城在懷州濟源縣東南十四里,……並六國時魏邑也。"《漢志》河内郡有軹縣,秦時屬河内郡,在今河南省濟源縣南部。漢銅器銘文見《漢》四·54《軹家甑》,四·66《軹家釜》。漢封泥見《古》756"軹令之印"。

【簡讀2002】

　　秦縣,《漢志》屬河内郡。《張家·二年·秩律》:"軹……秩各八百石,有丞、尉者半之。"

【彙考2007】

　　隸定爲"斬丞之印",未釋。

【政區2009】

　　湖南里耶秦簡出土編號J1(15)169封泥匣,其文:"軹以郵行河内。"《史記·秦本紀》:"昭襄王十六年,左更錯取軹及鄧。"又《史記·刺客列傳》:"聶政者,軹深井里人也。"漢河内郡屬縣軹縣,實因秦河内郡而置。《正義》:"在懷州濟源縣南三十里二"。

《讀史・卷四十一九》河南懷慶府軹城："縣南三十里。……蘇屬曰：'齊反温、……、軹、高平於魏。'秦昭王十六年伐魏取軹是也。漢縣，文帝封薄昭爲軹侯。"考古調查表明，河南省濟源市南有軹城，當爲秦軹縣治所在，領地也在其附近。濟源市軹城村古城近方形，東1766米，南1865米，面積326.36萬平方米，時代從春秋戰國的軹國，秦漢軹縣，唐貞觀元年省。

【分域2009】

"斬丞之印"（《印集》162）。"機之丞印"（《印集》163）。斬、機均爲縣名，具體地望待考，從"印"字風格看，均爲秦印。

【川渝2013】

《漢書・地理志》載巴郡有"枳"縣，如淳曰："音徙，或曰抵"，師古曰："音之爾反"。按：秦枳縣在今重慶市涪陵區荔枝街道。此爲秦枳縣的縣丞用印之遺。

【秦地2017】

睡虎地秦簡《葉書》十七年"攻垣、枳"。枳，魏地，古書多作軹，今河南濟源南。里耶簡有"軹以郵行河内"，秦軹縣當屬河内郡。

（三）平　皋

平皋丞印

1　　　　　　　　　　2

1、2.《大系》P188

瑞按：平皋，《漢書・地理志》屬河内郡，應劭曰："邢侯自襄國徙此。當齊桓公時，衛人伐邢，邢遷於夷儀，其地屬晋，號曰邢丘。以其在河之皋，處勢平夷，故曰平皋。"臣瓚曰："春秋傳狄人伐邢，邢遷於夷儀，不至此也。今襄國西有夷儀城，去襄國百餘里。邢是丘名，非國也。"師古曰："應説非也。左氏傳曰'晋侯送女於邢丘'，蓋謂此耳。"《史記・項羽本紀》"諸項氏枝屬，漢王皆不誅。乃封項伯爲射陽侯。桃侯、平皋侯、玄武侯皆項氏，賜姓劉。"《正義》引《括地志》云："平皋故城在懷州武德縣東二十里，漢平皋縣。"《史記・白起列傳》"秦嘗攻韓，圍邢丘"，《集解》：徐廣曰："平皋有邢丘。"《正義》：邢丘，今懷州武德縣東南二十里平皋縣城是也。《史記・魏世家》注"邢丘"，《集解》：徐廣曰"在平皋。"《正義》：《括地志》云："平皋故城在懷州武德縣東南二十里，本邢丘邑也,以其在河之皋地也。"《史記·秦始皇本紀》"四十一年夏,攻魏,取邢丘、懷"。《集解》:徐廣曰"邢丘在平皋。"騩案:《韓詩外傳》武王伐紂,到于邢丘,勒兵於寧,更名邢丘曰懷,寧曰修武。《正義》:《括地志》云:"平皋故城本邢丘邑,漢置平皋縣,在懷州武德縣東南二十里。故懷城,周之懷邑,在懷州武陟縣西十一里。"《水經注》卷7:"濟水故瀆東南合奉溝水,水上承朱溝於野王城西,東南逕陽鄉城北,又東南逕李城西。秦攻趙,邯鄲且降,傳舍吏子李同說平原君勝,分家財饗士,得敢死者三千人,李同與赴秦軍,秦軍退。同死,封其父爲李侯。故徐廣曰:河内平皋縣有李城,即此城也。于城西南爲陂水,淹地百許頃,蒹葭萑葦生焉,號曰李陂。又逕隤城西,屈而東北流,逕其城北,又東逕平皋城南。應劭曰:邢侯自襄國徙此。當齊桓公時,衛人伐邢,邢遷於夷儀,其地屬晉,號曰邢丘。以其在河之皋,勢處平夷,故曰平皋。瓚注《漢書》云:《春秋》,狄人伐邢,邢遷夷儀,不至此也。今襄國西有夷儀城,去襄國百餘里。平皋是邢丘,非國也。余按《春秋》宣公六年,赤狄伐晉,圍邢丘。昔晉侯送女於楚,送之邢丘,即是此處也,非無城之言。《竹書紀年》曰:梁惠成王三年,鄭城邢丘。司馬彪《後漢郡國志》云:縣有邢丘,故邢國,周公子所封矣。漢高帝七年,封碭郡長項佗爲侯國,賜姓劉氏,武帝以爲縣。其水又南注於河也。"

（四）野　　王

壄王

　　　　1　　　　　　　　　2　　　　　　　　3

1.《新出》P84;《大系》P323
2.《新出》P84;《大系》P324
3.《大系》P324

【縣考2007】

　　本爲韓縣。秦昭襄王四十五年,韓野王縣屬秦。《漢志》野王縣屬河内郡。

【政區2009】

　　1979年河北隆化縣採集戰國"三年垣令"戈(《集成》11338),胡部刻秦隸"野王"二字,爲秦獲此器之後所刻置地。又睡虎地雲夢秦簡《編年紀》有"卅五年,攻大野王";西漢初年的張家山漢簡《秩律》有"野王"縣,其上屬郡應爲河内郡。《史記·白起王翦列傳》：“昭王四十五年，伐韓之野王，野王降秦，上黨道絶。”《史記・秦始皇本紀》：“六年，拔衛，迫東郡。其君角率其支屬徙居野王，阻其山以保魏之河内。”《史記・衛康叔世家》：“元君十四年，秦拔魏東地，秦初置東郡。更徙衛野王縣，而併淮陽爲東郡。”故馬非百認爲“野王立縣當在是時”，可從。《清一統志》：“故城在今河内縣治。”秦野王縣故址在今河南省沁陽縣。

【戰國2013】

睡虎地雲夢秦簡《編年紀》有“卌五年，攻大野王”。《史記・白起王翦列傳》：“昭王四十五年，伐韓之野王，野王降秦，上黨道絶。”《史記・秦始皇本紀》：“六年，拔魏東地，置東郡。衛君角自濮陽徙野王，以保魏之河内。”《史記・衛康叔世家》：“元君十四年，秦拔魏東地，秦初置東郡。更徙衛野王縣，而併濮陽爲東郡。”《元和》：“懷州河内縣本春秋時野王邑也。”古野王故址在今河南省沁陽縣。

【秦地2017】

睡虎地秦簡《葉書》卌五年“攻大野王”。大野王，應爲“太行、野王”，大下脱“行”字。野王，韓地，今河南沁陽。

壄王丞印

1　2　3　4

1—4.《新出》P84；《大系》P324

瑞按：壄即野字異體。野王，《漢書・地理志》屬河内郡，“太行山在西北。衛元君爲秦所奪，自(僕)[濮]陽徙此。莽曰平野。”孟康曰：“故邘國也，今邘亭是也。”師古曰：“行音胡郎反。”《史記・秦始皇本紀》始皇“六年，韓、魏、趙、衛、楚共擊秦，取壽陵。秦出兵，五國兵罷。拔衛，迫東郡，其君角率其支屬徙居野王，阻其山以保魏之河内。”《史記・白起傳》“四十五年，伐韓之野王。野王降秦，上黨道絶。”《索隱》：《地理志》野王縣屬河内，在太行東南。孟康曰“古邘國也”。《史記・衛康叔世家》“元君十四年，秦拔魏東地，秦初置東郡，更徙衛野王縣，而併濮陽爲東郡。”《索隱》按《年表》：元君十一年秦置東郡，十三年衛徙野王，與此不同也。《集解》：年表云元君十一年秦置東郡，十二年徙野王，二十三年卒。《史記・貨殖列傳》“濮上之邑徙野王，野王好氣任俠，衛之風也。”其舊爲衛地,《漢書·地理志》言:“衛地,營室、東壁之分野也。今之東郡及魏郡黎陽,河内之野王、朝歌,皆衛分也。……公後十餘世,爲韓、魏所侵,盡亡其旁邑,獨有濮陽。後秦滅濮陽,置東郡,徙之於野王。始皇既併天下,猶獨置衛君,二世時乃廢爲庶人。……其失頗奢靡,嫁取送死過度,而野王好氣任俠,有濮上風。”《水經注》卷9“又東過野王縣北”注:“高誘云:今太行山也,在河内野王縣西北上黨關。《詩》所謂徒殆野王道,傾蓋上黨關。即此山矣……其水又南流注於沁。沁水東逕野王縣故城北,秦昭王四十四年,白起攻太行,道絶而韓之野王降。始皇拔魏東地,置東郡,衛元君自濮陽徙野王,即此縣也。漢高帝元年爲殷國,二年爲河内郡,王莽之後隊,縣曰平野矣。魏懷州刺史治,皇都遷洛,省州復郡。”

（五）修　　武

修武丞印

《大系》P311

【官印1990】

在考訂“修武庫印”印時指出,脩武,《漢書·地理志》河内郡下有脩武縣,應劭曰:“晋始啟南陽,今南陽城是也,秦改曰脩武”。臣瓚曰:“韓非書,秦昭王越趙長平,西伐脩武,時秦未兼天下,脩武之名久矣”。師古曰:“瓚説是也”。《曹相國世家》:“至河内,下脩武”。《正義》:“今懷州獲嘉縣,古脩武也”。是脩武地名戰國已有,秦置縣,屬河内郡,漢因。此印略呈長方,有田字格,印文右起交叉讀,字體風格與其他秦官印同,亦係秦印。印文庫字,係指脩武縣下掌管武器及車的機構。據秦簡,秦縣屬下主管庫的官吏叫庫嗇夫,《秦律雜抄》:“稟卒兵,不完善(繕),丞、庫嗇夫、吏貲二甲,灋(廢)”。此印應係脩武縣屬下庫嗇夫所用的官印。

【論要2001】

在釋“修武庫印”時指出,修武本魏地,《文物》1975年6期報導了一件耳杯,平面呈橢圓形,下有四馬蹄形足,置於温酒器底盤上。耳杯屬早期形式,大約是戰國晚期遺物。耳杯和底盤各刻“修武府”三字,爲秦文風格,其中“修武”的結構和印文頗爲相似。此印字體修長,又多方折,與秦代“商庫”(《上海博物館藏印選》)、“泰庫令印”“特庫丞印”封泥(古陶文明博物館藏)不類,應爲戰國秦的遺物。

【修武2007】

《秦本紀》：昭襄王三十三年（前274年），“魏入南陽以和”。《魏世家》曰：安釐王四年（前273年），“魏將段干子請予秦南陽以和”。《六國年表》魏釐安王四年欄曰：“與秦南陽以和。”上述所提到的魏入秦的“南陽”，在《史記》的《秦本紀》與《魏世家》的《集解》中，都引用徐廣的解釋而認爲是“修武”（即“寧”），而不是指一個古南陽地區。是修武縣當在公元前274或前273年屬秦。其後，該地又曾一度由秦復屬韓。秦昭襄王四十四年，秦從韓手中奪得南陽（修武）。《六國年表》秦昭襄王四十四年欄曰：“攻韓取南陽”。《漢志》修武縣屬河內郡。

【政區2009】

秦傳世官印有“修武庫印”（《徵存》42），又咸陽博物館藏塔兒坡秦青銅器窖藏出土秦戰國晚期的“修武府”銅耳杯（《集成》1054）。修武，地名，戰國時屬魏地。《史記·陳丞相世家》：“平遂至修武降漢，因魏無知求見漢王，漢王召入。”《史記·曹相國世家》：“至河內，下修武。”《正義》：“今懷州獲嘉縣，故修武也。”《漢志》河內郡修武縣，應劭曰：“晉始啟南陽，今南陽城是也，秦改曰修武。”臣瓚曰：“《韓非書》，秦昭王越趙長平，西伐修武，時秦未兼天下，修武之名久矣。”今河南獲嘉縣有秦漢修武故城址，大小、形制不詳，時代從戰國至漢。

【分域2009】

在釋“脩武庫印”（《徵存》8.42）時指出，脩武，地名，戰國時期曾屬魏，後歸秦，其地在今河南獲嘉縣。《漢書·地理志》載，河南郡有脩武縣。“庫”是機構名稱，從戰國文字資料來看，庫的主要職責是製造和掌管兵器以及糧食等一些戰略物資。該印當爲脩武之地的庫所用。

【通論2010】

釋“修武府”耳杯時指出，修武本趙地，入秦在秦昭襄王四十七年之後，在今河南修武縣東。此杯時代在戰國晚期至秦代。

【集證2011】

釋“修武庫印”時指出，修武爲河內郡縣，見《漢書·地理志》應劭曰：“晉始啟南陽，今南陽城是也，秦改曰修武。”臣瓚曰：“韓非書‘秦昭王越趙長平西伐修武’，時秦未兼天下，修武之名久矣。”師古曰：“瓚說是也。”修武原爲魏邑，秦昭王以後入秦。故地在今河南獲嘉縣。1966年咸陽塔兒坡出土耳杯刻“修武府”3字。塔兒坡出土器物多爲魏器，而耳杯“府”字爲秦文字風格，足見秦時修武縣有府。而由此印知修武縣亦有庫。睡虎地秦簡《秦律雜抄》：“稟卒兵，不完善（繕），丞、庫嗇夫、吏貲二甲，法（廢）。”此印應屬修武縣屬下庫嗇夫所用的官印。

【戰國2013】

傳世戰國魏璽印有“修（修）武繯（縣）事”印。李家浩考釋出古璽中的“繯”即“縣”字，從而解決了三晉古璽中一批縣級所用印璽。“修武繯事”即爲修武縣之官印。《韓非子》：“秦昭王越趙長平西伐修武。”修武在長平東南，此“西伐”應是“東伐”之誤。

即“修武之名實矣”。《集解》徐廣曰：“河内修武，古曰南陽，秦始皇更名河内，屬魏地。”駰案：“《韓詩外傳》武王伐紂，到於邢丘，勒兵於寧，更名邢丘曰懷，寧曰修武。”或誤。前文已證寧縣、邢丘、懷等都爲魏置縣，可知周武王並未“更名邢丘曰懷，寧曰修武”。從此古璽印文可知，魏置修武縣，修武故城在今河南獲嘉縣。

【職地2014】

修武爲秦河内郡轄縣，咸陽塔兒坡出土“脩武府”耳杯，可知秦時縣設有府庫，庫的主管官吏稱爲“庫嗇夫”。睡虎地秦簡《秦律雜抄》“稟卒兵，不完繕，丞、庫嗇夫、吏貲二甲，廢”。

【古分2018】

晋國有璽印“修武鄲（縣）吏”（0302）葉其峰認爲“修武鄲吏”。《漢書·地理志》河内郡有修武，在今河南省獲嘉縣。修武古稱寧，《史記·魏世家》：“無忌謂魏王曰，通韓上黨於共、寧。《正義》‘懷州修武縣，本殷之寧邑。’修武又稱南陽，《史記·秦本紀》：‘魏入南陽以和’，徐廣曰：‘河内修武，古曰南陽。’據上記載，修武屬魏是没有問題的。應劭注《漢書·地理志》認爲修武是秦始皇併魏後定的名稱。臣瓚則據韓非‘秦昭王越趙長平，西伐修武’之語，否定了應劭見，指出秦併魏前就有修武之名，‘修武鄲吏’璽則從實物上證明瓚説不誤。”李家浩認爲：“‘修武’見於《戰國策·秦策一》和《韓非子·初見秦》，故城在今河南獲嘉縣。據清人顧觀光考證，其地在戰國時屬魏。《史記·魏世家》：‘通韓上黨於共、寧’，張守節《正義》：‘寧，懷州修武縣，本殷之寧邑。《韓詩外傳》云：武王伐紂，勒兵於寧，故曰修武。今魏開通共、寧之道，使韓上黨得直路而行也。’傳世魏國銅器中有二年寧塚子得鼎，貨幣中有寧布，‘寍’‘寧’古通。可見修武和寧非一地，《韓詩外傳》的説法，似不可信。”

（六）温

温丞之印

《釋續》圖23；《印集》P112；《彙考》P204；《印風》P153；《大系》P278

【釋續2001】

《漢書·地理志》河内郡有温縣。班氏自注：“故國，己姓，蘇忿生所封也。”王先謙《補注》：“蘇忿生見《左隱·成傳》……戰國分屬魏，宋王偃死焉，安釐王元年予秦，並見

《魏世家》。……《一統志》：故城今溫縣西南三十里。”

【簡讀2002】

秦縣，《漢志》屬河內郡。

【五十例2005】

《史記·周本紀》：“及惠王即位，奪其大臣園以爲囿，故大夫邊伯等五人作亂，謀召燕、衛師，伐惠王。惠王奔溫。”《正義》：“《左傳》云蘇忿生十二邑，桓王奪蘇子十二邑與鄭，故蘇子同五大夫伐惠王。溫，十二邑之一也。杜預云河內溫縣也。”《周本紀》：“子帶立爲王，取襄王所絀翟后與居溫。”《正義》引《括地志》云：“故溫城在懷州溫縣西三十里，漢、晋爲縣，本周司寇蘇忿生之邑。”《晋世家》：晋文公二年，“三月甲辰，晋乃發兵至陽樊，圍溫，入襄王於周。”《秦本紀》：“（昭襄王十九年），齊破宋，宋王在魏，死溫。”《漢志》：河內郡有溫縣。本注：“故國，己姓，蘇忿生所封也。”《元和郡縣圖志·河南道一·河南府·溫》：“本周畿內，司寇蘇公之邑，春秋周襄王賜晋文公。漢以爲縣，屬河內郡。隋大業十三年，自故溫縣移於今所。皇朝建都，割屬河南府。”溫縣秦屬河內郡，其地在今河南溫縣西。

【縣考2007】

本春秋晋縣。秦昭襄王三十二年，魏入三縣請和，溫縣當爲其中之一。出土秦封泥中有“溫丞之印”。《漢志》溫縣屬河內郡。

【彙考2007】

《漢書·地理志》河內郡有溫縣。班氏自注：“故國，己姓，蘇忿生所封也。”王先謙《補注》：“蘇忿生見《左隱成傳》……戰國分屬魏，宋王偃死焉，安釐王元年予秦，並見《魏世家》……《一統志》：故城今溫縣西南三十里。”

【政區2009】

戰國時魏地。《史記·周本紀》：“及惠王即位，奪其大臣園以爲囿，故大夫邊伯等五人作亂，謀召燕、衛師，伐惠王。惠王奔溫。”《正義》：“《左傳》云蘇忿生十二邑，桓王奪蘇子十二邑與鄭，故蘇子同五大夫伐惠王。溫，十二邑之一也。杜預云河內溫縣也。”《史記·周本紀》：“子帶立爲王，取襄王所絀翟后與居溫。”《正義》引《括地志》云：“故溫城在懷州溫縣西三十里，漢、晋爲縣，本周司寇蘇忿生之邑。”《戰國策·東周策》：“溫入之周。”《史記·晋世家》晋文公二年，“三月甲辰，晋乃發兵至陽樊，圍溫，入襄王於周”。《史記·秦本紀》：“（昭襄王十九年）齊破宋，宋王在魏，死溫。”《史記·魏世家》：“昭王十年，齊滅宋，宋王死我溫”；又“二年，又拔我兩城，軍大梁下，韓來救，予秦溫以和。”《括地志》云：“故溫城在懷州溫縣西三十里，漢晋爲縣。”《元和·卷五》河南道一河南府溫縣，“本周畿內，司寇蘇公之邑，春秋周襄王賜晋文公。漢以爲縣，屬河內郡。隋大業十三年，自故溫縣移於今所。皇朝建都，割屬河南府”。《讀史·卷四十九》河南懷慶府溫縣，“在府東南五十里”，“戰國時魏邑，漢爲溫縣，屬河內郡”。即秦漢溫縣故城在今河南溫縣西南三十里。

【分域2009】

溫，縣名，其地在今河南溫縣。《史記·秦本紀》云：“昭襄王十九年，齊破宋，宋王在魏,死溫。”溫,後爲秦所取,設縣以治。

【戰國2013】

　　同《政區2009》。

【廣封2019】

　　案《漢書·地理志》：河內郡,有縣“溫”,“故國,己姓,蘇忿生所封也”。《史記·周本紀》：“惠王犇溫,已居鄭之櫟。”注,《正義》《左傳》云：蘇忿生十二邑,桓王奪蘇子十二邑與鄭,故蘇子同五大夫伐惠王。溫,十二邑之一也。杜預云：河內溫縣也。此其丞之印也。

　　瑞按：溫,《漢書·地理志》屬河內郡。《史記·周本紀》“惠王奔溫,已居鄭之櫟。立釐王弟頹爲王”,“子帶立爲王,取襄王所紲翟后與居溫”,注引《正義》：《括地志》云：“故溫城在懷州溫縣西三十里,漢、晋爲縣,本周司寇蘇忿生之邑。《左傳》云周與鄭人蘇忿生十二邑,溫其一也。《地理志》云溫縣,故國,己姓,蘇忿生所封也。”《史記·衛康叔世家》“二十五年,惠公怨周之容舍黔牟,與燕伐周。周惠王奔溫,衛、燕立惠王弟頹爲王”。《史記·燕召公世家》“莊公十二年,齊桓公始霸。十六年,與宋、衛共伐周惠王,惠王出奔溫,立惠王弟頹爲周王。”《史記·魏世家》“十年,齊滅宋,宋王死我溫”。《史記·貨殖列傳》“溫、軹西賈上黨,北賈趙、中山。”《史記·萬石張叔列傳》“萬石君名奮,其父趙人也,姓石氏。趙亡,徙居溫”,注引《正義》“故溫城在懷州溫縣三十里,漢縣在也”。

（七）山　　陽

山陽丞印

1　　　　　　　　　　　　　2

1.《新出》P74;《青泥》P30;《秦選》P88;《大系》P205

2.《大系》P205

【縣考2007】

　　魏縣。秦始皇五年,秦將蒙驁率軍攻魏,取二十城,酸棗、燕、虚、長平、雍丘、山陽、頓丘等縣當在此時屬秦。山陽,《漢志》屬河內郡。

【政區 2009】

戰國魏橋形布有"山陽"布,有大、中、小三種:西漢初年的張家山漢簡《秩律》有"山陽"縣,其上屬郡爲河内郡。戰國魏封君中有山陽君。《戰國策·楚策一》:"江尹欲惡昭奚恤於楚王而力不能,故爲梁山陽君請封於楚。"戰國末年,一度爲秦國權臣嫪毐的封地。《史記·秦始皇本紀》:"五年,蒙驁伐魏,拔山陽城。""八年,嫪毐,封爲長信侯,予之山陽地。"《漢志》河内郡領縣山陽,"東太行山在西北",實因秦置。《清一統志·卷二百零三》:"故城在(懷慶府)修武縣西北三十五里。"考古調查表明,今河南焦作市修武縣北35里山陽古城爲不規則長方形,周長5000平方米。

(八) 共

共丞之印

無圖,釋讀見《五十例》P319。

【五十例 2005】

《史記·鄭世家》:"段出奔共。"《集解》引賈逵曰:"共,國名也。"杜預曰:"今汲郡共縣也。"《正義》:"按:今衛州共城縣是也。"《魏世家》:"河内共、汲必危。""通韓上黨於共、寧。"《田敬仲完世家》:"(齊王建)四十四年,秦虜王建,遷之共。"《漢志》,河内郡有共,本注:"故國。北山,淇水所出,東至黎陽入河。"《元和郡縣圖志·河北道一·衛州》:"共城縣,本周共伯國,屬王無道,流崩於彘,共伯奉王子靖立爲宣王,共伯復歸於國。漢以爲縣,屬河内郡。晋屬汲郡。高齊省。隋開皇四年加'城'字,於此置共城縣。屬衛州。皇朝因之。"共縣秦屬河内郡,其地在今河南衛輝市。

【政區 2009】

傳世戰國魏兵器有五年龔令戈(《集成》11348),銘文:"五年龔命(令)寧,左庫工師長吏慮,冶□□。"又戰國魏圜錢有"共""共屯赤金"。龔即通共,西周共伯之故邑。《左傳》隱公三年:"鄭太叔出奔共。"又西漢初年的張家山漢簡《秩律》有"共"縣,其上屬郡應爲河内郡。戰國時屬魏國。《戰國策·魏策》云:"城跪津而以之臨河内,河内之共,汲莫不危矣。"又"通韓之上黨於共、寧"《史記·魏世家》:"無忌謂魏王曰:'城跪津以臨河内,河内共、汲,必危。'"《史記·田敬仲完世家》:"秦虜王建,遷之共。"《漢志》河内郡領縣共縣,"故國"。三者互證,魏共縣即西漢河内郡共縣,秦置共縣,屬河内郡。《清一統志·卷二百》:"故城今(衛輝府)輝縣治。"秦漢共縣故城遺址在今河南輝縣東北9里,迄今尚有殘存。

【戰國 2013】

傳世戰國魏兵器"五年龔令"戈(《集成》17·11348戈、17·10902戈),銘文:"五年龔命(令)寧,左庫工師長吏慮,冶□□"。又戰國魏圜錢有"共""共屯赤金"。"龔"通"共",西周共伯之故邑。《左傳》隱公三年:"鄭太叔出奔共"。戰國屬魏。《戰國策·魏策》云："城詭津而以之臨河内,河内之共,汲莫不危矣"。又"通韓之上黨於共、寧"。又河南輝縣琉璃閣75號戰國墓出土一對銅戈,胡上刻从工从邑二字,郭寶鈞釋爲"工邑","工邑"應即"共邑"之借音。其論:"輝縣是古共伯國,這時汲共屬魏,稱共邑,戈應是共邑士兵所用的同銘者一對。"從以上文物銘文可證,魏置共縣。魏共縣故城在今河南輝縣東北9里,迄今尚有殘存。

（九）州

州丞之印

1　　　　　　　　　2

1、2.《大系》P388

【政區2009】

傳世戰國魏兵器有十四年州工師戈（《集成》11269），銘文："十四年州工帀（師）明,治無。"又戰國魏方足布和鋭角布有"州"布。《戰國策·齊策五》："楚人救趙而伐魏,戰於州。"州本周邑,後與晉國,"初州縣爲欒豹之邑",戰國時入魏。顧祖禹、江永等謂故州城在武德城,即今河南溫縣東北四十里武德鎮。即魏置州縣,又《漢志》河內郡屬縣有州縣。二者互證,秦置州縣。

【秦漢2010】

在考訂"州璽"時指出,"州"兩漢時期爲河內郡屬縣。相家巷出土秦封泥有"豐璽""請璽""州丞之印"。此印亦秦已置州縣之證。

【楚地2013】

包山楚簡有"州"（《包山》114號）,《左傳》桓公十一年:"楚屈瑕將盟、貳、軫。鄖人軍於蒲騷,將與隨、絞、州、蓼伐楚師。"《讀史方輿紀要》卷七十八,荆州府監利縣有州陵城,云"縣東三十里",爲州國所在地,後爲楚所滅。《春秋大事表》卷五"州國"在"今湖廣荆州府監利縣東三十里有州陵城"。劉信芳引《水經注·江水》"江水又東逕石子崗,崗上有故城,即州陵縣之故城也,莊辛所言左州侯國矣",認爲簡文"州"在湖北監利縣東南。譚其驤認爲州城故址在今湖北洪湖縣東北新灘口附近。石泉認爲,春秋的州國以及漢晉的州陵在今漢水以西之鍾祥西北、荆門北境地帶。

（十）内　黄

内黄丞□

《大系》P172

【政區2009】

　　傳世戰國魏青銅器有"内黄"鼎（《集成》2308）。又西漢初年的張家山漢簡《秩律》有"内黄"縣，其上屬郡在西漢初年，周振鶴斷爲河内郡内黄，《漢志》魏郡屬縣，戰國屬魏地。《史記·趙世家》：敬侯八年，"拔魏黄城"，其後復爲魏有，肅侯八年又"圍魏黄不克"。《正義》引《括地志》云："故黄城在魏州冠氏縣南十里，因黄溝爲名。"黄溝即古黄澤。《水經·淇水注》云："内黄縣故城右對黄澤……《地理風俗記》曰：陳留有外黄，故加内。《史記》曰：趙廉頗伐魏取黄，即此縣也。"《史記·蘇秦列傳》："決白馬之口，魏無外黄、濟陽。"可知，魏有内、外黄地。故繆文遠考證戰國魏以黄河以北爲内，黄河以南爲外，故有内、外黄之稱。從此戰國魏銅鼎和簡文看、魏置内黄縣，秦時漢初内黄即已置縣，其故址地望在今河南省内黄縣西。

【戰國2013】

　　傳世戰國魏青銅器有内黄鼎（《集成》4·2308鼎）。内黄，戰國屬魏地。《珍秦齋藏金·吳越三晉篇》有"内黄右庫"，銘文"内黄右庫"。餘同《政區2009》。

　　瑞按：封泥殘，原讀"内黄丞印"，然左下不存，當空字待補。

（十一）繁　陽

繁陽丞印

《大系》P79

【政區2009】

　　戰國魏兵器有十三年繁陽令戈，銘文：“十三年泛（繁）陽命（令），囗戲（戈内），币（工師）北宫囗，冶黃”。又西漢初年的張家山漢簡《秩律》有“繁陽”縣，其上屬郡應爲河内郡。《史記·趙世家》：“考成王二十年，孝成王卒，廉頗將攻繁陽，取之。”又《史記·廉頗藺相如列傳》曰：“居六年，趙使廉頗伐魏之繁陽，拔之。”其事也見於《史記·燕召公世家》：魏繁陽爲魏東北的邊邑，與趙背鄰，故廉頗攻魏，首當其衝。《正義》引《括地志》：“繁陽故城在相州内黃縣東北二十里。”應劭云：“繁水之北，故曰繁陽。”瀧川資言《史記考證》：“繁陽，魏地，今直隸大名府開州。”《漢志》魏郡有繁陽縣，隋大業初年併入内黃縣，故城在今河南内黃東北。《漢志》魏郡屬縣繁陽。從以上考證可知，魏置繁陽縣，秦時漢初繁陽置縣當沿之舊，其故址地望在今河南省内黃縣西北。

【秦地2017】

　　里耶簡有“潁陰、繁陽、東鄉”。亦見《秩律》，《漢志》屬魏郡，秦當屬河内郡。

　　瑞按：繁陽，《漢書·地理志》屬魏郡。注引應劭曰：“在繁水之陽。”張晏曰：“其界爲繁淵。”《史記·廉頗藺相如列傳》“居六年，趙使廉頗伐魏之繁陽”，《正義》：“在相州内黃縣東北也。”《史記·燕召公世家》“九年，秦王政初即位。十年，趙使廉頗將攻繁陽”。《史記·趙世家》“二十一年，孝成王卒。廉頗將，攻繁陽，取之”。《集解》引徐廣曰：“在頓丘。”《正義》引《括地志》云：“繁陽故城在相州内黃縣東北二十七里。應劭云‘繁水之北，故曰繁陽也’。”

（十二）高　　平

高平

1　　　　　　　　2

1.《大系》P92
2.《菁華》P140;《大系》P92

【廣封2019】

　　案《漢書·地理志》：安定郡，有縣“高平”，“莽曰鋪睦”。《史記·趙世家》：“秦廢帝請服，反高平、根柔於魏。”《集解》徐廣曰：“《紀年》云：魏哀王四年改陽曰河雍，向曰高平。根柔，一作‘椻柔’，一作‘平柔’。”《正義》返，還也。《括地志》云：“高平故城在懷州河陽縣西四十里。《紀年》云：魏哀王改向曰高平也。"“根柔”未詳。兩邑，魏地也。

瑞按：《漢書·地理志》臨淮郡有高平“侯國。莽曰成丘”；安定郡有高平，“莽曰鋪睦”。《水經注》卷2“東北流，逕高平縣故城東”注：“董祐誠曰：高平，二漢皆安定郡治。《地形志》，原州，太延二年置鎮，正光五年，改置，並置郡縣，治高平城，領郡二，高平郡領高平。《元和志》曰，平高縣，後魏太延二年於今縣理，置平高縣，屬平高郡。是《地形志》高平當作平高矣。原州之高平，爲漢縣，《地形志》不注，而高平二漢屬安定之文，乃反在新平郡移置之高平下，誤矣。諸志皆以今固原州城爲漢、魏迄唐之城，然此《注》既言故城，而《元和志》又明言於今理置平高縣，則魏城非漢城矣。下《注》言長城在高平北十五里，而《元和志》作十里，今州志亦同，是高平故城當近今固原州治而稍南也。方志多以高平在鎮原，誤。守敬按：《地形志》往往於故郡縣不注沿革，而注於新置之郡縣，董氏未詳其例。”卷7“溴水又東南流，天漿澗水注之。水出軹南皋向城北，城在皋上，俗謂之韓王城，非也。京相璠曰：或云今河内軹西有城，名向，今無。杜元凱《春秋釋地》亦言是矣。蓋相襲之向，故不得以地名而無城也。闞駰《十三州志》曰：軹縣南山西曲有故向城，即周向國也。《傳》曰：向姜不安於莒而歸者矣。汲郡《竹書紀年》曰：鄭侯使韓辰歸晉陽及向。二月，城陽、向、更名陽爲河雍，向爲高平。即是城也。”《水經注》卷25“又南過高平縣西，洸水從西北來流注之”注：“泗水南逕高平山，山東西十里，南北五里，高四里，與衆山相連。其山最高，頂上方平，故謂之高平山，縣亦取名焉。泗水又南逕高平縣故城西，漢宣帝地節三年，封丞相魏相爲侯國。高帝七年，封將軍陳鍇爲槀侯。《地理志》：山陽之屬縣也。王莽改曰高平。應劭曰：章帝改。按本《志》曰：王莽改名，章帝因之矣。所謂洸水者，洙水也。蓋洸、洙相入，互受通稱矣。”《初學記》卷8：“《上黨記》曰：高平赤壤，其地阻險，百姓不居。”《周禮》“邍師”疏，釋曰：“《爾雅·釋地》高平曰原，此雖以原爲主，除山林川澤四者，餘丘陵墳衍原隰六者皆主之。故云‘辨其丘陵’已下也。按鄭注《大司徒》云：‘土之高者曰丘，大阜曰陵，水涯曰墳，下平曰衍，高平曰原，平濕曰隰，皆有名。’”《水經·濟水注》引《汲郡竹書紀年》：“鄭侯使韓辰歸晉陽及向，二月城陽、向，更名陽爲河雍，向爲高平。”馬王堆漢墓出土帛書《戰國縱橫家書》：“齊乃西師，以□（禁）强秦，史（使）秦廢令疏服而聽，反溫、軹、高平於魏，反王、公符逾於趙，此天下所明知也。”《史記·范雎列傳》“范雎相秦二年，秦昭王之四十二年，東伐韓少曲、高平，拔之。《正義》引《括地志》云：“南韓王故城在懷州河陽縣北四十里。俗謂之韓王城，非也。春秋時周桓王以與鄭。《紀年》云‘鄭侯使辰歸晉陽向，更名高平，拔之’。則少曲當與高平相近。”《史記·趙世家》“西兵以禁强秦，秦廢帝請服，反高平、根柔於魏”，《集解》引徐廣曰：“《紀年》云魏哀王四年改陽曰河雍，向曰高平。根柔，一作‘槐柔’，一作‘平柔’。”《正義》：“返，還也。《括地志》云：‘高平故城在懷州河陽縣西四十里。《紀年》云魏哀王改向曰高平也。’根柔未詳。兩邑，魏地也。”《史記·秦本紀》：“十八年，錯攻垣、河雍，決橋取之。”《集解》引徐廣曰：“汲冢《紀年》云魏哀王二十四年，改宜陽曰河雍，改向曰高平。向在軹之西。”

高平丞印

1　　　　　　　　　　　　　2

1.《大系》P92
2.《菁華》P141；《精品》P53；《大系》P92

【戰國2013】
　　傳世齊系兵器有"高坪左戟"（《集成》11020）。《漢志》臨淮郡高平縣，"侯國，莽曰成丘。"此地在春秋時屬魯國地，戰國齊之南陲曾至此。故址在今江蘇省泗洪縣南。
【廣封2019】
　　説見"高平"。此其丞之印也。

三、上黨郡

上黨府丞

1　　　　　　　　　　　　　2

1.《在京》圖四：14；《璽印》P424；《新出》P29；《大系》P207
2.《大系》P207

【五十例2005】
　　上黨爲戰國時韓國所置。《史記·韓世家》：韓惠王十年，"秦擊我於太行，我上黨郡守以上黨郡降趙。十四年，秦拔趙上黨。"《正義》："韓上黨也。從太行西北澤、潞等州是也。”《趙世家》:趙孝成王四年,“韓氏上黨守馮亭使者至,曰:‘韓不能守上黨,入之於秦。其吏民皆安爲趙,不欲爲秦。有城市邑十七,願拜入之趙,財王所以賜吏民。’”《秦本紀》:昭襄王“四十七年,秦攻韓上黨,上黨降趙”。四十八年,“司馬梗北定太原,盡有韓上黨。正月,兵罷,復守上黨”。莊襄王三年,“王齕攻上黨”。《秦始皇本紀》,二十九年,始皇刻石東觀,“旋,遂之琅邪,道上黨入”。《張耳陳餘列傳》:“(武臣)使韓廣略燕,李良略常山,張黶略上黨。”《張丞相列傳》:“高祖立爲漢王,東擊項籍,(任)敖遷爲上黨守。”《漢志》:上黨郡本注:“秦置,屬并州。有上黨關、壺口關、石研關、天井關。”上黨郡治長子,其地在今山西長子縣西。

【政區2009】

秦封泥有“上黨府丞”。原爲戰國韓、趙地。公元前259年秦趙長平之戰後,秦攻占韓上黨郡,二年後爲韓收復。文獻記載韓上黨郡以秦昭襄王四十五年降趙,四十八年入秦。《史記·韓世家》,韓惠王十年,“秦擊我於太行,我上黨郡守以上黨郡降趙。十四年,秦拔趙上黨,殺馬服子卒四十餘萬於長平”。《正義》:“韓上黨也。從太行西北澤、潞等州是也。”《史記·趙世家》趙孝成王四年,“韓氏上黨守馮亭使者至,曰:‘韓不能守上黨,入之於秦。其吏民皆安爲趙,不欲爲秦。有城市邑十七,願再拜入之趙,財王所以賜吏民。’”《史記·秦本紀》:“(昭襄王)四十七年,秦攻韓上黨,上黨降趙”;四十八年,“司馬梗北定太原,盡有韓上黨。正月,兵罷,復守上黨”;莊襄王三年,“王齕攻上黨”。《史記·秦始皇本紀》二十九年,始皇刻石東觀,“旋,遂之琅邪,道上黨入”。《史記·張耳陳餘列傳》:“(武臣)使韓廣略燕,李良略常山,張黶略上黨。”《漢志》上黨郡,“秦置,屬并州。有上黨關、壺口關、石研關、天井關”。秦上黨郡治長子,今在山西長子縣西。《水經·濁漳水注》云:“又東,堯水自西山東北流,逕堯廟北,又東,逕長子縣故城南,周史辛甲所封邑也。《春秋》襄公十八年,晋人執衛行人石買於長子,即是縣也。秦置上黨郡,治此。”

【戰國2013】

原爲晋地,三家分晋後,趙、韓各占一部分上黨地,都設置上黨郡。《戰國策·東周策》:“周最謂金投曰:‘公負令秦與强齊戰,戰勝,秦且收齊而封之,使無多割而聽天下之戰;不勝,國大傷,不得不聽秦。秦盡韓、魏之上黨,太原西止秦之有已。’”又《戰國策·西周策》曰:“韓、魏易地,西周弗利。樊餘謂楚王曰:‘周必亡矣。韓、魏之易地,韓得二地,魏亡二地。所以爲之者,盡包二周,多於二縣,九鼎存焉。且魏有南陽、鄭地,叁川而包二周,則楚方城之外危;韓兼兩上黨以臨趙,即趙羊腸以上危。故易成之日,楚、趙皆輕。’”上黨爲形勢險要之地,因上黨地區而得名。劉熙《釋名·釋州國》曰:“上黨,黨所也。在山上,其所最高,故曰上黨也。”韓上黨郡設置確年不詳,楊寬推測公元前451年韓、趙、魏三家分晋,此郡當爲此後不久設置,可備一説。秦昭襄王四十五年,秦伐韓之野王,野王降秦,韓上黨郡與韓本土道絶,上黨郡守降趙。之後韓上黨郡一直在韓、趙、秦之間反復。《史記·韓世家》:“桓惠王十年,上黨郡守馮亭以上黨郡降趙”《正義》曰:“從太行山西北澤、潞等州是也。”韓上黨郡遠韓近趙,故被秦所攻時,郡守馮亭以地降趙。韓桓惠王二十六年,韓上黨郡最終爲秦所得。《史記·秦本紀》:“(莊襄王)四年,王齕攻上黨。”《史記·韓世家》：“(桓惠王)二十六年,秦悉拔我上黨。”上黨又稱上地。《戰國策·楚策一》：“秦下甲兵據宜陽,韓之上地不通。”《春秋後語》作“上黨地”。《荀子·議兵》云：“韓之上地方數百里,而趨趙,趙不能凝也,故秦奪之。”轄境包括今山西省沁河以東一帶地區,北與趙的上黨郡相接。

【訂補2014】

收録約昭襄王三年(前246年)至秦代的上黨武庫矛,上銘“武庫上黨武庫”,指出《漢書·地理志》：“上黨郡,秦置。”王先謙《補注》：“先屬韓,降趙,後入秦,莊襄王四年因之,見《秦紀》。”《史記·秦本紀》：“(昭襄王)四十八年……司馬梗北定太原,盡有韓上黨。……莊襄王三年……四月日食。四年,王齕攻上黨。”張守節《正義》：“上黨又反秦,故攻之。”日本瀧川資言《考證》：“張文虎曰：莊襄王四年,《六國表》書在‘三年’,此‘四年’涉上‘四月’而衍。”“上黨武庫”乃器之貯藏處。

【邯史2018】

同《政區2009》。秦代上黨郡所轄範圍主要在今山西東部地區,但其所設置的縣包括今邯鄲地區所在的涉縣,即秦漢時期的涉縣。

【古分2018】

晋國璽印有“上黨遽司馬”(《古璽通論》158頁)曹錦炎認爲：“上黨,戰國時韓郡,治所在今山西長治市北。上黨屬韓,見《史記·趙世家》孝成王四年：‘後三日,韓氏上黨守馮亭使者至。’又《魏世家》：‘通韓上黨於共、寧。’另外《戰國策·西周策》韓魏易地章：‘韓兼兩上黨以臨趙,即趙羊腸以上危。’可證。據《史記韓世家》桓惠王：‘十年,秦擊我於太行,我上黨郡守以上黨降趙。十四年,秦拔趙上黨……二十六年,秦悉拔我上黨。’可知戰國末期上黨郡先後歸趙、秦所有。”吳良寶認爲此璽“屬三晋官印,國別待定。”並謂：“史書中‘上黨’或稱爲‘上地’,從戰國初期開始三晋在上黨均擁有領土,韓、趙兩國曾置有上黨郡,魏國的情況尚不能確定；上黨郡的始置時間待考,而《戰國策》《史記》等書記載韓、趙的上黨郡擁有十七縣、二十四縣,其時已至戰國晚期。”

瑞按：上黨,郡名。《漢書·地理志》言其舊爲韓、趙之地,“西有太原、定襄、雲中、五原、上黨。上黨,本韓之別郡也,遠韓近趙,後卒降趙,皆趙分也。自趙夙後九世稱侯,四世敬侯徙都邯鄲,至曾孫武靈王稱王,五世爲秦所滅。”後爲秦郡：《史記·秦始皇本紀》：“秦始皇帝者,……年十三歲,莊襄王死,政代立爲秦王。當是之時,秦地已併巴、蜀、漢中,越宛有郢,置南郡矣；北收上郡以東,有河東、太原、上黨郡。”《漢書·郊祀志》：“其明年,始皇復遊海上,至琅邪,過恒山,從上黨歸。”《漢書·地理志》：“上黨郡,秦置,屬並州。有上黨關、壺口關、石研關、天井關。户七萬三千七百九十八,口三十三萬七千七百六十六。縣十四。”馬王堆帛書《戰國策》有“秦取梁(梁)之上黨”。府,此指郡府。《漢書·酷吏傳》“其後小吏畏誅,雖有盜弗敢發,恐不能得,坐課累府,府亦使不言”,顏師古曰：“府,郡府也。”

（一）長　子

長子丞印

1　　　　　2　　　　　3　　　　　4

1.《新出》P94;《大系》P369
2.《新出》P95
3.《新出》P95;《大系》P368
4.《新出》P95;《大系》P369

【縣考2007】

　　本韓上黨郡屬縣。秦昭襄王四十八年,秦拔趙所控制之韓上黨郡三縣當于此時屬秦。然韓復在昭襄王四十九年至莊襄王三年（前248年）間,將上黨郡奪回,長子等三縣當復屬韓。莊襄王四年,秦又攻取韓上黨郡,長子等三縣最終屬秦。又《水經·濁漳水注》曰:"堯水自西山東北流,逕堯廟北,又東逕長子縣故城南,周史辛甲所封邑也。《春秋》襄公十八年,晋人執衛行人石買於長子,即是縣也。秦置上黨郡,治此。"據此,知長子爲秦上黨郡治。《漢志》長子、銅鞮、屯留三縣並屬上黨郡。

【政區2009】

　　河南新鄭的鄭韓故城出土韓兵器長子戈,具體内容不詳;又戰國韓方足布有"長子"布。又西漢初年的張家山漢簡《秩律》有"長子"縣,其上屬郡應爲上黨郡。戰國時長子屬韓地。《史記·趙世家》成侯五年（公元前370年）,"韓與我長子。"《戰國策·趙策》:"趙襄子出亡,問所之,曰長子城厚且完。"又《戰國策·齊策》:"舊者中山悉起而迎燕趙,南戰於長子,敗趙氏。"又《戰國策·東周策》或謂金投曰:"公不如救齊,因佐秦而伐韓、魏,上黨、長子,趙之有矣。"鮑彪注云:"長子屬上黨,蓋韓地。"故黃盛璋考之:"其實長子前後都屬韓,中間屬趙與魏,總共不過三十二年。"《水經·濁漳水注》:"堯水又東逕長子縣故城南……秦置上黨郡,治此。"《清一統志·卷一百四十二》:"長子故城在潞安府長子縣西。"從文物和文獻看,秦設置長子縣,其故址在今山西省長子縣西南。

【戰國2013】

　　河南新鄭市鄭韓故城出土兵器"長子"戈,具體内容不詳;又戰國韓方足布有"長子"布。戰國時,長子屬韓地,一度屬趙。《史記・趙世家》成侯五年(前370年),"攻鄭,敗之,以與韓,韓與我長子"。又《戰國策・齊策》:"昔者中山悉起而迎燕趙,南戰於長子,敗趙氏。"又《戰國策・東周策》或謂金投曰:"公不如救齊,因佐秦而伐韓、魏,上黨、長子,趙之有已。"鮑彪注云:"長子屬上黨,蓋韓地。"故黄盛璋考之:"其實長子前後都屬韓,中間屬趙與魏,總共不過三十二年。"長子又名尚子。《水經・濁漳水注》曰:"《竹書紀年》曰:梁惠成王十二年,鄭取屯留、尚子、涅。尚子,即長子之異名也。"韓長子故城,舊時又稱丹朱城,在今山西長子縣西南。

　　瑞按:《漢書・地理志》上黨郡首縣爲長子,"周史辛甲所封。鹿谷山,濁漳水所出,東至鄴入(青)[清]漳。"《史記・趙世家》成侯"五年,伐齊於鄄。魏敗我懷。攻鄭,敗之,以與韓,韓與我長子。"《漢書・敘傳》:"長生回,以茂材爲長子令。"《戰國策・蘇秦説齊閔王》:"日者,中山悉起而迎燕、趙,南戰於長子,敗趙氏。"

(二)余　　吾

余吾丞印

　　　　1　　　　　　　　　　　　2

1.《新出》P86;《大系》P342
2.《大系》P342

【政區2009】

　　戰國趙三孔布有"余亡"布,或釋"余亡"即"余無"。《後漢書・西羌傳》注引古書《竹書紀年》:"太丁四年,周人伐余無之戎,克之。"或作"余吾",見《漢志》上黨郡;或作"徐吾",見王先謙《漢書補注》。其地在今山西屯留北,戰國屬趙地。從此幣文看,趙置余吾縣。又西漢初年的張家山漢簡《秩律》有"余吾"縣,其上屬郡應爲上黨郡。《漢志》上黨郡屬縣余吾。從文物和文獻看,秦時漢初余吾即已置縣,其故址在今山西省屯留縣西北。

（三）銅鞮

銅鞮丞印

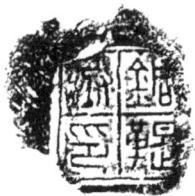

1 　　　　　　2

1.《新出》P78;《青泥》P29;《大系》P271
2.《大系》P271

【縣考2007】
　　説見"長子丞印"。

【政區2009】
　　傳世戰國趙兵器有"銅鞮右庫"戈,銘文:"同是右庫";戰國趙方足布有"同是"布,"同是"通釋"銅鞮"。又西漢初年的張家山漢簡《秩律》有"銅鞮"縣,其上屬郡應爲上黨郡。《史記·仲尼弟子傳》:"銅鞮伯華。"《集解》引晋《太康地紀》云:"銅鞮,晋大夫羊舌赤之邑。"《正義》引《括地志》云:"銅鞮故城在潞州銅鞮縣東十五里,州西六十里,在并州東南也。"銅鞮在公元前514年已設縣,置縣較早,《左傳》昭公二十八年,"分羊舌氏之田爲三縣,樂霄爲銅鞮大夫"。秦末,周勃曾攻占過銅鞮。《史記·絳侯周勃世家》:"以將軍從高帝擊反韓王信於代……轉攻韓信軍銅鞮,破之。"《正義》引《括地志》云:"銅鞮故城在潞州縣東十五里。"《清一統志·卷一百五十八》:"故城在沁州南。"沁州即今山西省沁縣。

【戰國2013】
　　傳世戰國趙兵器有"銅鞮右庫"戈;戰國趙方足布有"同是"布,"同是"通釋"銅鞮"。《史記·仲尼弟子列傳》:"銅鞮伯華。"《集解》引晋《太康地紀》云:"銅鞮,晋大夫羊舌赤之邑。"《正義》引《括地志》云:"銅鞮故城在潞州銅鞮縣東十五里,州西六十里,在并州東南也。"銅鞮置縣較早,《左傳》昭公二十八年,"分羊舌氏之田以爲三縣",其中"樂霄爲銅鞮大夫",可知公元前514年已設縣。從趙幣銘文可知,戰國時銅鞮爲趙縣,其地在今山西省沁縣南。李曉傑認爲屬韓縣,或誤。

(四)屯　　留

屯留

《古封》P281;《中封》P130;《秦封》P312;《山全》P102;《大系》P273

【秦封2000】

《漢志》上黨郡有屯留縣……，《史記·秦始皇本紀》秦王政八年，"王弟長安君成蟜將軍擊趙，反，死屯留"。《正義》:《括地》云:"屯留故城在潞州長子縣東北三十里。"《元和》屯留縣:"本晋邑，春秋曰:晋人執衛行人孫蒯於屯留是也。漢以爲縣，屬上黨郡，高齊省，隋開皇中重置，屬潞州。"清屬山西省潞安府。屯留縣秦屬上黨郡，今在山西省屯留縣南。漢封泥見:《齊魯》《再續》"屯留丞印"。漢印見:《徵存》"屯留丞印"。

【秦式2002】

録於《封泥》。此封泥當時即定爲秦物。《漢志》上黨郡有屯留縣。《史記·秦始皇本紀》秦王政八年"王弟長安君成蟜將軍擊趙，反，死屯留。"《元和》屯留縣"本晋邑，春秋曰晋人執衛行人孫蒯于純留是也"。屯留秦時約屬上黨郡，今在山西省屯留縣南。漢封泥見《齊魯》《再續》"屯留丞印"，漢印見《徵存》"屯留丞印"。

【政區2009】

遼寧出土秦兵器"屯留"戈。屯留原爲趙地，晋國末代國君曾遷留此地，秦王政弟反而死於此地。《史記·趙世家》:"肅侯元年，奪晋君端氏，徙處屯留。"《史記·秦始皇本紀》:"秦王政八年，王弟長安君成蟜將軍擊趙，反，死屯留。"《漢志》上黨郡有屯留縣:《正義》引《括地志》云:"屯留故城在潞州長子縣東北三十里。"《元和·卷十九》:"屯留縣，本晋邑，春秋曰:晋人執衛行人孫蒯於屯留是也。漢以爲縣，屬上黨郡。"秦屯留縣故址今在山西省屯留縣南古城。

【集證2011】

西安北郊新出秦封泥有"南頓丞印"，又有日字格印"南頓"。由此推論，"屯留"一類日字格縣名印也可能是秦物。《漢書·地理志》上黨郡有"屯留"縣。《漢書補注》王先謙曰:"春秋晋邑，作純留，見《左襄傳》。趙惠王時韓、趙徙晋君於此，見《紀年》《趙世家》。旋入韓，見《紀年》。又入趙。秦長安君反死此，見《始皇紀》。續《志》後漢因。《一統志》:'故城今屯留縣南。'"

【戰國2013】

《珍秦齋藏金·吳越三晋篇》收錄有"二十二年屯留令"戟,銘文"二十二年屯留令邢丘附司寇鄭含右庫工師隰□冶旬造",爲韓釐王二十二年之物。戰國韓方足布有"屯留"布。屯留,春秋時爲赤狄之地,後屬晋,之後屬韓,一度屬趙。《水經·濁漳水注》下引《竹書紀年》:"梁惠成王十二年(公元前359年),鄭取屯留、尚子、涅。"其間多次爲三家分晋時,處置末代晋君的流放地。《索隱》引《竹書紀年》曰:"(晋)桓公二十年,趙成侯、韓共侯遷桓公於屯留。"《史記·趙世家》:"肅侯元年,奪晋君端氏,徙處屯留。"《正義》引《括地志》云:"屯留故城在潞州長子縣東北三十里。"古屯留故城在今山西屯留縣南故城。

【廣封2019】

案《封泥考略》:此封泥二字,半通,印文曰"屯留"。《漢書·地理志》:"屯留縣屬上黨郡。"《左傳·襄十八年》作"純留"。《竹書紀年》:惠成王元年,韓共侯、趙成侯遷晋桓公於屯留。十二年,鄭取屯留。"屯"即古"純"字。似秦印。

屯留丞印

1　　　　　　　　　2　　　　　　　　　3

1、2.《新出》P78;《大系》P273
3.《大系》P273

【縣考2007】

説見"長子丞印"。

【悠悠2015】

遼寧出土秦兵器"屯留"戈。《史記·秦始皇本紀》:"秦王政八年,王弟長安君成蛟將軍擊趙,反,死屯留。"《漢志》上黨郡有屯留縣。《正義》引《括地志》云:"屯留故城在潞州長子縣東北三十里。"《元和郡縣志》:"屯留縣,本晋邑,春秋曰:晋人執衛行人孫蒯於屯留是也。漢以爲縣,屬上黨郡。"秦屯留縣屬上黨郡,今在山西屯留縣南古城。

瑞按:《漢書·地理志》上黨郡有"屯留"。《漢書·五行志》"史記秦始皇八年,河魚大上。劉向以爲近魚孽也。是歲,始皇弟長安君將兵擊趙,反,死屯留,軍吏皆斬,遷其民於臨洮。"《史記·秦始皇本紀》"八年,王弟長安君成蟜將軍擊趙,反,死屯留,軍吏皆斬死,遷其民於臨洮。將軍壁死,卒屯留、蒲鶮反,戮其屍。河魚大上,輕車重馬東就食。"《正義》謂《括地志》云:"屯留故城在潞州長子縣東北三十里,漢屯留,留吁國也。"《史記·張儀列傳》有"儀曰:'親魏善楚,下兵叁川,塞什谷之口,當屯留之道,魏絶南陽,楚臨南鄭,秦攻新城、宜陽……'"屯留爲晉邑,《錢匯》有"屯留"布錢。

(五)泫　氏

泫氏丞印

1　　　　　　　2

1.《大系》P313
2.《大系》P417

【縣考2007】

始皇二十二年(前225年),秦滅魏,至遲此時魏之泫氏、中牟、單父、絳、武堵(都)、濟陽、滍陰、上蔡、魯陽、共、宅陽、梧、廈、諫等縣屬秦。《李斯列傳》記載李斯即爲上蔡人。出土秦封泥中有"魯陽丞口""盧氏丞印"。《漢志》泫氏縣屬上黨郡。

【政區2009】

《水經·沁水注》引《竹書紀年》:"晉烈公元年(公元前415年),趙獻子城泫氏";又西漢初年的張家山漢簡《秩律》有"泫氏"縣,其上屬郡應爲上黨郡。《漢志》上黨郡屬縣有泫氏。從文獻和簡文看,秦時漢初泫氏即已置縣。《元和·卷十五》:"高平縣……本漢泫氏縣,屬上黨郡,在該水之上,故以爲名。"秦泫氏縣故址其地在今山西省高平縣。

【戰國2013】

戰國魏橋形布有"泫氏",何琳儀釋讀。泫氏因泫水而得名,春秋屬晉邑,初屬趙,後屬魏。《水經·沁水注》引《竹書紀年》:"晉烈公元年(前415年),趙獻子城泫氏。"又《太平寰宇記》卷44澤州高平縣下引《竹書紀年》曰:"梁惠王九年,晉取泫氏縣。"所謂"晉取泫氏縣"中"晉"當指魏國。從文獻看,戰國時泫氏即已置縣。《元和·卷十五》:"高平縣……本漢泫氏縣,屬上黨郡,在泫氏之上,故以爲名也"。傳統上認爲戰國時爲趙邑,今從幣文看,泫氏在戰國時屬魏,泫氏故址其地在今山西高平縣。

瑞按:《漢書·地理志》上黨郡有"泫氏"。秦封泥首字模糊,似爲"玄"字。《史記·白起王翦列傳》"趙軍長平"《集解》引徐廣曰:"在泫氏。"《索隱》:《地理志》泫氏今在上黨郡也。《正義》：長平故城在澤州高平縣西二十一里也。張家山漢墓竹簡《二年律令》第455號有“泫氏、高都、銅鞮、涅”。《後漢書·李忠傳》“子普嗣，徙封泫氏侯”下注：“泫氏，縣名，屬上黨郡。西有泫谷水，故以爲名。今澤州高平縣也。”《後漢書·郡國五》上黨郡“泫氏”下注：“《史記》曰，白起破趙長平。《上黨記》曰：城在郡南山中百二十里。”

（六）陭　　氏

陭氏丞印

1 　　2

1.《大系》P327
2.《山房》2.15

【政區2009】

　　河北正定縣出土戰國秦兵器“陭氏師□”戈；西漢初年的張家山漢簡《秩律》有“阿氏”縣，整理者疑爲“陭氏”之誤，可從，其上屬郡應爲上黨郡。《漢志》上黨郡屬縣陭氏。從秦兵器和漢代簡文看，秦時漢初陭氏即已置縣，其故址地望在今山西省安澤縣。

　　瑞按：《漢書·地理志》屬上黨郡。《説文》“陭，上黨陭氏阪也，從邑奇聲。”

四、太　原　郡

大原守印

《古封》P89；《秦封》P259；《彙考》P260；《璽印》P425；
《山全》P37、P157、P189；《濟博》P19；《大系》P250

【秦式1998】

錄於《齊魯》《再續》。《漢志》："太原郡,秦置"。《史記·秦本紀》:昭襄王四十八年,秦"司馬梗北定太原"。莊襄王二年"使蒙驁攻趙,定太原",三年"初置太原郡"。《水經》:"太原郡舊治晉陽,秦莊襄王三年立。"今在山西省太原市西南。漢封泥《封泥》"太原太守章"。

【秦封2000】

《漢志》:"大原郡,秦置。有鹽官,在晉陽。屬并州。"《史記·秦本紀》昭王四十八年,秦"司馬梗北定大原",莊襄王二年,"使蒙驁攻趙,定太原",三年"初置太原郡"。《水經汾水》:"太原郡舊治晉陽,秦莊襄王三年立。"《一統》"故城在今太原縣治"。今在山西省太原市西南。

【彙考2007】

大原,郡名。秦莊襄王(三年)置。《漢書·地理志》有太原郡。班固自注:"秦置,有鹽官,在晉陽。"郡守,秦置。爲一郡最高長官。

【分域2009】

太原,郡名。秦莊襄王三年置。《漢書·地理志》中有太原郡。

【集證2011】

《漢書·地理志》"太原郡"條下班固自注:"秦置"。《史記·秦本紀》:"(莊襄王)二年,使蒙驁攻趙,定太原。四年,王齕攻上黨,初置太原郡。"此印從文字風格看,宜是秦物。

【戰國2013】

太原,原爲趙地,公元前259年爲秦攻取,次年被趙收復。公元前247年,秦又攻取這個地區37城,後二年設置太原郡。《史記·白起王翦列傳》:秦昭襄王四十八年十月,"司馬梗定太原"。《正義》:"太原,趙地,秦定取也。"又《史記·秦本紀》:"司馬梗北定太原,盡有韓上黨。"莊襄王二年,"使蒙驁攻趙,定太原"。三年,"初置太原郡"。故李曉傑認爲"司馬梗北定太原",此太原當即指趙之太原郡無疑,秦太原郡當是沿襲趙國舊制。其所領域大致當有今山西句注山以南,霍山以北,五臺、陽泉以西,黃河以東地區。

【秦地2017】

秦太原郡之設比較明確,《秦本紀》記莊襄王三年(前247年),"初置太原郡"。《葉書》有關太原郡的戰事似僅二條:"(廿五年)攻茲氏","廿六年攻離石"。至莊襄王三年,秦攻取趙榆次、新城、狼孟等37城,置太原郡。

【廣封2019】

案《再續封泥考略》,《漢書·地理志》:"太原郡,秦置。有鹽官,在晉陽。屬并州。有家馬官。"《漢書·百官公卿表》:"郡守,秦官,掌治其郡,秩二千石。有丞,邊郡又有長史,掌兵馬,秩皆六百石。景帝中二年更名太守。"此景帝更名前物也。

大原大府

無圖,考釋見《五十例》P316。

【五十例2005】

《史記·白起王翦列傳》：秦昭襄王四十八年十月，"司馬梗定太原"。《正義》："太原，趙地，秦定取也。"《秦本紀》："司馬梗北定太原，盡有韓上黨。"莊襄王二年，"使蒙、驁攻趙，定太原"。三年，"初置太原郡"。《秦始皇本紀》："十五年，大興兵，一軍至鄴，一軍至太原。"十九年，秦王之邯鄲，"從太原、上郡歸"。"秦初併天下，令丞相、御史曰：'……趙王使其相李牧來約盟，故歸其質子。已而倍盟，反我太原。'"《張耳陳餘列傳》："李良已定常山，還報，趙王復使良略太原。"《漢志》：太原郡本注："秦置。有鹽官，在晉陽。屬并州。"太原郡治晉陽，其地在今山西太原市西南。太府，《周禮·天官·序官》："太府下大夫二人。"鄭玄注："太府爲王治藏之長，若今司農矣。"《太府》："掌九貢、九賦、九功之貳，以受其貨賄之人，頒其貨於受藏之府，頒其賄於受用之府。"《周禮正義》："《呂氏春秋·職分篇》說楚葉公發太府之貨予衆，是侯國亦有太府也。"此太府當掌郡之貨賄。《秦封2000》有秦封泥"太原守印"。

【政區2009】

傳世秦封泥有"太原守印"，爲秦太原郡守之印；又新出土的秦封泥有"太原大府"，"大府"即"太府"，當掌郡之貨賄。原爲趙地，公元前259年爲秦攻取，次年被趙收復。公元前247年，秦又攻取這個地區37城，後二年設置太原郡。《史記·白起王翦列傳》秦昭襄王四十八年十月，"司馬梗定太原"。《正義》："太原，趙地、秦定取也。"《史記·秦本紀》："司馬梗北定太原，盡有韓上黨。"莊襄王二年，"使蒙驁攻趙，定太原"。三年，"初置太原郡"。《史記·秦始皇本紀》："十五年，大興兵，一軍至鄴，一軍至太原。"十九年，秦王之邯鄲，"從太原、上郡歸"。"秦初併天下，令丞相、御史曰：'……趙王使其相李牧來約盟，故歸其質子。已而倍盟，反我太原，故興兵誅之，得其王。'"《史記·張耳陳餘列傳》："李良已定常山，還報，趙王復使良略太原。"《漢志》："太原郡，秦置，有鹽官，在晉陽。"秦太原郡治晉陽，今在山西太原市西南。《水經·汾水注》："汾水出太原汾陽縣北管涔山。東南過晉陽縣東，晉水從縣南東流注之。"秦五亭侯令狐范曾任太原郡守。《新唐書·宗室世系表》："秦有太原守五馬亭侯（令狐）范。"

（一）中　　都

中都丞印

　1　　　　　　2　　　　　　3　　　　　　4

1—4.《新出》P95；《大系》P375

【政區 2009】

　　戰國趙平首尖足布有 "中都" 布。《史記·秦本紀》："惠文王後九年,伐取趙中都、西陽。"中都,本春秋時晉邑,戰國屬趙,《漢志》屬太原郡。從此幣文看,趙置中都縣,西漢因置,推之秦設置此縣。西漢初年,高祖曾封文帝爲代王,"都中都"。秦漢中都故城遺址在今山西省平遙市西十二里。

【戰國 2013】

　　戰國趙平首尖足布有 "中都" 布。《史記·秦本紀》："惠文王後九年,伐取趙中都、西陽。"《水經·汾水注》："侯甲水又西北逕中都縣故城南。"中都本春秋時晉邑,戰國屬趙,《漢志》屬太原郡。從此幣文看,趙置中都縣。中都故城在今山西平遙西12里。劉緯毅考證今橋頭、冀璧二村之間有雙林寺,古稱中都寺,即古中都故城之所在。

(二) 兹　　氏

兹氏丞印

《大系》P389

【政區 2009】

　　本趙縣。秦昭襄王二十五年,秦拔趙二城,兹氏當爲其中之一。

【政區 2009】

　　內蒙古境內出土戰國趙兵器有八年兹氏令戈、集(《集成》11323),銘文："八年兹氏命(令)吳庶,下庫工帀(師)長武"。又戰國的趙國布幣中 "兹氏" 布數量較多。又《雲夢秦簡》中《編年記》有 "二十五年攻兹氏" 與《史記》中記載相合。黃盛璋根據新鄭出土戰國兵器刻銘和雲夢簡文,考定此兹氏戈爲趙戈,可從。《史記·樊酈滕灌列傳》："(夏侯嬰)益食兹氏",即表明漢初已有兹氏城。今從此兵器銘文可知,趙置兹氏縣,秦漢沿襲之,《水經·原公水注》："原公水,出兹氏縣西羊頭山,東過其縣北,縣,故秦置也。"《讀史·卷四十二》："汾陽縣,附郭。漢兹氏縣,屬太原郡,魏置西河郡於此。"汾州府即今山西省汾陽縣。

【戰國 2013】

　　略同《政區 2009》。

（三）平　匋

平匋□□

《大系》P189

【珍秦2001】

戰國璽印有“平匋”（《珍秦》8號），戰國趙地，亦見於趙布，寫法與本璽同。地在今山西省文水縣西南，此璽爲烙印。

【政區2009】

傳世戰國趙官印有“平陶宗正”印，爲平陶縣屬官宗正印。此外新鄭出土趙兵器“十一年平陶”戈；延安出土“二年平陶令”戈；戰國趙平首尖足布有“平陶”布。《漢志》太原郡有平陶縣。戰國時太原一帶屬趙地，此印和兵器銘文説明戰國趙置平陶縣，同時也説明西漢平陶縣實因戰國趙置縣，推之秦置平陶縣。又“宗正”，官名。《漢書·百官公卿表》謂：“宗正，秦官，掌親屬，有丞，平帝元始四年更名宗伯。”從此印看，足證“宗正”官名早在先秦時代即已存在，非秦時所置。秦平陶縣故址在今山西省文水縣西南。

【戰國2013】

傳世戰國趙官印有“平陶宗正”印，爲平陶縣屬官宗正印。此外新鄭出土銅兵器有“十一年平陶”戈；延安出土“二年平陶令”戈，銘文“二年平陶令昊，工師□□，冶尤”；戰國趙平首尖足布有“平陶”布。“宗正”，官名。《漢書·百官公卿表》謂：“宗正，秦官，掌親屬，有丞，平帝元始四年更名宗伯。”從此印看，足證“宗正”官名早在先秦時代即已存在，非秦時所置。《元和郡縣志》平陶城條下載：“平陶城，漢平陶縣城也，在縣西南二十五里，屬太原郡，後魏改爲平遥縣，後西胡内侵，遷居京陵塞，在今湯州界。”楊守敬在《水經注疏》中引《太原府志》認爲“（平陶）在文水縣西南二十五里，今在平陶東”。即其故址在今山西省文水縣西南25里平陶村所在的平陶故城。

（四）汾　陽

汾陽丞印

《書集》P129

瑞按：汾陽，《漢書·地理志》屬太原郡，“北山，汾水所出，西南至汾陰入河，過郡二，行千三百四十里”。《史記·晋世家》：“及遺里克書曰：誠得立，請遂封子於汾陽之邑。”《集解》：賈逵曰：“汾，水名。汾陽，晋地也。”《索隱》按：“《國語》‘命里克汾陽之田百萬，命邳鄭以負蔡之田七十萬’。今此不言，亦其疏略也。”《史記·六國年表》秦惠文王九年：“度河取汾陽、皮氏，圍焦，降之。”《水經注》卷6 “汾水出太原汾陽縣北管涔山”注：“汾水又南逕汾陽縣故城東，川土寬平，峘山夷水。《地理志》曰：汾水出汾陽縣北山，西南流者也。漢高帝十一年，封靳强爲侯國。後立屯農，積粟在斯，謂之羊腸倉。山有羊腸阪，在晋陽西北，石隥縈行，若羊腸焉，故倉阪取名矣。”

汾□府□

《於京》圖21；《璽印》P426；《大系》P81

【於京2005】

第2、4字殘，當爲秦在汾河流域所設郡。

（五）陽　　邑

陽邑

《大系》P321

【政區2009】

傳世戰國趙兵器有“陽邑令戈”，銘文：“□陽邑命……左工師成治畫”。戰國趙平首尖足布有“陽邑”布。《漢志》太原郡屬縣陽邑，“莽曰繁穰”，戰國時屬趙地。從此幣文和兵器看，趙置陽邑縣，西漢因之，推之秦設置此縣。秦陽邑故址地望在今山西省太谷縣東。

【戰國2013】

傳世戰國趙兵器有"陽邑令戈",銘文"囗陽邑命……左工師成治畫"。《珍秦齋藏金·吴越三晋篇》有趙"廿八年陽邑"戈,銘文"廿八年肖敘爲陽邑戈,冶人樂鑄之"。戰國趙平首尖足布有"陽邑"布。《水經·洞過水注》:"水自蔣溪西水流,西經箕城北。《春秋》僖公三十三年,晋人敗狄於箕。杜預《釋地》曰:城在陽邑北。水北即南邑故城也。《竹書紀年》曰:梁惠成王九年,與邯鄲榆次,陽邑者也。"可見陽邑入戰國先屬魏,後屬趙。《漢志》太原郡屬縣陽邑,"莽曰繁穰"。其地在今山西太谷縣東,戰國時屬趙地。從此幣文和兵器看,趙置陽邑縣。

瑞按:《漢書·地理志》太原郡有"陽邑","莽曰繁穰"。錢幣有"陽邑"文字,鄭家相指出陽邑在今山西太谷縣東北二十里,戰國屬趙(《泉幣》20P29)。

陽邑丞印

《大系》P321

瑞按:陽邑,説見"陽邑",丞爲佐官。

(六)陽

陽印

《彙考》P237

【十五則2017】

此封泥爲日字格半通印,下半部殘缺,第二字是否爲"丞"字則難以確定。另結合《新出土秦代封泥印集》著録的"陽印"和"陽丞之印",可知"陽"是秦時一縣名。先秦地名當中,以陰陽之陽爲名的地名非常常見,但單以一"陽"字作爲縣名的僅此一見。《漢書·地理志》並無單名"陽"的縣名,但太原郡有陽邑,或即秦時的陽縣。

瑞按：封泥殘，從拓本看確當讀"陽"。文獻中單作爲地名的"陽"字未見，《漢書·地理志》太原郡有陽邑，"陽邑，莽曰繁穰"，潁川郡有"陽城"，汝南郡有"陽城"侯國，涿郡有"陽鄉，侯國。莽曰章武"。幾個地名中，封泥"陽"爲"陽邑"的可能性略大。然封泥中亦有"陽邑""陽邑丞印"，顯與"陽印"不同。當然也可能先名"陽"，後更名爲"陽邑"。從太原郡的屬縣看，《漢書·地理志》載其既有"陽邑"，還有"陽曲"，因此在"陽邑"之外，或另有"陽"也很可能。將"陽"暫按地名，列入太原郡中。

五、雁 門 郡

（一）善　　無

善□丞□

《於京》圖70；《璽印》P413；《大系》P206

【於京2005】

《漢書·地理志》有善無、善陽、善陸、善丘、善置、善道、善治、善和等縣，未知孰是。

【悠悠2015】

《水經·河水注》："中陵水又西北流逕善無縣故城西……《地理志》云雁門郡治。"《讀史方輿紀要》："善無城在代州西北七十里。宋白曰：'秦始皇十三年，移樓煩於善無縣，縣蓋秦所置。'"《大清一統志》卷148："善無故城在（朔平府）右玉縣南。"其故址在今山西右玉縣西南。

（二）平　　城

平城丞印

1

2

1.《印風》P158;《釋續》圖50;《書法》P43;《印集》P139;《彙考》P232、圖版P64;《璽印》P420;《大系》P188

2.《彙考》P231;《大系》P188

【釋續2001】

《漢書・地理志》雁門郡有平城縣。王先謙《補注》:"縣見《高紀》,周勃、夏侯嬰、韓王信、匈奴《傳》。"由此封泥看,平城爲秦縣。

【簡讀2002】

秦縣,《漢志》屬雁門郡。

【彙考2007】

《漢書・地理志》雁門郡有平城縣。王先謙《補注》:"縣見《高紀》,周勃、夏侯嬰、韓王信、匈奴《傳》。"由此封泥看,平城爲秦縣。

【政區2009】

西漢初年,漢高祖劉邦曾遭匈奴的"平城之圍"。《史記・高祖本紀》:"(高祖)匈奴圍我平城,七日而後罷去。"《漢志》雁門郡平城縣,"東部都尉治,莽曰平順"。《水經・漯水注》:"《史記》高帝先至平城。"《正義》曰:"在雁門郡,即此縣矣。"《讀史・卷四十四》:"平城廢縣,府東五里。相傳秦、漢時舊縣也。漢高七年,至平城,出白登,爲匈奴所圍,七日而後罷去。八年,周勃等擊破韓王信,還攻樓煩三城,因擊胡騎於平城下;尋屬雁門郡,爲東部都尉治。"考古調查表明,秦平城縣在今山西大同市東北,故城爲方形,邊長979米,秦漢時爲平城縣治,北魏時一度爲都城。

【戰國2013】

戰國趙幣的平首尖足布幣有"平城"布,出自山西北部。從布幣錢文看,趙置平城縣。又秦封泥有"平城丞印",可見秦漢平城縣實沿襲戰國趙平城縣,治所在今山西省大同市東北故城。

【悠悠2015】

《漢志》雁門郡有平城縣,"東部都尉治,莽曰平順"。《水經・漯水注》:《史記》高帝先至平城。"《史記正義》曰:"在雁門郡,即此縣矣。"《讀史方輿紀要》:"平城廢縣在大同府東五里。相傳秦漢時舊縣也。"秦平城縣在今山西大同市東北。考古調查表明,平城縣故城爲方形,邊長979米,秦漢時爲平城縣治,北魏時一度爲都城。

【秦地2017】

里耶簡8-2040背有"平城泰原"。秦封泥有"平城丞印"。據"彭陽"條所述文例,本條平城當屬泰原郡。《漢志》雁門郡有平成縣,治今山西大同東北。漢初高帝平城之圍當即此。秦及漢初屬泰原郡。

【廣封2019】

案《漢書・地理志》:"鴈門郡,秦置。句注山在陰館。莽曰填狄。屬并州。"有縣"平城",東部都尉治。莽曰平順。

六、邯鄲郡

邯鄲之丞

《印考》圖196;《印風》P149;《秦封》P256;《印集》P90;
《書集》P126;《彙考》P174;《璽印》P421;《大系》P105

【發現1997】

邯鄲原爲戰國趙都,秦始皇十九年取趙置。《漢書·地理志》:"趙國,故秦邯鄲郡,高帝四年爲趙國,景帝三年復爲邯鄲郡,五年復故。"邯鄲之丞爲邯鄲郡丞之印。邯鄲造□和邯造工丞爲故趙地工官之印。可能由他們領導參加六國宮殿——趙國宮殿的建造。

【郡縣1997】

邯鄲爲秦所設三十六郡之一,原爲趙國都城,地在今河北邯鄲。《史記·秦始皇本紀》云:十九年(公元前228年)秦滅趙,始皇至邯鄲,"諸嘗與王生趙時母家有仇怨,皆坑之。"秦置邯鄲郡當於此後。秦郡設郡守,"掌治其郡",其佐官有"丞",秩六百石,主要佐郡守治衆事,亦有代郡守行事。封泥爲邯鄲郡守佐吏丞之印。

【印考1997】

印面均爲正方形,田字格,邊長1.9釐米,前者上邊欄略殘;中者印文交叉讀法;後者筆畫精勁,邊欄規整(瑞按:前者指本封泥,後依次爲"邯鄲造工""邯造工丞")。邯鄲,古都邑、郡、縣名。公元前386年趙敬侯自晉陽徙都於此。《史記·秦始皇本紀》:秦始皇十八年(公元前229年)"大興兵攻趙,端和圍邯鄲城,十九年置郡"。治所在今河北邯鄲市。"邯鄲之丞",當是邯鄲郡之佐官。戰國秦時,邯鄲爲黃河北岸最大的商業中心,其冶鐵製造業發達。《史記·貨殖列傳》載,縣人郭縱"以鐵冶成,與王者埒富"。出現了"邯鄲造工""邯造工丞"等縣屬冶鐵製造的官吏,當在情理之中。

【秦封2000】

秦略趙地,設郡之事,參見"趙郡左田"。《漢志》趙國:"故秦邯鄲郡,高帝四年爲趙國,景帝三年復爲邯鄲郡,五年復故。"《史記·秦本紀》昭襄王四十八年,秦"五大夫陵攻趙邯鄲"。《史記·秦始皇本紀》秦始皇嬴政,"以秦昭王四十八年正月生於邯鄲"。政十九年“秦王之邯鄲”。《元和》：“本衛地也，後屬晋，七國時爲趙都。趙敬侯自立晋陽，始都邯鄲，至幽王遷降，秦遂滅趙以爲邯鄲郡。邯，山名也。鄲，盡也。城郭從邑，故單字加邑。魏以爲縣，屬廣平郡。隋開皇十年置磁州，邯鄲縣屬焉。大業二年廢磁州，縣屬雒州，永泰元年重置磁州，縣還割屬。”明清時屬直隸廣平國，今爲河北省邯鄲市。秦《睡虎》“攻邯鄲”。《秦陶》“邯亭，邯市”。漢封泥見：《齊魯》《臨淄》《封存》《續封》《建德》“邯鄲丞印”。

【簡讀2002】

秦縣，《漢志》屬趙國，“故秦邯鄲郡，高帝四年爲趙國，景帝三年復爲邯鄲郡，五年復故。”此當爲邯鄲郡屬邯鄲縣之丞印。

【縣考2007】

始皇十九年，秦大破趙，都城邯鄲屬秦。秦得邯鄲後，當置爲縣。出土秦封泥中有“邯鄲之丞”即可爲證。《漢志》邯鄲縣屬趙國。

【彙考2007】

邯鄲，本春秋衛邑。戰國時屬趙。秦滅趙後爲邯鄲。即今河北省邯鄲市。《漢書·地理志》有趙國。班固自注：“故秦邯鄲郡，高帝四年爲趙國，景帝三年復爲邯鄲，五年復故。”顏師古注引張晏曰：“邯山在東城下。鄲，盡也。城郭從邑，故加邑云。”顏師古：“邯音寒。”故邯鄲之丞應爲邯鄲之官吏。

【政區2009】

西安相家巷出土秦封泥有“邯鄲造工”“邯造工丞”等，造工爲邯鄲郡工官之屬官。邯鄲原爲趙地故都，公元前228年，秦滅趙後設郡。《史記·秦本紀》昭襄王四十八年，秦“五大夫陵攻趙邯鄲”。《史記·白起王翦列傳》：“十八年，翦將攻趙，歲餘，遂拔趙，趙王降，盡定趙地爲郡。”《史記·秦始皇本紀》：“十九年，王翦、羌瘣盡取趙地東陽，得趙王。”《漢志》趙國：“故秦邯鄲郡，高帝四年爲趙國，景帝三年復爲邯鄲郡，五年復故。”《元和·卷十九》：“本衛地也，後屬晋，七國時爲趙都。趙敬侯自立晋陽，始都邯鄲。至幽王遷降，秦遂滅趙爲邯鄲郡。”秦文物表明，秦邯鄲郡又名趙郡。傳世秦封泥有“趙郡左田”，“左田”或爲公田；或爲田獵之官。《元和·卷十八》：“中山之地，方五百里，秦兼天下，今州蓋秦趙郡、鉅鹿郡之地。”《太平寰宇記·卷六十二》與之相同，可見秦代確曾設置趙郡。故周曉陸認爲：“秦統一後，又分趙地爲邯鄲郡、鉅鹿等郡，因此，趙郡約爲政十八年至廿六年之間置。”此例類同秦臨淄郡初名“齊郡”一樣，估計趙郡應爲初郡名（或暫置名），邯鄲郡或爲統一後改置名。故王國維在《秦郡考》云：“秦於六國故都，多爲郡治，臨淄、邯鄲，即以齊、趙之都名其郡者也。”郡治邯鄲，今在河北邯鄲市。

【分域2009】

邯鄲原爲趙國都城，秦始皇十九年取之，並設郡，爲邯鄲郡丞所用之印。

【集證2011】

《漢書·地理志》：“趙國，故秦邯鄲郡。高帝四年爲趙國，景帝三年復爲邯鄲郡。”

《史記·秦始皇本紀》：“十八年，大興兵攻趙。王翦將上地，下井陘。端和將河內。羌瘣伐趙。端和圍邯鄲城。十九年王翦、羌瘣定盡取趙地東陽，得趙王。”睡虎地秦簡《編年紀》：“（始皇）十八年，攻趙。”趙滅於始皇十九年（前228年），秦置邯鄲郡，當在此後不久。邯鄲郡有“工丞”“造□”二工官，已見前文“邯鄲造□”“邯鄲工丞”二封泥考釋，此則爲邯鄲郡丞印之封泥。

【戰國2013】

傳世戰國趙兵器有“甘丹上”戈和“甘丹上庫”戈。前者出土於河北邯鄲白家村3號戰國中期墓，後者“發現於綏遠”，今藏故宮。戰國趙刀幣有“甘丹”，“甘丹”就是“邯鄲”。邯鄲爲趙國都城，《史記·趙世家》：“敬侯元年，趙始都邯鄲。”《漢志》邯鄲屬趙國，謂“趙敬侯自中牟徙此”。雲夢睡虎地秦簡有（秦昭襄王）“五十年攻邯鄲”。按趙敬侯徙都邯鄲，至趙王遷時秦滅趙爲止，趙在邯鄲建都凡歷8世167年。據現在考古調查，趙邯鄲城遺址在今河北邯鄲市區及其周邊，全城分宮城和郭城兩大部分。宮城當地又稱“趙王城”，是趙都的宮殿區。

【邯史2018】

封泥有“邯鄲之丞”；秦陶文有“邯亭”，邯鄲縣市亭之省文。邯鄲白家村戰國至漢代遺址和武安縣午汲古城灰坑，以及永年縣施家莊都出土戳印陶文“邯亭”。高明將此物都斷之爲漢以前物，有理。又湖北出土的睡虎地雲夢秦簡《編年紀》有“〔五十年〕，攻邯鄲”。邯鄲，戰國時趙都。《史記·趙世家》：“（趙）敬侯元年，始都邯鄲”。又“幽繆王遷八年，十月，邯鄲爲秦”。《史記·秦始皇本紀》：“十八年，端和圍邯鄲城”。《元和郡縣志》卷十九：“邯鄲縣，本衛地……七國時爲趙都。趙敬侯自立晋都，始都邯鄲。至幽王遷降秦，遂滅趙以爲邯鄲郡”。《讀史方輿紀要》卷十五：“邯鄲縣，春秋時衛地，戰國時趙都，秦置邯鄲於此，漢爲邯鄲縣，趙國治焉。張晏曰：邯，山名。鄲，盡也。後漢亦爲趙國治。”《漢書·地理志》趙國治邯鄲。考古表明邯鄲故址就是今邯鄲市大北城古城，城址爲不規則長方形，東西3240米，南北4880米，東4800米，西5604米，南3090米，北1820米，周長15314米，面積1382.9萬平方米。時代從春秋至漢代，戰國趙都，秦縣，漢趙國治邯鄲縣。

【廣封2019】

案《漢書·地理志》：“趙國，故秦邯鄲郡，高帝四年爲趙國，景帝三年復爲邯鄲郡，五年復故。莽曰桓亭。屬冀州。戶八萬四千二百二，口三十四萬九千九百五十二。”注，張晏曰：“邯鄲山在東城下。單，盡也。城郭從邑，故加邑云。”師古曰：“邯音寒。”此爲邯鄲郡丞之印也。

瑞按：《職地2014》將該封泥列爲郡丞封泥，認爲其是邯鄲郡守的佐官用印。從“琅邪縣丞”看，其專名“縣丞”，則當郡名與郡下縣名相同時，加“縣丞”者爲郡治縣用印，而不加“縣丞”者，當爲郡官用印。

邯鄲造工

1　2　3

1、2.《彙考》P174、P175;《大系》P104
3.《秦封》P256;《彙考》P175

【發現1997】

　　説見"邯鄲之丞"。

【郡縣1997】

　　如前述,秦漢時郡縣往往有中央直屬之特種屬官。《後漢書》志第二十八《百官志》云"凡郡縣出鹽多者置鹽官,主鹽税。出鐵多者置鐵官,主鼓鑄。有工多者置工官,主工税物。有水池及魚利多者置水官,主平水收漁税"。《漢書・地理志》記西漢時郡縣設"工官"者有:河内郡懷縣一、河南郡一、穎川郡陽翟一、南陽郡宛縣一、濟南郡東平陵一、泰山郡奉高一、廣漢郡及雒縣各一、蜀郡成都一。封泥"邯鄲造工",應即秦代中央於邯鄲郡所置"工官",秦代稱爲"造工"之印。

【印考1997】

　　説見"邯鄲之丞"。

【内造1998】

　　造工不見於文獻,其可能爲《禮記》中的"草工",漢代草、造二字相通,可能是漢人傳抄中將造工誤爲草工。從分工看,造工應爲中央的官署,副職爲丞,工官之長名爲造工。

【秦封2000】

　　《後漢・百官志》:"凡郡縣,……有工多者置工官,主工税物。"邯鄲説見"邯鄲之丞"。

【簡讀2002】

　　釋讀見"邯鄲之丞"條。"造工"文獻失載,以字面意,爲製造器物之官。《後漢・百官志》:"凡郡縣,……有工多者置工官,主工税物。"此當爲邯鄲郡之造工。

【秦工2007】

　　説見"屬邦工室"。

【彙考2007】

　　據《後漢・百官志》,凡郡縣有工多者置工官。造工,秦之工官名。邯鄲造工即秦設於邯鄲之工官。

【圖説2009】

説見"邯造工丞"。

【分域2009】

説見"邯造工丞"。

【工官2010】

造工的造爲鑄,造工爲鑄工,邯鄲多出鐵,鑄工應爲鑄鐵工官。邯鄲造工爲邯鄲造工之丞所用之印。造工屬鐵官,是中央設在邯鄲的直屬工官。

【集證2011】

第一、二、四字已殘。但首字在左旁作"甘",當是邯字之殘,第二、四字依下條可定爲"鄲""工"二字。"造工"不見於文獻,但秦漢器銘習見某人或某地造某器之文。高奴禾石銅權:"漆工隈,丞巨造。……"河北易縣出土十八年上郡戈:"漆工朐,丞巨造。"南陵鍾:"長安市造。"泰言之紀鏡:"泰言之紀造鏡如(始)……"睡虎地秦簡《效》:"公器不久刻者,官嗇夫貲一盾。"此印有可能爲邯鄲郡造器工官之印。《漢書·地理志》:"趙國,故秦邯鄲郡。"又《史記·趙世家》:"(幽繆王)八年(前228年)十月,邯鄲爲秦。"邯鄲本趙都,趙滅後秦於其地置郡,並設工官。

【研究2012】

邯鄲爲秦所設三十六郡之一,約置於秦始皇十九年(前228年)秦滅趙以後。"邯造工丞"是邯鄲造工丞的省稱。"造工"一詞,屢見於漢代漆器。造工爲工官的屬官,具體負責器物製作。認爲"邯鄲造工"即秦代中央於邯鄲郡所置工官,秦代稱爲造工之印的工官即造工的認識不確。戰國和漢代邯鄲都有發達的手工業,作爲承上啟下的秦代,可以肯定有着相似的情況。"邯鄲造工""邯造工丞"封泥的出土,提供了更爲堅確的證明。《漢書·地理志》沒有邯鄲設工官的記載,應是漏載的緣故。

【冀史2016】

西安相家巷出土秦封泥有"邯鄲造工""邯造工丞"等,造工爲邯鄲郡工官之屬官。原爲趙地,《漢志》趙國,故秦邯鄲郡。公元前228年,秦滅趙後設郡。《史記·王翦列傳》:"十八年,翦將攻趙,歲餘,遂拔趙,趙王降,盡定趙地爲郡。"《史記·秦始皇本紀》:"十九年,盡定取趙地東陽。"秦文物表明,秦邯鄲郡又名趙郡。傳世秦封泥有"趙郡左田",左田或爲公田;或爲田獵之官。此例類同秦"齊郡"和"臨淄郡",趙郡應爲初名(暫置名),邯鄲郡爲統一後置名。郡治邯鄲,今在河北邯鄲市。

【邯史2018】

説見《冀史2016》"邯鄲造工"。

【秦官2018】

秦時設立在各郡的工室見於秦封泥者有"邯鄲造工""邯造工丞""河内左工""巴

左工印”“蜀左織官”“蜀西工丞”“巫黔右工”等。邯鄲、河内均爲手工業發達之地，秦在六國舊地設立工官也應該是充分利用了各方面的優勢。漢代銅器和骨簽資料表明，直至漢代河内還有政府管理的工官機構。西南地區有豐富的礦產資源，故秦在巴蜀、巫黔均設立工室，“巫黔右工”可能是跨地區的工官機構。

【廣封 2019】

　　案《秦封泥彙考》：據《後漢書·百官志》，凡郡縣有工多者置工官。造工，秦之工官名。邯鄲造工即秦設於邯鄲郡之工官。

邯造工丞

1　　　　　　　　　　　2

1.《大系》P105
2.《秦封》P257；《彙考》P176；《璽印》P422；《大系》P105

【發現 1997】

　　説見“邯鄲之丞”。

【郡縣 1997】

　　此當爲秦中央於邯鄲郡所置之工官（造工）之佐吏（丞）之印。

【印考 1997】

　　説見“邯鄲之丞”。

【秦封 2000】

　　“邯”爲邯鄲省稱。造工丞爲造工之屬吏。説見“邯鄲造工”。

【考略 2001】

　　相家巷流散秦封泥有“邯鄲之丞”“邯鄲造工”等，“邯造工丞”之“邯”爲“邯鄲”省稱。《漢書·地理志》：“趙國，故秦邯鄲郡。”邯鄲亦省稱“邯”，如《秦代陶文》輯録有“邯市”“邯亭”陶文。邯鄲故址在今河北省邯鄲市區西部與西南部，遺址面積約1887.9萬平方米。秦郡、縣所置與手工業有關機構，從印璽、封泥及銘文資料看多稱“工室”“工官”，或省稱“工”者，但稱“造工”者目前資料僅見於“邯鄲”屬下。“造工”性質當與“工官”“工室”“工”等相近。

【簡讀 2002】

　　釋讀見“邯造工丞”條。

【秦工2007】

　　説見“屬邦工室”。

【彙考2007】

　　邯爲邯鄲省稱。造工丞爲造工之屬吏。

【圖説2009】

　　“邯造工丞”之“邯”爲“邯鄲”省稱。《漢書·地理志》：“趙國，故秦邯鄲郡。”秦置縣，秦始皇十九年（公元前228年）置郡，治所在今河北邯鄲市。“造工”性質當與“工官”“工室”等相近。邯鄲工官，可能沿襲了戰國趙之工官制度。

【分域2009】

　　邯造工丞即邯鄲造工丞，爲邯鄲之地的工官所用之印。

【工官2010】

　　説見“邯鄲造工”。

【集證2011】

　　“邯”爲邯鄲之省。此爲邯鄲造器工官之丞印。

【研究2012】

　　説見“邯鄲造工”。

【邯史2018】

　　説見“邯鄲造工”。

【廣封2019】

　　説見“邯鄲造工”。

（一）邯　　鄲

邯鄲□□

《彙考》P174；《大系》P105

【秦地2017】

　　里耶簡8-894有“邯鄲韓審里大男子吳騷”。《漢志》屬邯鄲郡。秦或亦屬邯鄲郡。

邯鄲亭丞

《大系》P104

【職地2014】

應爲秦時邯鄲郡所轄亭,與咸陽亭同例。

瑞按:邯鄲,趙都城,滅趙後設邯鄲郡。此爲設在邯鄲之亭。里耶簡還有"陳亭""成都亭""菜亭"等。

（二）鄗

鄗丞之印

《於京》圖44;《璽印》P408;《大系》P110

【於京2005】

《史記·秦本紀》:"三十六年,繆公復益厚孟明等,使將兵伐晉,渡河焚船,大敗晉人,取王官及鄗,以報殽之役。"《集解》:"徐廣曰:'《左傳》作郊。'駰案:服虔曰皆晉地,不能有。"《正義》:"鄗音郊。《左傳》作郊。杜預云:'書取,言易也。'《括地志》云:'王官故城在同州澄城縣西北九十里。'又云:'南郊故城在縣北十七里。'又有北郊故城,又有西郊古城。《左傳》云,文公三年,秦伯伐晉,濟河焚舟,取王官及郊也。《括地志》云:'蒲州猗氏縣南二里又有王官故城,亦秦伯取者。'"《史記·燕召公世家》:"燕王……卒起二軍,車二千乘,栗腹將而攻鄗。"《集解》:"徐廣曰:'在常山,今曰高邑。'"《漢書·地理志》:"常山郡,……鄗,世祖即位,更名高邑。"《水經注》卷一九:"水出鄗池西,而北流入於鄗。"鄗在秦屬恒山郡,其治地在今河北柏鄉縣北。

【政區2009】

《史記·趙世家》:"武靈王三年,城鄗。""二十一年,攻中山,取鄗。"《史記·燕世家》："卒起二軍，車二千乘，栗腹將而攻鄗。"《戰國策·趙策一》："先時中山。……引水爲鄗，非社稷之神靈，即鄗幾不守。"《史記·信陵君列傳》："趙王以鄗爲公子湯沐邑。"《讀史·卷十四》北直隸真定府柏鄉縣鄗城："縣北二十二里，春秋時晋邑。"按譚其驤《秦郡界址考》的邯鄲郡界址上，秦鄗縣屬邯鄲郡。故址在今河北省柏鄉縣北二十里。

【戰國2013】

同《政區2009》。

【冀史2016】

《史記·趙世家》："武靈王三年，城鄗。""二十一年，攻中山，取鄗。"《史記·燕世家》："卒起二軍，車二千乘，栗腹將而攻鄗。"《戰國策·趙二·武靈王平晝閑居》："先時中山……引水爲鄗，非社稷之神靈，即鄗幾不守。"《史記·魏公子列傳》："趙王以鄗爲公子湯沐邑。"《史記·淮陰候列傳》："一旦而失之，軍敗鄗下。"《漢志》常山郡屬縣鄗，"世祖即位，更名高邑。莽曰禾成亭"。按譚其驤《秦郡界址考》的邯鄲郡界址，秦鄗縣屬邯鄲郡。故址在今河北省柏鄉縣北20里。

七、清河郡

清河大守

1　　　　　　　　2

1.《古封》P89；《上封》P42；《大系》P19
2.《古封》P88；《彙考》P261；《璽印》P425；《山全》P157、189；《濟博》P17；《大系》P197

【兩漢1993】

西漢早期，封泥。印文二行四字。有界欄。《齊魯封泥集存著録》：清河，漢郡、國名。《漢書·地理志》："清河郡，高帝置。莽曰平河。屬冀州。户二十萬一千七百七十四，口八十七萬五千四百二十二。縣十四。"治所清陽，今河北清河縣東南。東漢沿置，

《後漢書・郡國志》:"清河國高帝置。桓帝建和二年(公元一四八年)改爲甘陵,洛陽北千二百八十里。七城,户十二萬三千九百六十四,口七十六萬四百一十八。"移至甘陵,今山東臨清縣東北。據《漢書・諸侯王表》及《景十三王傳》,景帝中三年(公元前一四七年)清河哀王劉乘立,十二年薨,亡後,國除爲郡,時在武帝建元五年(公元前一三六年)。至武帝元鼎三年(公元前一一四年)復置清河國,以代王劉義徙清河,傳三世,宣帝地節四年(公元前六九年)廢遷房陵。東漢復置清河國,桓帝時改甘陵,參見"甘陵廄丞"條。按西漢清河爲郡之時,一在景帝中三年前;一在武帝建元五年至元鼎三年間;一在宣帝地節四年後。此封泥沿用界欄,文字近於秦篆,應屬漢初之物。

【上封2002】

與此同式者有《齊魯封泥集存》所録"清河太守"及"河間太守",當爲一時物,王國維以爲"清河""河間"爲漢初之郡守封泥。譚其驤《中國歷史地圖集》亦未入秦郡。《史記・蘇秦列傳》:"趙東有清河。"又同書《樊噲列傳》:"降定清河、常山凡二十七縣。"清河與常山並稱而計其縣,其數目亦合二郡之地,則其前已存其郡方是。又《戰國策・趙策》:秦下甲攻趙,趙略以河間十二縣。《史記・張儀列傳》:趙割河間以事秦。則趙本有河間郡,此封泥乃是秦得其地置河間郡之證。《地理志》:"河間國,故趙,文帝二年(前178)别爲國。"是年以封趙幽王子劉辟疆爲河間王。諸書均失記秦郡。今相家巷出土有"河間尉印",與秦"叁川尉印"同例,亦其爲秦郡之證。又,諸封泥風格相同,可互證均爲秦物。則秦有河間、清河二郡,已不容置疑。

【五十例2005】

説見"清河浮水印"。

【彙考2007】

清河,郡名。《漢書・地理志》有清河郡。《睡虎地秦墓竹簡》有"大守"記載。

【政區2009】

王國維最早認爲該封泥爲"漢初之物"。孫慰祖説:"以今天新發現的封泥資料和斷代認識來看,王國維所揭封泥時代有的當屬更早",則進一步指出其爲秦物。又"據秦封泥中所見的'即墨、河間、清河'諸太守,應當爲其時有此三郡之證"。又新出秦封泥有"清河水印",爲清河郡水官之印。《後漢・百官志》:"(郡縣)有水池及魚利多者置水官,主平水收漁税。"此兩枚秦封泥證明秦代設置清河郡。清河,戰國時趙國之東疆要地。《史記・蘇秦列傳》:"趙地方二千餘里,帶甲數十萬,車千乘,騎萬匹,粟支數年。西有常山,南有河漳,東有清河,北有燕國。"趙之清河與齊境相鄰,故"齊西有清河"。從此可知,戰國時清河就是一獨立的地理單位。故秦末漢初,樊噲征討陳豨叛亂,"降定清河、常山凡二十七縣,殘東垣,遷爲左丞相"。秦置清河郡,或爲秦鉅鹿郡分置而來。郡治不詳,漢清河郡治清陽,或實因之。其地在今河北與山東交界處,山東臨清市北。

【分域2009】

清河,郡名。《漢書・地理志》中有清河郡。雲夢睡虎地秦簡中有"大守"一職。

【冀史2016】

説見"清河水印"。

【廣封2019】

案《再續封泥考略》,《漢書·地理志》: 清河郡,高帝置。屬冀州。此景帝更名太守後之印也。此或爲秦印。

清河水印

無圖,考釋見《五十例》P315。

【五十例2005】

《史記·樊酈滕灌列傳》:"(樊噲)降定清河、常山凡二十七縣。"《漢志》: 清河郡本注:"高帝置。莽曰平河。屬濟州。"清河郡治清河,其地在今河北清河縣東南。《漢表》:"治粟内史,秦官,掌穀貨,有兩丞。……又郡國諸倉農監、都水六十五官長丞皆屬焉。"《後漢書·百官志》:"(郡縣)有水池及魚利多者置水官,主平水收漁税。"《秦封2000》有秦封泥"清河太守"。

【職地2014】

"水印"應指"都水之印"。秦郡設有都水,都水有丞。

【秦水2016】

"清河水印"爲秦清河郡水官之印。《後漢書·百官志》:"(郡縣)有水池及魚利多者置水官,主平水收漁税。"秦代設置清河郡,后曉榮較早認爲此郡是秦鉅鹿郡分置而來。郡治不詳,漢清河郡治清陽,或實因之。其地在今河北與山東交界處,山東臨清市北。

【冀史2016】

"清河水印"爲清河郡水官之印。《後漢·百官志》:"(郡縣)有水池及魚利多者置水官,主平水收漁税。"傳世秦封泥有"清河太守"。王國維最早認爲其爲"漢初之物"。孫慰祖則進一步指出其實際爲秦物,"以今天新發現的封泥資料和斷代認識來看,王國維所揭封泥時代有的當屬更早"。又"據秦封泥中所見的'即墨、河間、清河'諸太守,應當爲其時有此三郡之證"。清河,戰國時趙之要地。《史記·蘇秦列傳》:"趙地方二千餘里,帶甲數十萬,車千乘,騎萬匹,粟支數年。西有常山,南有漳,東有清河,北有燕國。"趙之清河與齊境相鄰,故"齊西有清河"。從此可知,戰國時,清河就是一地理單位。故秦末漢初,樊噲征討陳豨叛亂,"降定清河、常山凡二十七縣,殘東垣,遷爲左丞相"。今從秦封泥證之,秦置清河郡,或爲秦鉅鹿郡分置。郡治不詳,漢清河郡治清陽,或實因之。其地在今河北與山東交界處,山東臨清市北。

（一）楊　　氏

楊氏左田

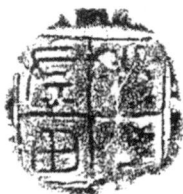

《大系》P323

【秦式1998】

　　釋爲“趙郡左田”。録於《封泥》。《史記・秦始皇本紀》秦王政十九年，王翦、羌瘣盡定取趙地東陽。《王翦傳》(政)十八年，翦將攻趙，歲餘，遂拔趙，趙王降，盡定取趙地爲郡。案秦統一後，又分趙地爲邯鄲、鉅鹿等郡，因此趙郡約爲政十八年至廿六年之間置。《漢志》趙國“故秦邯鄲，高帝四年爲趙國、景帝三年復爲邯鄲郡，五年復故”。趙郡治所約在今河北省邯鄲市。《睡虎田律》：“入頃禾稾，以其受田數。”秦印見《徵存》“泰上寢左田”“右公田印”“官田丞印”“小麼南田”“麼田倉印”。漢封泥見《封泥》“趙相之印章”。漢印見《徵存》“趙太子丞”。《周叔》“趙侯之印”。

【左田1998】

　　爲始皇至邯鄲時設立的佐田之官，非趙郡守有權設立左田之官。

【秦封2000】

　　同《秦式1998》。

【政區2009】

　　1979年秦始皇陵西側趙背户村秦刑徒墓出土二件瓦書陶文，銘文“楊氏居大(教)”(79M19.01)；“楊氏居公士富”(79C51)。按原文釋“楊氏”爲“楊民”，實誤。“民”和“氏”二字，形體相似，易於混淆。楊氏，此名不見戰國史籍，春秋時晋有楊大夫，《左傳》昭公十二年：“晋分羊舌氏之田爲三縣，遼安爲楊氏大夫。”杜預注：“平陽，楊氏縣。”今山西省洪洞縣，與此無關。瓦文中的“楊氏”應與西漢鉅鹿郡楊氏縣有關。《漢志》鉅鹿郡楊氏，“莽曰攻陸”；從秦陶文推之，秦鉅鹿郡下轄楊氏縣，漢時因之，其故城遺址在今河北省寧晋縣附近。

【集證2011】

　　趙超以爲此爲秦印，云：“田字格印‘趙郡左田’亦應爲秦官印。漢代没有設置趙郡，秦三十六郡中雖無趙郡，但可能在秦滅趙後一度設有趙郡。《元和郡縣志》卷二十二定州：‘秦兼天下，今州蓋秦趙郡、鉅鹿二郡之地。’《太平寰宇記》卷六十二與之相同。正與此印互爲證明，亦是秦代曾設有趙郡之證。”今按《史記·秦始皇本紀》：
“（十九年）王翦、羌瘣盡定取趙地東陽，得趙王。”《王翦列傳》：“（始皇）十八年，翦將攻
趙，歲餘，遂拔趙，趙王降，盡定趙地爲郡。”而《水經·濁漳水注》則云：“始皇二十五
年，滅趙以爲鉅鹿郡。”則始皇十九年至二十五年之間，或有趙郡之設。此印“左田”
二字與“泰上寢左田”印同，“趙”字與四川青川縣秦墓所出釜文“趙志”之“趙”同，
其爲秦印，當無疑問。

【辨僞2017】

原多釋爲“趙郡左田”，經施謝捷指出右行兩字乃“楊氏”，爲“楊氏左田”。《漢志》
鉅鹿郡有楊氏縣，秦代出土文物也出現過楊氏縣。此封泥當是秦楊氏縣官員印章所鈐，
非趙郡屬官。左田，在里耶秦簡中有“左公田”“公田吏”，爲管理公田的機構。從秦簡牘
所記田官系統看，公田是中央在縣派置經營公田的機構，屬都官體系。設置在各縣的公
田官直屬中央機構“大田”管轄。目前所見“公田”均設置在縣。里耶秦簡牘中的“左
公田”爲漢中郡旬陽縣左公田。秦代在各縣設置公田官，某些縣有公田數量龐大而分
左右。

【廣封2019】

案《封泥考略》，《漢書·地理志》：“趙國，故秦邯鄲郡，高帝四年爲趙國，景帝三年
復爲邯鄲郡，五年復故。……屬冀州。”此曰“趙郡”，史未詳。“左田”，官名。簠齋藏有
“泰寢上左田”銅印，蓋一時所製。此應爲秦印。

八、鉅　鹿　郡

鉅鹿之□

《於京》圖18；《璽印》P411；《大系》P140

【於京2005】

《史記·秦始皇本紀》：“章邯乃北渡河，擊趙王歇等於鉅鹿。”《正義》：“《括地
志》云：邢州平鄉縣城，本巨鹿，王離圍趙王歇即此城。”“章邯等將其卒圍巨鹿。”
《漢書·地理志》：“巨鹿郡，秦置。屬冀州。”應劭曰：“鹿，林之大者也。”臣瓚曰：

“山足曰鹿。”師古曰：“應説是。”《水經注》卷一〇：“應劭曰：鹿者，林之大者也。《尚書》曰：堯將禪舜，納之大麓之野，烈風雷雨不迷，致之以昭華之玉。而縣取目焉，路温舒，縣之東里人。父爲里監門，使温舒牧羊澤中，取蒲牒用寫書，即此澤也。巨鹿郡治。秦始皇二十五年，滅趙，以爲巨鹿郡。”巨鹿郡治巨鹿，即今河北平鄉縣西南。

【政區2009】

《史記·秦始皇本紀》：“二世二年，章邯北渡河，擊趙王歇等於巨鹿。”《史記·項羽本紀》：“趙歇爲王，陳餘爲將，張耳爲相，皆走入鉅鹿城二章邯令王離、涉間圍巨鹿。”《元和·卷十五》：“平鄉縣，本春秋時邢國，後爲趙地，始皇滅趙，以爲鉅鹿郡，亦大稱也。張耳與趙王歇走入鉅鹿城，王離圍之，即此地也。”《清一統志·卷三十》：“巨鹿故城，今順德府平鄉縣治。”秦巨鹿縣故址在今河北省雞澤縣東北。

又：秦封泥有“鉅鹿之丞”。原爲趙地，公元前228年，秦滅趙後設郡。《漢志》：“鉅鹿郡，秦置。屬冀州。”《史記·秦始皇本紀》：二世二年，“章邯乃北渡河，擊趙王歇等於鉅鹿”。《正義》引《括地志》云：“邢州平鄉縣城，本鉅鹿，王離圍趙王歇即此城。”“章邯等將其卒圍鉅鹿。”《史記·項羽本紀》：“趙歇爲王，陳餘爲將，張耳爲相，皆走入鉅鹿城。章邯令王離，涉間圍鉅鹿。”有關其設置時間有兩種説法。《水經·濁漳水注》曰：“衡水又北逕鉅鹿縣故城東……鉅鹿郡治。秦始皇二十五年，滅趙以爲鉅鹿郡。”楊守敬曰：“《始皇本紀》，十九年，王翦等盡定取趙地東陽，得趙王。趙公子嘉自立爲代王。二十五年，王賁虜代王。鉅鹿郡正趙東陽之地，好似不得至二十五年滅代始置郡，酈氏蓋合滅代之年爲説耳。”從秦滅趙的歷史史實看，酈注誤，楊説可從。秦鉅鹿郡郡治鉅鹿，今在河北省平鄉縣西南。

【戰國2013】

《史記·趙世家》：“燕盡齊之北地，去沙丘、巨鹿，斂三百里。”《戰國策·趙策一》：“距沙丘而至巨鹿之界三百里。”《元和·卷十五》：“平鄉縣，本春秋時邢國，後爲趙地，始皇滅趙，以爲巨鹿郡，亦大稱也。張耳與趙王歇走入巨鹿城，王離圍之，即此地也。”《清一統志·卷三十》：“巨鹿故城，今順德府平鄉縣治。”巨鹿縣故址在今河北省雞澤縣東北。

【冀史2016】

同《政區2009》。

【邯史2018】

略同《政區2009》。秦鉅鹿郡郡治鉅鹿，今在河北省平鄉縣西南，其部分地區涉及今邯鄲地區，如今雞澤縣轄境内的秦代成襄縣。

瑞按：《職地2014》將該封泥列爲郡丞封泥，認爲其是鉅鹿郡守的佐官用印。從“琅邪縣丞”專名“縣丞”，則當郡名與郡下縣名相同時，加“縣丞”者爲郡治縣用印，而不加“縣丞”者，爲郡官用印。

（一）文　安

文安丞印

《新選》P111；《大系》P279

【戰國2013】

　　燕官印有"文安都司徒"。文安，地名，《漢志》渤海郡屬縣文安，此地戰國時爲燕境。此印表明燕國設置文安都，西漢因之置縣。高明言："故城在今河北文安縣東北柳河鎮，古城遺址仍在。"

【十五則2017】

　　文安，《漢書·地理志》屬渤海郡，秦時或屬鉅鹿郡，在今河北文安縣東北。《漢書·地理志》"文安縣"下無注，張家山漢簡《秩律》亦未載。今由此"文安丞印"封泥可知，文安早在秦時已置縣，可補史書之缺。

九、河　間　郡

河間大守

《古封》P88；《秦封》P251；《上封》P42；《璽印》P425；
《山全》P158、P190；《濟博》P17；《大系》P111

【兩漢1993】

　　西漢早期，封泥。印文二行四字。"間"字稍損。有界欄。《齊魯封泥集存》著録。河間，漢郡、國名。漢志未載置郡。《漢書·地理志》："河間國，故趙，文帝二年（公元前一七八年）別爲國。莽曰朔定。户四萬五千四十三。口十八萬七千六百六十二。
縣四。”東漢初省，和帝永元初復爲國，《後漢書・郡國志》：“河間國文帝置，世祖省
屬信都，和帝永元二年（公元九○年）復故。洛陽北二千五百里。十一城，户九萬
三千七百五十四，口六十三萬四千四百二十一。”治所樂成，今河北獻縣東南。據《史
記・漢興以來諸侯王年表》及《漢書・諸侯王表》，文帝二年（公元前一七八年）趙幽王
子辟彊立爲河間王。傳二世，亡後，爲郡，時在文帝十五年。至景帝二年（公元前一五五
年）復置河間國，立景帝子劉德爲河間王，傳七世，王莽時廢。又據《史記・楚元王世
家》：“孝文帝即位二年，立遂弟辟彊，取趙之河間郡爲河間王”，可知文帝二年辟彊立爲
河間王前，已有河間郡，其始置時間，一説在劉邦時。又文帝十五年至景帝二年間廢河
間國爲郡，則西漢之世河間曾兩度爲郡。此封泥形制及文字風格均近於秦篆，當爲漢初
物。由是知《史記》所載以河間郡爲辟彊封國之説可信。

【秦式 1998】

　　録於《齊魯》《再續》。《史記・樊噲列傳》：“擊秦軍，出亳南。河間守軍於杠里，破
之。”秦封泥又見“河間尉印”。《漢志》有河間國約在今河北省中部獻縣、交河等縣。
《漢表》：“郡守，秦官，掌治其郡，秩二千石有丞。”據出土文獻秦已設郡太守。漢印見
《徵存》“河間私長朱宏”。

【秦封 2000】

　　《史記・樊噲列傳》記：“秦擊軍，出亳南。河間守軍於杠里，破之。”秦封泥又見
“河間尉印”，足見是爲秦郡。《漢志》有河間國，約在今河北省中部獻縣、交河等縣。《漢
表》：“郡守，秦官，掌治其郡，秩二千石，有丞。”漢印見：《徵存》“河間私長朱宏”。

【冀史 2016】

　　傳世秦封泥有“河間太守”，又西安相家巷出土秦封泥有“河間尉印”“河間水丞”。
前者是河間太守之官印，後者則爲河間郡之尉官印和都水之官印。三者可證秦置河間郡。
《史記・樊噲列傳》：“河間守軍於杠里，破之。”是秦有河間郡守之明證。河間，原爲趙地。
王國維《秦郡考》謂：“《趙策》，秦下甲攻趙，趙賂以河間十二縣。又云：甘羅説趙，令割五
城，以廣河間。《甘茂列傳》實有此文。河間共十七城，則亦有一郡之地。”但其認爲秦河
間郡置郡在秦始皇十年前事，則誤。其理由是：“案甘羅之使趙，求割地廣河間，由吕不韋
使之。吕不韋得罪免相在始皇十年，死於十二年，則秦河間之立郡，雖不能確指何年，然當
在不韋免相之前。推之，秦河間郡當在始皇十年前置，應是統一之前事。”此理由應是推
測之辭。秦一統時，所置三十六郡已證，在六國舊地多是在舊都置郡，此前趙地已置邯鄲
郡和鉅鹿郡，自然河間郡應爲一統後之置郡，估計因鉅鹿郡較大，分之而置。郡治未詳。
《水經・濁漳水注》謂漢河間國治樂城，秦或與之同。有關河間郡是否置郡，譚其驤在《秦
郡新考》中認爲河間爲河内之誤，故去河間增河内。今秦璽印、封泥二者實證王國維言秦
河間郡之確置，而並非如譚其驤所言河間爲河内之誤，所謂“間、内一字之訛”。

【廣封 2019】

　　案《再續封泥考略》：此印作太守，自是景帝中二年以後物。然河間國自孝景以迄

孝平,未有絶世。《後漢書・郡國志》:"河間國文帝置,世祖省屬信都,和帝永元年復故。雒陽北二千五百里。"其東漢物邪? 此應爲秦印。

河間尉印

1
2

1.《印風》P148;《書法》P33;《新地》圖4;《上封》P42;《印集》P90;《彙考》P173;《璽印》P425;《大系》P111
2.《大系》P111

【新見1996】

　　河間郡參見《集》二・二・4 "河間太守"。《漢表》記,郡設守、尉、監。漢封泥見《兩漢官印匯考》(下簡稱《兩》)1008 "河間王璽",漢印見《兩》1009 "河間私長朱宏"。漢銅器銘文見后曉榮先生《漢金文研究》(下簡稱《漢》,待刊稿)一・79《河間邸鼎》,二・23《河間食官鍾》,四・97《河間食官》。

【考釋2001】

　　傳世有 "河間太守" 封泥(《古封泥》511)。《漢書・地理志》有河間國。班固自注:"故趙,文帝二年別爲國。"王先謙《漢書補注》:"錢大昕曰:'河間與真定、信都、廣昌皆故趙地。常山、中山雖郡,仍屬趙地。'周壽昌曰:'高祖置河間郡。《功臣表》張相如、趙衍俱爲河間守是也。'"《漢書・高惠高后孝文功臣表》云東陽武侯張相如 "高祖六年爲中大夫,以河間守擊陳豨";又須昌貞侯趙衍 "以謁者漢王元年初從起漢中,雍軍塞渭上,上計欲還,衍言從它道。道通後爲河間守……。"由此可知漢初已有河間郡。漢高祖初年,楚漢相争,無暇更立新郡,則河間郡之初設,當在秦時。河間是否爲秦郡,學術界有争議……。秦郡守或稱守,或稱太守,新出土秦封泥有 "四(泗)川大守","□□大守",傳世有 "即墨大守","濟北大守"(《集證2011》218頁,圖版151・287—291)。由此而論,"河間大守" 恐也應是秦封泥。"河間尉" 應是郡尉。

【新地2001】

　　河間郡參見《集》二・二・4 "河間太守"。《漢表》記,郡設守、尉、監。漢封泥見《兩漢官印匯考》(下簡稱《兩》)1008 "河間王璽",漢印見《兩》1009 "河間私長朱宏"。漢銅器銘文見后曉榮《漢金文研究》(下簡稱《漢》,待刊稿)一・79《河間邸鼎》,二・23

《河間食官鍾》,四·97《河間食官》。

【簡讀2002】

河間爲郡名,《漢志》有河間國。"尉"釋讀見"四□尉□"條。

【彙考2007】

河間,郡名。《漢書·地理志》:"河間國,户四萬五千四十三,口十八萬七千六百六十二。縣四……"班固自注:"故趙,文帝三年别爲國。"顏師古注引應劭曰:"在兩河之間。"王先謙《漢書補注》:"錢大昕曰:'河間與真定、信都、廣昌皆故趙地。'周壽昌曰:'高祖置河間郡。《功臣表》張相如、趙衍俱爲河間守是也。'先謙曰:'封趙幽王辟疆。'"《漢書·百官公卿表》:"郡尉,秦官,掌佐守典武職甲卒,秩比二千石。"故此可知,河間尉,即河間郡尉之省稱,秦置。爲主管河間郡的最高軍事長官。

【五十例2005】

河間本爲地區名,《史記·張儀列傳》:"割河間以事秦。"《索隱》:"謂河漳之間邑,暫割以事秦耳。"又"效河間以事秦。"《樗里子甘茂列傳》:"秦使張唐往相燕,欲與燕共伐趙以廣河間之地。""趙王自五城以廣河間。"河間又爲郡名。《高祖本紀》:"封成安君陳餘河間三縣,居南皮。"《樊滕灌酈列傳》:"(樊噲)擊秦軍,出杠南。河間守軍於杠里,破之。"《漢志》有河間國,本注:"故趙,文帝二年别爲國。莽曰朔定。"應劭曰:"在兩河之間。"《秦封2000》有秦封泥"河間太守"。

【冀史2016】

説見"河間太守"。

【廣封2019】

案《漢書·地理志》:"河間國,故趙,文帝二年别爲國。莽曰朔定。"(應劭曰:"在兩河之間。")王先謙《漢書補注》:"錢大昕曰:'河間與真定、信都、廣昌皆趙故地。'周壽昌曰:'高帝置河間郡。《功臣表》:張相如、趙衍俱爲河間守是也。'先謙曰:'封趙幽王開疆。'"《漢書·百官公卿表》:"郡尉,秦官,掌佐守典武職甲卒,秩比二千石。有丞,秩皆六百石。"《秦封泥彙考》:"河間尉,即河間郡尉之省稱,秦置。"爲主管河間郡的最高軍事長官。

（一）樂　　成

樂成

《古封》P282;《秦封》P295;《彙考》P267;《璽印》P390;
《山全》P175、P204;《濟博》P18;《大系》P150

【秦式1998】

　　"樂成"録於《齊魯》《再續》。《漢志》南陽郡有樂成縣。在秦約屬南陽郡,今在河南省鄧縣西南。另《漢志》河間國有樂成縣。此樂成縣秦約屬鉅鹿郡,今在河北省獻縣。漢封泥見:《齊魯》《再續》《澂秋》"樂成邑丞"。

【秦封2000】

　　《漢志》南陽郡有樂成縣,"侯國"。在秦約屬南陽郡,今在河南省鄧縣西南。另《漢志》河間國有樂成縣,"虖池別水首受虖池河,東至東光入虖池河。莽曰陸信。"《讀史》直隸獻縣:"本漢樂城縣,高祖封功臣丁禮爲侯邑,後爲河間國治,後漢因之。"樂成廢縣:"劉攽曰:在今縣東南十六里,漢縣治此,後魏移縣北近古樂壽亭,隋因改爲樂壽縣,即今縣治。宋白曰:後魏太和十一年河間郡自樂成移理今縣西一里壽亭城。《郡國志》云今縣西南十里曰樂壽嚴,漢樂成縣治此,隋樂壽縣亦治焉。"此樂成縣秦約屬鉅鹿郡,今在河北省獻縣。漢封泥見:《齊魯》《再續》《澂秋》"樂成邑丞"。

【彙考2007】

　　説見"樂成之印"。

【政區2009】

　　説見"樂成之印"。

【分域2009】

　　樂成,縣名。《漢書·地理志》載,河間國有樂成縣。其地在今河北獻縣。

【悠悠2015】

　　説見"樂成之印"。

【冀史2016】

　　説見"樂成之印"。

【古分2018】

　　晉國璽印有"樂成府"(1386)、"樂成"(《古璽漢印集萃》195頁)。吳振武認爲:"㦟成即樂成,地在今河北省獻縣東南,戰國後期屬趙。"曹錦炎認爲:"漢代有兩樂成縣,一屬南陽郡,地在今河南鄧縣西南,戰國時屬楚境;一屬河間國,地在今河北獻縣。《漢書·地理志》河間國下本注:'故趙,文帝三年別爲國。'可知此樂城在戰國時屬趙。"

【廣封2019】

　　案《再續封泥考略》:此封泥二字,半通,印文曰"樂成"。《漢書·地理志》,樂成,侯國。屬南陽郡。又,樂成縣屬河間圓。《漢書·高惠高后文功臣表》:有樂成節侯丁禮。傳七世。又《漢書·外戚恩澤侯表》:有樂成敬侯許延壽。此列侯所食邑,屬於南陽者是也。

樂成之印

1

2

1.《古封》P276;《秦封》P296;《彙考》P267;《璽印》P409;《山全》P37、P171、P203;
　《濟博》P18;《大系》P151

2.《大系》P151

【秦式1998】

　　説見“樂成”。

【彙考2007】

　　樂成,縣名。《漢書·地理志》河間國有樂成縣。班固自注:“虖池別水首受虖池河,東至東光入虖池河。”今在河北省獻縣東南。

【分域2009】

　　説見“樂成”。

【政區2009】

　　傳世戰國三晋古璽有“樂城府”(《璽匯》1386),爲戰國時三晋的縣府用印,可知其出現較早。《漢志》河間國樂成縣,“莽曰陸信”。《讀史·卷十三》:“獻縣,府南六十里。東至滄州百三十里,西至晋州饒陽縣九十里:本漢樂成縣,高祖封功臣丁禮爲侯邑,後爲河間國治。後漢因之。”現代考古表明,河北獻縣的樂城城址爲方形,邊長2000米。

【悠悠2015】

　　《漢志》南陽郡領縣有樂成,“侯國”。考古調查表明,樂成縣故城在今河南省鄧州市南部,面積17萬平方米。從秦封泥可知,秦置樂成縣,其地也應在今河南鄧州市南部,領地有今河南鄧州市及湖北省老河口市部分。又《漢志》河間國領縣有樂成縣,在秦時屬河間郡,其縣治及領地在今河北省獻縣附近。

【冀史2016】

　　《漢志》河間國有樂成縣,“莽曰陸信”。《讀史》直隸獻縣,“本漢樂成縣,高祖封功臣丁禮爲侯邑,後爲河間國治,後漢因之。……樂成廢縣,在今縣東南十六里,漢縣治此”。此樂成縣屬秦鉅鹿郡,故址在今河北獻縣。現代考古表明,河北獻縣的樂城城址爲方形,邊長2000米。

【廣封2019】

案《再續封泥考略》,《漢書·地理志》:"樂成,侯國。屬南陽郡。"又"樂成縣屬河間國"。《漢書·高惠高后文功臣表》:有樂成節侯丁禮。傳七世。又《漢書·外戚恩澤侯表》:有樂成敬侯許延壽。此列侯所食邑,屬於南陽者是也。丞爲其主管官員之副。

(二) 章　　武

章武丞印

《大系》P368

【政區2009】

河北黄驊縣伏漪城遺址出土陶罐上有秦陶文"武市",章武縣市亭之省文。故俞偉超認爲"武"是渤海郡"章武縣"的省文。《漢志》渤海郡領縣章武,"有鹽官,莽曰桓章"。黄驊在故黄河故道北岸,地望相符,即西漢章武縣是沿襲秦之置縣,其故址即伏漪城遺址。考古調查表明,伏漪城遺址爲方形,東西520米,南北510米,出土遺物説明其時代早到戰國。

(三) 武　　隧

武隧丞印

《大系》P283

【縣考2007】

韓邑。秦武王四年奪取該地後置縣。武王五年武遂復由秦還屬韓。昭襄王四年(前303年),武遂復由韓屬秦。昭襄王十一年,秦又將武遂送還給韓國。昭襄王十七年,秦最終得到韓武遂縣。

【戰國2013】

《史記·燕世家》:"王喜十二年,趙使李牧攻燕,拔武遂、方城。"《元和郡縣志》云:"易州遂城縣,戰國時武遂城也。"故址在今河北安平縣東。

瑞按:武隧,《漢書·地理志》屬河間國,"莽曰桓隧"。《戰國策》卷28:"公仲使韓珉之秦求武隧,而恐楚之怒也。唐客謂公仲曰:'韓之事秦也,且以求武隧也,非弊邑之所憎也。韓已得武隧,其形乃可以善楚。'"《水經注》卷10"漳水又東北逕武邑郡南,魏所置也。又東逕武强縣北,又東北逕武隧縣故城南,按《史記》,秦破趙將扈輒於武隧,斬首十萬,即於此處也。王莽更名桓隧矣"。卷11"易水又東流屈逕長城西,又東流南逕武隧縣南、新城縣北。《史記》曰:趙將李牧伐燕,取武隧方城是也。俗又謂是水爲武隧津,津北對長城門,謂之汾門。"

(四) 浮　　陽

浮陽丞印

1　　　　　　　　　　　2

1.《印風》P146;《考釋》圖一:8;《新地》圖33;《印集》P112;《彙考》P204;《大系》P83
2.《彙考》P204;《大系》P83

【新見1996】

《漢志》渤海郡有浮陽縣。在秦屬濟北郡,今河北省滄州市東南。漢印見《兩》449"浮陽丞印"。

【考釋2001】

《漢印》11·7有"浮陽丞印",浮字作"𤄷",與封泥不同。封泥"子"字上部近於短橫。《漢書·地理志》勃海郡下有"浮陽"縣。漢勃海郡在秦時大部屬鉅鹿郡。《水經·濁漳水注》:"又東北逕浮陽縣西,東北注之。"浮陽故城在今河北滄州市東南20公里。由此封泥知浮陽亦爲秦縣。

【新地2001】

《漢志》渤海郡有浮陽縣。在秦屬濟北郡,今河北省滄州市東南。漢印見《兩》449"浮陽丞印"。

【簡讀2002】

秦縣,《漢志》屬渤海郡。

【彙考2007】

《漢書·地理志》渤海郡有浮陽縣。王先謙《漢書補注》:“續《志》後漢因。《淇水注》:‘清河自南皮來,東南分爲二瀆,枝分東出,謂之浮水。故瀆清河又北徑浮陽故城……是縣有浮陽之名。’……《一統志》:故城今滄州東南四十里臥牛城。”

【政區2009】

《漢志》渤海郡有浮陽縣。《水經·浮水注》:“浮水在南,而此有浮陽之稱者,蓋浮水出入,津流同逆,混併清漳二瀆,河之舊道,浮水故迹,又自斯別,是縣有浮陽之名也。”秦浮陽縣故址在今河北省滄州市東南。

【分域2009】

浮陽,縣名,其地在今河北滄州一帶。《漢書·地理志》載,渤海郡有浮陽縣。

【廣封2019】

案《漢書·地理志》:勃海郡,有縣“浮陽”,“莽曰浮城”。《水經·洹水》:“(清河)又東北過浮陽縣西。”酈道元注曰:“清河東北流,浮水故瀆出焉。按史記:趙之南界有浮水焉。浮水在南,而此有浮陽之稱者。蓋浮水出入,津流同逆混并,清、漳二瀆,河之舊道,浮水故迹,又自斯別,是縣有浮陽之名也。應劭曰:‘浮陽縣,浮水所出,入海,朝夕往來,日再。今溝無復有水也。清河又北分爲二瀆,枝分東出,又謂之浮瀆。清河又北逕浮陽縣故城西,王莽之浮城也。’”此其丞之印也。

十、恒 山 郡

恒山武庫

《於京》圖16;《璽印》P423;《大系》P114

【於京2005】

《史記·封禪書》:“十一月,巡狩至北嶽。北嶽,恒山也。”《正義》:“《括地志》云:‘恒山在定州恒陽縣西北百四十里。《周禮》云:并州鎮曰恒山。’”《史記·呂太后本紀》:“子不疑爲常山王。”《正義》:“《括地志》云:‘常山故城在恒州真定縣南八里,本漢東垣邑也。’”《漢書·地理志》:“常山郡,高帝置。莽曰井關。屬冀州。”張晏曰:“恒山在西,避文帝諱,故改曰常山。”恒山郡治東垣,即今河北省石家莊市東北。

【政區 2009】

　　爲恒山郡武庫官之遺物。又,秦恒山是否置郡,學人説法不一。自班固以下,歷代學者,如全祖望等,多以爲非秦郡。王國維以《史記》證《史記》,考定秦置48郡,尚無恒山郡。譚其驤《秦郡新考》《秦郡界址考》以爲分邯鄲郡置常山郡。馬非百《秦集史》從譚説,云:“《張耳陳餘列傳》:二世元年,武臣王趙,使韓廣略燕,李良略常山,張黶略上黨。李良已定常山,復使略太原。其明年,王離圍趙於鉅鹿,陳餘北收常山兵得數萬人。此所謂常山者,既非故國名,則必與太原、上黨同爲郡名。其後張耳王趙,更名常山,實本於此。《張蒼列傳》:陳餘擊走常山王張耳,耳歸漢,漢乃以蒼爲常山守,從韓信擊趙。明常山之稱,非僅國名矣。其時漢未有常山,蓋置守遥領耳。《漢書·高帝紀》:三年,韓信東下井徑,斬陳餘,獲趙王歇,置常山、代郡。常山入漢始此。或徑以爲置郡之年,誤也。趙、代之地,非只二郡。史特舉此以概其餘。常山以南爲邯鄲,則別將斬歇自河內出,北擊降之。據此,亦可證常山國雖爲趙之更名,而常山郡之與邯鄲,固二而非一矣。”其説極是。今秦封泥證明秦確實設置恒山郡,譚其驤、馬非百之説是正確的,只是名“恒山郡”,而非常山郡。《漢志》常山郡,實爲漢人避漢文帝劉恒諱,改恒爲常矣。周曉陸也認爲恒山郡爲“《史記》《漢書》未確載之郡,或爲分邯鄲郡置”,此説可從。郡治東垣,即今河北省石家莊市東北正定縣。

【體系 2010】

　　某些郡的武職官署有“武庫”,例見“恒山武庫”(《相家》4)。郡特設官爲《百官表》所略,而《百官志》所謂“其郡有鹽官、鐵官、工官、都水官,隨事廣狹置令、長、丞,秩次皆如縣、道”“郡國諸倉、農監、都水”等官印及封泥資料中可見這一套體系乃由秦而來。有學者提出《秩律》所反映的是戰同至秦的郡官建置。這一看法通過上述官印文字與簡文的對照也得到進一步支持。

【秦漢 2010】

　　在考訂“恒山司空”秦印時指出,相家巷出土秦封泥有“恒山候丞”“恒山武庫”,傳世秦印有“南海司空”“蒼梧候丞”“南海候印”等,秦封泥有“南郡司空”“泰山司空”“城陽候印”“琅邪候印”等,秦兵器銘文有“上黨武庫”“上郡武庫”等,知秦郡設置有司空、候丞、武庫,“恒山司空”顯然是恒山郡司空所用之印。

【職地 2014】

　　秦兵器銘文中有“郡名+武庫”式,即設在郡的武庫,目前所見者有上郡武庫、巫郡武庫、上黨武庫,其中尤以上郡武庫出現次數最多,有時也省作“上武”。武庫是儲藏兵器的倉庫,也是掌管兵器的官署機構。就目前所見,秦在上郡、上黨、巫、恒山等郡設有武庫。郡武庫或應與秦中央武庫一樣,歸九卿之中尉管轄。

【冀史 2016】

　　説見“恒山候丞”。

恒山候丞

《選釋》圖一：2；《新官》圖 37；《印集》P94；《彙考》P181；《大系》P114

【選釋2001】

　　《周禮·夏官·職方氏》："正北曰并州，其山鎮曰恒山。"《爾雅·釋山》："恒山爲北嶽。"《漢書·地理志》有"常山郡"（漢人避文帝劉恒諱，改恒爲常），班固自注："高帝置。"王先謙《漢書補注》："錢大昕曰：'項羽封張耳爲常山王，都襄國，是常山之名不始於高帝。蓋趙歇既滅，遂因爲郡耳。'……全祖望云：'故屬秦邯鄲郡，楚漢之際屬趙國，尋爲常山國，八月復屬趙國，高后（引者按：應爲帝）三年屬漢爲郡。'"恒山"是郡名而非縣名。恒山所在縣戰國名曲陽，漢名上曲陽。《地理志》常山郡上曲陽條下班氏自注："恒山北谷（引者按：'北'字王念孫疑爲'代'字之誤）在西北。有祠。并州山。《禹貢》恒水所出，東入滱。莽曰常山亭。"王先謙《補注》："戰國趙地，趙武靈王攻中山，合軍曲陽，見《趙世家》。灌嬰從擊陳豨於此，見本傳。《滱水注》：'本嶽牧朝宿之邑也。古者天子巡狩，常以歲十二月至於北嶽，侯、伯皆有湯沐邑以自齋潔。周昭王南征不返（引者按：《水經注》作還），巡狩禮廢，邑郭仍存。秦罷井田，因以立縣。'"候是一種武官，秦漢時中央官署及郡、國設有候。《漢書·百官公卿表》："中尉，秦官，掌徼循京師。有兩丞、候、司馬、千人。"顔師古注："候及司馬及千人皆官名也。"《表》又云："武帝元狩三年，昆邪王降，復增屬國，置都尉、丞、候、千人。"出土秦封泥有"上郡候丞"，漢封泥有"城陽候印""臨菑候印""武都候印"，漢印有"都候之印""邦候"。常山是否秦郡，學人説法不一。自班固以下，歷代學者，如全祖望等，多以爲非秦郡。王國維以《史記》證《史記》，考定秦有 48 郡，仍無常山郡。譚其驤《秦郡新考》《秦郡界址考》於王氏 48 郡之中，棄去陶都、博陽、膠西、城陽四郡，外加常山、衡山二郡，定爲 46 郡。馬非百《秦集史·郡縣志》從譚説，云："《史記·張耳陳餘列傳》：二世元年，武臣王趙，使韓廣略燕，李良略常山，張黶略上黨。李良已定常山，復使略太原。其明年，王離圍趙於鉅鹿，陳餘北收常山兵得數萬人。此所謂常山者，既非故國名，則必與太原、上黨同爲郡名。其後張耳王趙，更名常山，實本於此。《張蒼列傳》：陳餘擊走常山王張耳，耳歸漢，漢乃以蒼爲常山守，從韓信擊趙。明常山之稱，非僅國名矣。其時漢未有常山，蓋置守遙領耳。《漢書·高帝紀》：三年，韓信東下井陘，斬陳餘，獲趙王歇，置常山、代郡。常山入漢始此。或遂以爲置郡之年，誤也。趙、代之地，非只二郡。史特舉此以概其餘。常山以南爲邯鄲，則別將靳歙自河内出，北擊降之。據此，亦可證常山國雖爲趙之更名，而常山郡之與邯鄲，固二而非一矣。"其説極是。"恒山候丞"封泥證明秦確有恒山（亦即常山）郡，錢大昕、譚其驤、馬非百的説法是對的。

【簡讀2002】

《史記·封禪書》："自是自崤以東，名山五，大川祠二。曰太室……，恒山，泰山，會稽，湘山。""常山王有罪，遷，天子封其弟於真定，以續先王祀，而以常山爲郡，然後五嶽皆在天子之郡。"《漢志》有常山郡"高帝置"，張晏曰："恒山在西，避文帝諱，故改曰常山。"由封泥知秦已有恒山郡。"候"釋讀見"上郡候丞"條。

【新官2002】

《史記·封禪書》記："北嶽，恒山也。"秦祠名山"於是自殽以東，名山五，……恒山……"恒山候丞殆祠祀恒山時軍候也，參見《秦封泥集》一·四·28"泰山司空"。

【彙考2007】

王輝先生考：首字已殘，但此字上下有橫，中間左旁有心，至爲清楚。秦文字恒字作"亙"（陳振裕、劉信芳編著：《睡虎地秦簡文字編》，湖北人民出版社一九九三年版），西周金文恒字作"亙"（容庚編著，張振林、馬國權摹補：《金文編》，中華書局一九八五年版），其右旁"月""夕"皆與此字相近，故此字爲恒，應該無疑。第二字從殘畫看，應是山字。第四字從殘畫看，應是丞字。餘同《選釋2001》。

【政區2009】

"侯"（按：當作"候"，下同）爲一種武官，秦漢時中央官署及郡、國都設有候官。《漢書·百官公卿表》："中尉，秦官，掌徼循京師。有兩丞、候、司馬、千人。"師古注："候及司馬及千人皆官名也。"《漢書·百官公卿表》又云："武帝元狩三年，昆邪王降，復增屬國，置都尉、丞、候、千人"。出土秦封泥有"上郡候丞"；傳世秦封泥有"城陽候印"；秦官印有"蒼梧候丞"（《徵存》52）、"南郡候丞"；漢封泥有"臨菑候印""武都候印"。

【分域2009】

《漢書·地理志》中有"常山郡"。漢人爲避文帝劉恒諱，改恒爲常。恒山是郡名而非縣名，其地所在戰國曲陽，漢名上曲陽。侯是古代的一種武官，秦漢時期中央官署以及各郡、國均設有候，《漢書·百官公卿表》云："中尉，秦官，掌徼循京師，有兩丞、候、司馬、千人。"顏師古注曰："候及司馬及千人皆官名也。"該印當爲秦恒山之地的候的佐官所用。又，釋"曲陽左尉"（《徵存》7.37）時指出，曲陽，地名，戰國時期曾屬趙，後歸秦。《史記·趙世家》趙武靈王二十一年："攻中山……趙興之陘，合軍曲陽。"雲夢睡虎地發掘的M7墓，槨室門楣上刻有"五十一年曲陽士五邦"等字，可知在秦昭王五十一年曲陽已經爲秦所有。該印當爲曲陽縣的左尉所用。

【官名2013】

恒山，爲地名。秦時各郡都設有候一類執掌武事的官吏，爲中尉之屬官。恒山候丞，應是恒山候之佐官。

【職地2014】

説見"上郡候丞"。

【冀史2016】

候爲一種武官,秦漢時中央官署及郡、國都設有候官。《漢書·百官公卿表》:"中尉,秦官,掌徼循京師。有兩承、候、司馬、千人。"師古注:"候及司馬及千人皆官名也。"《漢書·百官公卿表》又云:"武帝元狩三年,昆邪王降,復增屬國,置都尉、丞、候、千人。"出土秦封泥有"上郡候丞";傳世秦封泥有"城陽候印";秦官印有"蒼梧候丞""南郡候丞";漢封泥有"臨淄候印""武都候印"等。據之,前者封泥爲恒山郡之候丞官之遺物,後者爲恒山郡武庫官之遺物。秦封泥可證秦置恒山郡。秦恒山是否置郡,學人説法不一。餘同"恒山武庫"所録《政區2009》。

【秦官2018】

郡候是專司伺望、偵察任務的郡級武官。張家山漢簡《二年律令·秩律》有"中候""郡候""衛將軍候""衛尉候等",新刊布的秦璽印有"清河候印"和"叁川候印",秦封泥有"恒山候丞"和"上郡候丞",里耶秦簡9-712還有"洞庭候印"等,均是秦郡設有候官的明證。郡候在統一之前稱爲"邦候",如嶽麓秦簡《爲獄等狀四種》094"暨自言曰:邦尉下(?)□更(?)戍令(?),□誤(?)弗傳邦候"。

十一、代　　郡

代丞之印

《古封》P153;《秦封》P311;《上封》P63;《彙考》P267;《山全》P132;《大系》P58

【兩漢1993】

西漢早期,封泥。印文二行四字。有界欄。上海博物館藏。此爲代縣之丞。《漢書·地理志》:"代郡,……縣十八……代,莽曰厭狄亭。"東漢沿置,《後漢書·郡國志》:"代郡……十一城,……代。"注引《搜神記》曰:"代城始築,立板幹,一旦亡西南板,四五十里於澤中自立,結葦爲外門,因就營築焉,故其城周圓三十五丈,爲九門,故城處呼之以爲東城。"故治在今河北蔚縣東北。

【秦式1998】

録於《續封》《建德》。《漢志》代郡有代縣,應劭曰:"故代國"。《史記·蒙恬列傳》:"胡亥聽而繫蒙毅於代……遣御史曲宮乘傳之代。"《史記·匈奴列傳》《正義》:"代郡城,北狄代國,秦漢代縣城也。在蔚州羌胡縣北五十里。"代縣秦約屬代郡,今在河北省蔚縣。漢封泥見:《齊魯》《再續》"代相之印",《續封》《建德》"代丞之印",《封泥》"代郡車令",《筠清》《齊魯》《再續》"代郡太守章"。

【上封2002】

《地理志》屬代郡,秦置。新出封泥又有"代馬丞印",印文存"印"字,知未省官名,故此"馬丞"不得與新莽所置之縣(司)馬丞比附,而爲邊郡主馬政之官。

【彙考2007】

代,縣名。戰國時爲代國,後爲趙滅。秦置代縣。《漢書·地理志》代郡有代縣。今在河北省蔚縣東北。

【政區2009】

秦陶文有"代市",代縣市亭之省文。《古陶彙編》收兩件出土山西的"代市"陶文。又《季木藏陶》一也收録有"代市"陶文。代地,本爲胡狄之地,後爲趙國所奪。《史記·趙世家》:"翟犬者,代之先也";又"趙襄子殺代王,以代封伯魯子周爲代成君";"襄主併戎取代以攘諸胡。"秦時置郡設縣,《史記·蒙恬列傳》:"胡亥聽而繫蒙毅於代……遣御史曲宫乘傳之代。"《史記·匈奴列傳》引《正義》云:"代郡城,北狄代國,秦漢代縣城也。在蔚州羌胡縣北百五十里。"《元和·卷十八》:"蔚州,趙襄子殺代王有其地,秦爲代郡。"《讀史·卷四十四》:"代王城,(蔚州)府東北二十里。"考古調查表明代縣故城就是河北蔚縣代王城,橢圓形,東西3400米,南北2200米,出土物説明城址時代可早至戰國。

【戰國2013】

分析"代郡"時指出,原爲代國地,故名。先爲趙襄子所攻滅,後趙武靈王時設郡。《戰國策·趙策二》:"襄主兼戎取代,以攘諸胡。"《史記·趙世家》:趙襄子元年,"遂興兵平代地"。《史記·趙世家》:"(武靈王十八年)趙王使代相趙固迎公子稷於燕,送歸,立爲秦王,是爲昭王。"其時趙固爲代相,説明是年趙已經設置了代郡。文獻記載齊人李伯受趙孝成王欣賞,出任代郡守,曾自行發兵備燕而趙王不疑,深受信任。《戰國策·趙策三》:"齊人李伯見孝成王,成王説之,以爲代郡守。"趙代郡轄境有今山西省東北部和河北省、内蒙古一部分,置36縣。《戰國策·秦策一》:"當是時,趙氏上下不相親也,貴賤不相信,然則邯鄲不守,拔邯鄲,完河間,引軍而去,西攻修武,逾羊腸,降代、上黨,代三十六縣,上黨十七縣,不用一領甲,不苦一民,皆秦之有也。"代郡和雁門郡是一種半農半牧的經濟類型,農耕文化和畜牧文化並存。《史記·貨殖列傳》:"燕代田畜而事蠶。"又《史記·廉頗藺相如列傳》載李牧守代、雁門時,"大縱畜牧"。

又:戰國趙方足布幣有"戈"(《貨系》2203),李家浩釋讀爲"代"。《史記·趙世家》趙惠文王四年,"於是乃欲分趙而王章於代"。《漢志》代郡屬縣代,"莽曰厭狄亭"。應劭曰:"故代國"。故址在今河北省蔚縣東北。考古調查表明古代縣故城就是河北蔚縣代王城,橢圓形,東西3400米,南北2200米,出土物説明城址時代可早至戰國。

【秦地2014】

里耶簡有"御史聞代人多坐"。《校釋》認爲見簡文中的"代"指代郡,當是。

【廣封2019】

案《續封泥考略》,《漢書·地理志》,代縣屬代郡。注:"莽曰厭狄亭。"(應劭曰:"故代國。")"丞"詳前。

瑞按:《職地2014》將該封泥列爲郡丞封泥,認爲其是代郡守的佐官用印。

代馬

《於京》圖7;《璽印》P389;《大系》P58

【職地2014】

代郡,戰國時期趙置,盛産良馬。《史記·匈奴列傳》:"趙武靈王置代郡"。又《趙世家》"三百里而通于燕,代馬胡犬不束下,昆山之玉不出,此三寶者亦非王有也"。秦在代郡設立主馬政之官,應是沿襲了戰國趙的設置。

【代馬2017】

秦漢的地名中是没有"代馬"的,有人認爲代、馬分指兩地,其主要原因是《史記·蘇秦列傳》蘇秦説秦惠王:"西有漢中,南有巴蜀,北有代馬,此天府也。"因與漢中、馬蜀相對,《索引》按:"謂代郡馬邑也。《地理志》代郡又有馬城縣。一云代馬,謂代郡兼有胡馬之利也。"馬邑,據《漢書·地理志下》屬秦漢雁門郡,今山西朔縣。《漢書·地理志下》載代郡有馬城,爲代郡東部都尉治。但把代郡和馬城簡稱爲"代馬"在其他材料中未見。事實上,《史記·蘇秦列傳》蘇秦説秦惠王與《戰國策》所記爲一事,後者記述得更爲完整。《史記·蘇秦列傳》的記述是大大簡化了的内容,因將"北有胡貉、代馬之用"略爲"北有代馬"前生了歧義。因此贊同《索引》所説的第三個意思"一云代馬,謂代兼有胡馬之利也"。代馬的地名不存在,那它只能是一個職官名。與"家馬"同,是秦時官府在代郡所設的馬政官署,主要目的是訓養良種馬,以備軍、備胡。"代馬丞"不同於秦封泥中見到的郡級馬丞"恒山馬丞""衡山馬丞","代馬""家馬"爲國家官署,"代馬"設在代郡,"家馬"設在太原郡。

【分域2018】

秦在一些戰略地位重要或傳統上有某些優勢的地方設置主管某一專門事項的職官,我們暫稱之爲特設官,如盛産良馬之地設主管馬政的官署,在手工業水準發達的地方設立工官等。前者如秦封泥"代馬""代馬丞印"和"衡山馬丞"。代郡,戰國時期趙置,其地盛産良馬。《史記·匈奴列傳》:"趙武靈王置代郡。"又《趙世家》:"三百里而通於燕,代馬胡犬不東下,昆山之玉不出,此三寶者亦非王有已。"秦在代郡設立主馬政之官,應是沿襲了戰國趙的傳統。

代馬丞印

1　　　　　　　　　2

1.《大系》P58
2.《彙考》P177

【官印1990】

在考訂"代馬丞印"印時指出,代,係指代郡,《漢書·地理志》:"代郡,秦置"。《補注》引全祖望曰:"楚漢之際屬趙國,尋爲代國。高帝三年屬漢,六年仍爲代國,武帝元鼎三年復故"。周振鶴《西漢諸侯王國疆域變遷考》云:"景帝三年,代國唯餘太原一郡,其定襄、雁門、代三邊郡屬漢"。馬丞爲郡特設之養馬官,《漢書·百官公卿表》太僕條下云:"又邊郡六牧師苑令各三丞",師古曰:"《漢舊儀》云,牧師諸苑三十六所分置北邊西邊,分養馬三十萬頭"。《漢書·食貨志》:"孝景二年……始造苑馬以廣用",師古曰:"苑馬謂爲苑以牧馬。"代郡於西漢爲北方邊郡,當亦設有養馬之官,此印應係景帝時,代郡養馬官馬丞所用之官印。

【發現1997】

《漢書·地理志》:"代郡,秦置。"原爲戰國秦置,秦始皇二十五年(前222年)入秦。

【郡縣1997】

馮雲鵬等撰《金石索》五錄《印萃》有"睢陵馬丞"印,《查氏藏印》有"虢縣馬丞"印等。此乃西漢中央在縣一級地區設置特種屬官,專知馬政者。封泥"代馬丞印",當爲秦代中央在代郡(治今山西蔚縣北)所置專知馬政屬官之佐吏(丞)之印。

【印考1997】

印面正方形,田字格,邊長2釐米,印文四字清晰,邊欄上部略殘。代,郡名,戰國時趙武靈王置,其地在今蔚縣東北。"馬丞",爲郡縣之佐官,掌馬政。《漢書·地理志》王先謙《補注》:河南郡古市縣有馬丞。"代馬丞"當是代郡掌馬匹之輔佐。《故宮藏印》中有"代馬丞印"一枚。

【秦封2000】

《漢志》:代郡,秦置。莽曰厭狄。有五原關、常山關。屬幽州。《史記·匈奴列傳》:"趙武靈王置代郡。"《史記·秦始皇本紀》《趙世家》記:政二十五年,秦破代,虜代王嘉。《水經·濕水注》:"高柳縣舊代郡治。"《元和》:"蔚州,趙襄子殺代王有其地,秦爲代郡。"《讀史》:"代王城在蔚州府東北二十里。"代郡治代縣,故城在今河北蔚縣東北約三十里。馬丞掌一地之馬政。秦印見:《徵存》"代馬丞印"。漢封泥見:《齊魯》《再續》"代相之印",《筠清》《齊魯》《再續》"代郡太守章",《封泥》"代郡車令",《續封》《建德》"代丞之印"。漢印見:《徵存》"代郡農長"。

【簡讀2002】

代爲秦郡,《漢志》:"代郡,秦置。""馬丞"爲負責養馬之官職。

【於京2005】

此爲半通印之泥。《史記·趙世家》:"三百里而通於燕,代馬胡犬不東下,昆山之玉不出,此三寶者亦非王有已。"《史記·天官書》:"秦併吞三晋、燕、代,自河山以南者中國。"《匈奴列傳》:"趙武靈王置代郡。"《水經注》卷一三:"高柳縣,舊代郡治。"《元和郡縣圖志·河東道三·蔚州》:"武靈王置雲中、雁門、代郡,秦亦代郡。"代郡治代縣,其治地在今河北蔚縣東北。《秦封2000》錄有"代馬丞印"。

【彙考2007】

代,即代郡。因代郡多産良馬,故代馬丞即代郡主馬政之官吏。《漢書·地理志》:有代郡,秦置。顏師古注引應劭曰:"故代國。"王先謙《漢書補注》:"錢坫曰:'始皇二十三年置。'全祖望曰:'楚漢之際屬趙國,尋爲代國。高帝三年屬漢,六年仍爲代國,武帝元鼎三年復故。'"今在河北省蔚縣東北。秦在邊郡設置牧師諸苑三十六所,養馬三十萬頭。代郡當爲其中之一。

【政區2009】

傳世秦璽印有"代馬丞印"(《徵存》51),二者都爲秦代郡掌管馬政之馬丞官。《漢志》代郡,"秦置。莽曰厭狄。有五原關、長山關。屬幽州"。戰國時原爲趙地,爲趙武靈王時所設舊郡。公元前228年秦攻破趙國,趙公子嘉出奔到代,自立爲代王。公元前222年爲秦滅,重建爲郡。《史記·秦始皇本紀》:"二十五年……(王賁)還攻代,虜代王嘉。"《史記·蒙恬列傳》:"胡亥聽而繫蒙毅於代……胡亥不聽,遣御史曲宮乘傳之代。"《元和·卷十四》蔚州,"春秋時其地屬晋,戰國時屬趙,襄子殺代王有其地,後武靈王置雲中、雁門、代郡,秦亦爲代郡"。郡治代,今在河北省蔚縣西北。但《水經·纍水注》:"纍水……在高柳北……其水東南流,逕高柳縣故城北,舊代郡治,始皇二十三年(當爲二十五年之誤),虜趙王遷,以國爲郡。"代郡治代而非高柳,酈氏誤也。

【分域2009】

代,即代郡。《漢書·地理志》云:"代郡,秦置。"代郡自古盛産良馬。該印當爲代郡專門管理馬政事務的官吏用印。

【集證2011】

《漢書·地理志》:"代郡,秦置。"《漢書補注》引錢坫曰:"始皇二十三年置。"又引全祖望曰:"楚漢之際屬趙國,尋爲代國。高帝二年屬漢,六年仍爲代國。武帝元鼎三年復故。"馬丞之名不見於文獻。《漢書·百官公卿表》云:"郡守,秦官,掌治其郡,秩二千石。

有丞。邊郡又有長史,掌兵馬。"代在秦時是邊郡,宜養馬。《文選》曹植《朔風詩》:"願聘代馬,倏忽北徂。"邊郡的長史,或亦稱丞。《後漢書·百官志五》:"每郡置太守一人,二千石。丞一人。郡當邊戍者,丞爲長史。"這雖説的是後漢的情況,但可能承自秦及西漢。

【官名2013】

西安相家巷出土的秦封泥有"代馬丞印"。代馬丞當爲秦代中央在代郡(治今山西蔚縣北)所置馬政之官的佐吏。

【代馬2017】

"代馬丞印"目前有官印和封泥共11品,數量較多。與相家巷出土秦封泥"代馬丞印"相印證,以及從文獻學角度考證漢匈關係及代國封域,認爲官印"代馬丞印"斷代不應爲漢初而是秦時印。秦在盛産良馬的邊郡設有馬政官署,以備軍用。代馬是戰國時期北方良馬,半通印封泥"代馬",與官署"家馬"半通印相似,均爲上下結構、日字格二字印。"代馬"爲秦官署名稱,設在良馬産地代郡。

【廣封2019】

案《漢書·地理志》:"代郡,秦置。莽曰厭狄。有五原關、常山關。屬幽州。"(應劭曰:"故代國。")《秦封泥彙考》:(代郡)今在河北省蔚縣東北。秦在邊郡設置牧師諸苑三十六所,養馬三十萬頭。代郡當爲其中之一。

代□之□

《大系》P58

瑞按:封泥殘,下部所殘之字不詳。從拓片情況看,不排除爲"代丞之印"的可能。

(一) 當　城

當城丞印

《安杖子》圖二九:6;《秦封》P311;《書集》P130;《璽印》P416、P418;《大系》P59

【秦封2000】

《漢志》代郡有當城縣。師古曰："闞駰云當桓都城，故曰當城。"《水經・漯水》："連水又北經當城縣故城西，高祖十二年，周勃定代，斬陳豨於當城，即此處也。"當城縣秦約屬代郡，今在河北省蔚縣東北。

【政區2009】

當城，原燕地，秦末漢初樊噲曾斬陳豨於此地。《史記・高祖本紀》："樊噲別將兵定代，斬陳豨當城。"《正義》引《括地志》云："當城在朔州定襄縣界。《土地十三州記》云：當城在高柳東八十里，縣當常山，故曰當城。"《漢志》代郡當城縣，師古曰："闞駰云當桓都城，故曰當城。"《水經・漯水注》："連水又北逕當城縣故城西，高祖十二年，周勃定代，斬陳豨於當城，即此處也。應劭曰：'當恒都山作城，故當曰當城也。'"秦當城縣故址今在河北蔚縣東北。

【戰國2013】

傳世戰國古璽有"當城府"印（《璽匯》3442）。三晉文字中"府"字大致有兩種寫法：从土，从付，从員，从广。从員者爲主管財務之"府"之專用字，从土者爲行政之"府"的專用字。這些三晉"府"名璽印可能都是縣府用印。《漢志》代郡屬縣當城，在今河北蔚縣東北。戰國時，此地屬趙國，"當城府"印即爲趙國當城縣府用印，屬代郡。又西安相家巷出土秦封泥有"當城丞印"，爲秦當城縣丞之印。可證漢當城沿襲秦當城，秦當城又因戰國趙當城之舊。

【冀史2016】

《漢志》代郡有當城縣，師古曰："闞駰云當桓都城，故曰當城。"《水經・漯水注》："連水又北經當城縣故城西，高祖十二年，周勃定代，斬陳豨於當城，即此處也。"秦當城縣屬代郡，今在河北蔚縣東北。

（二）延　　陵

延陵丞印

1　　　　　　　　2

1.《大系》P317
2.《新出》P41

【政區2009】

《史記·趙世家》:"孝成王十八年,延陵鈞從相國信平君率師助魏攻燕。"《集解》徐廣曰:"代郡有延陵縣。"《漢志》代郡屬縣有延陵。《讀史·卷四十四》山西六延陵城:"在府東北塞外戰國時趙邑也。"秦延陵縣其治地在今山西省天鎮縣。

【悠悠2015】

1979年秦始皇陵西側趙背户村秦刑徒墓出土的瓦書陶文,銘文"延陵工□"(79C24)。延陵,先秦古地名,春秋時吳地。《史記·吳世家》曰:"季札封於延陵,故號延陵季子。"《史記·晉世家》稱:"吳延陵季子來。"《史記索隱》杜預曰:"延州來,季札邑。"又曰:"季子本封延陵,後復封州來,故曰延州來。"《公羊傳》曰:"季子去之延陵,終身不入吳國。"即延陵爲戰國時封邑,從秦陶可考之,秦因之置縣。《漢志》會稽郡領縣毗陵縣,"季札所居。"師古曰:"舊延陵,漢改之。"即秦延陵縣爲西漢毗陵縣前身,其故城今江蘇武進市。

（三）新 平 舒

新平舒丞

無圖,考釋見《五十例》P321。

【五十例2005】

平舒有二,一在關中。《史記·秦始皇本紀》:三十六年"秋,使者從關東夜過華陰平舒道。"《正義》引《括地志》云:"平舒故城在華州華陰縣西北六里。《水經注》云'渭水又東經平舒北,城枕渭濱,半破淪水,南面通衢。昔秦之將亡也,江神送璧於華陰平舒道,即其處也。"此平舒屬內史,其地在今陝西華陰市西北。另一在趙地。《史記·趙世家》,趙孝成王十九年,"趙與燕易土:以龍兑、汾門、臨樂與燕;燕以葛、武陽、平舒與趙。"《集解》:"徐廣曰:'平舒在代郡。'"《正義》:"《括地志》云:'平舒故城在蔚州靈丘縣北九十四里也。"《漢志》,代郡有平舒,本注:"祁夷水北至桑乾入沽。莽曰平葆。"此平舒屬代郡,其地在今山西廣靈縣西。按:新平舒當爲代郡之平舒。因秦地已有平舒,秦攻占趙之平舒後,沿用其故名,而關中已有平舒,故在新攻取者加以"新"字以示區別。

【政區2009】

平舒,戰國初屬燕地,後歸趙。《史記·趙世家》趙孝成王十九年,"趙與燕易土,以龍兑、汾門、臨樂與燕;燕以葛、武陽、平舒與趙"。《集解》:"徐廣曰:'平舒在代郡。'"《正義》引《括地志》云:"平舒故城在蔚州靈丘縣北九十四里也。"《漢志》代郡平舒,本注:"祁夷水北至桑乾入沽。莽曰平葆。"此平舒屬代郡,其地在今山西廣靈縣西。其名或因秦攻占趙之平舒後,重新築城,沿用其故名,故加"新"字以示區別。

【職地2014】

《史記·秦始皇本紀》載華陰有平舒道,在今華陰市西北;代郡有"平舒",見《史記·趙世家》,在今山西廣靈縣西。《地理志》渤海郡有"東平舒",此"新平舒"或指後者。

【悠悠2015】

《史記·趙世家》,趙孝成王十九年,"趙與燕易土:以龍兌、汾門、臨樂與燕;燕以葛、武陽、平舒與趙"。《集解》:"徐廣曰:'平舒在代郡。'"《正義》引《括地志》云:"平舒故城在蔚州靈丘縣北九十二里也。"《漢志》代郡有平舒,本注:"祁夷水北至桑乾入沽。莽曰平葆。"此平舒屬代郡,其地在今山西廣靈縣西。周曉陸按:新平舒當爲代郡之平舒。因秦地已有平舒,秦攻占趙之平舒後,沿用其故名,而關中已有平舒,故在新攻取者加以"新"字以示區別。具體地望待考。又《史記·秦始皇本紀》:三十六年"秋,使者從關東夜過華陰平舒道"。《正義》引《括地志》云:"平舒故城在華州華陰縣西北六里。《水經》云'渭水又東經平舒北,城枕渭濱,半破淪水,南面通衢。昔秦之將亡也,江神送璧於華陰平舒道,即其處也'。"此平舒屬內史,其地在今陝西華陰市西北,與之無關。

十二、上谷郡

上谷府丞

無圖,考釋見《五十例》P316。

【五十例2005】

上谷郡爲戰國時燕國所置,秦因之。《史記·蘇秦列傳》:蘇秦説燕,文侯曰:"且夫秦之攻燕也,逾雲中、九原,過代、上谷。"《樗里子甘茂列傳》:"趙攻燕,得上谷三十城,令秦有十一。"《秦始皇本紀》:"(十八年),趙公子嘉率其宗數百入之代,自立爲代王,東與燕合兵,軍上谷。"《陳涉世家》:"(武臣)遣故上谷卒韓廣將兵北徇燕地。"《漢志》上谷郡本注:"秦置。莽曰朔調。屬幽州。"上谷郡治沮陽,其地在今河北懷來縣東南。府丞爲府中之佐吏。《後漢書·羊續傳》,續爲南陽太守,"府丞嘗獻其生魚,續受而懸於庭;丞後又進之,續乃出前所懸者以杜其意。"

【政區2009】

秦封泥有"上谷府丞",府丞爲太守府中之佐吏。《後漢書·郭杜孔張廉王蘇羊賈陸列傳》記載,羊續爲南陽太守時,"府丞嘗獻其生魚,續受而懸於庭;丞後又進之,續乃出前所懸者以杜其意"。上谷郡原爲戰國時燕國所置,秦因之。《漢志》上谷郡,"秦置。莽曰朔調。屬幽州"。《史記·匈奴列傳》:"燕亦築長城,自造陽至襄平,置上谷、漁陽、右北平、遼西、遼東郡以拒胡。"《史記·蘇秦列傳》蘇秦説燕文侯曰:"且夫秦之攻燕也,逾雲中、九原,過代、上谷,彌地數千里,雖得燕城,秦計固不能守也。"《史記·樗里子甘茂列傳》:"趙攻燕,得上谷三十城,令秦有十一。"《史記·秦始皇本紀》:"(十八年)趙公子嘉率其宗數百入之代,自立爲代王,東與燕合兵,軍上谷。"公元前225年,秦滅燕,之後二年重建爲郡。《水經·聖水注》:"故燕地,秦始皇二十三年置上谷郡。王隱《晉書·地理志》曰:郡在谷之頭,故因以上谷名焉。"《史記·陳涉世家》:"趙王以爲然,因不西兵,而遣故上谷卒史韓廣將兵北徇燕地。"《水經·漯水注》:"水源出沮陽縣東,而西北流入清夷水,清夷水又西,逕沮陽縣故城北,秦上谷郡治此。"郡治沮陽,今在河北省懷來縣東南。

【戰國2013】

　　傳世戰國燕系古璽有"立(上)谷□丞",爲燕上谷郡下屬丞印。《史記·匈奴列傳》:"其後燕有賢將秦開,爲質於胡,胡甚信之。歸而襲破走東胡,東胡却千餘里……燕亦築長城,自造陽至襄平。置上谷、漁陽、右北平、遼西、遼東郡以拒胡。"即燕將秦開破東胡後,據地設郡,因在大山谷上邊而得名。《水經·聖水注》引《晉書·地理志》曰:"郡在谷之頭,故因以上谷名焉。"燕上谷郡在戰國後期一度爲趙國所占,趙國名將趙奢曾爲燕國上谷守。《戰國策·趙策四》:"(趙)奢抵罪居燕,燕以奢爲上谷守,燕之通谷要塞,奢習知之。"上谷郡有三十六縣。《戰國策·秦策五》:"趙攻燕,得上谷郡三十六縣,與秦什一。"轄境有今河北省張家口、小五臺山以東,赤城、延慶以西及北京市昌平以北地。

【冀史2016】

　　秦封泥有"上谷府丞",府丞爲郡府中之佐史。上谷郡原爲戰國時燕國所置,秦因之。《史記·匈奴列傳》:"燕亦築長城,自造陽至襄平,置上谷、漁陽、右北平、遼西、遼東郡以拒胡。"公元前225年,秦滅燕,後二年重建爲郡。《水經·聖水注》:"秦始皇二十三年置上谷郡。"據《水經·漯水注》載,郡治沮陽,今在河北懷來縣東南。

(一) 寧

寧城

《於京》圖64;《璽印》P390;《大系》P183

【於京2005】

　　寧城失載。

【冀史2016】

　　內蒙古和林格爾東漢壁畫墓有寧城圖,詳細繪出東漢寧城布局。《漢志》上谷郡,"寧,西部都尉治,莽曰博康"。東漢時,寧城縣爲上谷郡屬縣,是護烏桓校尉治所。《後漢書·烏桓列傳》:"(建武二十五年),於是始復置烏桓校尉於上谷寧城。"《魏土地記》:"下洛城西北百三十里有大寧城,大寧城二十里有小寧城。"又《水經注》:"于延水(洋河)先徑小寧城故城南,然後又徑大寧城故城南。"大寧城爲廣寧,小寧城即寧城。據《圖集》,寧城在今河北張家口市西北。

【職地2014】

漢上谷郡有寧縣,今河北萬全。此寧城或即漢寧縣。

瑞按:封泥拓本較模糊。從拓本看,下字是否爲"城"尚可存疑。《漢書·地理志》上谷郡有"寧"然無"城"字,"西部都尉治。莽曰博康"。《通典》196"於是始復置校尉於上谷寧城",即言上谷郡設"寧城",對比可知當即《地理志》所言"寧"縣。若依《通典》,封泥之寧城當爲上谷郡屬縣。

（二）夷 輿

夷輿丞印

《新地》圖26;《考釋》圖一:7;《印風》P156;《書法》P43;
《印集》P138;《彙考》P230;《大系》P326

【新見1996】

《漢志》上谷郡有夷輿縣。秦屬上谷郡,今北京市延慶縣東北部。

【考釋2001】

"輿"字做"𦫠",與《詛楚文》"棧輿",睡虎地秦簡《秦律雜抄》"乘輿",《日書》"輿鬼"諸"輿"字同;漢印有"北輿丞印""乘輿丞印","輿"作"𦫠"。又有"輿唱"印,"輿"作"𦫠"(《漢印》14·6),略有不同。《漢書·地理志》上谷郡有"夷輿"縣。王先謙《漢書補注》:"《續志》後漢省。《水注》:'谷水,浮圖溝水出夷輿縣故城西南,俱西南流入滄河。'《一統志》:故城今延慶州東北。"《漢志》未言何時置縣,《地名大辭典》則云:"漢置,後漢省。"此封泥的出土,證明《辭典》的說法無據。上谷郡《志》云"秦置",是其屬縣也應多置於秦。

【新地2001】

《漢志》上谷郡有夷輿縣。秦屬上谷郡,今北京市延慶縣東北部。

【簡讀2002】

秦縣,《漢志》屬上谷郡。

【彙考2007】

夷輿,縣名。《漢書·地理志》上谷郡有夷輿縣。王先謙《漢書補注》:"續《志》後漢省。《漯水注》:'……漯水出夷輿縣故城西南,俱西南流入滄河。'《一統志》:故城今延慶州東南。"

【政區2009】

《水經・漯水注》:"水出夷輿縣故城西南,王莽以爲朔調亭也。"《漢志》上谷郡夷輿縣,"莽曰朔調亭"。秦夷輿縣故址今在北京市延慶縣東北。

【分域2009】

夷輿,秦縣名,隸屬上谷郡。其地在今北京延慶。《漢書・地理志》載,上谷郡,秦置,有縣五十,夷輿爲其一。

【冀史2016】

《漢志》上谷郡有夷輿縣。秦夷輿縣屬上谷郡,今在北京市延慶縣東北。

【廣封2019】

案《漢書・地理志》:"上谷郡,秦置。莽曰朔調。屬幽州。"有縣"夷輿","莽曰朔調亭"。

夷□

無圖,隸定見《發掘》P541。

【簡讀2002】

文殘,不釋。

十三、廣　陽　郡

(一)廣　　陽

廣陽

《大系》P103

瑞按:廣陽,《漢書・地理志》屬廣陽國,"高帝燕國,昭帝元鳳元年爲廣陽郡,宣帝本始元年更爲國。莽曰廣有。"《史記・三王世家》注《正義》:《括地志》云:"廣陽故城今在幽州良鄉縣東北三十七里。"《水經注》卷13"過廣陽薊縣北"注:"周武王封堯後於薊,今城内西北隅有薊丘,因丘以名邑也。猶魯之曲阜,齊之營丘矣。武王封召公之故國也。秦始皇二十三年滅燕,以爲廣陽郡,漢高帝以封盧綰爲燕王,更名燕國。王莽改曰廣有,縣曰代戎。”

（二）武　　陽

武陽丞印

《大系》P283

【戰國2013】

　　傳世戰國的三晉古璽有“武陽司寇”印,爲縣一級官印。又戰國趙國三孔布幣有“武陽”布。武陽,戰國時先屬燕,後屬趙地。《史記·趙世家》:“孝成王十一年,武陽君鄭安平死,收其地。”又“孝成十九年,趙與燕易土,以龍兌、汾門、臨樂與燕,燕以葛、武陽、平舒與趙”。據此,公元前247年以後武陽屬趙。《水經注》:“易水東逕武陽南。”錢穆考證故址在今河北易縣東南,可從。從古璽和布幣銘文可知,趙置武陽縣。

　　又:山西省博物館藏“武陽左”戈,該戈銘文“武陽左”即“武陽左庫”之省文。原作者認爲此戈係燕、趙之間的“武陽”,其論非也。此戈銘文格式爲齊系兵器銘文款式,爲“某地名+左(右)庫”之省文,即此戈應爲齊系戈,武陽亦爲齊邑。齊地“武陽”未見文獻,然《漢志》凡三見“武陽”:東郡有東武陽;泰山郡有南武陽;東海郡有武陽侯國。東武陽,應劭曰:“武水之陽也”;南武陽,應劭曰:“武水所出,南入泗”。東海郡之武陽侯國,爲蕭何後人食邑,與此戈銘文無涉。從上述齊地前二“武陽”,可推之,齊之武陽,或與漢南武陽有關。

　　又:《史記·趙世家》趙孝成王十九年,“趙與燕易土,以龍兌、汾門、臨樂與燕;燕以葛、武陽、平舒與趙”。《水經·易水注》:“易水又東逕武陽城南。蓋易自寬中歷武關東出,是兼武水之稱,故燕下都擅武陽之名,武陽蓋燕昭王之所城也,東西二十里,南北十七里。”燕下都遺址在今河北易縣東南。現代考古調查表明,燕下都由東西兩城組成,東城是燕下都主體,略呈方形,東西約4.5公里,南北約4公里,其中東、北、西三面各發現一座城門;西城平面亦略呈方形,東西約3.5公里,南北約3.7公里。

　　又:《讀史·卷七十一》:“武陽城,(彭山)縣東十里。相傳蜀國故城也。秦惠王使張儀伐蜀,開明拒戰不勝,退走武陽,即此。秦因置武陽縣。漢因之。後漢建武十一年,岑彭破公孫述將侯丹於黃石,晨夜兼行二千餘里,徑拔武陽,是也。”秦設置武陽縣,其故址在今四川省彭山縣。

【秦地2014】

北京大學藏秦水陸里程簡册有"武陽"。其上距安陸一百二十四里,下距夏汭一百一十四里,其地當在此。

十四、漁 陽 郡

【戰國2013】

置郡情況同上谷郡,因在漁水之陽得名。轄區包括内蒙古赤峰以南,北京市通州、懷柔以東,天津以北地區。

(一) 泉　　州

泉州丞印

《安杖子》圖二九：10;《秦封》P310;《璽印》P414;《大系》P198

【秦式1998】

錄於《學報》。《漢志》漁陽郡有泉州縣。泉州縣秦約屬漁陽郡,今在天津市武清縣。

【簡讀2002】

《漢志》漁陽郡有泉州縣,"有鹽官,莽曰泉調"。《水經・沽河》:"又東南至泉州縣","沽河又東南徑泉州縣故城東,王莽之泉調也。"《水經・鮑丘水》"鮑丘水又東合泉州渠口,故瀆上承滹沱水於泉州縣,故以泉州爲名。"《水經・巨馬水》:"又東南至泉州縣西南。"泉州縣秦約屬漁陽郡,在今天津市武清縣。

【政區2009】

天津市寶坻縣秦古城遺址出土秦石質"泉州丞印"印範,銘文:"泉州丞印"(正面),"笵陽丞印"(反面)。泉州,地名;《漢志》漁陽郡屬縣泉州,"有鹽官,莽曰泉調"。《水經・鮑丘水注》:"鮑丘水又東合泉州渠口,故瀆上承滹沱水於泉州縣,故以泉州爲名。"今秦文物證之,秦漁陽郡轄縣有泉州縣,西漢因之。考古調查表明,秦漢泉州故城在今天津武清縣黄莊鄉城上村，其地在今天津市西北。

【戰國2013】

　　1973年河北易縣燕下都23號遺址出土一件燕兵器"燕王職"戈，其背面有銘文"泉州都□"。有關"泉"字考釋，吳振武在《燕國銘刻中的"泉"字》一文中有詳細考釋，可從。《漢志》漁陽郡屬縣泉州，"有鹽官，莽曰泉調"。其故址地望在今天津市武清縣西。

（二）白　　檀

白檀丞印

《於京》圖62；《璽印》P415；《大系》P28

【於京2005】

　　《漢書·地理志》："漁陽郡，秦置。……白檀，洫水出北蠻夷。"《漢書·李廣蘇建傳》："將軍其率師東轅，彌節白檀。""孟康曰：白檀，縣名也，屬右北平。"《水經注》卷一四："(濡水)東南流經漁陽白檀縣故城。《地理志》曰：濡水出縣北蠻中。漢景帝詔李廣曰：將軍其帥師東轅，弭節白檀者也。"白檀秦屬漁陽郡，其治地在今河北灤平縣北。

【政區2009】

　　《漢志》漁陽郡屬縣白檀，"洫水出北蠻夷"。《水經·濡水注》："(濡水)東南流逕漁陽白檀縣故城，《地理志》曰：濡水出縣北蠻中。漢景帝詔李廣曰：將軍其帥師東轅，弭節白檀者也。"《讀史·卷十一》北直昌平州密雲縣白檀廢縣，"在縣南，漢置，以縣有白檀山而名"；秦漢白檀縣治地在今河北灤平縣北。

【冀史2016】

　　《漢志》漁陽郡屬縣白檀，"洫水出北蠻夷"。《水經·濡水注》："(濡水)東南流經漁陽白檀縣故城。"秦漢白檀縣治地在今河北灤平縣北。

十五、右 北 平 郡

【戰國2013】

　　設置經過同遼東、遼西郡，因在北平之右而得名。其地爲東胡故地，亦爲秦、漢以來，由幽、薊北出匈奴等胡地的要道。轄境包括今河北省承德、天津薊縣以東，遼寧省大凌河上游以南，六股河以西地區。

（一）無　　終

無終□□

《安杖子》圖二九：11；《秦封》P307；《璽印》P402；《大系》P280

【秦式1998】

　　録於《學報》。《漢志》右北平郡有無終縣，"故無終子國。浭水西至雍奴入海"。《史記·項羽本紀》"臧荼之國，因逐韓廣之遼東，廣弗聽，荼擊殺廣無終，並王其地。"

【秦封2000】

　　《漢志》右北平郡有無終縣，"故無終子國。浭水西至雍奴入海。"《史記·項羽本紀》記："臧荼之國。因逐韓廣之遼東，廣弗聽，荼擊殺廣無終，並王其地。"《水經·鮑丘水》："始皇二十二年，滅燕，置右北平郡治此。《魏氏土地記》曰，右北平城西北百三十里，有無終城。"《讀史》："秦置無終縣，項羽封韓廣爲遼東王，都無終。"《一統》："無終故城今薊州治。"無終縣秦約屬右北平郡，今在天津市薊縣。

【戰國2013】

　　戰國趙三孔布有"亡冬"布，"亡冬"即無終，1986年6月在山西發現。《左傳》襄公四年，"無終子如晉請和"；昭公元年，"中行穆子敗無終及群狄於太原"。即古無終近晉，應在今山西境內。《史記·趙世家》："武靈王十九年，北略中山地，至房子，遂至代，北至無窮。""無窮"即無終。又《漢書·樊酈滕灌列傳》："以將軍從攻反者韓王於代……破得綦母印、尹潘軍於無終、廣昌。"朱華認爲無終、廣昌等多屬今之河北東部與山西北部。廣昌在漢時屬代郡，故城在今河北淶源縣北，三孔布的"無終"當在雲中境內，右北平郡無終縣。從此布幣看，與廣昌相鄰，而並非是《漢志》趙置無終縣，具體地望無考。

　　又：傳世燕國陶文有"無終市王匀。"（《陶匯》4.20）《漢志》右北平郡無終縣，"故無終子國，浭水西至雍奴入海"。《水經·鮑邱水注》："無終故城，無終子國也。《春秋·襄公四年》'無終子嘉父使孟樂如晉，因魏絳納虎豹之皮，請和諸戎'是也，故燕地矣。秦始皇二十二年，滅燕，置右北平，治此。《魏氏土地記》曰，右北平郡西北三十里，有無終城。"考古調查表明，無終縣今在天津市薊縣，無終故城爲馬蹄形，東西最寬1100米，南北最長1250米,時代從戰國至秦右北平郡治,漢無終縣城,隋漁陽郡治,唐置薊州,民國三年爲薊縣治。

無□丞□

1 　　　　　　2 　　　　　　3

1.《大系》P281
2.《印集》P167;《彙考》P256;《大系》P280
3.《大系》P281

　　瑞按: 封泥殘泐,所殘文字爲何,有待完整封泥。

(二) 昌　　城

昌城丞印

《安杖子》圖二九:7;《秦封》P310;《書集》P130;《璽印》P414

【秦封2000】
　　《漢志》右北平郡有昌城縣,"莽曰淑武"。昌城縣秦約屬右北平郡,今在河北省豐南縣。
【縣考2007】
　　始皇二十一年,秦破燕,燕王喜徙遼東,燕昌城(國)縣屬秦。秦封泥中有"昌城丞印"。《漢志》昌國屬齊郡。
【政區2009】
　　《史記·趙世家》:"孝成王十年,燕攻昌壯、高唐,取之。"《正義》:"壯字誤,當作城。

《括地志》云：‘昌城故城在冀州信都縣北五里。’此時屬趙，故攻之也。”《漢志》右北平郡昌城縣，“莽曰淑武”。《水經·濡水注》：“新河又東北絕，庚水又東北出，逕右北平，絕溝渠之水，又東北逕昌城縣故城北，王莽之淑武也。”秦昌城縣故址在今河北省豐南縣西北。

【戰國2013】

《史記·趙世家》：“孝成王十年，燕攻昌壯。”《正義》：“壯字誤，當作城。《括地志》云：‘昌城故城在冀州信都縣北五里’。此時屬趙，故攻之也。”古昌城故城在今河北豐南縣西北。

又：傳世齊兵器有“昌城右”戈（《小校》10.26戈）。齊昌城或即《漢志》山陽郡昌邑之前身。秦末漢初彭越就是昌邑人。《史記·彭越列傳》：“彭越，昌邑人。”錢穆認爲昌邑古城在今山東省金鄉縣西北40里。

【冀史2016】

《史記·趙世家》：“孝成王十年，燕攻昌壯。”《正義》：“壯字誤，當作城。《括地志》云：‘昌城故城在冀州信都縣北五里。’此時屬趙，故攻之也。”《漢志》右北平郡有昌城縣，“莽曰淑武”。秦昌城縣屬右北平郡，今在河北豐南縣西北。

（三）夕　　陽

夕陽丞印

《安杖子》圖二九：8；《秦封》P309；《書集》P130；《璽印》P414；《大系》P283

【秦封2000】

《漢志》右北平郡有夕陽縣，“有鐵官，莽曰夕陰”。夕陽縣秦約屬右北平郡，今約在河北省遵化市。《睡虎》“夕陽吕嬰”。漢印見：《徵存》“夕陽候長”。

【政區2009】

雲夢11號秦墓出土的木牘有“驚多問夕陽吕嬰……”銘文。秦右北平郡在公元前226年滅燕後重置郡，而雲夢秦墓出土木牘所記戰爭爲《史記》所記載“二十三年（公元前224年），秦王復召王翦，强起之，使將擊荊。取陳以南至平輿，虜荊王”的秦滅楚戰爭。二者正好相合。《漢志》右北平郡夕陽縣，“有鐵官，莽曰夕陰”。秦夕陽縣故址在今約河北省遵化市。

【冀史2016】

　　湖北雲夢4號秦墓出土的木牘家信有"驚多問夕陽呂嬰"。秦右北平郡在公元前226年滅燕後重置郡，而雲夢秦墓出土木牘所記戰爭爲《史記》所記載"二十三年（前224年），秦王復召王翦，強起之，使將擊荆。取陳以南至平輿，虜荆王"的秦滅楚戰争。二者正好相合。《漢志》右北平郡有夕陽縣，"有鐵官，莽曰夕陰"。秦夕陽縣屬右北平郡，今約在河北遵化市。

（四）資

資丞之印

《安杖子》圖二九：5；《秦封》P308；《書集》P130；《璽印》P409；《大系》P51

【秦封2000】

　　録於《學報》。《漢志》右北平郡有資縣。資縣秦約屬右北平郡，具體地望待考。

【政區2009】

　　《漢志》右北平郡資縣，"都尉治，莽曰哀睦"。秦資縣在《圖集》中屬無考縣，但考古調查表明，今遼寧省建平縣三家鄉西胡素臺村的西胡素臺古城遺址是秦漢都尉治資縣所在地。

（五）廣　　成

廣成之丞

《安杖子》圖二九：3；《秦封》P309；《書集》P130；《璽印》P407；《大系》P102

【秦封2000】

《漢志》右北平郡有廣成城縣，"莽曰平虜"。《水經·遼水》："遼水右會白狼水，水出右北平白狼縣東南，北流西北屈，逕廣成縣故城南，王莽之平虜也，俗謂之廣都城。"廣城縣秦約屬右北平郡，今在遼寧省建昌縣。

【政區2009】

《漢志》右北平郡廣成縣，"莽曰平虜"。《水經·遼水注》："遼水右會白狼水，水出右北平郡白狼縣東南，北流西北屈，逕廣成縣故城南，王莽之平虜也，俗謂之廣都城。"秦廣成縣故址在今遼寧省建昌縣。

（六）白　　狼

白狼之丞

1　　　　　　　　　2

1.《黑城》P160圖六：2；《秦封》P307；《書集》P131；《彙考》P267；《璽印》P410—411
2.《安杖子》圖二九：9；《秦封》P307；《書集》P131；《璽印》P410；《大系》P26

【兩漢1993】

西漢早期，封泥。印文二行四字。有界欄。一九七六年春內蒙古昭烏達盟寧城縣黑城古城址出土。白狼，西漢縣名。《漢書·地理志》："右北平郡，……縣十六：……白狼，莽曰伏狄。"師古注："有白狼山，故以名縣。"東漢省，爲鮮卑地。故治在今遼寧建昌縣西北。

【秦式1998】

錄於《考古》《學報》。《漢志》右北平郡有白狼縣，師古曰："有白狼山，故以名縣。"白狼縣秦約屬右北平郡，今在遼寧省建昌縣西北。

【秦封2000】

《漢志》右北平郡有白狼縣，"莽曰伏狄"。師古曰："有白狼山，故以名縣"。《水經·大遼水》："（大遼水）又東南過房縣西。《地理志》曰：房，故遼東屬縣。遼水又右會白狼水，水出右北平白狼縣東南，廣成縣北流東注白狼水，白狼水北經白狼縣城東，王莽更名伏狄……"。《讀史》："大寧衛白狼城，在營州西南，漢縣，屬右北平郡，後漢省……高齊時復廢廣都入龍城縣。"白狼縣秦約屬右北平郡，今在遼寧省建昌縣西北。

【彙考2007】

　　白狼,縣名。《漢書·地理志》右北平郡有白狼縣。顏師古注曰:"有白狼山,故以名縣。"在今遼寧喀喇沁左翼西南。

【政區2009】

　　此縣名因境内有白狼山而得名。《漢志》右北平郡白狼縣,"莽曰伏狄"。師古曰:"有白狼山,故以縣名。"《水經·大遼水注》:"(大遼水)又東南過房縣西,《地理志》:房,故遼東之屬縣。遼水又右會白狼水,水出右北平白狼縣東南……白狼水北逕白狼縣城東,王莽更名伏狄。"《讀史·卷十八》:"大寧衛白狼城,在營州西南,漢縣,屬右北平郡,後漢省。"考古調查表明,今遼寧喀左縣黃道營子古城爲秦漢白狼縣故址,長方形,東西211米,南北189米,時代從秦漢一直延續至北魏。

【分域2009】

　　白狼,縣名。《漢書·地理志》載,右北平郡有白狼縣。顏師古注曰:"有白狼山,故以名縣。"其地在今遼寧喀喇沁左翼西南。

（七）徐　　無

徐無丞印

《印風》P155;《考釋》圖一:9;《書法》P43;《新地》圖27;
《印集》P139;《彙考》P231;《璽印》P406;《大系》P311

【新見1996】

　　《漢志》右北平郡有徐無縣。秦屬右北平郡,今河北省遵化縣東部。

【考釋2001】

　　《漢書·地理志》右北平郡有"徐無"縣,故城在今河北遵化縣西,右北平本秦郡,《水經·鮑邱水注》:"秦始皇二十二年滅燕置。"徐無本燕邑。高明《古陶文彙編》4·18 "余𫳭(都)鍴(瑞)",董珊説"余𫳭"即徐無。秦滅燕後置徐無縣。《地名大辭典》以爲漢置,顯然不對。

【新地2001】

　　《漢志》右北平郡有徐無縣。秦屬右北平郡,今河北省遵化縣東部。

【簡讀2002】

　　秦縣,《漢志》屬右北平郡。

【彙考2007】

　　同《考釋2001》。

【政區2009】

　　秦徐無縣實爲燕國徐無都之沿襲。戰國燕系陶文有“余無都瑞”，“余”即“徐”，余無即徐無，爲燕國徐無都。《漢志》右北平郡徐無縣，“莽曰北順亭”。秦徐無縣故址在今河北省遵化縣東部。

【分域2009】

　　徐無，秦縣名。其地在今河北遵化。秦時屬右北平郡。

【戰國2013】

　　傳世燕國陶文有“余無都瑞”（《陶匯》4.18）。余無，釋讀徐無。《水經·鮑丘水注》：“其水又逕徐無縣故城東，王莽之北順亭。《魏氏土地記》曰：在北平城東北一百一十里，有徐無城。其水又西南與周盧溪水合，水出徐無山，東南流注庚水。”《漢志》右北平郡徐無縣，“莽曰北順亭。”故址在今河北遵化市附近。

【冀史2016】

　　《漢志》右北平郡有徐無縣。秦徐無縣屬右北平郡，今在河北遵化縣東部。

【廣封2019】

　　同《考釋2001》。

（八）字

字丞之印

《於京》圖63；《大系》P390

【官印1990】

　　在考訂“字丞之印”印時指出，字，縣名。《漢書·地理志》右北平郡下有字縣。丞，指縣丞。《漢書·百官公卿表》：“縣令長皆秦官，掌治其縣……皆有丞、尉，秩四百石至二百石，是爲長吏”。該印爲蛇鈕，亦係漢初之物。

【於京2005】

　　《漢書·地理志》：“右北平郡，秦置。……字，榆水出東。”其治地在今河北平泉縣東北。

【政區2009】

上海博物館藏秦官印“字丞之印”。(《徵存》55)。學界都認爲是西漢早期印，但其蛇鈕印和十字界欄，也爲秦印特徵。《漢志》右北平郡字縣，“榆水出東”，東漢廢。秦字縣故治在今河北省平泉縣東北。

【冀史2016】

秦末漢初官印有“字丞之印”，學界都認爲西漢早期印，但其蛇鈕印和十字界欄，也爲秦印特徵，上海博物館藏。《漢志》右北平郡有字縣，“榆水出東”，東漢廢。秦字縣屬右北平郡，故治在今河北平泉縣東北。

（九）廷　　陵

廷陵丞印

《安枕子》圖二九：4；《秦封》P308；《書集》P130；《璽印》P404；《大系》P269

【秦封2000】

錄於《學報》。《漢志》右北平有廷陵縣。廷陵縣秦約屬右北平郡，具體地望待考。《秦陶》“廷陵工洙”。

十六、遼　東　郡

潦東守印

《古封》P89；《秦封》P258；《彙考》P261；《大系》P156

【官印1990】

在考訂"潦東守印"印時指出,印文"潦"字通遼。《漢書·地理志》:"遼東郡,秦置,屬幽州"。《補注》引全祖望曰:"楚漢之際屬燕國,尋分屬遼東國,六月復故。高帝六年屬漢仍屬燕國,景帝後以邊郡收"。景帝以前燕國的沿革,據《史記·漢興以來諸侯王表》載,高帝五年封盧綰爲燕王,十一年,綰反,亡入匈奴。十二年,封皇子劉建爲燕王。高后七年,燕王建薨,國除。高后八年,立呂通爲燕王,不及一年,誅,國除。文帝七年,徙琅邪王劉澤爲燕王。此封泥印文官名署"守"字,亦可推知當係景帝中二年以前燕國所領支郡遼東郡守之官印封泥。

【兩漢1993】

西漢早期,封泥。印文二行四字。有界欄。上海博物館藏。遼東,漢郡名。《漢書·地理志》:"遼東郡,秦置。屬幽州。户五萬五千九百七十二,口二十七萬二千五百三十九。縣十八。"東漢沿置,《後漢書·郡國志》:"遼東郡秦置。洛陽東北三千六百里。十一城,户六萬四千一百五十八,口八萬一千七百一十四。"郡治襄平,今遼寧遼陽市境。

【秦式1998】

録於《續封》《建德》。《漢志》:"遼東郡,秦置。"《史記·匈奴列傳》:"燕置遼東郡。"《史記·蒙恬列傳》:"築長城……起臨洮、至遼東"。《正義》:"遼東郡在遼水東,始皇長城東至遼水,西南至海上。"《水經》:"始皇二十二年置,治襄平。"《史記·秦始皇本紀》《燕世家》記秦拔遼東,虜燕王喜是在政二十五,按此二十二年爲二十五年之誤。遼東郡相當於遼寧省中部、東南部及朝鮮新義州等部分地區,郡治襄平在今遼陽市。漢封泥見《齊魯》"遼東太守章",漢印見《兩漢》"遼東均長"。

【秦封2000】

《漢志》:"遼東郡,秦置。屬幽州。"《史記·匈奴列傳》:"燕置遼東郡。"《史記·蒙恬列傳》:"築長城……起臨洮,至遼東。"正義:"遼東郡在遼水東,始皇長城東至遼水,西南至海上。"《水經·遼水》:"始皇二十二年置,治襄平。"《史記·燕召公世家》:"秦拔遼東,虜燕王喜,卒滅燕。"是在政二十五年,按此二十二年爲二十五年之誤。《史會》始皇二十六年條下云:"今盛京奉天東南境及錦州東北境,皆秦遼東郡地。"《讀史》遼東郡:"秦置,初屬燕,後復爲郡,領襄平等縣十八,襄平故城在今遼東都司城北。"遼東郡相當於今遼寧省中部與東南部,及朝鮮新義州等部分地區,郡治襄平,在今遼陽市。漢封泥見:《齊魯》"遼東太守章"。《兩漢》"遼東均長"。

【上封2002】

秦王政二十五年取遼東、代地。此前三年,以燕地置右北平、漁陽、遼西三郡。封泥"潦"字從"水",而與漢"遼東太守章"不同,知"遼"爲後出。"太守""守"在秦封泥印文中頗不統一,是否與前後改制有關,亦待研究。

【彙考2007】

遼東,郡名。《漢書·地理志》有遼東郡。班固自注:"秦置,屬幽州。"《漢書·百官公卿表》:"郡守,秦官,掌治其郡,秩二千石。"

【政區2009】

爲秦潦東太守之用印。"潦""遼"爲二字異寫,互通。《漢志》遼東郡,"秦置,屬幽州"。此地原爲燕舊郡,公元前222年秦滅燕後,重建爲郡。《史記·秦始皇本紀》:"(政)二十五年,大興兵,使王賁將,攻燕遼東,得燕王喜。還攻代,虜代王嘉。"此事在《史記·燕召公世家》和《史記·白起王翦列傳》中都有記載。《水經·大遼水注》:"遼水亦言出砥石山,自塞外東流,直遼東之望平縣西,王莽之長説也。屈而西南流,逕襄平縣故城西。秦始皇二十二年滅燕,置遼東郡,治此。""二十二"年當作"二十五"年,誤也。郡治襄平,今在遼寧省遼陽市。

【集證2011】

此印王人聰《論西漢田字格官印及其年代下限》以爲"係(漢)景帝中二年以前燕國所領支郡遼東郡守之官印封泥。"但印文活潑自然,應爲秦印。《漢書·地理志》:"遼東郡,秦置,屬幽州。"王先謙《漢書補注》:"《大遼水注》:(襄平)始皇二十二年滅燕置遼東郡,治此。'……全祖望云:'楚漢之際屬燕國,尋分屬遼東國,六月復故。高帝六年屬漢,仍屬燕國。景帝后以邊郡收。'"馬非百《秦集史·郡縣志》以爲據《史記·秦始皇本紀》及《燕世家》,秦拔遼東,擄燕王喜,在二十五年,酈氏説誤。今按《漢書·百官公卿表》云:"郡守,秦官,……景帝中二年更名太守。"故王人聰以爲稱守乃景帝中二年前事,此後稱太守。趙超則指出,秦郡守或稱"守",如睡虎地秦簡《語書》之"南郡守騰";或稱"太守",如秦簡《封診式·遷子》:"成都上恒書太守處,以律食",而漢初至景帝中二年以前但稱"守"。既然秦及漢初皆可稱"守",秦有遼東郡,印文又有秦文字風格,則以秦印的可能性爲大。

【戰國2013】

置郡情況同上谷郡,郡因遼水以東而得名。《管子·輕重甲篇》云:"燕有遼東之煮。"戰國後期,遼東是燕國反抗秦的重要基地。《史記·燕世家》:"王喜二十九年,燕王徙居遼東。"《戰國策·燕策》所謂"燕王喜,太子丹等皆率其精兵東保於遼東"。轄區包括遼寧大凌河以東地區,其東界"至滿番汗爲界"。滿番汗即《漢志》中遼東郡之番汗縣,其地在今鴨綠江以東的朝鮮境內的大寧江流域。可見燕所置遼東郡,就是後來秦、漢遼東郡和樂浪諸郡建置的基礎。

【廣封2019】

案《續封泥考略》,《漢書·地理志》,遼東郡,秦置,屬幽州。縣十八。"郡守"詳前。

（一）險　　瀆

險瀆丞印

無圖,考釋見《五十例》P321。

【五十例2005】

《漢志》,遼東郡有險瀆。應劭曰:"朝鮮王滿都也。依水險,故曰險瀆。"臣瓚曰:

"王儉城在樂浪郡, 浿水之東, 此自是險瀆也。"師古曰:"瓚説是也。"險瀆即險瀆, 秦屬遼東郡, 其地在今遼寧安臺縣東南。

【政區2009】

《漢志》遼東郡屬縣險瀆, 應劭曰:"朝鮮王滿都也。依水險, 故曰險瀆。"臣瓚曰: "王儉城在樂浪郡浿水之東, 此自是險瀆也。"師古曰:"瓚説是也。"險瀆即險瀆, 秦屬遼東郡, 其故址地望在今遼寧省臺安縣東南。

（二）臨　薉

臨薉丞印

《大連》P157

瑞按: 封泥出土自大連普蘭店市花兒山張店漢城, 讀"臨薉丞印"。臨薉, 不見於《漢書·地理志》。封泥右上"臨"字與"臨淄丞印""臨漢丞印""臨汝丞印"等中"臨"字均同。右下字上"艸"下"歲", 文獻中偶見。如《漢書·地理志》"是時漢東拔濊貉、朝鮮以爲郡", 師古曰:"濊與穢同, 亦或作薉。"《漢書·武帝紀》:"東夷薉君南閭等口二十八萬人降, 爲蒼海郡。"服虔曰:"穢貊在辰韓之北, 高句麗沃沮之南, 東窮於大海。"晉灼曰:"薉, 古穢字。"師古曰:"南閭者, 薉君之名。"《漢書·嚴安傳》"今徇南夷, 朝夜郎, 降羌僰, 略薉州, 建城邑, 深入匈奴, 燔其龍城, 議者美之。"張晏曰:"薉, 貉也。"師古曰:"薉與穢同。"故讀"臨薉"甚確。劉俊勇從封泥十字界格和字體風格分析, 判斷其屬戰國至秦[《論大連(旅順)在中國東北史中的地位》,《大連大學學報》2004年第1期]。王天姿、王禹浪認爲"臨薉丞印"封泥的文字風格更接近於樂浪郡官印封泥, 應是西漢封泥, 但不排除會早至戰國末年至秦代的可能。臨薉可能與蒼海郡同置於張店漢城, 爲蒼海郡之首縣。"臨薉丞"即臨薉縣縣丞, 是輔佐臨薉縣令的重要官員, 年代約在戰國晚期至漢代。(《西漢"南閭薉君"、蒼海郡與臨薉縣考》《黑龍江民族叢刊》2016年第1期)。

十七、遼 西 郡

（一）柳　　城

柳城丞印

《問陶》P173

　　瑞按：封泥殘，原讀"柳成丞印"。《漢書·地理志》遼西郡有屬縣名柳城。《後漢書·獨行列傳》"以到官明年，遣使迎母及妻子，垂當到郡，道經柳城，值鮮卑萬餘人入塞寇鈔，苞母及妻了遂爲所劫質，載以擊郡。"注："柳城，縣，屬遼西郡，故城在今營州南。"《太平御覽》卷193引《郡國志》："藍田有青泥城，亦曰柳城。"

第三章　山東南部

一、叁川郡

叁□大□

《大系》P203

【秦地2017】

里耶簡14-638有"叁川都水"。叁川郡亦見嶽麓秦簡。秦封泥有"叁川邸印""叁川尉印"。《漢志》河南郡班固自注"故秦叁川郡"。"叁川"即"三川"。

瑞按：封泥殘，存"叁大"二字，似爲"叁川大守"所殘。"叁川"即"三川"，秦郡，《漢書·地理志》："河南郡，故秦三川郡，高帝更名。雒陽户五萬二千八百三十九。莽曰保忠信鄉，屬司隸也。户二十七萬六千四百四十四，口一百七十四萬二百七十九。有鐵官、工官。敖倉在滎陽。縣二十二。"《史記·蒙恬列傳》："秦莊襄王元年，蒙驁爲秦將，伐韓，取成皋、滎陽，作置三川郡。"《史記·李斯列傳》："惠王用張儀之計，拔三川之地。"《史記·秦始皇本紀》："當是之時，秦地已併巴、蜀、漢中，越宛有郢，置南郡矣；北收上郡以東，有河東、太原、上黨郡；東至滎陽，滅二周，置三川郡。"《史記·燕召公史記》："六年，秦滅東(西)周，置三川郡。"《漢書·高帝紀》："定陶未下，沛公與項羽西略地至雍丘，與秦軍戰，大敗之，斬三川守李由。"《漢官六種·漢官儀》"秦兼天下，置三川守，河、雒、伊也。漢更名河南。孝武皇帝增曰太守。世祖中興，徙都雒陽，改號爲尹。"里耶秦簡有"叁川都水"。大守，太守。《漢書·百官公卿表》有郡守，謂"郡守，秦官，掌治其郡，秩二千石。有丞，邊郡又有長史，掌兵馬，秩皆六百石。景帝中二年更名太守"。睡虎地秦墓竹簡《封診式》有"上恒書太守處"等語，以封泥、簡牘言，秦當已有太守。

叁川尉印

《古封》P121;《中封》P69;《秦封》P251;《上封》P42;《彙考》P260;《大系》P203

【秦式1998】

録於《封泥》,當時即考爲秦物。《漢志》:"河南郡,故秦三川郡,高帝更名。"《史記·秦本紀》(秦莊襄王元年)"蒙驁伐韓,韓獻成皋、鞏,秦界至大梁,初置三川郡。"《史記·燕昭公世家》:"六年,秦滅東西周,置三川郡。"《陳涉世家》:"李由爲三川守。"《索隱》:"三川,今洛陽也地有伊、洛、河,故曰三川,漢曰河南郡。"《漢表》:"郡尉,秦官。掌佐守典武職甲卒,秩比二千石。"秦叁川郡治所約在今河南省洛陽市。漢印見《徵存》"叁川尉印"。

【秦封2000】

《漢志》:"河南郡,故秦三川郡,高帝更名,洛陽户五萬二千八百三十九。莽曰保忠信卿,屬司隸也。"《史記·秦本紀》秦莊襄王元年"蒙驁伐韓,韓獻成皋、鞏,秦界至大梁,初置三川郡。"《史記·燕昭公世家》:"六年,秦滅東、西周,置三川郡。"《史記·陳涉世家》:"李由爲叁川守。"《索引》"三川,今洛陽也,地有伊洛河,故曰三川,漢曰河南郡。"尉爲一郡之軍事官長,《漢表》:"郡尉,秦官。掌佐守典武職甲卒,秩比二千石。"秦叁川郡治所約在今河南省洛陽市。漢印見:《徵存》"三川尉印"。

【彙考2007】

叁川,郡名。因境内有伊河、洛河、黄河叁川,故以得名。《史記·秦本紀》:"秦界至大梁,初置三川郡。"郡尉,武官。《漢書·百官公卿表》有郡尉官職。

【分域2009】

三川,郡名,因境内有伊河、洛河、黄河而得名。《史記·秦本紀》云:"秦界至大梁,初置三川郡。"郡尉爲武官。

【政區2009】

傳世秦封泥有"三川尉印",尉爲一郡之軍事官長。"叁"即"三",二者應屬異寫,依秦封泥應作"叁川"。《漢書·百官公卿表》:"郡尉,秦官。掌佐守典武職甲卒,秩比二千石。"又西安相家巷出土秦封泥有"叁川邸丞",爲秦叁川郡在首都設置的郡邸。"叁川"原爲地區名,指河、洛、伊叁川彙集之處,爲韓國地。《史記·秦本紀》:"武王謂甘茂曰:'寡人欲容車通三川,窺周室,死不恨矣。'"公元前249年秦攻韓,韓獻成皋、鞏地,界至大梁,重建三川郡。《史記·秦本紀》:"莊襄王元年,初置三川郡。"《水經·陰溝水注》:"《史記》莊襄王元年,蒙驁擊取成皋、滎陽,初置叁川郡。韋昭曰:有河、洛、伊,故曰叁川。"秦李斯長子李由曾爲三川郡守,後爲項羽所殺。《史記·李斯列傳》:"斯長男由爲三川守,諸男皆尚秦公主,女悉嫁秦諸公子。三川守李由告歸咸陽,李斯置酒於家。""李斯子由爲三川守,群盜吳廣等西略地,過去弗能禁。"《史記·陳涉世家》:"李由爲三川守,守滎陽,吳叔弗能下。"《史記·秦楚之際月表》秦二世元年八月,"沛公與項羽西略地,斬叁川守李由於雍丘"。《漢志》河南郡本注:"故秦三川郡,高帝更名。雒陽户五萬二千八百三十九。莽曰保忠信鄉,屬司隸也。"秦三川郡初治洛陽,後徙滎陽。《太平寰宇記·卷三》引《帝王世紀》云:"赧王盡獻其邑三十六於秦,秦昭襄王納其獻,立爲叁川郡,初理洛陽,後徙滎陽。"又《輿地志》:"秦三川守治洛陽,漢亦爲河南郡治,後漢都此,改洛爲雒。"其地在今河南洛陽市東的漢魏洛陽故城。

【集證2011】

此封泥原著録於《封泥考略》卷四,考釋云:"《地理志》河南郡注'秦三川郡,高帝更名'……此曰'叁川',即叁川郡尉之印。印篆'叁'字與《石鼓》同,字又近斯,當是秦印。"其説是。《漢書·高帝紀》云:"(漢)二年冬十月……河南王申陽降,置河南郡。"此前應稱叁川郡。《漢書補注》王先謙曰:"秦莊襄王《紀》《始皇紀》並書'置三川郡',蓋規模至始皇乃定。韋昭注:'有河、洛、伊,故曰三川。'"《史記·李斯列傳》提到"(斯)長男李由爲三川守。楚盜陳勝等皆丞相傍縣之子,以故楚盜公行,過叁川城,守不肯擊……"叁川郡初治滎陽,後徙治洛陽。《集成》708爲漢"河南尉印",無界格,與此印風格不同。

【戰國2013】

韓宣王時設郡,因境内有黄河、洛水、伊水叁川而得名。《戰國策·秦策一》張儀云:"親魏善楚,下兵三川,塞轘轅、緱氏之口,當屯留之道,魏絶南陽,楚臨南鄭,秦攻新城、宜陽,以臨二周之郊,誅周主之罪,侵楚、魏之地";又秦武王欲"車通叁川以窺周室"。韓叁川郡是中原腹心之地,西接秦、南接楚,韓國在此設郡即防秦也御楚,張登曾圖謀向韓王推薦費緤爲叁川守。《戰國策·韓策三》張登請費緤曰:"請令公子年謂韓王曰:'費緤,西周仇之,東周寶之,此其家萬金,王何不召之以爲三川之守?'"又《史記·楚世家》載昭睢謂楚懷王曰:"秦攻三川,趙攻上黨,楚攻河外,韓必亡。"其轄境大致包括今黄河以南,河南省靈寶以東,中牟以西及北汝河上游地區。

【廣封2019】

案《封泥考略》:《漢書·地理志》"河南郡"注:"故秦三川郡,高帝更名。雒陽……"《漢書·百官公卿表》:"郡尉,秦官,掌佐守典武職甲卒。"此曰"叁川",即三川郡尉之印。印篆"叁"字與石鼓同字,又近斯,當是秦印。《史記·李斯列傳》:"拔三川之地","斯長男由爲三川守",亦一證也。

瑞按：江連山先生認爲“叁川尉印”的時代並非嬴秦，而應是項羽所封河南王申陽之屬官，是申陽將秦“三川郡”改名“叁川郡”。（《“叁川尉印”及封泥歸屬猜想》，《咸陽師範學院學報》2010年第5期P11）

叁川□丞

《大系》P203

瑞按：封泥殘，從殘存筆畫看，“叁川□丞”當可成立。叁川，説見“三□大□”。

叁川邸印

無圖，考釋見《五十例》P315。

【五十例2005】

叁川本爲地區名。《史記·秦本紀》：“武王謂甘茂曰：‘寡人欲容車通叁川，窺周室，死不恨矣。’”後立爲郡。《集解》引韋昭曰：“有河、洛、伊，故曰叁川。”《陳涉世家》：“李由爲叁川守，守滎陽。”《李斯列傳》：“斯長男由爲叁川守。”“叁川守李由告歸咸陽，李斯置酒於家。”“李斯子由爲叁川守，群盜吳廣等西略地，過去弗能禁。”《秦楚之際月表》，秦二世元年八月，“沛公與項羽西略地，斬叁川守李由於雍丘。”《漢志》河南郡本注：“故秦叁川郡，高帝更名。雒陽户五萬二千八百三十九。莽曰保忠信卿，屬司隸也。”叁川郡治雒陽，其地在今河南洛陽市東漢魏洛陽故城。邸，《説文·邑部》：“屬國舍也。”《漢書·文帝紀》師古曰：“郡國朝宿之舍，在京師者率名邸。”《漢書·百官公卿表》，典客屬官有郡邸長丞。師古曰：“主諸郡之邸在京師者也。”《史記·孝文本紀》：“太尉乃跪上天子符璽，代王謝曰：‘至代邸而議之。’”《秦封2000》有秦封泥“叁川尉印。”

【職地2014】

説見“郡邸長印”。

（一）雒　　陽

雒陽丞印

1　　　　　　　　　2

1.《洛陽》圖5;《西工段》P44;《璽印》P414;《大系》P164
2.《於京》圖31;《璽印》P414;《大系》P164

【釋續2001】

　　《漢書・地理志》河南郡有雒陽縣。班固自注:"周公遷殷遺民,是爲成周。《春秋》昭公二十一年,晋合諸侯於狄泉,以其地大成周之城,居敬王。"《史記・項羽本紀》:"立申陽爲河南王,都雒陽。"《正義》引《輿地志》云:"成周之地,秦莊襄王以爲洛陽縣,三川守理之。後漢都洛陽,改爲雒。漢以火德忌水,故去洛旁水而加佳。佳於行次爲土,土,水之忌也。"由此封泥看,洛水之洛則秦時作雒,非後漢光武帝時所改也。其實,上雒、雒陽皆因雒水而得名,上雒地近雒水上源,雒陽則居雒水下游北岸。雒水與渭河支流北洛水本有別;後世雒改作洛,與北洛水易混。《逸周書》有《作雒》篇,明先秦字作雒,該篇正文作"洛",可能是後人整理時所改。這一點,清代學者早有定論。段玉裁《說文解字注》"洛"字條下云:"按雍州洛水,豫州雒水,其字分別,自古不紊。《周禮・職方》'豫州:其川熒、雒','雍州:其寖渭、洛'(《正義》本不誤),《逸周書・職方解》《地理志》引《職方》正同。雒不見於《詩》、'瞻彼洛矣',傳曰:'洛,宗周浸。'洛不見於《左傳》《傳》,凡雒字皆作雒,是也。如《僖七年》'伊雒之戎'……已上皆經數千年尚未誤者。而許書水部下不舉豫州水,尤爲二字分別之證。後人書豫水作洛,其誤起於魏。裴松之引《魏略》曰:'黃初元年,詔以漢火行也,火忌水,故洛去水而加佳;魏於行次爲土,土,水之牡也,水得土而乃流,土得水而柔,故除佳加水,變雒爲洛。此丕改雒爲洛,而又妄言漢變洛爲雒,以揜已紛更之咎,且自詭於復古。自魏自今,皆受其欺。……自魏人書雒爲洛,而人輒改魏以前書籍,故或致數行之內,雒、洛錯出……"王筠《說文句讀補正》亦有類似說法。秦封泥之出土,益證段、王二氏之說爲千古卓識。

【簡讀2002】

　　秦縣,《漢志》屬河南郡,"周公遷殷遺民,是爲成周。"《史記・項羽本紀》:"故立申陽爲河南王,都雒陽。"《正義》:"《輿地志》云:成周之地,秦莊襄王以爲洛陽縣,三川守理之。後漢都洛陽,改爲雒。漢以火德,忌水,故去洛旁'水'而加'佳'。"由封泥知,秦已用“雒”。《張家·二年·秩律》：“雒陽……秩各千石，丞四百石。”

【於京2005】

《史記·蘇秦列傳》：“蘇秦者，東周雒陽人也。”《正義》：“敬王以子朝之亂從王城東遷雒陽故城，乃號東周，以王城爲西周。”《項羽本紀》：“立申陽爲河南王，都雒陽。”《正義》引《括地志》云：“洛陽故城在洛州洛陽縣東北二十六里，周公所築，即成周城也。《輿地志》云成周之地，秦莊襄王以爲洛陽縣，三川守理之。”《水經注》卷一五：“（洛水）又東過洛陽縣南。”“洛陽，周公所營洛邑也。故《洛誥》曰：我卜水瀍東，亦惟洛食。其城方七百二十丈，南繫於洛水，北因於郟山，以爲天下之湊。方六百里，因西八百里，爲千里。《春秋》昭公三十二年，晋合諸侯大夫成成周之城，故亦曰成周也。司馬遷《自序》云：太史公留滯周南。摯仲治曰：古之周南，今之洛陽。漢高祖始欲都之，感婁敬之言，不日而駕行矣。”

【縣考2007】

洛陽本爲周成王時周公營建洛邑的成周城，周敬王遷都於此，並加以擴建。戰國時稱洛陽。由上面所引《周本紀》及《史記集解》引徐廣所説可知，洛陽至遲當在秦昭襄王五十二年屬秦。又，《項羽本紀》曰：“（羽）故立申陽爲河南王，都雒陽。”《史記正義》引《括地志》云：“洛陽故城在洛州洛陽縣東北二十六里，周公所築，即成周城也。《輿地志》云成周之地，秦莊襄王以爲洛陽縣，三川守理之。”如此，若《輿地志》所云無誤，則秦置洛陽縣當屬秦之後。出土秦封泥中有“雒陽丞印”，可知秦置洛陽縣時，洛陽之“洛”已作“雒”。洛陽《漢志》屬河南郡。

【彙考2007】

同《釋續2001》。

【政區2009】

戰國時爲西周七縣之一。《史記·周本紀》：“後七歲，秦莊襄王滅東周，東西周皆入於秦，周既不祀。《集解》引徐廣曰：周比亡之時，凡七縣：河南、雒陽、穀城、平陰、偃師、鞏、緱氏。”《史記·蘇秦列傳》：“蘇秦者，東周雒陽人也。”《正義》：“敬王以子朝之亂從王城東遷雒陽故城，乃號東周，以王城爲西周。”秦末，項羽封申陽爲河南王，都雒陽。《史記·項羽本紀》：“立申陽爲河南王，都雒陽。”《正義》引《括地志》云：“洛陽故城在洛州洛陽縣東北二十六里，周公所築，即成周城也。《輿地志》云城周之地，秦莊襄王以爲洛陽縣，三川守理之。”《水經·洛水注》：“（洛水）又東過洛陽縣南”，“洛陽，周公所營洛邑也。故《洛誥》曰：我卜瀍水東，亦惟洛食。其城方七百二十丈，南繫於洛水，北因於郟山，以爲天下之湊。方六百里，因西八百里，爲千里。《春秋》昭公三十二年，晋合諸侯大夫成成周之城，故亦曰成周也。司馬遷《自序》云：太史公留滯周南。摯仲治曰：古之周南，今之洛陽。漢高祖始欲都之，感婁敬之言，不日而駕行矣。”《元和·卷五》河南道河南府：“洛陽縣，本秦舊縣，歷代相因。”“故洛陽城，在縣東二十里。”《讀史·卷四十八》河南府，“洛陽縣，附郭。周下都也，在洛水北，故曰洛陽，秦爲三川郡置”。“河南故城，在府城西北，周之王城，亦曰郟邑。《春秋》桓七年，‘王遷盟、向之民於郟’，襄二十四年‘齊人城郟’是也。自平王以後十二王皆都此，敬王始遷洛陽，至赧王復居王城。秦置三川郡。”《漢志》河南郡領縣有“洛陽，周公遷殷民，是爲成周”。秦雒陽屬叁川郡，爲郡治所在，其縣治及領地在今河南省洛陽市附近，即今漢魏洛陽故城的前身。

【分域2009】

雒陽，縣名，其地在今河南洛陽。《漢書·地理志》載，河南郡有雒陽縣。

【秦地2017】

里耶簡8-322有“居雒陽城中”。亦見《秩律》，秦封泥有“雒陽丞印”。《漢志》屬河南郡，秦當屬叁川郡。又：北京大學藏秦水陸里程簡册有“雒陽”。今洛陽市北，洛河北岸。

【戰國2013】

三晋圜錢有“西周”（《貨系》4080）。《史記·周本紀》：“王赧時，東、西分治。王赧徙都西周。”“西周”即爲“雒陽”，戰國時爲西周七縣之一。同《政區2009》。

【廣封2019】

案《漢書·地理志》：河南郡，有縣“雒陽”，“周公遷殷民，是爲成周。春秋昭公二十一年，晋合諸侯於狄泉，以其地大成周之城，居敬王。莽曰宜陽”。（師古曰：“魚豢云漢火行忌水，故去‘洛’‘水’而加‘隹’。如魚氏説，則光武以後改爲‘雒’字也。”）由此封泥可知秦時即爲“雒”字。此其丞之印也。

瑞按：《史記·魏世家》索隱引《紀年》：“（魏武侯）十一年，城洛陽及安邑、王垣。”《史記·劉敬傳》注引《正義》：《括地志》云：“故王城一名河南城，本郟鄏，周公所築，在洛州河南縣北九里苑中東北隅。《帝王紀》云武王伐紂，營洛邑而定鼎焉。”按此即營都城也。《書》云“乃營成周”。《括地志》云：“洛陽故城在洛州洛陽城東二十六里，周公所築，即成周城也。尚書［序］曰‘成周既成，遷殷頑民’。”《漢書·地理志》屬河內郡，“周公遷殷民，是爲成周。春秋昭公（二）［三］十（一）［二］年，晋合諸侯於狄泉，以其地大成周之城，居敬王。莽曰宜陽。”里耶秦簡8-232號有“居雒陽城中”，張家山漢墓竹簡《二年律令》第228號有“都官在長安、櫟陽、雒陽者，得除吏官在所郡及旁郡”。

（二）滎　　陽

滎陽丞印

《菁華》P38；《大系》P330

【政區2009】

清代陳介祺舊藏傳世秦陶文有"熒市"，熒市即滎陽縣市亭之省文。熒陽，戰國時屬韓地，《史記·六國年表》："秦莊襄元年，拔韓成皋、熒陽。"故《史記·秦始皇本紀》始皇即位時，"有河東、太原、上黨郡；東至滎陽，滅二周，置三川郡"。又《史記·陳涉世家》："李由爲三川守，守滎陽，吳叔弗能下。"《史記·蕭相國世家》："夫漢與楚相守滎陽數年。"《索引》韋昭云："故衛地，河南縣也。"《清一統志·卷一百八十七》："故城在今（開封府）滎澤縣西南十七里。"今河南鄭州市西北六十里外。現代考古調查表明，滎陽故城爲不規則梯形，東1860米，西2016米，南2012米，北1286米，時代從戰國至秦漢。

【戰國2013】

傳世戰國韓古璽有"滎陽倉器"；又滎陽故城址出土"滎陽廩""滎陽陶廩"兩件璽捺陶文（《陶匯》66.108和66.109）。戰國秦漢時，縣級行政單位常設有縣屬之"倉"。睡虎地秦簡的"倉律""效律"都提到縣倉。以上文物就是滎陽縣倉屬之遺物。滎陽，戰國屬韓地。《史記·韓世家》："桓惠王二十四年，秦拔我滎陽。"《史記·六國年表》："秦莊襄王元年，拔韓成皋、滎陽。"故《史記·秦始皇本紀》始皇即位時，"秦地已有河東、太原、上黨郡、東至滎陽"《漢志》屬河南，其故城在今河南滎陽西南十二里。《清一統志·卷一百八十七》："故城在今（開封府）滎澤縣西南十七里。"今河南鄭州市西北60里外。現代考古調查表明，滎陽故城爲不規則梯形，東1860米，西2016米，南2012米，北1286米，時代從戰國至秦漢。

【廣封2019】

案："熒"即"滎"，《漢書·地理志》：河南郡，有縣"滎陽"，"卞水、馮池皆在西南。有狼湯渠，首受沛，東南至陳入潁，過郡四，行七百八十里"。（應劭曰："故虢國，今虢亭是也。"師古曰："狼音浪。湯音宕。沛音子禮反，本濟水字。"）

（三）岐

岐丞之印

《古封》P268；《秦封》P330；《上封》P63；《彙考》P262；《大系》P195

【兩漢1993】

西漢早期，封泥。印文二行四字。有界欄。上海博物館藏。岐，漢地名。漢志無岐縣,《漢書·地理志》: 右扶風下曰 "縣二十一, ……美陽。《禹貢》岐山在西北。中水鄉, 周太王所邑。有高泉宮, 秦宣太后起也。" 此封泥印文 "岐丞", 文字風格屬漢初, 可證西漢早期曾有岐縣之置。

【秦封2000】

《漢志》無。《史記·酈商列傳》:"沛公略地至陳留, 六月餘, 商以將卒四千人屬沛公於岐。"《索隱》: 此地名缺, 蓋在河南陳、鄭之間。岐縣失載, 秦時約在碭郡與叁川郡之間。

【上封2002】

秦故縣。《史記·秦本紀》:"昔我穆公, 自岐、雍之間, 修德行武, 東平晋亂, 以河爲界。" 錢穆考此岐尚在岐周、豐岐之岐。

【彙考2007】

岐, 古縣名。《漢書·酈商傳》:"商以所將四千人屬沛公於岐。" 王先謙《漢書補注》:"《索隱》: 岐地名闕, 蓋在河南陳鄭之界。"

【分域2009】

岐, 縣名。《漢書·酈商傳》云:"商以所將四千人屬沛公於岐。"《史記索隱》云:"岐地名闕, 盡在河南陳鄭之界。"

【職地2014】

《史記·酈商列傳》"沛公略地至陳留, 六月餘, 商以將卒四千人屬沛公於岐。" 索隱曰:"此地名闕, 蓋在河南陳、鄭之界。" 我們懷疑秦封泥所見之 "岐" 即《詩經·大雅·綿》"率西水滸, 至於岐下" 之 "岐", 應是秦内史屬縣。

【悠悠2015】

秦封泥有 "岐丞之印", 又西漢初年的張家山漢簡《秩律》有 "岐" 縣, 其上屬郡, 周振鶴斷爲爲河南郡, 暫從。從以上文物可知, 秦時漢初都置岐縣。《史記·樊酈滕灌列傳》:"沛公略地至陳留, 六月餘, 商以將卒四千人屬沛公於岐。"《索隱》: 此地名缺, 蓋在河南陳、鄭之間。故周曉陸認爲 "岐縣失載, 秦時約在碭郡與叁川郡之間"。今從地望來看, 秦時漢初的岐縣屬碭郡或更符合史事。《漢志》無, 估計爲西漢中期後廢罷。這種情況也説明秦時漢初之季, 縣治應有一定的延續性。

【廣封2019】

案《續封泥考略》:《漢書·地理志》無岐縣。右扶風有美陽縣。注:"《禹貢》岐山在西北。中水鄉, 周大王所邑。有高泉宮, 秦宜太后起也。" 或美陽有時名岐邪?

（四）陘　　山

陘山

1　　　　　　　　　　　　2

1.《新出》P82;《大系》P310
2.《於京》圖73;《璽印》P390;《大系》P310

【考略2001】

《史記·六國年表》:"魏敗我(楚)陘山。"《史記·楚世家》載:成王惲"十六年,齊桓公以兵侵楚,至陘山。"《正義》引杜預云:"陘,楚地。潁川召陵縣南有陘亭。"《括地志》云:"陘山在鄭州西南一百一十里,即此山也。"

【簡讀2002】

《史記·楚世家》:"魏聞楚喪,伐楚,取我陘山。"《正義》:"《括地志》云:陘山在鄭州新鄭縣西南三十里。"

【於京2005】

《史記·楚世家》:"齊桓公以兵侵楚,至陘山。"《正義》:"杜預云:'陘,楚地。'潁川召陵縣南有陘亭。《括地志》云:'陘山在鄭州西南一百一十里,即此山也。'"《史記·楚世家》:"威王卒,子懷王熊槐立。魏聞楚喪,伐楚,取我陘山。"《正義》:"《括地志》云:'陘山在鄭州新鄭縣西南三十里。'"《水經注》卷二二:"溱水……東逕陘山北,《史記》魏襄王六年,敗楚於陘山者也。山上有鄭祭仲塚。塚西有子產墓。"《元和郡縣志·河南道四·鄭州·新鄭縣》:"陘山,在縣西南三十里。《史記》魏敗楚於陘山。山上有子產墓,墓累石爲方墳,墳東有廟,皆東向。"陘山在今河南新鄭市西南。

【職地2014】

《史記·楚世家》:"十六年,齊桓公以兵侵楚,至陘山。"正義引杜預云:"陘,楚地。潁川召陵縣南有陘亭。《括地志》云:陘山在鄭州西南一百一十里,即此山也。"今河南新鄭市西南。

【悠悠2015】

西安相家巷出土秦封泥有"陘山"。又包山楚簡有"陘公嘉之告之攻尹"

（J159）；"戊寅，陘山尹"（J162）。《史記·六國年表》："魏敗我（楚）陘山。"《史記·楚世家》：成王惲"十六年，齊桓公以兵侵楚，至陘山"。《正義》引杜預云："陘，楚地。潁川召陵縣南有陘亭。"《括地志》："陘山在鄭州西南一百一十里，即此山也。"此封泥也例同秦封泥"屯留""皮氏"等。按西安相家巷出土秦封泥性質都爲秦郡縣上計秦庭的文書遺物，涉及地方行政至縣一級單位，推之此"陘山"也應爲縣級遺物。徐少華根據包山楚簡認爲"陘山"爲春秋以來楚國北境要塞，並在此設縣，以加强對此地控制和防禦。其地望即西晋杜預注："陘，楚地，潁川召陵縣南有陘亭。"故址在今河南偃城縣東南，漯河市以東地帶。從文物看，秦陘山縣應爲楚陘山縣之延續，《漢志》無此縣，估計廢。

　　瑞按：《戰國策》卷4有"陘山之事"章，《漢書·地理志》河南尹密縣"有大騩山、有梅山、有陘山。"注：《史記》魏襄王六年伐楚，敗之陘山。秦破魏華陽，地亦在縣。杜預：《遺令》曰："山上有塚，或曰子産，邪東北向新鄭城，不忘本也。"《後漢書·郡國志》汝南郡有召陵縣，"有陘亭"，注《左傳·僖四年》："齊伐楚，次陘。"杜預曰："在縣南。"蘇秦說韓宣惠王曰："南有陘山。"《史記·蘇秦列傳》說韓宣王曰："韓北有鞏、成皋之固，西有宜陽、商阪之塞，東有宛、穰、洧水，南有陘山，地方九百餘里，帶甲數十萬，天下之强弓勁弩皆從韓出。"《集解》徐廣曰："召陵有陘亭。密縣有陘山。"《正義》在新鄭西南三十里。《史記·蘇秦列傳》："西南說楚威王曰：楚，天下之强國也；王，天下之賢王也。西有黔中、巫郡，東有夏州、海陽，南有洞庭、蒼梧，北有陘塞、郇陽，地方五千餘里，帶甲百萬。"《集解》徐廣曰："《春秋》曰'遂伐楚，次於陘'。楚威王十一年，魏敗楚陘山。析縣有鈞水，或者郇陽今之順陽乎？一本'北有汾、陘之塞'也。"《索隱》：陘山在楚北境，威王十一年，魏敗楚陘山是也。……《正義》：陘山在鄭州新鄭縣西南三十里。順陽故城在鄭州穰縣西百四十里。《史記·楚世家》："十六年，齊桓公以兵侵楚，至陘山。"《正義》：杜預云："陘，楚地。潁川召陵縣南有陘亭。"《括地志》云："陘山在鄭州西南一百一十里，即此山也。""十一年，威王卒，子懷王熊槐立。魏聞楚喪，伐楚，取我陘山。"《正義》引《括地志》云："陘山在鄭州新鄭縣西南三十里。"《史記·魏世家》"六年，與秦會應。秦取我汾陰、皮氏、焦。魏伐楚，敗之陘山。"《集解》徐廣曰："在密縣。"《正義》引《括地志》云："陘山在鄭州新鄭縣西南三十里。"《水經注》卷22"溱水出河南密縣大騩山"注："大騩，即具茨山也。黄帝登具茨之山，陞於洪堤上，受《神芝圖》於華蓋童子，即是山也。溱水出其阿，流而爲陂，俗謂之玉女池。東逕陘山北，《史記》：魏襄王六年，敗楚於陘山者也。山上有鄭祭仲塚，塚西有子産墓，累石爲方墳。墳東有廟，並東北向鄭城。"《初學記》卷7"桓寬《鹽鐵論》曰：楚自陘山設關以拒秦"。《通典》卷177"陘山，今密縣山"。

（五）新　　城

新城丞印

1　　　　　　　　　　2

1.《古封》P145;《上封》P62;《大系》P306
2.《於京》圖34;《璽印》P405;《大系》P306

【官印1990】

《漢書·地理志》:"渭城,故咸陽,高帝元年,更名新城,七年罷,屬長安,武帝元鼎三年更名渭城"。據此,可知新城是高帝元年至七年之間的地名,此印的年代自然也就可斷在這一時期。丞,是縣的佐官,《漢書·百官公卿表》:"縣令長皆秦官,掌治其縣……皆有丞、尉"。

【兩漢1993】

西漢早期,封泥。印文二行四字,"新城"二字未抑全。有界欄。上海博物館藏。新城,西漢縣名。《漢書·地理志》:"右扶風,……縣二十一:渭城,故咸陽,高帝元年(公元前二〇六年)更名新城,七年罷,屬長安。武帝元鼎三年(公元前一一四年)更名渭城。"東漢併入長安縣。故治在今陝西咸陽市東北。此封泥時代當在西漢劉邦稱帝元年至七年之間。

【上封2002】

此印文曾以爲《地理志》之渭城,景帝元年更名新城。現據相家巷封泥風格,亦當屬秦。則新城當另有其地。但《睡虎地秦墓竹簡·編年紀》有昭王"六年,攻新城。七年,新城陷。八年,新城歸"之記載,與《史記·秦本紀》"昭襄王七年,拔楚新城"相合,同書記:昭襄十三,白起攻韓新城。後者據《索隱》,當在河南伊闕之左右。封泥屬何者,未可確定。

【於京2005】

《史記·秦本紀》:"晋驪姬作亂,太子申生死新城。"《正義》:"韋昭云:'曲沃新爲太子城。'《括地志》云:'絳州曲沃縣有曲沃故城,土人以爲晋曲沃新城。'"《史記·秦本紀》:"(昭襄王)七年,拔新城。"《正義》:"年表云:'秦敗我襄城,殺景缺。'《括地志》云:'許州襄城縣即古新城縣也。'按世家、年表,則新字誤作襄字。"《史記·秦本紀》:"(昭襄王)十三年,……左更白起攻新城。"《正義》:"《白起傳》云:'白起爲左庶長,將而擊韓之新城。'《括地志》云:'洛州伊闕縣本是漢新城縣,隋文帝改爲伊闕,在洛州南七十里。'"《史記·秦本紀》:"(莊襄王)三年,蒙驁攻魏高都、汲,拔之。攻趙榆次、新城、狼孟。"《正義》:"《括地志》云:'新城一名小平城,在朔州善陽縣西南四十七里。'"新城秦屬叁川郡,其治地在今河南伊川縣。

【縣考2007】

《秦本紀》曰:"楚昭襄王七年,拔新城。"秦簡《編年記》載:"[昭襄王]六年,攻新城。七年,新城陷。"新城本爲楚縣,秦昭襄王七年當公元前300年,故是年新城縣由楚屬秦。又,《秦本紀》曰:"昭襄王十三年,……左更白起攻新城。"《白起列傳》曰:"昭王十三年,而白起爲左庶長,將而擊韓之新城。"秦昭襄王十三年爲公元前294年,據此則秦於公元前300年從楚得新城後,又在公元前299年後爲韓所得。始皇十七年(前230年),秦滅韓,是至遲是年新城爲秦最終所有。《漢志》新城縣屬河南郡,唯新城作新成。

【政區2009】

新城原爲楚地。雲夢秦簡《編年紀》:"(昭襄王)六年,攻新城,七年新城陷,八年新城歸。"秦簡整理小組注:"新城,楚地,今河南襄城。"其事也見於文獻《史記·秦本紀》:"七年,拔新城。""(昭襄王)十三年,向壽伐韓,取武始。左更白起攻新城。"《括地志》云:"洛州伊闕縣本是漢新城縣,隋文帝改爲伊闕,在洛州南七十里。"《讀史·卷四十八》河南河南府洛陽縣,"新城,府南七十五里。古戎蠻子邑,戰國時謂之新城。張儀曰:'秦攻新城以臨周郊'是也。又城渾言於楚,以新城爲主郡。《史記》:'秦昭王七年拔新城。三十年白起攻新城,敗韓魏之師於伊闕。二十三年於魏王會宜陽,與韓王會新城。'又漢二年漢王至洛陽,新城三老董公遮説處也"。漢縣邑的設置多沿襲秦,漢新城在今河南省伊川縣西南,故秦新城當指此地。現代考古表明,秦漢新城故城爲長方形,東西1680米,南北1250米,周長5935米。

又:秦末官印有"新城丞印"。學人多斷其爲漢初官印,可商;此印文爲典型的十字界格,可知爲秦印。又戰國時趙、韓、楚等國都有新城。《史記·秦本紀》:"莊襄王三年,蒙驁攻趙榆次、新城、狼孟,取三十七城二。"《正義》引《括地志》云:"新城一名小平城,在朔州善陽縣西南四十七里。"又戰國趙平首尖足布幣有"新城"布,證明趙設置新城縣,秦新城或因趙置,新城故城在今山西朔縣西南。

【古璽2010】

戰國時期趙、韓、楚等國均有新城。關於趙新城的記載,見《史記·秦本紀》:"莊襄王三年,蒙驁攻趙榆次、新城、狼孟。"也見於戰國尖足布,由於尖足布是趙國的貨幣,所以學術界一般認爲幣文中的"新城"就是趙新城。韓新城在今河南伊川西南,公元前294年爲秦所取。楚新城見《史記·秦本紀》記載:"(秦昭王)七年,拔新城。"新城在《六國年表》中作"襄城":(楚懷王二十九年,公元前300年)秦取我襄城,殺景缺。《睡虎地秦墓竹簡·編年記》也記載這段歷史。可知《秦本紀》作"新城"不誤。襄城除見《楚表》外,還見《韓世家》《魏世家》,新城除見《秦本紀》以外,還見於秦簡《編年記》,

無論説新城誤還是説襄城誤,都很難解釋,故我們認爲襄城與新城應不存在正誤問題,繆文遠先生認爲新城與襄城爲一地之異名大概是對的。春秋戰國時期"新城"是常見地名,蓋新城一城均可名"新城"。曲沃、新密等地均有"新城"别稱,襄城稱新城也是同樣道理。《秦本紀》《編年記》稱新城,而《楚表》《韓世家》等篇稱襄城,可能是不同國家對此地定名不同所致。《古封泥集成》855號著録了"新城丞印",孫慰祖先生在《古封泥述略》中將其時代定爲西漢早期。王輝與程學華兩位學者也認爲封泥中的"新城"究竟是原楚新城還是原韓新城尚無法確定。《史記》所載楚新城秦漢時稱襄城,故封泥中"新城"很可能是指原韓新城,而非原楚新城。

【集證2011】

　　戰國新城有幾處,除上文提到的楚新城外,還有韓新城。《漢書·地理志》河南郡有"新成"縣。《漢書補注》王先謙曰:"《秦紀》《白起傳》並云'攻韓新城',《括地志》以爲即漢縣。"此新城《清一統志》云:"故城今洛陽縣南。"封泥"新城"究竟是原楚新城還是原韓新城無法肯定。

【悠悠2015】

　　秦陵出土陶文有"新城邦、新城章"。又戰國時趙、韓、楚等國都有新城。《史記·秦本紀》:"莊襄王三年,蒙驁攻趙榆次、新城、狼孟。"《正義》引《括地志》云:"新城一名小平城,在朔州善陽縣西南四十七里。"又前文已證趙置新城縣,秦新城或因趙置,新城故城在今山西朔縣西南。

【戰國2013】

　　傳世戰國韓兵器有"八年新城令"戈(《集成》17.11345戈),銘文:"八年新城大命(令)韓定,工師宋費,治諸。"此戈刻辭款式也是首爲令,次爲工師,後爲冶者,爲韓兵器特徵。黄盛璋云:案新城、陽人與宜陽靠近周郊,原都屬周,之後屬韓地。又雲夢秦簡《編年紀》:"六年攻新城,七年新城陷,八年新城歸。"與《史記·秦本紀》:"七年拔新城"記載相合。《吕氏春秋·開春論》:"韓氏城新城,期十五日而成。"《史記·張儀列傳》:"秦攻新城,宜陽,以臨周之郊,誅周王之罪,侵韓、魏之地。"韓國設置新城縣,證據很多。《史記·秦本紀》:"昭王十三年,向壽伐韓取武始,左更白起攻新城。"又《史記·白起傳》:"昭王十三年而白起爲左庶長,將而攻韓之新城。"又《史記·秦本紀》中昭王二十三年和二十五年,"與韓王會新城"。韓新城與周及宜陽相近,應當爲《漢志》河南郡新城縣之前身,治所在今河南伊川縣西南。

　　又:戰國趙平首尖足布有"新城"布。《史記·秦本紀》:"(莊襄王三年),蒙驁攻魏高都、汲,拔之。攻趙榆次、新城、狼孟取三十七城。"《正義》引《括地志》云:"新城一名小平城,在朔州善陽縣西南四十七里。"從此幣文看,趙置新城縣,新城故城在今山西朔縣西南。

　　又:湖北鄂州出土一件楚"新城徒卒"戈。《戰國策·楚策一》:"城渾出周,三人偶行,南游於楚,至於新城。"故址在今河南伊川縣西南,與《漢志》河南郡新城縣有關。從此器銘文可知,新城一度屬楚國。

【秦地2017】

睡虎地秦簡整理小組以爲新城在襄城縣，即今河南襄城縣。此説恐不確。楊寬先生以爲在今河南伊川縣西南。《漢書・地理志》河内郡有新成縣，《續漢書・郡國志》作新城。《中國歷史地圖集》繪在今河南伊川西南、宜陽之東南。這是正確的。里耶簡8-1831有"一斡官居宜陽、新城，名曰右斡官"，或可爲證。

【秦地2017】

里耶簡8-1831"一斡官居宜陽、新城"。秦封泥有新城丞印。新城又見睡虎地秦簡《葉書》。《秩律》有新城。《漢志》河南郡有新成縣，班固自注"惠帝四年置"，《續漢書・郡國志》《水經注》均寫作"新城"，新城或在秦時已置縣。簡文稱"居宜陽新城"，則似宜陽、新城爲一地，新城或指宜陽之新城。然傳世文獻中皆以宜陽、新城連稱，爲二地。如《戰國策・秦策一》"司馬錯與張儀争論於惠王前"章："秦攻新城、宜陽，以臨二周之郊"，吳師道云："此策以（宜陽）新城並言，地必相連，當是伊闕耳"。今分作二縣。

【廣封2019】

案《續封泥考略》，《漢書・地理志》：渭城縣屬右扶風。注："故咸陽。高帝元年更名新城，七年罷，屬長安。武帝元鼎三年更名渭城。"又《續漢書・郡國志》：河南郡有新城，則是新成也。新成，戰國時亦謂之新城。"成""城"古通用也。丞爲其主管官員之副。

瑞按：《漢書・地理志》河南郡有縣"新成"，自注爲"惠帝四年置。"北海郡有"新成"侯國。封泥做"新城"。《史記・張儀列傳》"秦攻新城、宜陽，以臨二周之郊"，《索隱》："此新城當在河南伊闕之左右。"《史記・秦本紀》"十三年，向壽伐韓，取武始。左更白起攻新城"，注引《括地志》云："洛州伊闕縣本是漢新城縣，隋文帝改爲伊闕，在洛州南七十里。"《史記・白起列傳》"昭王十三年，而白起爲左庶長，將而擊韓之新城"，《索隱》："在河南也。"《正義》："今洛州伊闕。"新城之名文獻中甚多，如《史記・晋世家》"太子聞之，奔新城"《集解》韋昭曰："新城，曲沃也，新爲太子城。""十二月戊申，申生自殺於新城"，《索隱》引《國語》云："申生乃雉經於新城廟。"韋昭云："曲沃也，新爲太子城，故曰新城。"而秦另有新城，如《史記・晋世家》"五年，晋伐秦，取新城"，《集解》服虔曰："秦邑，新所作城也。"楚亦有新城，如《史記・韓世家》"代又謂秦太后弟羋戎"，《集解》徐廣曰："號新城君。"《索隱》："羋，姓；戎，名。秦宣太后弟，號新城君。"《史記・秦本紀》"七年，拔新城"，《正義》："《楚世家》云：'懷王二十九年，秦後伐楚，大破楚軍，楚軍死二萬，殺我將軍景缺。'《年表》云：'秦敗我襄城，殺景缺。'《括地志》云：'許州襄城縣即古新城縣也。'按《世家》《年表》，則'新'字誤作'襄'字。"漢初劉邦改咸陽爲新城，見《漢書・地理志》右扶風下渭城："故咸陽，高帝元年更名新城，七年罷，屬長安。武帝元鼎三年更名渭城。"秦陶文有新城義渠、新城邦、新城章，袁仲一指出，睡虎地秦簡《編年紀》"六年，攻新城，七年，新城陷。八年，新城歸"，在認爲漢縣邑的設置多沿襲秦的意見下，因漢之新城在今河南伊川西南，故疑秦始皇時代的新城當指在此（《秦代陶文》P48—49）。

新城候印

《大系》P307

瑞按：封泥殘，新城説見“新城丞印”。右上字按，似當爲“候”。

新城□□

《新出》P82；《大系》P307

瑞按：封泥殘，新城説見“新城丞印”。

（六）盧　　氏

盧氏

《璽印》P460

【政區2009】

《漢志》弘農郡有盧氏縣，“耳山在東，伊水出”。《水經·洛水注》：“（洛水）東北過盧氏縣南。”“洛水又東逕盧氏縣故城南。《竹書紀年》,晋出公十九年,晋韓龐取盧氏城。王莽之昌富也。有盧氏川水注之,水北出盧氏山,東南流逕盧氏城東,東南流注於洛。”《元和·卷六》河南道虢州:“盧氏縣,本漢舊縣,春秋時西虢之邑。地有盧氏山,或言盧敖得道於此。山宜五穀,可以避水災。隋開皇三年改爲虢州,大業三年廢。以盧氏屬河南郡。武德元年,又置虢州,縣依舊。”《讀史·卷四十八》河南府盧氏縣:“府西南三百四十里。西北至陜州靈寶縣二百里。本國之莘地,漢因盧敖得仙始置盧氏縣,屬弘農郡。”考古出土文物證明戰國時韓已設置盧氏縣,1997年四川滎經縣同心村巴蜀船棺墓葬出土戰國韓“七年盧氏令”戈,銘文“七年盧氏令韓歲厥工師司馬隊作餘”。今從秦封泥可知秦時也有盧氏縣,而並非漢置,其地在今河南省盧氏縣。考古調查表明,河南盧氏故城爲長方形,周長2300米,時代從東周西虢盧氏,至秦漢盧氏縣城。

【戰國2013】

　　1997年四川滎經縣同心村巴蜀船棺墓葬出土戰國韓“七年盧氏令”戈,銘文“七年盧氏令韓歲厥工師司馬隊作餘”;戰國斜肩空首布有韓“盧氏”布。盧氏,春秋時爲西虢邑,公元前658年爲晋韓氏所有,戰國屬韓。《水經·洛水注》引《竹書紀年》:“晋出公十九年,晋韓龐取盧氏城。”即韓龐取盧氏後爲韓氏之地。《元和·卷六》河南道虢州:“盧氏縣,本漢舊縣,春秋時西虢之邑。地有盧氏山,或言盧敖得道於此。山宜五穀,可以避水災。隋開皇三年改爲虢州,大業三年廢。以盧氏屬河南郡。武德元年,又置虢州,縣依舊。”考古出土文物證明戰國時韓已設置盧氏縣。考古調查表明,河南盧氏縣盧氏故城爲長方形,周長2300米,時代從東周西虢盧氏,至秦漢盧氏縣城。

【十五則2017】

　　此封泥爲半通,印面爲日字界格。首字幾乎全殘,僅剩一殘橫畫,釋爲“盧”雖不一定準確,但也有一定依據。因爲秦封泥所見縣名中帶“氏”字者有皮氏、平氏丞印、烏氏丞印、陭氏、緱氏丞印等,另張家山漢簡《秩律》中帶“氏”字者有鳥氏、端氏、皮氏、阿民、泫氏、盧氏、緱氏、平氏、尉氏等。將帶有“氏”字的秦漢縣名與之比對,似乎只有“盧氏”較爲接近。殘存的一短橫或即盧字最下的一橫畫。因該封泥首字過於殘泐,釋“盧”還可暫存疑。

盧氏丞印

1　　　　　　　　　　2

1.《新地》圖13;《印集》P110;《彙考》P202;《大系》P160
2.《大系》P160

【新見1996】

《漢志》弘農郡有盧氏縣，在秦屬叁川郡，在今河南省盧氏縣。漢銅器銘文見《秦漢金文彙編》85《盧氏廚鼎》。

【新地2001】

同《新見1996》。

【簡讀2002】

秦縣，《漢志》屬弘農郡。《張家·二年·秩律》："盧氏……秩各六百石，有丞、尉者半之。"

【五十例2005】

《漢志》，弘農郡有盧氏。本注："熊耳山在東。伊水出，東北入雒，過郡一，行四百五十里。又有育水，南至順陽入沔。又有洱水，東南至魯陽，亦入沔。皆過郡二，行六百里。莽曰昌富。"《水經·洛水注》："（洛水）東北過盧氏縣南。""洛水又東徑盧氏縣故城南。《竹書紀年》，晉出公十九年，晉韓龍取盧氏城。王莽之昌富也。有盧氏川水注之，水北出盧氏山，東南流徑盧氏城東，東南流注於洛。"《元和郡縣圖志·河南道二·虢州·盧氏》："本漢舊縣，春秋時西虢之邑。地有盧氏山，或言盧敖得道於此。山宜五穀，可以避水災。隋開皇三年改爲虢州，大業三年廢。以盧氏屬河南郡。武德元年，又置虢州，縣依舊。"盧氏縣秦屬叁川郡，其地在今河南盧氏縣。

【縣考2007】

大約在惠文君十四年，韓盧氏縣屬秦。《漢志》盧氏縣屬弘農郡。

【彙考2007】

盧氏，古縣名。戰國置。今在河南省盧氏縣。《漢書·地理志》弘農郡有盧氏縣。班固自注："熊耳山在東。伊水出，東北入雒，過郡一，行四百五十里。又有育水，南至順陽入沔。又有洱水，東南至魯陽，亦入沔。"

【分域2009】

盧氏，縣名，其地在今河南盧縣。《漢書·地理志》載，弘農郡有盧氏縣。秦時屬叁川郡。

【訂補2014】

在考訂盧氏戈時指出，此戈1973年揀選自阜陽縣廢品倉庫。"盧氏"即今河南盧氏縣，本戰國韓地，後歸秦。韓自強、馮耀堂文認爲："（盧氏）字體接近秦篆，可能是秦占領韓國後，在繳獲的兵器上加刻的地名。"

【廣封2019】

案《漢書·地理志》：弘農郡，有縣"盧氏"，"熊耳山在東。伊水出，東北入雒，過郡一，行四百五十里。又有育水，南至順陽入沔。又有洱水，東南至魯陽，亦入沔。皆過郡二，行六百里。莽曰昌富"。此其丞之印也。

（七）緱　氏

緱氏

《大系》P100

【戰國2013】

緱氏，本春秋周緱氏邑，後一度屬韓國，戰國時爲周亡時七縣之一。《史記・白起王翦列傳》："（秦昭襄王）四十六年，秦攻韓緱氏、藺，拔之。"《元和・卷六》："緱氏縣，古滑國，其後屬晋，至秦、漢爲縣，因山爲名。"《清一統志・卷二百零六》："故城在今（河南府）偃師縣南二十里。"其故址在今河南省偃師市滑城村。現代考古調查表明，偃師滑城村古城城址爲靴形，東西500—1500米，南北2500米，時代從春秋滑國都城，秦漢緱氏縣，漢代有所增補。

緱氏丞印

1　2　3

1.《釋續》圖25；《印集》P113；《彙考》P205；《大系》P100
2.《大系》P100
3.《新出》P65；《大系》P100

【釋續2001】

《漢書・地理志》河南郡有緱氏縣。班氏自注："劉聚周大夫劉子邑。"王先謙《補注》："春秋周侯氏，見《左昭傳》。《周策》作緱氏。曹參下之，見《參傳》。……《一統志》：故城今偃師縣南二十里。"

【簡讀2002】

秦縣,《漢志》屬河南郡,"劉聚,周大夫劉子邑。"

【縣考2007】

緱氏本春秋周侯氏邑。戰國時爲周縣。後屬韓。秦昭襄王四十六年,緱氏屬秦。出土秦封泥中有"緱氏丞印"。《漢志》緱氏縣屬河南郡。

【彙考2007】

《漢書·地理志》河南郡有緱氏縣。班氏自注:"劉聚周大夫劉子邑。"王先謙《補注》:"春秋周侯氏,見《左昭傳》。《周策》做緱氏。曹參下之,見《參傳》。……《一統志》:故城今偃師縣南二十里。"

【政區2009】

戰國時,爲周亡時七縣之一。《史記·曹相國世家》:"從攻陽武,下轘轅、緱氏。"又《史記·絳侯周勃世家》:"攻潁陽、緱氏,絕河津。"《元和·卷六》:"緱氏縣,古滑國,其後屬晉,至秦、漢爲縣,因山爲名。"《清一統志·卷二百零六》:"故城在今(河南府)偃師縣南二十里。"其故址在今河南省偃師市滑城村。現代考古調查表明,偃師滑城村古城城址爲靴形,東西500—1500米,南北2500米,時代從春秋滑國都城,至秦漢緱氏縣,漢代有所增補。

【廣封2019】

案《漢書·地理志》:河南郡,有縣"緱氏","劉聚,周大夫劉子邑。有延壽城仙人祠。莽曰中亭"。此其丞之印也。

(八)陝

陝璽

無圖,考釋見《選考》P16。

【選考2013】

《漢書·地理志》弘農郡有陝縣。《史記·秦本紀》載秦孝公元年(前361)"出兵東圍陝城"。秦惠文君十三年(前325),"使張儀伐取陝,出其人與魏"。《水經·河水注》:河水"又東過陝縣北"。《元和郡縣圖志》卷六"陝州"條記陝縣"本漢縣也,歷代不改。後魏改爲陝中縣,西魏去'中'字。周明帝於陝城内置崤郡,以陝、崤二縣屬焉。隋開皇初罷郡,以縣爲陝州"《讀史方輿紀要》卷四十八《河南·陝州》:"廢陝縣。今州治。《史記》:'秦孝公元年,東圍陝城。又惠文君十三年使張儀伐魏取陝,出其人以與魏。'漢置縣,屬弘農郡。後漢興平二年,李傕等作亂,帝崎嶇至陝,結營自守。晋亦爲陝縣。後魏主始熹光三年,遣將周幾等襲夏陝城,夏弘農太守曹達棄城走,幾乘勝長驅,遂入三輔。太和中,始爲陝州治。永熙末,高歡自晋陽南犯,魏主命長孫子彥鎮陝州。既而歡入洛,魏主西奔,彥亦棄陝走,高敖曹追帝至陝西,不及。西魏大統三年,宇文泰取恒農,既而高歡使高敖曹攻之,不克。九年,高歡敗宇文泰於邙山,追至陝。隋大業初,改屬河南郡。義寧初,置弘農郡治此。唐初仍爲陝州治,後因之。明初省。"陝縣在秦爲叁川郡屬縣,其治地在今河南省三門峽以西陝縣老城。此封泥應在秦惠文君十三年至秦始皇二十六年(前221年)這一時間段内。

陝丞之印

《選釋》圖一:5;《新官》圖42;《印集》P9;《彙考》P19;《大系》P62

【縣考2007】

《六國年表》:"(秦惠公)十年……縣陝。"此秦惠公據《新編年表》中的考證,當指秦惠文君,司馬遷視爲秦出子父惠公,誤。故秦置陝縣應在是年。然《秦本紀》載:"(惠文君)十三年……使張儀伐取陝,出其人與魏。"《張儀列傳》亦云:"居一歲,爲秦取陝。築上郡塞。"既然秦惠文君十年秦已縣陝,而十三年又曰秦取陝,則秦初縣陝時,蓋僅以陝部分之地而設,待三年之後方完全控制該地。此後陝縣成爲秦東進的重要據點。

【政區2009】

1957年陝縣秦墓所出戳印"陝市""陝亭"陶文的繩紋陶罐;又1985年三門峽市剛玉砂廠秦墓所出戳印此陶文的陶鼎、甑、釜、盆、蒜頭壺、缶等器物。二者都是陝縣市亭的省文。《史記·六國年表》:"秦惠公十年,與晉戰武城,縣陝。"此爲秦經營設置陝縣之始。《史記·秦本紀》:"孝公元年,於是乃出兵東圍陝城。"又云:"惠文王君十三年,張儀伐取陝,出其人與魏。"即秦惠公十年縣陝,其後陝縣又爲魏有。故《史記·秦本紀》:"秦以往者數易君,君臣乖亂,故晉復彊,奪秦河西地。"所以有張儀將兵取陝,出其人與魏,自是陝縣遂爲秦人東進之重要根據地。《史記·張儀列傳》:"張儀立惠王爲王,居一歲,爲秦取陝,築上郡塞。"《清一統志·卷二百二十》載,"陝縣廢縣今(陝)州治"。秦陝縣故城即今河南省陝縣。

【戰國2013】

戰國魏橋形布有"陝一釿""陝半釿"。"陝"字布文倒書,張頷釋讀"陝",至確。陝設置爲縣較早。《史記·六國年表》:"秦惠公十年,與晉戰武城,縣陝。"此爲秦經營設置陝縣之始。《史記·秦本紀》:"孝公元年,於是乃出兵,東圍陝城。"又云:"惠文王君十三年,張儀伐取陝,出其人與魏。"即秦惠公十年縣陝,其後陝縣又爲魏有。故《史記·秦本紀》:"秦以往者數易君,君臣乖亂,故晉復彊,奪秦河西地。"所以有張儀將兵取陝,出其人與魏，自是陝縣遂爲秦人東進之重要根據地。《史記·張儀列傳》：“張儀立惠王爲王，居一歲，爲秦取陝，築上郡塞。”《清一統志·卷二百二十》載：“陝縣廢縣今（陝）州治。”陝縣故城即今河南省三門峽市。

　　瑞按：《漢書·地理志》弘農郡屬縣有“陝”，“故虢國。有焦城，故焦國。北虢在大陽，東虢在滎陽，西虢在雍州。莽曰黃眉。”《史記·燕召公世家》：“在成王時，召王爲三公：自陝以西，召公主之；自陝以東，周公主之。”《集解》：何休曰：“陝者，蓋今弘農陝縣是也。”《史記·秦本紀》孝公元年“於是乃出兵東圍陝城，西斬戎之獂王。”《史記·六國年表》秦惠文王十年（公元前390年）“與晉戰武城，縣陝”。《史記·張儀列傳》：“儀相秦四歲，立惠王爲王。居一歲，爲秦將，取陝。築上郡塞。”《史記·高祖本紀》：“漢王之出關至陝，撫關外父老，還，張耳來見，漢王厚遇之。”河南陝縣出土“陝市”“陝亭”陶文。

（九）宜　　陽

宜陽

1 2 3

1.《新出》P85;《大系》P326
2、3.《大系》P327

【論要2001】
　　（釋“宜陽津印”）宜陽本屬韓，《史記·秦本紀》：“武王謂甘茂曰：‘寡人欲容車通三川，窺周室，死不恨矣。’其秋，使甘茂、庶長封伐宜陽。四年，拔宜陽，斬首六萬。”是知武王四年以後宜陽已入秦。印文宜字寫法上承秦公簋，早於泰山刻石。
【政區2009】
　　秦傳世官印有“宜陽津印”，秦宜陽縣守津吏所用之官印。又臨潼魚池秦遺址出土秦陶文有“宜陽工□”。宜陽原爲韓地。《史記·秦本紀》：“武王二年，使甘茂、庶長封伐宜陽，四年拔宜陽。”《史記·韓世家》：“（景侯虔）九年，秦伐我宜陽。”“（昭侯）二十四年，秦來拔我宜陽。”襄王四年，“秦使甘茂攻我宜陽。五年，秦拔我宜陽，斬首六萬”。《史記·樗里子甘茂列傳》：“秦使甘茂攻韓，拔宜陽。”“（甘茂）對曰：‘宜陽，大縣也’”，“卒使丞相甘茂將兵伐宜陽”。“斬首六萬，遂拔宜陽。”“秦使向壽平宜陽。”“向壽爲秦守宜陽。”“甘茂許公仲以武遂,反宜陽之民。”“今公取宜陽以爲功。”《水經·洛水注》:“秦武王以甘茂爲左丞相,曰:寡人欲通三川,窺周室,死不朽也。茂請約魏以攻韓,遂拔宜陽。故韓地也,後乃縣之。《正義》:“在河南福昌縣東十四里,故韓城是也。此韓之大郡,伐取之,三川路乃通也。”馬非百認爲“宜陽拔後,以向壽守之,足證當時曾立爲郡,後地土東展,另設三川郡,始將宜陽併入耳”。秦宜陽縣故址在今河南省宜陽縣西。

【集證2011】

(釋“宜陽津印”)宜陽本爲韓地。《水經·洛水注》:“秦武王以甘茂爲左丞相,曰:寡人欲通三川,窺周室,死不朽矣。茂請約魏以攻韓,斬首六萬,遂拔宜陽城。故韓地也,後乃縣之。”《史記·秦本紀》:“(武王)四年,拔宜陽。”可知宜陽在秦武王四年(前307年)以後屬秦。秦宜陽縣屬叁川郡,地在今河南宜陽縣西。津本指渡口,關津。秦漢時常於縣內渡口置吏管理。《後漢書·王莽傳》:“吏民出入,持布錢以別符傳……不持者,廚、傳勿舍,關津苛留。”《後漢書·段熲傳》:“(段熲)嘗告守津吏曰:某日富有諸生二人,荷擔問熲舍處者,幸爲告知。後竟如其言。”此爲宜陽縣關津之吏所用印。

【戰國2013】

傳世戰國韓兵器“四年宜陽令”戈(《集成》17.11316戈),吳振武訂正其銘文:“四年令韓申,宜陽,工師播喜治立。”另有洛陽新發現韓宜陽戈,銘文:“□□□誠宜陽庫工師長束治市。”又黃錫全公布兩件韓宜陽戈:“二年令麗孚宜陽右庫工師長埔治市”和“二年令麗孚宜陽右庫工師長卜治褐”。宜陽,戰國屬韓地。《史記·韓世家》:“(景侯虔)九年,秦伐我宜陽,取六邑”。又“昭侯二十四年,秦拔我宜陽”。又“襄王四年,秦使甘茂攻我宜陽,五年,秦拔我宜陽,斬首六萬”。宜陽是韓國要地。《戰國策·秦策》載甘茂語秦武王曰:“宜陽,大縣也,上黨、南陽積之久矣,名爲縣,其實郡也。”今從韓兵器銘文也證韓置宜陽縣。宜陽故城在今河南宜陽縣西北十四里洛河北岸的韓城鎮。

【秦地2017】

里耶簡8-1831有“一靴官居宜陽、新城”。亦見《秩律》。秦封泥有“宜陽丞印”。《漢志》屬弘農郡,弘農郡爲武帝元鼎三年分右內史、河南、南陽三郡地置,其中宜陽縣來自河南郡。秦則當屬叁川郡。

瑞按:宜陽,《漢書·地理志》屬弘農郡。其舊屬韓地,《漢書·地理志》“韓分晋得南陽郡及潁川之父城、定陵、襄城、潁陽、潁陰、長社、陽翟、郟,東接汝南,西接弘農得新安、宜陽,皆韓分也。及詩風陳、鄭之國,與韓同星分焉。”《韓非子·十過》“昔者秦之攻宜陽,韓氏急。……韓君弗聽,公仲怒而歸,十日不朝。宜陽益急,韓君令使者趣卒於楚,冠蓋相望而卒無至者,宜陽果拔,爲諸侯笑。”《史記·蘇秦列傳》“魏弱則割河外,韓弱則效宜陽,宜陽效則上郡絶,河外割則道不通”,《正義》:“宜陽即韓城也,在洛州西,韓大郡也。上郡在同州西北。言韓弱,與秦宜陽城,則上郡路絶矣。”《史記·蘇秦列傳》説韓宣王曰:“韓北有鞏、成皋之固,西有宜陽、商阪之塞,東有宛、穰、洧水,南

有陘山,地方九百餘里",《正義》:"宜陽在洛州福昌縣東十四里。"《史記·張儀列傳》:
"今秦楚嫁女娶婦,爲昆弟之國。韓獻宜陽;梁效河外;趙入朝澠池,割河間以事秦。"
《史記·樗里子甘茂列傳》:"秦惠王卒,太子武王立,逐張儀、魏章,而以樗里子、甘茂
爲左右丞相。秦使甘茂攻韓,拔宜陽。""甘茂至,王問其故。對曰:宜陽,大縣也,上
黨、南陽積之久矣。名曰縣,其實郡也。"《史記·周本紀》"八年,秦攻宜陽",《正義》
引《括地志》云:"故韓城一名宜陽城,在洛州福昌縣東十四里,郎韓宜陽縣城也。"《史
記·韓世家》:"(列侯)九年,秦伐我宜陽,取六邑。……(昭侯)二十四年,秦來拔我宜
陽。……襄王四年,與秦武王會臨晋。其秋,秦使甘茂攻我宜陽。五年,秦拔我宜陽。"
《史記·秦本紀》:"(武王元年)秋,使甘茂、庶長封伐宜陽。四年,拔宜陽。"《漢書·惠
帝紀》:"三月甲子,皇帝冠,赦天下。省法令妨吏民者;除挾書律。長樂宮鴻臺災。宜
陽雨血。"里耶秦簡8-1831號有"宜陽"。張家山漢墓竹簡《二年律令》第455號"盧
氏、新安、新城、宜陽"。

宜陽丞印

1　　　　　　　　　2

1.《於京》圖32;《璽印》P415;《大系》P327
2.《新出》P85;《青泥》P28;《大系》P327

【新見1996】

　　《史記·秦本紀》武王二年"庶長封伐宜陽,四年拔宜陽"。《正義》:"在河南福昌縣
東十四里,故韓城是也。此韓之大郡,伐取之,三川路乃通也。"《水經注·洛水》有類似
記載,並提到"乃縣之"。《漢志》弘農郡條:"宜陽,在黽池,有鐵官也。"宜陽在秦屬叁川
郡,在今河南省宜陽縣西部。秦陶文見《出》1672—1797"宜陽肆、宜陽工□",1849—
1897"宜陽工武、宜陽工肆、宜陽工昌、宜陽昌"。漢封泥見《古封泥集成》1654"宜陽之
印",965、966"宜陽丞印"。

【簡讀2002】

　　秦縣,《漢志》屬弘農郡。《史記·秦本紀》:"庶長封伐宜陽。"

【於京2005】

　　《史記·周本紀》:"八年,秦攻宜陽,楚救之。而楚以周爲秦故,將伐之。"《正義》:
"《括地志》云:'故韓城一名宜陽城,在洛州福昌縣東十四里,即韓宜陽縣城也。'"

《索隱》:"宜陽,韓地,秦攻而楚救之,周爲韓出兵,而楚疑周爲秦,因加兵伐周。"《史記·秦本紀》:"其秋,(武王)使甘茂、庶長封伐宜陽。四年,拔宜陽,斬首六萬。""十七年,……(武)王之宜陽。"《正義》:"在河南府福昌縣東十四里,故韓城是也。此韓之大郡,伐取之,叄川路乃通也。""二十三年,……(武)王與魏王會宜陽。"《史記·韓世家》:"(景侯虔)九年,秦伐我宜陽。""(昭侯)二十四年,秦來拔我宜陽。"《史記·樗里子甘茂列傳》:"秦使甘茂攻韓,拔宜陽。""(甘茂)對曰:'宜陽,大縣也,'……,卒使丞相甘茂將兵伐宜陽。""斬首六萬,遂拔宜陽。""秦使向壽平宜陽。""向壽爲秦守宜陽。""甘茂許公仲以武遂,反宜陽之民。""今公取宜陽以爲功。"《史記·外戚世家》:"傅十餘家,至宜陽。"《漢書·地理志》:"弘農郡,……宜陽,在黽池有鐵官也。"《水經注》卷一五:"秦武王以甘茂爲左丞相,曰:寡人欲通三川,窺周室,死不朽矣!茂請約魏以攻韓,斬首六萬,遂拔宜陽城。故韓地也,後乃縣之。"宜陽秦屬叄川郡,其治地在今河南宜陽西。

【縣考2007】

本韓縣。秦武王三年(前308年)攻韓宜陽縣,次年,拔之。出土秦封泥中有"宜陽丞印"。《漢志》宜陽縣屬弘農郡。

【楚地2013】

包山楚簡有"宜昜"(《包山》103號),整理者云:《漢書·地理志》弘農郡有宜陽,王先謙云:"戰國韓地,秦武王拔之,昭襄王會魏王於此。"此宜陽未屬楚,或另所指。劉信芳贊同此意見,認爲"據楚簡,知楚曾一度占領宜陽,並設官管理"。韓國的宜陽在今河南宜陽縣西,洛河北岸,今河南省宜陽縣城西25里韓城鎮有戰國宜陽故城。顔世鉉認爲宜陽在曲沃的東南方,楚懷王時宜陽曾爲楚所占取是極有可能的,故包山楚簡的宜陽可能就是原韓地宜陽,在今河南宜陽縣西25里的韓城鎮。

宜陽之丞

《新地》圖12;《大系》P327

【新地2001】

《史記·秦本紀》武王二年"庶長封伐宜陽,四年拔宜陽。"《正義》:"在河南福昌縣東十四里,故韓城是也。此韓之大郡,伐取之,叄川路乃通也。"《水經注·洛水》有類似記載,並提到"乃縣之"。《漢志》弘農郡條,"宜陽,在黽池有鐵官也"。宜陽在秦屬叄川郡，在今河南省宜陽縣西部。秦陶文見《出》1672—1797 "宜陽肄、宜陽工□"，1849—1897 "宜陽工武、宜陽工肄、宜陽工昌、宜陽昌"。漢封泥見《古封泥集成》1654 "宜陽之印"，965、966 "宜陽丞印"。

【分域2009】

　　"宜陽津印"（《徵存》6.32）。宜陽，地名，曾屬韓，後歸秦，《史記·秦本紀》云："武王謂甘茂曰：'寡人欲容車通三川，窺周室，死不恨矣。' 其秋，使甘茂、庶長封伐宜陽。四年，拔宜陽，斬首六萬。" 其地在今河南宜陽縣西。"津" 本來是指渡口，此處當指關津。古代往往在縣內比較重要的渡口設置關卡置官監守。此二印當爲宜陽縣丞和關津之官所用印。

（十）新　　安

新安丞印

| | 1 | 2 | 3 |

1.《相家》P28
2.《於京》圖33；《璽印》P405；《大系》P305
3.《古封》P146；《秦封》P289；《彙考》P262；《璽印》P413；《山全》P36、P160、P192；《濟博》P18；《大系》P305

【兩漢1993】

　　西漢早期，封泥。印文二行四字，"印" 字殘。有界欄。《齊魯封泥集存》著錄。新安，漢縣名。《漢書·地理志》："弘農郡，……縣十一……新安。" 東漢沿置，《後漢書·郡國志》："弘農郡……九城，……新安。" 故治在今河南澠池縣東。

【秦式1998】

　　錄於《齊魯》《再續》。《漢志》弘農郡有新安縣，《史記·項羽本紀》"於是楚軍夜擊阬秦卒二十萬餘人新安城南"。《正義》："《括地志》云：新安故城在洛州澠池縣東一十四里，漢新安縣城是也。" 新安縣秦約屬叄川郡，今在河南省澠池縣東搭泥鎮。漢封泥見《封泥》"新安左尉"。

【秦封2000】

　　《漢志》，弘農郡有新安縣。《禹貢》澗水在東南入雒。"《史記·項羽本紀》"項羽使長史欣爲前行,到新安。……楚軍夜擊阬秦卒二十萬餘人新安城南"。正義:《括地志》云:新安故城在洛州澠池縣東一十四里,漢新安縣城是也。《元和》"本漢舊縣,屬弘農郡,晋改屬河南郡,後魏屬新安郡,周武帝保定三年省新安郡……建德六年省中州,又置新安郡,隋開皇十六年改置穀州,貞元年省穀州,新安屬河南府。"《水經·雒水》"穀水又東經新安縣故城南,北夾流而西接崤邑,昔項羽西入侵,阬降卒二十萬於此,國滅身亡宜矣。"《一統》屬河南府新安縣。新安縣秦約屬叁川郡,今在河南省澠池縣東搭泥鎮。漢封泥見:《封泥》"新安左尉"。

【於京2005】

《史記·項羽本紀》:"項羽……使長史欣爲上將軍,將秦軍爲前行。到新安。"《正義》:"《括地志》云:'新安故城在洛州澠池縣東一十四里,漢新安縣城也。即坑秦卒處。'""於是楚軍夜擊阬秦卒二十餘萬人新安城南。"《史記·高祖本紀》:"(項羽)詐坑秦子弟新安二十萬,王其將,罪六。"《史記·淮陰侯列傳》:"至新安,項王詐坑秦降卒二十餘萬。"《漢書·地理志》:"弘農郡,……新安,禹貢澗水在東,南入雒。"《水經注》卷四:"河水又與畛水合。水出新安縣青要山,今謂之疆山。"《元和郡縣圖志·河南道五·新安縣》:"新安縣,畿,東至(河南)府七十里,本漢舊縣,屬弘農郡。……貞觀元年省穀州,新安屬河南府。"新安秦屬叁川郡,其治在今河南澠池縣東。

【彙考2007】

新安,縣名。秦置。《漢書·地理志》弘農郡有新安縣。《漢書·百官公卿表》:"縣令、長,皆秦官,掌治其縣……皆有丞、尉。"今在河南省澠池東。

【政區2009】

秦新安就是秦末項羽坑殺秦軍二十多萬入之處。《史記·項羽本紀》:"(項羽)使長史欣爲上將軍,將秦軍爲前行,到新安。……於是楚軍夜擊,阬秦卒二十餘萬人新安城南。"《正義》引《括地志》云:"新安故城在洛州澠池縣東一十四里,漢新安縣城也。即坑秦卒處。"《史記·高祖本紀》:"(項羽)詐阬秦子弟新安二十萬,王其將,罪六。"《史記·淮陰侯列傳》:"至新安,項王詐坑秦降卒二十餘萬。"《水經·河水注》:"河水又與畛水合。水出新安縣青要山,今謂之疆山。"《水經·澗水注》:"澗水出新安縣南白石山。"《元和·卷六》河南道五:"新安縣,本漢舊縣,屬弘農郡。"《讀史·卷四十八》河南府新安縣"府西七十里,北至懷慶府濟源縣界九十里,西至澠池縣九十里。戰國時西周地,秦曰新安。漢置縣,屬弘農郡"《括地志》:"在今澠池縣東二十五里。項羽夜擊,坑秦卒二十餘萬人於新安城南,蓋在其地。是後東徙。"《漢志》弘農郡屬縣有新安縣。弘農郡,"武帝元鼎四年置",爲分秦叁川郡而增置。考古調查表明,秦新安縣在河南義馬市新安故城,城址爲長方形,面積15萬平方米。

【集證2011】

《漢書·地理志》弘農郡有"新安"縣。新安秦時當屬叁川郡。《史記·項羽本紀》:"使長史欣爲上將軍,將秦軍爲前行,到新安……於是楚軍夜擊阬秦卒二十餘萬人新安城南。"《正義》引《括地志》云:"新安故城在洛州澠池縣東一十四里漢新安縣城也,即坑秦卒處。"張家山漢墓竹簡《二年律令》第455號"盧氏、新安、新城、宜陽"。

【廣封2019】

　　案《再續封泥考略》,《漢書‧地理志》:新安縣屬弘農郡。丞爲其主管官員之副。

（十一）卷

卷丞之印

《古封》P146;《秦封》P288;《彙考》P263;《大系》P140

【兩漢1993】

　　在考訂"卷丞"西漢早期至中期封泥時指出,印文一行二字。上海博物館藏。卷,漢縣名。《漢書‧地理志》:"河南郡,……縣二十二……卷。"東漢沿置,《後漢書‧郡國志》:"河南尹……,二十一城,……卷。"故治在今河南原陽縣西。

【秦封2000】

　　《漢志》:河南郡有卷縣。《史記‧秦本紀》昭襄王"三十三年,客卿胡傷攻魏卷、蔡陽、長社,取之"。正義:"《括地志》云:故卷城在鄭州原武縣西北七里,即衡雍也。"又《史記‧秦始皇本紀》:"二年,公將卒攻卷,斬首三萬。"又《史記》"據衛取卷,則齊必入朝秦,秦已得乎山東,則必牽兵而向趙矣"。又説"魏襄王曰……北有河外,卷、衍、酸棗,地方千里"。"大王不事秦,則秦下兵攻河外,據卷、衍、酸棗,劫魏取陽晋……"。《史記‧絳侯周勃世家》:"勃,沛人也,其先卷人。""勃夜襲取臨濟,攻張以前,至卷,坡之。"《讀史》:"在縣西北七里,……漢置縣,屬河南郡,建初二年帝幸偃師,東涉卷津,晋卷縣屬滎陽郡,後魏因之,北齊廢。"《水經‧河水》:"河水經卷縣,又東至酸棗之延津邑,皆河津之要塞邑。"卷縣秦約屬叁川郡,今在河南原陽縣西。《睡虎》:"三年,卷軍。"漢封泥見:《齊魯》"卷丞之印",《續封》《建德》"卷丞"。漢印見:《兩漢》"卷丞"。

【彙考2007】

　　卷,縣名。戰國魏邑,秦置卷縣。《漢書‧地理志》河南郡有卷縣。今在河南省原陽縣舊原武西北。

【縣考2007】

　　《史記‧秦本紀》曰:"[昭襄王]三十三年,客卿胡(傷)[陽]攻魏卷、蔡陽、長社,取之。擊芒卯、華陽,破之,斬首十五萬。"據《新編年表》的考證,《史記‧秦本紀》所説的秦昭襄王三十三年當作三十四年,又出土秦封泥中有"卷丞口印""蔡陽丞印""長社丞印","華陽丞印""華陽禁印",是頗疑秦在昭襄王三十四年得卷、蔡陽、長社、華陽後,即分別設置縣。《漢志》卷縣屬河南郡,蔡陽屬南陽郡,長社縣屬潁川郡。

【政區2009】

秦卷縣原爲魏國卷邑,秦昭襄王三十三年,客卿胡傷攻魏國之卷邑;始皇二年,庶公曾在此斬首三萬。西漢名將周勃的先人就是卷人。《史記·秦本紀》:"昭襄王三十三年,客卿胡傷攻魏卷、蔡陽、長社,取之。"又《史記·秦始皇本紀》:"二年庶公將卒攻卷,斬首三萬。"《史記·絳侯周勃世家》:"絳侯周勃者,沛人也,其先卷人";又"夜襲取臨濟,攻張,以前至卷,破之"。《水經·河水注》:"陰溝首受大河於卷縣,故瀆東南逕卷縣故城南。"《正義》引《括地志》云:"故卷城在鄭州原武縣西北七里,即衡雍也。"《漢志》河南郡,故秦叁川郡,屬縣有卷縣。秦卷縣故址在今河南省原陽縣西。

【戰國2013】

雲夢睡虎地秦簡有(秦王政)"今三年,卷軍"。《史記·秦始皇本紀》:"二年庶公將卒攻卷。"估計秦始攻卷在秦王政二年,至三年始攻取之。卷爲魏軍事要地。《戰國策·魏策一》載蘇秦曰:"大王之地,北有河外卷、衍、燕、酸棗。"又《史記·秦本紀》:"昭襄王三十七年,客卿胡傷攻魏卷、蔡陽、長社,取之。"可知卷在秦、魏之間曾反復爭奪。西漢名將周勃的先人就是卷人。《史記·絳侯周勃世家》:"絳侯周勃者,沛人也,其先卷人。"《水經·河水注》:"河水逕卷縣,又東至酸棗之延津邑,皆河津之要塞邑。"《正義》引《括地志》云:"故卷城在鄭州原武縣西北七里,即衡雍也。"卷縣故址在今河南省原陽縣西北7里。

【廣封2019】

案《續封泥考略》,《漢書·地理志》:卷縣屬河南郡。丞爲其主管官員之副。

（十二）陽　　武

陽武丞印

1　　　　　　　　　　　　　　　2

1.《大系》P320
2.《大系》P321

【政區 2009】

　　西漢初年張家山漢簡《秩律》有"陽武"縣,其上屬郡爲河南郡。即陽武在秦時西漢初年即已置縣。《史記・秦始皇本紀》:"二十九年,始皇東游,至陽武博浪沙中,爲盜所驚。"秦末漢初張蒼、陳平皆是陽武人。《清一統志・卷一百八十七》:"故城在今(懷慶府)陽武縣東南,秦縣。"其故址地望在今河南省原武縣東南。

(十三) 成　　皋

成皋丞印

1　　　　　　　　　2　　　　　　　　　3

1—3.《大系》P45

【政區 2009】

　　西漢初年《秩律》有"成皋"縣,其上屬郡爲河南郡。即成皋在秦時西漢初年即已置縣。又《史記・秦本紀》:"莊襄王元年,蒙驁伐韓,韓獻成皋、鞏,秦界至大梁,初置三川郡。"《正義》引《括地志》:"洛州汜水縣,古之虢國,亦鄭之制邑,又名虎牢。"秦滅東周,韓亦得其地,又獻於秦。《清一統志・卷一百八十七》載,"(成皋)故城今汜水縣西北"。秦成皋故址在今河南省鞏縣東北。

【戰國 2013】

　　旅順博物館收藏一"十四年成□令"銅鼎,器蓋外側有陰刻銘文"王后左相室"。口沿下陰刻銘文"十四年成皋令趙容造公蕭容斗"。《戰國策・韓策一》云:"三晋已破智氏,將分其地。段規謂韓王曰:'分地必取成皋。'……王曰:'善。'至韓之取鄭也,果從成皋始。"《史記・六國年表》:"秦莊襄王元年,拔韓成皋、榮陽。"又《史記・秦本紀》:"莊襄王元年,蒙驁伐韓,韓獻成皋、鞏,秦界至大梁,初置三川郡。"《正義》引《括地志》:"洛州汜水縣,古之虢國,亦鄭之制邑,又名虎牢。"秦滅東周,韓亦得其地,又獻於秦。《清一統志・卷一百八十七》:"(成皋)故城今泛水縣西北"。韓成皋故址在今河南省鞏縣東北。

（十四）桑　　林

桑林

　　　　1　　　　　　　　2　　　　　　　3

1.《釋續》圖 6;《印風》P167;《印集》P74;《彙考》P150;《大系》P204

2.《新出》P28;《大系》P204

3.《相家》P6;《大系》P204

【釋續 2001】

　　桑林爲古地名。《淮南子·主術訓》:"湯之時,七年旱,以身禱於桑林之際,而四海之雲湊,千里之雨至。"《墨子·明鬼下》:"燕之有祖,當齊之社稷,宋之有桑林,楚之有雲夢也。"《呂氏春秋·慎大》:"武王勝殷,入殷,未下輿,命封黃帝之後於鑄……立成湯之後於宋以奉桑林。"桑林爲湯祀神之所,後世亦爲禁苑,《墨子》桑林與雲夢同舉,雲夢即楚之雲夢澤,楚王常遊息其地,入秦爲禁苑,桑林與之同舉。《史記·張儀列傳》:"張儀去楚,因遂之韓,説韓王曰:……大王不事秦,秦下甲據宜陽,斷韓之上地,東取成皋、榮陽,則鴻臺之宮,桑林之苑,非王之有也。"《索隱》:"按此皆韓之宮苑,亦見《戰國策》。"這段話又見《戰國策·韓策·張儀爲秦連橫説韓王》,鮑彪本注:"桑林,在亳。"亳地舊有三處,南亳、北亳皆在商丘,原爲宋地,戰國時應爲魏地;西亳在偃師,爲湯滅夏時所居,戰國時屬韓。偃師距陽武不遠,皆在始皇東巡道上,宜有宮苑。桑林本爲傳説中的地名,商周時難於確定其所在,也可能像亳一樣,隨商之遷徙而遷徙,商丘、偃師在不同的時代都可能有這個地名,但戰國晚期的桑林苑,大概只能在偃師。

【簡讀 2002】

　　《後漢書·鍾離意傳》:"成湯大旱七年,……禱於桑林之社,以六事自責。"《史記·張儀列傳》:"大王不事秦,秦下甲據宜陽,斷韓之上地,東取成皋、榮陽,則鴻臺之宮,桑林之苑,非王之有也。"《索隱》:"按:此皆韓之宮苑,亦見《戰國策》。"

【彙考 2007】

　　桑林,苑名。戰國屬韓,後歸秦。《呂氏春秋》載,湯滅夏,天大旱,五年不收,湯親至桑林祈雨,天即降雨。《史記·張儀列傳》:"大王不事秦,秦下甲據宜陽,斷韓之上地,東取成皋、榮陽,則鴻臺之宮,桑林之苑,非王之有也。"《索隱》:"鴻臺之宮、桑林之苑,皆韓之宮苑。"

【圖説2009】

　　"桑林"當爲官署名,桑林□□補殘當爲"之印",爲主官嗇夫印迹;三封泥應與皇后親蠶活動有關。《禮記·祭義》:"古者天子諸侯必有公桑蠶室,近川(水)而爲之。"所謂"公桑"之處或即"桑林"。漢代"桑林"可能在上林苑中。《漢官六種》之《漢舊儀》云:"春蠶生而皇后親蠶於苑中,蠶室養蠶千薄以上。"上林苑中還有"繭館""蠶室"。秦之"桑林"有可能亦在上林苑,並且還有蠶室、繭館一類親蠶機構。筆者按:"□□桑監"漢瓦當(《中國古代瓦當藝術》圖219),復原可能爲"上林桑監",應是"桑林"的監督官署。東漢"採桑"畫像磚(《四川漢代畫像磚》圖8),桑林裏,一人肩扛帶鉤的長竿,準備採桑葉。

【分域2009】

　　桑林,苑名。戰國時屬韓,後歸秦。據《呂氏春秋》載,湯滅夏,天大旱,五年不收,湯親到桑林祈雨。該印當爲管理桑林的機構用印。

【職地2014】

　　《淮南子·脩務訓》:"湯旱,以身祈於桑山之林。"高誘注:"桑山之林能爲雲雨,故祈之。"《呂氏春秋·慎大篇》:"武王勝殷,立成湯之後於宋,以奉桑林。"高注云"桑山之林,湯所祈也,故所奉也"。《墨子·明鬼下》:"燕之有祖,當齊之社稷,宋之有桑林,楚之有雲夢也。"孫詒讓《墨子間詁》云:"桑林蓋大林之名,湯祈旱於彼,故宋亦立其祀。左昭二十一年傳云'宋城舊廊及桑林之門',當即望祀桑林之處。因湯以盛樂祈旱於桑林,後世沿襲,遂有桑林之樂矣。"

【廣封2019】

　　案《史記·張儀列傳》:"大王不事秦,秦下甲據宜陽,斷韓之上地,東取成皋、榮陽,則鴻臺之宮、桑林之苑非王之有也。"注,《索隱》案:此皆韓之宮苑,亦見《戰國策》。

桑林丞印

1　　　　　　　　　2

1.《發掘》圖一九:3;《新獲》P287;《璽印》P405;《大系》P204
2.《大系》P204

【考略2001】

　　桑林一説古地名,《墨子·明鬼下》:"宋之有桑林,楚之有雲夢也。"漢代人記載,商湯曾到桑林舉行求雨祭祀活動。《史記·張儀列傳》亦載韓國有"鴻臺之宫,桑林之苑"。我們以爲相家巷出土的秦封泥"桑林丞印"當非關東之地名,應與王后或皇后親蠶活動有關。《禮記·祭義》:"古者天子諸侯必有公桑蠶室,近川而爲之。"所謂"公桑"之處或即"桑林"。《晉書·禮志上》載:"(太康六年)於是蠶於西郊,蓋與籍田對其方也。乃使侍中成粲草定其儀。先蠶壇高一丈,方二丈,爲四出陛,陛廣五尺,在皇后採桑壇東南帷宫外門之外,而東南去帷宫十丈,在蠶室西南,桑林在其東。"《水經注》:"漳水又對趙氏(後趙)臨漳宫。宫在桑梓苑,多桑木。故苑有其名。三月三日及始蠶之月,虎(石虎)帥皇后及夫人採桑於此。今地有遺桑,墉無尺雉矣。"王后"親蠶"早已有之,"桑林""先蠶壇""蠶室"均爲蠶事活動之處所,置官管理,"桑林丞印"當爲桑林屬官"丞"之封泥。陳直《關中秦漢陶録提要》載:"漢城出土'監桑'殘瓦,瓦有'桑'字,皆爲繭館或蠶室之物。'監'者官名,次於令丞之下。"我們認爲"監桑"應釋爲"桑監","桑監"或爲"桑林"屬官。漢代"桑林"可能在上林苑中。《漢官六種》之《漢官儀》云:"春繭生而皇后親蠶於苑中,蠶室養蠶千薄以上。"上林苑中還有"繭館""蠶室"。《三輔黄圖》載:"繭館,[漢宫闕疏]云:'上林苑有蠶館。'"又《漢書·酷吏傳·咸宣傳》載:"闌入上林中蠶室門。"秦之"桑林"有可能亦在上林苑,並且還有蠶室、繭館一類親蠶機構。

【簡讀2002】

　　考釋見"桑林"條。

【新官2002】

　　《西安中國書法藝術博物館藏秦封泥選釋續》6有"桑林、桑林□□",考訂良佳。

【彙考2007】

　　同"桑林"下所録《釋續2001》。

【政區2009】

　　桑林,傳世文獻無載,但從封泥的性質看,爲縣級之印,自應是失載之縣。

【圖説2009】

　　"桑林丞印"當爲桑林屬官"丞"之封泥。

【分域2009】

　　説見"桑林"。

【廣封2019】

　　説見"桑林"。

桑林司寇

《大系》P204

【選考2013】

秦封泥有"桑林""桑林□□"。王輝先生對此有詳盡考證,並云:桑林爲宮苑,戰國晚期的桑林,大概只能在偃師。其説可從。《睡虎地秦簡·司空》:"隸臣妾、城旦舂之司寇、居貲贖債擊城旦舂者,勿責衣食。"整理組注:"司寇,刑徒名。《漢舊儀》:'司寇,男守備,女爲作如司寇,皆作二歲。'城旦舂之司寇,據簡文應爲城旦舂減刑爲司寇者。"又:"司寇勿以僕、養、守官府及除有爲也。有上令除之,必復請之。"又《内史雜》:"候、司寇及群下吏勿敢爲官府佐、史及禁苑憲盜。"又《法律答問》:"司寇盜百一十錢,先白告,何論? 當耐爲隸臣,或曰貨二甲。"此職當爲掌管在桑林之中服刑的刑徒。

【官名2013】

司寇,西周金义作"嗣寇",掌刑獄執法之事。《周禮·秋官·司寇》:"惟王建國,辨方正位,體國經野,設官分職,以爲民極。乃立秋官司寇,使帥其屬而掌邦禁,以佐王刑邦國。"張亞初和劉雨兩位先生認爲:"(西周時期)司寇的地位似乎並不十分顯要。"包山簡"右司寇"僅此一例,且沒有出現"司寇"或"左司寇"等與之相對的職官名。《國語·楚語下》:"臣何有於死,死在司敗矣。"韋昭注:"楚謂司寇爲司敗。"在包山簡中,司敗與司寇並稱,司寇在這裏是司敗的别稱還是另有所司還不能確定。三晋兵器銘文中常見有"司寇"和"邦司寇",兼有督造兵器之職責。秦簡中的"司寇"與其他諸侯國的"司寇"迥異,非官名而爲刑徒名,且有等級之别,如城旦司寇、舂司寇等。

桑林□府

《大系》P204

瑞按:封泥殘,府名尚難確定,似"器"字。

桑林□□

《釋續》圖6;《彙考》P151;《大系》P204

【釋續2001】

第二枚封泥末二字已殘。(瑞按: 其下的釋讀見"桑林")

【圖説2009】

說見"桑林"。

(十五) 河　　南

河南丞印

　　　　1　　　　　　　　　　　　　　　2

1、2.《大系》P112

【縣考2007】

《漢志》河南郡河南縣下班固自注曰:"故郟鄏地。周武王遷九鼎,周公致太平,營以爲都,是爲王城,至平王居之。"戰國時期爲西周都城。《周本紀》載:"(周赧王)五十九年,……西周恐,倍秦,與諸侯約從,將天下銳師出伊闕攻秦,令秦無得通陽城。秦昭王怒,使將軍謬攻西周。西周君奔秦,頓首受罪,盡獻其邑三十六,口三萬。秦受其獻,歸其君於周。"《秦本紀》亦載此事,唯繫於秦昭襄王五十一年。據《新編年表》的考證,西周之滅於秦應在周赧王五十九年,即秦昭襄王四十三年,《秦本紀》記此事於昭襄王五十一年誤。西周既亡,其都城河南自應屬秦。又,《周本紀》中《史記集解》引徐廣曰:"周比亡之時,凡七縣,河南、洛陽、穀城、平陰、偃師、鞏、緱氏。"則河南歸秦後仍當爲縣。

【政區2009】

洛陽周王城及漢河南縣城遺址出土印"河市""河亭"戳記的盆、碗、甕等陶文;

洛陽邙山戰國秦人洞室墓出土陶罐、壺也戳印此陶文；洛陽于家營秦墓陶罐也戳印
有"河亭""河市"陶文。二者都是河南縣市亭之省文。又《秦漢金文錄》有傳世"河
南"戈，此戈原以爲漢兵，黃盛璋根據其"銘爲鑿鑿，字劃皆斷續不連，此乃秦刻兵器
之特點，漢器所無"改定爲秦兵。河南一名見於春秋末，戰國末年周亡時七縣之一。
《史記·周本紀》："考王封其弟於河南。"又《世本》曰："西周桓公揭，居河南，東周惠
公班，居洛陽。"又《集解》引徐廣曰："周比亡時，凡七縣：河南、洛陽、穀城、平陰、偃
師、鞏、緱氏。"漢河南縣城的前身是西周王城，平王遷後，爲東周都城。《史記·貨殖
列傳》："周人都河南。"其地在漢河南郡河南縣。《漢志》河南郡領縣河南，"故郟鄏地。
周武王遷九鼎，周公致太平，營以爲都，是爲王城，至平王居之"。其故址漢河南縣城，
現位於洛陽市西部小屯村，不規則方形，東西1485米，南北1410米，周長約5400米。
遺址出土的戰國糧倉遺址，呂不韋文信錢範和市亭陶文等秦文物，也證明了秦置河南
縣，西漢因之。

【戰國2013】

　　"河南"一名見於春秋末，戰國末年周亡時七縣之一。《史記·周本紀》："考王封其
弟於河南。"又《世本》曰："西周桓公揭，居河南，東周惠公班，居洛陽。"漢河南縣城的
前身是西周王城，平王遷後，爲東周都城。《史記·貨殖列傳》："周人都河南。"其地在漢
河南郡河南縣。《漢志》河南郡領縣河南，"故郟鄏地。周武王遷九鼎，周公致太平，營以
爲都，是爲王城，至平王居之"。其故址爲漢河南縣城，現位於洛陽市西部小屯村，不規
則方形，東西1485米，南北1410米，周長約5400米。遺址出土戰國糧倉遺址，呂不韋文
信錢範和市亭陶文等文物。

二、潁川郡

潁川大守

《上封》P41；《璽印》P426；《大系》P330

　　瑞按：《漢書·地理志》"潁川郡，秦置。高帝五年爲韓國，六年復故。莽曰左隊。
陽翟有工官。"大守即太守。

潁□斡□

《大系》P330

【秦漢2010】

　　在考訂"潁川斡丞"秦印時指出，"潁川"亦見於日本小林斗盦懷玉印室藏秦"潁川大守"封泥及嶽麓書院新藏秦簡，寫法相同。相家巷出土秦封泥還有"潁陽丞印"，張家山漢簡《二年律令·秩律》有"潁陽""潁陰"，"潁"也作从禾之形。史籍作从水之"潁"，或因潁水而改（《漢書·地理志》潁陽下顏師古注引應劭曰"潁水出陽城"），猶如出土秦漢文字資料中"熒陽"，因得名與滎澤有關，从火之"熒"，史籍或作从水之"滎"，只是反映不同時代或不同書手的不同用字習慣，並不存在孰是孰非。或謂文獻作"潁"係"潁"之誤，亦不必。"斡丞"，即斡官之丞。相家巷出土秦封泥有"中斡官丞""少府斡丞""北宮斡丞"等。今據"江胡斡官"即"潁川斡丞"二印，知諸郡也設有斡官。

（一）傿　　陵

傿陵丞印

1　　　　　　　　2

1.《大系》P317
2.《菁華》P139

【考略2001】

　　《漢書·地理志》：潁川郡轄傿陵縣。"傿陵丞印"爲傿陵縣丞之印。故傿陵縣在今河南許昌市東北的傿陵縣北部。《續澂秋館藏古封泥》錄有"傿陵丞印"封泥。

【簡讀2002】

秦縣,《漢志》屬潁川郡。《張家·二年·秩律》:"鄢陵……秩各六百石,有丞、尉者半之。"

【政區2009】

《漢志》潁川郡鄢陵縣,"莽曰左亭"。王輝曰:傿字漢人亦或寫作鄢。馬王堆帛書《戰國縱橫家書·見田開于梁南章》:"秦攻鄢陵,幾拔矣……若秦拔鄢陵而不能東攻單父……楚、梁不勝,秦攻鄢陵。"戰國時鄢城初屬韓,後屬楚地。《史記·春申君列傳》:"若是而王以十萬戍鄭,梁氏寒心,許、鄢陵嬰城,而上蔡、召陵不往來也。"《讀史·卷四十七》開封府鄢陵縣,"鄢陵城,舊城在今縣西南四十里"。故鄢陵縣在今河南許昌市東北的鄢陵縣北部。考古調查表明,河南鄢陵縣鄢陵故城爲長方形,分内外兩城,外城東西988米,南北1916米;内城爲方形,邊長200米,出土遺物多屬春秋戰國遺物,時代從春秋鄭伯克段於鄢,戰國屬韓,秦漢鄢陵縣故址。

【戰國2013】

同《政區2009》。

【廣封2019】

案《漢書·地理志》:潁川郡,有縣"傿陵","户四萬九千一百一,口二十六萬一千四百一十八。莽曰左亭"。(李奇曰:"六國爲安陵。"師古曰:"傿音偃。")《史記·伍子胥列傳》:遂召勝,使居楚之邊邑鄢,號爲白公。注,《集解》徐廣曰:"潁川鄢陵是。"《正義》"鄢音偃。"《括地志》云:"故鄢城在豫州鄢城縣南五里,與襃信白亭相近。"

傿陵□□

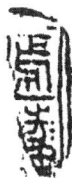

《新獲》P289;《大系》P317

瑞按:封泥殘,是半通還是方寸印,尚難確定。

（二）潁　　陽

潁陽丞印

1　　　　　　　　　　2

1.《印風》P160;《印集》P115;《彙考》P207;《大系》P330
2.《彙考》P207;《大系》P331

【秦式1998】
　　録於《續封》《建德》。《漢志》潁川郡有潁陽縣。應劭曰：潁水出陽城。《史記・高祖本紀》"南攻潁陽,屠之"。《漢書・周勃傳》"攻潁陽、緱氏,絶河津"。《讀史》："潁陽城縣西南八十里,本秦邑,沛公南攻潁陽,屠之。"潁陽縣秦屬潁川郡,今在河南許昌市西南。漢封泥見《續封》《建德》"潁陽丞印",漢印見《徵存》"潁陽丞印"。

【秦封2000】
　　潁即潁,《漢志》潁川郡有潁陽縣。應劭曰："潁水出陽城。"《史記・高祖本紀》："南攻潁陽,屠之。"《漢書・周勃傳》："攻潁陽、緱氏,絶河津。"《水經・潁水》"又東過潁陽縣西。應劭曰：縣在潁水之陽,故邑氏之。"《讀史》："潁陽城（登封）縣西南八十里,本秦邑,沛公南攻潁陽,屠之。漢置潁陽縣,屬潁川郡,章帝封馬防爲侯邑,建初八年幸潁陽是也。"潁陽縣秦約屬潁川郡,今在河南省許昌市西南。漢封泥見：《續封》《建德》"潁陽丞印"。漢印見：《徵存》"潁陽丞印"。

【簡讀2002】
　　秦縣,《漢志》屬潁川郡。應劭曰："潁水出陽城。"《漢書・周勃列傳》："攻潁陽"。《張家・二年・秩律》："潁陽……秩各六百石,有丞、尉者半之"。

【上封2002】
　　《地理志》在潁川郡。《史記・高祖本紀》：沛公破秦曲遇東,南攻潁陽。則秦有其縣。

【彙考2007】
　　潁即潁。縣名。秦置。因縣在潁水之陽,故名。《漢書・地理志》潁川郡有潁陽縣。《水經・潁水》："又東南過潁陽縣西。"酈道元注引應劭曰："縣在潁水之陽,故邑氏之。"今在河南省許昌市西南。

【政區2009】

秦末劉邦曾攻殺潁陽等地。《史記·高祖本紀》:"南攻潁陽,屠之。"《史記·絳侯周勃世家》:"攻潁陽、緱氏,絶河津。"《水經·潁水注》:"(潁水)又東南過潁陽縣西,又東南過潁陰縣西南。應劭曰:縣在潁水之陽,故邑氏之。"《讀史·卷四十八》:"潁陽城(登封)縣西南八十里,本秦邑,沛公南攻潁陽,屠之。漢置潁陽縣,屬潁川郡,章帝封馬防爲侯邑,建初八年幸潁陽是也。"故王先謙曰:"秦縣。"《漢志》潁川郡潁陽縣。應劭曰:"潁水出陽城。"秦潁陽縣故址在今河南許昌市西南。《中國文物地圖集·河南分册》就將古潁陽縣治標在河南省襄城縣北潁陽鎮,領地在今許昌市、禹縣、襄城之間。潁陽故城現存城牆200米,時代從春秋鄭之潁邑,至秦漢之潁陽縣治。

【集證2011】

印已殘,但文字隸定應無問題。潁與穎通,《戰國策·魏策一》:"東有淮潁……"《史記·蘇秦列傳》"潁"作"穎"。《漢書·地理志》潁川郡有"潁陽"縣。《漢書補注》王先謙曰:"秦縣。《始皇紀》:二世二年,高帝屠潁陽。續《志》後漢因。《潁水注》:'潁水自陽翟來,東南過潁陽縣西。'應劭曰:'縣在潁水之陽,故邑氏之。'潁水下入潁陰。《一統志》:'故城今許州西南。'"

【秦地2017】

里耶簡8-161+8-307有"潁陰相來行田字"。《漢志》屬潁川郡。

【廣封2019】

案:"穎"即"潁",《漢書·地理志》:潁川郡,有縣"潁陽"。(應劭曰:"潁水出陽城。")《讀史方輿紀要》:"潁陽城,縣西南八十里。本秦邑,沛公南攻潁陽,屠之。漢置潁陽縣,屬潁川郡,章帝封馬防爲侯邑,建初八年幸潁陽是也。"此其丞之印也。

（三）長　　社

長社丞印

《釋續》圖44;《印風》P156;《印集》P114;《彙考》P206;《璽印》P420;《大系》P42

【釋續2001】

《漢書·地理志》潁川郡有長社縣。顏師古注:"應劭曰:'宋人圍長葛'是也,其社中樹暴長,更名長社。師古曰:'長讀如本字。'"王先謙《補注》:"春秋鄭地。戰國屬魏。昭襄王取之,見《秦紀》。樊噲攻之,見《噲傳》。……《一統志》:故城今長葛縣西。"

【簡讀2002】

秦縣,《漢志》屬穎川郡。《史記·秦本紀》"客卿胡陽攻魏卷、蔡陽、長社,取之。"《張家·二年·秩律》:"長社……秩各六百石,有丞、尉者半之。"

【縣考2007】

説見"卷丞之印"。

【彙考2007】

《漢書·地理志》穎川郡有長社縣。顏師古注:"應劭曰:'宋人圍長葛是也。其社中樹暴長,更名長社。' 師古曰:'長讀如本字'"。王先謙《補注》:"春秋鄭地。戰國屬魏。昭襄王取之,見《秦紀》。樊噲攻之,見《噲傳》。……《一統志》:故城今長葛縣西。"

【政區2009】

戰國時魏邑,本名長葛,因其社中有樹暴長,故改長社。《史記·秦本紀》:"昭襄王三十三年,客卿胡傷攻魏卷、蔡陽、長社,取之。"《史記·絳侯周勃世家》:"攻長社,先登。"秦置縣應在是年,屬穎川郡。《水經·河水注》:"又東逕長社縣故城北,鄭之長葛邑也。《春秋》隱公五年,宋人伐鄭,圍長葛是也。後社樹暴長,故曰長社。"《漢志》穎川郡有長社縣,故城在今河南省長葛縣西。

【分域2009】

長社,本名長葛。戰國時爲魏邑,後改爲長社,其地在今河南長葛。《漢書·地理志》載,穎川郡有長社縣。

【廣封2019】

案《漢書·地理志》:穎川郡,有縣"長社"。(應劭曰:"宋人圍長葛是也。其社中樹暴長,更名長社。"師古曰:"長讀如本字。")《史記·秦本紀》:"(昭襄王)三十三年,客卿胡(傷)〔陽〕攻魏卷、蔡陽、長社,取之。注,《集解》《地理志》:穎川有長社縣。《正義》《括地志》云:長社故城在許州長社縣西一里。皆魏邑也。"此其丞之印也。

(四) 襄

襄印

《大系》P199

瑞按:封泥首字原讀"襄",從該字右下爲"土"看,當以"壤"字爲宜。其所指不詳。

襄□之□

《大系》P199

瑞按：封泥殘，原讀“壞□之印”，從拓本看“印”字未見。

襄□丞□

《大系》P199

（五）襄　　成

襄成丞印

| 1 | 2 | 3 |

1.《秦封》P303；《書集》P126；《彙考》P206；《璽印》P413
2.《酒餘》P43下；《大系》P301
3.《大系》P301

【縣考2007】
　　《六國年表》楚懷王二十九年欄曰：“秦取我襄城。”然由於司馬遷在《六國年表》中

將楚懷王二十九年與秦昭襄王成七年置於同一年，又在《秦本紀》中言“〔昭襄王〕七年，
拔新城。”因此以往的學者便以爲襄城又稱新城。其實此説不確。據《新編年表》，楚懷
王二十九年當與秦昭襄王九年（前298年）爲同一年，如此，襄城與新城自當爲二地，二
者了不相涉。故該年（前298年），楚襄城縣屬秦。昭襄王十二年前，其地又曾由秦屬魏。
是年之後襄城再次屬秦。出土秦封泥中有“襄城丞印”。《漢志》襄城縣屬潁川郡。

【政區2009】

襄城原爲楚地，秦末項羽曾在此坑殺降者。《史記・六國年表》：“楚懷王二十九年，
秦取我襄城，殺景缺。”《史記・項羽本紀》：“項梁前使項羽別攻襄城，襄城堅守不下。已
拔，皆坑之。”《漢志》潁川郡襄城縣，“有西不羹。莽曰相城”。《元和・卷七》：“汝州襄
城縣，本秦舊縣，漢因之，屬潁川郡，春秋襄王避叔帶之難，出居鄭地氾，在今縣南一里故
氾城是也。蓋以周襄王嘗出居此，故名襄城。”《讀史・卷四十八》河南許州襄城縣氾
城：“在今縣城南”，“《史記》：‘晋成公十五年伐鄭，取氾。’後屬魏，以周襄王避狄難出居
此，故謂之襄城。魏昭王元年秦拔我襄城。後屬楚。懷王二十九年秦取楚襄城。秦爲
襄城縣，屬潁川郡。二世二年項梁使項羽別攻襄城是也。漢亦置縣於此”。秦襄城縣故
址今在河南省襄城縣。

【楚地2013】

江蘇連雲港地區出土有楚國“襄城公戈”（《近出》四・1170），“襄城”也見於韓國
兵器“六年襄城令戈”（《近出》四・1196）、“二十三年襄城令戈”（《集成》18.11565）
等。《漢志》屬潁川郡，地在今河南襄城縣。

【戰國2013】

傳世戰國韓兵器“六年襄城令”戈，銘文：“六年襄城令韓沽司寇反維右庫工師邯鄲
□治疋造長戟。”又上海博物館藏一件戰國“廿三年襄城令”矛（《集成》18.11565），其
釋文：“廿三年襄城令□名司寇反維右庫工師邯鄲□治銅造。”襄城，春秋時爲鄭氾地，
王人聰指出在漢代屬潁川郡，戰國時處於韓魏兩國交界地帶，曾一度爲魏國所有。《史
記・魏世家》：“昭王元年，秦拔我襄城。”即襄城在魏昭王元年被秦國占領，之後又回歸
韓國版圖。《水經・汝水注》：“汝水又東南逕襄城縣故城南……周襄王居之，故曰襄城。”
《元和・卷七》：“汝州襄城縣，本秦舊縣，漢因之，屬潁川郡，春秋襄王避叔帶之難，出居
鄭地氾，在今縣南一里古氾城，是也，蓋以周襄王嘗出居此，故名襄城。”戰國末期，襄城
爲楚國所有。《史記・六國年表》：“楚懷王二十九年，秦取我襄城，殺景缺。”從此兵器銘
文看，爲韓器無疑。韓置襄城縣，故址在今河南襄城縣。

又：江蘇連雲港市考古出土楚兵器有“襄城公”戈。《史記・六國年表》：“楚懷王
二十九年，秦取我襄城，殺景缺。”楚襄城一度屬魏。《史記・魏本紀》：“昭王元年，秦拔
我襄城。”《元和・卷七》：“汝州襄城縣，本秦舊縣，漢因之，屬潁川郡，春秋襄王避叔帶之
難，出居鄭地氾，在今縣南一里故氾城是也。蓋從襄王嘗出居此，故名襄城。”《讀史・卷
四十八》河南許州襄城縣氾城，“在今縣城南”；“《史記》：‘晋成公十五年伐鄭，取氾’。
後屬魏，以周襄王避狄難出居此，故謂之襄城。魏昭王元年秦拔我襄城。後屬楚。懷王

二十九年秦取楚襄城。秦爲襄城縣，屬潁川郡”。襄城縣故址今在河南省襄城縣。

　　瑞按：文獻多做“襄城”，封泥做“襄成”。《史記·孝景間侯者年表》有“襄成侯”，注引《索隱》“襄城，志屬潁川”，即《漢書·地理志》潁川郡下襄城，“有西不羹。莽曰相城。”《漢書·匈奴列傳》“伐周襄王，襄王出奔於鄭之氾邑。”注引蘇林曰：“氾音凡，今潁川襄城是也。”師古曰：“以襄王嘗處之，因號襄城。”《史記·項籍列傳》“梁前使羽別攻襄城，襄城堅守不下。已拔，皆阬之，還報梁。”襄城，舊爲魏地，《史記·魏世家》“昭王元年，秦拔我襄城。”《史記·秦本紀》昭襄王“七年，拔新城”，注：《正義》，《楚世家》云：“懷王二十九年，秦復伐楚，大破楚軍，楚軍死二萬，殺我將軍景缺。”《年表》云：“秦敗我襄城，殺景缺。”《括地志》云：“許州襄城縣即古新城縣也。”按《世家》《年表》，則“新”字誤作“襄”字。張家山漢簡《二年律令》有兩襄城，452號有“雕陰、洛都、襄城、漆垣、定陽”、458號有“長安西市、陽城、苑陵、襄城、偃、郊”，前一“襄城”整理小組“疑爲襄洛之誤”。除“襄成丞印”外，還有“襄城丞印”封泥。

襄成發弩

1

2

1、2.《大系》P301

　　瑞按：襄城，《漢書·地理志》屬潁川郡。《史記·孝景間侯者年表》有襄成侯，《索隱》“縣名，屬潁川”。襄成發弩，爲襄成縣發弩。縣設發弩，見睡虎地雲夢秦簡、里耶秦簡等出土簡牘及出土秦印、封泥。

襄成右尉

《大系》P302

　　瑞按：封泥殘，從殘存筆畫看，讀"襄成右尉"當可成立，然究竟是"成"還是"城"，實難確定。襄成，《漢書·地理志》屬潁川郡寫爲"襄城"。襄成右尉，爲襄成縣右尉。縣設右尉，見睡虎地雲夢秦簡、里耶秦簡等出土簡牘及出土秦印、封泥。

襄城丞印

　　　　1　　　　　　　　　　　2

1.《發現》圖139；《圖例》P57；《大系》P302
2.《大系》P302

【發現1997】
　　《漢書·地理志》潁川郡："襄城，有西不羹。"《史記·秦本紀》："昭襄王七年，拔新城。"《正義》引《括地志》云："許州襄城縣，即古新城縣也。"
【郡縣1997】
　　《漢書·地理志》潁川郡本注"秦置"，屬縣有襄城，當沿秦而置，地在今河南襄城。《史記·秦始皇本紀》云：十七年（公元前233年）"内史騰攻韓，得韓王安，盡納其地，以其地爲郡，命曰潁川。"襄城此時爲秦潁川郡屬縣；丞爲縣令佐官。
【印考1997】
　　印面正方形，田字格，邊長2釐米，印文梢模糊，邊欄右側殘，釋文應爲"襄城丞印"。襄城，戰國時魏襄城邑，秦置縣。《漢書·地理志》潁川郡："襄城，有西不羹。"其地在今河南省平頂山市東部。《史記·秦本紀》秦昭襄王三十二年"秦尉錯來，擊我襄城"。
【秦封2000】
　　《漢志》：潁川郡有襄城縣，"有西不羹。莽曰相城。"《史記·六國年表》楚懷王二十九年："秦取我襄城，殺景缺。"《史記·項羽本紀》："項梁前使項羽別攻襄城，襄城堅守不下。"《元和》："本秦舊縣，漢因之，屬潁川郡，春秋襄王避叔帶之難，出居鄭地氾，在今縣南一里古氾城是也，蓋從襄王嘗出居此，故名襄城，晋及後魏屬襄城郡，隋開皇三年改郡爲汝州，以縣屬焉。大業三年廢汝州，以縣屬汝州。開元四年屬仙州，割襄城縣屬焉。二十六年廢仙州，復隸許州。天寶七年又屬汝州。"襄城清屬河南省許州襄城縣。襄城縣秦約屬潁川郡，今在河南省襄城縣。戰國有：《考古》"襄城楚境尹"戈。

【簡讀2002】

秦縣,《漢志》屬潁川郡。《史記·秦本紀》:"拔新城。"《正義》:"年表云:'秦敗我襄城,殺景缺。'《括地志》云:許州襄城縣即古新城縣也。"《張家·二年·秩律》:"襄城……秩各六百石,有丞、尉者半之。"

【彙考2007】

襄城,秦縣。漢沿之。《漢書·地理志》潁川郡有襄城縣。王先謙《漢書補注》:"春秋鄭地,後屬楚。戰國懷王時,秦取之,見《六國表》,項羽攻拔之,見《始皇紀》,呂后封孝惠後宮子義爲侯國,見《表》……《一統志》:故城今襄城縣治西土塿之外。"

【分域2009】

襄城,秦縣名。《史記·秦本紀》云:"昭襄王七年,拔新城。"《正義》引《括地志》云:"許州襄城縣,即古新城縣也。"《漢書·地理志》載,潁川郡有襄城縣,其地在今河南享城。

【集證2011】

《漢書·地理志》潁川郡有"襄城"縣。《漢書補注》王先謙曰:"春秋鄭地,後屬楚。戰國懷王時秦取之,見《六國表》。項羽攻拔之,見《始皇紀》。呂后封孝惠後宮子義爲侯,見《表》。"《史記·秦本紀》記昭王六年"庶長奂伐楚,斬首二萬"。"七年,拔新城"。《正義》:"《楚世家》云:懷王'二十九年,秦復伐楚,大破楚軍,楚軍死二萬,殺我將軍景缺。'《年表》云:'秦敗我襄城,殺景缺。'《括地志》云:'許州襄城縣即古新城縣也。'按《世家》《年表》則'新'字誤作'襄'字。"新城亦見睡虎地秦簡《編年紀》:"(昭王)六年,攻新城。七年,新城陷。八年,新城歸。"襄城即新城,已是定論。不過由此封泥看,"襄"並非"新"字之誤。"新城"有可能是入秦後短時間的更名,其後又恢復了舊名。襄城故城即今河南襄城縣。《清一統志》:"故城即今襄城縣治西塿之外,遺迹連亘,達於城隅。"

【秦地2017】

里耶簡有"謁告襄城"。秦封泥有"襄城丞印"。《漢志》屬潁川郡。

（六）新 襄 城

新襄城丞

《於京》圖65;《璽印》P413;《大系》P308

【於京2005】

《漢書・地理志》,潁川郡有襄城,新襄城殆爲秦在統一六國時所設立之縣,其時間當晚於滅韓。

【政區2009】

襄城在戰國時爲楚國舊縣,秦代沿襲設置此縣。今秦封泥"襄城丞印"和"新襄城丞"同時出土,説明二者爲不同置縣。新襄城應爲秦新建置縣,較之襄城曰"新",或屬潁川郡,具體地望待考。

【職地2014】

《地理志》潁川郡有襄城,新襄城應另有所指,惟今無法考實。

(七) 許

許丞之印

《大系》P311

【政區2009】

秦陶文上有"許市"戳印文字,爲"許縣市亭"之省文。1978年雲夢秦漢墓出土漆耳杯烙印"許亭"。許,古地名。西周時昆吾後裔,周武王時封爲邦國。春秋時,許國國小勢弱,爲强鄰鄭國所逼,被迫遷徙,但都城未毁廢,戰國時魏地。《史記・蘇秦列傳》載,"大王之地,南有鴻溝、陳、汝南、許、郾、昆陽、召陵、舞陽……"《戰國策・秦策四》:"(秦)王以十萬戍鄭,梁氏寒心,許、鄢陵、嬰城、上蔡、召陵不往來也。"秦占領後,置許縣。《史記・陳涉世家》:"銍人伍除將兵居許,章邯擊破之,伍徐軍皆散走陳。"《讀史・卷四十七》:"許昌城,在許州東三十里,周時爲許國。秦許縣,屬潁川郡。陳勝將伍逢軍於此,章邯擊破之。"《清一統志・卷一百二十八》:"許昌故城在今許州城西南。"即今河南許昌市西南的許昌古城。民國《許昌縣志》卷一載:"古城地勢雄壯,合内外二城,周圍十五里,世傳漢獻帝自洛遷都許於此。"秦漢許縣即今許昌市東的曹魏故城遺址。

（八）女　　陰

女陰

　　　　1　　　　　　　　2　　　　　　　　3

1.《新地》圖23
2.《新獲》P288；《大系》P202
3.《大系》P202

【考略2001】
　　“女”與“汝”通假，“女陰”與“汝陰”同。《漢書·地理志》載：漢汝南郡轄汝陰縣，漢汝陰即秦女陰，漢汝南之汝陰爲秦陳郡之女陰。秦女陰故址在今安徽省阜陽市附近。

【新地2001】
　　見“女陰丞印”《集》二·三·56。

【簡讀2002】
　　秦縣，《漢志》屬汝南郡。《張家·二年·秩律》：“女陰……秩各六百石，有丞、尉者半之。”

【彙考2007】
　　女即汝。汝陰，縣名。秦置。《漢書·地理志》汝南郡有女陽縣。班固自注：“莽曰汝墳。”王先謙《漢書補注》：“高帝封夏侯嬰爲侯國，見《表》……後漢因，續《志》作汝陰，劉注：‘有陶丘鄉，《詩》所謂汝墳。’《潁水注》：‘潁水自項來……又合汝水，枝津東徑汝陰縣故城北，縣在汝水之陰，故以汝水納稱。’”今在安徽省阜陽市。

【政區2009】
　　女即汝，汝陰因此縣在汝水之陰，故名。《史記·陳涉世家》：“令汝陰人鄧宗徇九江郡”，又陳王敗時，“之汝陰，還至下城父”。《史記·高祖功臣年表》有汝陰侯夏侯嬰。《漢志》汝南郡汝陰縣，“故胡國，都尉治”。《水經·潁水注》：“潁水又東逕女陰縣故城北……縣在汝水之陰，故以汝水納稱。”《元和·卷八》：“潁陰縣，本漢舊縣，屬汝南郡，魏文帝黃初三年屬汝陰郡，後魏孝昌三年，於此置潁州，北齊廢。”《讀史·卷二十一》南直隸潁州，“汝陰廢縣，今州治。漢置縣，屬汝南郡，高祖時封夏侯嬰爲侯邑”。秦汝陰縣故址在今安徽省阜陽市。1990年阜陽市老城區文昌閣發現西漢汝陰侯宮殿建築遺址出土有“女陰宮當”瓦當，有力證明秦漢汝陰縣的確在今安徽阜陽市。

【秦地2017】

里耶簡有"女陰"。簡文"女陰"從陳偉、何有祖釋。秦封泥有"女陰丞印""女陰",《漢志》屬汝南郡,秦當屬江胡郡。

【廣封2019】

案:"女"即"汝",《漢書・地理志》: 汝南郡,有縣"女陰","故胡國。都尉治。莽曰汝墳"。此其印也。

瑞按: 何有祖先生在里耶秦簡8-1459+8-1293+8-1466中釋讀出"女陰",指出爲縣名(《〈里耶秦簡(壹)〉釋地(四則)》《考古與文物》2019年第2期P110)。

女陰丞印

1　　　　　　　　　　2

1.《大系》P202
2.《發現》圖140;《圖例》P57;《秦封》P304;《彙考》P209;《璽印》P403;《大系》P202

【發現1997】

《漢書・地理志》汝南郡:"女陰,故胡國。都尉治。"

【郡縣1997】

女陰即汝陰。《漢書・地理志》汝南郡本注:"高帝置。"下屬有"女陰"縣。按女陰爲秦置縣,屬陳郡。《史記》卷四八《陳涉世家》記有陳守、令及丞,此郡不在秦始皇二十六年初併天下所置三十六郡之内,當爲以後設置。同上書記有"汝陰人鄧宗",則汝陰爲陳郡所屬縣,地在今安徽阜陽。丞爲縣令佐官。

【印考1997】

印面正方形,田字格,邊長1.8釐米,印文稍模糊,邊欄左側殘,推測爲"女陰丞印"四字。女陰,亦即"汝陰",古縣名,秦置。《漢書・地理志》汝南郡:"女陰,故胡國。都尉治。"此印當是女陰縣之佐官。治今安徽阜陽。1977年安徽阜陽西漢夏侯墓出土"女陰家丞"封泥一枚。

【秦封2000】

女即汝,《漢志》: 汝南郡有汝陰縣,"故胡國。都尉治。"《史記・陳涉世家》:"令汝

陰人鄧宗徇九江郡。”《史記・高祖功臣年表》有汝陰侯夏侯嬰。《水經・潁水》：“縣在汝
水之陰，故以汝水納稱。”《元和》：“本漢舊縣，屬汝南郡，魏文帝黃初三年屬汝陰郡，後魏
孝昌三年，於此置潁州，北齊廢，以縣屬汝陰郡，隋開皇三年置郡，以縣屬潁州，武德初置
信州，六年復爲潁州，縣皆屬焉。”清屬安徽省潁州阜陽縣。女陰縣秦約屬陳郡，今在安
徽省阜陽市。漢瓦當有：“女陰宮當”。漢封泥見：《封泥》“女陰侯相”，《考古》“女陰家
丞”，《兩漢》“女陰右尉”。

【簡讀2002】

　　釋讀見“女陰”條。

【彙考2007】

　　説見“女陰”。

【分域2009】

　　女陰即汝陰，縣名，其地在今安徽阜陽。汝陰當與“汝陽”相對而得名。

【集證2011】

　　《漢書・地理志》汝南郡有“女陰”縣，曰：“故胡國都尉治。”《漢書補注》王先謙
曰：“高帝封夏侯嬰爲侯國，見《表》。”《清一統志》：“故城。今阜陽縣治。”《漢書補注》
吳卓信曰：“有二城，城周五里餘，相傳故女陰城；北城周四里餘，相傳即胡國城。”1990
年3月，阜陽市老城區文昌閣建築工地發現西漢汝陰侯宮殿建築遺址，出土有“女陰宮
當”瓦當（《考古與文物》1997年第5期9頁圖一；6頁圖二,1）

【廣封2019】

　　案：“女”即“汝”，《漢書・地理志》：汝南郡，有縣“女陰”，“故胡國。都尉治。莽曰
汝墳”。此其丞之印也。

（九）慎

慎丞之印

《印風》P154;《考釋》圖一：10;《書法》P42;《新地》圖24;
《印集》P117;《彙考》P211;《大系》P223

【新見1996】

　　《漢志》汝南郡有慎縣。《水經注・卷二十二》記：“故楚邑，白公所居以據吳，春秋左

傳襄公十六年吳人伐慎,潁白公敗之。"在秦屬陳郡,今安徽省潁上縣北部。

【考釋2001】

"慎"與《珍秦》183秦成語印"慎原(願)拳(恭)敬"慎字略同,而與漢印慎字心旁差距較大(《漢印》10·16),又有田字格,其爲秦物無疑。《漢書·地理志》汝南郡有"慎"縣,故城在今安徽潁上縣西北二十公里。

【新地2001】

《漢志》汝南郡有慎縣。《水經注·卷二十二》記:"故楚邑,白公所居以拒吳,《春秋左傳》襄公十六年吳人伐慎,潁白公敗之。"在秦屬陳郡,今安徽省潁上縣北部。

【簡讀2002】

秦縣,《漢志》屬汝南郡。《張家·二年·秩律》:"慎……秩各八百石,有丞、尉者半之。"

【彙考2007】

同《考釋2001》。

【政區2009】

西漢初年的《秩律》有"慎"縣,其上屬郡在西漢初年周振鶴定爲陳郡(實爲淮陽郡),可從。《漢志》汝南郡屬縣慎,"莽曰慎治"。從此封泥和簡文看,秦時漢初慎縣即已置縣。《水經·潁水注》記:"潁水又通慎陽故城北縣,故楚邑,白公所居以拒吳,春秋左傳襄公十六年,吳人伐慎,白公敗之。"秦慎縣故址在今安徽省潁上縣北郊。

【分域2009】

慎,縣名,其地在今安徽潁上縣。《漢書·地理志》載,汝南郡有慎縣,秦時屬陳郡。

【廣封2019】

同《考釋2001》。

(十)女　　陽

女陽丞印

1　　　　　　　2　　　　　　　3

1.《補讀》圖57;《書集》P126

2.《秦封》P306;《彙考》P208

3.《新出》P107;《大系》P202

【補讀1998】

《漢志》汝南郡有女陽縣。應劭曰："汝水出弘農，入淮。"師古曰："女讀曰汝。……汝陰亦同。"《水經‧穎水》："又南過女陽縣北。縣故城南有汝水枝流，故縣得厥稱矣。"女陽縣秦約屬陳郡，今在河南省商水縣西南。漢封泥見《再續》《澂秋》"女陽左尉"。

【續考1998】

印面長方形，田字格，邊長2釐米，印文、邊欄均完整。已發現"女陰丞印"一枚，"女陰"其治今在安徽阜陽；"女陽"亦爲古縣名，秦末漢初時置，治今在河南商水西南。隋初廢，入澱水縣（今商水）。

【秦封2000】

女即汝，《漢志》汝南郡有女陽縣。應劭曰："汝水出弘農，入淮。"師古曰："女讀曰汝。……汝陰亦同。"《水經‧穎水》："又南過女陽縣北。縣故城南有汝水枝流，故縣得厥稱矣。"女陽縣秦約屬陳郡，今在河南省商水縣西南。漢封泥見：《再續》《澂秋》"女陽左尉"。

【簡讀2002】

秦縣，《漢志》屬汝南郡。應劭曰："汝水出弘農，入淮"。師古曰："女讀曰汝。……汝陰亦同。"

【彙考2007】

女陽，即汝陽，縣名。《漢書‧地理志》汝南郡有女陽縣。注引應劭曰："汝水出弘農，入淮"。顏師古曰："女讀汝，其下女陰亦同。"《水經‧穎水》："又南過汝陽縣北。"酈道元注曰："縣故城南有汝水支流。故縣得厥稱矣。"今在河南商水縣西北。

【政區2009】

女即汝，汝陽因此縣在汝水之陽，故名。《漢志》汝南郡汝陽縣，應劭曰："汝水出弘農，入淮。"師古曰："女讀曰汝。……汝陰亦同。"《水經‧穎水注》："（穎水）又南過女陽縣北，縣故城南有汝水枝流，故縣得其稱矣。"《讀史‧卷四十七》陳州商水縣，"汝陽城，在縣西北，漢曰汝陽縣，屬汝南郡"。秦汝陽縣縣治及領地今在河南商水縣西南。考古調查表明，河南商水縣的汝陽故城爲方形，邊長500米。

【分域2009】

女陽即汝陽，縣名，其地在今河南商水縣。《漢書‧地理志》載，汝南郡有汝陽縣。

【集證2011】

女讀爲汝。《漢書‧地理志》："汝南郡，高帝置。"屬縣有"女陽"，應劭曰："汝水出弘農，入淮。"師古曰："女讀曰汝。"《漢書補注》王先謙曰："續《志》後漢因，女作汝。《穎水注》：'穎水自西華來，南過汝陽縣北。'故城南有汝水枝流，故得厥稱。……《一統志》：'故城今商水縣西北。'"後代汝陽有多處，今河南洛陽地區亦有汝陽縣，與秦女陽縣無關。由此封泥看，秦時已有汝陽縣，並非漢高祖始置。

【戰國2013】

山東省莒縣的春秋莒國故城遺址（戰國時爲齊國莒邑）出土韓十年汝陽令戈，戈内刻銘：十年汝陽命（令）長定司寇（寇）傅（平）相左庫工帀（師）重（董）榮（棠）冶明無(模)禱(鑄)戠(戟)。器物的銘辭格式爲：令、司寇、工師、冶尹造。根據黃盛璋對三晉兵器銘刻研究所總結的特點，結合河南新鄭遺址考古出土的韓國有銘文兵器，可斷定此戈爲韓桓惠王十年戈。原文考釋爲"洱陽"，何琳儀重新釋"洱陽"爲"汝陽"，可從。《漢志》汝南郡汝陽縣，應劭曰："汝水出弘農，入淮。"師古曰："女讀曰汝。……汝陰亦同"。《水經·潁水注》："(潁水)又南過女陽縣北，縣故城南有汝水枝流，故縣得其稱矣。"《讀史·卷四十七》陳州商水縣，"汝陽城，在縣西北，漢曰汝陽縣，屬汝南郡"。考古調查表明，河南商水縣的汝陽故城爲方形，邊長500米，時間從戰國到秦漢。

【秦地2014】

北京大學藏秦水陸里程簡册有"女陽"。《漢書·地理志》屬汝南郡，譚其驤主編《中國歷史地圖集》定在今河南商水縣西。但此地距魯陽直綫距離達165千米，遠超簡册所記一百二十里，顯非簡册之比。按照里程終點在洛陽附近，不會走從魯山到商水再到洛陽的迂曲路綫。從魯山北上至洛陽經過汝水，簡文"女陽"當讀汝陽，指汝水北岸，從地理位置和里程看，里程簡册之女陽當在今臨汝至郟縣之間的汝水北岸。馬孟龍定在湖南省汝州市紙房鄉境内的汝水北岸。

【廣封2019】

案："女"即"汝"，《漢書·地理志》：汝南郡，有縣"女陽"。(應劭曰："汝水出弘農，入淮。"師古曰："女讀曰汝。其下汝陰亦同。")此其丞之印也。《水經·潁水》："(潁水)又南過女陽縣北。"此其丞之印也。

三、碭　　郡

碭丞之印

1　　　　　　　　　　　　　2

1.《精品》P58；《大系》P60

2.《新地》圖19；《印集》P124；《彙考》P218；《大系》P60、P318

【新見1996】

《漢志》梁國有碭縣。《史記·項羽本紀》："項羽軍彭城西，沛公軍碭。"《史記·陳涉世家》:"陳涉葬碭。"《讀史方輿紀要·江南·徐州府》碭山縣條記:"秦置碭郡及碭縣,二世二年沛公攻碭拔之。"今安徽省碭山縣南部、河南省夏邑縣東部。漢封泥見《古》1452"碭丞"。

【新地2001】

同《新見1996》。

【簡讀2002】

秦縣,《漢志》屬梁國。《漢書·高帝本紀》:"乃道碭至成陽,與杠里。"

【縣考2007】

碭本爲魏邑。魏亡後,碭當屬秦。《水經·獲水注》曰:"獲水又東逕碭縣故城北,應劭曰:縣有碭山,山在東,出文石,秦立碭郡蓋取山之名也。"秦滅魏置碭郡在秦始皇二十二年,而碭郡自當轄有碭縣,是秦設碭縣亦應在此年。出土秦封泥中有"碭丞之印"。《漢志》碭縣屬梁國。

【政區2009】

原爲魏地,公元前225年,秦滅魏,盡取其地設郡。《漢志》梁國,"故秦碭郡"。《史記·秦始皇本紀》:"二十二年,王賁攻魏,引河溝灌大梁,大梁城壞,其王請降,盡取其地。"《史記·魏本紀》也有相同記載。秦末,楚懷王曾封劉邦爲碭郡長,"將碭郡兵"。《水經·睢水注》:"睢水又東逕睢陽縣故城南。……始皇二十二年,以爲碭郡。"郡治碭,今在安徽碭山縣南。

瑞按:《職地2014》將該封泥列爲郡丞封泥,認爲其是碭郡守的佐官用印。從"琅邪縣丞"看,其專名"縣丞",則當郡名與郡下縣名相同時加"縣丞"者爲郡治縣用印,不加"縣丞"者爲郡官用印。

附:陽丞之印

(此爲"碭丞之印"之誤釋)

【彙考2007】

陽,古國名。《漢書·地理志》城陽國有陽都縣。顏師古注引應劭曰:"齊人遷陽,故陽國是。"王先謙《漢書補注》:"高帝封丁復,宣帝封張彭祖爲侯國,見《表》。後漢屬琅邪郡。續《志》有牟臺。《沂水注》:'沂水自東海冬安來,南徑陽都縣故城東,縣故陽國也。'……《一統志》:故城今沂水縣南。"

【廣封2019】

案《漢書·地理志》:城陽國,有縣"陽都"。(應劭曰:"齊人遷陽,故陽國是。")

（一）下　邑

下邑

《大系》P296

　　瑞按：下邑，《漢書・地理志》屬梁國，"莽曰下治"，梁國，"故秦碭郡，高帝五年爲梁國。莽曰陳定。屬豫州。"《史記・曹相國世家》"又攻下邑以西，至虞，擊章邯車騎。"《索隱》：《地理志》：下邑、虞皆屬梁國。《正義》："宋州下邑縣在州東百一十里。漢下邑城，今碭山縣是"。《水經注》卷23"獲水又東南逕下邑縣故城北，楚考烈王滅魯，頃公亡遷下邑。又楚、漢彭城之戰，呂后兄澤軍於下邑，高祖敗還從澤軍。子房肇捐地之策，收垓下之師，陸機所謂即下邑者也，王莽更名下治矣"。

下邑丞印

1　　　　　　　　2

1.《考釋》圖一：6；《彙考》P235；《璽印》P419；《大系》P296
2.《彙考》P235；《大系》P296

【新見1996】
　　《漢志》梁國有下邑縣。《史記・高祖本紀》："沛公取碭，攻下邑，拔之。"《史記・項羽本紀》："呂后兄周呂侯爲漢將兵，屬下邑。"在秦屬碭郡，今安徽碭山縣。
【考釋2001】
　　《漢書・地理志》梁國（故秦碭郡）有下邑縣。王先謙《漢書補注》："戰國魯地。楚滅魯，頃公遷此，見《魯世家》。周勃攻此先登，見《勃傳》。"王氏所說有對有錯。《史記・高祖本紀》："引兵攻碭，三日乃取碭。因收碭兵，得五六千人，攻下邑，拔之。"又《史記・魯世家》："（魯頃公）二十四年，楚考烈王伐滅魯，頃公亡，遷於下邑，爲家人。"《集解》徐廣曰："卞一作下。"《索隱》："下邑，謂國外之小邑。或有本作卞邑，然魯有卞邑，所以惑也。"日人瀧川資言《史記會注考證》引梁玉繩曰："卞邑是也。"又引胡三省曰："《春秋》：'夫人姜氏會齊侯於卞。'即其地。"由此封泥可知下邑爲秦縣，但此非魯地頃公所遷卞。下邑故地在今安徽碭山縣東，魯卞邑則在今山東泗水縣東五十里。

【新地2001】

《漢志》梁國有下邑縣。《史記・高祖本紀》："沛公取碭，攻下邑，拔之。"《史記・項羽本紀》："呂后兄周呂侯爲漢將兵，屬下邑。"在秦屬碭郡，今安徽碭山縣。

【簡讀2002】

秦縣，《漢志》屬梁國，"故秦碭郡。"《史記・高祖本紀》："攻下邑。"

【彙考2007】

下邑，秦縣名。屬碭郡。《漢書・地理志》："梁國，故秦碭郡。"屬縣有下邑。《史記・項羽本紀》："是時呂后兄周呂侯爲漢將兵居下邑。"《正義》因《括地志》云："宋州碭山縣下邑縣也，在宋州東一百五十里。"故城在今安徽省碭山縣。

【分域2009】

下邑，秦縣名，屬碭郡。其地在今安徽碭山。《史記・項羽本紀》云："是時呂后兄周呂侯爲漢將兵居下邑。"

【廣封2019】

案《漢書・地理志》，"梁國，故秦碭郡，高帝五年爲梁國。莽曰陳定。屬豫州。"有縣"下邑"，"莽曰下治"。《史記・項羽本紀》："是時呂后兄周呂侯爲漢將兵居下邑。"注，《集解》徐廣曰："在梁。"《正義》《括地志》云："宋州碭山縣本下邑縣也，在宋州東一百五十里。"案：今下邑在宋州東一百一十里。《史記・高祖本紀》："攻下邑，拔之。"注《索隱》韋昭云："縣名，屬梁國。"

（二）芒

芒丞之印

1　　　　　　　　　　　　　　2

1.《古封》P147;《秦封》P302;《璽印》P410;《山全》P4;《大系》P164

2.《大系》P164

【兩漢1993】

　　西漢早期，封泥。印文二行四字。有界欄。《臨淄封泥文字》著録。芒，西漢縣名。《漢書·地理志》：“沛郡，……縣三十七……芒，芒曰博治。”東漢省。故治在今河南永城縣北。

【秦式1998】

　　録於《臨淄》。《漢志》沛郡有芒縣，《史記·高祖本紀》“（高祖）隱於芒、碭山澤岩石之間”。《集解》：徐廣曰：芒，今臨淮縣也。《史記·高祖功臣年表》：芒，《索隱》：縣名，屬沛。芒縣秦約屬碭郡，今在河南省永城縣北大睢城。

【秦封2000】

　　《漢志》沛郡有芒縣，“芒曰博治”。《史記·高祖本紀》：“高祖……隱於芒、碭山澤岩石之間。”《集解》：徐廣曰：“芒，今臨淮縣也。”《史記高祖功臣年表》：“芒”，《索隱》：縣名，屬沛。《通典》“譙郡·永城”：“有碭山，漢高帝隱於芒、碭山澤間，即此地。漢芒縣故城在今縣北。”《元和》：“永城縣……本秦芒縣也。”《一統》：“故城在歸德府永城縣東北，秦縣。”芒縣秦約屬碭郡，今在河南省永城北大睢城。

【考略2001】

　　《漢書·地理志》：秦碭郡有“芒縣”。“芒丞之印”爲芒縣丞之印省文。《史記·高祖本紀》：“隱於芒碭山深岩石之間。”《元和郡縣志》卷八：“永城縣……本秦芒縣也。”《臨淄封泥文字》輯録有“芒丞之印”封泥。

【簡讀2002】

　　秦縣，《漢志》屬碭郡。《史記·高祖本紀》“隱於芒、碭山澤岩石之間”。

【彙考2007】

　　芒，縣名。《漢書·地理志》沛郡有芒縣。注引應劭曰：“世祖更名臨睢。睢水出焉。”顏師古曰：“芒音莫郎反。睢音雖。”由此封泥知秦有芒縣。今在河南省永城縣北。

【集證2011】

　　《史記·高祖本紀》：“高祖即自疑，亡匿隱於芒碭山澤岩石之間。”《集解》徐廣曰：“芒，今臨淮縣也。”《元和郡縣志》八：“永城縣……本秦芒縣也。”《清一統志》：“故城在歸德府永城縣東北，秦縣。”秦時應屬泗水亦即四川郡。

【戰國2013】

　　傳世戰國魏兵器有兩件“□年芒令”戈（《集成》17·11344戈、17·11291戈），銘文：“□年芒命（令）司馬伐，右庫工師高反，冶□。”此外遼寧朝陽地區出土“八年芒令”戈，銘文：“八年芒令□□，左庫工師佗□具，冶戉。”又傳世戰國三晉古璽有“芒左司工”印（《璽匯》0089），是三晉縣一級官印。此地春秋時爲宋地。齊緡王三十八年（前286年），由齊、魏、楚三國聯合攻宋，三分其地，此地即劃歸爲魏。秦末劉邦曾隱於芒、碭山深岩澤石之間。故城在今河南永城縣東北四里，居於商丘東北，梧縣之西。

【秦地2017】

　　里耶簡有“上造芒安□□”。從文例看，芒當是縣名。安或安□爲里名。《漢志》屬沛郡,班固自注云:"故秦泗水郡,高帝更名。"秦封泥有"四川大守""四川水丞",嶽麓秦簡亦寫作"四川"。

【廣封2019】

　　案《漢書·地理志》:沛郡,有縣"芒","莽曰博治"。(應劭曰:"世祖更名臨睢。睢水出焉。"師古曰:"芒音莫郎反。睢音雖。")

(三) 睢　　陽

睢陽

《大系》P242

【縣考2007】

　　本宋國邑,後入於魏。《韓非子·有度篇》曰:魏安釐王時"睢陽之事,荆軍老而走"。《水經·睢水注》曰:"睢水又東逕睢陽縣故城南,周成王封微子啟於宋,以嗣殷後,爲宋都也。……秦始皇二十二年以爲碭郡。"據此秦於始皇二十二年當置有睢陽縣,並且爲碭郡的治所。《漢志》睢陽縣屬梁國。

【政區2009】

　　西漢初年的張家山漢簡《秩律》有"睢"縣,漢代無睢縣,疑或爲睢陽之省文。在《秩律》簡文中,"睢"爲第一等縣,屬大縣,而漢睢陽爲漢梁孝王之都,確爲大縣,二者暗合。《史記·項羽本紀》:"東至睢陽;聞之皆爭下項王。"《史記·魏豹彭越列傳》:"(彭越)攻下外黃、睢陽十七城。"《史記·樊酈滕灌列傳》:"(灌)嬰者,睢陽販繒者也。"《水經·睢水注》:"睢水又東逕睢陽縣故城南。周成王封微子啟於宋,以嗣殷後,爲宋都也。秦始皇二十二年,以爲碭郡。"《括地志》:"睢陽故城在宋州治南四里外城中,秦縣治此。"《讀史·卷五十》:"商丘縣,附郭。古商丘,爲閼伯之墟。春秋宋國都也。秦置睢陽縣。漢因之,梁國都於此。"考古調查表明,河南省商丘市睢陽故城略呈平行四邊形,東2900米,西3010米,南3550米,北3252米,周長12985米,時代從東周至漢代,漢代城牆下疊壓春秋宋國都城,漢代爲梁孝王之都。

（四）譙

譙丞之印

《大系》P197

【政區2009】

　　安徽亳縣城外渦河橋邊出土殘陶盆戳印文"譙市"，譙縣市亭之省文。秦置譙縣。《史記・陳涉世家》："乃令符離人葛嬰將兵徇蘄以東。攻銍、鄼、苦、柘、譙，皆下之。"又《史記・樊酈滕灌列傳》："（灌嬰）攻苦、譙。"《清一統志・卷一百二十八》："譙縣故城今（潁州府）亳州治，秦治譙縣。"亳州今安徽省亳縣，秦出土物與其地望相符，即秦置譙縣之證。

（五）鄼

鄼丞之印

1　　　　　　　　2

1.《新選》P120;《大系》P53
2.《大系》P52

【新見1996】

　　鄼縣在秦有二。一在《漢志》沛郡有鄼縣，《史記・陳涉世家》："葛嬰攻銍、鄼、苦、柘、譙，皆下之。"徐廣曰："苦、柘在陳，餘皆在沛也。"《秦集史》謂：《方輿紀要》：鄼縣城在永城縣西南，本秦縣，屬泗水郡。元材案：當依《中國歷史地圖集》屬碭郡。"今在河南省永城西部。二在《漢志》南陽郡有鄼縣，《史記・蕭何世家》："漢五年，高祖封蕭何爲鄼侯。"

《集解》：“文穎曰：音贊，酇曰今南陽酇縣也。孫檢曰：有二縣，音字多亂，其屬沛郡者音嵯，屬南陽者音酇。”在秦屬南陽郡，今湖北省均縣東南部。漢印見《兩》659“酇丞之印”。

【選釋2001】

《漢書·地理志》有二酇。其一在南陽郡，爲侯國，即舊湖北光化縣。《漢書·蕭何傳》：“以酇户二千四百封何曾孫慶爲酇侯。”顏師古注：“酇，南陽縣也。”其二爲沛郡縣，在今河南永城縣西，今名酇城鎮。河南之酇本作䣜。《説文》：“䣜，沛國縣。从邑，盧聲。今酇縣。”段玉裁注：“謂本爲䣜縣，今爲酇縣。”《漢書·地理志》沛郡酇縣條下班固自注：“莽曰贊治。”顏師古注：“應劭曰：‘音嵯。’師古曰：‘此縣本爲䣜，應音是也。中古以來借酇字爲之耳。讀皆爲䣜，而莽呼爲贊治，則此縣亦有贊音。’”《水經注·淮水》：“（渙水）又東逕酇縣故城南。”《春秋·襄公十年》公會諸侯及齊世子光於䣜。今其地䣜聚是也，王莽之酇治矣。”蕭何最先封於何處，諸家説法不一。《説文》：“酇，聚也。从邑，贊聲。南陽有酇縣。”段玉裁注：“《漢地理志》南陽郡：‘酇，侯國。’孟康曰：‘音讚。’按南陽作酇，沛郡作䣜，許二字畫然不相亂也。在沛者後亦作酇，直由‘莽曰贊治’而亂。南陽贊音讚，沛郡及改作酇字皆音嵯，音亦本不相亂。蕭何始封之酇，《茂陵書》、文穎、臣瓚、顏師古、杜佑皆云在南陽，江統、戴規、姚察、李吉甫、今錢氏大昕皆云在沛。在沛説是也。始封於䣜，高后乃封之南陽之酇與築陽。文帝至莽之酇侯皆在南陽。故《地理志》於南陽云‘侯國’，而沛郡酇下不云侯國，爲在沛者不久也。諸家所傳班固作《泗水亭高祖碑》云：‘文昌四友，漢有蕭何。序功第一，受封於䣜’以韻求之，可以不惑。”其説極是。文獻䣜或作酇，乃漢人以當時的地名改古地名。《史記·陳涉世家》：“下，乃令符離人葛嬰將兵徇蘄以東。攻銍、酇、苦、柘、譙，皆下之。”《索隱》：“徐廣曰：苦、柘屬陳，餘皆在沛也。”又《蕭相國世家》：“高祖以蕭何功最盛，封爲酇侯。”司馬遷是漢武帝時人，其時漢已改封蕭何之後人於南陽之酇，故改沛郡之䣜爲酇。這正如《史記》引《尚書》，多以漢時習慣改寫。由以上可知秦縣酇應在湖北，與河南之酇（䣜）無關。

【新地2001】

同《新見1996》。

【簡讀2002】

秦縣，有二：一屬沛郡，《史記·陳涉世家》：“葛嬰攻銍、酇、苦、柘、譙，皆下之。”徐廣曰：“苦、柘在陳，餘皆在沛也。”二屬南陽郡，《史記·蕭相國世家》：“高祖以蕭何功最盛，封爲酇侯。”《集解》：“瓚曰：‘今南陽酇縣也。孫檢曰：有二縣，音字多亂，其屬沛郡者音嵯，屬南陽者音讚。”《張家·二年·秩律》：“酇……秩各八百石，有丞、尉者半之。”

【彙考2007】

同《選釋2001》。

【政區2009】

《史記·陳涉世家》：“葛嬰攻銍、酇、苦、柘、譙，皆下之。”《讀史·卷五十》：“酇縣城在永城縣西南，本秦縣，屬泗水郡。陳勝初起攻酇，下之。漢亦爲酇縣，屬沛郡。”從《圖集》上看，此酇縣屬碭郡，其故址在今河南省永城縣西。

【分域2009】

　　"鄼"爲古代地名,《漢書·地理志》中有兩個"鄼",其一在南陽郡,爲侯國,即湖北光化縣;其二爲沛郡縣,其地在今永城縣南。該印可能爲前者。

【悠悠2015】

　　《漢志》南陽郡有鄼縣,"侯國,莽曰南庚"。師古曰:"即蕭何所封。"又《史記·蕭何世家》:"漢五年,高祖封蕭何爲鄼侯。"《集解》引文穎曰:"音贊,鄼曰今南陽鄼縣也。"《水經·河水注》"縣治故城南臨丐水,謂之鄼頭。漢高祖五年,封蕭何爲侯國是也。"故《讀史方輿紀要》:"城在光化縣東北四十里,秦置鄼縣,漢因之,屬南陽郡。"今湖北均縣東南。

（六）甾

甾□

《大系》P390

【戰國2013】

　　馬王堆漢墓出土《戰國縱橫家書》中"蘇秦自趙獻書于齊王章"言:"今燕趙之兵皆矣,愈疾攻甾。"《漢志》作甾,屬梁國。王先謙曰:秦縣。馬非百考證:"《陳留風俗傳》曰:'秦之穀縣也',後遭漢兵起,邑多災年,故改曰甾縣,王莽更名嘉穀。據此,則在秦時本名穀縣,甾縣乃漢興以後所命名矣。"從出土文獻看,漢甾縣可追溯至戰國魏甾縣,秦爲穀縣,甾縣故址其地在今河南民權縣境。

甾丞之印

1　　　　　　　　　　2　　　　　　　　　　3

1—3.《大系》P389

瑞按:《漢書·地理志》"海、岱惟青州。嵎夷既略,惟、甾其道。"師古曰:"嵎夷,地名也,即陽穀所在。略,言用功少也。惟、甾,二水名。皆復故道也。惟水出琅邪箕屋山。甾水出泰山萊蕪縣。惟字今作濰,甾字或作淄,古今通用也。一曰,道讀曰導。導,治也。"梁國有屬縣曰甾,"故戴國,莽曰嘉穀。"山陽郡有"甾鄉,侯國",楚國有"甾丘。莽曰善丘。"《宋書·州郡志》"考城令,前漢曰甾,屬梁國,章帝更名,屬陳留。《太康地志》無。"

四、東　　郡

東郡大守

《大系》P65

瑞按:封泥殘,然以殘存筆畫,讀"東郡大守"當無誤。東郡,《漢書·地理志》:"東郡,秦置,莽曰治亭,屬兗州。"《史記·秦始皇本紀》:"五年,將軍驁攻魏,定酸棗、燕、虛、長平、雍丘、山陽城,皆拔之,取二十城。初置東郡。"《史記·蒙恬列傳》始皇"五年,蒙驁攻魏,取二十城,作置東郡"。《史記·春申君列傳》:"楚於是去陳徙壽春;而秦徙衛野王,作置東郡。"《史記·魏公子列傳》:"秦聞公子死,使蒙驁攻魏,拔二十城,初置東郡。"《史記·衛康叔世家》:"元君十四年,秦拔魏東地,秦初置東郡,更徙衛野王縣,而并濮陽爲東郡。"《索隱》:"魏都大梁,濮陽、黎陽並是魏之東地,故立郡名東郡也。"《索隱》:"按《年表》,元君十一年秦置東郡,十三年衛徙野王,與此不同也。"《集解》:"《年表》云元君十一年秦置東郡,十二年徙野王,二十三年卒。"《史記·刺客列傳》:"荊卿好讀書擊劍,以術説衛元君,衛元君不用。其後秦伐魏,置東郡,徙衛元君之支屬於野王。"《釋名》卷1"東郡、南郡皆以京師方面言之也",《漢書·溝洫志》注師古曰:"東郡本衛地。"《漢書·溝洫志》:"成帝初,清河都尉馮逡奏言:郡承河下流,與兗州東郡分水爲界。"《水經注》卷24"衛成公自楚丘遷此,秦始皇徙衛君角於野王,置東郡,治濮陽縣。"大守,太守,睡虎地秦簡、里耶秦簡等簡牘及秦封泥中作大守、泰守等。

東郡尉印

無圖,考釋見《五十例》P315。

【五十例2005】

《史記・秦始皇本紀》:"（五年），初置東郡。" "（三十六年），有墜星下東郡,至地爲石,黔首或刻其石曰'始皇帝死而地分'。始皇聞之,遣御史逐問,莫服,盡取石旁居人誅之,因燔銷其石。"《曹相國世家》:"其後從攻東郡尉於成武,破之。"《漢志》,東郡本注:"秦置。莽曰治亭。屬兗州。"東郡治濮陽,其地在今河南濮陽縣南。《漢表》:"郡尉,秦官,掌佐守典武職甲卒,秩比二千石。有丞,秩皆六百石。景帝中二年更名都尉。"《秦封2000》有秦封泥"東郡司馬"。

東郡司馬

《古封》P125;《秦封》P252;《上封》P45;《彙考》P259;《山全》P122;《大系》P65

【秦式1998】

録於《續封》《建德》。《漢志》:"東郡,秦置"《史記・秦始皇本紀》"五年……取二十城,初置東郡。" "三十六年,熒惑守心,有墜星下東郡,至地爲石,黔首或刻其石曰:始皇死而地分"《史記・魏世家》:"景湣王元年,秦拔我二十城以爲秦東郡。"《史記六國年表》秦王政五年"蒙驁取魏酸棗二十餘城,初置東郡"。《史記・蒙恬列傳》亦載《水經》:"衛成公自楚丘遷此,秦始皇徙衛君角於野王,置東郡,治濮陽縣,濮水經其南,故曰濮陽也"。《官舊》載,郡守屬吏有司馬。秦東郡治所約在今河南省濮陽縣。秦印見《徵存》"邦司馬印"。漢封泥見《封泥》《澂秋》"東郡太守章" "齊中司馬"。

【秦封2000】

《漢志》:"東郡,秦置。莽曰治亭,屬兗州。"《史記・秦始皇本紀》"（政）五年,取十二城,初置東郡。" "三十六年,熒惑守心,有墜星下東郡,至地爲石,黔首或刻其石曰:始皇帝死而地分。"《史記・魏世家》:"景湣王元年,秦拔我二十城,以爲秦東郡。"《史記・六國年表》:秦王政五年"蒙驁取魏酸棗二十餘城,初置東郡"。《史記・蒙恬列傳》:"五年,蒙驁攻魏,取二十城,作置東郡。"《讀史》東郡:"今直隸大明府及山東東昌府,濟南府之長清縣以西是其境,郡治濮陽,古衛都也。"《水經・睢水》:"衛成公自楚丘遷此,秦始皇徙衛君角於野王,置東郡,治濮陽縣,濮水徑其南,故濮陽也。"《官舊》載,郡守屬吏有司馬。《史記・曹相國世家》"曹參虜司馬及御史各一人。"秦東郡治約在今河南省濮陽縣。秦印見:《徵存》"邦司馬印"。漢封泥見:《封泥》《澂秋》"東郡太守章、齊中司馬"。漢印見:《兩漢》"東郡守丞"。

【上封2002】

公元前242年,秦攻魏,取二十城,初置東郡。入漢,高祖十一年(前196年)地封梁王劉恢。"東郡"封泥文字同上"即墨""琅邪"諸例。此秦郡有司馬之證。

【彙考2007】

《漢書·地理志》:"東郡,秦置。莽曰治亭。屬兖州。"《漢書·百官公卿表》中尉屬官有司馬。

【政區2009】

秦東郡原爲魏地,因方位而得名。公元前242年,秦攻取這個地區,初建東郡,後又得衛國舊都濮陽等地,兼入東郡。譚其驤考證其界址:"東郡東以濟水爲界,濟東穀城,秦屬濟北,見《留侯世家》。……東北自在平以外,亦當屬濟北,漢初之制如是也。東南地至成武,即曹參、樊噲諸《傳》,'二世三年,攻破東郡尉於成武'。北以黃河爲界。"轄境包括今山東省東阿、梁山以西,定陶、成武以北,河南省延津以東,清豐以南,長垣以北地區。轄縣大概有20縣,郡治濮陽,今河南省濮陽市有關秦東郡置縣,文獻没有記載。20世紀80年代初譚其驤主編《圖集》第二册中有關秦東郡置縣考證點注有15縣,但没有具體的考證文字。此外,馬非百《秦集史·郡縣志》利用文獻也考證秦東郡置17縣。二者之間的具體縣名相同者有14縣,其他則爲所考不同。特別是馬非百所利用文獻晚至明清,這些文獻有關秦置縣記載尚有不確,故其所考秦東郡置縣也多有商之地。

又:傳世秦封泥有"東郡司馬"。又秦封泥有"東郡尉印"。《漢官舊儀》載郡守屬吏有司馬。秦郡守屬吏也有司馬。《史記·曹相國世家》:"參功:凡下二國,縣一百二十二;得王二人,相三人,將軍六人,大莫敖、郡守、司馬、候、御史各一人。"東郡原爲魏地。其名稱由來,《史記·衛康叔世家》引《索隱》云:"魏都大梁,濮陽、黎陽並在魏之東地,故立郡名爲東郡。"公元前242年,秦攻取此地區,初建東郡,後又得衛之舊都濮陽等地,兼入東郡。《史記·秦始皇本紀》:"(政)五年將軍驁攻魏……取二十城,初置東郡";"(三十六年)有墜星下東郡,至地爲石,黔首或刻其石曰'始皇帝死而地分'。始皇聞之,遣御史逐問,莫服,盡取石旁居人誅之,因燔銷其石。"《史記·衛康叔世家》:"元君十四年,秦拔魏東地,秦初置東郡,更徙衛野王縣,而併濮陽爲東郡。"秦末曹參曾破秦東郡軍於成武。《史記·曹相國世家》:"其後從攻東郡尉軍,破之於成武南。"《漢志》東郡本注:"秦置。莽曰治亭。屬兖州。"秦東郡郡治濮陽,今在河南省濮陽市南。《水經·河水注》:"秦始皇徙衛君角於野王,置東郡,治濮陽縣,濮水逕其南,故曰濮陽也。"《讀史·卷一》:"今直隸大名府及山東東昌府、濟南府之長清縣以西是其境,郡治濮陽,故衛都也。"

【分域2009】

《漢書·地理志》云:"東郡,秦置。"該印當爲東郡中尉屬官司馬所用。

【廣封2019】

《續封泥考略》,《漢書·地理志》:東郡,秦置,莽曰治亭。屬兗州。《漢書·百官公卿表》無郡司馬。《後漢書·郡國志》注,漢官儀曰:"(過)(邊)郡太守各將萬騎,行障塞烽火追虜。置長史一人,丞一人,治兵民,當兵行長領。置部尉、千人、司馬、候、農都尉,皆不治民,不給衛士。"此漢時郡之有司馬也。《續封泥考略》中認爲:"此漢時郡之有司馬也。"此應爲秦時物也。

(一) 東　　阿

東阿丞印

1　　　　　　　　　　2

1.《印風》P147;《新地》圖17;《印集》P133;《璽印》P406;《彙考》P225;《大系》P65
2.《山房》2.17

【新見1996】

《史記·項羽本紀》:"司馬龍且軍救東阿,大破秦軍於東阿。"《正義》:"《括地志》云:東阿故城在濟州東阿縣西南二十五里,漢東阿縣城,秦時齊之阿也。"《漢志》東郡有東阿縣。《讀史方輿紀要·兗州府·東阿縣》:東阿故城在縣西二十五里,春秋時爲齊之柯邑,秦時謂之東阿。二世二年,田儋爲章邯所殺,田榮收餘兵走東阿,又項梁擊破章邯軍東阿下。秦時屬東郡,今山東省東阿縣西南部。漢封泥見《古》995"東阿丞印",1655"東阿之印"。

【新地2001】

同《新見1996》。

【簡讀2002】

秦縣,《漢志》屬東郡。《史記·項羽本紀》:"與田榮、司馬龍且軍救東阿。"《正義》:"《括地志》云:東阿故城在濟州東阿縣西南二十五里,漢東阿縣城,秦時齊之阿也。"《張家·二年·秩律》:"東阿……秩各六百石,有丞、尉者半之。"

【彙考2007】

東阿,縣名,秦置,漢沿之。《漢書·地理志》東郡有東阿縣。班固自注:"東阿,都尉治。"顏師古注引應劭曰:"衛邑也。有西故有東。"王先謙《漢書補注》:"春秋齊柯邑,魯齊盟此,見《左莊傳》。戰國爲阿,見田《齊世家》,非衛邑,應説誤……《項羽傳》'大破秦軍東阿'。……《一統志》:故城今陽谷縣東北五十里,世俗謂之阿城鎮。"

【政區2009】

　　《史記·項羽本紀》:"與齊田榮、司馬龍且軍救東阿,大破秦軍於東阿。"《史記·樊酈滕灌列傳》:"常以太僕奉車從擊章邯軍東阿、濮陽下,以兵車趣攻戰疾,破之。"《正義》引《括地志》云:"東阿故城在濟州東阿縣西南二十五里,漢東阿縣城,秦時齊之阿也。"《讀史·卷三十三》:"東阿故城在縣西二十五里,春秋時爲齊之柯邑……秦時謂之東阿。二世二年,田儋爲章邯所殺,田榮收餘兵走東阿,又項梁擊破章邯軍東阿下。"秦東阿縣故址今在山東省東阿縣西南。

【分域2009】

　　東阿,即今山東東阿縣,秦時屬東海郡。下設有東阿縣,該印當爲縣丞所用之物。

【悠悠2015】

　　《史記·項羽本紀》:"司馬龍且軍救東阿,大破秦軍於東阿。"《正義》引《括地志》云:"東阿故城在濟州東阿縣西南二十五里,漢東阿縣城,秦時齊之阿也。"《讀史方輿紀要》:"東阿故城在縣西二十五里,春秋時爲齊之柯邑,秦時謂之東阿。二世二年,田儋爲章邯所殺,田榮收餘兵走東阿,又項梁擊破章邯軍東阿下。"《漢志》東郡有東阿縣。今在山東東阿縣西南。

【廣封2019】

　　案《漢書·地理志》:東郡,有縣"東阿","都尉治"。(應劭曰:"衛邑也。有西故稱東。")

(二)觀

觀□之印

《大系》P102

　　瑞按:封泥殘,原讀"觀丞之印","丞"字殘泐難辨。《漢書·地理志》東郡屬縣有觀,"莽曰觀治"。應劭曰:"夏有觀扈,世祖更名衛國,以封周後。"師古曰:"觀音工喚反。"

（三）東 武 陽

束武陽丞

1　　　　　　　　　　　2

1.《印風》P149;《釋續》圖5;《印集》P113;《彙考》P205;《大系》P66
2.《大系》P66

【新見1996】

《續》5釋作"陽武禁丞",又釋"右上第一字也可能是'東'字,《漢志》東郡有東武陽縣"。釋東武陽丞爲妥,在秦屬東郡,今山東省陽穀縣北部。

【釋續2001】

第三字已殘,從殘畫看,似爲禁字。《漢書・地理志》河南郡(秦叁川郡)有陽武縣。王先謙《補注》:"戰國屬齊,《秦策》齊令田章以陽武合於趙也。秦爲縣。縣人張蒼見《蒼傳》……" 班氏自注:"有博浪沙。"《史記・秦始皇本紀》:"二十九年,始皇東游,至陽武博浪沙中,爲盜所驚。求弗得,乃令天下大索十日。"又《留侯世家》:"秦皇帝東游,良與客狙擊秦始皇帝博浪沙中,誤中副車。秦皇帝大怒,大索天下,求賊甚急,爲張良故也。"始皇東游,曾至陽武,其地宜有禁苑。陽武即今河南原陽縣師寨鎮,博浪在其東南,地近黃河,其地爲平原,多沙。右上第一字也可能是"東"字,《漢書・地理志》東郡有東武陽縣。

【新地2001】

《漢志》"東郡有東武陽縣"。釋東武陽丞爲妥,在秦屬東郡,今山東省陽穀縣北部。

【簡讀2002】

秦縣,《漢志》屬東郡,應劭曰:"武水之陽也。"《張家・二年・秩律》:"東武陽……秩各六百石,有丞、尉者半之。"

【彙考2007】

此封泥右上字殘,從殘畫看,似爲東。《漢書・地理志》東郡有東武陽。班固自注曰:"東武陽,禹治漯水,東北至千乘入海……莽曰武昌。"注引應劭曰:"武水之陽也。"王先謙《漢書補注》:"錢大昭曰:'泰山有南武陽,故此云東。'……《一統志》:故城今朝城縣西四十里。"

【政區2009】

　　秦陶文有"東武市"，東武陽縣市亭之省文，清陳介祺舊藏。俞偉超認爲東武爲東武陽之省文，甚確。東武陽地名出現較晚，先秦地名未見，只見於《漢書》。《漢志》東郡屬縣東武陽，應劭曰："武水之陽也。"從秦封泥和陶文看，秦東郡置東武陽縣，其故址在今山東省陽穀縣西北。

【圖説2009】

　　（釋作"陽武禁丞"）第三字已殘，從殘畫看，似爲禁字。《史記·秦始皇本紀》："二十九年，始皇東遊。至陽武博狼沙中，爲盜所驚。求弗得，乃令天下大索十日。"又《留侯世家》："秦皇帝東游，良與客狙擊秦皇帝博浪沙中，誤中副車。秦皇帝大怒，索天下，求賊甚急，爲張良故也。"始皇東游，曾至陽武，其地宜有禁苑（周曉陸説）。陽武即今河南原陽縣師寨鎮，博浪在其東南。地近黃河，其地爲平原，多沙。

【悠悠2015】

　　同《政區2009》。

【廣封2019】

　　案：此封泥右上字殘，應爲東字。《漢書·地理志》：東郡，有縣"東武陽"，"禹治漯水，東北至千乘入海，過郡三，行千二十里。莽曰武昌"。（應劭曰："武水之陽也。"）此其丞之印也。

（四）濟　　陰

濟陰丞印

1　　　　　　　　　　　　　　2

1.《印考》圖194；《補讀》圖53；《印風》P144；《印集》P132；《彙考》P224；《書集》P127；《璽印》P406、P418；《大系》P124
2.《古封》P146；《秦封》P299；《書集》P127；《彙考》P224；《大系》P124；《大系》P421

【郡縣1997】

　　《史記·秦本紀》惠文王九年（公元前329年）"渡河，取汾陰、皮氏"。《漢書·地理志》河東郡屬有汾陰縣，當沿秦縣而置，秦汾陰縣屬河東郡，丞爲縣令佐官。地在今山西萬榮縣西。

【印考1997】

印面正方形,田字格,邊長1.8釐米,印文清楚,邊欄右下角殘。釋爲"汾陰"不妥。濟陰,郡,國名。漢景帝中元六年(公元前144年)分梁國置國,後改爲郡。轄境相當山東荷澤附近,南至定陶,北至濮城地區。

【補讀1998】

初讀誤作"汾陰丞印"。現據《秦封2000》正讀。《漢志》有濟陰郡,"故梁,景帝中六年別爲濟陰國。宣帝甘露二年更名定陶。《禹貢》荷澤在定陶東。屬兗州"《秦集史》曰:"濟陰自是屬梁,迄於梁孝王不改。後人以濟陰爲梁之分國,因謂秦屬碭郡,未嘗深考也。"於秦時,濟陰當爲縣置,屬東郡,在今山東省定陶縣東。漢封泥見《封泥》"濟陰太守章"。

【秦封2000】

《漢志》有濟陰郡,"故梁。景帝中六年別爲濟陰國。宣帝甘露二年更名定陶。《禹貢》荷澤在定陶東。屬兗州"《秦集》曰:"濟陰自是屬梁,迄於梁孝王不改。後人以濟陰爲梁之分國,因謂屬碭郡,未嘗深考也。"於秦時,濟陰當爲縣置,屬東郡,在今山東省定陶縣東。漢封泥見:《封泥》"濟陰太守章"。

【簡讀2002】

秦縣,《漢志》屬有濟陰郡。

【彙考2007】

《漢書・地理志》有濟陰郡。班固自注曰:"故梁。景帝中六年別爲濟陰國。宣帝甘露二年更名定陶。禹貢荷澤在定陶東。屬兗州。"王先謙《漢書補注》:"全祖望曰:'故屬秦碭郡,楚漢之際屬楚國。'"由此可見,秦時濟陰爲縣。今在山東省定陶縣東。

【政區2009】

《史記・魏豹彭越列傳》:"乃使人賜彭越將軍印,使下濟陰以擊楚。"《漢志》濟陰郡,"故梁,景帝中六年別爲濟陰國。宣帝甘露二年更名定陶。《禹貢》菏澤在定陶東。"有關濟陰縣的郡屬,王先謙認爲屬碭郡。《漢書補注》引全祖望曰:"(濟陰)故屬秦碭郡,楚漢之際屬楚國,高帝五年屬漢,以屬梁國。"然馬非百等認爲其屬東郡,可從。《秦集史》曰:"濟陰自是屬梁,迄於梁孝王不改。後人以濟陰爲梁之分國,因謂屬碭郡,未嘗深考也。高祖紀、周勃、曹參、樊噲諸傳,二世元年,攻破東郡尉於成武,知成武爲東郡屬縣。濟陰界在濮陽、成武之間,益知其屬東郡而不屬碭郡矣。"故周曉陸也以爲秦時,濟陰當爲縣置,屬東郡,在今山東定陶縣東。

【分域2009】

據《漢書・地理志》載,漢有濟陰郡,而秦時爲縣,其地在今山東定陶。

【集證2011】

周曉陸初釋"汾陰丞印",後加糾正。《漢書・地理志》"濟陰郡"。班固自注:"故梁,景帝中六年別爲濟陰國,宣帝甘露二年更名定陶。"《漢書補注》引全祖望曰:"故屬秦碭郡,楚漢之際屬楚國,高帝五年屬漢,以屬梁國。"馬非百《秦集史・郡縣志》:"後人以濟陰爲梁之分國,因謂秦屬碭郡,未嘗深考也。《高祖紀》、周勃、曹參、樊噲諸《傳》,二世元年,攻破東郡尉於成武。知成武爲東郡屬縣。濟陰界在濮陽、成武之間,益知其屬東郡而不屬碭矣。"其説是。

【悠悠2015】

　　《漢志》有濟陰郡,"故梁,景帝中六年別爲濟陰國。宣帝甘露二年更名定陶。《禹貢》荷澤在定陶東"。《秦集史》曰:"濟陰自是屬梁,迄於梁孝王不改。後人以濟陰爲梁之分國,因謂屬碭郡,未嘗深考也。"故周曉陸以爲秦時,濟陰當爲縣置,屬東郡,在今山東定陶縣東。

【廣封2019】

　　案《漢書・地理志》:"濟陰郡,故梁。景帝中六年別爲濟陰國。宣帝甘露二年更名定陶。(禹貢)荷澤在定陶東。屬兗州。"

（五）聊　　城

聊城丞□

《大系》P156

【政區2009】

　　張家山漢簡《秩律》有"聊城"縣,其上屬郡爲東郡。《史記・魯仲連鄒陽列傳》:"其後二十餘年,燕將攻下聊城,聊城人或讒之燕,燕將懼誅,或保守聊城不敢歸。齊田單攻聊城,歲除,士卒多死而聊城不下。……聊城亂,田單遂屠聊城。"《史記・高祖本紀》:"十一年,張春渡河擊聊城。"《正義》引《括地志》云:"故聊城在博州聊城縣西二十里。……秦漢皆爲東郡之聊城也。"《清一統志・卷一百六十八》:"故城在今(東昌府)聊城縣西南五十里。"秦聊城故址在今山東省聊城市西北。

【戰國2013】

　　《戰國策・齊策六》:"初,燕將攻下聊城,人或讒之,燕將懼誅,遂保守聊城,不敢歸,田單攻之歲餘,士卒多死,而聊城不下……聊城亂,田單遂屠聊城。"《史記・魯仲連鄒陽列傳》:"其後二十餘年,燕將攻下聊城,聊城人或讒之燕,燕將懼誅,或保守聊城不敢歸。齊田單攻聊城,歲除,士卒多死而聊城不下。……聊城亂,田單遂屠聊城。"《清一統志》卷168:"故城在今(東昌府)聊城縣西南五十里。"聊城故址在今山東省聊城市西北。

　　瑞按:封泥殘,原讀"聊城丞印","印"字殘泐不存。

（六）定　　陶

定陶丞印

《古封》P147;《中封》P101;《秦封》P299;《彙考》P263;《璽印》P408;《大系》P64

【秦式1998】

錄於《封泥》。《漢志》濟陰郡有定陶縣"故曹國,周武王弟叔振鐸所封"。《史記·秦始皇本紀》"破項梁定陶。"《史記·項羽本紀》"沛公、項羽乃攻定陶","項梁起東阿、西至定陶,再破秦軍"。定陶縣秦約屬東郡,今在山東省定陶縣西北四里。漢封泥見《封泥》"定陶相印章"。

【秦封2000】

《漢志》濟陰郡有定陶縣,"故曹國,周武王弟叔鐸所封,《禹貢》陶丘在西南。陶丘亭。"《漢補》:"定陶故陶,范蠡止焉。"《史記·秦始皇本紀》"二年……破項梁定陶。"《正義》:今曹州定陶縣。《史記·項羽本紀》:"沛公、項羽乃攻定陶。""項梁起東阿,西至定陶,再破秦軍。"《史記·高祖本紀》:"楚軍去而攻定陶,定陶未下。"《史記·穰侯列傳》:"乃封魏冉於穰,復益封陶。"《索隱》:陶即定陶也。《元和》曹州濟陰縣:"本漢定陶縣之地,屬濟陰郡,隋開皇六年於此置濟陰郡,屬曹州,皇朝因之。"《讀史》曹州定陶縣:"州東南五十里,東至城武縣五十里,春秋時曹地,秦置定陶縣,漢封彭越爲梁王,都定陶。後爲濟陰郡治,甘露中爲定陶國治,後漢濟陰郡亦治此。"定陶縣秦約屬東郡,今在山東省定陶縣西北四里。漢封泥見:《封泥》"定陶相印章"。

【彙考2007】

定陶,縣名。周時曹國都。春秋屬宋國。秦置定陶縣。《漢書·地理志》濟陰郡有定陶縣。今在山東省定陶西北古陶邑。

【政區2009】

定陶一直爲秦要地,秦王曾封魏冉於穰,並加封(定)陶邑,號爲穰侯,秦末項梁戰死於此。西漢初年,諸侯也於此地共尊漢王劉邦爲皇帝。《漢志》濟陰郡定陶縣,"故曹國,周武王弟叔振鐸所封,《禹貢》陶丘在西南。"《史記·秦始皇本紀》:"(二世)二年……殺陳涉城父,破項梁定陶,滅魏咎臨濟。"《史記·項羽本紀》:"沛公、項羽乃攻定陶,定陶未下";"項梁起東阿,西至定陶,再破秦軍。"《史記·高祖本紀》:"楚軍去而攻定陶,定陶未下。”“立建成侯彭越爲梁王,都定陶。”《史記·穰侯列傳》:“乃封魏冉於穰,復益封陶。”《索隱》:“陶即定陶也。”《讀史·卷三十三》曹州定陶縣:“(曹)州東南五十里,東至城武縣五十里,春秋時曹地,秦置定陶縣,漢封彭越爲梁王,都定陶。後爲濟陰郡治,甘露中爲定陶國治,後漢濟陰郡亦治此。”秦定陶縣故址今在山東省定陶縣西北四里。

【集證2011】

《漢書·地理志》濟陰郡有“定陶”縣。《漢書補注》王先謙曰:“故陶,范蠡止焉,稱陶朱公,見《越世家》。秦魏冉益封陶爲諸侯,見《秦紀》《穰侯傳》。秦爲定陶縣,高帝與項羽攻之,見《羽傳》;章邯破殺項梁於此,見《高紀》《羽傳》……《一統志》:‘故城今定陶縣西北四里。’”

【悠悠2015】

《漢志》濟陰郡有定陶縣,“故曹國,周武王弟叔振鐸所封,《禹貢》陶丘在西南”。《史記·秦始皇本紀》:“二年……破項梁定陶。”《史記·項羽本紀》“沛公、項羽乃攻定陶”;“項梁起東阿,西至定陶,再破秦軍”。《史記·高祖本紀》:“楚軍去而攻定陶,定陶未下。”《史記·穰侯列傳》:“乃封魏冉於穰,復益封陶。”《索隱》:“陶即定陶也。”《讀史》曹州定陶縣:“州東南五十里,東至城武縣,春秋時曹地,秦置定陶縣,漢封彭越爲梁王,都定陶。後爲濟陰郡治,甘露中爲定陶國治,後漢濟陰郡亦治此。”秦定陶縣屬東郡,今在山東定陶縣西北四里。

【廣封2019】

案《封泥考略》,《漢書·地理志》:“定陶,故曹國,周武王弟叔振鐸所封。縣屬濟陰郡。”丞爲其主管官員之副。

(七)陽　　平

陽平丞印

《大系》P320

【政區2009】

張家山漢簡《秩律》有“陽平”縣,其上屬郡爲東郡。《史記·高祖功臣侯年表》:“杜相夫,陽平侯。”《漢志》東郡屬縣陽平。從此簡文看,秦時漢初陽平即已置縣,其故址就是今山東省莘縣。

【十五則2017】

此封泥左半殘，但仍可辨識爲田字格印面。印文首字"陽"字清晰，"陽"下一字僅有一長橫殘存，釋爲"陽平"，殆是。陽平，《漢書・地理志》屬東郡，秦時亦應爲東郡屬縣。

瑞按：《漢書・地理志》東郡屬縣有"陽平"，昭帝時封蔡義爲陽平侯。錢幣有"陽平"，丁福保認爲即衛國之莘（《古錢大辭典》P1242）。馬孟龍、楊智宇指出，張家山漢簡《二年律令》中的陽平應非東郡屬縣，應爲漢中郡屬縣（《張家山漢簡〈二年律令・秩律〉地名校釋四則》，《歷史地理（37）》P66）。

（八）桃　　林

桃 林丞印

《璽印》P408

【於京2005】

《史記・周本紀》："縱馬於華山之陽，放牛於桃林之虛；偃干戈，振兵釋旅：示天下不復用也。"《集解》："孔安國曰：'桃林在華山東。'"《正義》："《括地志》云：'桃林在陝州桃林縣西。'《山海經》云：'夸父之山，其北有林焉，名曰桃林，廣員三百里，中多馬，湖水出焉，北流入河也。'"《史記・樂書》："濟河而西，馬散華山之陽而弗復乘；牛散桃林之野而不復服。"《史記・趙世家》："造父取驥之乘匹，與桃林盜驪、驊騮、綠耳，獻之繆王。"《史記・留侯世家》："放牛桃林之陰，以示不復輸積。"《水經注》卷四："《述征記》曰：'全節，地名也。其西名桃原，古之桃林，周武王克殷，休牛之地矣。'《西征賦》曰：'咸徵名於桃原者也。'《晉太康地記》曰：'桃林在閿鄉南谷中。'《三秦記》曰：桃林塞在長安東四百里，若有軍馬經過，好行則牧華山，休息林下。"《元和郡縣圖志・河南道二・虢州・弘農縣》："桃源，在縣東北十里。古之桃林，周武王放牛之地也。"又《關內道二・華陰縣》："潼關，在縣東北三十九里，古桃林塞也，春秋時晉侯使詹嘉處瑕以守桃林之塞是也。"桃林丞當爲桃林塞之丞，其地在秦屬內史，今陝西潼關縣東北港口鎮。

【政區2009】

桃林，傳世文獻無載，但從封泥的性質看，爲縣級之印，自應是失載之縣。《戰國策·秦策四》:"(秦)舉河內,拔燕、酸棗、虛、桃人。"又《史記·春申君列傳》:"舉河內,拔燕、酸棗、虛、桃,入邢。"《史記》文誤"人"爲"入",應以《戰國策》爲正。又"林""人"音同,秦封泥"桃林"實爲文獻之"桃人",或爲秦時所改。《索隱》引徐廣曰:"燕縣有桃城,平皋有邢丘。"故址在河南延津縣胙城集東。《漢志》無桃林縣,或廢。

【悠悠2015】

同《政區2009》。《漢志》無桃林縣,應是秦桃林縣在西漢中期之後廢除。

瑞按:封泥殘,是否爲"桃林"尚可存疑。《左傳》文公十三年"春,晉侯使詹嘉處瑕,以守桃林之塞"。

五、南 陽 郡

南陽司馬

《大系》P181

【五十例2005】

《史記·秦本紀》:秦昭襄王二十七年,"赦罪人遷之南陽。""三十四年,秦與魏、韓上庸地爲一郡,南陽免臣遷居之。三十五年,佐韓、魏、楚伐燕。初置南陽郡。"《高祖本紀》:"(沛公)與南陽守齮戰犨東,破之。略南陽郡,南陽守齮走,保城守宛。沛公引兵過而西。張良諫曰:'沛公雖欲急入關,秦兵尚衆,距險。今不下宛,宛從後擊,彊秦在前,此危道也。'於是沛公乃夜引兵從他道還,更旗幟,黎明,圍宛城三匝。南陽守欲自剄。"(漢元年八月),因王陵兵南陽,以迎太公、呂后於沛。"《曹相國世家》:"(曹參)與南陽守齮戰陽城郭東、陷陳,取宛,虜齮,盡定南陽郡。"《樊酈滕灌列傳》:"(樊噲)破南陽守齮於陽城。""(夏侯嬰)因復奉車從攻南陽。""(灌嬰)南破南陽守齮陽城東。遂定南陽郡。"《漢志》,南陽郡本注:"秦置。莽曰前隊。屬荆州。"南陽郡治宛,其地在今河南南陽市。《史記·曹相國世家》:"曹參虜秦司馬及御史各一人。"《漢官舊儀》:郡守屬吏有司馬。《初步》有秦封泥"南陽厎(邸)丞"。

【政區2009】

西安相家巷出土秦封泥有"南陽邸丞"和"南陽司馬",前者是秦南陽郡邸官之屬丞,後者是南陽郡司馬官之遺物。此地原爲韓、楚、魏三國交界地,公元前273年魏被迫獻南陽地給秦,秦將所占韓魏的南陽和楚上庸地合建爲郡,並爲罪人流放之地。《史記·秦本紀》秦昭襄王二十七年,"赦罪人遷之南陽"。"三十四年,秦與魏、韓上庸地爲一郡,南陽免臣遷居之。三十五年,佐韓、魏、楚伐燕,初置南陽郡"。文獻記載秦南陽郡守有騰、吕齮。《史記·秦始皇本紀》:"十六年九月,發卒受地韓南陽假守騰。"《史記·高祖本紀》:"(沛公)收軍中馬騎,與南陽守齮戰犨東,破之。略南陽郡,南陽守齮走,保城守宛。"《史記·曹相國世家》:"(曹參)與南陽守齮戰陽城郭東、陷陳,取宛,虜齮,盡定南陽郡。"《史記·樊酈滕灌列傳》:"(樊噲)破南陽守齮於陽城";"(灌嬰)南破南陽守齮陽城東,遂定南陽郡。"《漢志》南陽郡本注:"秦置。莽曰前隊。屬荆州。"秦南陽郡治宛,其地在今河南南陽市。

【悠悠2015】

西安相家巷出土秦封泥有"南陽邸丞"和"南陽司馬",前者是秦南陽郡邸官之屬丞,後者是南陽郡司馬官之遺物。此地原爲韓、楚、魏三國交界地,公元前273年魏被迫獻南陽地給秦,秦將所占韓魏的南陽和楚上庸地合建爲郡。《史記·秦本紀》:"昭襄王三十五年,初置南陽郡。"文獻記載秦南陽郡守有騰、吕齮。《史記·秦本紀》:"十六年九月,發卒受地韓南陽假守騰。"《史記·高祖本紀》"收軍中馬騎,與南陽守齮";"略南陽郡,南陽守齮走,保城守宛"。秦南陽郡治宛,今在河南南陽市。

南陽邸丞

| 1 | 2 | 3 | 4 |

1.《新出》P26;《大系》P180

2.《於京》圖14;《新出》P26;《大系》P180

3、4.《新出》P26;《大系》P180

【於京2005】

《史記·秦本紀》:"(昭襄王)三十四年,秦與魏、韓上庸地爲一郡,南陽免臣遷居之。三十五年,佐韓、魏、楚伐燕。初置南陽郡。"《正義》:"今鄧州也。前已屬秦,秦置南陽郡,在漢水之北。《釋名》云:'在中國之南而居陽地,故以爲名焉。張衡南都賦云:陪京之南,居漢之陽。'"《史記·貨殖列傳》:"秦末世,遷不軌之民於南陽。南陽西通武關、郢關，東南受漢、江、淮。”《漢書·地理志》：“南陽郡，秦置。莽曰前隊。屬荆州。”《水經注》卷九：“修武，故寧也，亦曰南陽矣。馬季長曰：晋地自朝歌以北至中山爲東陽，朝歌以南至軹爲南陽。故應劭《地理風俗記》云：河内，殷國也，周名之爲南陽。又曰：晋始啟南陽。今南陽城是也。秦始皇改曰修武。徐廣、王隱並言始皇改。”南陽郡治宛，即今河南南陽市。

【體系2010】

　　秦郡之“邸丞”，另見“南陽邸丞”（《發掘2001》T233）、“河内邸丞”（《相家》4、圖5）等。南陽、河内亦已知之郡。“邸”顔師古《百官表》“郡邸長丞”謂在京師“諸郡之邸”。秦有“邸丞”已見《放馬灘秦簡·志怪故事》簡1：“八年八月己巳，邸丞赤敢往謁御史：大梁（梁）人王里……”簡文中赤以“邸丞”身份“謁御史”，其對應關係恰反映了秦時以御史監郡的體制。《漢書·宣帝記》載有廷尉監邴吉“治巫蠱於郡邸”事。故“邸丞”亦得反證秦郡甚明。新出封泥又有“漢中底印”（《相家》4，圖6）、“巫黔囗邸”（《相家》10），另見封泥“底柱丞印”（《印集》9）。“底”，與邸、砥同聲相通，底義亦與房屋有關，《説文》曰“底，山居也”。秦漢中部之置在前312年，證以上揭諸封泥之“邸”有兩體，“底”當屬初起之字。

【職地2014】

　　説見“郡邸長印”。

【悠悠2015】

　　説見“南陽司馬”。

附：南陽郎丞

　　（“南陽邸丞”之誤釋）

《發掘》圖一七：21

【考略2001】

　　《漢書·地理志》：“南陽郡，秦置。”“郎丞”或爲以“郎”補“丞”。郡址在今河南南陽。

【簡讀2002】

　　《漢志》有南陽郡，“秦置。”“郎丞”所指不明。

南陽邦尉

1　　　　　　　　　　　　2

1.《菁華》P35;《大系》P180
2.《大系》P180

【秦官2018】

　　據里耶秦簡8-461"郡邦尉爲郡尉"和"騎邦尉爲騎□（校？）尉"兩條簡文以及秦封泥"南陽邦尉",可知秦郡級武官"尉"在統一之前稱爲"邦尉"。

【廣封2019】

　　案《漢書·地理志》:"南陽郡,秦置。莽曰前隊。屬荊州。"《史記·秦始皇本紀》:"秦王覺,固止,以爲秦國尉。"注,《正義》若漢太尉、大將軍之比也。《史記·白起王翦列傳》:"又虜其將公孫喜,拔五城。起遷爲國尉。"《正義》言太尉。《史記新證》,直案:《秦始皇本紀》亦云"以尉繚爲秦國尉",與傳文同。疑即當於西漢之太尉,以相國秦時作相邦例之,則亦當稱爲邦尉。《十六金符齋印譜》有"邦尉"印,亦可資參考。

（一）宛

宛印

《新選》P111;《大系》P275

【縣考2007】

　　秦昭襄王十五年,楚宛縣屬秦。《秦本紀》載:"(昭襄王)十五年,大良造白起攻魏,取垣。復予之。攻楚,取宛。十六年,……封公子市宛,……爲諸侯。"《穰侯列傳》曰:

"明年(按,指昭襄王十五年),[魏冉]又取楚之宛、葉。"然《韓世家》曰:"[釐王]五年,秦拔我宛。"而韓釐王五年爲秦昭襄王十六年,程恩澤(《國策地名考》)、顧觀光(《七國地理考》卷三)皆以爲宛蓋一地而分屬韓、楚,而秦併之。其説或是。宛入秦後,亦當爲秦再置爲縣。《水經·清水注》所載"[清水]又南逕宛城東。其城,故申伯之都,文王滅申以爲縣也。秦昭襄王使白起爲將,伐楚取郢,即以此地爲南陽郡"可證。《漢志》宛縣屬南陽郡。

【戰國2013】

楚國有宛郡。《説苑·指武篇》:"吳起爲苑守,行縣,適息。"吳起至楚,在楚悼王時,故宛郡設置當於此時,因地名宛得名。又據陳偉考證,包山楚簡中"子郙公"的"郙"應讀爲從"宵"從"阝"之字,即文獻中的"宛"字。"子郙公"的身份是宛郡長官,他所代表的宛郡是出土資料中看到的第一個楚國的郡。楚宛郡以今河南省南陽市爲中心,東南到息縣。故治在宛,今河南南陽市。

又:包山楚簡有"宛人范紳之公范駮"(J93)、"宛公"(J133)等多支簡。宛本爲春秋時楚國申縣,戰國時改稱宛縣。《戰國策·楚策二》:"蘇厲謂宛公昭鼠曰……"《戰國策·西周策》韓慶謂薛公曰:"君以齊爲韓、魏攻楚,九年,取宛、葉以北以强韓、魏。"《史記·秦本紀》:"百里奚亡秦走宛。昭王十五年,白起攻楚,取宛。十六年,封公子市於宛。"又《史記·韓世家》:"釐王五年,秦拔我宛。"馬非百按語:"釐王五年爲昭王十六年,豈秦取宛後,韓又得之,故復取之耶? 昭王三十五年,置南陽郡,治宛。陳恢云:宛,大郡之都也,連城數十。"《水經注·清水注》:"清水又南逕宛城東。其城,故申伯之都,文王滅申以爲縣也。秦昭襄王使白起爲將,伐楚取郢,即以此地爲南陽郡,改縣曰宛。"《讀史·卷五十一》河南南陽府南陽縣,"秦爲宛縣,南陽郡治焉"。宛城,"今府治,春秋時楚邑,百里奚亡秦走宛,楚鄙人執之也,《秦紀》:'昭王十五年白起攻楚去宛,十六年封公子市於宛。'市即涇陽君也。又《韓世家》'厘王五年秦拔我宛',《年表》釐王五年爲秦昭王十六年,意者韓邑近宛,秦取之以廣市之封邑歟? 又昭王十二年與楚頃襄王好會於宛。二十七年使司馬錯攻楚,赦罪人遷之南陽,宛於是始兼南陽。三十五年秦置南陽郡,治宛"。今河南省南陽市宛城故城爲長方形,東西2500米,南北1600米,時代從周代申國、戰國楚宛郡治,至秦漢南陽郡治宛縣。

【十五則2017】

《彙編》著録有"宛丞之印"五枚,與"宛印"對照來看,宛爲秦縣無疑,爲秦南陽郡轄縣。《漢書·地理志》亦屬南陽郡。睡虎地秦簡《編年記》(秦昭王)"十六年,攻宛",張家山漢簡《秩律》也有宛。可見宛爲秦縣的時間大致在昭王十六年之後,漢初沿置。

宛丞之印

1 2

1.《大系》P275
2.《菁華》P140

【於京2005】
　　《史記·秦本紀》："百里奚亡秦走宛。"《項羽本紀》："漢王之出榮陽，南走宛、葉。"《高祖本紀》："(沛公)略南陽郡，南陽守齮走，保城守宛。"《漢書·地理志》："南陽郡，秦置。……宛，故申伯國。有屈申城。縣南有北筮山。戶四萬七千五百四十七。有工官、鐵官。莽曰南陽。"《水經注》卷三一："淯水……又東過宛縣南。""秦昭襄王使白起爲將，伐楚取郢，即以此地爲南陽郡，改縣曰宛。"宛秦屬南陽郡，今河南南陽市。

【政區2009】
　　西漢初年的張家山漢簡《秩律》有"宛"縣，其上屬郡應爲南陽郡。《史記·秦本紀》："百里奚亡秦走宛。"昭王十五年，白起"攻楚，取宛"。"十六年，封公子市於宛。"又《史記·韓世家》："釐王五年，秦拔我宛。"馬非百按語："釐王五年爲昭王十六年，豈秦取宛後，韓又得之，故復取之耶？昭王三十五年，置南陽郡，治宛。陳恢云：宛，大郡之都也，連城數十。"又《史記·項羽本紀》："漢王之出榮陽，南走宛、葉。"《史記·高祖本紀》："(沛公)略南陽郡，南陽守齮走，保城守宛。"《水經·淯水注》："淯水，又東過宛縣南。""秦昭襄王使白起爲將，伐楚取郢，即以此地爲南陽郡，改縣曰宛。"《讀史·卷五十一》河南南陽府南陽縣，"秦爲宛縣，南陽郡治焉"。宛城，"今府治，春秋時楚邑，百里奚亡秦走宛，楚鄙人執之也，《秦紀》：'昭王十五年白起攻楚去宛，十六年封公子市於宛。'市即徑陽君也。又《韓世家》'釐王五年秦拔我宛'，《年表》釐王五年爲秦昭王十六年，意者韓邑近宛，秦取之以廣市之封邑欽？又昭王十二年與楚頃襄王好會於宛。二十七年使司馬錯攻楚，赦罪人遷之南陽，宛於是始兼南陽。三十五年秦置南陽郡，治宛。二世三年沛公略南陽郡守齮保宛，沛公引兵過而西，從張良諫，夜引兵從他道出，黎明圍宛城三匝，宛降""漢三年，漢王出榮陽南走宛，尋出兵宛葉間，後亦爲南陽郡治。"今河南南陽市宛城故城爲長方形，東西2500米，南北1600米，時代從周代申國、戰國楚宛郡治，至秦漢南陽郡治宛縣。

【廣封2019】

案《漢書·地理志》：南陽郡，有縣"宛"，"故申伯國。有屈申城。縣南有北筮山。户四萬七千五百四十七。有工官、鐵官。莽曰南陽"。

宛右尉印

《大系》P275

瑞按：宛，《漢書·地理志》屬南陽郡，"故申伯國。有屈申城。縣南有北筮山。户四萬七千五百四十七。有工官、鐵官。莽曰南陽。"《漢書·地理志》謂，"宛，西通武關，東受江、淮，一都之會也。"《漢書·食貨志》："於長安及五都立五均官，更名長安東西市令及洛陽、邯鄲、臨菑、宛、成都市長皆爲五均司市（稱）師"。《史記·高祖本紀》："略南陽郡，南陽守齮走，保城守宛。"《正義》：守音狩。宛，於元反。《括地志》云："南陽縣故城在宛大城之南隅，其西南有二面，皆故宛城。"《史記·秦本紀》："百里傒亡秦走宛，楚鄙人執之。""十五年，大良造白起攻魏，取垣，復予之。攻楚，取宛。十六年，左更錯取軹及鄧。冉免，封公子市宛，公子悝鄧，魏冉陶，爲諸侯。……二十一年，錯攻魏河內。魏獻安邑，秦出其人，募徙河東賜爵，赦罪人遷之。涇陽君封宛。二十二年，蒙武伐齊。河東爲九縣。與楚王會宛。"《史記·李斯列傳》："昔繆公求士，西取由余於戎，東得百里奚於宛，迎蹇叔於宋。"《史記·蘇秦列傳》："説韓宣王曰：'韓北有鞏、成皋之固，西有宜陽、商阪之塞，東有宛、穰、洧水，南有陘山，地方九百餘里，帶甲數十萬，天下之强弓勁弩皆從韓出。'"《史記·韓世家》："釐王三年，使公孫喜率周、魏攻秦。秦敗我二十四萬，虜喜伊闕。五年，秦拔我宛。"《正義》："宛，於元反。宛，鄧州縣也，時屬韓也。"《史記·越王勾踐世家》《正義》：《會稽典録》云："范蠡字少伯，越之上將軍也。本是楚宛三户人，佯狂倜儻負俗。文種爲宛令，遣吏謁奉。"《史記·曹相國世家》："從南攻犨，與南陽守齮戰陽城郭東，陷陳，取宛，虜齮，盡定南陽郡。"右尉，爲宛縣之尉。縣尉之設，亦見睡虎地秦簡、里耶秦簡等秦簡牘資料。

（二）胡　　陽

胡陽丞印

《大系》P115

　　瑞按：胡陽，不見於《漢書・地理志》。張家山漢墓竹簡《二年律令・秩律》有"酈、鄧、南陵、比陽、平氏、胡陽、祭（蔡）陽、隋"，表明漢初有胡陽。《史記・高祖本紀》："至丹水，高武侯鰓、襄侯王陵降西陵。還攻胡陽，遇番君別將梅鋗，與皆，降析、酈。"《集解》：一云"陵"。《索隱》：韋昭曰："南陽縣。"

（三）陽　　成

陽成丞印

　　　　1　　　　　　　　　　　2

1.《新出》P84；《大系》P318
2.《大系》P318

【政區2009】
　　秦陶文有"陽成佗"。西漢初年的張家山漢簡《秩律》有"陽成"縣，原注以爲屬汝南郡，實誤。簡文中與"陽成"並列的析、酈、鄧、南陵、比陽、平氏、胡陽、蔡陽、隋、西平、葉等縣，其上屬郡在漢初均屬南陽郡，故獨此"陽成"屬汝南郡不合適；《史記・曹相國世家》："從南攻犨，與南陽守齮戰陽城郭東，陷陳，取宛，虜齮，盡定南陽郡。"又《史記・樊酈滕灌列傳》也有同文。《集解》徐廣曰："陽城在南陽。"應劭云"今堵陽。"《索隱》："堵陽是南陽之縣。”即《漢志》南陽郡屬縣堵陽，“莽曰陽城”。《漢書補注》：“先謙曰：縣在秦名陽城，見《曹參傳》注。莽復故。”又譚其驤也據此分析陽城爲秦縣，屬南陽郡，與王先謙説相合。但從秦陶文和西漢初年漢簡看，此陽城實際爲“陽成”，而非“陽城”。《清一統志》：“故城今裕州東六里。”清裕州即今河南方城縣，即秦陽成縣故址在今河南方城縣。

【陽城2017】

陽城，古地名，相傳爲禹所居，後係周之陽城邑，春秋時屬鄭，戰國時歸韓。《史記·韓世家》：“文侯二年，伐鄭，取陽城。”《鄭世家》：“鄭君乙立……十一年，韓伐鄭，取陽城。”又《周本紀》赧王五十九年：“秦取韓陽城、負黍。”亦見《秦本紀》。可見自公元前385年起至公元前256年之間，陽城一直屬韓所有。據乾隆《一統志》引舊志，謂陽城故城在今登封東二十里之告城鎮。1977年，考古工作者發現了韓國的陽城故城，城址在今河南登封縣告城鎮，出土的陶器上有“陽城”“陽城倉器”印文，證實了舊志的記載。傳世古璽有“陽城冢”(《古璽彙編》4047)，亦爲韓國官璽。包山戰國楚簡也有地名“陽城”，與地名“下蔡”同見一簡(簡120)。從簡文分析其地應在淮水中游，亦即宋玉《好色賦》中所謂“惑陽城，迷下蔡”的“陽城”，此爲戰國後期楚縣，與韓戟之韓國“陽城”乃同名異地。

瑞按：徐少華先生在分析包山楚簡時指出，陽城的位置當與下蔡臨近，位於淮水中游。指出陽城之説有四，一爲漢潁川郡之陽城，在河南登封東南告成鎮；一爲秦南陽郡陽城，漢改爲堵陽，在河南方城東；一爲漢汝南郡，在河南商水縣西南；一爲《大明一統志》所載位於安徽宿州之南陽城。與簡文對照，應在河南方城東(《考古》1999年第11期P74)。

(四) 魯　　陽

魯陽丞印

　　　　1　　　　　　　　　　　　　2

1.《大系》P162
2.《山房》2.21

【釋續2001】

《漢書·地理志》南陽郡有魯陽縣。王先謙《補注》：“戰國楚地，魏武侯取之，見楚、魏《世家》……《一統志》: 故城今魯山縣治。"

【簡讀2002】

秦縣,《漢志》屬南陽郡。

【縣考2007】

始皇二十二年(前225年),秦滅魏,至遲此時魏之泫氏、中牟、單父、絳、武堵(都)、濟陽、滁陰、上蔡、魯陽、共、宅陽、梧、厦、諫等縣屬秦。《李斯列傳》記載李斯即爲上蔡人。出土秦封泥中有"魯陽丞□""盧氏丞印"。《漢志》魯陽縣屬南陽郡。

【彙考2007】

魯陽,本名魯縣。戰國屬魏。《漢書・地理志》南陽郡有魯陽縣。班固自注:"有魯山。古魯縣,御龍氏所遷。"王先謙《漢書補注》:"戰國楚地,魏武侯取之,見楚、魏《世家》……《滍水注》:'有魯山,縣居其陽,故因名焉。'"今在河南省魯山。

【政區2009】

魯陽在戰國時爲楚地。《史記・楚世家》:"十年,魏取我魯陽。"《吕氏春秋》和《淮南子》皆載魯陽公與韓拒戰之事。楚稱縣令爲公,即戰國時魯陽已爲楚縣。故《漢志》南陽郡領縣魯陽"有魯山,古魯縣,御龍氏所遷"。《正義》引《括地志》云:"汝州魯山,本漢魯陽縣也。"《讀史・卷五十一》汝州魯山縣,"魯陽城,今縣治南。戰國時楚邑,《史記》魏武侯十六年伐楚取魯陽,漢置縣"。《清一統志・卷二百二十五》:"故城即今(汝州)魯山縣治。"秦魯陽縣故址在今河南省魯山縣南。

【戰國2013】

曾侯乙墓出土第162號楚簡"復尹之騏一黃,以乘魯陽公之修車"。包山楚簡"魯陽公以楚師後城鄭之歲"(J2)。《國語・楚語下》:"惠王以梁與魯陽文子,文子辭……與之魯陽。"楚魯陽一度爲魏國所占。《史記・楚世家》:"肅王十年,魏取我魯陽。"又《史記・魏世家》:"(武侯)十年,伐楚,取魯陽。"戰國魏方足布幣有"魯陽"(《貨系》1958),何琳儀釋讀。《左傳・昭公二十九年》:"劉累遷於魯縣。"此"魯縣"即"魯陽"。楚惠王時爲魯陽文君封邑。《吕氏春秋》及《淮南子》都載有魯陽公與韓搆戰事。楚國稱縣尹爲公,可知戰國時魯陽已設縣。《正義》引《括地志》云:"汝州魯山縣,本漢魯陽縣也,古魯縣,以山爲名。"故址即今河南省魯山縣。

【秦地2017】

北京大學藏秦水陸里程簡册有"魯陽"。在今河南魯山縣,古今無異辭。

【廣封2019】

案《漢書・地理志》: 南陽郡,有縣"魯陽","有魯山。古魯縣,御龍氏所遷。魯山,滍水所出,東北至定陵入汝。又有昆水,東南至定陵入汝"。(師古曰:"即淮南所云魯陽公與韓戰日反三舍者也。滍音峙,又音雉。")

瑞按:《訂補2014》收錄有"魯陽戈",指出其《漢書・地理志》屬南陽郡,戰國屬魏,其入秦在秦王政二十二年(前225年)滅魏之後。

（五）雉

雉印

1　　　　　　　　2

1、2.《大系》P374

　　瑞按：雉，《漢書·地理志》屬南陽郡，"衡山，澧水所出，東至郾入汝。"師古曰："舊讀雉音弋爾反。而《太康地志》云即陳倉人所逐二童子名寶雞者，雄止陳倉爲石，雌止此縣，故名雉縣，疑不可據也。郾音屋。"張家山漢墓竹簡《二年律令·秩律》"葉、陽成、雉、陽安、魯陽、朗陵"。《水經注》卷21"汝水又東得醴水口，水出南陽雉縣，亦云導源雉衡山。即《山海經》云衡山也。郭景純以爲南嶽，非也。馬融《廣成頌》曰：面據衡陰，指謂是山。在雉縣界，故世謂之雉衡山。"

雉丞之印

1　　　　　　　　2

1.《新出》P95；《青泥》P38
2.《大系》P447

【政區2009】

　　西漢初年的張家山漢簡《秩律》有"雉"縣，其上屬郡應爲南陽郡。《漢志》南陽郡屬縣有雉。《讀史·卷五十一》："雉城在南陽府北八十里。相傳秦文公時有童子化雉，止此，後因置雉縣，漢因之，屬南陽郡。"王先謙《漢書補注》："雉，秦縣。"從此簡文看，秦時漢初雉即已置縣，其故址在今河南省南召縣東南。

【秦地2017】

北京大學藏秦水陸里程簡册有"雉"，"武庚到雉七十九里"，按照里程計算，雉在宛北將近七十里處，當在今南陽市北老河灘一帶。流行説法漢雉縣在今河南南召東南甘溝附近，爲鴨河水庫淹没，與里程簡册所載有較大距離。今南召之雉縣，或爲秦以後遷址。

（六）葉

葉丞之印

《圖例》P57；《秦封》P294；《彙考》P213；《璽印》P412；《大系》P325

【郡縣1997】

《元和郡縣圖志》卷六汝州葉縣云："本楚之葉縣，春秋楚人遷許於此。其後楚使沈諸梁尹之，僭號稱公，謂之葉公。秦置郡縣，隸於南陽。"地在今河南葉縣南，屬秦南陽郡。丞爲縣令之佐官。

【秦封2000】

《漢志》：南陽郡有葉縣，"楚葉公邑。有長城，號曰方城。"《史記·孔子世家》："孔子自蔡如葉，蔡公問政。"《水經·潕水》："盛宏之曰：葉東界有故城，至瀙水，達比陽界。南北聯聯數百里。號曰方城，一謂之長城。"《元和》："本楚之葉縣，春秋楚人遷許於此，其後楚使沈諸梁尹之，僭號稱公，謂之葉公。秦置郡縣，隸於南陽。"葉縣秦約屬南陽郡，今在河南葉縣西南三十里。漢封泥有：《封泥》"葉丞之印"。

【簡讀2002】

秦縣，《漢志》屬南陽郡。《史記·項羽本紀》："南走宛、葉。"《張家·二年·秩律》："葉……秩各六百石，有丞、尉者半之。"

【縣考2007】

秦昭襄王十五年，得楚之葉縣。《穰侯列傳》曰："明年（按，指昭襄王十五年），〔魏丹〕又取楚之宛、葉。"葉屬秦後，仍當置縣。出土秦封泥中有"葉丞之印"。《魏世家》載無忌謂安釐王曰："秦葉陽、昆陽與舞陽鄰。"《史記正義》引《括地志》云："葉陽在今許州葉縣也。"據《新編年表》，《魏世家》所記之事在魏安釐王十三（前264年）至十五年之間，是葉屬秦後，又稱爲葉陽。又，《秦本紀》載昭襄王十六年，封公子悝於鄧。四十五年，葉陽君悝出之國，未至而死。顧觀光據此以爲"蓋葉陽近鄧，皆悝之食邑，故有是稱"。其説或是。然葉陽與鄧地非甚近，或公子悝先封鄧，後又改封葉陽，亦未可知。《漢志》葉縣屬南陽郡。

【彙考2007】

《漢書·地理志》南陽郡有葉縣。班固自注：“葉，楚葉公邑。有長城，號曰方城。”王先謙《漢書補注》：“春秋戰國屬楚，秦昭襄王取之，見《秦紀》。”今在河南葉縣西南三十里。

【政區2009】

葉，春秋時爲楚國葉子高封邑，孔子曾至葉，葉公向孔子問政，秦末劉邦也曾敗走葉縣。《史記·孔子世家》：“孔子自蔡如葉，葉公問政。”《史記·項羽本紀》：“漢王之出滎陽，南走宛、葉，得九江王布，行收兵。”《漢志》南陽郡葉縣，“楚葉公邑，有長城，號爲方城”。《水經·溮水注》盛宏之曰：“葉東界有故城，至瀙水，達比陽界。南北聯聯數百里，號爲方城。”《元和·卷七》：“葉縣，本楚之葉縣，春秋楚人遷許於此。其後楚使沈諸梁尹之，僭號稱公，謂之葉公。秦置郡縣，隸於南陽。”葉縣故城在今河南葉縣西南三十里，故城爲長方形，東西500米，南北2000米，面積100平方米，時代從春秋楚國封君邑，至秦漢葉縣。

【集證2011】

《漢書·地理志》南陽郡有“葉”縣，班固自注：“楚葉公邑。”《漢書補注》王先謙曰：“春秋、戰國屬楚。秦昭襄王取之，見《秦紀》。”秦取葉，在昭王十五年，爲此封泥之上限。

【戰國2013】

包山楚簡有“枼人宛厚”（J170）；又新蔡楚簡有“枼少司馬”。李零認爲“枼、菜通枼，爲楚縣”。《戰國策·西周策》韓慶謂薛公曰：“君以齊爲韓、魏攻楚，九年，取宛、葉以北以强韓、魏。”餘同《政區2009》。

瑞按：葉，王輝認爲“丞相觸戈”中的葉爲工師名，可能與三十一年相邦冉戈之葉爲同一人，其在昭王十五至十六年任職咸陽後任職於雍（《秦銅器銘文編年集釋》P56），而韓自强、馮耀堂則認爲，葉在春秋爲楚邑，《史記·孟嘗君傳》有“取宛葉以北，以彊韓魏”。宛爲南陽，戰國晚期楚與韓在南陽接壤，葉爲韓國所有，後來秦攻韓後爲秦所得。判斷“丞相觸戈”爲秦國占領葉後所刻兵器（《東南文化》1991年第2期P259）。

（七）比　　陽

比陽丞印

| 1 | 2 | 3 | 4 |

1.《酒餘》P27上

2—4.《新出》P56；《大系》P37

【五十例2005】

《漢志》南陽郡有比陽縣。比陽在秦屬南陽郡,其地在今河南泌陽縣。

【政區2009】

秦兵器有"泌陽"戈,銘文"二十七年泌陽工師央治象"。《戰國策·趙策一》:"或謂皮相國曰:魏殺吕遼而衛兵,亡其比陽而梁危。"《漢志》南陽郡比陽縣,應劭曰:"比水所出,東入蔡。"《讀史·卷五十一》河南南陽府唐縣:"府東南百二十里。北至裕州百六十里,南至湖南棗陽縣百九十里。漢置比陽縣,屬南陽郡,後漢因之";"比陽廢縣,即今治。漢所置縣也。"秦比陽縣故址,其地在今河南省泌陽縣。

【戰國2013】

傳世戰國三晉兵器"十七年匕(比)陽令"戈(《三代》20.57.4戈)。銘文中"匕陽"即"比陽",應爲西漢比陽縣前身,屬南陽郡。漢南陽郡來之秦,而秦南陽郡又來之韓、魏之南陽,與楚上庸郡合併而成。公元前310年孟嘗君聯合韓、魏攻楚方城,殺趙將唐睐於比水上,韓、魏取得南陽一帶之地。《史記·孟嘗君列傳》說孟嘗君"取宛葉以北,以強韓、魏"。泚水亦名泌水,出比陽東北。又《戰國策·趙策一》:"或謂皮相國曰:'魏殺吕遼而衛兵亡其比陽而梁危。"《水經·比水注》對比水源流及所逕比陽故城前後敘述甚爲詳細。《讀史·卷五十一》河南南陽府唐縣:"府東南百二十里。北至裕州百六十里,南至湖南棗陽縣百九十里。漢置比陽縣,屬南陽郡,後漢因之";"比陽廢縣,即今治。漢所置縣也。比一作'泚'"。從此器銘文可見韓置比陽縣(也或魏置),秦漢實因之,其地在今河南泌陽縣。

(八) 蔡　　陽

祭陽丞印

《大系》P124

【補讀1998】

《漢志》南陽郡有蔡陽縣,"莽之母功顯君邑"。應劭曰:"蔡水所出,東入淮。"《史記·秦本紀》昭襄王三十三年,"客卿胡傷攻魏卷、蔡陽、長社取之"。《正義》引《括地志》云:"蔡陽,今豫州上蔡之陽。古城在豫州北七十里。"蔡陽縣在秦約屬南陽郡,今在湖北省棗陽縣西南。

【秦封2000】

《漢志》南陽郡有蔡陽縣,"莽之母功顯君邑"。應劭曰:"蔡水所出,東入淮。"《史記・秦本紀》昭襄王三十三年：“客卿胡傷攻魏卷、蔡陽、長社取之。”《正義》引《括地》云：蔡陽，今豫州上蔡之陽。古城在豫州北七十里。《一統》故城在棗陽縣西南。蔡陽縣在秦約屬南陽郡，今在湖北省棗陽縣西南。漢印見：《兩漢》“蔡陽國尉”。

【簡讀2002】

秦縣，《漢志》屬南陽郡。《史記・秦本紀》“客卿胡陽攻魏卷、蔡陽、長社，取之。”

【縣考2007】

説見“卷丞之印”。

【彙考2007】

《漢書・地理志》南陽郡有蔡陽縣。班固自注：“莽之母功顯君邑。”顏師古注引應劭曰：“蔡水所出，東入淮。”王先謙《漢書補注》：“戰國魏地，秦昭襄王取之，見《秦紀》……《一統志》：故城今棗陽縣西南。”

【政區2009】

蔡陽，本魏邑，因城在蔡水之北岸而得名。應劭曰：“蔡水出蔡陽，東人淮。”《史記・秦本紀》昭襄王三十三年，“客卿胡傷攻魏卷、蔡陽、長社，取之”。《正義》引《括地志》云：“蔡陽，今豫州上蔡水之陽，故城在豫州北七十里長社故城在許州長社縣西一里，皆魏邑也。”《漢志》南陽郡蔡陽縣，“莽之母功顯君邑”。《水經・沔水注》：“津水又西，逕蔡陽故城東，西南流注於白水。”《清一統志・卷三百四十七》：“故城在（襄陽府）棗陽縣西南。”秦蔡陽縣故址在今湖北省棗陽縣西南。

【集證2011】

《漢書・地理志》南陽郡有“蔡陽”縣。《史記・秦本紀》：“（昭襄王）三十三年客卿胡傷攻魏卷、蔡陽、長社，取之。”睡虎地秦簡《大事記》記此年“攻蔡、中陽”，《六國年表》魏欄該年記“秦拔我四城，斬首四萬”。秦簡整理小組“疑《本紀》‘蔡陽’係‘蔡、中陽’之誤”。今由此封泥，可知秦有蔡陽縣。但蔡陽所在的南陽地區當時屬韓，不屬魏，故知《秦本紀》誤，《編年紀》及《六國年表》正確無誤。

【戰國2013】

雲夢睡虎地秦簡有（秦昭襄王）“卅三年攻蔡、中陽”。《史記・秦本記》：昭王“三十三年，客卿胡陽攻魏卷、蔡陽、長社，取之”。按《編年記》之“蔡”即爲“蔡陽”。此蔡陽與《漢志》南陽郡蔡陽（今湖北棗陽西南）不是一地，具體地望不詳。

【悠悠2015】

蔡陽，本魏邑。《史記・秦本紀》昭襄王三十三年，“客卿胡傷攻魏卷、蔡陽、長社，取之”。《正義》引《括地志》云：“蔡陽，今豫州上蔡水之陽，故城在豫州北七十里。”《漢志》南陽郡有蔡陽縣，“莽之母功顯君邑”。《大清一統志》卷347：“故城在（襄陽府）棗陽縣西南。”今湖北省棗陽縣西南。

【秦地2017】

秦封泥有“祭陽丞印”，或當讀爲“蔡陽”。睡虎地秦簡整理者認爲《葉書》中蔡即上蔡，在今河南上蔡西南。韓連琪先生説“蔡即爲魏地，決非今河南上蔡縣古蔡國之蔡，應即《魏世家·索隱》引《竹書紀年》魏武侯元年 '趙侯仲、韓懿侯伐我蔡' 之蔡,《續漢書·郡國志》河内郡山陽有蔡城,即其地。地在今河南獲嘉縣西北"。裴錫圭先生説:"這個蔡最肯是祭國故地,'蔡' 從 '祭' 聲,二字古代可通,祭在鄭州東北,與中陽非常接近,所以《編年紀》把攻蔡和中陽當做一件事記下來,而没有提到卷和長社。"從當時戰場的地理形勢看,裴先生説當是。

（九）鄧

鄧印

《新地》圖16;《印集》P98、P181;《彙考》P237;《大系》P61

【新地2001】

　　參見《集》二·三·39 "鄧丞之印"。

【簡讀2002】

　　秦縣,《漢志》屬南陽郡。《史記·秦本紀》"左更錯取軹及鄧"。《張家·二年·秩律》:"鄧……秩各六百石,有丞、尉者半之。"

鄧丞

1　　　　　　　　　　　　2

1.《大系》P60
2.《酒餘》P28 下

　　瑞按: 鄧,《漢書·地理志》屬南陽郡,"故國。都尉治",應劭曰:"鄧侯國。"《史記·屈原列傳》:"懷王乃悉發國中兵以深入擊秦,戰於藍田。魏聞之,襲楚至鄧。"《索隱》

按:"此鄧在漢水之北,故鄧侯城也。"《史記·白起列傳》:"後七年,白起攻楚,拔鄢、鄧五城。"《集解》徐廣曰:"昭王二十八年。"《正義》:鄢、鄧二邑在襄州。《史記·楚世家》:"文王二年,伐申過鄧,鄧人曰'楚王易取',鄧侯不許也。……十二年,伐鄧,滅之。"《正義》引《括地志》云:"故申城在鄧州南陽縣北三十里。《晋太康地志》云周宣王舅所封。故鄧城在襄州安養縣北二十里。春秋之鄧國,莊十六年楚文王滅之。"《史記·楚世家》:"令公子比見棄疾,與盟於鄧。"《集解》杜預曰:"潁川邵陵縣西有鄧城。"《正義》引《括地志》云:"故鄧城在豫州郾城縣東三十五里。"按:在古召陵縣西十里也。睡虎地秦墓竹簡《編年紀》"二十七年,攻鄧"。張家山漢墓竹簡《二年律令·秩律》"析、酈、鄧、南陵"。

鄧丞之印

1　2　3　4

1.《古封》P146;《秦封》P295;《彙考》P213;《大系》P60
2.《新選》P91;《大系》P61
3.《大系》P60
4.《新出》P9;《大系》P60

【補讀1998】

《漢志》南陽郡有鄧縣。《史記·秦本紀》昭襄王十六年,"左更錯取軹及鄧……封公子市宛,公子悝鄧,魏冉陶,爲諸侯"。《集解》:"《地理志》云:河内有軹縣,南陽有鄧縣。"《正義》引《括地志》云:"故軹城在懷州濟源縣東南十四里,故鄧城在懷州河陽縣西三十一里,並六國時魏邑也。""二十八年,大良造白起攻楚,取鄢、鄧,赦罪人遷之。"《水經·清水》:"西過鄧縣東……縣,故鄧侯吾離之國也。楚文王滅之,秦以爲縣。"《史記·楚世家》:"文王二年伐申過鄧。""十二年伐鄧,滅之。"《史記·屈原列傳》:"魏聞之,襲楚至鄧。"鄧縣約屬南陽郡,今在湖北省襄樊鄧城鎮。秦封泥又見《再續》《澂秋》"鄧丞之印"。漢封泥見《封泥》"鄧丞之印"。

【秦封2000】

《漢志》:南陽郡有鄧縣,"故國,都尉治。"《史記·秦本紀》:昭襄王十六年,"左更錯取軹及鄧……封公子市宛,公子悝鄧,魏冉陶,爲諸侯"。正義:《括地志》云故軹城在懷州濟源縣東南十四里,故鄧城在懷州河陽縣西三十二里,並六國時魏邑也。"二十八年,大良造白起攻楚,取鄢、鄧,赦罪人遷之。”《水經·清水》:“西過鄧縣東,……縣,故鄧侯吾離之國也。楚文王滅之,秦以爲縣。”“十二年伐鄧,滅之。”《史記·屈原列傳》:“魏聞之,襲楚至鄧。”鄧縣秦約屬南陽郡,今在湖北省襄樊市鄧城鎮。漢封泥見:《封泥》“鄧丞之印”。

【簡讀2002】

釋讀見“鄧印”條。

【縣考2007】

《秦本紀》:“(昭襄王)二十八年。大良造白起攻楚,取鄢、鄧,赦罪人遷之。”又,《水經·清水》云:“(清水)南過鄧縣東。”酈道元注曰:“縣,故鄧侯吾離之國也,楚文王滅之,秦以爲縣。”是秦昭襄王二十八年,楚鄧縣爲秦攻取。出土秦封泥中有“鄧丞之印”。《漢志》鄧縣屬南陽郡。

【彙考2007】

鄧縣,秦置。《漢書·地理志》南陽郡有鄧縣。班固自注:“鄧,故國。都尉治。”注引應劭曰:“鄧侯國。”《水經·江水》:“(清水)西過鄧縣東。”酈道元注曰:“縣,故鄧侯吾離之國也。楚文王滅之,秦以爲縣。”今在湖北省襄樊市鄧城鎮。

【集證2011】

《漢書·地理志》南陽郡有“鄧”縣,《漢書補注》王先謙曰:“鄧侯吾離朝魯,見《左桓傳》。楚文王滅之,見《莊傳》。韓、魏南襲楚至此,見《楚世家》。秦昭襄王取以封公子悝,見《秦紀》。秦爲縣,見《清水注》。”《史記·秦本紀》:“(昭襄王)二十八年,大良造白起攻楚,取鄢、鄧。”同樣的記載亦見於《白起王翦列傳》。但睡虎地秦墓竹簡《編年紀》則記“攻鄧”在二十七年,“攻□”在二十八年,“□”字竹簡整理小組疑爲“鄢”,《史記》誤將攻鄢、鄧皆記於二十八年。在此之前,昭襄王十六年,也曾使“左更錯取軹及鄧”,“封……公子悝鄧”,不過在昭襄王十六年至二十七年間,鄧可能時屬秦,時屬楚,二十七年後乃終屬秦,秦置鄧縣當在昭襄王二十七年(前280年)之後。

【戰國2013】

包山楚簡有“登公邊之州人苟”(J58)雲夢睡虎地秦簡《編年記》:“(秦昭王)廿七年,攻鄧。”《史記·秦本紀》:“昭襄王二十八年,大良造白起攻楚,取鄢、鄧,赦罪人遷之。”《史記·楚世家》:頃襄王十九年,“秦伐楚,楚軍敗,割上庸、漢北地予秦”。《史記·六國年表·楚表》同年,“秦擊我,與秦漢北及上庸地”。《通鑑》胡注:“漢北,漢水以北宛、葉、樊、鄧、隨、唐之地。”又《戰國策·秦策四》:“秦取楚漢中,再戰於藍田,大敗楚軍。韓、魏聞楚之困,乃南襲至鄧。”《括地志》云:“故鄧城在豫州郾陵縣東三十五里,所謂在古召陵西十里是也。”考古調查表明湖北省襄樊市西北10餘里鄧城鎮的古鄧城遺址就是鄧縣故址,城址爲長方形,東西700米,南北800米,時代從東周鄧國一直延續至兩漢。

【悠悠2015】

鄧,本爲楚地,《史記·屈原列傳》:“魏聞之,襲楚至鄧。”《史記·秦本紀》昭襄公十六年,“左更錯取軹及鄧,封公子市宛,公子悝鄧,魏冉陶,爲諸侯”;又“昭襄王二十八年,大良造白起攻楚,取鄢、鄧,赦罪人遷之”。《水經·清水注》:“清水南過鄧縣東。縣故鄧侯國也。楚文王滅之，秦以爲縣。”《大清一統志》卷347：“故城在（襄陽府）棗陽縣西北，秦置縣。”《漢志》南陽郡有鄧縣，“故國，都尉治。”考古調查表明，湖北省襄樊市西北10餘里鄧城鎮的古鄧城遺址就是鄧縣故址，城址爲長方形，東西700米，南北800米，時代從東周鄧國一直延續至兩漢。

【秦業2016】

“鄧丞”即鄧縣丞。《漢志》記南陽郡有鄧縣，春秋戰國之鄧屬楚，秦昭襄王二十六年（公元前281年）秦取鄧封公子悝，二十八年再取鄧，遷入赦免的罪人，隸屬南陽郡，實施郡縣制統治。其地今在湖北省襄樊市鄧城鎮（董珊）。

【廣封2019】

案《漢書·地理志》：南陽郡，有縣“鄧”，“故國。都尉治”。（應劭曰：“鄧侯國。”）此其丞之印也。

（十）酈

酈印

1 　 2

1、2.《大系》P155

【政區2009】

西漢初年的張家山漢簡《秩律》有“酈”縣，其上屬郡應爲南陽郡。《漢書·高帝紀》：“遇番君別將梅鋗，與皆降析、酈”。師古曰：“析、酈，二縣名。”又《史記·樊酈滕灌列傳》：“（樊噲）東攻宛城，先登，西至酈。”《漢志》南陽郡屬縣有酈。《正義》：“在鄧州新城縣西北四十里。”從此簡文看，秦時漢初酈即已置縣，其故址在今河南省鎮平縣東北。

【戰國2013】

1977年湖北隨縣曾侯乙墓出土楚簡有“□□馭鬲（左從“邑”旁）君之一修車”（簡60）。包山楚簡有“鬲連囂竟快，攻尹餘益爲鬲貸越異之金六益”（J118）。又《貨系》第4275號楚金版有“鬲”，郝本性等釋作“鬲”。黃盛璋進一步認爲“鬲”即“酈”，地約即今河南省南陽市北。何琳儀也認爲“鬲”，地名，讀“酈”。《史記·楚世家》頃襄王十八年，楚人以戈説之曰：“楚之故地，漢中、析、酈，可得而復有也。”《漢志》南陽郡酈縣，《正義》云“在鄧州新城縣西北四十里”。酈縣故址在今河南省鎮平縣東北。

【秦地2017】

里耶簡"酈"。亦見《秩律》,《漢志》屬河南郡。

酈□丞□

《大系》P155

瑞按:酈,《漢書·地理志》屬南陽郡,"育水出西北,南入漢。"如淳曰:"酈音蹢躅
之蹢。"《史記·樊噲列傳》:"東攻宛城,先登。西至酈,以却敵,斬首二十四級,捕虜四十
人,賜重封。"《漢書·吳芮傳》:"沛公攻南陽,乃遇芮之將梅鋗,與偕攻析、酈,降之。"師
古曰:"二縣也,並屬南陽。酈音郎益反。"《史記·越王勾踐世家》:"淮、泗之間不東,商、
於、析、酈、宗胡之地。"《索隱》:"四邑並屬南陽,楚之西南也。"《正義》:"酈音擲。《括
地志》云:'商洛縣則古商國城也。《荊州圖副》云"鄧州内鄉縣東七里於村,即於中地
也"。'《括地志》又云:'鄧州内鄉縣楚邑也。故酈縣在鄧州新城縣西北三十里。'按:
商、於、析、酈在商、鄧二州界,縣邑也。"《史記·齊悼惠王世家》:"二年,高后立其兄子酈
侯吕台爲吕王。"《集解》徐廣曰:"酈,一作'鄜'。"《索隱》:"二字並音乎。酈,縣名,在
馮翊。酈縣在南陽。"《正義》:"按:酈音呈益反。《括地志》云'故酈城在鄧州新城縣西
北四十里',蓋此縣是也。"《水經注》卷29:"湍水出酈縣北芬山,南流過其縣東,又南過
冠軍縣東。"注:"湍水出弘農界翼望山,水甚清澈,東南流逕南陽酈縣故城東,《史記》所
謂下酈析也。"卷31:"淯水導源東流,逕酈縣故城北。郭仲產曰:酈縣故城在支離山東
南。酈,舊縣也。《三倉》曰:樊、鄧、酈。酈有二城,北酈也。漢祖入關,下淅酈,即此縣
也。"張家山漢墓竹簡《二年律令·秩律》有"下巂、析、酈、鄧"。

(十一) 新　　野

新壄

《大系》P308

【楚地2013】

包山楚簡有"新埜"(《包山》183號),"新埜"即"新野"。第172、173號簡有封君"新埜君",何浩、劉彬徽認爲"新野"在今河南新野縣。

新埜丞□

《大系》P308

【政區2009】

河南新蔡故城出土戰國楚封泥有"新野"。又包山楚簡有"新野君"(J173)。新野,地名。即戰國楚置新野縣。西漢初年的張家山漢簡《秩律》有"新野"縣,其上屬郡應爲南陽郡。《漢志》南陽郡屬縣有新野。從文物資料看,秦時漢初新野即已置縣,其故址就在今河南省新野縣。

(十二) 析

析印

《大系》P290

瑞按:嶽麓秦簡《質日》三十五年"丁酉宿析治",整理者注"析,地名。西漢置縣,治今河南西峽"(《嶽麓書院藏秦簡(一——三)釋文修訂本》P18),以秦封泥及秦簡看,秦時應已置縣。

析丞之印

1　　　　　　　　2　　　　　　　　3

1.《新選》P112;《大系》P290
2、3.《大系》P290

【縣考2007】

秦昭襄王十一年,楚析縣屬秦。《楚世家》載:"〔頃襄王元年,秦〕取析十五城而去。"《史記集解》引徐廣曰:"年表(按,指《六國年表》)云:取十六城。既取析,又併取左右十五城也。"其說是。析既爲楚十六城之一,則析似應爲楚縣。又,楚頃襄王元年當秦昭襄王十一年,是該年秦取析後疑承楚制而仍爲縣。《漢志》析縣屬弘農郡。

【政區2009】

雲夢睡虎地秦簡《編年記》有:"(秦昭襄王)九年,攻析。"西漢初年的張家山漢簡《秩律》有"析"縣,其上屬郡應爲南陽郡。《左傳》僖公二十五年:"秦晋伐鄀,過析。"又《左傳》昭公十八:"許遷於析,實白羽。"戰國時,楚舊縣,秦昭王發兵出武關,攻楚取析設縣:《史記·楚世家》:頃襄王橫元年,"秦昭王怒,發兵出武關,攻楚,大敗楚軍,斬首五萬,取析十五城而去"。《史記·六國年表》同年,"秦取我十六城"。《史記·高祖本紀》:"還攻胡陽,遇番君別將梅鋗,與皆,降析、酈。"考古調查表明河南西峽縣的蓮花寺崗古城就是秦漢析縣遺址,城址近方形,東西800米,南北850米,時代從戰國楚析邑至秦漢析縣。

【戰國2013】

雲夢睡虎地秦簡《編年記》有:"(秦昭襄王)九年,攻析。"又曾侯乙墓出土兵器有"析君所造之戟"。析,本古國,春秋時爲楚國縣邑。《左傳》襄公二十六年曰:"子儀之亂,析公奔晋。"《史記·楚世家》:"頃襄王元年,秦昭王怒,發兵武關攻楚,大敗楚軍,斬首五萬,取析十五城而去。"《集解》徐廣曰:"既取析,又併取左右十五城也。"《史記·六國年表》同年,"秦取我十六城"。《正義》引《括地志》云:"鄧州内鄉縣城,本楚析邑。"析因析水得名,春秋時亡於楚,秦曰中陽,漢代仍稱析縣。故址在今河南省西峽縣。考古調查表明河南西峽縣的蓮花寺崗古城就是古析縣遺址,城址近方形,東西800米,南北850米,時代從戰國楚析邑至秦漢析縣。

【十五則 2017】

析，秦南陽郡屬縣，《漢書・地理志》屬弘農郡。《史記・楚世家》："（頃襄王元年）秦昭王怒，發兵出武關攻楚，大敗楚軍，斬首五萬，取析十五城而去。"正義引《括地志》："鄧州内鄉縣城本楚析邑，一名醜，漢置析縣，因析水爲名也。"此條可與睡虎地秦簡《編年紀》昭襄王"九年，攻析"相印證，並可糾正《史記》正義引《括地志》"漢置析縣"的錯誤。又《史記・高祖本紀》"降析、酈"，索隱曰："析屬弘農，酈爲南陽，出《地理志》。而《左傳》云析一名白羽。析，今内鄉縣。"又張家山漢簡《秩律》中析、酈、鄧三縣並列出現，可見析縣漢初沿置。在春秋時期即爲城邑，戰國時楚可能置縣，秦昭王九年後歸秦，爲秦南陽郡屬縣，漢初沿置。

瑞按： 徐少華先生 1988 年指出，位於淅水東岸，西峽縣城東北的蓮花寺崗古城爲漢晉析縣故址，而北關外古城則是北朝析縣及唐内鄉縣所在（《〈水經注・丹水篇〉錯簡考訂》，《荊楚歷史地理與考古探研》）。

（十三）平　　氏

平氏□□

《新選》P105；《大系》P189

【五十例 2005】

《漢志》，南陽郡有平氏。本注："《禹貢》桐柏大復山在東南，淮水所出，東南至淮浦入海，過郡四，行三千二百四十里，青州川。莽曰平善。"《水經・淮水注》："淮水出南陽平氏縣胎簪山，東北過桐柏山。"《風俗通》曰：南陽平氏縣桐柏大復山在東南，淮水所出也。"《元和郡縣圖志・山南道二・唐州・平氏》："本漢舊縣，屬南陽郡。晉屬義陽郡，其後爲北人侵掠，縣皆丘墟。後魏于平氏故城重置，屬淮州。隋改屬淮安郡，貞觀中改屬唐州。"平氏秦屬南陽郡，其地在今河南唐河縣東南。

【政區 2009】

西漢初年的張家山漢簡《秩律》有"平氏"縣，其上屬郡應爲南陽郡。《漢志》南陽郡平氏。本注："《禹貢》桐柏大復山在東南，淮水所出，東南至淮浦入海，過郡四，行三千二百四十里，青州川。莽曰平善。"《水經・淮水注》："淮水出南陽平氏縣胎簪山，東北過桐柏山。"《風俗通》曰：南陽平氏縣桐柏大復山在東南，淮水所出也。"《元和・卷二十一》：“平氏縣，本漢舊縣，屬南陽郡。晋屬義陽郡，其後爲北人侵掠，縣皆丘墟。後魏於平氏故城重置，屬淮州。隋改屬淮安郡，貞觀中改屬唐州。”《讀史·卷五十一》河南南陽府平氏縣：“縣西北四十里。漢縣，屬南陽郡。”秦平氏縣故址在今河南唐河縣東南。

（十四）南　　陵

南陵丞印

《於京》圖59；《璽印》P404；《大系》P178

【於京2005】

《漢書·地理志》：“下邽，南陵，文帝七年置。”《水經注》卷一九：“《地理志》曰：滻水出南陵縣之藍田谷。”其地在今陝西西安市東南。秦南陵縣失載。

【戰國2013】

包山楚簡“上新都人蔡羌訟新都南陵大宰樂首、右司寇正陳得、正吏炎，以其爲其兄蔡襄斷不法”（J102）；又“□□南陵公吕羌、襄陵之行僕邑于鄢，郢足命葬王士，足葬王士之宅”（J155）。南陵長官稱“公”，可知爲楚置縣。南陵地望，晏昌貴有詳細考證，兹引如下：南陵的地望可由新都推得，《漢志》有二“新都”，一屬南陽郡，一屬廣漢郡，乃武帝時開置。南陽之新都見於《水經·比水注》：“謝水又東南，逕新都縣，左注比水。又西南流，逕新都縣故城西，王莽更之曰‘新林’，《郡國志》以爲新野之東鄉，故新都者也。”又“（大）湖水西南流，又與湖陽諸阪散水合，謂之‘板橋水’。又西南與醴渠水合，又有趙渠水注之。二水上承派水，南逕新都故城東，兩瀆雙引，南合板橋水”。比水在今泌陽河、唐河中下游，謝水在今新野縣東北，醴渠水和板橋水均在今唐河縣西南。其中板橋水在今棗陽縣西北會於長水。由上諸水推定，新都當在今新野縣東，而與之相鄰的南陵，亦當離此不遠。

【悠悠2015】

相家巷出土秦封泥有“南陵丞印”。周曉陸先生認爲此南陵即爲京兆尹屬縣南陵，但《漢志》京兆尹屬縣南陵，“文帝七年置”，應誤。“南陵”出現較早，楚國文物就有此地名。包山楚簡“上新都人蔡羌訟新都南陵大宰樂首、右司寇正陳得、正吏炎，以其爲其兄蔡襄斷不法”（J102）；又“□□南陵公吕羌、襄陵之行僕邑于鄢，郢足命葬王士，足葬王士之宅”（J155）。南陵長官稱“公”，可知爲楚置縣。有關南陵地望，晏昌貴先生有詳細考證：“南陵的地望可由新都推得，《漢志》有二‘新都’，一屬南陽郡，一屬廣漢郡,乃武帝時開置。南陽之新都見於《水經·比水注》:'謝水又東南,徑新都縣,左注比水。又西南流,徑新都縣故城西。'王莽更之曰'新林',《郡國志》以爲新野之東鄉,故新都者也。"又"(大)湖水西南流,又與湖陽諸陂散水合,謂之'板橋水'。又西南與醴渠水合,又有趙渠水注之。二水上承派水,南徑新都故城東,兩瀆雙引,南合板橋水。比水在今泌陽河、唐河中下游,謝水在今新野縣東北,醴渠水和板橋水均在今唐河縣西南。其中板橋水在今棗陽縣西北會於長水。由上諸水推定,新都當在今新野縣東,而與之相鄰的南陵,亦當離此不遠"。又西漢初年的張家山漢簡《秩律》有"南陵"縣,周振鶴定其上屬郡爲南陽郡,甚確。從秦封泥和漢初簡文中的"南陵"看,與京兆尹屬縣南陵無關,秦時漢初的南陵縣亦當沿襲楚縣之舊,但《漢志》南陽郡無此縣,估計西漢中期之後此縣廢。

（十五）博　　望

博望之印

1　　　　　　　　　　　　　2

1.《璽印》P411
2.《大系》P40

【於京2005】

《史記·田敬仲完世家》:"其後三晋之王皆因田嬰朝齊王於博望,盟而去。"《正義》:"《括地志》云:'博望故城在鄧州向城縣東南四十五里。'"《漢書·地理志》:"南陽郡,秦置。……博望,侯國。莽曰宜樂。"《水經注》卷三一:"淯水又東南流,逕博望縣故城東。郭仲產曰:在郡東北一百二十里,漢武帝置。校尉張騫,隨大將軍衛青西征,爲軍前導,相望水草,得以不乏。元光六年,封騫爲侯國。《地理志》南陽有博望縣,王莽改之曰宜樂也。"《元和郡縣志·山南道二·鄧州·向城縣》:"博望故城,在縣東南四十五里。張騫封邑。"博望秦屬南陽郡,其治地在今河南放城縣西南。

【政區2009】

1987年河南省登封縣告成鎮八方村出土戰國後期的秦"六年上郡守間"戈,戈背有銘文"博望"。《史記·田敬仲完世家》:"其後三晋之王皆因田嬰朝齊王於博望,盟而去。"《正義》引《括地志》云:"博望故城在鄧州向城縣東南四十五里。"《漢志》南陽郡領縣有"博望,侯國,莽曰宜樂"。《水經・清水注》:"清水又東南流,逕博望縣故城東。郭仲産曰:在郡東北一百二十里,漢武帝置。校尉張騫,隨大將軍衛青西征,爲軍前導,相望水草,得以不乏。元光六年,封騫爲侯國。《地理志》南陽有博望縣,王莽改之曰宜樂也。"《元和・卷二十一》:"博望故城,在縣東南四十五里。張騫封邑。"《讀史・卷五十一》南陽府南陽縣,"博望城,在府東北六十里,漢縣,原南陽郡"。考古調查表明今河南省方城縣西南博望故城,城址爲長方形,東西1300米,南北400米。秦博望縣即此,其領地有今河南省南陽縣、方城縣的一部分。

【廣封2019】

　　案:博望即博望,《漢書・地理志》:南陽郡,有縣"博望","侯國。莽曰宜樂"。《史記・田敬仲完世家》:"其後三晉之王皆因田嬰朝齊王於博望,盟而去。"注,《正義》《括地志》云:"博望故城在鄧州向城縣東南四十五里。"《集解》徐廣曰:"《表》曰三年,興趙會博望伐魏。"

博望左□

《大系》P40

　　瑞按:博望,《漢書・地理志》屬南陽郡,"侯國。莽曰宜樂"。《史記・田敬仲完世家》"其後三晉之王皆因田嬰朝齊王於博望,盟而去。"《正義》:《括地志》云:"博望故城在鄧州向城縣東南四十五里。"漢有博望苑,《初學記》卷24"漢有上林、樂遊、博望、黃山","《西京雜記》曰:文帝爲太子立思賢苑,以招賓客。《漢書》曰:戾太子既冠,就宮爲立博望苑,使通賓客。"《漢書・武五子傳》"及冠就宮,上爲立博望苑,使通賓客,從其所好,故多以異端進者。"師古曰:"取其廣博觀望也。"《漢書・地理志》所言侯國,《漢書・外戚傳》"許后立三年而崩,謐曰恭哀皇后,葬杜南,是爲杜陵南園。後五年,立皇太子,乃封太子外祖父昌成君廣漢爲平恩侯,位特進。後四年,復封廣漢兩弟,舜爲博望侯,延壽爲樂成侯"《漢書・張騫傳》:"騫以校尉從大將軍擊匈奴,知水草處,軍得以不乏,乃封騫爲博望侯"。師古曰:"取其能廣博瞻望。"《太平御覽》卷193引《郡國志》:"又曰:隋州博望城,即張騫封侯之國也。"此外,《漢書・戴聖傳》載:"帝初即位,褒賞大臣,更以南陽犨之博望鄉爲氾鄉侯國,增邑千户。"師古曰:"爲後改食博望鄉,故此指言在琅邪不其也。氾音凡。其音基。"《水經注》卷31："淯水又東南流逕博望縣故城東，郭仲產曰：在郡東北百二十里，漢武帝置。校尉張騫隨大將軍衛青西征，爲軍前導，相望水草，得以不乏。元光六年，封騫爲侯國。《地理志》南陽有博望縣，王莽改之曰宜樂也。"近年在秦咸陽遺址發掘的銅構件上有"博望"銘文。封泥中博望分左右丞，疑此博望非縣，或與"博望籬園"之園有關。

博望右丞

1

2

1.《大系》P39
2.《大系》P40

　　瑞按：説見"博望左□"。

博望庫印

《大系》P39

【職地2014】
　　據睡虎地秦簡《秦律十八種·倉律》，秦時設於各縣儲藏禾稼、芻槀的廥倉有嚴格的規格和管理規定，廥倉所在的縣有保管、發放各類物資的職責。《漢書·地理志》南陽郡屬縣有博望，即漢武帝封張騫侯國，秦封泥另有"博望之印"和"博望籬園"。據此知秦時已置博望縣，並在此設立廥倉和園苑。

（十六）新　都

新都

《大系》P308

【戰國2013】

　　包山楚簡有"己丑，新都人鄭逃"（J165）；"新都桑夜公達……"（J113）《史記・蘇秦列傳》："大王之地，南有鴻溝、陳、汝南、許、郾、昆陽、召陵、舞陽、新都、新郪。"《漢志》南陽郡新都縣，"侯國，莽曰新林"，應是包山楚簡中"新都"所在地，故址在今河南新野縣東。

（十七）新　陰

新陰□□

《印風》P157；《新地》圖35；《印集》P163；《彙考》P253；《璽印》P402；《大系》P308

【新地2001】

　　待考。

【簡讀2002】

　　文殘，不釋。

【悠悠2015】

　　兩個缺字或爲"丞印"。新陰，戰國秦漢文獻都無記載。前文已證秦南陽郡屬縣有陰縣，又秦多因舊縣而增置新縣，如東陽—新東陽；襄陵—新襄陵等，此"新陰"或也爲秦在南陽郡陰縣旁增置縣，故名新陰。

（十八）膫

膫丞之印

《大系》P156

　　瑞按：《史記·南越列傳》：“蒼梧王趙光者，越王同姓，聞漢兵至，及越揭陽令定自定屬漢；越桂林監居翁諭甌駱屬漢，皆得爲侯。”《索隱》案：《漢書》云“光聞漢兵至，降，封爲隨桃侯。揭陽令史定爲安道侯，越將畢取爲膫侯，桂林監居翁爲湘城侯”。韋昭云“湘城屬堵陽。隨桃、安道、膫三縣皆屬南陽。膫音遼也”《漢書·南粤列傳》“粤將畢取以軍降，爲膫侯”，師古曰：“越將姓畢名取也。功臣表膫屬南陽，音來雕反。”據此，膫當屬南陽郡。

六、淮 陽 郡

淮陽發弩

《菁華》P54；《大系》P117

【秦封2000】

　　《漢志》淮陽國，“高帝十一年置”。又《漢書·異姓諸侯王表》記，孝惠七年，“初置淮陽國”。又《漢書·高惠高后功臣表》故安節侯申徒嘉，“孝文十二年舉淮陽守，從高祖功，食邑五百户”。《漢書》之記載彼此矛盾。從本封泥看，淮陽郡當置於秦時，或爲一個地區名，待考。《漢志》記南郡有“發弩官”，淮陽弩丞或如發弩官；又秦封泥見“弩工室印”，或又爲淮陽地方製造弓弩之官，而與郡“發弩官”有區別。淮陽在秦約治陳縣，

當今河南淮陽。《張家・奏讞書》記“淮陽守,行縣掾,新郪獄。七月乙西。”秦封泥見
“發弩、弩工室印、琅邪發弩、衡山發弩”。漢封泥見《封泥》“南郡發弩”。戰國璽印見:
《古璽》“榆平發弩、增城發弩”。秦印見:《徵存》“發弩”。

【政區2009】

　　爲秦淮陽郡之發弩官。秦郡設置發弩官,其例有秦封泥“衡山發弩”和“琅邪發弩”
等。此地原爲楚地。公元前224年秦取陳以南至平輿,次年滅楚,在這一帶設置郡縣,初
名楚郡。《史記・秦始皇本紀》:“二十三年,秦王復召王翦,强起之,使將擊荆。取陳以南
至平輿,虜荆王。秦王游至郢陳。”又《史記・楚世家》:“五年,秦將王翦、蒙武遂破楚國,
虜楚王負芻,滅楚名爲郡云。”此例即同滅趙國、齊國之初一樣,設趙郡、齊郡,以國名郡。
《史記・白起王翦列傳》:“歲餘,(王翦)虜荆王負芻,竟平荆地爲郡縣。”故譚其驤曰:“按
《始皇本紀》,二十三年,取陳以南至平輿,虜荆王。陳郡當置於是年。秦於六國故都多置
郡,且自陳以至平輿,實得《漢志》淮陽、汝南二郡之地,果優足以置一大郡。”其所考置郡
時間合乎情理。秦淮陽置郡,又《史記・陳涉世家》證之。其曰:“攻陳,陳守、令皆不在,
獨守丞與戰譙門中。”然學人多據此以爲“陳”爲郡名,姚鼐就據此云“則知有陳郡矣”,
之後王國維、譚其驤都沿襲此説,並謂秦設有陳郡,實爲千古之誤讀。“陳”,秦之陳城也,
並非郡名。秦之“陳”實爲陳縣,爲秦淮陽郡之郡治,所以有守有令。秦漢人敍事,本來就
有以郡治縣名替代郡名的習慣。秦漢時期郡太守之省稱也常用郡治之地替代的習慣。如
秦南郡治宛,故有宛守之稱;又《史記・樊滕酈灌列傳》:“(樊噲)渡江,破吳郡長吳下,得
吳守。”吳爲秦會稽郡之郡治,故稱吳郡、吳守也。其例尚有秦東海郡,“東海治郯,故楚漢
之際亦稱郯郡也”。楚郡估計爲初滅楚之名,後改名爲淮陽郡。《資治通鑑》記述“滅楚名
爲楚郡”此事爲“以其地置楚郡”,故元人胡三省注釋云:“蓋滅楚之時暫置耳。”因文獻缺
載,致使後人一直把淮陽郡治陳縣誤爲郡名,今秦封泥糾之。郡治陳,今在河南淮陽縣。
又“淮陽”一名,通常認爲出現較晚,但雲夢秦墓四號墓出土的木牘家書云:“(黑夫)直佐
淮陽,功反城久,[死]傷未可知也。”黄盛璋就對此兩封秦家書上的歷史地理作過詳細的
考證,認爲“是秦始皇時,已有淮陽之名,不是始於漢高帝”,“項燕擁立昌文君,及其反秦
的根據地可以斷定就是淮陽”。故馬非百就推測“陳有守有令,其爲一郡,實無可疑,惟郡
名似當爲淮陽”。又湖北張家山漢簡《獻讞書》有“淮陽守行縣掾新郪獄”案例,據李學
勤考證此案例是高祖六年(公元前201年)的一件案情複雜的謀殺案。新郪,縣名,在《漢
志》屬汝南郡,靠近漢淮陽國。淮陽國初封是在高祖十一年(前196年),高祖六年還没有
淮陽國,從簡文“淮陽守”看,爲淮陽郡。當時新都屬淮陽郡,也符合秦新郪所上屬郡,也
證漢初淮陽郡實爲秦淮陽郡之延續。今秦封泥和秦漢簡牘等文物證之,確爲其事。

【悠悠2015】

　　同《政區2009》。

【秦地2017】

　　江胡郡是一全新郡名。既然與江胡郡並列的其他三郡都設置於二十四年,江胡郡亦
當設置於秦王政二十四年。秦攻滅楚國設郡的數目是四,即四川郡、九江郡、衡山郡、江

胡郡。江胡郡爲淮陽郡的前身。《漢志》淮陽國,班固自注"高帝十一年置",以爲高帝置
淮陽郡,與秦置江胡郡並不矛盾。出土文獻中,淮陽郡的材料見於張家山漢簡《奏讞書》,
時在高帝六年。淮陽守而行縣,則淮陽一定是郡名。往前睡虎地M4出土秦王政二十四
年木牘家書,有"黑夫等直佐淮陽攻反城久",或以爲淮陽爲郡名。若然,江胡郡就並非
淮陽郡前身。但木牘中淮陽也可能指某座城邑即陳城,而非郡名。秦封泥中有"淮陽發
弩""淮陽弩丞",論者據此以爲設淮陽郡。但王偉意見,其中淮陽可能爲淮陽縣職官,並
且承認,淮陽在秦時設郡仍然沒有直接證據。總之,秦攻占楚陳邑滅楚國後,確曾以陳邑
爲中心設郡,叫江胡郡,後改稱淮陽郡。改稱年代,或在秦漢之際,或在西漢初年。

【廣封2019】

案《漢書·地理志》:"淮陽國,高帝十一年置。莽曰新平。屬兗州。"(孟康曰:"孝
明帝更名陳國。"又曰:南郡有"發弩官"。師古曰:"主教放弩也。")《秦封泥集》考:
《睡虎地秦墓竹簡·秦律雜抄》:"除士吏,發弩嗇夫不如律。及發弩夫射不中,尉貲二
甲。發弩嗇夫射不中,貲二甲,免。"整理組注:"發弩,專司射弩的兵種,見戰國及西漢璽
印、封泥。發弩嗇夫係道種射手的官長。"

淮陽弩丞

《印風》P148;《秦封》P269;《印集》P140;
《彙考》P232;《璽印》P422;《大系》P117

【續考1998】

秦在各地專門設立負責製造"弩"的工室,"淮陽弩丞"當是淮陽造弩之處。這也是
目前所發現的唯一的兩枚兵器督造的秦封泥。秦兵馬俑坑出土的數萬件青銅器中,發
現有弓、弩多件,是爲明證。

【秦封2000】

說見"淮陽發弩"。

【簡讀2002】

《漢書·文帝紀》:"淮陽守申屠嘉等十人五百户。"淮陽爲郡名。又《漢志》有"淮
陽國,高帝十一年置"。由封泥知,淮陽郡置於秦。《漢志》南郡有"發弩官",淮陽弩丞
或爲發弩官,或爲在淮陽製造弓弩之官。

【秦工2007】

　　説見"屬邦工室"。

【彙考2007】

　　淮陽,諸侯王國名。漢高祖十一年以陳、潁川二郡置淮陽國。《漢書·地理志》有淮陽國。班固自注曰:"高帝十一年置。"顏師古注引孟康曰:"孝明帝更名陳國。"王先謙《漢書補注》:"封子友。全祖望云:故屬秦楚郡,楚漢之際屬楚國。六年置淮陽郡,十一年爲國……""弩丞"即"弩工室丞"之省稱。

【圖説2009】

　　在淮陽所設立的弓箭弩機製作機構的副職。

【廣封2019】

　　案《漢書·地理志》:"淮陽國,高帝十一年置。莽曰新平。屬兗州。"(孟康曰:"孝明帝更名陳國。")"弩丞"即"弩工室丞"。案《秦封泥彙考》:弩工室,官署名。應屬少府。秦在戰國時已設立各級工室,主管手工業。由於秦多年征戰,其軍事工業必然極爲發達。弩工室當爲直屬中央的主箭弩製作的機構。又《史記·秦始皇本紀》:"令匠作機弩矢,有所穿近者輒射之。"

（一）陳

陳丞之印

　　無圖,釋讀見《五十例》P318。

【縣考2007】

　　《秦始皇本紀》曰:"二十三年,秦王復召王翦,彊起之,使將擊荊。取陳以南至平輿,虜荆王。"《王翦列傳》亦載此事,唯"平輿"作"平典",當爲同地異書。是始皇二十三年秦得楚之陳、平輿縣。秦得楚陳、平輿縣後,理當仍置爲縣。馬非百即持此論。《漢志》陳縣屬淮陽國。

【五十例2005】

　　《史記·陳杞世家》:"至於周武王克殷封,乃復求舜後,得嬀滿,封之於陳。"陳湣公二十四年,楚"滅陳而有之"。《楚世家》:楚頃襄王二十一年,"秦將白起遂拔我郢,燒先王墓夷陵。楚襄王兵散,遂不復戰,東北保於陳城。"《秦始皇本紀》:"二十三年,秦王復召王翦,彊起之,使將擊荊。取陳以南至平輿,虜荆王。秦王游至郢陳。""(二世元年)七月,戍卒陳勝等反故荆地,爲'張楚'。勝自立爲楚王,屬陳。"《陳涉世家》:"比至陳,車六七百乘,騎千餘,卒數萬人。攻陳,陳守令皆不在,獨守丞與戰譙門中。弗勝,守丞死,乃人據陳。""陽城人鄧説將兵居郊,章邯別將擊破之,鄧説軍散走陳。銍人伍徐將兵居郟,章邯擊破之,伍徐軍皆散走陳。""章邯已破伍徐,擊陳,柱國房君死。章邯又進兵陳西張賀軍。陳王出監戰,軍破,張賀死。""陳王故涓人將軍呂臣爲倉頭軍,起新陽,攻陳下之,殺莊賈,復以陳爲楚。""秦左右校復攻陳,下之。呂將軍走,收兵復聚。鄱盜當陽君黥布之兵相收,復擊秦左右校,破之青波,復以陳爲楚。”《漢志》,淮陽國有陳縣。本注:“故國,舜後,胡公所封,爲楚所滅。楚頃襄王自郢徙此。莽曰陳陵。”《水經·渠注》:“沙水又東徑長平縣故城北,又東南徑陳城北,故陳國也。伏羲、神農並都之。”《元和郡縣圖志·河南道四·陳州》:“宛丘縣,本漢陳縣。春秋時,楚滅陳,縣之,秦、漢仍爲陳縣。漢屬淮陽國,後漢屬陳郡,晋屬梁國,宋屬陳郡,高齊文宣帝省陳郡,仍移項縣理於此。隋文帝罷陳郡,改項縣爲宛丘縣。”陳縣秦屬陳郡,其治地在今河南淮陽縣。

【政區2009】

《史記·楚世家》:“惠王十年,乃復位。是歲也,滅陳,而縣之。”又云:“楚襄王兵敗散,遂不復戰,東北保於陳城。”《史記·陳涉世家》:“行收兵至陳,攻陳,陳守令皆不在。”《史記·張耳陳餘列傳》:“張耳、陳餘乃變名姓,俱之陳,爲里監門以自食。”《水經·渠水注》:“沙水又東逕長平縣故城北,又東南逕陳城北,故陳國也。伏羲、神農並都之。”《元和·卷八》:“宛丘縣,本漢陳縣。春秋時,楚滅陳,縣之,秦、漢仍爲陳縣。漢屬淮陽國,後漢屬陳郡,晋屬梁國,宋屬陳郡,高齊文宣帝省陳郡,仍移項縣理於此。隋文帝罷陳郡,改項縣爲宛丘縣。”《讀史·卷四十七》:“陳州,在府東南二百六十五里”,“秦屬潁川郡,陳勝於此自立爲張楚。”《清一統志·卷一百九十一》:“陳縣故城即陳州府附郭淮寧縣治。”秦陳縣故址治地在今河南淮陽縣。

【楚地2013】

包山楚簡有“陳”(《包山》166、191號),楚璽有“陳之新都”,楚金版有“陳爯”。《左傳》宣公十一年(前598年)載,楚伐陳,以之爲縣,後又使陳復國。魯哀公十七年(楚惠王十一年,前478年)滅陳以爲縣。何浩認爲陳國到了楚宣王二十七年(前343年)才真正爲楚所滅,楚惠王滅陳後,將陳遷到今湖北房陵縣、竹山一帶。《史記·楚世家》載,楚頃襄王二十一年(前288)“東北保於陳城”,《春申君列傳》也説“楚於是去陳徙壽春”,可見,戰國晚期楚國曾以“陳”爲都。包山楚簡的“陳”地應在河南淮陽縣。

【戰國2013】

包山楚簡有“陳公之人鄭少士”(J166);“陳人龔穀”(J191);出土楚金幣印文有“陳爯”;傳世楚系古璽有“陳之新都”。《左傳》宣公十一年(前598年),楚伐陳,以之爲縣,後又使陳復國。魯哀公十七年(前478年),楚再次滅陳爲縣。《史記·楚世家》:“惠王乃復位,是歲也,滅陳而縣之。”《史記·楚世家》;“頃襄王二十一年,秦將白起遂拔我郢,燒先王墓夷陵。楚襄王兵敗,遂不復戰,東北保于陳城。”《史記·春申君列傳》:“當是之時,秦已前使白起攻楚,取巫、黔中之郡,拔鄢、郢,東至竟陵,楚頃襄王東徙治於陳縣。”顧觀光言:“《秦始皇本紀》‘始皇二十三年,秦王游至郢陳’,亦以楚嘗都此,故有郢名。”陳,故陳國,楚倬王時爲吳起所並,地在今河南省淮陽市,一度爲楚國都城。

瑞按:《職地2014》將封泥列爲郡丞封泥,認爲陳爲郡名,其是陳郡守佐官用印。從“琅邪縣丞”看,其專名“縣丞”,則當郡名與郡下縣名相同時加“縣丞”者爲郡治縣用印,而不加“縣丞”者,當爲郡官用印。若是,秦當有陳郡。

（二）鮦　　陽

鮦陽丞印

1　2　3

1.《精品》P57；《大系》P388
2.《新出》P109；《大系》P388
3.《大系》P388

【廣封2019】

　　案《漢書・地理志》：汝南郡，有縣“鮦陽”。（應劭曰：“在鮦水之陽也。”孟康曰：“鮦音紂。”）

　　瑞按：鮦陽，《漢書・地理志》屬汝南郡，應劭曰：“在鮦水之陽也。”孟康曰：“鮦音紂。”《史記・楚世家》：“五十一年，周召隨侯，數以立楚爲王。楚怒，以隨背己，伐隨。武王卒師中而兵罷。”《集解》：《皇覽》曰：“楚武王冢在汝南郡鮦陽縣葛陂鄉城東北，民謂之楚王岑。漢永平中，葛陵城北祝里社下於土中得銅鼎，而名曰‘楚武王’，由是知楚武王之塚。”《水經注》卷21：“水逕鮦陽縣故城南，應劭曰：縣在鮦水之陽。漢明帝永平中，封衛尉陰興子慶爲侯國也。”《太平御覽》卷159《漢志》曰：“汝南郡，高帝置。王莽曰汝汾。又曰：鮦陽，屬汝南郡，在銅水之陽也。鮦音紂。”《通典》卷177新蔡“古呂國，後蔡侯自下蔡徙都於此，故曰新蔡。漢鮦陽縣故城在北”。《後漢書・何敞傳》“又修理鮦陽舊渠，百姓賴其利”，注：“鮦陽，縣，屬汝南郡，故城在今豫州新蔡縣北。《水經注》云：葛陂東出爲鮦水，俗謂之三丈陂。”

（三）長　　平

長平丞印

1　2

1.《發現》圖141；《圖例》P57；《印風》P156；《秦封》P304；《書集》P129；《彙考》P231；

《璽印》P418；《大系》P42

2.《大系》P42

【發現1997】

《漢書·地理志》汝南郡有"長平"縣。《秦始皇本紀》：秦始皇五年，蒙驁攻魏定長平。

【郡縣1997】

《史記·秦本紀》云：昭襄王四十七年（公元前270年）"秦使武安君白起擊，大破趙於長平，四十餘萬盡殺之。"秦於長平置縣，屬陳郡，地在今河南西華東北。丞爲縣令佐官。

【印考1997】

印面正方形，田字格，邊長1.8釐米，印文清晰，邊欄規範。長平，一爲古縣名，治所在今河南西華東北。《漢書·地理志》汝南郡有"長平"縣。公元前242年，秦始皇派蒙驁取魏長平，即此。一作古城名，其地在今山西高平西北。公元前260年，秦將白起大破趙將趙括，坑殺趙降卒於此。《史記·白起列傳》："昭襄王四十七年，王自之河內，賜民爵各一級，發年十五以上悉詣長平。"《十鐘山房印舉選》收錄"長平鄉印"一枚。

【秦封2000】

長平有二：《史記·秦本紀》：昭襄王四十七年"秦使武安君白起擊，大破趙于長平，四十餘萬盡殺之。"《元和》澤州高平縣："長平故城在縣西二十一里，白起破趙四十萬衆於此，盡殺之。"此長平未聞設縣，秦約屬上黨郡，今在山西省高平縣西南。《漢表》汝南郡有長平縣，"莽曰長正"。《國策》："芒卯曰：'秦王欲破（原文爲"魏"字）長平。'"《史記·秦始皇本紀》："五年，將軍驁攻韓，定酸棗、燕虛、長平、雍正、山陽城。"集解：駰案《地理志》，汝南有長平縣也。正義：長平故城在陳州宛五縣西六十里，長平縣秦約屬陳郡，今在河南省西華縣東北八十里。秦《睡虎》"長平"。漢印見：《徵存》"長平令印"。

【簡讀2002】

秦縣，《漢志》屬汝南郡。《史記·秦始皇本紀》："五年，將軍驁攻魏，定酸棗、燕、虛、長平。"趙亦有長平：《史記·秦本紀》："秦使武安君白起擊，大破趙於長平。"

【可齋2003】

在考訂"長平鄉印"時指出，秦置長平鄉，據新出秦封泥有"長平丞印"，則長平爲縣亦在秦時。《漢書·地理志》屬汝南郡。此印文字古拙，有自然渾成之趣。

【彙考2007】

同《秦封2000》。

【縣考2007】

長平，本魏縣。秦始皇五年，秦將蒙驁率軍攻魏，取二十城，酸棗、燕、虛、長平、雍丘、山陽、頓丘等縣當在此時屬秦。《漢志》長平縣屬汝南縣。出土秦封泥中有"長平丞印"，置有長平縣。

【政區2009】

《漢志》汝南郡長平縣，"莽曰長正"。《戰國策》："秦王欲魏長平。"《史記·秦始皇本紀》:"五年,將軍驁攻魏,定酸棗、燕、虛、長平、雍丘、山陽城,皆拔之,取二十城,初置東郡。"《集解》:"駰案《地理志》,汝南有長平縣也。"《正義》:"長平故城在陳周宛五縣西六十里。"《讀史·卷四十七》河南開封府陳州長平縣:"州西六十里秦始皇六年蒙驁攻魏。拔長平。""志云:長平城在今西華縣東南十八里。"秦長平縣故址在今河南省西華縣東北八十里。考古調查表明,長平故城爲正方形,面積16萬平方米,時代從戰國魏長平城,秦漢置長平縣。戰國趙地名也有長平。《史記·秦本紀》:"昭襄王四十七年,秦使武安君白起擊,大破趙於長平,四十餘萬盡殺之。"《元和·卷十九》澤州高平縣:"長平故城在縣西二十里,白起破趙四十萬衆於此,盡殺之。"此長平應爲關隘,今在山西高平縣西南,與此無關。

【分域2009】

長平,縣名。《漢書·地理志》載,汝南郡有長平縣,戰國時曾屬魏。其地在今河南西華縣。《史記·秦始皇本紀》云:"秦始皇五年,蒙驁攻魏定長平。"

【集證2011】

《漢書·地理志》汝南郡有"長平"縣。《漢書補注》王先謙曰:"戰國魏地。《國策》芒卯曰:'秦王欲魏長平。'始皇攻定之,見《始皇紀》。武帝封衛青爲侯國,見《表》。"《清一統志》:"故城今西華縣東北十八里。"戰國趙地亦有長平,《史記·秦本紀》:"(昭王)四十七年,……秦使武安君白起擊,大破趙於長平,四十餘萬盡殺之。"此記載亦見於睡虎地秦簡《編年紀》,地在今山西高平縣西。不過此地先秦似未設縣。《後漢書·郡國志》泫氏縣有長平亭,後魏始於其地置高平縣。封泥"長平"顯非趙地。

【戰國2013】

雲夢睡虎地秦簡《編年記》有(秦昭襄王)"卅七年攻長平"。《史記·秦本紀》昭王四十七年,"秦攻上黨,上黨降趙。秦因攻趙,趙發兵擊秦,相距。秦使武安君白起擊,大破趙於長平,四十萬盡殺之"。此事也見於《史記·六國年表》《史記·趙世家》等。《括地志》云:"長平故城在澤州高平縣西三十一里,即爲起敗括於長平處。"長平故址在今山西高平縣西北20里王報村。

【廣封2019】

同《秦封2000》。

(四) 新 郪

新郪丞印

《於京》圖42;《璽印》P407;《大系》P308

【於京2005】

《史記·蘇秦列傳》：“大王之地，南有鴻溝、陳、汝南、許、郾、昆陽、召陵、舞陽、新都、新郪。”屬魏。《漢書·地理志》：“汝南郡……新郪，莽曰新延。”應劭曰：“秦伐魏，取郪丘。漢興爲新郪。章帝封殷後，更名宋。”臣瓚曰：“光武既封殷後於宋，又封新郪。”師古曰：“封於新郪，號爲宋國耳。瓚説非。”新郪秦屬陳郡，其治地在今安徽太和縣東。

【縣考2007】

新郪本魏邑。《戰國策·魏策一》曰：“蘇子爲趙合從，説魏王曰：‘大王之塾，南有鴻溝、陳、汝南、許、鄢、昆陽、邵陵、舞陽、新郪；東有淮、潁、沂、黄、煮棗、海鹽、無疎；西有長城之界；北有河外、卷、衍、燕、酸棗，塾方千里。”後該地屬秦，傳世有“新郪虎符”，則秦當置有新郪縣。《漢志》汝南郡新郪縣下顔師古注引應劭曰：“秦伐魏，取郪丘。漢興爲新郪。章帝封殷後，更名宋。”以往一些學者據此以爲新郪又作郪丘。其實不然。應劭所説的“秦伐魏，取郪丘”，當本自《魏世家》所載的“[安釐王]十一年，秦拔我郪丘”。然此處的“郪丘”乃“邢丘”之訛（詳見程恩澤《國策地名考》及本文邢丘縣），而邢丘自有一地在。是其時新郪並無別稱，新郪與郪丘無涉。另外，應劭所説的“漢興爲新郪”，則更屬臆度之説，因上引《戰國策》已有新郪之名，故其説不足爲憑。

【政區2009】

傳世秦虎符有新郪虎符，銘文“甲兵之符，右才(在)王，左才(在)新郪……”王國維《秦新郪虎符跋》認爲其爲秦器，乃“秦併天下前二三十年間物”，爲發往新郪縣用兵之虎符。唐蘭則進一步指出：“作於秦滅韓，置潁川郡之後”，即統一前的十年間物。新郪，地名，戰國時屬魏地．又名郪丘。《史記·蘇秦列傳》：“大王之地，南有鴻溝、陳、汝南、許、郾、昆陽、召陵、舞陽、新都、新郪。”《史記·魏世家》：“魏安釐王十一年，秦拔我郪丘。”應劭注曰：“秦伐魏，取郪丘，漢興爲新郪。”此説王先謙已糾，《漢書補注》云：“《魏策》蘇秦説魏，南有新郪，則非漢改是名也。”《讀史·卷二十一》南直隸潁州，“新郪城，州東八里。城西四里有土阜，屹然高大，謂之郪城。魏安釐王十一年，秦拔郪邱是也。漢置新郪縣．屬汝陽郡”。《漢志》汝南郡新郪縣，“莽曰新延”。秦新郪縣故址在今安徽省界首縣東。

【戰國2013】

新郪，地名，戰國時屬魏地，又名郪丘。《史記·蘇秦列傳》：“魏南有召陵、舞陽、新都、新郪。”《史記·魏世家》：“魏安釐王十一年，秦拔我郪丘。”應劭注曰：“秦伐魏，取郪丘，漢興爲新郪。”此説王先謙已糾，《漢書補注》云：“《魏策》蘇秦説魏，南有新郪，則非漢改是名也。”《讀史·卷二十一》南直隸潁州，“新郪城，州東八里。城西四里有土阜，屹然高大，謂之郪城。魏安釐王十一年，秦拔郪邱是也。漢置新郪縣，屬汝陽郡”。新郪縣故址在今安徽省界首縣東。

【通論2016】

新郪或郪丘入秦的時間上限無法確定。但其下限在魏亡之年（秦王政二十二年，前225年）則是肯定的。郪丘入秦，改名新郪，至少在秦統一前四年。西漢時屬汝南郡。新郪虎符是秦虎符。

瑞按：《漢書・地理志》屬汝南郡，"莽曰新延"，應劭曰："秦伐魏，取郪丘。漢興爲新郪。章帝封殷後，更名宋。"臣瓚曰："光武既封殷後於宋，又封新郪。"師古曰："封於新郪，號爲宋國耳。瓚説非。"《史記・蘇秦列傳》"又説魏襄王曰：'大王之地，南有鴻溝、陳、汝南、許、郾、昆陽、召陵、舞陽、新都、新郪'"，注《集解》：《地理志》潁川有昆陽、舞陽縣，汝南有新郪縣，南陽有新都縣。《索隱》：《地理志》昆陽、舞陽屬潁川，召陵、新郪屬汝南。按："新郪郎郪丘，章帝以封殷後於宋。新都屬南陽。按：《戰國策》直云新郪，無'新都'二字。"《史記・魏世家》"九年，秦拔我懷。十年，秦太子外質於魏死。十一年，秦拔我郪丘。"注引《集解》：徐廣曰："郪丘，一作'廩丘'，又作'邢丘'。郪丘今爲宋公縣。"《索隱》：郪，七絲反，又音妻。《正義》：郪，七私反，又音妻。《地理志》云汝南郡新郪縣。應劭曰："秦伐魏，取郪丘，漢興爲新郪，章帝封殷後，更名宋也。"《漢書・賈誼傳》"梁起於新郪以北著之河"，師古曰："新郪，潁川縣也。郪音千移反"。《後漢書・方術列傳》注云："《續漢志》汝南郡有宋公國，周名郪丘，漢改爲新郪，章帝建初四年，徙宋公於此"。《後漢書・皇后紀》"後從兄竟，以騎都尉從征伐有功，封爲新郪侯"，注"新郪，縣，屬汝南郡，故城在今潁州汝陰縣西北郪丘城是也"。出土銅器有"新郪虎符"，王輝先生指出秦攻占新郪應在秦得潁川郡之後（《秦銅器銘文編年集釋》P102），據《史記・燕召公世家》，"二十五年，秦虜滅韓王安，置潁川郡"，《水經注》卷22"秦始皇十七年，滅韓，以其地爲潁川郡"。

（五）新 成 陽

新成陽丞

《印風》P157；《釋續》圖26；《印集》P121；《彙考》P215；《大系》P308

【釋續2001】

此封泥有可能讀"新成陽丞"。《史記・秦本紀》："（昭襄王）十七年，城陽君入朝……"《正義》引《括地志》云："濮州雷澤縣，本漢郕陽縣。古郕伯，姬姓之國，周武王封弟季載於郕，其後遷之城陽也。"日人瀧川資言《考證》："梁玉繩曰：成陽君，韓人，《魏策》有之，成、城通用。"此成陽《漢書・地理志》屬濟陰郡，班氏自注："有堯冢（冢）靈臺。《禹貢》：雷澤在西北。"成陽有雷澤，見於《禹貢》，相傳堯母慶都葬此，戰國齊地，城陽君應是齊之封君（昭王十七年成陽尚未歸秦），入秦後應爲縣。又《漢書・地理志》汝南郡有成陽侯國，王先謙《補注》："戰國楚地，《楚策》所謂'襄王留流揜於成陽’也。”“新成陽”可能爲以上二成陽之一。“新成陽”也可能讀爲“新陽成（城）”。《漢書·地理志》汝南郡有新陽縣。王先謙《補注》：“呂臣起此，見《陳涉傳》。高帝封呂青爲侯國，見《表》。……《一統志》：故城今太和縣西北六十里。《舊志》：俗呼信陽城。”“信陽城”顯然是“新陽城”之訛。不知“新陽成”是否即此“新陽城”？又潁川郡有陽城縣，本春秋鄭地，戰國歸韓，後入秦；汝南郡有陽城侯國，爲漢宣帝時封國。不知“新陽成”是否指汝南之陽城？此陽城雖宣帝始封侯國，但地名當早已有之，其得名在潁川陽城之後，或加“新”以分別之。以上三種可能性，我傾向於第一種説法。

【簡讀2002】

新成陽史籍失載，所指不明。《漢志》濟陰郡有“城陽”，汝南郡有成陽侯國。“新成陽”可讀“新陽成”。《張家·二年·秩律》：“陽成……秩各六百石，有丞、尉者半之”。

【彙考2007】

同《釋續2001》。

【職地2014】

釋“新陽城印”時指出，《地理志》潁川郡有陽城和陽城山，汝南郡亦有陽城侯國。潁川郡之陽城春秋時爲鄭邑，戰國時爲韓地，戰國末漢惠王時被秦攻取而置縣。新陽城或爲後者。

【廣封2019】

同《釋續2001》。

（六）南　　頓

南頓

1　　　　　　　　　　　　2

1.《補讀》圖55；《秦封》P305；《書集》P128；《彙考》P210；《璽印》P390；《大系》P175
2.《大系》P175

【補讀1998】

　　“南頓丞印”在初讀時曾作“南武丞印”，現經過綴合正讀。《漢志》汝南郡有南頓縣，“故頓子國，姬姓”。應劭曰：“頓迫於陳，其後南徙，故號南頓，故城尚在。”《水經・潁水》:"又東南過南頓縣北,灈水從西來流注之。灈水於樂嘉縣入潁,不至於頓。頓,故頓子國也,周之同姓。《春秋》僖公二十五年,楚伐陳,納頓子於頓是也。"南頓縣秦約屬陳郡,今在河南省項城縣西。漢印見《徵存》"南頓令印"。

【秦封2000】

《漢志》:汝南郡有南頓縣,"故頓子國,姬姓。"應劭曰:"頓迫於陳,其後南徙,故號南頓,故城尚在。"《水經・潁水》:"又東南過南頓縣北,灈水從西來流注之。灈水於樂嘉縣入潁,不至於頓。頓,故頓子國也。周之同姓。《春秋》僖公二十五年,楚伐陳,納頓子於頓是也。"南頓縣秦約屬陳郡,今在河南省項城縣西。

【簡讀2002】

秦縣,《漢志》屬汝南郡。應劭曰:"頓迫於陳,其後南徙,故號南頓"。

【彙考2007】

南頓,縣名。春秋時頓國地。《漢書・地理志》汝南郡有南頓縣。班固自注曰:"故頓子國,姬姓。"注引應劭曰:"頓迫於陳,其後南徙,故號南頓,故城尚在。"《水經・潁水》"又東南過南頓縣北,灈水從西來流注之。"酈道元注:"灈水於樂嘉縣入潁,不至於頓。頓,故頓子國也。周之同姓。《春秋》僖公十五年,楚伐陳,納頓子於頓是也。"今在河南省項城縣西。

【秦封2002】

此地原爲春秋時頓子國,後受陳之逼迫,向南遷,故稱之南頓,後爲楚滅,之後又爲秦所滅,故秦因舊地名置縣。《史記・楚世家》:"(昭王)二十年,楚滅頓。"《漢志》汝南郡南頓縣,"故頓子國,姬姓。"應劭曰:"頓近於陳,其後南徙,故號南頓,故城尚在。"《水經・潁水注》:"(潁水)又東南過南頓縣北,灈水從西來流注之,灈水亦樂嘉縣入潁,不至於頓。頓,故頓子國也,周之同姓。《春秋》僖公二十五年,楚伐陳,納頓子於頓是也。"《讀史・卷四十七》河南開封府陳州商水縣南頓城:"即今縣治。春秋時頓子國。或曰古頓城在今縣北三十里,頓子迫於陳而奔楚,自頓南徙,故曰南頓。《史記》:'楚昭王二十一年滅頓',漢置縣,屬汝南郡。"秦南頓縣故址在今河南省項城縣西,其領地在今河南省項城縣、商水縣之間。考古調查南頓故城北垣殘長217米,面積50萬平方米,城址時代從春秋至漢。

【集證2011】

"頓"字周曉陸初釋"武",後加糾正。《漢書・地理志》汝南郡有"南頓"縣。班固自注:"故頓子國,姬姓。"顏注引應劭曰:"頓迫於陳,其後南徙,故號南頓,故城尚在。"《漢書補注》王先謙曰:"續《志》後漢因。《潁水注》:'谷水上承平鄉諸陂,東北逕南頓縣故城南,側城東注……其城今在頓南三十餘里……'《一統志》:'故城今項城縣北五十里。'"《官印徵存》有漢"南頓令印"。

【廣封2019】

案《漢書・地理志》:汝南郡,有縣"南頓","故頓子國,姬姓"。(應劭曰:"頓迫於陳,其後南徙,故號南頓,故城尚在。")此其印也。

南頓丞印

1　　　　　　　　　　2

1.《大系》P175
2.《補讀》圖56;《秦封》P305;《書集》P129;《彙考》P210;《璽印》P416;《大系》P175

【補讀1998】
　　説見"南頓"。
【秦封2000】
　　此爲南頓縣丞之印,説見"南頓"。漢印見:《徵存》"南頓令印"。
【簡讀2002】
　　釋讀見"南頓"條。
【彙考2007】
　　説見"南頓"。
【政區2002】
　　説見"南頓"。
【廣封2019】
　　説見"南頓"。此其丞之印也。

（七）新　　蔡

新蔡丞印

1　　　　　　　　　　2

1.《印風》P157;《書法》P42;《新地》圖22;《印集》P116;《彙考》P208;《大系》P306
2.《大系》P306

【新見1996】

《漢志》: 汝南郡有新蔡縣。《史記·陳涉世家》: "宋留不能入武關, 及東至新蔡, 遇秦軍, 宋留以軍降秦。"在秦屬陳郡, 今河南省新蔡市。

【考釋2001】

漢封泥有"新蔡侯"(《古封泥》470)。《漢書·地理志》汝南郡有"新蔡"縣, 班固自注: "蔡平侯自蔡徙此, 後二世徙蔡。"王先謙《補注》: "吳卓信曰:《左昭十一年傳》: 楚滅蔡, 平王立, 復封蔡。於是隱太子廬歸於蔡, 是爲平侯。徙此當在其時。事不見經傳, 惟見杜氏《釋例》。"汝南郡置於漢高帝時, 原爲秦潁川、南陽二郡地。由此封泥知秦有新蔡縣。

【新地2001】

《漢志》: 汝南郡有新蔡縣。《史記·陳涉世家》: "宋留不能入武關, 及東至新蔡, 遇秦軍, 宋留以軍降秦。"在秦屬陳郡, 今河南省新蔡市。

【簡讀2002】

秦縣,《漢志》屬汝南郡。《史記·陳涉世家》: "宋留……東至新蔡。"

【彙考2007】

同《考釋2001》。

【政區2009】

《漢志》汝南郡新蔡縣, "蔡平侯自蔡徙此, 後二世徙下蔡, 莽曰新遷"。《史記·陳涉世家》: "宋留不能入武關, 乃東至新蔡, 遇秦軍, 宋留以軍降秦。"《水經·汝水注》: "昔管、蔡間王室, 放蔡叔而遷之, 其子胡能率德易行, 周公舉之爲卿士, 以見於王。王命之以蔡, 申呂邑也。以奉叔度祀, 是爲蔡仲矣。宋忠曰: 故名其地爲新蔡。"《讀史·卷五十》汝寧州, "新蔡縣, 古呂國, 春秋蔡平侯徙都於此, 故曰新。漢置縣, 屬汝南郡"。新出土的戰國楚系封泥"新蔡"也證明楚國已有新蔡。考古調查表明, 秦漢新蔡故城遺址位於河南省駐馬店市新蔡縣城東部, 今縣城東的一部分疊壓在故城遺址的西部。故城垣長3215米, 現東、南城牆保存較好, 其中一段殘垣高2～7米、最高10米、基寬20～50米。夯層厚14釐米, 夯窩清晰。出土有陶鼎、壺、豆、銅劍、鏃、郢爰、蟻鼻錢及陶水管等, 時代從戰國至秦漢。

【分域2009】

新蔡, 縣名, 其地在今河南新蔡。《漢書·地理志》載, 汝南郡新蔡, 蔡平侯自蔡徙此。秦時屬陳郡。

【戰國2013】

河南新蔡故城出土戰國楚封泥有"新蔡""蔡市璽"。《漢志》: "新蔡, 蔡平侯自蔡徙此第, 後二世徙下蔡"; 又"上蔡, 故蔡國, 周武王弟叔度所封。度放, 成王封其子胡, 十八世徙新蔡"。考古調查表明, 新蔡故城遺址位於河南省駐馬店市新蔡縣城東部, 故城垣長3215米, 現東、南城牆保存較好, 其中一段殘垣高2～7米、最高10米、基寬20～50米, 時代從戰國至秦漢。

【廣封2019】

案《漢書·地理志》: 汝南郡, 有縣"新蔡", "蔡平侯自蔡徙此, 後二世徙下蔡。莽曰新遷。新息,莽曰新德"。又"上蔡,故蔡國,周武王弟叔度所封。度放,成王封其子胡,十八世徙新蔡。"此其丞之印也。

(八)陽　夏

陽夏

《於京》圖43;《璽印》P390;《大系》P319

瑞按:陽夏,《漢書·地理志》屬淮陽國,應劭曰:"夏音賈。"《太平御覽》卷151引《韓子》:"又曰:應侯謂秦王曰:王得宛,臨陳陽夏,斷河內,臨東陽;邯鄲,猶口中虱也。"今本《韓非子·內儲》作"應侯謂秦王曰:王得宛葉、藍田、陽夏,斷河內,因梁、鄭,所以未王者,趙未服也。"《漢書·彭越傳》:"項王南走陽夏,越復下昌邑旁二十餘城,得粟十餘萬斛,以給漢食。"《史記·彭越傳》"漢五年秋,項王之南走陽夏",《正義》:夏,古雅反。陳州太康縣也。《史記·項羽本紀》"漢五年,漢王乃追項王至陽夏南,止軍",《集解》:如淳曰:"夏音賈。"《正義》引《括地志》云:"陳州太康縣,本漢陽夏縣也。《續漢書·郡國志》云陽夏縣屬陳國。"按:太康縣城夏后太康所築,隋改陽夏爲太康。《漢書·陳勝傳》:"陳勝字涉,陽城人。吳廣,字叔,陽夏人也。"師古曰:"地理志屬淮陽。夏音工雅反。"《史記·高祖本紀》:"聞之,發兵距之陽夏,不得前。"《索隱》韋昭云:"縣名,屬淮陽,後屬陳。夏音更雅反。"《水經注》卷22:"又東南至陽夏縣故城西,漢高祖六年,封陳豨爲侯國。"

陽夏丞印

《印風》P140;《釋續》圖51;《印集》P141;《彙考》P233;《大系》P319

【釋續2001】

《漢書・地理志》淮陽國有陽夏縣。王先謙《補注》：“秦縣。縣人吳廣，見《始皇紀》。高帝追項羽至此，見《羽傳》。高帝封陳豨爲侯國，見《表》。……《一統志》：故城今太康縣治。”《封泥彙編》（第141頁）有漢“陽夏鄉印”封泥，縣鄉同名，這在秦漢屢見不鮮。《官印徵存》0043“咸陽右鄉”，香港中文大學文物館藏“櫟陽鄉印”，日本菅原石廬藏“高陵鄉印”，皆縣屬鄉之印。

【簡讀2002】

秦縣，《漢志》屬淮陽國。

【於京2005】

《史記・項羽本紀》：“漢五年，漢王乃追項王至陽夏南。”《集解》：“如淳曰：‘夏音賈。’”《正義》：“《括地志》云：‘陳州太康縣，本漢陽夏縣也。’《續漢書・郡國志》云：‘陽夏縣屬陳國。’”按：太康縣城夏后太康所築，隋改陽夏爲太康。《史記・高祖本紀》：“楚聞之，發兵距之陽夏，不得前。”“漢王……乃進兵追項羽，至陽夏南止軍。”《史記・留侯世家》：“漢王追楚至陽夏南。”《史記・魏豹彭越列傳》：“漢五年秋，項王之南走陽夏，”《史記・樊酈滕灌列傳》：“從高祖擊項籍，下陽夏。”《史記・陳涉世家》：“吳廣者，陽夏人也。”《漢書・地理志》：“淮陽國，……陽夏。”《元和郡縣圖志・河南道四・陳州・太康縣》：“本漢陽夏縣地，屬淮陽國。後漢屬陳國。後魏孝昌四年置陽夏郡，以縣屬焉。隋文帝改陽夏爲大業縣。”“縣理城，即漢陽夏縣城，夏后太康所築。”陽夏秦屬陳郡，其治地在今河南太康縣。

【彙考2007】

《漢書・地理志》：“淮陽國……縣九……陽夏。”注引應劭曰：“夏音賈。”王先謙《漢書補注》：“秦縣，縣人吳廣，見《始皇紀》。高帝追項羽至此，見《羽傳》。高帝封陳豨爲侯國，見《表》。”今在河南省太康縣。又王輝先生考：《封泥彙編》第一四一頁有漢“陽夏鄉印”封泥，縣、鄉同名。這在秦漢屢見不鮮。《官印徵存》〇〇四三“咸陽右鄉”，香港中文大學文物館藏“櫟陽鄉印”、日本菅原石廬藏“高陵鄉印”，皆縣屬鄉之印。

【政區2009】

秦末吳廣爲陽夏人。《史記・陳涉世家》：“吳廣，陽夏人也。”《史記・項羽本紀》：“漢五年，漢王乃追項王至陽夏南。”《史記・高祖本紀》：“楚聞之，發兵距之陽夏，不得前。”漢王“乃進兵追項羽，至陽夏南止軍”。《史記・留侯世家》：“漢王追楚至陽夏南。”《史記・魏豹彭越列傳》：“漢五年秋，項王之南走陽夏，”《史記・樊酈滕灌列傳》：“從高祖擊項籍，下陽夏。”《漢志》淮陽國有陽夏縣。《郡國志》云：“陽夏縣屬陳國。”按：“太康縣城夏后太康所築，隋改陽夏爲太康。”又《正義》引《括地志》云：“陳州太康縣，本漢陽夏縣也。”《讀史・卷四十七》河南開封府太康縣陽夏城：“即今治，漢縣也。”《清一統志・卷一百九十一》：“故城即今太康縣治，秦縣也。”秦陽夏縣故址即今河南省太康縣。

【戰國2013】

《韓非子・内儲説上》載應侯謂秦王曰：“王得宛、葉、藍田、陽夏，斷河内，困梁、鄭。”《説苑・正諫》：“楚莊王伐陽夏，師久而不罷。”《續漢書・郡國志》云：“陽夏縣屬陳國。”

按："太康縣城夏后太康所築,隋改陽夏爲太康。"陽夏縣故址即今河南省太康縣。

【廣封2019】

　　案《漢書·地理志》:淮陽國,有縣"陽夏"。(應劭曰:"夏音賈。")《史記·項羽本紀》:
"漢五年,漢王乃追項王至陽夏南。"又《秦封泥彙考》,王輝先生考:《封泥彙編》一四一頁
有漢"陽夏鄉印"封泥,縣、鄉同名者在秦漢屢見不鮮。《官印徵存》〇〇四三"咸陽右鄉"、
香港中文大學文物館藏"櫟陽鄉印"、日本菅原石廬藏"高陵鄉印",皆縣屬鄉之印。

(九) 柘

柘丞之印

《新地》P26

【新見1996】

　　《漢志》淮陽國有柘縣。《史記·陳涉世家》:"葛嬰攻銍、鄼、苦、柘、譙,皆下之。"徐
廣曰:"苦、柘在陳。"在秦屬陳郡,今河南柘城縣。

【政區2009】

　　《漢志》淮陽國有柘縣。《史記·陳涉世家》:"葛嬰攻銍、鄼、苦、柘、譙,皆下之。"徐
廣曰:"苦、柘在陳。"《史記·樊酈滕灌列傳》:"擊破柘公王武,軍於燕西。"秦柘縣故址
在今河南省柘城縣。考古調查,柘城故城現存一段城墙長200米,面積225萬平方米。

(十) 平　　輿

平輿丞印

1

2

1.《菁華》P65;《大系》P191
2.《新出》P108;《大系》P190

【考略2001】

《漢書・地理志》載：漢汝南郡轄平輿縣。秦、漢平輿爲一處，秦平輿隸陳郡，故址在今河南省漯河市東南，即今平輿縣北部。

【簡讀2002】

秦縣，《漢志》屬汝南郡。

【縣考2007】

《秦始皇本紀》曰："二十三年，秦王復召王翦，强起之，使將擊荊。取陳以南至平輿，虜荊王。"《王翦列傳》亦載此事，唯"平輿"作"平典"，當爲同地異書。是始皇二十三年秦得楚之陳、平輿縣。秦得楚陳、平輿縣後，理當仍置爲縣。馬非百即持此論。出土秦封泥中有"平輿丞印"。《漢志》陳縣屬淮陽國，平輿屬汝南郡。

【政區2009】

《史記・秦始皇本紀》："始皇二十三年，擊荊，取陳以南至平輿，虜荊王。"又《史記・白起王翦列傳》："李信攻平輿。"《漢志》汝南郡有平輿縣。《秦集史》記："《秦始皇本紀》始皇二十三年，秦王復召王翦使將擊荊，取陳以南至平輿。秦置平輿縣當在是時。"《讀史・卷五十》汝寧州汝陽縣，"平輿城，在府城東南汝水南岸，春秋沈國地……《史記》蔡昭侯十三年與晉滅沈是也。後屬楚，秦始皇二十二年李信攻楚平輿，明年王翦擊荊，取陳以南至平輿。漢置縣，爲汝南郡治"。秦平輿縣故址在今河南漯河市東南平輿縣北部。

【戰國2013】

傳世戰國楚系官璽印有"坪（平）夜大夫綱璽"（《璽匯》0102）。"坪（平）夜"即平輿。又包山楚簡有"平輿公蔡冒（J138）"。《史記・秦始皇本紀》："始皇二十三年，擊荊，取陳以南至平輿，虜荊王。"又《史記・白起王翦列傳》："李信攻平輿。"平輿，春秋時沈國，後爲蔡所滅，戰國時屬楚，故城在今河南平輿縣北。

【廣封2019】

案《漢書・地理志》：汝南郡，有縣"平輿"。（應劭曰："故沈子國。今沈亭是也。輿音豫。"）

□輿□尉

《新出》P109；《大系》P191

瑞按：封泥殘，舊讀"平輿□尉"，拓片僅存"尉"字及"輿"字殘字，故如今讀。

平輿□□

《新獲》P289;《大系》P191

瑞按: 封泥左半殘, 左上似爲 "丞" 字。

(十一) 陽　安

陽安

《新選》P115;《大系》P317

【政區2009】

《漢志》汝南郡陽安縣, 應劭曰: "道國也, 今道亭是。"《水經·潁水注》: "蒲水又東南逕陽安亭東……世俗名斯川爲陽安瀆。蒲水又東南歷瀆, 逕陽安關下。"《讀史·卷五十》河南光州息縣陽安城, "在縣西南十里, 春秋時道國, 所謂 '江、黃、道、柏' 也, 後爲楚所滅。漢置陽安縣, 屬汝南郡"。秦陽安縣故址在今河南省確山縣東北。

【戰國2013】

戰國燕方足布有 "陽安" 布。又遼寧省建平縣水泉戰國遺址出土陶片上有 "陽安都王勾端"。燕國縣級行政單位是 "都"。陶文和幣文正合, 可知燕國設有陽安都, 其地很可能就在陶文出土地的建平縣一帶。

【職地2014】

説見 "陽安之守"。

【十五則2017】

《秦封泥集》有 "陽安丞印"。陽安,《漢書·地理志》屬汝南郡, 在今河南省駐馬店市南。秦無汝南郡, 陽安縣秦時屬淮陽郡或陳郡。從張家山漢簡《二年律令·秩律》有陽安來看, 秦陽安縣漢初沿置。

　　瑞按：陽安，《漢書·地理志》屬汝南郡。又錢幣中有讀爲"安陽"幣者，裘錫圭先生認爲當讀爲"陽安"(《北京大學學報》1978年2期)，黃盛璋亦持此說(《考古》1983年5期P473)。徐秉琨先生從遼寧建平水泉遺址出土陶文"易安都王氏□"分析，過去認爲的"安陽"幣當讀爲陽安，並判斷陽安應在建平一帶，其戰國時期處於燕之右北平與遼西兩郡之交附近，但《漢書·地理志》當地無陽安，應已廢。並推測遼西郡"陽樂"爲"陽安"改作(《中國錢幣》1995年1期P9—10)。

陽安丞印

1　　　　　　　　　　　2

1.《秦封》P306；《彙考》P211；《璽印》P416；《大系》P317
2.《大系》P317

【秦封2000】
　　《漢志》汝南郡有陽安縣。《水經·潁水》："蒲水又東南逕陽安亭東，世俗名斯川爲陽安壤。蒲水又東南歷壤逕陽安關下。""溧水又西南流於河，春秋左傳謂之溧川也，俗謂之陽安澗水。"陽安縣秦約屬陳郡，今在河南省確山縣東北。漢封泥見：《兩漢》"陽安長印"。
【簡讀2002】
　　秦縣，《漢志》屬汝南郡。《張家·二年·秩律》："陽安……秩各六百石，有丞、尉者半之。"
【彙考2007】
　　《漢書·地理志》汝南郡有陽安縣。注引應劭曰："道國也。今道亭是。"王先謙《漢書補注》："成帝封丁明爲侯國見《表》，後漢因《續志》有道亭故國……《一統志》：故城今確山縣東北。"
【職地2014】
　　說見"陽安之守"。
【廣封2019】
　　案《漢書·地理志》：汝南郡，有縣"陽安"。(應劭曰："道國也。今道亭是。")此其丞之印也。

陽安之守

《新選》P115;《大系》P318

【職地2014】

　　秦封泥有"陽安""陽安之守"和"陽安丞印"。"陽安之守"封泥印面有邊框但無界格,文字風格古拙,顯示其時代較早,或爲秦統一前。"陽安丞印"印面有田字格,文字筆畫和布局緊湊規整,筆畫圓轉流暢,時代應爲秦統一後。由秦封泥"陽安"和"陽安丞印"可證,陽安確爲秦縣名。陽安,《漢書·地理志》屬汝南郡,在今河南省駐馬店市南。秦無汝南郡,陽安縣秦時屬淮陽郡或陳郡。據悉,"陽安"和"陽安之守"兩封泥均出於高陵城關一帶,而此地與秦舊都櫟陽臨近,或爲秦統一前陽安縣府與秦高陵或櫟陽縣文書往來時用印的遺物。但目前所見秦縣職官和機構的封泥中,縣名與"守"同時出現的例子僅見"陽安之守"一種。因"陽安"確爲秦縣,且秦郡封泥中無"郡名+之守"式,故"陽安之守"封泥中"守"字的含義頗難索解。若將此"守"字理解爲秦簡牘資料所常見的縣級職官名稱中的"守"類職官用印,則僅憑"陽安之守"的孤例難以定論;而且按照一般的理解,"守"類職官和機構不是正式名稱,故沒有專門的印信,日常處理公務仍是以縣令、丞等正式設立的職官和機構用印行事;秦郡級璽印封泥中也同樣也沒有"叚"類,也是相同的道理。這種現象據目前所掌握的資料還無法解釋,值得進一步關注和研究。

【十五則2017】

　　説見"陽安"。睡虎地秦簡、里耶秦簡和嶽麓秦簡所見的"縣名+守""縣名+守丞""(縣名+)司空守",以及"尉守""發弩守""少內守""田守""田官守""倉守""庫守""廄守""都府守"等名稱,基本涵蓋了秦時縣、鄉兩個級別的所有職官機構。一般認爲"某守"是臨時代理或試職之意,但目前所見秦縣職官和機構的封泥中,縣名中帶"守"的例子僅見"陽安之守"一種。因"陽安"確爲秦縣,且秦郡封泥中無"郡名+之守"式,故"陽安之守"封泥中"守"字的含義頗難索解。若將此"守"字理解爲秦簡牘資料所常見的縣級職官名稱中的"守"類職官用即,則僅憑"陽安之守"的孤例難以定論;而且按照我們的理解,"守"類職宫和機構不是正式名稱,故沒有專門的印信,日常處理公務仍是以縣令、丞等正式設立的職宫和機構用即行事;秦郡級璽印封泥中同樣沒有"叚"類,也是相同的道理。"陽安之守"封泥是唯一一件縣名中帶有"守"字的秦文字實物資料,有很大的研究價值,其確切含義有待進一步探討。

（十二）苦

苦丞之印

1　2

1、2.《大系》P144

【五十例2005】

　　《史記·老子韓非列傳》："老子者,楚苦縣厲鄉曲仁里人也。"《陳涉世家》："攻銍、酇、苦、柘、譙,皆下之。"《樊酈滕灌列傳》："故苦、譙,復得亞將周蘭,與漢王會頤鄉。"《集解》："徐廣曰：'苦縣有頤鄉。'"《漢志》,淮陽國有苦縣。本注："莽曰賴陵。"苦秦屬陳郡,其地在今河南鹿邑縣。

【政區2009】

　　《史記·老子韓非列傳》："老子者,楚苦縣厲鄉曲仁里人也。"《史記·陳涉世家》："葛嬰將兵徇蘄以東,攻銍、酇、苦、柘、譙皆下之。"《史記·樊酈滕灌列傳》："（灌嬰）攻苦、譙,復得亞將周蘭,與漢王會頤鄉。"《集解》："徐廣曰：'苦縣有頤鄉。'"《漢志》淮陽國苦縣,"莽曰賴陵"。《讀史·卷五十》河南歸德府鹿邑縣苦縣城："縣東七十里,即楚之苦縣。漢因置縣,屬淮陽國。"《清一統志·卷一百九十四》："故城在（歸德府）鹿邑縣東十里。"秦苦縣其治地在今河南省鹿邑縣。

（十三）項

項□之□

《大系》P303

【政區2009】

　　《史記·項羽本紀》："項氏世世爲楚將,封於項,故姓項氏。"《正義》引《括地志》

云："今陳州項城縣即故項子國也。"《元和·卷八》："項城縣，漢項縣，古項子國。《春秋》
'齊師滅項'。至楚襄王徙都陳，以項爲別都。按此城即楚築。在漢屬汝南郡，晋屬陳
國。"《清一統志·卷一百九十一》："故城在陳州府項城縣東北。"從《圖集》上看，秦項
城故址在今河南省沈丘縣。

（十四）上　　蔡

上蔡丞□

《新選》P106；《大系》P207

【縣考2007】

始皇二十二年（前225年），秦滅魏，至遲此時魏之泫氏、中牟、單父、絳、武堵（都）、
濟陽、滁陰、上蔡、魯陽、共、宅陽、梧、廈、諫等縣屬秦。《李斯列傳》記載李斯即爲上蔡
人。出土秦封泥中有"魯陽丞□""盧氏丞印"。《漢志》上蔡縣屬汝南郡。

【政區2009】

包山楚簡有"蔡公子家"等數條。原文認爲此"蔡"即今安徽鳳臺之故下蔡，不確。
徐少華就認爲簡文中"蔡"和"下蔡"多見且區別明顯，不應混同，"蔡"應是蔡國早期居
地，今河南省上蔡，甚是。又《竹書紀年》："魏章率師及鄭師伐楚取上蔡也。"《戰國策·楚
策四》："莊辛去之趙，留五月，秦果舉鄢、郢、巫、上蔡、陳之地。"《水經·汝水注》引《竹書
紀年》云："魏章率師及鄭師伐楚，取上蔡。"又《淮南子·人間訓》云："子發爲上蔡令，民
有罪當刑，獄斷論定，決於令尹前。"可知楚在蔡國故地設立上蔡縣。其地望據徐少華考
證"古蔡國、楚蔡縣及漢晋上蔡縣應在今河南上蔡縣城關"，而並非傳統上認爲今上蔡縣
西南。《史記·李斯列傳》："李斯者，楚上蔡人也。"又云："李斯顧謂其中子曰：吾欲與君
復牽黃犬俱出上蔡東門，逐狡兔，豈可得乎？"又《史記·陳涉世家》："陳王以上蔡人房君
蔡賜爲上柱國。"可知上蔡實爲楚、秦舊縣。《世本》："上蔡也，九江有下蔡，故稱上。"《清
一統志·卷二百一十六》："故城在汝寧府上蔡縣西。"其故址即今河南省上蔡縣。

瑞按：徐少華先生指出，蔡爲西周初年最早的姬姓諸侯之一。故蔡國地理位置
歷經幾次變化。周代蔡國故城、漢晋上蔡縣治，應在今上蔡縣城關一帶，即在今上
蔡縣城關之古城（《〈中國歷史地圖集〉先秦漢晋若干地理補正》，《荊楚歷史地理與
考古探研》）。

七、四　川　郡

四川大守

1

2

1.《大系》P235
2.《大系》P234

【印考1997】

　　印面爲正方形, 田字格, 邊長1.8釐米, 邊欄模糊, 印文四字尚清楚。四川, 古稱“蜀”。戰國時秦蜀郡。《水經·江水注》:“秦惠王二十七年, 遣張儀、司馬錯等滅蜀, 遂置蜀郡。”《漢書·地理志》亦載:“蜀郡, 秦置, 屬益州。”治所成都,故址在今四川省成都市區。“郡守”亦稱“太守”, 爲郡長官。《封泥考略》收錄“蜀郡太守章”一枚;陝西歷史博物館藏“蜀郡太守”“蜀守之印”兩枚;《風俗通》云:“秦昭王使李冰爲蜀郡太守。”直稱“四川太守”,尚屬首次見到。

【補讀1998】

　　錄於《秦封2000》。《漢志》沛郡, 班固自注:“故秦泗水郡。高帝更名。”《水經·睢水注》相縣,“秦始皇二十三年以爲泗水郡”。《史記·秦始皇本紀》:“(二十三年)擊荊, 取陳以南至平輿”。《正義》:“楚淮北之地盡入於秦。”《史記·高祖本紀》:“項氏起吳, 秦泗川監平, 將兵圍豐二日……引兵之薛, 泗川守壯敗於薛。走至戚, 沛公左司馬得泗川守壯。”集解:“文穎曰, 泗川, 今沛郡也, 高祖更名沛。”《漢書·高帝紀》略同。《史記·絳侯周勃世家》:“籍已死, 因東定楚地泗川、東海郡。”秦泗水郡本爲四川郡, 此司馬遷作《史記》時尚明, 後訛川爲水, 當在褚少孫補作之時, 班固作《漢書》時沿其誤。《史記·高祖本紀》爲泗川, 當是帝紀不便更改之。四川郡之得名,或因其境內有淮、沭、沂、泗等四水之故, 後則因有泗水作泗水郡。與此相類者秦有叁川郡, 以其轄境內有伊、洛、河三水而得名, 潁川郡有潁水得名。至於《史記·高祖本紀》記劉邦“及壯, 試爲吏, 爲泗水亭長”之泗水亭, 爲一小地名, 與四川郡當不是同級行政關係。《風俗通》載“李冰爲蜀郡太守”,《睡虎》亦有太守, 可知太守之職本始於戰國。秦封泥見《齊魯》《再續》“河間太守”。《續封》《建德》“濟北太守”。

【秦封2000】

《漢志》: 沛郡,"故秦泗水郡。高帝更名,莽曰吾符,屬豫州。"《水經·睢水》: 相縣,秦始皇二十三年以爲泗水郡。《史記·秦始皇本紀》: 政二十三年,擊荆,取陳以南至平輿。《正義》: 楚淮北之地盡入於秦。《史記·高祖本紀》:"項氏起吴,秦泗川監平,將兵圍豐三日,⋯⋯引兵之薛,泗川守壯敗于薛。走至戚,沛公左司馬得泗川守壯。"集解:"文穎曰: 泗川,今沛郡也,高祖更名沛。"《漢書·高帝紀》略同。《史記·絳侯周勃世家》:"籍已死,因東定楚地泗川,東海郡。"案,泗水郡秦本爲四川郡,此司馬遷作《史記》時尚明,後因字形相近訛川爲水,當在褚少孫補作之時,然後班固作《漢書》時沿其誤。《史記·高祖本紀》爲泗川,當是帝紀不便更改之而存焉。四川郡之得名,或因其境内有淮、沂、灘、泗四水之故,後則因有泗水爲作泗水郡。與此相類者如秦有叁川郡,以其轄境内有伊、洛、河三水而得名,潁川郡有潁水得名。至於《史記·高祖本紀》記劉邦"及壯,試爲吏,爲泗水亭長"之泗水亭,爲一小地名,與四川郡當不是同級行政關係。《史記·郡守表》:"郡守,秦官,掌治其郡,秩二千石。有丞。⋯⋯景帝中二年更名太守。"《風俗》載,李冰爲蜀郡太守,《睡虎》亦有太守。可知,太守之職本始於東周。郡治約在今安徽省淮北市。秦印見:"四川輕車"。漢封泥見:《封泥》"泗水相印章"。

【簡讀2002】

四川即泗水,《漢志》:"沛郡,故秦泗水郡。高帝更名。"《水經注·睢水注》:"相縣,故宋地也。秦始皇二十三年以爲泗水郡。"《史記·高祖本紀》:"秦泗川監平⋯⋯沛公左司馬得泗川守壯。"《秦簡·封診式》"成都上恒書太守處,以傳食。"《張家·二年·秩律》:"郡守⋯⋯秩各二千石。"

【彙考2007】

四川,即泗川,故秦泗水郡,漢改名沛郡。《漢書·蕭何傳》:"何乃給泗水卒史。"王先謙《漢書補注》:"周壽昌曰:'秦時沛郡屬泗水郡,漢乃屬沛郡也。'"《漢書·高帝紀》:"秦二年十月⋯⋯秦泗川監平將兵圍豐⋯⋯破之。⋯⋯十一月,沛公引兵之薛。秦泗川守壯兵敗於薛,走至戚。"顏師古注引文穎曰:"泗川,今沛郡也,高祖更名沛。"如淳曰:"秦併天下爲三十六郡,置守、尉、監。此泗川有監有守。"王先謙《漢書補注》:"何焯曰:'《地理志》作泗水郡,川字傳寫之誤。'錢大昭曰:'《周勃傳》亦作泗水。'先謙曰:'郡有定名,無兩作者,川水隸寫相似而訛耳。'"由此可知,泗水郡本秦四川郡。後則因有泗水之故,改爲泗水郡。因史書未有詳載,故後人作書僅能對其推測而已。此次出土秦封泥有"四川太守""四□尉□"以及日人菅原石廬所藏"四川輕車"即是其證。《漢書·百官公卿表》:"郡守,秦官,掌治其郡,秩二千石。"王先謙《漢書補注》:"《嚴助傳》爲會稽太守,帝賜書,謂之郡吏。"《睡虎地秦墓竹簡》亦有太守記載,可知太守之職應始於先秦。今在安徽省淮北市。

【政區2009】

出土秦封泥有"四川太守""四□尉印""四川水丞";現藏日本的傳世秦璽印有"四川輕車",爲秦四川郡輕車官印。史志無四川郡,只有泗水郡。《漢志》沛郡,"故秦泗水郡,高帝更名"。從印文可知,秦泗水郡本名四川郡秦郡置有守、尉、監三職。又《史記·高祖本紀》:"項氏起吳,秦泗川監平將兵圍豐,二日,出與戰,破之。" 此文獻亦證明秦設置有泗川郡。泗川原爲宋地,戰國齊滅宋後,爲齊所有,旋又爲楚所得。秦滅楚後,公元前224年設郡。《史記·秦始皇本紀》云:"二十三年,秦王復召王翦彊起之,使將擊荆,取陳以南至平輿,虜荆王。"《正義》曰:"楚淮北之地盡入於秦。"《水經·睢水注》:"(睢水)又東過相縣南⋯⋯相縣故宋地也。秦始皇二十三年以爲泗水郡,漢高帝四年改曰沛郡,治此。"《秦會要訂補·卷二十三》引:"全氏云,(泗水郡)始皇二十四年置。" 是郡置於秦王政二十三、二十四年間。秦"四川"或得名於郡內的淮、沂、灉、泗四條河水之故。郡治相縣,今安徽淮北市。又通檢文獻,秦四川郡有從四川—泗川—泗水傳寫之誤的演變過程。周曉陸就詳細地討論了此過程:按秦之四川郡,諸多文獻記錄有誤,如《漢志》記:沛郡,"故秦泗水郡,高帝更名,莽曰吾符,屬豫州"。《史記·高祖本紀》《史記·絳侯周勃世家》等篇記作"泗川"。如《史記·高祖本紀》記:"項氏起吳,秦泗川監平,將兵圍豐三日⋯⋯引兵之薛,泗川守壯敗於薛。走之戚,沛公左司馬得泗川守壯。"《續漢志》記:"沛國,秦泗川郡。"案泗水郡在秦時本爲四川郡,此司馬遷作《史記》時尚明,後因字形之相近訛川爲水,當在褚少孫補作之時,後來班固作《漢書》時沿其誤,至《續漢志》時又據《史記》而改回。四川郡之得名,或因境內有淮、沂、灉、泗等四水之故,後來也因爲有泗水而作"泗川"或"泗水"。與此相類似者,秦有叁川郡,蓋因轄內有河、伊、洛三水而得名;又有潁川郡,因轄內有潁水而得名。秦四川郡郡治在今安徽省淮北市附近,領有安徽省江淮之間之大部、江蘇省淮北運西之一部、山東省西南之一小部、河南省東南之一小部。至於見到《高祖本紀》記劉邦"及壯,試爲吏,爲泗水亭長"之泗水亭,當爲近泗水的一個小地名,與四川郡不是同級同地的行政關係,漢人混淆"四""泗",當有奉諛龍尊之隱。

【集證2011】

《漢書·地理志》:"沛郡。"班固自注:"故秦泗水郡。高帝更名。"《漢書補注》王先謙曰:"《睢水注》: 始皇二十三年置。"周曉陸以爲:"泗水郡本爲四川郡,此司馬遷作《史記》時尚明,後訛川爲水,當在褚少孫補作之時,班固作《漢書》時沿其誤。"説甚是。《史記·高祖本紀》:"項氏起吳,秦泗川監平,將兵圍豐二日⋯⋯引兵之薛,泗川守壯敗於薛,走至戚。沛公左司馬得泗川守壯,殺之。"《集解》文穎曰:"泗川,今沛郡也,高祖更名沛。秦時御史監郡,若今刺史。"周氏云"四川"境內有淮、沭、沂、泗等四水,故名,亦是。

【川渝2013】

周曉陸先生最先指出秦封泥上的四川郡爲文獻中秦東部的泗水郡、四水郡,西漢之沛郡,在今江蘇、山東、安徽三省交界處,現已爲共識。在秦時的四川郡,漢初稱爲四水郡,與今天的四川地區沒有關係。但究其歷史地理學上"四川"的詞源,亦還有前後關照區分的作用。

【廣封2019】

案《漢書·高帝紀》:"秦泗川監平將兵圍豐。"(文穎曰:"泗川,今沛郡也,高祖更名沛。秦時御史監郡,若今刺史。平,其名也。"師古曰:"泗川郡川字或爲水,其實一也。")又云:"秦泗川守壯兵敗於薛,走至戚,沛公左司馬得殺之。"(如淳曰:"秦併天下爲三十六郡,置守、尉、監。此泗川有監有守。”）又“高祖，沛豐邑中陽里人也，姓劉氏。”（應劭曰：“沛，縣也。豐，其鄉也。”孟康曰：“後沛爲郡而豐爲縣。”師古曰：“沛者，本秦泗水郡之屬縣。則四川即秦泗水郡。”）又《漢書·百官公卿表》：“郡守，秦官，掌治其郡，秩二千石。有丞，邊郡又有長史，掌兵馬，秩皆六百石。景帝中二年更名太守。”依此封泥“太守”應在秦就有。

四□尉□

《釋續》圖18；《印集》P93；《彙考》P179；《璽印》P426；《大系》P235

【釋續2001】

　　第二字、第四字已殘，疑爲“川”“印”2字。四川即泗水郡，漢改沛郡。《漢書·地理志》沛郡條下班固自注：“故秦泗水郡，高帝更名。”新出封泥有“四川大守”，周曉陸以爲：“泗水郡秦本爲四川郡，此司馬遷作《史記》時尚明，後因字形相近訛川爲水，當在褚少孫補作之時。然後班固作《漢書》時沿其誤。”《百官公卿表》：“郡尉秦官，掌佐守典武職甲卒，秩比二千石。”

【簡讀2002】

　　釋讀見“四川太守”。或即爲“四川尉印”。《漢表》：“郡尉，秦官，掌佐守典武職甲卒，秩比二千石。”《張家·二年·秩律》：“郡守、尉……秩各二千石。”

【彙考2007】

　　同《釋續2001》。

【川渝2013】

　　説見“四川太守”。

四川丞印

《大系》P234

　　瑞按：四川，文獻作“泗水”，説見“四川大守”，丞爲佐官，爲四川大守之佐。

四川水丞

《新獲》P288;《大系》P234

【考略2001】

相家巷流散秦封泥有"四川太守"。今傳秦泗水郡應爲四川郡。秦"四川",《史記》多書爲"泗川"。秦"四川"或得名於郡内的淮、沂、濉、泗四條河水。《漢書·地理志》記載:漢高祖更名"泗川郡"(應爲"四川郡")爲"沛郡"。《封泥考略》和《續建德周氏藏封泥拓影》分别録有"泗水相印章""泗水内史章"等漢代封泥,它們與秦"四川"郡無關,應是漢武帝時設立"泗水國"之屬官。秦漢時代中央有"都水",有的學者認爲這種水利官署東漢時改屬郡國。傳世的秦漢封泥"琅邪都水""琅邪水丞""齊都浮水印"等和秦封泥"四川水丞"的出土,説明至遲秦代之郡已設興修水利的官署"水丞""都水"。

【簡讀2002】

釋讀見"四川太守"。《後漢·百官志》:"凡郡縣,……有水池及魚利多者置水官,主平水收漁税。"

【圖説2009】

相家巷流散秦封泥有"四川太守"。今傳秦泗水郡應爲四川郡。"四川",《史記》多書爲"泗川"。秦"四川"或得名於郡内的淮、沂、濉、泗四條河。《漢書·地理志》記載:漢高祖更名"泗川郡"(應爲"四川郡")爲"沛郡"。

【川渝2013】

説見"四川太守"。

【職地2014】

"四川水丞"之"水丞"即"都水丞"。

【秦水2016】

"四川水丞"是秦四川郡都水丞之省稱。史志無四川郡,只有泗水郡。《漢書·地理志》沛郡:"故秦泗水郡,高帝更名。"從印文可知,秦泗水郡本名四川郡。周曉陸較爲詳細地討論了秦四川郡從四川—泗川—泗水傳寫之誤的演變過程。秦四川郡或得名於郡内有淮水、沂水、濉水、泗水四條河流之故。郡治相縣,今安徽淮北市。

四川馬丞

《大系》P234

瑞按：四川，文獻作"泗水"，説見"四川大守"。四川馬丞，設在四川郡之馬丞。

四川□□

《大系》P235

瑞按：封泥殘，左側爲何有待完整封泥。

（一）彭　　城

彭城丞印

1　　　　　　　　2　　　　　　　　3

1.《考釋》圖一：12；《釋續》圖53；《印風》P158；《書法》P44；《印集》P142；《彙考》
　P234；《璽印》P403；《大系》P186
2.《相家》P28；《大系》P186
3.《大系》P186

【官印 1990】

在考訂"彭城丞印"印時指出,《漢書・地理志》載,楚國屬縣有彭城。漢初楚國爲高帝弟劉交的封國,《漢書・楚元王傳》:漢六年,"交爲楚王,王薛郡、東海、彭城三十六縣"。景帝二年,楚王戊"爲薄太后服私姦,削東海、薛郡"。景帝三年,楚王戊反,自殺。四年,立元王子劉禮爲楚王,傳至延壽。宣帝地節元年,延壽謀反,國除爲彭城郡。黃龍元年,復置楚國,徙定陶王囂爲楚孝王。據《漢書・百官公卿表》,郡與縣的佐官均有丞,漢初諸侯王國疆域廣大,領有支郡,錢大昕云:"漢初,諸侯王大率兼數郡之地,郡之屬王國者,郡名似未嘗廢……趙相周昌奏常山二十五城,亡其二十城,請誅守衛,則諸侯王國之郡亦有守也。"王國所領之支郡,既有守,亦當有丞之類的佐官。但由上述楚國的沿革,景帝二年楚國已無東海、薛郡,經景帝實行削蕃政策之後,楚國疆域大爲縮小,當時已不再領郡。由此,可知此印或係景帝時楚國彭城縣丞之印,亦或係景帝之前楚王交時期彭城郡丞之印,據《漢書・百官公卿表》,西漢郡丞秩六百石,縣丞秩四百石至二百石,所見傳世西漢郡丞及縣丞官印,其鈕式皆爲鼻鈕,此印作蛇鈕,亦爲漢初的鈕式。

【考釋 2001】

傳世有"彭城太守章"封泥(《古封泥》704),又有"彭城丞印"封泥2枚(《古封泥》1470、1471)。後者與此封泥文字風格接近,但無田字格。三者皆漢物。《漢書・地理志》:"楚國,高帝置,宣帝地節元年更爲彭城郡。"王先謙《漢書補注》:"彭城,春秋宋邑,見《左成傳》。戰國韓執宋君於此,見《韓世家》。秦縣,始皇過之,見《本紀》。項梁敗秦嘉於此,見《項羽傳》。羽爲西楚霸王,都於此,見《高紀》。"《史記・秦始皇本紀》:"(二十八年)始皇還過彭城,齋戒禱祠,欲出周鼎泗水,使千人沒水求之,不得。"彭城即今徐州市,秦屬泗水郡。

【釋續 2001】

《漢書・地理志》楚國有彭城縣。王先謙《補注》:"《世本》:堯封彭祖於彭城。彭祖即陸終氏第三子籛鏗,號爲大彭氏。彭城春秋宋邑,見《左成傳》。戰國韓執宋君於此,見《韓世家》。秦縣,始皇過之,見《本紀》。項梁敗秦嘉於此,見《項羽傳》。項羽爲西楚霸王,都此,見《高紀》。……《一統志》故城今徐州府銅山縣治。"

【簡讀 2002】

秦縣,《漢志》屬楚國。《漢書・高帝紀》:"徙懷王自盱台都彭城。"

【彙考 2007】

同《釋續 2001》。

【悠悠 2015】

秦封泥有"彭城丞印"。彭城,古國名,春秋屬宋,後歸楚,秦置縣,秦末楚懷王和項羽都彭城。《史記・秦始皇本紀》:"始皇還,過彭城,齋戒禱祠,欲出周鼎泗水。"《史記・項羽本紀》:"項羽自立爲西楚霸王,王九都,都彭城。"《讀史》卷29:"彭城廢縣,今州治。春秋爲宋地,成十八年,楚伐宋,拔之,以納魚石。襄元年,諸侯之師救宋,圍彭城,彭城降晉。《史記》:楚共王拔宋彭城,以封宋左師魚石。四年,諸侯共誅魚石,而歸彭城於宋。又《韓世家》：文侯二年，伐宋至彭城，執宋君。秦置彭城縣，屬泗水郡。始皇二十八年，自琅邪還，過彭城，欲出周鼎泗水。二世二年，秦嘉立景駒爲楚王，軍彭城東，既而楚懷王都此。《史記》：沛公、項羽，聞項梁軍破，乃與呂臣軍俱引而東，呂臣軍彭城東，項羽軍彭城西，沛公軍碭。是也。及項羽自立爲西楚霸王，亦都此。漢三年，漢王入彭城，項王西從蕭，晨擊漢，東至彭城，大破漢軍。漢六年，爲楚國治。後漢爲彭城國治，初平中，陶謙爲徐州牧，曹操擊謙，敗之於彭城。建安三年，操擊呂布於下邳，屠彭城。”《漢書補注》“《世本：堯封彭祖於彭城》”，“號爲大彭氏。彭城春秋宋邑，見《左成傳》。戰國韓執宋君於此，見《韓世家》。秦縣，始皇過之，見《本紀》。項羽敗秦嘉於此，見《項羽傳》。項羽爲西楚霸王都此，見《高紀》”。秦彭城故城在今江蘇省徐州市。

【秦地2017】

里耶簡有“彭城守丞”。《漢志》屬楚國，秦當屬四川郡。

【廣封2019】

案《漢書·地理志》：楚國，有縣“彭城”，“古彭祖國。戶四萬一百九十六。有鐵官”。《史記·秦始皇本紀》：“始皇還，過彭城。”注：《正義》彭城，徐州所理縣也。州東外城，古之彭國也。《搜神記》云陸終弟三子曰籛鏗，封於彭，爲商伯。《外傳》云殷末，滅彭祖氏。

（二）下　　相

下相丞印

1　　　　　　　　2　　　　　　　　3

1.《印風》P145；《新地》圖30；《印集》P127；《彙考》P220；《大系》P295
2.《大系》P295
3.《山房》2.20

【新見1996】

《漢志》臨淮郡有下相縣。《史記·項羽本紀》：“項籍者，下相人也。”《水經注·卷二十四》下相“高祖十二年封莊侯泠耳爲侯國”。在秦屬四川郡，今江蘇省宿遷市西南部。

【新地2001】

同《新見1996》。

【簡讀2002】

秦縣，《漢志》屬臨淮郡。《史記·項羽本紀》：“項籍者，下相人也。”

【彙考2007】

《漢書·地理志》臨淮郡有下相縣。顏師古注引應劭曰："相水出沛國,故加下。"王先謙《漢書補注》："秦縣,見《括地志》。縣人項羽,見《羽傳》……高帝封泠耳爲侯國,見《表》。續《志》後漢因。"《睢水注》："睢水自睢陵來,東南徑下相縣故城南。《一統志》故城今宿遷縣西七里下相社。"

【分域2009】

下相,縣名。可能因在相水下游而得名。《漢書·地理志》載,臨淮郡有下相縣,其地在今江蘇宿遷境內。

【悠悠2015】

《史記·項羽本紀》："項籍者,下相人也。"《水經注·睢水注》："睢水又東南流,逕下相縣故城南。高祖十二年,封莊侯泠耳爲侯國。應劭曰:相水出沛國相縣,故此加下也,然則相又是睢水之別名也。東南流入於泗,謂之睢口。"《漢志》臨淮郡有下相縣,"莽曰從德"。《讀史方輿紀要》卷22邳州宿遷縣,"下相城,在縣西北七十里,秦置下相縣,項羽,下相人也。漢亦爲下相縣,屬臨淮郡。應劭曰:相水出沛國,流至此,故曰下相。後漢屬下邳國。曹操攻徐州,屠男女四十餘萬口於下相,泗水爲之不流,即此"。秦下相縣故址今在江蘇省宿遷市西南,兼領宿遷市、睢寧縣之一部分。2005年考古發掘表明,下相縣治所應在今宿遷市宿城鎮古城村內(現宿遷市開發區),確定城址爲長方形,南、北城牆長505米,東、西城牆長433米,城址面積218 665平方米。

【廣封2019】

案《漢書·地理志》:臨淮郡,有縣"下相","莽曰從德"。(應劭曰:"相水出沛國,故加下。")《史記·項羽本紀》:"項籍者,下相人也,字羽。"(《集解》《地理志》:臨淮有下相縣。《索隱》縣名,屬臨淮。案:應劭云"相,水名,出沛國。沛國有相縣,其水下流,又因置縣,故名下相也"。《正義》《括地志》云:"相故城在泗州宿豫縣西北七十里,秦縣。")

（三）徐

徐丞之印

1　　　　　　　　　　2

1.《印風》P155;《釋續》圖36;《彙考》P221;《璽印》P406;《大系》P311

2.《印集》P128;《彙考》P221;《大系》P311

【釋續2001】

《漢書·地理志》臨淮郡有徐縣。班氏自注："故國,盈姓。至春秋時徐子章禹爲楚所滅。"王先謙《補注》："王鳴盛曰:'南監本楚作吴,事見《春秋·昭公三十年》。先謙曰:盈、嬴字同,《左傳》作徐嬴。秦縣,丁疾起此,見《陳涉傳》。黥布與楚戰此,見《布傳》。……《一統志》:故城在舊泗州城西北。"泗州即今安徽泗縣。

【簡讀2002】

秦縣,《漢志》屬臨淮郡。

【彙考2007】

同《釋續2001》。

【政區2009】

《史記·陳涉世家》:"將兵圍東海守慶於郯"時,有徐人丁疾參與。又《史記·樊酈滕灌列傳》:"(灌嬰)前至下相以東南僮、取慮、徐。"《漢志》臨淮郡徐縣,"故國,盈姓,至春秋時徐子章禹爲楚所滅,莽曰徐調"。《讀史·卷二十一》:"徐城廢縣,今(泗)州西北五十里,古徐子國。《春秋》莊二十六年,齊人伐徐,自是徐屢見於春秋。昭三十年,吴滅徐,徐子章禹奔。楚漢置徐縣,爲臨淮郡治。後漢屬下邳國。"秦徐縣故城在今安徽省泗縣西北,其地兼有江蘇省泗洪縣北部的一部分。

【廣封2019】

案《漢書·地理志》:臨淮郡,有縣"徐","故國,盈姓。至春秋時徐子章禹爲楚所滅。莽曰徐調"。

(四) 取　　慮

取 慮丞印

《印風》P144

【新見1996】

第一字有殘,當爲"取"字。《漢志》臨淮郡有取慮縣。《史記·陳涉世家》:"取慮人鄭布等皆特起,將兵圍東海守慶於郯。"在秦屬四川郡,今安徽省靈壁市北、江蘇省睢寧縣西南。

【新地2001】

第一字有殘,當爲"取"字。《漢志》臨淮郡有取慮縣。《史記·陳涉世家》:"取慮人鄭布等皆特起,將兵圍東海守慶於郯。"在秦屬四川郡,今安徽省靈壁縣北、江蘇省睢寧縣西南。

【簡讀2002】

　　秦縣,《漢志》屬臨淮郡。《史記・陳涉世家》:"取慮人鄭布。"

【政區2009】

　　《史記・陳涉世家》:"取慮人鄭布等皆特起,將兵圍東海守慶於郯。"《漢志》臨淮郡有取慮縣。《讀史・卷二十一》:"取慮城,(虹)縣北百二十里,漢縣屬沛郡。《輿地志》:取慮,讀曰秋閭。後漢改屬下邳國。初平四年,曹操攻陶謙於郯,不克,還攻取慮、睢陵、夏丘,皆屠之。"秦取慮縣治在今安徽省靈壁縣北。

（五）相

相丞之印

1　　　　　　　　2

1.《補讀》圖58;《續考》圖222;《印風》P151;《秦封》P314;《書集》P114;《印集》P120;《彙考》P215;《璽印》P404;《大系》P302

2.《大系》P302

【補讀1998】

　　錄於《收藏》。《漢志》沛郡有相縣,《史記・曹相國世家》:"南至蘄,還定竹邑,相、蕭、留。"正義:"故相城在符離縣西北九十里。《輿地志》云宋共公自睢陽徙相子城,又還睢陽。"《史記・項羽本紀》:"項籍者,下相人也。"應劭云:相,水名,出沛國。沛國有相縣。正義引《括地志》云:"相故城在泗州宿豫縣西北七十里,秦縣。"《水經・睢水》:"相縣,故宋地也。秦始皇二十三年,以爲泗水郡。漢高帝四年,改曰沛郡。"相縣秦約屬四川郡,今在安徽省濉溪縣西北。漢封泥見《封泥》"相令之印"。

【續考1998】

　　印面正方形,田字格,邊長2釐米,泥塊完整,印文清晰。"相"爲"相縣"之省稱,古縣名,春秋時宋邑,宋共公遷都於此。秦置縣。治今安徽濉溪縣西北,因境内有相山而得名。漢爲沛郡,沛國之治所。此枚封泥的發現,爲秦置縣名錄中又增加了一員。

【秦封2000】

　　《漢志》沛郡有相縣,"莽説吾符亭"。《史記・曹相國世家》:"南至蘄,還定竹邑、相、蕭、留。"正義:"故相城在符離縣西北九十里。"《輿地志》云宋共公自睢陽徙相子城,又還睢陽。《史記・項羽本紀》:"項籍者,下相人也。"應劭云:相,水名,出沛國。沛國有相縣。正義:《括地》云:"相故城在泗州宿豫縣西北七十里,秦縣。"《水經・睢水》:"相縣,故宋地也。秦始皇二十三年,以爲泗水郡。漢高帝四年,改曰沛郡。"相縣秦約屬四川郡,今在安徽省濉溪縣西北。漢封泥見:《封泥》"相令之印"。

【簡讀2002】

秦縣,《漢志》屬沛郡。《史記・曹相國世家》:"南至蘄,還定竹邑、相、蕭、留。"《史記・項羽本紀》:"項籍者,下相人也。"應劭云:"相,水名,出沛國。沛國有相縣。"《正義》:"《括地志》云:相故城在泗州宿豫縣西北七十里,秦縣。"

【彙考2007】

相,春秋宋邑。《漢書・地理志》沛郡有相縣。王先謙《漢書補注》:"春秋宋邑,戰國入楚。……《一統志》:故城今宿州西北。"

【縣考2007】

相本春秋宋邑。戰國時相邑仍屬宋。《戰國策・秦策四》載楚人黃歇説秦昭襄王曰:"且王攻楚之日,四國必悉起應王。秦楚之兵,構而不離,魏氏將出兵而攻留、方與、銍、胡陵、碭、蕭、相,故宋必盡。"(《春申君列傳》亦載此事,文字略同。)後相邑屬秦。《水經・睢水注》曰:"相縣,故宋地也。秦始皇二十三年,以爲泗水郡,漢高帝四年,改曰沛郡,治此。"是相縣乃秦泗水郡屬縣。又因秦泗水郡置於秦始皇二十三年,是至遲應在此年設立相縣。出土秦封泥中有"相丞之印"。《漢志》相縣屬沛郡。

【政區2009】

相,原爲春秋時宋國都,秦末章邯曾在此屠城,漢將曹參和灌嬰也曾攻占此城。《漢志》沛郡相縣,"莽曰吾符亭"。《史記・曹相國世家》:"南至蘄,還定竹邑、相、蕭、留。"此事也見之於《史記・樊酈滕灌列傳》。《正義》:"故相城在符離西北九十里。"又引《括地志》云:"相故城在泗州宿豫縣西北七十里,秦縣。"《水經・睢水注》:"相縣,故宋地也。秦始皇二十三年,以爲泗水郡。"《讀史・卷二十一》南直宿州:"相城,在州西北九十里。志云,古相土所居,宋共公徙都於此,秦置相縣。二世二年章邯別將司馬將兵北定楚地,屠相至碭,即此。"秦相縣故址今在安徽省靈璧縣西北。

【集證2011】

《漢書・地理志》沛郡有"相"縣。《漢書補注》王先謙曰:"春秋宋邑,戰國入楚。《國策》黃歇説秦昭王:'魏出攻銍、碭、蕭、相,故宋必盡之。'司馬屠之,見《高紀》。曹參所定,見本傳。……《一統志》:'故城今宿州西北。'"宿州即今安徽宿縣。

【楚地2013】

《集成》17.11285有"□郾之歲相公戈"。李家浩認爲戈銘的"相公"即楚國相縣縣公,"相在今安徽宿縣西北,原爲宋邑,公元前286年齊閔王與魏、楚滅宋,三分其地,相邑爲楚所有。"今按,秦代泗水郡、《漢志》臨淮郡有"下相",在今江蘇宿遷市。戈銘"相"

不知與此地是否有關。

【戰國2013】

　　傳世楚系兵器有"相公"戈(《集成》11285)，銘文"□偃之歲相公戈"。《史記·春申君列傳》：春申君説秦王曰："秦、楚之兵構而不難，魏氏將出而攻留、方與、銍、湖陵、碭、蕭、相，故宋必盡。"李家浩認爲銘文中"相公"即楚國相縣縣公，"相在今安徽宿縣西北，原爲宋邑，公元前286年，齊閔王與魏、楚滅宋，三分其地，相邑爲楚所有"。古相縣故址在今安徽淮北市西北。

【廣封2019】

　　案《漢書·地理志》：沛郡，有縣"相"，"莽曰吾符亭"。此其丞之印也。

（六）僮

僮丞之印

《釋續》圖35；《印風》P153；《印集》P135；《彙考》P226；《大系》P271

【釋續2001】

　　《漢書·地理志》臨淮郡有僮縣。王先謙《補注》："秦縣，灌嬰攻之，見《嬰傳》。英布與楚戰此，見《布傳》。……《一統志》：故城今泗州東北。"

【簡讀2002】

　　秦縣，《漢志》屬臨淮郡。

【彙考2007】

　　同《釋續2001》。

【分域2009】

　　僮，秦縣名。《漢書。地理志》載，臨淮郡有僮。其地在今安徽泗縣。

【悠悠2015】

　　秦封泥有"僮丞之印。"《史記·樊酈滕灌列傳》："(灌嬰)前至下相以東南僮、取慮、徐、渡淮，盡降其城。"《漢志》臨淮郡領縣有僮縣，"莽曰成信"。《讀史方輿紀要》卷21："僮城，在(虹)縣西北七十里，漢縣，屬臨淮郡。後漢屬下邳國。明帝封沛獻王子嘉爲侯邑。"此也爲顧氏不知秦置僮縣之誤。秦僮縣其地兼有今江蘇省泗洪縣和睢寧縣，及安徽省泗縣的一部分。

【廣封2019】

案《漢書・地理志》：臨淮郡，有縣“僮”，“莽曰成信”。《史記・黥布列傳》：“盡劫其兵，渡淮擊楚。楚發兵與戰徐、僮間，爲三軍，欲以相救爲奇。”（《集解》如淳曰：“地名也。”《索隱》案：《地理志》臨淮有徐驗、僮縣。《正義》杜預云：“徐在下邳僮縣東。”《括地志》云：“大徐城在泗州徐城縣北四十里，古徐國也。”）

（七）傅　　陽

傅陽丞印

《古封》P155；《彙考》P264；《大系》P84

【兩漢1993】

西漢早期，封泥。印文二行四字。有界欄。《再續封泥考略》著録。傅陽，漢縣名。《漢書・地理志》：“楚國，……縣七……傅陽，故偪陽國。芒曰輔陽。”東漢沿置，《後漢書・郡國志》：“彭陽國……八城，傅陽有租水。”故治在今山東棗莊市南。

【秦封2000】

《漢志》楚國有傅陽縣，“故偪陽國，莽曰輔陽”。師古曰：“偪音福。《左氏傳》所云偪陽妘姓者也。”傅陽縣秦約屬四川郡，今在山東省棗莊市南約六十里。

【彙考2007】

傅陽，縣名。春秋偪陽國，秦置縣。《漢書・地理志》楚郡有傅陽縣。今在山東省棗莊市舊嶧縣南。

【政區2009】

《史記・樊酈滕灌列傳》：“齊地已定，韓信自立爲齊王，使嬰別將擊楚將公杲於魯北，破之。轉南，破薛郡長，身虜騎將一人，攻傅陽，前至下相以東南僮、取慮、徐。渡淮，盡降其城邑。”《漢志》楚國傅陽縣，“故偪陽國，莽曰輔陽”。師古曰：“音福。《左氏傳》所云偪陽妘姓者也。”秦傅陽縣故址今在山東棗莊市南六十里。

【廣封2019】

案《再續封泥考略》：《漢書・地理志》：傅陽縣屬楚國。“丞”詳前。

（八）咎　猷

咎猷丞印

1　　　　　　　　　　　　2

1.《新獲》P288
2.《新地》圖32;《印集》P160;《璽印》P420;《大系》P198

【新見1996】

《漢志》臨淮郡有咎猶縣,咎即咎。秦屬泗水郡,今江蘇省宿遷縣東南部。

【考略2001】

《漢書·地理志》: 臨淮郡轄咎猷縣。"猶"與"猷"通,咎猶即咎猷。臨淮郡爲漢武帝元狩六年(前105年)置,其地秦時隸四川郡(即泗川郡,後誤爲泗水郡)。咎猷縣故址在今江蘇省宿遷縣南。

【新地2001】

《漢志》臨淮郡有咎猶縣,去即獄。秦屬泗水郡,今江蘇省宿遷縣東南部。

【簡讀2002】

秦縣,《漢志》屬臨淮郡。

【三地2003】

《説文》:"咎,高氣也。从口,九聲。臨淮有咎猷縣。"咎,《漢書·地理志》臨淮郡作尣。王先謙《補注》:"《集韻》亦作咎,然則尣字誤也。"尣即《説文》內字,云:"獸足蹂地也。象形,九聲。"春秋時國名有尣由,《戰國策·西周策》:"昔智伯伐尣由,遺之大鐘,載以廣車,因遂入以兵,尣由遂亡。"高誘注:"尣由狄國,或作仇首也。"《史記·樗里子甘茂列傳》作"仇猶"。咎亦可讀作仇。《璽匯》5503"咎金",何琳儀《戰國古文字典》(165頁)讀爲仇。咎、尣皆从九得聲,可讀爲仇,故易混用。尣由(仇猶)在今山西陽曲、盂縣之間,咎猷則在江蘇(今宿遷縣),二地相距數千里。我們今天討論秦封泥,似不必襲班氏之誤,隸作"咎猷"。猷、猶從西周金文看,本是一字,但後世分化,猶(猶)多用爲語助字,猷多用指謀略。這種分別,大約秦漢之際就開始了。

【分域2009】

右猷,縣名,具體地望待考。該印當爲秦右猷縣丞所用。

【職地2014】

首字殘，《新出土秦代封泥印集》隸做"右"；《封泥發掘》(TG1：24)有"厹猷丞印"，但首字亦殘。就拓片來看，首字下部殘畫似"口"字，故首字應釋"咎"或"厹"。"咎(厹)猷"應爲《漢書·地理志》臨淮郡之"厹猶"，《説文·口部》"咎，高氣也。从口九聲。臨淮有咎猶縣。"地在今江蘇省宿遷市。春秋時又有國名"厹由"，在今山西陽泉。《史記·樗里子甘茂列傳》："游騰爲周説楚王曰：智伯之伐仇猶……"裴駰集解引許曰："仇猶，夷狄之國。"索隱曰："高誘注《戰國策》，以'仇酋'爲'厹由'。《韓子》作'仇由'。《地理志》臨淮有仇酋縣也。"《正義》引《括地志》云："并州盂縣外城俗名原仇山，亦名仇猶，夷狄之國也。《韓子》云'智伯欲伐猶國，道險難不通，乃鑄大鐘遺之，載以廣車。仇猶大悅，險塗內之。赤草曼支諫曰："不可。此小所以事大，而今大以遺小，卒必隨，不可。"不聽，遂內之。曼支因斷轂而馳。至十九日而仇猶亡也。'"可見"厹猷"又可寫作厹猶、咎猶、仇猶、厹由、仇由，皆音近可通。臨淮郡之"厹猶"或可爲春秋厹由國滅亡後地名遷徙而產生。

【悠悠2015】

秦封泥有"厹猶丞印"。《漢志》臨淮郡有厹猶縣，"莽曰秉義"。《讀史方輿紀要》卷22："宿遷縣，春秋時，鐘吾子國也。《左傳》昭二十七年，吳公子燭庸奔鐘吾。又三十年，吳執鐘吾子，即此。秦爲下相地，漢爲厹猶縣，屬臨淮郡。"今封泥證之，顧氏不知秦時已置厹猶縣，漢實因之。《漢書新注》曰厹猶縣故城在今江蘇省宿遷市東南約三十里，包括泗陽縣之一部分。

瑞按：咎猷，《漢書·地理志》臨淮郡下有"厹猶"，《史記·樗里子傳》游騰爲周説楚王曰："知伯之伐仇猶，遺之廣車，因隨之以兵，仇猶遂亡。何則？無備故也。"注引《集解》：許慎曰："仇猶，夷狄之國。"《戰國策》曰："智伯欲伐仇猶，遺之大鐘，載以廣車……"《索隱》：《戰國策》云"智伯欲伐仇猶，遺之大鐘，載以廣車"。以"仇猶"爲"厹由"。《韓子》作"仇由"。《地理志》臨淮有厹猶縣也。《正義》：《括地志》云："并州盂縣外城俗名原仇山，亦名仇猶，夷狄之國也。《韓子》云'智伯欲伐仇猶國，道險難不通，乃鑄大鐘遺之，載以廣車。仇猶大悅，除塗內之。赤章曼支諫曰："不可，此小所以事大，而今大以遺小，卒必隨，不可。"不聽，遂內之。曼支因斷轂而馳。至十九日而仇猶亡也。'"《水經注》有"泗水又逕宿預城之西，又逕其城南，故下邳之宿留縣也，王莽更名之曰康義矣"，楊守敬疏謂"全云：《水經注》引《漢志》，有爲今書所無者，或是闕文，然亦有絕非闕文而出於酈氏之妄者。西京無下邳郡。下邳，東海郡之屬縣耳，安得下邳郡有宿留縣乎？本無此縣，又何以云王莽更名之曰康義乎？趙云：按宿預故城在今邳州宿遷縣東南，漢臨淮郡厹猶縣之境也。東漢省，晉義熙中置宿預縣。班《志》厹猶縣下云，莽曰秉義，康、秉字形相似，道元引之，蓋實宿預之即厹猶也，而不著厹猶之名，是其疏略之過，如以爲造作無端，則太甚矣。守敬按：晋安帝立宿預縣，屬淮陽郡，宋因，齊廢，後魏武定七年復置宿豫縣，爲宿豫郡治，在酈氏後。《寰宇記》,宿豫城在下邳縣東南一百八十里,恐有誤。故《方輿紀要》以爲在宿遷縣東南。《御覽》一百六十引《漢書·地理志》作康義,與此同,當以作秉義爲正。"獃",《爾雅·釋詁》:"一曰隴西謂犬子爲獃。"《釋獸》"獃如麑,善登木。"右獃不見於文獻,或爲字面意,爲管理犬的官員。

（九）吕

吕丞之印

1　　　　　　　　　　　2

1.《印風》P154;《釋續》圖54;《印集》P140;《彙考》P232;《大系》P162
2.《彙考》P232;《大系》P162

【釋續2001】
　　《漢書·地理志》楚國有吕縣。王先謙《補注》:"春秋宋邑,見《左襄傳》。吕忿封吕成侯,蓋國此。……《一統志》:故城今銅山縣北。"
【簡讀2002】
　　秦縣,《漢志》屬楚國。
【彙考2007】
　　《漢書·地理志》楚國有"吕"縣。王先謙《漢書補注》:"春秋宋邑,見《左襄傳》。吕忿封吕成侯,蓋國此。……《一統志》:故城今銅山縣北。"
【悠悠2015】
　　秦封泥有"吕丞之印"。《漢志》楚國有吕縣。《讀史方輿紀要·卷29》:"吕城,州東五十里,春秋時宋邑。襄元年,晉以諸侯之師伐鄭,楚子辛救鄭,侵宋吕、留。杜預曰:彭城郡之吕城,留城也,漢爲吕縣,屬楚國。後漢及晉皆屬彭城國。"秦吕縣故城在今江蘇省銅山縣北。
【廣封2019】
　　案《漢書·地理志》:楚國,有縣"吕"。

（十）虹

虹丞之印

1　　　　　　　　　　　2

1.《印風》P153;《書法》P43;《印集》P129;《彙考》P222;《璽印》P406;《大系》P114
2.《大系》P114

【釋續2001】

《漢書·地理志》沛郡有虫縣。班氏自注:"莽曰貢。"顏師古注:"虫亦音貢。"王先謙《補注》:"《孔光傳》作虹。後漢因,續《志》作虹……《一統志》:故城今五河縣西。"由此封泥看,秦時字作虹,《地理志》誤。

【簡讀2002】

秦縣,《漢志》屬沛郡。

【彙考2007】

王輝先生考:《漢書·地理志》沛郡有虫縣。班氏自注:"莽曰貢"。顏師古注:"虫亦音貢。"王先謙《補注》:"《孔光傳》作虹。後漢因,續《志》作虹……《一統志》:故城今五河縣西。"由此封泥看,秦時字作虹,《地理志》誤。此封泥"虹丞之印","虹"字"蟲"部在左,"工"部在右。漢官印"虫之左尉","虫"字"工"部在左,"蟲"部在右。古篆中有"工"部在上,"蟲"部在下。三種寫法,皆以時代不同而變。

【政區2009】

《漢志》沛郡虫縣,"莽曰貢"。漢印和封泥上,"虫"又作"虹"。故《漢書補注》記:"《孔光傳》作'虹',後漢因,《續志》作'虹'。"今從秦封泥看之,漢'虫'縣實爲'虹'之誤。《讀史·卷二十一》:"虹縣,府在北百七十里,漢置夏丘縣,屬沛郡。後漢屬下邳國。"按夏丘縣約在今安徽省泗縣。秦虹縣在今安徽五河縣西北,兼有今江蘇省泗洪縣、盱眙縣之一部分。

【分域2009】

王先謙《漢書補注》之《孔光傳》作虹,根據此封泥看,《地理志》所載有誤,即虹字。

【廣封2019】

同《彙考2007》。

（十一）符　　離

符離

1　　　　　　　　　　　　　2

1.《選釋》圖一：8；《印集》P134；《彙考》P226；《璽印》P398；《大系》P83
2.《新地》圖28；《大系》P83

【新見1996】

《漢志》沛郡有符離縣。《史記·陳涉世家》：“乃令符離人葛嬰將兵徇蘄以東。”在秦屬泗水郡，今安徽省宿州市東北部。漢封泥見《古》1033“符離丞印”。

【選釋2001】

《漢書·地理志》沛郡符離縣下班固自注：“莽曰符合。”王先謙《漢書補注》：“楚之南寨，見《國策》。秦爲縣，縣人葛嬰、朱雞石，見《陳涉傳》；王孟，見《遊俠傳》。……《爾雅》：‘莞，符離也。’地多此草，故名，見《元和志》。先謙案：符離之符當從草，據莽改符合，取合符之義，似從竹已久矣。”由此封泥看，符離爲秦縣；符字秦時已從竹，不從草。符字不見於《説文》，只見於《廣韻》，非秦漢文字。也許符爲“符離”之符的本字，釋爲草名是後人的誤會。符離在安徽宿州市北，今名符離集。

【新地2001】

《漢志》沛郡有符離縣。《史記·陳涉世家》：“乃令符離人葛嬰將兵徇蘄以東。”在秦屬泗水郡，今安徽省宿州市東北部。漢封泥見《古》1033“符離丞印”。

【簡讀2002】

秦縣，《漢志》屬沛郡。《史記·陳涉世家》：“符離人朱雞石。”

【彙考2007】

同《選釋2001》。

【政區2009】

《史記·陳涉世家》：“乃令符離人葛嬰將兵徇蘄以東。”《讀史·卷二十一》：“符離廢縣，州北二十五里，故楚邑。《戰國策》冷向曰：楚南有符離之塞，秦置縣，陳勝令符離人葛嬰將兵徇蘄以東，是也。漢屬沛郡。武帝封路博德爲侯邑。後漢屬沛國。”秦符離縣故址在今安徽省宿州市東北符離集附近。

【分域2009】

　　符離,古縣名,《漢書·地理志》沛郡符離縣下班固自注曰:"莽曰符合。"其地在今安徽宿州市北,秦時爲縣,該印當爲該地的官吏所用。

【廣封2019】

　　同《選釋2001》。

符離丞印

《大系》P83

　　瑞按:符離,《漢書·地理志》屬沛郡,"莽曰符合"。《戰國策》卷5:"楚苞九夷,又方千里,南有符離之塞,北有甘魚之口。"秦末戰爭中符離人多有參與,《漢書·陳勝項籍列傳》"勝自立爲將軍,廣爲都尉。攻大澤鄉,拔之。收兵而攻銍,蘄下。乃令符離人葛嬰將兵徇蘄以東,攻銍、酇、苦、柘、譙,皆下之","勝初立時,淩人秦嘉、銍人董緤、符離人朱雞石、取慮人鄭布、徐人丁疾等皆特起"。《史記·曹相國世家》:"至蘄,還定竹邑、相、蕭、留。"《索隱》引《地理志》蘄、竹邑、相、蕭四縣屬沛。韋昭云"留今屬彭城",則漢初亦屬沛也。《正義》引《括地志》云:"徐州符離縣城,漢竹邑城也。李奇云'今竹邑也'。故相城在符離縣西北九十里。《輿地志》云'宋共公自睢陽徙相子城,又還睢陽'。蕭,徐州縣,古蕭叔國城也。故留城在徐州沛縣東南五十里,張良所封。"《後漢書·儒林傳》:"光武即位,大司空宋弘薦詡,徵爲郎,除符離長。"注:"符離,縣,故城在今徐州符離縣東也。"《水經注》卷24:"水自陂南繫於睢水,又東,睢水南,八丈故溝水注之,水上承蘄水而北會睢水。又東逕符離縣故城北,漢武帝元狩四年,封路博德爲侯國,王莽之符合也。"此外,北疆有塞名符離,如《漢書·武帝紀》:"遣將軍衛青、李息出雲中,至高闕,遂西至符離,獲首虜數千級。數河南地,置朔方、五原郡。"師古曰:"幕北塞名也。"《漢書·衛青傳》:"今車騎將軍青度西河至高闕,獲首二千三百級,車輜畜產畢收爲鹵,已封爲列侯,遂西定河南地,案榆溪舊塞,絕梓領,梁北河,討蒲泥,破符離,斬輕銳之卒,捕伏聽者三千一十七級。執訊獲醜。"如淳曰:"絕,度也。爲北河作橋梁也。"晉灼曰:"蒲泥、符離,二王號也。"師古曰:"符離,塞名也。"

（十二）新 城 父

新城父丞

1　　　　　　　　　　　2

1.《印風》P157;《書法》P42;《釋續》圖27;《印集》P122;《彙考》P216;《大系》P307
2.《新出》P41;《大系》P307

【釋續2001】
　　城父,本爲楚邑,在今河南寶豐縣南四十里。《左傳・昭公十九年》:"費無極言於楚子曰:……若大城父而實大子焉……故大子建居於城父。"杜預注:"城父今襄城城父縣。"又春秋陳夷邑,漢置城父縣,故城在今安徽亳縣東南。《左傳・昭公九年》:"楚遷許於夷,實城父。"此城父《漢書・地理志》屬沛郡。"新城父"當指以上二城父之一。

【簡讀2002】
　　新城父史籍失載,所指不明。城父有二,《漢志》屬一沛郡,一屬潁川郡。《張家・二年・秩律》:"城父……秩各八百石,有丞、尉者半之。"

【彙考2007】
　　王輝先生考:城父,本爲楚邑,在今河南寶豐縣南四十里。《左傳・昭公十九年》:"費無極言於楚子曰:……若大城父而置大子焉……故大子建居於城父。"杜預注:"城父今襄城城父縣。"在今河南寶豐縣南四十里。又春秋陳夷邑,漢置城父縣,故城在今安徽亳縣東南。《左傳・昭公九年》:"楚遷許於夷,實城父。"此城父《漢書・地理志》屬沛郡。"新城父"當指以上二城父之一。

【政區2009】
　　《史記・秦始皇本紀》:"二世益遣長史司馬欣、董翳佐章邯擊盜,殺陳勝城父。"《史記・項羽本紀》:"劉賈軍從壽春並行,屠城父,至垓下。"《史記・陳涉世家》:"勝之汝陰,還至下城父。"師古曰:"下城父,地名,在城父縣東。"《讀史・卷二十一》南直隸城父城,"州東南七十里。春秋時陳邑"。"秦二世二年,遣長史司馬欣、董翳擊盜,殺陳勝於城父"。下城父聚,"在縣西北八十里。秦二世二年,陳王涉之汝陰,還至下城父,其御莊賈殺之以降秦"《清一統志・卷一百二十八》:"城父故城在(潁州府)亳州東南。"秦城父故址在今安徽省亳州市東南。

【楚地2013】
　　江蘇徐州東郊西漢墓中曾出土戰國楚複姓私璽"城父□宋"(圖4.7.1),原釋爲

“蘄城宋父”，此從施謝捷改讀。“城父”爲地名，在今安徽亳州東南。此複姓是“以地爲氏”類型。

【職地2014】

《地理志》沛郡城父縣本春秋時陳國之夷邑，楚滅陳後爲楚邑，春秋後期已改名爲城父。此新城父爲秦所置縣名，文獻失載。

【秦地2017】

先秦及漢初有兩城父，一屬《漢志》沛郡，寫作“城父”；一屬《漢志》潁川郡，寫作“父城”，今本“父城”乃後人誤抄，楊守敬有詳考。沛郡之城父在今安徽亳縣東南，與李信行軍方位、路綫不合。潁川之城父在河南寶豐、襄城間，位於鄢郢西稍偏北，合於李信“引兵而西”。城父亦見張家山漢簡《二年律令·秩律》，應屬於潁川郡。里耶秦簡亦有城父縣，從簡文看應屬潁川郡。凡此皆可證李信與蒙恬（蒙武）所會之城父在潁川不在沛郡。

【廣封2019】

同《彙考2007》。

瑞按：里耶簡有“成父”，《漢書·地理志》沛郡有“城父”，《漢書·高帝紀》：“舉九江兵迎黥布，並行屠城父，隨劉賈皆會。”《史記·秦始皇本紀》：“二世益遣長史司馬欣、董翳佐章邯擊盜，殺陳勝城父。”又《史記·伍子胥列傳》：“平王稍益疏建，使建守城父，備邊兵。”《集解》：《地理志》潁川有城父縣。《索隱》：本陳邑，楚伐陳而有之。《地理志》潁川有城父縣。《史記·白起王翦列傳》：“信又攻鄢郢，破之，於是引兵而西，與蒙恬會城父。”《索隱》：在汝南，即應鄉。《正義》：言引兵而會城父，則是汝州郟城縣東父城者也。《括地志》云：“汝州郟城縣東四十里有父城故城，即服虔云城父楚北境者也。又許州華縣東北四十五里亦有父城故城，即杜預云襄城城父縣者也。此二城，父城之名耳，服虔云城父是誤也。《左傳》及《注水經》云‘楚大城城父，使太子建居之’。《十三州志》云‘太子建所居城父，謂今亳州城父是也’。此三家之說，是城父之名。《地理志》云潁川父城縣，沛郡城父縣。據縣屬郡，其名自分。古先儒多惑，故使其名錯亂。”從封泥尚難確定是哪個城父。

（十三）豐

豐璽

《發掘》圖一六：19；《新獲》P287；《大系》P82

【考略2001】

《睡虎地秦墓竹簡·法律問答》："亡久書、符券、公璽、衡贏（累），已坐以論，後自得所亡，論當除不當？不當。""公璽"即公印、官印，官印稱璽是秦統一之前的制度。"豐"之地望有二説：一爲西周豐京，在今陝西省西安市長安縣灃河西岸，東自灃河，西至靈沼河，北迄郿鄔嶺崗地北緣，南到石榴村至魯坡頭，遺址面積約8—10平方公里。二爲漢沛郡所轄之豐縣。"豐璽"之"豐"當爲西周豐京故地之"豐"。

【簡讀2002】

釋讀見"鄷丞""寺工丞璽"條。

【五十例2005】

半通。豐地有二。一在關東，《史記·高祖本紀》："高祖，沛豐邑中陽里人。""於是少年豪吏如蕭、曹、樊噲等爲收沛子弟二三千人，攻胡陵、方與，還守豐。""秦泗川監平將兵圍豐，二日，出與戰，破之。命雍齒守豐。""周市使人謂雍齒曰：'豐，故梁徙也。今魏地已定者數十城。齒今下魏，魏以齒爲侯守豐，不下，且屠豐。'雍齒雅不欲屬沛公，及魏招之，即反爲魏守豐。沛公引兵攻豐，不能取。""沛公還，引兵攻豐。"《絳侯周勃世家》："高祖之爲沛公初起，勃以中涓從攻胡陵，下方與。方與反，與戰，却適。攻豐。"《元和郡縣圖志·河南道五·徐州》："豐縣，本漢舊縣，屬沛郡。戰國時屬梁。後漢屬沛國，晉同。宋改屬北濟陰郡，北齊改郡爲永昌，以縣屬焉。隋改屬徐州。"豐縣秦屬泗川郡，其地在今江蘇豐縣。另一豐在關中，《史記·周本紀》："（文王）而作豐邑，自岐下而徙都豐。"《集解》："徐廣曰：'豐在京兆鄠縣東，有靈臺。'"《正義》："《括地志》云：'周豐宮，周文王宮也，在雍州鄠縣東三十五里。'"《秦始皇本紀》："吾聞周文王都豐，武王都鎬，豐鎬之間，帝王之都也。"豐在秦屬內史，其地在今陝西西安市長安區西北。按，此封泥稱"璽"，爲秦統一前所用。《秦封2000》已有秦封泥"鄷璽"，鄷、豐同時出現，當爲一居關中、一居關東，兩者孰是，待考。

【悠悠2015】

秦封泥有"豐璽"。《史記·高祖本紀》"秦泗川監將兵圍豐"；"攻胡陵、方與，還守豐"。《漢志》沛郡有豐縣，在今江蘇豐縣。《讀史方輿紀要》卷29南直隸徐州豐縣，"州西北百八十里。南至山東單縣九十里，西至山東金鄉縣百里，秦沛縣之豐邑，漢高沛豐邑中陽里人也。又高祖使雍齒守豐，齒反爲魏，即此。尋置縣，屬沛郡"。有關秦是否置豐縣，歷來多認爲秦時豐爲沛縣屬邑，今從封泥和其他秦漢文物證明秦置豐縣。秦豐縣故址今在江蘇省豐縣。

瑞按：王輝先生指出"豐璽"豐字不從邑，又與"鄷丞"之鄷用字不同，宜爲沛郡（秦泗水郡）豐縣官署璽，其時代在秦統一前後幾年內。鄷、豐作爲地名，雖然可以看作是一個字（古地名從邑不從邑無別，如邨即吕之類），但既然二地同名，又皆與同名之水有關，則加邑與否便有區別作用。劉邦在長安附近作新豐縣，新豐與鄷鄰近，便需加以區別。"新豐"用"豐"，表示其與豐縣有關，而與鄷鎬之鄷無關（《秦文化論叢》10P170—171）。

（十四）平　阿

平阿丞印

《大系》P187

【楚地2013】

　　《璽彙》第0317號有"坪阿"官印，裘錫圭、李家浩認爲，璽文可讀爲"平阿"，在今安徽懷遠縣一帶。《漢志》屬沛郡。

八、臨　淄　郡

（一）臨　　淄

臨淄丞印

1　　　　　　　　　　　　　　2

1.《古封》P150;《秦封》P319;《璽印》P412;《山全》P4;《大系》P158
2.《古封》P150;《秦封》P319;《彙考》P265;《山全》P227;《大系》P158

【兩漢1993】

　　西漢早期，封泥。印文二行四字。有界欄。上海博物館藏。臨菑，漢縣名。《漢書·地理志》："齊郡，……縣十二：臨淄，師尚父所封。如水西北至梁鄒入沛。有服官、鐵官。莽曰齊陵。"東漢沿置，《後漢書·郡國志》："齊國……六城，……臨菑本齊，刺史治。”故治在今山東淄博東北。

【秦式1998】

錄於《齊魯》《澂秋》《封存》《臨淄》。臨菑之釋見前“臨菑司馬”條。漢封泥見《建德》“臨菑丞印”,《續封》《建德》“臨菑尉印”,《臨淄》《續封》《建德》《齊魯》《封存》《澂秋》“臨菑左尉”,《臨淄》《續封》《建德》《齊魯》“臨菑右尉”,《臨淄》《封泥》《澂秋》“臨菑”,《兩漢》“臨菑市丞”“臨菑鐵丞”。《臨淄》“臨菑卒尉”。又印見《徵存》“臨菑丞印”。

【秦封2000】

《漢志》齊郡有臨淄縣,“師尚父所封”。《史記·田敬仲世家》:“五國已亡,秦兵卒入臨淄。”《項羽本紀》:“立田都爲齊王,都臨淄。”《水經·淄水》:“城臨淄水,故名臨淄。始皇二十四年滅齊爲郡,治臨淄。”當在始皇二十六年。《元和》:“臨淄縣,齊王建爲秦所滅,秦立爲縣。城臨淄水,故曰臨淄。”臨淄縣秦約屬臨淄郡又齊郡,今在山東省淄博市東古城店。漢封泥見:《建德》“臨菑丞印”。《續封》《建德》“臨菑尉印”。《臨淄》《續封》《建德》《齊魯》《封存》“臨菑左尉”。《臨淄》《續封》《建德》《齊魯》“臨菑鐵丞、臨菑卒尉”。漢印見:《徵存》“臨菑丞印”。

【上封2002】

縣屬秦之臨淄郡治。臨淄郡或初爲齊郡。高祖六年郡歸齊王劉肥。與劉齊之“臨菑丞印”可比較秦漢印制之不同形式。

【彙考2007】

臨淄,秦置縣。《漢書·地理志》齊郡有臨淄縣。今在山東省淄博臨淄。

【職地2014】

何慕認爲“秦臨淄郡一直存在,從始皇二十六年到秦末不曾更名”,將“臨淄司馬”之“臨淄”作爲秦郡看待。今按,秦封泥另有“臨淄丞印”和陶文“臨淄亭久”和“臨淄市”,臨淄是縣名的可能性更大一些。

【悠悠2015】

臨淄齊故城内劉家寨出土殘陶器戳印“菑亭”“□亭”戳記。《古陶文彙編》收錄“臨菑市”“臨菑市久”傳世陶文各一品。“菑亭”“臨菑市”“臨菑市久”都爲臨菑縣市亭之省文。臨菑,春秋時齊獻公由營丘遷臨菑,戰國時,田齊繼續都此,城因水而名。《漢志》齊郡有臨淄縣,“師尚父所封”。《水經·淄水注》:“城臨淄水,故曰臨淄。始皇二十四年(應作二十六年),滅齊爲郡,治臨淄。”《史記·田敬仲完世家》:“五國已亡,秦兵卒入臨淄。”《史記·項羽本紀》:“立田都爲齊王,都臨淄。”《元和郡縣志》卷11:“臨淄縣,齊王建爲秦所滅,秦立爲縣。城臨淄水,故曰臨淄。”《大清一統志》卷171:“故城在青州府臨淄縣北八里。”現代考古表明,故城在今山東臨淄市臨淄區齊都鎮,城址爲長方形,有大小城,大城東西4500米,南北4000米,面積2000萬平方米;小城東西1400米,南北2200米,面積300萬平方米,時代從西周晚期至漢代齊國的都城、齊郡治臨淄縣。

臨淄司馬

《古封》P125;《秦封》P263;《彙考》P260;《璽印》P426;
《山全》P37、P157、P203;《濟博》P12;《大系》P159

【兩漢 1993】

　　西漢早期,封泥。印文二行四字。“馬”字稍損。有界欄。《齊魯封泥集存》著録。

【秦式 1998】

　　録於《齊魯》《再續》。《水經》:“城臨淄水,故名臨淄。始皇二十四年(當爲二十六年)滅齊爲郡,治臨淄。”《史記·田敬仲完世家》:五國已亡,秦兵卒入臨淄。《史記·項羽本紀》項羽分封時,田都“爲齊王,都臨淄”。《漢志》:齊郡,轄臨淄縣,秦滅一國後常以故都爲郡,臨淄或曾爲秦之郡治,治所約在今山東省臨淄縣。秦印見《徵存》“邦司馬印”。漢封泥見《齊魯》“臨淄丞相”。《臨淄》《建德》《澂秋》《封泥》《封存》《封拓》《齊魯》“臨淄丞印”,《兩漢》“臨淄守印”“臨淄侯印”“臨淄市丞”。漢印見《兩漢》“臨淄丞印”。

【秦封 2000】

　　《水經·淄水》:城臨淄水,故名臨淄。始皇二十四年(當爲二十六年),滅齊爲郡,治臨淄。《史記·田敬仲世家》:五國已亡,秦兵卒入臨淄。《史記·項羽本紀》項羽分封時,田都“爲齊王,都臨淄”。《漢志》齊郡,轄臨淄縣,“師尚父所封,如水西北至梁鄒入沛。有服官、鐵官。”秦滅一國,常以故都爲郡,臨淄或曾爲秦之郡治。治所約在今山東省臨淄縣。秦印見:《徵存》“邦司馬印”。漢封泥見:《齊魯》“臨淄丞相”。《臨淄》《建德》《澂秋》《封泥》《封存》《封拓》《齊魯》“臨淄守印”。《兩漢》“臨淄守印、臨淄侯印、臨淄市丞”。漢印見:《兩漢》“臨淄丞印”。

【彙考 2007】

　　臨淄,西周及春秋、戰國時期齊國於此建都。秦置郡、縣。漢改齊郡。《漢書·地理志》:“齊郡……縣十二,臨淄。”

【分域 2009】

　　春秋戰國時期,齊建都於“臨淄”,後秦在此置郡、縣。《漢書·地理志》載,齊郡有縣十二,臨淄爲其一。

【廣封2019】

案《再續封泥考略》,《漢志》: 臨淄縣屬齊郡。但縣邑道官不聞有司馬,郡有司馬,《後漢書·百官志》注引《漢官儀》曰:"當兵行長領。置部尉、千人、司馬、候。"《漢書·高帝紀》: 以膠東、膠西、臨菑、濟北、博陽、城陽郡七十三縣立子肥爲齊王。《後漢書·郡國志》:"臨菑,本齊,刺史治。"疑齊郡於漢初亦稱臨菑郡,此其時郡司馬之印也。此應爲秦印。

臨淄亭侯

《大系》P159

【廣封2019】

案《續封泥考略》,《漢書·地理志》: 臨淄縣屬齊郡。《後漢書·百官志》:"列侯,所食縣侯國。"(本注曰:"以賞有功,功大者食縣,小者食鄉、亭,得臣其所食吏民。")又"十里一亭"。不得候者年名。

瑞按: 臨淄,説見"臨淄丞印"。亭侯,東漢始有亭侯之設,如《唐六典》卷2載:"五等之爵,蓋始於黄帝,其《傳》言: 置左、右大監,監於萬國。《書·堯典》云: 協和萬邦。又云: 輯五瑞。即五等諸侯所執玉也。夏、殷已上,其制難詳。至周,則云'列爵惟五,分土惟三',始有封國大小之制。戰國之時,又有雜號封君,謂商君、平原君等。秦又立二十等爵,以當軍功。漢置王、侯二等,其二十等爵亦存;亦有'君',謂稷嗣、奉春等。後漢又有鄉、亭侯之號。魏氏五等,皆以鄉、亭,多假空名,不食本邑。"此前之設僅見《史記·絳侯周勃傳》"條侯亞夫自未侯爲河内守時,許負相之",《索隱》應劭云:"負,河内温人,老嫗也。"姚氏按:《楚漢春秋》高祖封負爲鳴雌亭侯,是知婦人亦有封邑。"封泥之臨淄亭侯,當爲設於臨淄亭之侯。秦亭設侯不見於文獻,此封泥時代可能非秦。又:"侯"或當通"候",然秦亭設候也亦罕見。

（二）東 安 平

東安平丞

1 2

1.《古封》P153；《秦封》P321；《上封》P65；《大系》P65
2.《古封》P153；《秦封》P321；《彙考》P268；《璽印》P402；《山全》P37、P199

【秦封2000】

　　《漢志》無。《史記·田單列傳》：“田單走安平。”《集解》：“徐廣曰，今之東安平也，在青州臨淄縣東十九里，古之酈邑，齊改爲安平。秦滅齊，改爲東安平縣，屬齊郡，以定州有安平，故加東字。”《讀史》：“城在臨淄縣東十九里。”東安平縣秦約屬臨淄郡又齊郡，在今山東省淄博市東。漢封泥見：《臨淄》《封泥》《澂秋》《封存》《齊魯》“東安平丞”。

【上封2002】

　　《地理志》屬菑川國。師古曰：“闞駰云博陵在安平，故此加‘東’。”譚其驤以爲秦縣，在臨淄郡。封泥文字爲秦無疑，縣爲秦置得證。

【彙考2007】

　　東安平，縣名。秦置。《漢書·地理志》甾川國東安平縣。顏師古注：“闞駰云：‘博陵有安平，故此加東。’”今在山東省淄博東北。

【分域2009】

　　東安平，縣名。《漢書·地理志》載，甾川國有東安平縣。其地在今山東淄博東北。

【戰國2013】

　　傳世齊系兵器有“安平右”矛（《集成》11488、11489、11490）。本稱酈，爲古紀國之邑。《括地志》云：“安平城在青州臨淄縣東十九里，古紀國之酈邑。”戰國之初，一度爲齊國權臣田常封邑，後又爲田單封邑。《史記·田敬仲完世家》：“田常於是盡誅鮑、晏、監止及公族之強者，而割齊自安平以東至琅邪，自爲封邑”。《史記·田單列傳》：“燕師長驅平齊，而田單走安平”；“襄王封田單，號曰安平君”。《集解》徐廣曰：“今之東安平也，在青州臨淄縣東十九里，古紀之酈邑，齊改爲安平。秦滅齊，改爲東安平，縣屬齊郡，以定州有安平，故加東字。”考古調查表明，安平故址在山東淄博市皇城營村古城，城址爲長方形，東西1800米，南北2000米，面積360萬平方米，時代從春秋紀邑，公元前691年入齊，改爲安平。秦滅齊改置東安平縣，後魏改安平縣。

【悠悠2015】

《史記·田單列傳》：“田單走安平。”《集解》徐廣曰：“今之東安平也，在青州臨淄縣東十九里，古之郾邑，齊改爲安平。秦滅齊，改爲東安平縣，屬齊郡，以定州有安平，故加東字。”《讀史方輿紀要》：“城在臨淄縣東十九里。”秦東安平屬臨淄郡，今在山東淄博市東。考古調查表明，秦漢東安平故址在淄博市的皇城營村古城，城址爲長方形，東西1800米，南北2000米，面積360萬平方米，時代從春秋紀邑、前691年入齊，改爲安平。秦滅齊改置東安平縣，後魏改安平縣。

（三）狄　　城

狄城之印

《古封》P276；《秦封》P321；《大系》P61

【秦封2000】

《漢志》千乘郡有狄縣，“莽曰利居”。應劭曰：“安帝更名臨濟。”《讀史》臨濟城在高苑縣西北二里，故狄邑也。秦置狄縣，陳勝將北徇地至狄，狄城，在今山東省高青縣。漢封泥見：《續封》《齊魯》《臨淄》“狄丞”。

【政區2009】

《史記·田儋列傳》：“田儋者，狄人也，故齊王田氏族也。儋從弟田榮，榮弟田橫，皆豪，宗强，能得人。陳涉之初起王楚也，使周市略定魏地，北至狄，狄城守。田儋詳爲縛其奴，從少年之廷，欲謁殺奴。見狄令，因擊殺令。”《漢志》千乘郡狄城縣，“莽曰利居”。應劭曰：“安帝更名臨濟。”《水經·濟水注》：“濟水，又東北過臨濟縣南，縣故狄邑也。”《讀史·卷三十五》：“臨濟城在高苑縣西北二里，故狄邑也。或曰：春秋時長狄所居，因名：……秦置狄縣，陳勝將北徇地至狄，狄人田儋殺狄令，自立爲齊王，漢亦曰狄縣。”《漢書補注》：“狄，戰國齊地，秦爲縣，田單、田儋皆邑人。”《清一統志》：“故城在今高蒼縣西北。”秦狄城縣故城今在山東高青縣西北。

【戰國2013】

《戰國策·齊策六》：“田單將攻狄。”《水經·濟水注》：“濟水，又東北過臨濟縣南，縣故狄邑也。"《讀史・卷三十五》:"臨濟城在高苑縣西北二里,故狄邑也。或曰:春秋時長狄所居,因名……秦置狄縣,陳勝將北徇地至狄,狄人田儋殺狄令,自立爲齊王,漢亦曰狄縣。"《漢書補注》:"狄,戰國齊地,秦爲縣,田單、田儋皆邑人。"狄城縣故城今在山東省高青縣西北。

【悠悠2015】

《漢志》千乘郡有狄城縣,"莽曰利居"。應勘曰:"安帝更名臨濟。"《讀史方輿紀要》:"臨濟城在高苑縣西北二里,故狄邑也。秦置狄縣,陳勝將北徇地至狄,狄人田儋殺狄令,自立爲齊王,漢亦曰狄縣。"《漢書補注》:"狄,戰國齊地,秦爲縣,田單、田儋皆邑人。"《大清一統志》:"故城在今高蒼縣西北。"秦狄城縣屬臨淄郡,故城今在山東高青縣西北。

【廣封2019】

案《再續封泥考略》,《漢書・地理志》:狄縣屬千乘郡。此印不曰狄縣而曰狄城,未能詳其故也。

(四)臨　　朐

臨朐丞印

1　　　　　　　　　　　　2

1.《古封》P151;《秦封》P323;《上封》P66;《大系》P158
2.《古封》P151;《秦封》P323;《彙考》P265;《璽印》P413;《大系》P158

【秦式1998】

録於《續封》《建德》《臨淄》。《漢志》齊郡有臨朐縣。東萊郡亦有臨朐縣。《讀史》青州府臨朐縣:"本齊之駢邑。"漢齊郡之臨朐秦約屬臨淄郡又齊郡,今在山東省臨朐縣。漢東萊郡之臨朐縣秦約屬膠東郡,今在山東省黃縣西北。漢封泥見《續封》《建德》《封存》《臨淄》《齊魯》"臨朐丞印",漢印見《兩漢》"臨朐右尉"。

【秦封2000】

《漢志》齊郡有臨朐縣,"有逢山祠。石膏山,洋水所出,東北至廣饒入鉅定。莽曰監朐。"東萊郡亦有臨朐縣,"有海水祠。莽曰監朐。"《元和》:"青州臨朐,本漢縣也,屬齊郡,東有朐山,因以爲名,隋開皇六年,改爲逢山縣,屬青州,取縣西逢山爲名,大業二年又改爲臨朐縣。"《讀史》卷三十五：青州府，臨朐縣："本齊之騈邑，漢置臨朐，屬齊郡。"卷三十六："萊州府陽樂：志云縣北二十里有臨朐故城，此東萊郡之臨朐也。"漢齊郡之臨朐縣秦約屬臨淄郡又齊郡，今山東省臨朐縣。漢東萊郡之臨朐縣秦約屬膠東郡，今在山東省黃縣西北。漢封泥見：《續封》《建德》《臨淄》《齊魯》"臨朐丞印"。漢印見：《兩漢》"臨朐右尉"。

【上封2002】

秦屬臨淄郡，西漢齊，東萊郡兩見。

【彙考2007】

臨朐，縣名。《漢書·地理志》齊郡有臨朐縣。班固自注："有逢山，石膏山，洋水所出，東北至廣饒鉅定。莽曰監朐。"今在山東省臨朐。

【悠悠2015】

秦陶文有"臨亭"，臨朐市亭之省文。清陳介祺舊藏，爲山東所出。臨朐，戰國時齊之朐邑，西漢爲齊郡屬縣。《漢志》齊郡有臨朐縣，"有逢山祠……莽曰監朐"。《元和郡縣志》："青州臨朐，本漢縣也，屬齊郡，東有朐山，因以爲名，隋開皇六年，改爲逢山縣，屬青州，取縣西逢山爲名，大業二年又改爲臨朐縣。"《讀史方輿紀要》卷35："青州府臨朐，本齊騈邑，漢置臨朐，屬齊郡。"漢齊郡的臨朐縣在秦屬臨淄郡，今山東臨朐縣。又《漢志》東萊郡有臨朐縣，"有海水祠，莽曰監朐"，或與此臨朐縣無關。

（五）蓼　　城

蓼城丞印

1　　　　　　　　　　　　2

1.《古封》P147;《秦封》P322;《彙考》P264;《璽印》P418;《山全》P160、P195;《大系》P406
2.《新選》P122;《大系》P406

【彙考2007】

蓼城，縣名。《漢書·地理志》千乘郡有蓼城縣。今在山東省利津縣西南。

【悠悠2015】

《漢志》千乘郡有蓼城縣，"都尉治"。秦蓼城縣屬臨淄郡，在今山東利津縣西南。

（六）博　　昌

博昌

1　　　　　　　　　　2

1.《古封》P281;《秦封》P320;《彙考》P264;《璽印》P390;《山全》P37、P175、P204;
《濟博》P13;《大系》P39
2.《古封》P281;《上封》P65;《山全》P125;《大系》P39

【秦式1998】
　　“博昌”録於《封拓》《齊魯》,“博昌丞印”録於《齊魯》。《漢志》千乘郡有博昌縣。博昌秦約屬臨淄郡又齊郡,今在山東博興縣東南。秦墓誌瓦文有“博昌去疾”“博昌不更餘”。

【秦封2000】
　　《漢志》千乘郡有博昌縣,“時水東北至鉅定入馬車瀆,幽州寖。”應劭曰:“昌水出東萊昌陽。”臣瓚曰:“以東萊至博昌,經歷宿水,不得至也,取其嘉名耳。”師古曰:“瓚説是。”《水經·淄水》:“澠水又西徑樂安博昌縣故城南。應劭,昌水出東萊昌陽縣,道遠不至,取其嘉名。闞駰曰:縣處勢平,故曰博昌。”《元和》博昌縣“本漢舊縣,屬千乘郡,昌水其勢平博,故曰博昌,後漢以千乘郡爲樂安國,博昌縣仍屬焉,晋、宋、後魏並同,高齊省,移樂陵縣理此,屬樂安郡,隋開皇三年罷郡,樂陵縣屬青州,十六年改爲博昌。”博昌縣秦約屬臨淄郡又齊郡,今在山東博興縣東南。《秦陶》秦墓誌瓦文:“博昌去疾,博昌不更餘”。

【彙考2007】
　　説見“博昌丞印”。

【戰國2013】
　　《戰國策·齊策六》:“千乘、博昌之間,方數百里,雨血沾衣。”博昌爲戰國時齊地,因此城有昌水流經,其水勢平博而得名。《史記·齊太公世家》記齊襄公曾田獵貝丘,杜預曰:“樂安博昌縣有地名貝丘”。《漢志》千乘郡領縣博昌,“時水東北至鉅定入馬車瀆”。應劭曰:“昌水出東萊昌陽。”臣瓚曰:“從東萊至博昌,經歷宿水,不得至也,取其嘉名耳。”據考證博昌縣即今山東省博興縣東南,廣饒縣西南。

博昌丞印

《古封》P147;《秦封》P320;《彙考》P264;《璽印》P407;
《山全》P37;《濟博》P13;《大系》P39

【秦式1998】

説見“博昌”。

【秦封2000】

此爲博昌縣丞之印。博昌説見“博昌”。漢封泥見：《臨淄》《齊魯》《續封》《建德》《澂秋》“博昌丞印”。《齊魯》《再續》“博昌之印”。《再續》《澂秋》“博昌”。

【上封2002】

《地理志》在千乘郡。秦當屬臨淄郡。

【彙考2007】

博昌，縣名。《漢書·地理志》千乘郡有博昌縣。今在山東省博興東南。

【悠悠2015】

秦始皇陵西側趙背户村秦刑徒墓出土的兩件瓦書陶文,銘文“博昌去疾（79M33.1）;博昌居貲用里不更餘（79C53）”。博昌爲戰國時齊地。《史記·齊太公世家》記齊襄公曾田獵沛丘,杜預曰“樂安博昌縣有地名貝丘”,可知博昌爲戰國時齊邑。從秦封泥和陶文又可推知秦置博昌縣,西漢因之。《漢志》千乘郡領縣博昌,“時水東北至鉅定入馬車瀆”。應勘曰：昌水出東萊昌陽。臣瓚曰：從東萊至博昌,經歷宿水,不得至也,取其嘉名耳。秦漢博昌縣即今山東省博興縣。從陶文可知,秦博昌縣下轄的基層行政有用里。

（七）樂　　安

樂安丞印

1

2

1.《古封》P147;《秦封》P322;《彙考》P264;《璽印》P418;《山全》P36、P159;《濟博》P14;《大系》P150
2.《古封》P148;《秦封》P322

【兩漢1993】

西漢早期,封泥。印文二行四字。有界欄。《齊魯封泥集存》著録。樂安,漢縣名。《漢書·地理志》:"千乘郡,……縣十五……樂安。"東漢屬樂安國,《後漢書·郡國志》:"樂安國……九城,……樂安。"故治在今山東博興縣東北。

【秦式1998】

録於《封拓》《封存》《齊魯》《再續》。《漢志》樂安縣屬千乘郡。樂安縣秦約屬臨淄郡又齊郡,今在山東省博興縣北。

【秦封2000】

《漢志》千乘郡有樂安縣,《後漢·郡國志》:"樂安國,高帝西平昌縣,爲千乘,永元七年更名,屬縣有樂安。"《史記·建元以來侯者年表》:樂安國,《索隱》樂安表在昌,《地理志》昌縣在琅邪也。樂安縣秦約屬臨淄郡又齊郡,今在山東省博興縣北。

【彙考2007】

樂安,縣名。《漢書·地理志》千乘郡有樂安縣。今在山東省博興東北。

【政區2009】

《漢志》千乘郡有樂安縣。《郡國志》:"樂安國,高帝西平昌置,永元七年更名,爲千乘,屬縣有樂安。"《水經·濟水注》:"濟水又東北,逕樂安縣故城南。"明嘉靖《山東通志》:"樂安縣,周,廣饒地,屬齊。"秦樂安縣故址今在山東博興縣北,東營市廣饒縣城北10公里的花官鄉草橋村,故城東西約750米,南北約1000米。

【悠悠2015】

《漢志》千乘郡有樂安縣。《後漢書·郡國志》:"樂安國,高帝西平昌置,爲千乘,永元七年更名,屬縣有樂安。"秦樂安縣屬臨淄郡,今在山東博興縣北。

【廣封2019】

案《再續封泥考略》,《漢書·地理志》:樂安縣屬千乘郡。丞爲其主管官員之副。

延鄉候□

《濟博》P16

【職地2014】

《漢書・地理志》延鄉屬千乘郡（高帝置），在秦屬齊郡。漢成帝封李譚爲侯國，即延鄉侯國。從印面爲田字格來看，可能爲秦封泥；但從文獻記載來看，其極有可能不是秦封泥。存疑代考。

【廣封2019】

案《再續封泥考略》，《漢書・地理志》：延鄉縣屬千乘郡。縣邑道不聞有侯。《漢志》：亭，亭長。注，十里一亭，亭長、亭候。此亦不似亭候之印，或縣偶亦有候，史有未備歟。

瑞按：從《濟博》發表的封泥正背面照片看，其與其他秦封泥無別，當爲秦封泥。此爲延鄉縣候之印。延鄉，《漢書・地理志》屬千乘郡。《水經注》卷24"源導延鄉城東北，平地出泉，西北逕延鄉城北。《地理志》：千乘有延鄉縣，世人謂故城爲從城，延、從字相似，讀隨字改，所未詳也。"

九、濟　北　郡

濟北大守

《古封》P89；《秦封》P261；《彙考》P261；《山全》P122

【秦式1998】

錄於《續封》《建德》。《史記・項羽本紀》項羽分封時以"田安爲濟北王，都博陽"。《秦集》言"博陽……皆在濟水以南，而史繫之濟北，則濟北非泛指濟水以北而爲郡名可知。田安下濟北在秦末六國初起時，而下邳老父告張良且早在始皇之世，則濟北之爲秦郡而非楚漢之際所增置者可知。……治博陽"。在今山東泰安縣。漢封泥見《齊魯》《再續》"濟北守印"。

【秦封2000】

《史記・項羽本紀》：項羽分封時，以"田安爲濟北王，都博陽"。濟北郡《秦集》馬非百言"博陽、穀城地皆在濟水以南，而史繫之濟北，則濟北非泛指水以北而爲郡名可知。田安下濟北，在秦末六國初起時，而下邳老父之告張良，且早在始皇之世，則濟北之爲秦郡，而非楚漢之際所增置者又可知。……治博陽”。今以此封泥證，可知濟北郡確爲秦郡無疑。博陽，《一統》：“博陽故城在泰安府泰安縣東南。”約在今山東泰安市。漢封泥見：《齊魯》《再續》“濟北守印”。

【彙考2007】

濟北，郡名。秦末楚漢之際爲濟北國。秦置郡。《漢書·高帝紀》：“故齊王建孫田安下濟北，從項羽救趙。”《睡虎地秦墓竹簡》有“大守”記載。

【政區2009】

傳世秦封泥有“濟北太守”，原認爲是西漢之遺物，學術界現基本上斷其爲秦封泥已經無疑。濟北一地，戰國時齊國即爲一地區名。《史記·魯仲連鄒陽列傳》：“齊以爲亡南陽之害小，不如得濟北之利大，故定計審處之……齊棄南陽，斷右壤，定濟北，計猶且爲之也。”秦初屬齊郡，後分地置郡。《史記·留侯世家》下邳圯上老父謂張良曰：“後十年興，十三年孺子見我濟北，穀城山下黃石即我矣。”此事之後十年，陳涉起兵，“田安下濟北數城”，可證姚鼐、王國維以爲濟北爲秦郡有理。又《史記·曹相國世家》：“韓信已破趙，爲相國，東擊齊。參以右丞相屬韓信，攻破齊歷下軍，遂取臨淄，還定濟北郡。”譚其驤和馬非百也主張秦設置濟北郡，爲齊郡之分置，但以爲“博陽、穀城地在濟水以南，而史繫之濟北，則濟北非泛指水以北而爲郡名可知”。其論當誤讀文獻。《史記·項羽本紀》：項羽分封天下，“田安爲濟北王，都博陽”。又《史記·田儋列傳》：“故齊王建孫田安，項羽方渡河救趙，田安下濟北數城，引兵降項羽，項羽立田安爲濟北王，治博陽。”秦末，田安攻濟北數城，有功於項羽，故封濟北王，都博陽，其地實跨秦濟北、博陽二郡，故都博陽，此與秦置博陽郡無涉，自在情理之中。秦濟北郡郡治盧縣，今山東長清縣。

【分域2009】

濟北，郡名。《漢書·地理志》中有濟北郡。《漢書·高帝紀》云：“故齊王建孫田安下濟北，從項羽救趙。”

【集證2011】

説見“即墨太守”。

【廣封2019】

案《續封泥考略》：《漢書·地理志》無濟北郡，但高帝立子肥爲齊王所食郡縣有濟北郡。《漢書·諸侯王表》：“濟北王興居，以齊悼惠王子東牟侯立。”泰山郡盧縣注：“濟北王都也。”後漢亦曾分泰山置濟北國，或泰山郡有數縣，於漢初別稱濟北郡。又王興居立二年，謀反，誅。越十三年，衡山王勃以淮南屬王子徙濟北，傳二世，王寬以謀反自殺。此印作太守，則是王寬自殺國除，曾再以國名置郡，後始復併泰山。此可補史闕（缺）也。“太守”詳前。此應爲秦印。

（一）東 平 陵

東平陵丞

　　　　1　　　　　　　　　　2　　　　　　　　　　3

1.《古封》P148；《秦封》P318；《上封》P64；《大系》P65
2.《秦封》P318；《璽印》P404；《彙考》P265；《濟博》P11
3.《古封》P148；《山全》P38、P195；《濟博》P11；《大系》P65

【兩漢 1993】

　　西漢早期，封泥。印文二行四字。有界欄。上海博物館藏。東平陵，漢縣名。《漢書・地理志》：“濟南郡，……縣十四：東平陵，有工官、鐵官。”東漢沿置，《後漢書・郡國志》：“濟南國……十城，……東平陵，有鐵。”故治在今山東章丘縣西。

【秦封 2000】

　　《漢志》濟南郡有東平陵縣，“有工官，鐵官”。東平陵縣秦約屬濟北郡，今在山東省章丘縣西。漢封泥見：《續封》《建德》《臨淄》《齊魯》《封拓》“東平陵丞”。

【上封 2002】

　　《地理志》屬濟南。秦當在濟北郡。

【彙考 2007】

　　東平陵，縣名。《漢書・地理志》濟南郡有東平陵縣。班固自注：“有工官、鐵官。”今在山東省章丘西。

【政區 2009】

　　《漢志》濟南郡東平陵縣，“有工官、鐵官”。《水經・濟水注》：“(濟水)又北逕東平陵縣故城西，故陵城也，後乃加‘平’。”《讀史・卷三十一》：“東平陵城，(濟南)府東七十五里。春秋時譚國也。莊十年，齊師滅譚，譚子奔莒，漢置東平陵，以右扶風有平陵，故此加東也。”考古調查表明，秦東平陵縣故址在今山東章丘市西。章丘市東平陵故城爲方形，邊長1900米，面積360萬平方米。時代從東周齊國的平陵邑，至秦東平陵縣治和漢濟南國、濟南郡治。

【悠悠 2015】

　　《漢志》濟南郡有東平陵縣，“有工官、鐵官”。秦東平陵初屬濟北郡，後屬博陽郡，今在山東章丘縣西。考古調查表明，章丘的東平陵故城爲方形，邊長1900米，面積360萬平方米。時代從東周齊國的平陵邑，至秦東平陵縣治和漢濟南國、濟南郡治。

【廣封2019】

案《續封泥考略》，《漢書·地理志》：東平陵縣屬濟南郡。（注：“有工官、鐵官。”）丞爲其主管官員之副。

（二）般　　陽

般陽丞印

1　　　　　　　　　2　　　　　　　　　3

1.《印風》P146；《秦封》P318；《印集》P132；《彙考》P224；《大系》P28
2.《補讀》圖59；《秦封》P318；《書集》P129；《彙考》P224；《璽印》P407；《大系》P28
3.《大系》P28

【郡縣1997】

《漢書·地理志》濟南郡有屬縣“般陽”。封泥“般”字後殘，按秦漢時以“般”爲字頭之郡縣絕少，故疑殘字即“陽”。般（音盤）陽應屬秦始皇二十六年後所置濟北郡屬縣，地在今山東臨淄西南。丞爲縣令佐官。

【印考1997】

印面爲正方形，田字格，邊長2釐米，印文四字清楚，邊欄左側留有泥封斑痕。般陽，古縣名。秦末漢初置。因在般水之陽而得名。治在今山東淄博市西南淄川。

【補讀1998】

初讀時作“般□丞□”，現據綴合正讀。《漢志》，濟南郡般陽縣。應劭曰：“在般水之陽。”《水經·濟水》：“北流至般陽縣故城西。”應劭曰：“縣在般水之陽，因資名焉。”《讀史》：“般陽城，在（淄川）縣西，漢縣也，應劭曰縣在般水之陽，因名般陽。”般陽縣秦約屬濟北郡，在今山東省淄博市西南。漢封泥見：《續封》《建德》“般陽”“般陽丞印”。

【秦封2000】

《漢志》濟南郡有般陽縣，“莽曰濟南亭”。應劭曰：在般水之陽。《水經·濟水》：“北流至般陽縣故城西。”“應劭曰，縣在般水之陽，因資名焉。”《讀史》：“般陽城，在（淄川）縣西，漢縣也，應劭曰縣在般水之陽，因名般陽。”般陽縣秦約屬濟北郡，在今山東省淄博市西南。漢封泥見：《續封》《建德》“般陽”，《臨淄》《齊魯》《續封》《建德》《封存》,《澂秋》《封泥》"般陽丞印"。

【簡讀2002】

　　秦縣,《漢志》屬濟南郡,應劭曰:"在般水之陽"。

【彙考2007】

　　《漢書·地理志》濟南郡有般陽縣。顔師古注引應劭曰:"在般水之陽。"今在山東省淄博市西南。

【悠悠2015】

　　《漢志》濟南郡有般陽縣,"莽曰濟南亭"。應劭曰:"在般水之陽。"《水經·濟水注》:"北流至般陽故城西。"《讀史方輿紀要》:"般陽城,在淄川縣西,漢縣也,應劭曰縣在般水之陽,因名般陽。"秦般陽縣屬博陽郡,在今山東淄博市西南。

【集證2011】

　　第二字初發表時不清。周偉洲云:"《漢書·地理志》濟南郡有屬縣'般陽'。封泥'般'字後殘,按秦漢以'般'爲字頭的郡縣絕少,故疑殘字即'陽'。般(音盤)陽應屬秦始皇二十六年後所置濟北郡屬縣,地在今山東臨淄西南。"其説是。後經補綴,至爲清楚。

【廣封2019】

　　案《漢書·地理志》:濟南郡,有縣"般陽","莽曰濟南亭"。(應劭曰:"在般水之陽。"師古曰:"般音盤。")

(三) 梁　　鄒

梁鄒丞印

1　　　　　　　　　　　　2

1.《古封》P148;《秦封》P316;《上封》P64;《山全》P127;《大系》P156
2.《古封》P148;《秦封》P316;《彙考》P265;《山全》P127;《大系》P156

【兩漢1993】

　　西漢早期,封泥。印文二行四字。有界欄。上海博物館藏。梁鄒,漢縣、侯國。印文梁作𣲖。《漢書·地理志》:"濟南郡,……縣十四……梁鄒。"東漢沿置,《後漢書·郡國志》:"濟南國……十城,……梁鄒。"故治在今山東鄒平縣北。西漢梁鄒曾爲侯國。《漢書·高惠高后文功臣表》:梁鄒孝侯武虎,高祖六年(公元前二〇一年)封,傳四世至元鼎五年(公元前一一二年),侯山拊坐酎金免。後於元康四年(公元前六二年),虎玄孫之子夫夷侯國公乘充竟詔復家。此縣丞封泥尚沿用界欄,時代當在漢初。

【秦封2000】

梁即梁,《漢志》濟南郡有梁鄒縣。梁鄒縣秦約屬濟北郡,今在山東省鄒平縣北。漢封泥見:《齊魯》《續封》《建德》《封拓》《封存》《臨淄》《再續》《澂秋》"梁鄒丞印",《封拓》"梁鄒"。

【上封2002】

《地理志》在濟南郡。秦屬齊北郡。

【彙考2007】

梁鄒,縣名。《漢書·地理志》濟南郡有梁鄒縣。在今山東省鄒平東北。

【政區2009】

西漢初年高祖封功臣武儒爲梁鄒侯仁。《史記·高祖功臣侯者年表》:"梁鄒(侯),武儒。"《索隱》:"梁鄒,縣名,屬濟南。"《漢志》濟南郡有梁鄒縣。秦梁鄒縣故址在今山東省鄒平縣北。

【集證2011】

《漢書·地理志》濟南郡有"梁鄒"縣。《漢書補注》王先謙曰:"高帝封武虎爲侯國,見《表》。"可見秦已有梁鄒縣。

【悠悠2015】

《漢志》濟南郡有梁鄒縣。秦梁鄒縣屬博陽郡,今在山東鄒平縣北。

【廣封2019】

案《續封泥考略》,《漢書·地理志》:梁鄒縣屬濟南郡。丞爲其主管官員之副。

（四）於　　陵

於陵丞印

《古封》P149;《秦封》P315;《彙考》P264;《大系》P342

【秦式1998】

錄於《澂秋》《齊魯》。《漢志》濟南郡有於陵縣,"都尉治,莽曰於陸"。於陵縣秦約屬濟北郡,今在山東省鄒平縣東南。漢封泥見:《齊魯》《澂秋》《臨淄》《續封》《建德》"於陵丞印"。

【秦封2000】

《漢志》濟南郡有於陵縣,"都尉治,莽曰於陸"。《通典》淄川長山"漢於陵縣"。《元和》"淄州,長山縣:本漢於陵縣地也,宋武帝於此立武强縣,隋開皇十八年,改武强縣爲長山縣,取長山爲名,屬淄州。武德元年置州,縣又屬焉。八年廢州,依舊屬淄州。"《讀史》:"於陵城:縣西南二十里,本齊邑,陳仲子所居,漢置縣治此,後漢建武中改封侯霸子顯爲於陵侯,尋復爲縣。"於陵縣秦約屬濟北郡,今在山東鄒平縣東南。漢封泥見:《齊魯》《封存》《澂秋》《臨淄》《續封》《建德》"於陵丞印"。

【彙考2007】

於陵,古縣名。戰國齊於陵邑。《漢書·地理志》濟南郡有於陵縣。今在山東省鄒平東南。

【政區2009】

於陵原爲齊地,賢者仲子居此地三辭楚王爲相。《史記·魯仲連鄒陽列傳》:"是以孫叔敖三去相而不悔,於陵仲子辭三公爲人灌園。"《漢志》濟南郡於陵縣,"都尉治,莽曰於陸"。《元和·卷十一》:"淄州,長山縣,本漢於陵縣地也。"《讀史·卷三十一》:"於陵城,縣西南二十里,本齊邑,陳仲子所居,漢置縣治此,後漢建武中改封侯霸子顯爲於陵侯,尋復爲縣。"秦於陵縣故址在今山東鄒平縣東南。

【戰國2013】

《戰國策·齊策四》趙威後問齊使曰:"於陵子仲尚存乎? 是其爲人也,上不臣於王,下不治其家,中不索交諸侯,此率民而出於無用者,何爲至今不殺乎?" 於陵原爲齊地,賢者仲子居此地三辭楚王爲相。《史記·魯仲連鄒陽列傳》:"是以孫叔敖三去相而不悔,於陵仲子辭三公爲人灌園。"《元和·卷十一》:"淄州,長山縣,本漢於陵縣地也。"《讀史·卷三十一》:"於陵城,縣西南二十里,本齊邑,陳仲子所居,漢置縣治此,後漢建武中改封侯霸子顯爲於陵侯,尋復爲縣。"於陵縣故址在今山東省鄒平縣東南。

【悠悠2015】

《漢志》濟南郡有於陵縣,"都尉治,莽曰於陸"。《元和郡縣志》:"淄州,長山縣,本漢於陵縣地也。"《讀史方輿紀要》:"於陵城,縣西南二十里,本齊邑,陳仲子所居,漢置縣治此,後漢建武中改封侯霸子顯爲於陵侯,尋復爲縣。"秦於陵縣屬博陽郡,今在山東鄒平縣東南。

(五) 博　　城

博城

《古封》P282;《中封》P130;《秦封》P316;《書集》P123;《山全》P103;《大系》P39

【秦式1998】

　　録於《封泥》。《漢志》泰山郡有博縣,《史記·吕太后本紀》"四月吕太后欲侯諸吕,乃先封高祖之功臣郎中令無擇爲博城侯",《讀史》泰安州奉符廢縣"今州治,春秋時齊之博邑也。志云,古博城在今州東南三十里"。博城縣秦約屬濟北郡,今在山東省泰安市東南。

【秦封2000】

　　《漢志》泰山郡有博縣,"有泰山廟。岱山在西北,兗州山。"《史記·吕太后本紀》:"四月,吕太后欲侯諸吕,乃先封高祖之功臣郎中令無擇爲博城侯。"正義:《括地》云:"兗州博城,本漢博城縣城。"《讀史》:泰安州奉符廢縣"今州治,春秋時齊之博邑也。志云,古博城,在今州東南三十里。《左傳·哀十一年》,'公會吴子,伐齊克博。'又《國語》吴王使王孫苟告周曰:遵汶代博。漢三年韓信破齊,田橫走博陽,胡氏謂之博縣之陽也。《漢書》作田橫走博,又灌嬰追横至嬴博是矣。漢置博縣,屬泰山郡,晋宋因之……宋開寶五年移縣治岱兵鎮,即今州治也。"《一統》:"博陽故城在泰安府泰安縣東南。"博城縣秦約屬濟北郡,今在山東省泰安市東南。

【政區2009】

　　河南登封市八方村出土的秦"六年上郡守"戈的胡部刻"博"字。博城,春秋時本齊之博邑,秦時設縣,稱博城,漢稱博陽。《史記·項羽本紀》:"田安下濟北數城,引其兵降項羽,故立安濟北王,都博陽。"《正義》:"在濟北。"《考證》:"博陽,山東泰安府泰安縣有博縣故城,漢曰博陽。"《漢志》泰山郡博縣,"有泰山廟,岱山在西北"。《史記·吕太后本紀》:"四月,太后欲侯諸吕,乃先封高祖之功臣郎中令無擇爲博城侯。"《正義》引《括地志》云:"兗州博城,本漢博城縣。"《讀史·卷三十一》泰安州奉府廢縣,"今州治,春秋時齊之博邑也。志云,古博城,在今州東南三十里。"《左傳》哀公十一年:"公會吴子,伐齊克博。"又《國語》吴王使王孫苟告周曰:遵汶代博。漢三年韓信破齊,田橫走博陽,胡氏謂之博縣之陽也。《漢書》作田橫走博,又灌嬰追横至嬴博是矣。漢置博縣,屬泰山郡,晋宋因之。"《清一統志》:"博陽故城在泰安府泰安縣東南。"秦博城縣故址在今山東泰安市東南。

【職地2014】

　　博城:泰山郡有博縣,《史記·吕太后本紀》有"博城侯"。

【悠悠2015】

　　同《政區2009》。

【廣封2019】

　　案《封泥考略》:此封泥二字,半通,印文曰"博城"。《史記·惠景間侯者年表》,馮無擇封博城侯。《吕后紀》作"博城"。《漢書》表:"博成侯張章。"新、舊《唐書》:韋儇封博公尚作城。此半通印文作"城",與紀合。足正表字傳寫之誤。有侯國,自是有縣。"博城""博成"均不見漢志、史。有缺文而似印。

（六）千　　童

千□丞印

《五十例2005》

【五十例2005】

《漢書·地理志》有千乘郡、千乘縣，勃海郡有千童縣。《史記·周本紀》，宣王三十九年，"戰於千畝。"《索隱》："地名也，在西河介休縣。"此封泥殘缺，未知爲何郡縣。

【政區2009】

缺字或爲"童"。《漢志》渤海郡屬縣千童，應劭曰："靈帝曰饒安。"《元和·卷十八》："饒安縣，本漢千童縣，即秦千童城，始皇遣徐福將童男女千人入海求蓬萊，置此城以居之，故名。漢以爲縣，屬渤海郡。靈帝置饒安縣，以其地豐饒。可以安人。"《清一統志》："故城今滄州東南。"秦千童縣故址在今河北省滄州市東南。

（七）樂　　陵

樂陵

《古封》P282；《秦封》P317；《書集》P130；《彙考》P263；
《山全》P38、P174、P204；《濟博》P14；《大系》P151

【秦式1998】

録於《齊魯》《再續》，"樂陵丞印"録於《續封》《建德》。《漢志》樂陵縣秦約屬濟北郡，今在山東省樂陵縣東南。

【秦封2000】

《漢志》平原郡有樂陵縣，"都尉治，莽曰美陽。"《水經·河水》："東經樂陵縣故城北。《地理志》曰故都尉治。"《通典》："漢舊縣，故城在今縣東。又名重合縣。"《讀史》："州西北九十里，西南至德平七十里。漢置樂陵縣，屬平原郡，郡都尉治焉。後漢因之。"樂陵縣秦約屬濟北郡，今在山東省樂陵縣東南。

【彙考2007】

見"樂陵丞印"。

【廣封2019】

　　案《再續封泥考略》：此封泥二字，半通，印文曰 “樂陵”。《漢書·地理志》：樂陵縣屬平原郡。

樂陵丞印

　　《古封》P155;《秦封》P317;《上封》P64;《書集》P130;
　　《彙考》P263;《山全》P124;《大系》P151

【兩漢1993】

　　西漢早期，封泥。印文二行四字。有界欄。上海博物館藏。樂陵，漢縣、侯國名。《漢書·地理志》：“平原郡，……縣十九……樂陵，都尉治。莽曰美陽。” 東漢沿置，《後漢書·郡國志》：“平原郡……九城，……樂陵。” 故治在今山東樂陵縣東南。西漢宣帝時封樂陵侯，《漢書·外戚恩澤侯表》：樂陵安侯史高，地節四年（公元前六六年）封，傳至王莽敗，絕。

【秦式1998】

　　説見 “樂陵”。

【秦封2000】

　　此爲樂陵縣丞之印。樂陵之説見 “樂陵”。

【上封2002】

　　秦屬濟北郡。《地理志》在平原郡。

【彙考2007】

　　樂陵，縣名。《漢書·地理志》平原郡有樂陵縣。今在山東省樂陵東南。

【悠悠2015】

　　《漢志》平原郡有樂陵縣，“都尉治，莽曰美陽”。《水經·河水注》：“東經樂陵罷故城北。”《通典》：“漢舊縣，故城在今縣東，又名重合縣。”《讀史方輿紀要》：“州西北九十里，西南至德平七十里。漢置樂陵縣，屬平原郡，郡都尉治焉。後漢因之。” 秦樂陵縣屬濟北郡，今在山東樂陵縣東南。

【廣封2019】

　　案《續封泥考略》，《漢書·地理志》：樂陵縣屬平原郡。(注：“都尉治。莽曰美陽。”) 又，臨淮郡有樂陵。(注：“侯國。”) 丞爲其主管官員之副。

（八）菩

菩丞之印

1　　2

1.《古封》P149；《秦封》P315；《上封》P65；《彙考》P265；《大系》P223；《山全》P128
2.《古封》P149；《秦封》P315；《大系》P223

【兩漢1993】

　　西漢早期，封泥。印文二行四字。有界欄。上海博物館藏。菩，漢縣名。《漢書・地理志》：“濟南郡，……縣十四：菩。”師古注：“音竹庶反，而韋昭誤以爲菩龜之菩字，乃音紀諸反，失之遠矣。”又，《後漢書・郡國志》亦載：“濟南國……十城，……菩。”故治在今山東濟陽縣西。今據印文作“菩”，知《漢志》誤而韋昭之説是。

【秦封2000】

　　《漢志》濟南郡有菩縣。師古曰：“音竹庶反，又音直庶反，而韋昭誤以爲菩龜之菩字乃音紀諸反，失之遠矣。”以秦漢封泥證，韋昭所言當爲菩字的認識是正確的。《史記・曹參世家》：“還定濟北郡，攻菩、漯陰、平原、鬲、盧。”此處“菩”也當爲“菩”，爲歷來傳寫之誤。《讀史》“菩城在臨邑縣東南五十里，秦縣。”清屬山東省濟南縣。菩縣秦約屬濟北郡，今在山東省濟陽縣。漢封泥見：《臨淄》《齊魯》《續封》《建德》“菩丞之印”。

【上封2002】

　　同梁鄒。《地理志》作“菩”。菩通著，《漢志》濟南郡有菩縣。《史記・曹相國世家》：“還定濟北郡，攻菩、漯陰、平原、鬲、盧。”此處“著”即“菩”，爲歷來傳寫之誤。《讀史方輿紀要》：“菩城在臨邑縣東南五十里，秦縣。”秦菩縣屬濟北郡，今在山東濟陽縣西。

【彙考2007】

　　《漢書・地理志》濟南郡有菩縣。今在山東省濟陽縣西。

【政區2009】

　　“菩”通“著”，《漢志》濟南郡有著縣，秦末曹參曾攻陷此城《史記・曹相國世家》：“還定濟北郡，攻菩、漯陰、平原、鬲、盧”此處“著”即“菩”，爲歷來傳寫之誤。《水經·漯水注》:"漯水又東通著縣故城南"。《讀史·卷三十一》:"菁城在臨邑縣東南五十里,秦縣。"此城因此地生産菁草,每年上供而得名。《太平寰宇記·卷十九》:"菁城在縣東南五十里,古老相傳地生神菁草,每年上供四十九莖,故名。"秦菁縣故址在今山東省濟陽縣西。

【廣封2019】

案《續封泥考略》,《漢書·地理志》:著縣屬濟南郡。(師古曰:"音竹庶反,又音直庶反。而韋昭誤以爲菁龜之菁字,乃音紀諮反,失之遠矣。")今觀此印文作著,他郡又無著縣,則韋昭是矣。丞爲其主管官員之副。

十、琅邪郡

琅邪司馬

《古封》P125;《中封》P72;《秦封》P263;《上封》P43;
《彙考》P259;《山全》P84;《大系》P148

【官印1990】

西漢早期,封泥。印文二行四字。有界欄。《封泥考略》著録。

【秦式1998】

"琅邪司馬"録於《封泥》;"琅邪司丞、琅邪水丞、琅邪左鹽"録於《齊魯》《再續》,"琅邪侯印"録於《臨淄》;"琅邪都水"録於《續封》《建德》;"琅邪發弩"録於《文物》。《漢志》"琅邪郡,秦置。"《水經》"琅邪,始皇二十六年滅齊以爲郡""琅邪,山名也,越王勾踐之故國也。勾踐併吳欲霸中國,徙都琅邪,秦始皇二十六年,滅齊以爲郡,城即秦皇之所築也。遂登琅邪,大樂之,作層臺於其上,謂之琅邪臺。臺在城東南十里。孤立特顯,出於衆山。上下周二十里餘,傍濱巨海,秦王樂之,因留三月,乃徙黔首三萬戶於琅邪山下,復十二歲。所作臺基三層,層高三丈,上級平敞,方二百餘步,廣五里。刊石立碑,紀秦功德"。秦始皇建琅邪臺《史記·秦始皇本紀》在二十八年,琅邪曾爲越王勾踐之故都,秦因此在此設郡。今在山東膠南縣西南。《漢舊》:"邊郡太守各將萬騎,行障塞烽火追虜""置部都尉、千人、司馬、候、農都尉,皆不治民,不給騎士。"《漢

志》琅邪郡海曲縣計斤縣有鹽官。《後漢書・百官志》：凡郡縣出鹽多者置鹽官，主鹽
稅。《漢志》：“治粟内史，秦宜掌穀貨，有兩丞……又郡國諸倉農監、都水六十五官長丞
皆屬焉。”另奉常、少府、内史、主爵中尉屬吏皆有都水。《後漢書・百官志》凡郡縣“有
水池及魚利多者置水官，主平水收漁稅”。發弩見前。秦印見《徵存》“邦司馬印”。
漢封泥見：《封泥》《澂秋》“琅邪太守章”，《齊魯》《再續》“琅邪都尉章”，《再續》《澂
秋》“琅邪”，又漢封泥見《封拓》有“膠西侯印”，《建德》《封存》“臨菑侯印”，《續封》
《建德》《封存》《齊魯》《臨淄》“齊都水印”，《徐州》“楚宮司丞”，《續封》《建德》《封
存》《臨淄》《封拓》《澂秋》《齊魯》“齊宮司丞”。秦封泥有“江右鹽丞”，漢封泥見
《封泥》有“椹左鹽丞”。戰國璽印見《古璽》“榆平發弩”“增城發弩”，秦印見《徵存》
“發弩”。

【秦封2000】

　　《漢志》：“琅邪郡，秦置。莽曰填夷。屬徐州。”《水經・濰水》：“琅邪，始皇二十六
年，滅齊以爲郡。”“琅邪，山名也，越王勾踐之故國也。勾踐併吳，欲霸中國，徙都琅
邪，秦始皇二十六年，滅齊以爲郡，城即秦皇之所築也。遂登琅邪，大樂之，作層臺於其
上，謂之琅邪臺。臺在城東南十里。獨立特顯，出於衆山。上下周二十餘里。傍濱巨
海，秦王樂之，因留三月，乃徙黔首三萬户於琅邪山下，復十二歲。所作臺基三層，層
高三丈，上級平敞，方二百餘步，廣五里。刊石立碑，紀秦功德。”秦始皇建琅邪臺，《史
記・秦始皇本紀》在二十八年。《讀史》：“琅邪城在諸城縣東南百四十里。”琅邪曾爲
越國勾踐之故都，秦因此在此設郡。今在山東膠南縣西南。秦印見：《徵存》“邦司馬
印”。漢封泥見：《封泥》《澂秋》“琅邪太守章”，《齊魯》《再續》“琅邪都尉章”，《再續》
《澂秋》“琅邪”。

【彙考2007】

　　《封泥考略》著録。琅邪，秦置郡、縣。司馬，武官。《漢書・百官公卿表》中尉屬官
有司馬。

【政區2009】

　　封泥有“琅邪司馬”“琅邪候印”“琅邪司丞”“琅邪都水”“琅邪水丞”“琅邪左
鹽”“琅邪發弩”，都爲秦琅邪郡守屬官之官印，例同於秦封泥“東郡司馬”“臨菑司馬”
等。《漢志》琅邪郡，“秦置，莽曰填夷，屬徐州”。原爲越地，後爲齊地。公元前221年，
秦滅齊後設郡。《水經・濰水注》：“琅邪，山名也……秦始皇二十六年，滅齊以爲郡，城即
秦皇之所築也。”又《輿地廣記・卷六》：“上密州，戰國時屬齊，秦置琅邪郡，漢屬琅邪郡
及高密、城陽二國，後漢屬琅邪郡、北海國。”郡治琅邪，今在山東省膠南縣西南。

【分域2009】

　　説見“琅邪候印”。

【廣封2019】

　　案《漢書・地理志》有琅邪郡。郡有司馬，《後漢書・百官志》注引《漢官儀》曰：
“當兵行長領。置部尉、千人、司馬、候。”

琅邪司空

《大系》P148

瑞按：封泥殘泐，從拓片看讀"琅邪司空"當可成立。琅邪，説見"琅邪司馬"。司空，爲郡司空或縣司空的可能同樣存在。

琅邪司丞

《古封》P63；《秦封》P265；《山全》P170、P191；《大系》P148

【兩漢1993】

西漢早期，封泥。印文二行四字。有界欄。《齊魯封泥集存》著録。"司丞"，官名未見於漢表、志。漢代封泥中多見"司空"及"宮司空"。《續封泥考略》著録有"齊司空印"；《齊魯封泥集存》著録有"齊司空長""齊司空丞""齊宮司空"。漢宗正屬官有"都司空令丞"、少府屬官有"左、右司空"令丞，王國之司空及宮司空當依比中朝而來，其有丞，職掌亦大致類同。此"琅邪司丞"，殆"琅邪司空丞"之省文。《齊魯封泥集存》輯入"齊宮司丞"封泥，江蘇銅山漢墓出土"楚宮司丞"銅印，皆同類。《史記·倉公列傳》有"齊北宮司空命婦出於病……"云。今見《齊魯封泥集存》輯入齊王國官屬封泥四十一方，《封泥存真》輯入廿一方，《續封泥考略》亦輯入四十四方，據其文字風格多爲西漢中期以前遺物。其時通官印皆用四字，不足四字者後加"印"或"之印"足之，如"齊樂府印""中尉之印"，官名五字而不可省去，是某二字合文爲四字，如"齊御史大夫""齊右宮大夫"。至省文者則尤屬多見，如"廬江御丞"（《封泥考略》）爲御府丞之省；"菑川郎丞"（《齊魯封泥集存》），郎丞爲郎中丞之省。又，"司丞"出現於印文中，其必爲：或地名爲兩字，如此封泥之"琅邪"；或屬宮官，齊"宮"字自不可省，如前舉"齊宮司丞""楚宮司丞"。此外概不一見，知"司丞"乃"司空丞"之省文。

【秦式 1998】

説見"琅邪司馬"。

【秦封 2000】

司爲司空之省。參見"琅邪司馬"。漢封泥見:《徐州》"楚宫司丞"。《續封》《建德》《封存》《臨淄》《封拓》《澂秋》《齊魯》"齊宫司丞"。

【集證 2011】

《漢書・地理志》"琅邪郡"條班固自注:"秦置。"《漢書補注》王先謙曰:"《始皇紀》二十六年置。全祖望云:'楚漢之際屬齊國,高帝四年屬漢,以屬齊國,五年屬楚國,六年仍屬齊國,高后七年爲琅邪國,文帝元年復屬齊國,景帝以後支郡收。'"郡又有琅邪縣。琅邪爲齊名山,秦始皇二十八年,"登琅邪,大樂之,留三月,乃徙黔首三萬户琅邪臺下,復十二歲。作琅邪臺,立石刻,頌秦德。""琅邪司丞"有可能是琅邪郡或縣司空之丞。

【廣封 2019】

案《漢書・地理志》有琅邪郡。《再續封泥考略》:司丞不知何官也。

琅邪左鹽

《古封》P343;《秦封》P266;《彙考》P262;《璽印》P425;《大系》P149

【官印 1990】

在考訂"琅左鹽丞"印時指出,印文琅是琅邪的省稱,《再續封泥考略》卷四・五十九有"琅邪左鹽"封泥,《封泥考略》卷四・四十九有"槾左鹽丞",槾即是犍爲郡的省稱,均是其證。《封泥考略》將印文讀作"槾鹽左丞"。琅邪爲郡名,《漢書・地理志》在琅邪郡屬縣海曲(全祖望云應作海西)、計斤二縣均有鹽官。《漢書・食貨志》:"元封元年……桑弘羊爲治粟都尉,領大農,盡代(孔)僅幹天下鹽鐵……遷請大農部丞數十人,分部主郡國,各往往置均輸鹽鐵官"。《補注》引錢大昭曰:"郡國有鹽官者三十六,有鐵官者五十,皆桑弘羊請置"。此印署"琅左鹽丞",即是漢朝在琅邪郡所設置的鹽官。由上引《食貨志》所述,郡國置鹽官始於桑弘羊,則此印的年代當在武帝元封元年以後。印文中的"左鹽"是官署名稱,"丞"是主管鹽官吏員的官職名稱。《續漢書・百官志》:"其郡有鹽官、鐵官、工官、都水官者,隨事廣狹,置令、長及丞,秩次皆如縣道,無分土,給均本吏。"今由此印及上引"琅邪左鹽"封泥,可知琅邪郡的鹽官除左鹽之外,當亦有右鹽。

【兩漢1993】

西漢早期,封泥。印文上下二行四字。有界欄。《齊魯封泥集存》著録。左鹽,官名。《後漢書·百官志》:"其郡有鹽官、鐵官、工官、都水官者。隨事廣狹置令、長及丞,秩次皆如縣、道,無分士,給均本吏。本注曰:凡郡縣出鹽多者置鹽官,主鹽税。"又,大司農條下本注曰:"郡國鹽官、鐵官本屬司農,中興皆屬郡縣。"按《漢書·地理志》琅邪郡海曲、計斤、長廣三縣下注"有鹽官",知其時琅邪置鹽官者多處。"左鹽"當是"左鹽丞"之省。《封泥考略》著録有"楗左鹽丞"封泥,傳世印章有"琅左鹽丞"可互證。並在考證"琅左鹽丞"印時指出,印爲西漢早期至中期,蛇鈕。縱橫各2.5、通高1.7釐米。印文二行四字。有界欄。上海博物館藏。琅,當爲琅邪之省。漢官印中簡省地名第二字者又有"楗左鹽丞""隴前農丞",楗、隴各爲楗(犍)爲、隴西郡之省。此印或屬琅邪郡之特設官。姑附此。

【秦式1998】

説見"琅邪司馬"。

【秦封2000】

《漢志》琅邪郡海曲縣、計斤縣有鹽官。參見"琅邪司馬"。《後漢書·百官志》記:"凡郡縣出鹽多者置鹽官,主鹽税。"秦封泥見:"江左鹽丞""江右鹽丞"。漢封泥見:《封泥》"楗左鹽丞"。

【彙考2007】

《漢書·地理志》琅邪郡屬縣海區、計斤、長廣,條下均注"有鹽官",可知其時琅邪置鹽官者多處。"左鹽"當爲"左鹽丞"之省。

【廣封2019】

案《再續封泥考略》,《漢書·地理志》:琅邪郡,秦置。屬徐州。《後漢書·百官志》:"其郡有鹽官、鐵官、工官、都水官,隨事廣狹置令、長及丞;秩次皆如縣、道,無分士,給均本吏。本注曰:凡郡縣出鹽多者置鹽官。"此琅邪郡之鹽官或亦有左右也。

琅□右□

《濟博》P19

瑞按:封泥殘。從封泥有"琅邪左鹽""江左鹽丞""江右鹽丞"的情況看,其或當爲"琅邪右鹽"。當然,不排除爲"琅邪右丞"等等的可能。

琅邪都水

《古封》P343；《秦封》P266；《上封》P43；《彙考》P19；《山全》P122；《大系》P148

【兩漢1993】

西漢早期，封泥。印文二行四字。有界欄。上海博物館藏。都水，主平水收漁税。《漢書·百官公卿表》治粟内史（大司農）條下云："又郡國諸倉農監、都水六十五官長丞皆屬焉"。同書水衡都尉、少府下亦有都水長丞。《後漢書·百官志》本注曰："有水池及魚利多者置水官，主平水收漁税。"見於漢印中有"浙江都水"，此"琅邪都水"爲王國所置水官。

【秦式1998】

説見"琅邪司馬"。

【秦封2000】

《漢表》："治粟内史，秦官，掌穀貨，有兩丞。……又郡國諸倉農監、都水六十五官長丞皆屬焉。"另奉常、少府、内史，主爵中尉屬吏皆有都水。參見"琅邪司馬"。《後漢書·百官志》記：凡郡縣"有水池及魚利多者置水官，主平水收漁税"。漢封泥見：《續封》《建德》《封存》《齊魯》《臨淄》"齊都浮水印"。

【上封2002】

《封泥考略》有琅邪司馬。都水爲郡平水官，不屬縣，相家巷遺址發掘品有"四川水丞"，爲"都水丞"之省，司馬亦同，則琅邪亦爲郡。又據《水經注·濰水》，郡秦始皇二十六年置。高后六年（前182年）置琅邪國以封劉澤，此前爲齊王劉肥地。劉齊置都水官有"齊都水印"封泥，風格與此已非一事。"琅邪"印文風格同"即墨"，屬秦。郡、國治琅邪縣，《古封泥集成》録有"琅邪縣丞"，亦殊見。郡特設官並有"琅邪發弩""衡山發弩"。館藏品有"發弩"，未冠地名。相家巷村新出有"橘官"，風格與館藏傳世品"橘監"近同。

【圖説2009】

1959年安徽壽縣安豐塘漢代閘壩工程遺址出土"都水官"鐵錘（《中國古代史參考圖録（秦漢時期）》113）。都水官係東漢廬江郡管理維修芍陂的郡級水利官員。都水爲郡平水官，不屬縣，則琅邪亦爲郡。又據《水經注·淮水》，郡秦始皇二十六年置。高后六年（前182年）置琅邪國以封劉澤，此前爲齊王劉肥地。劉齊置都水官有

“齊都浮水印”封泥，風格與此已非一事。“琅邪”印文風格同“即墨”，屬秦。郡、國治琅邪縣。

【秦地2017】

里耶簡有“（廿八年五月己）亥朔辛丑，琅邪假守□敢告内史、屬邦、郡守主”。秦封泥有“琅邪都水”“琅邪水丞”“琅邪候印”等。《漢志》琅邪郡班固自注“秦置”。研究秦郡諸家都相信秦置琅邪郡，無異辭。簡文稱“琅邪假守”，琅邪爲郡名無疑。

【廣封2019】

案《再續封泥考略》，《漢書·地理志》：琅邪郡，秦置。屬徐州。《後漢書·百官志》：“其郡有鹽官、鐵官、工官、都水官，随事廣狹置令、長及丞；秩次皆如縣、道，無分士，給均本吏。本注曰：凡郡縣出鹽多者置鹽官，主鹽税。出鐵多者置鐵官，主鼓鑄。有工多者置工官，主工税物。有水池及魚利多者置水官，主平水收漁税。在所諸縣均差吏更給之，置吏随事，不具縣員。”此琅邪郡都水官之印也。

琅邪水丞

《古封》P343；《秦封》P266；《彙考》P261；《璽印》P425；
《山全》P38、P169、P191；《濟博》P8；《大系》P148

【兩漢1993】

西漢早期，封泥。印文二行四字。有界欄。《齊魯封泥集存》著録。此封泥曰“水丞”，當即都水丞之省文。

【秦式1998】

説見“琅邪司馬”。

【秦封2000】

參見“琅邪都水”。

【彙考2007】

琅邪，縣名。春秋齊邑，秦置縣。《漢書·地理志》琅邪郡有琅邪縣。“琅邪水丞”當爲“琅邪都水丞”之省稱。今在山東省膠南西南夏河城。

【圖説2009】

説見“琅邪都水”。

【分域2009】

琅邪水丞是"琅邪都水丞"的省稱。

【秦水2016】

"琅邪水丞"是秦琅邪郡都水丞之省稱。《漢書·地理志》琅邪郡："秦置，莽曰填夷，屬徐州。原爲越地，後爲齊地。公元前221年，秦滅齊後設郡。《水經·濰水注》：'琅邪，山名也……秦始皇二十六年，滅齊以爲郡，城即秦皇之所築也'。又《輿地廣記》卷六："上密州，戰國時屬齊，秦置琅邪郡，漢屬琅邪郡及高密、城陽二國，後漢屬琅邪郡、北海國。"

【廣封2019】

案《再續封泥考略》，《漢書·地理志》：本注曰："凡郡縣有水池及魚利多者置水官，主平水收漁税。"此琅邪郡都水官之丞也。

琅邪候印

1　　　　　　　　　　　　2

1.《古封》P126；《秦封》P264；《彙考》P259；《大系》P148；《山全》P4、圖版P2
2.《魯志》P526

【秦式1998】

説見"琅邪司馬"。

【秦封2000】

《漢舊》："邊郡太守各將萬騎，行障塞烽火追虜。""置部都尉、千人、司馬、侯、農都尉，皆不治民，不給騎士。"琅邪設郡事參見"琅邪司馬"。漢封泥見：《封拓》"膠西候印"。《建德》《封存》"臨菑候印"。《封泥》"豫章候印"。《齊魯》《再續》"武都候印"。

【彙考2007】

琅邪，春秋齊邑。秦置郡。《漢書·地理志》："琅邪郡，秦置。莽曰填夷。屬徐州。"《漢書·百官公卿表》中尉屬官有候。

【分域2009】

"琅邪候印"（《印集》191）。"琅邪司馬"（《印集》191）。琅邪，春秋時爲齊邑，秦在此置郡、縣。據《漢書·百官公卿表》載,候、司馬均爲中尉屬官。

【職地2014】

說見“上郡候丞”。

琅邪發弩

《古封》P344;《秦封》P267;《彙考》P262;《璽印》P435;《大系》P148

【秦式1998】

說見“琅邪司馬”。

【彙考2007】

發弩,使用弩機之軍士。《睡虎地秦墓竹簡·秦律雜抄》:“發弩嗇夫射不中,貲二甲,免。”《漢書·地理志》南郡下有“發弩官”。顏師古注曰:“主教放弩也。”

【分域2009】

發弩本是指用弩機的士兵。《漢書·地理志》南郡條下有“發弩官”。顏師古注曰:“主教放弩也。”雲夢睡虎地秦簡《秦律雜抄》云:“發弩嗇夫射不中,貲二甲,免。”該印當爲琅邪郡的發弩官所用。

【圖說2009】

此爲琅邪郡特設發弩官署。

【集證2011】

《古封泥集成》2045“琅邪發弩”。此爲琅邪郡之發弩官。從文字風格看,此爲秦漢之際印。《集成》2047爲漢“南郡發弩”印,無界格。

(一) 琅　邪

琅邪縣丞

《古封》P152;《中封》P102;《秦封》P324;《彙考》P266;《大系》P148

【兩漢1993】

西漢早期,封泥。印文二行四字。有界欄。"邪縣丞"三字未抑全。《封泥考略》著録。

【秦式1998】

録於《封泥》。琅邪之釋見前"琅邪司馬"。琅邪縣秦約屬琅邪郡,今在山東省膠南縣西南。漢印見:《徵存》"琅邪尉丞""琅邪令印"。

【秦封2000】

《漢志》琅邪縣,"越王勾踐治此,起館臺。有四時祠。"《水經·濰水》:"琅邪,山名也。越王勾踐之故國也。勾踐併吳,欲霸中國,徙都琅邪。秦始皇二十六年,滅齊以爲郡,城即始皇之所築也。遂登琅邪,大樂之。作層臺於其上,謂之琅邪臺。……秦王樂之。因留三月。乃徙黔首三萬户於琅邪山下,復十二歲。"《讀史》:"琅邪城在諸城縣東南百四十里。"琅邪縣秦約屬琅邪郡,今在山東省膠南縣西南。漢印見:《徵存》"琅邪尉丞、狼邪令印"。

【分域2009】

釋讀"琅監左丞"(《官璽印》1)。"琅"即琅邪。監左丞,官名,即左監丞。據《漢書·地理志》載,琅邪郡屬下各縣均有監官。

【戰國2013】

《戰國策·齊策一》蘇秦説齊王曰:"齊東有琅邪。"琅邪城因在琅邪山下,本爲齊國都邑,越王勾踐二十五年,徙都琅邪。《吳越春秋》載,越王勾踐二十五年,曾徙都琅邪,立觀臺以望東海。《水經·濰水注》:"琅邪,山名也,越王勾踐之故國也。勾踐併吳,欲霸中國,徙都琅邪。秦始皇二十六年,滅齊爲郡,城即始皇之所築。"《讀史·卷三十五》:"琅邪城,縣東南百四十里。齊琅邪邑也,越王勾踐嘗徙都此。南北二面城址猶存,東西二面已成巨壑,相傳秦琅邪郡治此。"琅邪故址今在山東省膠東縣西南。

【官名2013】

秦簡的縣嗇夫、縣令,爲一縣之行政長官,屬吏有縣司馬、縣尉、縣工等。三晉兵器銘文中的"令",當爲縣令之省稱。晉璽的縣丞,即縣令之下屬,爲縣吏之長官。有學者認爲:"縣吏是辦事官員中最小的官吏。"縣的設置在三晉地區比較早,童書業先生認爲文獻中晉之縣最早見於僖公三十三年,"晉縣多爲大夫封邑"。根據吳良寶先生對《史記》《戰國策》等史籍的統計,見於傳世文獻的三晉縣名大約有240個。可見,到了戰國時期,縣已經成爲三晉一個重要的地方行政區劃。《管子·大匡》:"凡縣吏進諸侯而有善,觀其能之大小,以爲之賞,有無過罪。"按:縣吏,可能就是"縣御史",職掌縣官府文書的佐吏,與文獻中作爲縣中官吏的泛稱的"縣吏"有所不同。《韓非子·內儲説上》:"卜皮爲縣令。其御史汙穢,而有愛妾。卜皮乃使少庶子佯愛之,以知御史陰情。"

【悠悠2015】

《漢志》琅邪郡有琅邪縣,"越王勾踐嘗治此,起館臺,有四時祠"。《水經·濰水注》:"琅邪,山名也,越王勾踐之故國也。勾踐併吴,欲霸中國,徙都琅邪。秦始皇二十六年,滅齊爲郡,城即始皇之所築也。"《讀史方輿紀要》:"琅邪城在諸城縣東南百四十里。"秦琅邪縣屬琅邪郡,今在山東膠東縣西南。

【秦地2017】

里耶簡8-2129有"琅邪"。秦封泥有"琅邪縣丞"。《漢志》屬琅邪郡。

【廣封2019】

案《封泥考略》,《漢書·地理志》:琅邪縣屬琅邪郡。(注:"越王勾踐嘗治此。")丞爲其主管官員之副。

(二)高　　陽

高陽丞印

《古封》P147;《秦封》P325;《彙考》P263;《璽印》P415;
《山全》P160、P194;《濟博》P17;《大系》P92

【兩漢1993】

西漢早期,封泥。印文二行四字。有界欄。《齊魯封泥集存》著録。高陽,西漢縣名。《漢書·地理志》:"涿郡,……縣二十九……高陽,莽曰高亭。"東漢沿置,《後漢書·郡國志》:"河間國……十一城,……高陽故屬涿。有葛城。"故治在今河北高陽縣東。

【秦式1998】

録於《齊魯》《再續》。高陽有三,《漢志》涿郡有高陽縣,應劭曰:在高河之陽。琅邪郡亦有高陽。《讀史》直隸高陽城:縣東二十五里,戰國時燕邑,國策燕封宋榮盆爲高陽君即此。涿郡之高陽秦約屬鉅鹿郡,今在河北省高陽縣。漢琅邪郡之高陽秦屬琅邪郡,具體地望不明。《史記·高祖本紀》:"沛公引兵西……西過高陽。"《史記·酈食其傳》:"酈生食其者,陳留高陽人也。"此高陽秦時約屬碭郡,爲聚邑之名,今在河南省杞縣西南。

【秦封2000】

高陽有三。《漢志》涿郡有高陽縣,"莽曰高亭"。應劭曰:"在高河之陽。"琅邪郡亦有高陽,"侯國"。《通典》:河間郡高陽:"漢舊縣,後置高陽郡,有易水。"《讀史》:"直隸高陽縣：漢涿郡高陽縣地,後漢屬河間國,後魏爲高陽郡治,隋郡廢。開皇十六年置蒲州於此,大業初州廢。縣屬河間郡。”高陽城：“縣東二十五里,戰國時燕邑,國策燕封宋榮蚡爲高陽君即此。漢爲高陽縣治。司馬貞曰高陽氏所興也。應劭曰在高河之陽,因名。”“山東膠州高密縣高陽城：縣西北三十四里,漢縣屬琅邪郡,成帝封淮陽憲王子並爲侯邑,後漢廢。”漢涿郡之高陽縣秦約屬鉅鹿郡,今在河北省高陽縣。漢琅邪郡之高陽秦約屬琅邪郡,具體地望不明。《史記・高祖本紀》：“沛公引兵”,“西過高陽”。《史記・酈食其列傳》：“酈生食其者,陳留高陽人也。”《元和》：“河南道雍丘縣,高陽故城在縣西南二十九里……高祖攻昌邑西過高陽,又酈食其壄在此。”此高陽秦時約屬碭郡,爲聚邑名,今在河南省杞縣西南。

【彙考2007】

高陽,縣名。戰國燕邑。因在高河之陽,故名。《漢書・地理志》屬涿郡。今在河北省高陽東舊城。

【政區2009】

《漢志》涿郡高陽縣,“莽曰高亭”。應劭曰：“在高河之陽。”《通典》：“河間郡高陽,漢舊縣,後置高陽郡,有易水。”《讀史・卷十二》：“直隸高陽縣,漢涿郡高陽縣地。後漢屬河間國。”高陽城：“縣東二十五里,戰國時燕邑,《國策》燕封宋榮蚡爲高陽君即此。漢爲高陽縣治。司馬貞曰高陽氏所興也。應劭曰在高河之陽,因名。”秦高陽縣,初屬鉅鹿郡,後屬河間郡,其故址地望在今河北省高陽縣。

【分域2009】

高陽,縣名。戰國時曾爲燕邑,因在高河之陽而得名。《漢書・地理志》載,高陽縣屬涿郡。其地在今河北高陽。

【集證2011】

高陽本戰國燕地,《戰國策・趙策》提到燕封榮蚡爲高陽君。漢有高陽縣,《漢書・王尊傳》：“王尊字子贛,涿郡高陽人也。”宜秦有高陽縣。

【悠悠2015】

説見《冀史2016》。

【冀史2016】

高陽有三：一、《漢志》涿郡有高陽縣,“莽曰高亭”。應劭曰：“在高河之陽”。《通典・河間郡・高陽》：“漢舊縣,後置高陽郡,有易水。”《讀史》：直隸高陽縣,“漢涿郡高陽縣地,後漢屬河間國,晋屬高陽國,後魏爲高陽郡治,隋郡廢。開皇十六年置蒲州于此,大業初州廢。縣屬河間郡。”高陽城,“縣東二十五里,戰國時燕邑,國策燕封宋榮蚡爲高陽君即此。漢爲高陽縣治。司馬貞曰高陽氏所興也。應劭曰：在高河之陽,因名。”漢涿郡之高陽縣秦約廣陽郡,今在河北省高陽縣。二、《漢志》琅邪郡亦有高陽,“侯國”。今山東膠州高密縣高陽城。“縣西北三十四里,漢縣屬琅邪郡,成帝封淮陽憲王子並爲侯邑,後漢廢”。漢琅邪郡之高陽,秦初屬琅邪郡,後屬城陽郡,具體地望在今山東營縣東南。三、《史記・高祖本紀》：“沛公引兵西”,“西過高陽。”《史記·酈食其列傳》:"酈生食其者,陳留高陽人也。"《元和·河南道·雍丘縣》,"高陽故城在縣西南二十九里……高祖攻昌邑西過高陽,又酈食其塋在此"。此高陽秦時約屬碭郡,爲聚邑名,今在河南杞縣西南。此封泥或爲前二者之一,或證秦琅邪郡置高陽縣,後屬城陽郡。

【廣封 2019】

案《再續封泥考略》,《漢書·地理志》:高陽縣屬涿郡。丞爲其主管官員之副。

(三) 邞

邞丞□印

《釋續》圖 34;《印集》P129;《彙考》P222;《璽印》P420;《大系》P83

【釋續 2001】

《漢書·地理志》琅邪郡有邞縣,故城在今山東膠縣西南。由此封泥看,則秦已有邞縣。

【簡讀 2002】

秦縣,《漢志》屬琅邪郡。

【彙考 2007】

《漢書·地理志》琅邪郡有邞縣。班固自注:"邞,膠水東至平度入海。"顏師古曰:"音夫,又因扶。"故城在今山東膠縣西南。

【政區 2009】

《漢志》琅邪郡邞縣,"膠水東至平度入海,莽曰純德"。秦邞縣故址其地在今山東省諸城東北。

【悠悠 2015】

《漢志》琅邪郡領縣有邞縣,"膠水東至平度入海,莽曰純德"。從《中國歷史地圖集》第二册西漢"兗州、豫州、青州、徐州刺史部"看,其地在今山東諸城東北。

【廣封 2019】

案《漢書·地理志》:琅邪郡,有縣"邞","膠水東至平度入海。莽曰純德"。(師古曰:"音夫,又音扶。")

（四）陽　都

陽都丞印

1　　　　　　　　　　2

1.《發掘》圖一六：7;《新獲》P291;《璽印》P408;《大系》P318
2.《大系》P318

【考略2001】

　　《漢書·地理志》載：城陽國轄陽都縣。《臨淄封泥文字》《齊魯封泥集存》和《續建德周氏藏封泥拓影》均録有“陽都邑丞”封泥。

【簡讀2002】

　　秦縣,《漢志》屬城陽國。

【戰國2013】

　　傳出土山東沂水戰國齊國古璽有“易都邑□徙溫之璽”。易都,過去有人釋讀作易黨或易鄙,朱德熙釋易爲陽字,可信。易都,即山東沂水流域的陽都。漢初封丁復爲陽都侯。其地屬《漢志》城陽國。應劭曰“齊人遷陽,故陽國是”,亦見《水經·沂水注》。故城在今山東省沂水縣磚埠鎮任家莊陽城故城。

【悠悠2015】

　　《漢志》城陽國有陽都縣。應劭曰：“齊人遷陽,故陽國是。”秦陽都縣初屬琅邪郡,後屬城陽郡,今在山東沂南縣南部,即沂南縣磚埠鎮任家莊陽都故城。

（五）贛　榆

贛榆□□

《大系》P86

【悠悠2015】

秦始皇陵西側趙背户村秦刑徒墓出土瓦書陶文，銘文"贛榆距""贛榆得"。"贛榆"爲地名，"距"和"得"是人名。《水經·淮水注》云："贛榆東側巨海，有秦始皇碑在山上，去海百五十步。潮水至加其上三丈，去則五尺。所見東北傾，石長一丈八尺，廣五尺，厚三尺八寸，一行十二字。"又劉昭《郡國志》東海郡贛榆注引《地道記》云："海中去岸百九十步有秦始皇碑，長一丈八尺，廣五尺，厚八尺三寸，一行十二字。潮水至加其上三丈，去則三尺見也。"所記數字與前者不盡相符，但可證之秦始皇東巡贛榆，勒石於海。由文物和文獻可證之，《漢志》琅邪郡贛榆縣實源自同名秦縣。考古調查表明，江蘇贛榆縣鹽倉古城就是秦漢贛榆故址，周長2000米。

（六）麗

麗丞之印

《大系》P154

【制度2017】

《三十五年質日》"宿麗"，整理者注釋"縣名，即酈縣，秦置，治今河南南陽西北"。整理者對"麗（酈）"的定位，可能是根據譚其驤《中國歷史地圖集》。不過《水經注》，酈有南北二城。北酈在卷三一"淯水"上，宛城（今南陽市）之北（略偏西）；南酈在卷二九"湍水"之上，宛城之西，接近析縣、武關。可見秦漢酈縣當在宛城之西的南酈，約在今河南内鄉縣北。

瑞按：《漢書·地理志》琅邪郡有"麗"，爲侯國。又有"酈"，徐少華先生指出，酈爲戰國楚邑，秦漢至六朝爲酈縣。《史記·越王勾踐世家》"商、於、析、酈，宗胡之地，夏路以左，不足以備秦。"司馬貞以四邑作爲楚西北備秦之戰略要地。《史記·高祖本紀》《漢書·高帝紀》載秦二世三年"降析、酈"，時爲秦縣，漢代沿用不改。從文獻看，古酈邑、秦漢酈縣沿革、地望清晰，與魏晋酈縣建置一貫、地望一體，兩漢之際無遷動，唯《水經注》的記載互有出入，爲酈道元千慮一失。今内鄉縣北酈縣故址應是戰國以來酈邑、酈縣故址、南北朝時期南酈縣所在（《〈中國歷史地圖集〉先秦漢晋若干地理補正》，《荆楚歷史地理與考古探研》）。封泥殘，是否爲"酈"尚難確定。

（七）城　　陽

城陽候印

　　　　1　　　　　　　　　　2　　　　　　　　　　3

1.《古封》P126；《秦封》P300；《書集》P123；《上封》P45；《彙考》P259；《山全》P122；
　《大系》P48
2.《大系》P48
3.《古封》P126；《山全》P158、P191；《濟博》P13；《大系》P47；《山全》P38

【官印1990】
　　《漢書・地理志》無城陽郡。考《漢書・高帝紀》：六年春正月，“以膠東、膠西、臨
淄、濟北、博陽、城陽郡七十三縣立子肥爲齊王”。《漢書・高五王傳》：“齊王獻城陽郡以
尊公主爲王太后”，“文帝元年，盡以高后時所割齊之城陽、琅邪、濟南郡復予齊”。由此
可知城陽爲高帝及文帝時齊國所領的支郡，此封泥當屬此時期之物。候，爲候官。

【兩漢1993】
　　西漢早期，封泥。印文二行四字。有界欄。《續封泥考略》著録。此城陽候或爲城
陽中尉屬官。

【秦式1998】
　　録於《續封》《建德》《齊魯》。《漢志》濟陰郡有成陽縣，《史記・秦本紀》昭襄王
十七年“城陽君入朝”，《正義》引《括地志》云：“濮州雷澤縣本漢郕陽縣，古郕伯姬姓之
國，周武王封弟季載於郕，其後遷城之陽也。”《史記・項羽本紀》：“項梁使沛公、項羽別
攻城陽，屠之”，在秦約屬東郡，今在山東省荷澤市東北。漢封泥見《再續》“城陽郡尉”，
《臨淄》“城陽王印”，《封泥》“城陽中尉”。

【秦封2000】
　　《漢志》濟陰郡有成陽縣，“有堯冢靈臺。《禹貢》雷澤在西北”。《史記・秦本紀》：
昭襄王十七年，“城陽君入朝”。《正義》引《括地志》云：“濮州雷澤縣，本漢郕陽縣，古郕
伯姬姓之國，周武王封弟季載於郕，其後遷城之陽也。”《史記・項羽本紀》：“項梁使沛
公、項羽別攻城陽，屠之，西破秦軍濮陽東。”《讀史》：“城陽縣在曹州東北六十里。”城陽
縣秦約屬東郡。《漢志》又有城陽國，班固自注：“故齊，文帝二年別爲國。”在秦約屬東

郡，今在山東省菏澤市東北。漢封泥見：《再續》"城陽郡尉"，《臨淄》"城陽王印"，《封泥》"城陽中尉"。

【上封2002】

此爲郡武官，篆作"候"，與封爵之"侯"在秦漢印中判然不同，決無混淆之例。西安中國書法藝術博物館藏新出封泥有"恒山候印""上郡候丞"，後者又爲郡候之丞。候、候丞除見於印章外，居延漢簡中尤多見。戰國、秦、漢決無以一郡之地封侯邑的史實，有研究者釋"上郡候"屬封爵名，乃不明候、侯篆既不同，官、爵亦別。"上郡候丞""城陽候"都是郡之武官，轄屬於郡尉。漢郡屬官有"候"，也見有記載，如《漢書·律曆志》有酒泉候宜郡，《董賢傳》載父恭爲雲中候等等，據此又可以結合這幾件明確的秦印文字推出郡候本是秦制。傅嘉儀以"恒山"封泥斷漢常山郡屬秦恒山郡所改，甚確。傳世秦印又有"若梧候丞""南郡候印"等，蒼梧亦郡可知。

【彙考2007】

城陽，戰國齊邑。秦時郡名。《漢書·高帝紀》："以膠東……城陽郡七十三縣立子肥爲齊王。"候，武官名。《漢書·百官公卿表》："中尉，秦官……有兩丞、候、司馬、千人。"

【政區2009】

傳世秦封泥有"城陽候印"。以前學者多認爲此封泥爲漢初之物，或"城陽爲高帝及文帝時齊國所領的支郡"。如前所敘，候官爲秦漢中央、郡國之武官。舊物新知，今從出土的秦封泥和傳世的秦官印看，"城陽候印"實爲秦城陽郡之候官印的遺存，即秦置城陽郡的例證。有關秦城陽郡的具體考證，王國維有精彩的論斷。其論引之如下："夫齊地之大，雖不若楚趙，以視韓魏，固將倍之，且負海饒富，非楚趙邊地之比也。今舉全齊之地，僅置二郡，其不可解一也"，"余以爲三十六郡之分，在始皇二十六年，齊國之滅，近在是年之春距燕之亡亦不過一歲，二國新定，未遑建置，故於燕僅因其舊置之緣邊五郡，於齊略分爲齊與琅邪二郡，其於區畫固未暇也。乞於疆理既定，則齊尚得五郡，燕尚得一郡。何以徵之？曰，《漢書·高帝紀》曰：以膠東、膠西、臨淄、濟北、博陽、城陽郡七十三城，立子肥爲齊王。博陽者，濟南也。《史記·項羽本紀》：以田安爲濟北王，都博陽。《田儋列傳》亦云：田橫走博陽。……此漢初之郡，當因秦故，而臨淄一郡，實齊郡之本名，加以琅邪，共得七郡，爲田齊故地。"今秦封泥資料證之，秦代確實分齊地設置城陽郡，王氏之說甚確。秦一統初年，在齊地置齊郡和琅邪郡，之後二分爲七，估計城陽郡或爲分琅邪郡而來。秦朝在齊舊地設置七郡，在西漢初年高祖分封諸侯國中也得到證實。《漢書·高祖紀》：六年春正月，"以膠東、膠西、臨淄、濟北、博陽、城陽七十三縣立子肥爲齊王"。又《漢書·高五王傳》明言高后七年割齊琅邪郡封劉澤。可見漢之齊國初封時有琅邪郡，《漢書·高祖紀》漏載。故周振鶴曰："高帝六年封子肥爲齊王，有臨淄、濟北、博陽、城陽、膠東、膠西、琅邪七郡。"戰國時齊國縣數"七十有二"，其縣數與漢初之數幾相合，可見高祖所封齊國肥之故地實爲戰國齊之舊地，其所應有七郡之地，也實爲秦在齊地所設置七郡之延續。郡治莒縣，今山東省莒縣。

【廣封2019】

案《續封泥考略》:《漢書・地理志》有城陽國而無城陽郡,唯《高帝紀》"以七十三縣立子肥爲齊王"中有城陽郡,又曾以齊之城陽郡立朱虛侯爲城陽王,疑漢初有此郡名。"郡候"詳前。

(八) 莒

莒丞之印

《大系》P139

【縣考2007】

始皇二十三年,秦破楚,莒屬秦。《水經・沭水》曰:"(沭水)又東南過莒縣東"。酈道元注曰:"《地理志》曰:莒子之國,盈姓也,少昊後。……《尸子》曰:莒君好鬼巫而國亡。無知之難,小白奔焉。樂毅攻齊,守險全國。秦始皇縣之,漢興以爲城陽國,封朱虛侯章,治莒,王莽之莒陵也。"《漢志》營縣屬城陽國。

【政區2009】

1978年雲夢秦漢墓出土漆耳杯烙印秦漆器文字有"莒""莒市",莒縣市亭之省文。又山東銀雀山西漢初年4號墓出土漆器烙印"莒市""市""市府草"。莒,春秋古國,戰國時屬齊,時屬楚。《漢志》:"莒子之國,盈姓也,少昊後。"《戰國策・宋策》外黃徐子言:"今太子自將攻齊,大勝併莒。"此事在齊宣王二年,時莒已屬齊矣。樂毅攻齊,惟莒、即墨未下。後田單復齊,迎太子于莒而立之。至楚考烈王八年取魯,封魯君於莒,則莒地又屬楚。《戰國策・韓策》謂山陽君曰:"齊封君於莒,而今楚攻齊取莒,上不交齊,次弗納於君。"《尸子》曰:"莒君好鬼巫而國亡,故無知之難,小白奔焉,樂毅攻齊,守險全國,秦始皇縣之。"《清一統志・卷一百七十七》:"故城今沂州府莒州治。"考古調查表明,莒縣的城關故城南殘存700米。時代從周之莒國,秦置莒縣,屬城陽郡,西漢時,莒縣屬城陽國。

【戰國2013】

戰國齊刀幣有"莒之法化""莒邦";傳世齊系兵器有"莒左"戈、"莒右"戈。莒,春秋古國,戰國時屬齊,時屬楚。《漢志》:"莒子之國,盈姓也,少昊後。"《戰國策・宋策》外黃徐子言:"今太子自將攻齊,大勝併莒。"此事在齊宣王二年,時莒已屬齊矣。齊湣宣王三十六年,燕樂毅攻下齊七十餘城,唯有莒、即墨未下。《史記・樂毅列傳》:"樂毅留徇齊五歲,下齊七十餘城,皆爲郡縣以屬燕,唯獨莒、即墨未服。"至楚考烈王八年取魯,封魯君於莒,則莒地又屬楚。《史記·六國年表》楚考烈王八年欄:"取魯,封魯君於莒。"《戰國策·韓策》謂山陽君曰:"齊封君於莒,而今楚攻齊取莒,上不交齊,次弗納於君。"《尸子》曰:"莒君好鬼巫而國亡,故無知之難,小白奔焉,樂毅攻齊,守險全國,秦始皇縣之。"顧觀光云:"《史記》《漢志》並言莒爲楚滅,而《西周策》云'邾、莒亡於齊'。蓋楚滅之而不能有,後遂入於齊也。《史表》楚簡王元年滅莒,而《宋策》外黃徐子言'太子自將攻齊,大勝併莒',事在齊宣王二年,時莒已屬齊矣。樂毅攻齊,惟莒、即墨不下。後田單復齊,迎太子於莒而立之,則莒地尚屬齊。……《漢志》城陽國,故莒國,今沂州府莒州。"考古調查表明,莒縣城關故城南殘存700米。時代從周之莒國,秦置莒縣,屬城陽郡,西漢時,莒縣屬城陽國。故址即今山東省莒縣。

十一、即墨郡

即墨大守

1   2

1.《古封》P88;《秦封》P268;《書集》P130;《山全》P158、P190;《大系》P123
2.《古封》P88;《秦封》P268;《上封》P40;《山全》P122;《大系》P123

【兩漢1993】

　　西漢早期,封泥。印文二行四字。有界欄。"即"字損半。上海博物館藏。《漢書·地理志》無即墨郡,僅膠東國有即墨縣,爲其王都。東漢置爲侯國,隸北海國。此封泥文字風格屬漢初。王國維《齊魯封泥集存·書後》:"蓋即墨自戰國時,已爲重地,與臨淄並。故張儀說齊王曰:臨淄、即墨,非王之有。田肯說漢高祖亦曰:齊東有琅邪、即墨之饒,田市之王膠東,實都即墨。及高帝以膠東等郡封子肥爲齊王,文帝分齊別郡置膠東國,亦仍其治。而中間膠東郡之稱,或爲即墨。猶菑川郡之或稱劇郡,東海郡之或稱郯郡,淮陽郡之或稱陳郡,各以所治之縣名之也。故即墨爲漢初之郡,殆無可疑。"又,太守一職,《漢書·百官公卿表》載爲景帝中二年(公元前一四八年)由郡守所改,然據《墨子·號令篇》云:"以萬戶都三封太守,千戶都三封縣令,皆世世爲侯",則戰國時已置太守一官。故王國維又曰:"至景帝中二年更名郡守爲太守,不過七國既平,大啟郡縣,其時領郡之官,或稱郡守,或稱太守,故整齊畫一之耳。”王説當是。

【秦式1998】

　　説見“即墨”。

【秦封2000】

　　此枚封泥可證秦在即墨設郡,參見“即墨”。

【上封2002】

　　漢代即墨郡,高祖六年(前201年)封齊王劉肥七郡中有即墨所在之地膠東郡。漢齊國官印不施界格。又據印文“太守”職名,即墨當爲秦始皇二十六年滅齊後所置之郡。王國維曾以即墨爲漢初之膠東郡,而印爲齊悼惠王所鑄。其謂膠東或可備一説,然爲漢郡則未安。造成此誤的原因,則在於王氏斷“即墨”及“清河”“河間”三太守封泥爲漢物。齊地入秦後,史載置齊、琅邪。王國維《秦郡考》又曰:“今舉全齊之地,僅置齊與琅邪二郡,殊不可解。”他認爲是當時秦初定齊地,“未遑建置”之故,而後“疆理既定,只齊尚得五郡”,即膠東、膠西、臨淄、濟北、博陽、城陽,其中臨淄實齊之本名。今據封泥文字爲典型秦篆,即墨亦當是其分置之郡而失載者。同此風格者館藏又有“即墨丞印”,爲一時之物。漢代“即墨丞印”已無界格,印文亦異,可逆推之。另懷玉印室所藏“潁川太守”,風格與此相同,據《史記·秦始皇本紀》,秦王政十七年,取韓地以潁川郡。新出封泥有“四川太守”,即“泗水”之本字,風格亦可互證。

【政區2009】

　　傳世秦封泥有“即墨太守”。此封泥之郡名和濟北郡一樣,不見於《漢志》。趙超在討論“濟北太守”“即墨太守”“河間太守”幾方封泥的性質時,就認爲“漢代即墨爲縣治,先屬齊郡,而後屬膠東國。這(二)地在景帝中二年並未設郡,景帝中二年前雖有數年曾設置郡,但不可能有太守一職,由此看來,這幾方印不可能是漢印”。此外周曉陸、孫慰祖也主此封泥實爲秦即墨郡守之遺物。戰國時,即墨爲齊國之重地。齊湣王時,樂毅破齊七十餘城,唯莒、即墨未下。《戰國策·齊策》:“燕攻齊,取七十餘城,惟莒、即墨未下。齊田單以即墨破燕,殺騎劫。”所以周曉陸曰:“即墨傲然又一齊都,秦略齊地之後,自然於此立郡。”此論正好與馬非百所説相合。馬非百曰:“即墨在戰國楚漢時均爲極重要的地位,秦時不能無縣。田市爲膠東王,都即墨,當是因秦郡之舊而立國也。”從此封泥亦證明此地在秦代時曾置此郡,可確證譚其驤和王國維之説,爲秦琅邪郡分置。只是此郡名並非前輩所言“膠東郡”,當依此封泥之説,以即墨郡爲是。秦即墨郡治即墨,今在山東平度縣東南。

【集證2011】

　　濟北太守、即墨太守二印前人皆以爲漢印,趙超則以爲是秦印。趙氏云:“景帝更名郡守爲太守這一記載,恰恰説明西漢初期僅稱郡守,不稱太守,而秦代則有太守和守兩種稱呼同時存在。”趙氏又云:“這二方印中的郡名不見於《漢書·地理志》。濟北一地,秦屬齊郡,漢屬齊國,漢文帝元年分置濟北國,三年又收爲郡,十五年復置國,漢武帝後元二年國除。漢代即墨爲縣名,先屬齊郡,而後屬膠東國。這兩地在景帝中二年後並未設郡;景帝中二年前雖有數年曾設置郡,但不可能有太守一職。由此看來,這幾方印不可能是漢印。"濟北、即墨不見於《史記・秦始皇本紀》"分天下以爲三十六郡"《集解》所注三十六郡名,及《漢書・地理志》注明"秦置"各郡中,但王國維《秦郡考》以《史記》證《史記》,考秦有四十八郡,中有濟北郡。趙超同意王説,謂秦郡總數尚無定論,需進一步考察,漢初即墨所在的膠東國不遇八縣七萬餘户,也不可能如陳直所説"自分割各縣,自置郡名"。趙氏所説可能較有道理。

【秦地2017】

里耶簡有8-657"琅邪尉徙治即墨,即墨去琅邪守四百卅四里"。秦封泥有"即墨大守",秦設即墨郡當無疑問。關於設郡的時間,一種認爲在始皇二十六年滅齊設齊郡、琅邪,後分琅邪郡置膠東郡(治即墨),分置時間在二十六年之後不久。一種意見認爲始皇二十六年滅齊後置四郡:臨淄、濟北、城陽、即墨,不久合併臨淄、濟北爲齊郡,合城陽、即墨爲琅邪。始皇三十三年又分琅邪爲二郡,然郡名不叫即墨而名膠東。今觀簡文,第一種説法較爲合理。分置時間在二十八年。即墨郡之分立當在此年後不久。

【廣封2019】

案《續封泥考略》:《漢書・地理志》無即墨郡,只膠東國有即墨縣。何時置郡則不可考矣。"太守"詳前。

(一)即　　墨

即墨

《古封》P282;《秦封》P267;《書集》P130;《彙考》P268;
《山全》P36、P175、P204;《濟博》P15;《大系》P123

【秦式1998】

"即墨",録於《再續》《齊魯》。"即墨太守"録於《續封》《建德》《齊魯》。"即墨□□",録於《封泥》。《漢志》:"膠東國,故齊",屬縣有"即墨",此地爲故齊重地,齊湣王之世,樂毅破齊七十餘城,惟莒、即墨未下,即墨儼然又一齊都,秦略齊後或於此立郡。"即墨太守"封泥亦證明此地秦確曾置郡,其地約在今山東省平度縣東南。

【秦封2000】

説見"即墨丞印"。

【彙考2007】

　　説見"即墨丞印"。

【分域2009】

　　即墨,戰國時爲齊邑,後秦置即墨縣。《漢書·地理志》載,膠東國有即墨縣。其地在今山東平度。

【戰國2013】

　　戰國齊刀幣有"節(即)墨之大刀""即墨之法化"。《史記·田敬仲完世家》載:"威王初即位以來,不治,委政卿大夫,九年之間,諸侯並伐,國人不治。於是威王召即墨大夫而語之曰:'自子之居即墨也,毁言日至,然吾使人視即墨,田野辟,民人給,官無留事,東方以寧。是子不事吾左右以求譽也。'封之萬家。"可知即墨也當包括在五都之内。《戰國策·齊策六》:"燕攻齊,取七十餘城,即墨不下,齊田單以即墨破燕,殺騎劫。"即墨是齊國在山東半島的重地,爲燕將樂毅破齊之後,田單恢復齊社稷之基地。考古調查表明即墨縣故址今在山東省平度縣東南。故城爲長方形,有内外兩城,外城東西2500米,南北5000米,周長15000米,面積1250萬平方米。城址時代從周代齊國即墨城,至公元前206年項羽徙田市爲膠東王於此,西漢膠東國治。

【秦地2017】

　　里耶簡有"即墨"。秦封泥有"即墨丞印",簡文中即墨爲縣名,在即墨郡從琅邪郡分析出來之前,即墨縣當屬琅邪郡,其後則屬即墨郡。

【廣封2019】

　　案《封泥考略》:《漢書·地理志》:即墨縣屬膠東國。

即墨丞印

1　　　　　　　　　2　　　　　　　　　3

1.《秦封》P326;《大系》P123

2.《古封》P154;《秦封》P326;《上封》P41;《大系》P123

3.《古封》P153;《中封》P115;《秦封》P326;《書集》P130;《彙考》P268;《大系》P123

【兩漢1993】

　　西漢早期,封泥。印文二行四字。有界欄。《封泥考略》著録。漢膠東國屬縣有即墨,《漢書·地理志》:"膠東國,……縣八:即墨,有天室山祠。莽曰即善。"東漢置爲侯國,《後漢書·郡國志》:“北海國……十八城,……即墨侯國,有棠鄉。”故治在今山東平度縣東南。此封泥文字風格與前“即墨太守”一致,當爲同時期之物。

【秦式1998】

　　録於《澂秋》《齊魯》《建德》《封泥》。即墨之釋見前“即墨”。即墨縣秦約屬膠東郡,今在山東省平度縣東南。漢封泥見:《建德》《齊魯》《封拓》《鐵雲》“即墨丞印”。

【秦封2000】

　　《漢志》:“膠東國,故齊,高帝元年别爲國,五月後屬齊國,文帝十六復爲國。”屬縣有“即墨,有天室山祠,莽曰即善”。此地爲故齊重地,齊湣王王時,樂毅破齊七十餘城,唯莒、即墨未下。即墨儼然又一齊都,秦略齊地之後,自然於此立郡。《讀史》記:“即墨城在平度州東南六十里,齊即墨邑。志云城臨墨水,故曰即墨。齊威王封即墨大夫而烹阿大夫……漢元年項羽燕王市爲膠東王,都即墨,田榮追擊市,於此殺之。”“本齊邑,漢縣即墨縣,北齊省,唐宋因之,元改屬膠州。”即墨在戰國楚漢時均爲極重要的地位,秦時不能無縣。田市爲膠東王,都即墨,當是因秦郡之舊而立縣也(《秦集》)。“即墨太守”封泥亦證明此地秦曾置郡。其地約在今山東省平度縣東南。

【彙考2007】

　　戰國齊即墨縣。秦置即墨縣。《漢書·地理志》膠東國有即墨縣。今在山東省平度縣東南。

【分域2009】

　　説見“即墨”。

【集證2011】

　　《漢書·地理志》膠東國“即墨”縣。《漢書補注》王先謙曰:“戰國齊地,見《田齊世家》、蘇秦、田單《傳》……《一統志》:‘今平度州東南,俗名康王城。’”秦時即墨應屬齊郡。

【悠悠2015】

　　《漢志》膠東國有即墨縣,“有天室山祠。莽曰即善”。《讀史方輿紀要》:“即墨城在平度州東南六十里,齊即墨邑。志云,城臨墨水,故名即墨。齊威王封即墨大夫而烹阿大夫。湣王時,樂毅破齊七十餘城,惟莒、即墨未下,既而田單以即墨攻破燕軍。漢元年項羽徙齊王田市爲膠東王,都即墨。田榮追擊市於此殺之。四年,韓信破齊,齊將田既走膠東,曹參擊殺之,即即墨也。尋復爲即墨縣,屬齊國。”即墨縣秦屬即墨郡,今在山東省平度縣東南。考古調查表明,即墨故城爲長方形,有内外兩城,外城東西2500米,南北5000米,周長15000米,面積1250萬平方米。城址時代從周代齊國即墨城,至前206年項羽徙田市爲膠東王於此,西漢膠東國治。

【廣封2019】

　　案《封泥考略》:《漢書·地理志》,“即墨縣屬膠東國。”“丞”詳前。

　　瑞按:《職地2014》將該封泥列爲郡丞封泥,認爲其是即墨郡守的佐官用印。從“琅邪縣丞”看,其專名“縣丞”,則當郡名與郡下縣名相同時,加“縣丞”者爲郡治縣用印,而不加"縣丞"者,當爲郡官用印。

即墨□□

《古封》P154;《中封》P115;《大系》P124

【秦式1998】

　　説見"即墨"。

【秦封2000】

　　參見"即墨"。

(二) 黄

黄丞之印

　　1　　　　　　　　　　2　　　　　　　　　　3

1.《秦封》P326;《彙考》P266;《大系》P121
2.《山全》P165
3.《寒金》P560

【兩漢1993】

　　西漢早期,封泥。印文二行四字。有界欄。《齊魯封泥集存》著録。黄,漢縣、侯國名。西漢有二,一在山陽郡,《漢書·地理志》:"山陽郡,……縣二十三:……黄,侯國。"故治在今河南民權縣東南。東漢時廢。又東萊郡有黄縣,《地理志》:"東萊郡,……縣十七:……黄,有萊山松林萊君祠。莽曰意母。"東漢沿置,《後漢書·郡國志》:"東萊郡……十三城,……黄。"故治在今山東黄縣東。《漢書·王子侯表》:黄節侯順,梁敬王子。建昭元年(公元前三八年)正月封。鼇侯申嗣。元壽二年(公元前一年)薨,亡後。下注"濟陰"。成帝時黃侯國復屬山陽,故《地理志》濟陰郡下無黃國。知黃侯國之封在西漢晚期。此封泥之"黃丞"屬何郡,未可確考,故附於此。

【秦式1998】

著録於《再續》《澂秋》。《漢志》屬東萊郡。《史記·秦始皇本紀》"過黃陲",《讀史》"故黃縣在黃縣東二十五里,秦置黃縣。《史記》秦伐匈奴,使天下飛芻輓粟,起於黃、腄。黃即黃縣矣。"黃縣秦約屬膠東郡,今在山東省黃縣東南。漢封泥見《續封》《建德》《齊魯》《再續》《封存》《臨淄》《封拓》"黃丞",漢印《徵存》"黃丞之印"。

【秦封2000】

《漢志》東萊郡有黃縣,"有萊山松林萊君祠。莽曰意母。"《史記·秦始皇本紀》:二十八年"於是並渤海以東,過黃、腄。"《括地》云,黃縣故城在縣東南二十五里,古萊子國也。《元和》:"登州黃縣,本東萊郡。故黃城在縣東南二十五里,古萊子之國。春秋傳曰:'齊侯滅七'。"《讀史》:"故黃縣在黃縣東二十五里。秦置黃縣。《史記》秦伐匈奴,使天下飛芻輓粟,起於黃、腄。黃即黃縣矣。"《一統》:"故城在登州府黃縣東南。"又《史記·楚世家》:"二十二年,伐黃。"《索隱》:"河南弋陽縣地,春秋黃都,嬴姓,在光州定城縣四十里也。"案此黃縣秦屬膠東郡,今在山東省黃縣東南。漢封泥見:《續封》《建德》《齊魯》《再續》《封存》《臨淄》《封拓》"黃丞"。漢印見:《徵存》"黃丞之印"。

【彙考2007】

黃,縣名。秦置縣。《漢書·地理志》東萊郡有黃縣。班固自注:"有萊山、松林萊君祠。"今在山東省龍口黃城集。

【戰國2013】

傳世戰國齊兵器有"黃"戈,濟南博物館藏。黃,地名。先秦時,黃地多處,有宋邑、魏邑、齊邑。《左傳》:"桓公十七年,公會齊侯,紀侯盟於黃。"杜注:黃,齊地。又《春秋》:"宣公八年,公子遂如齊,至黃乃復。"江永《春秋地理考實》指出:"公子遂如齊至黃乃復,是黃爲魯至齊所田之地。"具體地望無考。

【悠悠2015】

《漢志》東萊郡有黃縣,"有萊山松林萊君祠,莽曰意母"《史記·秦始皇本紀》:二十八年"於是並渤海以東,過黃、勝"《括地志》云:"黃縣故城在縣東南二十五里,古萊子國也。"《元和郡縣志》:"登州、黃縣,本漢舊縣也,屬東萊郡。故黃城在縣東南二十五里,古萊子之國。《春秋傳》曰:'齊侯滅七。'"《讀史方輿紀要》:"故黃縣在黃縣東二十五里。秦置黃縣。《史記》秦伐匈奴,使天下飛芻輓粟,起於黃、腄。黃即黃縣矣。"《大清一統志》卷173:"故城在登州府黃縣東南。"案此黃縣秦屬膠東郡,今在山東省黃縣東南。

【廣封2019】

案《再續封泥考略》,《漢書·地理志》:黃,侯國。屬山陽郡。丞爲其主管官員之副。

（三）腄

腄丞之印

《古封》P152;《秦封》P327;《彙考》P266;《大系》P51

【秦式1998】

著録於《再續》《封存》。《漢志》東萊郡有腄縣。《史記·秦始皇本紀》"過黃、腄"。腄縣秦約屬膠東郡,今在山東省煙臺市西福山鎮。漢封泥見《齊魯》《續封》《建德》"腄丞"。

【秦封2000】

《漢志》東萊郡有腄縣,"有之罘山祠。居上山,聲洋水所出,東北入海。"《史記·秦始皇本紀》二十八年"於是乃並渤海以東,過黃、腄"。《正義》:"《括地》云……牟平縣城,在黃縣南百三十里,《十三州志》云,牟平縣,古腄縣也。"《讀史》文登縣腄城:"縣西七十里,或曰秦所置縣也。《史記》秦始皇二十八年行郡縣,乃並渤海以東,過黃、腄,窮成山,即腄縣矣,漢亦曰腄縣,屬東萊郡,呂后封呂通爲侯邑,宣帝神爵初從方士言祠之罘於腄,祠成山於不夜是也。後漢省。"漢封泥見:《齊魯》《續封》《建德》"腄丞"。

【彙考2007】

腄,縣名。《漢書·地理志》東萊郡有腄縣。《史記·秦始皇本紀》:"(二十八年)過黃、腄,窮成山,立石頌秦得焉而去。"今在山東省文登縣。

【集證2011】

腄爲秦縣。《史記·秦始皇本紀》:"(二十八年)於是乃並渤海以東,過黃、腄。"《正義》引《括地志》云:"黃縣故城在萊州城以東南二十五里,故萊子國也。牟平縣城在黃縣南百三十里。"又引《十三州志》云:"牟平縣,古腄縣也。"秦時當屬膠東郡。

【戰國2013】

傳世戰國魏青銅器有垂下官鼎;又戰國魏橋形布有"垂二釿"。《史記·魏世家》:"秦七攻魏,五入囿中,邊城盡拔,文臺墮,垂都焚。"此事也見於《戰國策·魏策》記載。《集解》引徐廣曰:"句陽有垂亭。"《索隱》:"垂,地名。有廟曰都,並魏邑名。"又《春秋》有"宋公、衛候遇於垂(隱公八年)","公會鄭伯於垂(桓公元年)",皆此地。黃錫全考證其地在今山東曹縣北三十里,可從。從此銅器和布幣銘文看,魏置垂縣。

【悠悠2015】

《漢志》東萊郡有腄縣,"有之罘山祠。居上山,聲洋水所出,東北入海。"《史記·秦始皇本紀》二十八年“於是乃並渤海以東,過黄、腄”。《正義》引《括地志》云:“牟平縣城,在黄縣南百三十里,《十三州志》云,牟平縣,古腄縣也。”《讀史方輿紀要》文登縣腄城:“縣西七十里,或曰秦所置縣也。《史記》秦始皇二十八年行郡縣,乃並渤海以東,過黄、腄,窮成山,即腄縣矣,漢亦曰腄縣,屬東萊郡,吕后封吕通爲侯邑,宣帝神爵初從方士言祠之罘於腄,祠成山於不夜是也。後漢省。”《大清一統志》卷173:“舊城在登州府文登縣西,秦置。”腄縣秦約屬即墨郡,今在山東省煙臺市福山鎮。

【廣封 2019】

　　案《再續封泥考略》,《漢書·地理志》:腄縣屬東萊郡。丞爲其主管官員之副。

(四) 高　　密

高密丞印

　　《古封》P155;《秦封》P328;《彙考》P268;《璽印》P417;
　　《山全》P36、P165、P200;《濟博》P11;《大系》P86

【秦式 1998】

　　録於《齊魯》。《漢志》高密國有高密縣。《史記·高祖本紀》“齊王烹酈生,東走高密”。《讀史》“秦爲高密縣,屬齊郡。漢本始初更爲高密國”,高密縣秦約屬膠東郡,今在山東省高密縣西南。漢封泥見:《續封》《封存》《建德》《齊魯》《臨淄》“高密丞印”。

【秦封 2000】

　　《漢志》高密國有高密縣,“莽曰章牟”。《史記·高祖本紀》:“齊王烹酈生,東走高密。”《水經·濰水》:“(濰水)又北過高密縣西。應劭曰,縣有密水,故有高密之名也……北流至高密縣西。”《元和》密州高密。“本漢舊縣也,文帝十六年齊置膠西國,封齊悼惠王子印爲膠西王,都高密。世祖封鄧禹爲高密侯,高齊文宣帝省高密縣,隋開皇中復置,屬密州。”《讀史》:“秦爲高密縣,隋開皇中復置,屬密州。”《讀史》:“秦爲高密縣,屬齊郡。漢初屬齊國。文帝十六年分齊地置膠西國。宣帝本始初更爲高密國,皆治高密縣。後漢建武中封鄧禹爲侯邑,改屬北海國,晋屬城陽郡,惠帝復置高密郡,劉宋仍屬高密郡,後魏因之,隋屬密州,大業末廢。唐後屬密州,宋因之,元屬膠州。”“高密城,縣西南四十里,縣本治此,漢三年齊田横烹酈生於高密。明年韓信破臨菑,齊王廣亦走高密,文帝封齊悼惠王子印爲膠西王,都高密是也,後漢仍爲高密縣。”高密縣秦約屬膠東郡,今在山東省高密縣西南。漢封泥見:《續封》《建德》《封存》《齊魯》《臨淄》“高密丞印”。漢印見:《兩漢》“高密侯相”。

【彙考2007】

高密,縣名。戰國秦邑,秦置縣。《漢書・地理志》高密國有高密縣。今在山東省高密縣西南。

【分域2009】

高密,縣名,戰國時齊邑,後秦置縣。《漢書・地理志》載,高密國有高密縣。其地在今山東高密。

【集證2011】

《漢書・地理志》有"高密國"。高密秦齊郡縣。《史記・高祖本紀》:"齊王烹酈生,東走高密。"

【戰國2013】

傳世戰國齊系兵器有"高密"戈(《集成》17.11023),銘文"高密徒"。齊高密是《漢志》高密國高密縣之前身。《水經・濰水注》:"(濰水)又北過高密縣西。應劭曰,縣有密水,故有高密之名也。"考古調查表明,高密故城爲山東高密的城陰古城,長方形,東西1950米,南北1850米,時代從周代齊國至西漢。

【悠悠2015】

《漢志》高密國有高密縣,"莽曰章牟"。《史記・高帝本紀》:齊王烹酈生,東走高密。《水經・濰水注》:"(濰水)又北過高密縣西。應劭曰,縣有密水,故有高密之名也。"《讀史方輿紀要》"秦爲高密縣,屬齊郡。漢初屬齊國。文帝十六年分齊地置膠西國。宣帝本始初更爲高密國,皆治高密縣";"高密城,縣西南四十里,縣本治此,漢三年齊田橫烹酈生於高密。明年韓信破臨淄,齊王廣亦走高密,文帝封齊悼惠王子印爲膠西王,都高密是也,後漢仍爲高密縣"。秦高密縣初屬即墨郡,後屬膠西郡今在山東高密縣西南。考古調查表明,山東高密的城陰古城爲長方形,東西1950米,南北1850米,時代從周代齊國的高密,秦高密縣,至西漢高密國都。

【秦地2017】

里耶簡有"高密"。《漢志》屬高密國,秦當屬琅邪郡。

(五) 下　　密

下密丞印

《古封》P154;《秦封》P329;《彙考》P268;《璽印》P416;
《山全》P36、P159;《濟博》P12;《大系》P295

【秦式 1998】

錄於《齊魯》。《漢志》膠東國有下密縣,應劭曰：密水出高密。下密縣秦約屬膠東郡,今在山東省昌邑縣東。漢封泥見：《續封》《建德》《臨淄》《封存》《齊魯》"下密丞印"。

【秦封 2000】

《漢志》膠東國有下密縣,"有三石山祠"。應劭曰："密水出高密。"《讀史》："平州度,濰縣,漢下密縣,屬膠東國,後漢初廢,以北海郡屬青州。""下密城,縣西三十里,志云漢縣,治今平度以西五十五里,一云治今縣東南。《水經》濰水經下密故城西是也。後遷今縣治。隋開皇六年置濰水縣,屬青州。大業初改下密爲北海縣而改濰水爲下密。唐初屬濰州,武德八年州廢,併入北海,俗以此爲西下密也。"下密縣秦約屬膠東郡,今山東省昌邑縣東。漢封泥見：《續封》《建德》《臨淄》《封存》《齊魯》"下密丞印"。漢印見：《兩漢》"下密馬丞印"。

【彙考 2007】

下密,縣名。《漢書·地理志》膠東國有下密縣。《漢書·百官公卿表》："縣令、長,皆秦官,掌治其縣……皆有丞、尉。"今在山東昌邑縣東。

【分域 2009】

下密,縣名。《漢書·地理志》載,膠東國有下密縣。其地在今山東昌邑。

【集證 2011】

《漢書·地理志》膠東國有"下密"縣。此封泥從風格看宜屬秦。下密秦當屬膠東郡。

【悠悠 2015】

《漢志》膠東國有下密縣,"有三石山祠"。應劭曰："密水出高密。"《水經·濰水注》："經下密故城西是也,後遷今縣治。"《讀史方輿紀要》："平度州,濰縣,漢下密縣,屬膠東國,後漢初廢,以北海縣屬青州。""下密城,縣西三十里,志云漢縣,治今平度以西五十五里,一云治今縣東南。"秦下密縣屬即墨郡,今山東省昌邑縣東。

（六）平　壽

平壽丞印

1 　　　　　　　2

1.《古封》P151;《秦封》P323;《上封》P65;《彙考》P266
2.《古封》P151;《秦封》P323;《璽印》P414;《山全》P161、P197;《大系》P189

【兩漢 1993】

西漢早期,封泥。印文二行四字。有界欄。上海博物館藏。平壽,漢縣名。《漢書·地理志》："北海郡，……縣二十六……平壽。"東漢沿置，《後漢書·郡國志》："北海國……十八城，……平壽有斟城。有寒亭，古寒國，浞封此。"故治在今山東濰坊市東南。

【秦式1998】

錄於《齊魯》《封拓》。《漢志》北海郡有平壽縣。平壽縣秦約屬膠東郡，今在山東省濰坊市西南約三十里。漢封泥見：《續封》《建德》《臨淄》《齊魯》《封存》《封拓》"平壽丞印"，《齊魯》《再續》《臨淄》"平壽"。

【秦封2000】

《漢志》北海郡有平壽縣。應劭曰："古斟尋，禹後，今斟城是也。"臣瓚曰："斟尋在河南，不在此也。"師古曰："應説止云斟尋本是禹後耳，何豫夏國之都乎？瓚説非也。"《讀史》："濰縣平壽城：縣西南三十里，漢縣屬北海郡，後漢初張步爲耿弇所敗，自劇奔平壽……晋爲濟南郡治，劉宋仍爲北海郡，後魏爲北海郡治，高齊廢。"平壽縣秦約屬膠東郡，今在山東省濰坊市西南約三十里。漢封泥見：《續封》《建德》《臨淄》《齊魯》《封存》《封拓》"平壽丞印"，《齊魯》《再續》《臨淄》"平壽"。

【上封2002】

《地理志》在北海。秦屬膠東郡。

【彙考2007】

平壽，縣名。《漢書·地理志》北海郡有平壽縣。今在山東省昌樂東南。

【悠悠2015】

《漢志》北海郡有平壽縣。《讀史方輿紀要》："濰縣平壽城，縣西南三十里，漢縣屬北海郡，後漢初張步爲耿弇所敗，自劇奔平壽。"秦平壽縣初屬即墨郡，後屬膠西郡，今山東雄坊市西南約三十里。

（七）都　　昌

都昌丞印

《古封》P151；《秦封》P328；《彙考》P265；《書集》P128；《璽印》P405；
《山全》P36、P159、P197；《濟博》P7；《大系》P68

【秦式1998】

錄於《齊魯》。《漢志》北海郡有都昌縣，都昌縣秦約屬膠東郡，今在山東省昌邑西

四里。漢封泥見《臨淄》"都昌",《臨淄》《封拓》《續封》《建德》《澂秋》"都昌丞印",
《續封》《建德》《齊魯》《封存》《封拓》"都昌邑丞",《兩漢》"都昌左尉"。

【秦封2000】

《漢志》北海郡有都昌縣,"有鹽官"。《水經·濰水》:"濰水又東北徑東昌縣東……
又東北經都昌縣故城東,漢高帝六年,封朱軫爲侯邑。"都昌縣秦約屬膠東郡,今在山
東省昌邑縣西四里。漢封泥見:《臨淄》"都昌",《臨淄》《封拓》《續封》《建德》《澂秋》
"都昌丞印",《續封》《建德》《齊魯》《封存》《封拓》"都昌邑丞",《兩漢》"都昌左尉"。

【彙考2007】

都昌,縣名。《漢書·地理志》北海郡有都昌縣。班固自注"有鹽官"。今在山東省
昌邑縣西。

【政區2009】

《史記·高祖功臣侯者年表》:"封朱軫爲都昌侯。"《漢志》北海郡都昌縣,"有鹽
官"。《水經·濰水注》:"濰水又東北遷東昌縣東……又東北通都昌縣故城東,漢高帝六
年,封朱軫爲侯國。"《讀史·卷三十六》:"都昌城,在縣西,本齊邑,齊頃公賞逢父之功,
食邑都昌。《晏子春秋》景公封晏子以都昌,辭而不受。漢置都昌縣,高帝封功臣朱軫爲
侯邑。"秦都昌縣故址今在山東昌邑縣西四里。

【集證2011】

《漢書·地理志》:北海郡有"都昌"縣。《漢書補注》王先謙曰:"齊景公以封晏
子,見《晏子春秋》。高帝封朱軫爲侯國,見《表》……《一統志》:'故城今昌邑縣西二
里。'"秦宜有都昌縣,屬齊郡。

【悠悠2015】

《漢志》北海郡有都昌縣,"有鹽官"。《水經·濰水注》:"濰水又東北經東昌縣東,又
東北經都昌縣故城東,漢高帝六年,封朱軫爲侯國。"《讀史方輿紀要》:"都昌城,在縣西,
本齊邑,齊頃公賞逢父之功,食邑都昌。《晏子春秋》景公封晏子以都昌,辭而不受。漢
置都昌縣,高帝封功臣朱軫爲侯邑。"秦都昌縣屬即墨郡,今在山東昌邑縣西四里。

(八)夜

夜丞之印

《古封》P151;《秦封》P329;《彙考》P266;《璽印》P411;
《山全》P37、P166、P197;《濟博》P10;《大系》P325

【兩漢 1993】

西漢早期,封泥。印文二行四字。有界欄。《齊魯封泥集存》著録。夜,漢縣名。《漢書·地理志》:"東萊郡,……縣十七:掖,莽曰掖通。"東漢沿置,《後漢書·郡國志》:"東萊郡……十三城,……掖侯國。有過鄉。"故治在今山東掖縣境。《漢志》縣名作"掖",《戰國策·齊六·貂勃常惡田單》:"益封安平君以夜邑萬户。"又同書《田單將攻狄》:"今將軍東有夜邑之奉,西有菑上之虞。"今證之此封泥,知縣名本爲夜,不从手。

【秦式 1998】

著録於《齊魯》《再續》。《漢志》東萊郡有掖縣,《漢書補注》"亦作夜,戰國齊邑,田單所封,見國策"。夜縣秦約屬膠東郡,今在山東省掖縣。漢封泥見《齊魯》《再續》"夜印"。

【秦封 2000】

夜即掖,《漢志》東萊郡有掖縣,"莽曰掖通"。《史記·高祖功臣表》曲陽侯,《索隱》:"《楚漢春秋》云,夜侯蟲達蓋改封也。夜縣屬東萊。"《通典》:"漢舊縣。"《元和》:"本漢舊縣也,屬東萊郡。按掖水出縣南三十五里寒同山,故縣取爲名。隋開皇三年罷郡,屬萊州。"《讀史》:"戰國時齊邑,襄王益封田單於夜邑萬户,又魯仲連謂田單將軍有夜邑之奉是也。漢縣掖縣,東萊郡治焉,後漢移郡治黃縣。又歐陽歙爲夜侯,即掖也。晉復爲郡治,劉宋又移郡治曲陽縣,後魏以後州郡皆治此。"《漢補》"亦作夜,戰國齊邑。田單所封,見《國策》。"夜縣秦約屬膠東郡,今在山東省掖縣。漢封泥見:《齊魯》《再續》"夜印"。

【彙考 2007】

《漢書·地理志》東萊郡有掖縣。今在山東省萊州。

【政區 2009】

夜即掖,戰國齊邑。《史記·高祖功臣侯者年表》:"'曲城侯'。《索隱》引《楚漢春秋》云:"夜侯蟲達蓋改封也,掖縣屬東萊。"《漢志》東萊郡掖縣,"莽曰掖通"。《元和·卷十三》:"本漢舊縣也,屬東萊郡。按掖水出縣南三十五里寒同山,故縣取爲名。隋開皇三年罷郡,屬萊州。"《讀史·卷三十六》:"戰國時齊邑,襄王益封田單於夜邑萬户,又魯仲連謂田單將軍有夜邑之奉是也。漢縣掖縣,東萊郡治焉,後漢移郡治黃縣。"《漢書補注》:"亦作夜,戰國齊邑,田單所封,見《國策》。"秦掖縣故址今在山東省掖縣。

【集證 2011】

《漢書·地理志》東萊郡有"掖"縣。《漢書補注》王先謙曰:"亦作夜。戰國齊邑,田單所封,見《國策》。高帝時蟲達先封夜侯,見《表》。"秦時當屬膠東郡。

【戰國 2013】

傳世戰國齊系古璽有"夜邑土塚璽"(《璽匯》0265)。夜邑,齊地名。《戰國策·齊策六》:齊襄王"益封安平君以夜邑萬户"。夜邑萬户,規模堪稱一縣。《通鑑》注:"'掖邑,《戰國策》作夜邑',是夜、掖古字通用,當以今掖縣爲是。"又王國維所考,《戰國策・齊策》兩云夜邑,封泥有"夜丞之印"及"夜印",《戰國策・齊策》作"夜"是對的。掖縣故城今山東省萊州市。

【職地2014】

《漢書・地理志》東萊郡有掖縣,王先謙《漢書補注》:"亦作夜。戰國齊邑,田單所封。"楊樹達《漢書集釋》:"《齊魯封泥集存》有夜丞之印,夜印……王國維云,掖縣二志皆从手旁,唯《齊策》'封安平君以夜邑萬户'及'東有夜邑之奉',均作夜字……則《齊策》是也。"此"夜"應是山東掖縣,今萊州市。

【悠悠2015】

夜即掖,《漢志》東萊郡有掖縣,"莽曰掖通"。《元和郡縣志》:"本漢舊縣也,屬東萊郡。按掖水出縣南三十五里寒同山,故縣取爲名。隋開皇三年罷郡,屬萊州。"《讀史方輿紀要》:"戰國時齊邑,襄王益封田單於夜邑萬户,又魯仲連謂田單將軍有夜邑之奉是也。漢縣掖縣,東萊郡治焉,後漢移郡治黃縣。"《漢書補注》:"亦作夜,戰國齊邑,田單所封,見《國策》。"秦掖縣屬即墨郡,今在山東省掖縣。

【廣封2019】

案《再續封泥考略》,《漢書・地理志》:掖縣屬東萊郡。此印文無手旁亦史誤也。丞爲其主管宫員之副。

（九）昌　　陽

昌陽丞印

　　1　　　　　　　　2

1.《古封》P152;《秦封》P330;《璽印》P408;《山全》P4;《大系》P42
2.《大系》P42

【兩漢1993】

西漢早期,封泥。印文二行四字。有界欄。《臨淄封泥文字》著録。昌陽,漢縣名。《漢書・地理志》:"東萊郡,……縣十七……昌陽,有鹽官,莽曰夙敬亭。"東漢沿置,《後漢書・郡國志》:"東萊郡……十三城,……昌陽。"故治在今山東文登縣南。

【秦式1998】

録於《臨淄》。《漢志》東萊郡有昌陽縣,有鹽官,昌陽縣秦約屬膠東郡,今在山東省文登縣南。漢封泥見《臨淄》"昌陽丞印"。

【秦封2000】

　　《漢志》東萊郡有昌陽縣，"有鹽官，莽曰凤敬亭"。《元和》："本漢舊縣也，屬東萊郡，置在昌水之陽，有鹽官。隋開皇三年罷郡，昌陽縣屬萊州。"《讀史》："萊陽縣昌陽故城，縣東七十里，漢置縣於此，成帝封泗水戻王子霸爲侯邑，晋廢，尋復置，在今縣東二十四里，隋大業中修築城垣，仍屬東萊郡，唐永徽中城爲水所坦，因移縣於今治。"清爲登州府萊陽縣。昌陽縣秦約屬膠東郡，今在山東省文登縣南。漢封泥見：《臨淄》"昌陽丞印"。

【政區2009】

　　《漢志》東萊郡昌陽縣，"有鹽官，莽曰凤敬亭"。《水經·淄水注》："應劭曰：昌水出東萊昌陽縣，道還不至，取其嘉名。"《元和·卷十三》："昌陽縣，本漢舊縣也，屬東萊郡，置在昌水之陽，有鹽官。隋開皇三年罷郡，昌陽縣屬萊州。"又《讀史·卷三十六》："昌陽故城，萊陽縣縣東七十里，漢置縣於此，成帝封泗水戻王子霸爲侯邑。"秦昌陽縣故址今在山東省文登縣西南。

【悠悠2015】

　　《漢志》東萊郡有昌陽縣，"有鹽官，莽曰敬亭"。《元和郡縣志》："本漢舊縣也，屬東萊郡，置在昌水之陽，有鹽官。隋開皇三年罷郡，昌陽縣屬萊州。"又《讀史方輿紀要》："萊陽縣昌陽故城，縣東七十里，漢置縣於此，成帝封泗水戻王子霸爲侯邑。"秦昌陽縣屬即墨郡，今在山東省文登縣南。

（十）東　　牟

東牟丞印

　　《古封》P152；《秦封》P324；《彙考》P266；
　　《山全》P36、P159、P198；《濟博》P14；《大系》P65

【秦式1998】

　　錄於《齊魯》。《漢志》東萊郡有東牟縣。東牟縣秦約屬膠東郡，今在山東省牟平縣。漢封泥見《齊魯》《續封》《建德》"東牟"，《兩漢》"東牟丞印"，漢印見《徵存》"東牟長印"。

【秦封2000】

《漢志》東萊郡有東牟縣，"有鐵官，鹽官"。《元和》登州文登縣"東牟故城，在縣西一百一十里，漢高后二年封齊悼惠王興居爲侯。"《讀史》："今州治，漢東牟縣，屬東萊郡，呂后封齊悼惠王子興居爲侯邑，後漢仍屬東萊郡，晋廢。隋移牟縣治也，屬牟州。大業初州廢，屬縣東牟郡，唐初爲牟州治，貞觀初廢，縣亦併入文登縣。麟德初復析置牟平縣，如意初置登州於此，尋改爲屬縣，宋因之，金爲寧海軍治，後爲州治，明初省。"《一統》屬登州府寧海州。東牟縣秦約屬膠東郡，今在山東省牟平縣。漢封泥見：《齊魯》《續封》"東牟"。《兩漢》"東牟丞印"。漢印見：《徵存》"東牟長印"。

【彙考2007】

東牟，縣名。《漢書·地理志》東萊郡有東牟縣。班固自注："有鐵官、鹽官。"今在山東省牟平。

【政區2009】

《史記·惠景間侯者年表》："齊悼惠王子興居爲侯國，呂后封（東牟）。"《漢志》東萊郡東牟縣，"有鐵官，鹽官"。《元和·卷十三》："登州文登縣，東牟故城，在縣西一百一十里，漢高后二年封齊悼惠王興居爲侯。"《讀史·卷三十六》："牟平廢縣，今州治，漢置東牟縣，屬東萊郡，呂后封齊悼惠王興居爲侯邑，後漢仍屬東萊郡，晋廢。"《清一統志·卷一百七十三》屬登州府寧海州。秦東牟縣故址今山東省牟平縣。

【集證2011】

《漢書·地理志》東萊郡有"東牟"縣。《漢書補注》王先謙曰："高后封齊悼王子興居爲侯國，見《表》。"

【悠悠2015】

《漢志》東萊郡有東牟縣，"有鐵官，鹽官"。《元和郡縣志》："登州文登縣，東牟故城，在縣西一百一十里，漢高后二年封齊悼惠王興居爲侯。"《讀史方輿紀要》："今州治，漢東牟縣，屬東萊郡，呂后封齊悼惠王興居爲侯邑，後漢仍屬東萊郡，晋廢。"《大清一統志》屬登州府寧海州。秦東牟縣屬即墨郡，今山東牟平縣。

十二、薛　　郡

【政區2009】

戰國齊兵器銘文有"成陽辛城里戈"（《集成》11154）。《戰國策·齊策》："燕人興師而襲齊墟，王走而之城陽之中。"又《漢志》濟陰郡有城陽，今山東定陶北。此地在秦末多次發生戰争。《史記·項羽本紀》："項梁使沛公及項羽別攻城陽，屠之"；"漢之二年冬，項羽北至成陽，田榮亦將兵會戰。"《史記·曹相國世家》"擊王離軍成陽南"可知，秦成陽實爲戰國齊成陽縣之延續。

（一）魯

魯丞之印

1　　　　　　　　2　　　　　　　　3

1.《古封》P155;《上封》P63;《大系》P161
2.《發掘》圖一九：8;《新獲》P291;《璽印》P409;《大系》P161
3.《古封》P155;《秦封》P292;《彙考》P219;《山全》P37、P165;《濟博》P10;《大系》P161

【兩漢1993】

西漢早期,封泥。印文二行四字。有界欄。上海博物館藏。

【秦式1998】

錄於《齊魯》。《漢志》魯國有魯縣。《水經》"縣即曲阜之地,少昊之墟。周成王封姬旦於曲阜,曰魯,秦始皇二十二年以爲薛郡"。魯縣秦約屬薛郡,今在山東省曲阜市。漢封泥見《續封》《建德》"魯丞之印"。

【秦封2000】

《漢志》:魯國有魯縣,"伯禽所封。戶五萬二千。有鐵官。"《水經》:"縣即曲阜之地,少昊之墟。周成王封姬旦於曲阜,曰魯。秦始皇二十二年,以爲薛郡。"《通典》:"曲阜,故魯國都也……漢魯縣也。"《讀史》:"曲阜縣,府東三十里,南至鄒縣四十五里。古少暤之墟,周公封於此,魯所都也。秦爲薛郡治,漢置魯縣。高帝封功臣奚涓爲侯邑,高后初改爲魯國治,晋爲魯郡治。"魯縣秦約屬薛郡,今在山東省曲阜市。漢封泥見:《續封》《建德》"魯令之印",《續封》"魯丞之印"。

【考略2001】

《漢書·地理志》:秦魯縣爲薛郡所轄。《水經注·泗水》:魯縣"即曲阜之地,少昊之墟"。"魯丞之印"爲魯縣縣丞之印。《齊魯封泥集存》和《續封泥考略》均輯有"魯丞之印"封泥。

【簡讀2002】

秦縣,《漢志》屬魯國。

【上封2002】

秦屬薛郡。《地理志》在魯國。

【縣考2007】

《水經·泗水注》曰:"﹝魯﹞縣,即曲阜之地,少昊之墟,有大庭氏之庫,《春秋》豎牛之所攻也。……周成王封姬旦於曲阜,曰魯。秦始皇二十三年,以爲薛郡。"由此知秦在始皇二十三年於曲阜地置魯縣。出土秦封泥中有"魯丞之印"。曲阜本西周姬姓諸侯國魯國之都城。春秋時期魯國逐漸衰落,至戰國淪爲小國。公元前257年,爲楚所滅(《魯周公世家》)。後秦又得該地,並置爲縣。《漢志》魯縣屬魯國。

【彙考2007】

魯,縣名。故屬薛郡。《漢書·地理志》魯國有魯縣。班固自注:"伯禽所封,户五萬二千。有鐵官。"王先謙《漢書補注》:"高帝封奚涓爲侯國,見《表》。"今在山東省曲阜。

【政區2009】

魯縣原爲周公之封地,至秦時設縣管理。《史記·周本紀》:"(武王)封弟周公旦於曲阜,曰魯。"《史記·項羽本紀》:"項羽爲魯公,爲次將。""項王已死,楚地皆降漢,獨魯不下。"《漢志》魯國魯縣,"伯禽所封,户五萬二千,有鐵官"。《水經·泗水注》:"魯縣即曲阜之地,少昊之墟。周成王封姬旦於曲阜,曰魯,秦始皇二十三年,以爲薛郡。"《讀史·卷三十二》山東兖州府曲阜縣:"府東三十里,南至鄒縣四十五里。古少昊之墟,周公封於此,魯所都也。秦爲薛郡治,漢置魯縣。高帝封功臣奚涓爲侯邑,高后初改爲魯國治,晋爲魯郡治。"秦魯縣故址今在山東曲阜市。考古表明,魯故城爲不規則長方形,有大小城,大城東西3700米,南北2700米,面積1000萬平方米;小城東西2500米,南北1500米,周長8410米。城址時代從春秋戰國魯國都城,至秦漢魯縣治。

【集證2011】

《漢書·地理志》魯國有"魯"縣,班固自注:"伯禽所封。"魯國"故秦薛郡,高后元年爲魯國"。《漢書補注》王先謙曰:"《濟水注》始皇二十四年,《泗水注》云二十三年。"

【戰國2013】

《史記·田齊世家》:宣公四十四年,"伐魯、葛及安陵"。《正義》引《括地志》云:"故魯城在許昌縣南四十里。"故址在今河南許昌市南。

【悠悠2015】

《漢志》魯國有魯縣,"伯禽所封,户五萬二千,有鐵官"。《水經·泗水注》:"縣即曲阜之地,少昊之墟。周成王封姬旦於曲阜,曰魯,秦始皇二十二年,以爲薛郡。"《讀史方輿紀要》:"曲阜縣,府東三十里,南至鄒縣四十五里。古少昊之墟,周公封於此,魯所都也。秦爲薛郡治,漢置魯縣。高帝封功臣奚涓爲侯邑,高后初改爲魯國治,晋爲魯郡治。"秦魯縣屬薛郡,今在山東曲阜市。考古表明,魯故城爲不規則長方形,有大小城,大城東西3700米,南北2700米,面積1000萬平方米;小城東西2500米,南北1500米,周長8410米。城址時代從春秋戰國魯國都域,至秦漢魯縣治。

【廣封2019】

案《續封泥考略》:《漢書·地理志》,魯縣屬魯國。注:"伯禽所封。户五萬二千。有鐵官。""丞"詳前。

（二）薛

薛丞之印

1　　　　　　　　2　　　　　　　　3

1.《新出》P41;《青泥》P35;《大系》P314;
2.《印考》P209;《印風》P151;《秦封》P293;《印集》P128;《彙考》P221;《璽印》P412;
　《大系》P313
3.《圖例》P57;《秦封》P293;《彙考》P221;《大系》P313

【郡縣1997】

　　《漢書·地理志》魯國本注:"故秦薛郡,高后元年爲魯國。"下屬縣有"薛"。又《水經注》卷二五《泗水》注魯縣云:"秦始皇二十三年(公元前224年)以爲薛郡,漢高后元年(公元前187年)爲魯國。"按封泥"薛丞之印"與以上縣丞印同,則此"薛丞"當爲薛縣(今山東薛城)之佐官。

【印考1997】

　　印面正方形,田字格,邊長1.8釐米,印文稍有殘破,邊欄基本完整,推測爲"薛丞之印"。薛爲古國名,其地在今山東滕縣南。春秋後薛成爲齊邑。秦時置郡。《史記·秦始皇本紀》"秦始皇二十三年以爲薛郡"。又秦二世二年(公元前208年)劉邦"聞項梁在薛,從騎百餘往見之","項梁盡召別將居薛",皆即此。

【秦封2000】

　　《漢志》:魯國有薛縣。"夏車正奚仲所國,後遷於邳,湯相仲虺居之。"《國策·齊策》:"齊將封田嬰於薛。""靖郭君將城薛,客多以諫。"《史記·孟嘗君列傳》:"而文果代立於薛。"《讀史》薛城在滕縣南四十里,周爲子男國,戰國時爲齊所滅。田嬰封於此,謂之薛君,秦置薛郡。二世二年,沛公命雍齒守豐,自引兵之薛。又項羽以朱雞石敗,自胡陵引兵入薛,召諸別將會薛計事,即此。薛縣秦約屬薛郡,今在山東省滕州市南四十四里。漢封泥有:《封泥》"薛令之印",《兩漢》"薛丞之印"。漢印見:《徵存》"薛令之印"。

【簡讀2002】

　　秦縣,《漢志》屬魯國。

【彙考2007】

《漢書·地理志》魯國有薛縣。班固自注:"夏車正奚仲所國,後遷於邳,湯相仲虺居之。"王先謙《漢書補注》:"項梁引兵入此,見《項羽傳》。高帝於此治竹冠,見《高紀》。縣人顏安樂,見《儒林傳》,後漢因。"由此封泥可知,薛爲秦時縣名,屬秦薛郡。今在山東省滕縣南。

【縣考2007】

出土秦封泥中有"薛丞之印",此可證秦置有薛縣。又,始皇二十三年,秦置有薛郡。而薛縣自當領爲薛郡屬縣,又因薛縣本齊縣,後屬魯,再屬楚,故可推知薛縣由楚屬秦不會晚於薛郡設置之時。《漢志》薛縣屬魯國。

【政區2009】

原爲薛國舊地,戰國初年齊滅薛,後來作爲田嬰和田文封邑。《漢志》魯國,"故秦薛郡"。秦取其地後,於公元前224年設郡。《水經·泗水注》:"魯縣……始皇二十三年以爲薛郡。"郡治魯縣,今在山東曲阜市。

【集證2011】

《漢書·地理志》:"魯國。"班固自注:"故秦薛邦,高后元年爲魯國。"屬縣有"薛"。王先謙《漢書補注》云:"項梁引兵入此,見《項羽傳》。高帝於此治竹冠,見《高紀》。縣人顏安樂,見《儒林傳》。"《水經注·泗水》:"秦始皇二十三年(前224年)以爲薛郡。"周偉洲《新發現的秦封泥與秦代郡縣志》云:"封泥'薛丞之印'與以上縣丞印同,則此'薛丞'當爲薛縣(今山東薛城)之佐官。"所説當是。

【戰國2013】

傳世齊系兵器有"薛"戈(《三代》19.27)。《戰國策·齊策一》:"靖郭君將城薛,客多以諫……君曰:'善。'乃輟城薛";又"齊將封田嬰於薛,楚王聞之大怒,將伐齊"。齊薛縣又名徐州。《史記·田敬仲完世家》:"宣王十年,楚圍我徐州。"《史記·魯世家索隱》引《郡國志》曰:"魯國薛縣,六國時爲徐州。"《水經·泗水注》:"郭水又西逕薛縣故城北。"現代考古調查表明,薛縣故址在今山東省滕州市南44里。薛縣故城爲不規則多邊形,有大小城,大城東2480米,西1860米,南3010米,北3265米,周長10615米,面積736萬平方米。城址時代是大城從東周薛國故城,秦漢薛縣治。在故城中心的黃殿崗村東,20世紀50年代曾發現一處較大的戰國冶鐵遺址。

【悠悠2015】

《戰國策·齊策》"齊將封田嬰於薛";"靖郭君將城薛,客多以諫"。《史記·孟嘗君列傳》:"而文果代立於薛。"《讀史方輿紀要》:"薛城在滕縣南四十里,周爲子男國,戰國時爲齊所滅。田嬰封於此,謂之薛君,秦置薛縣。二世二年,沛公命雍齒守豐,自引兵之薛。又項羽以朱雞石敗,自胡陵引兵入薛,召諸別將會薛計事,即此。"秦薛縣屬薛郡,今在山東滕州市南四十四里。考古調查表明,薛縣故城爲不規則多邊形,有大小城,大城東2480米,西1860米,南3010米,北3265米,周長10615米,面積736萬平方米。城址時代是大城從東周薛國故城,秦薛郡治,漢薛縣。

【廣封2019】

案《漢書·地理志》:"魯國,故秦薛郡,高后元年爵魯國。屬豫州。"有縣"薛","夏車正奚仲所國,後遷於邳,湯相仲虺居之"。《史記·項羽本紀》:"項梁乃引兵入薛,誅雞石。"注《正義》《括地志》云:"故薛城古薛侯國也,在徐州滕縣界,黄帝之所封。《左傳》曰定公元年薛宰云'薛之祖奚仲居薛,爲夏車正',後爲孟嘗君田文封邑也。"

瑞按:《職地2014》將該封泥列爲郡丞封泥,認爲其是薛郡守的佐官用印。從"琅邪縣丞"看,其專名"縣丞",則當郡名與郡下縣名相同時,加"縣丞"者爲郡治縣用印,而不加"縣丞"者,當爲郡官用印。

（三）汶　　陽

汶陽丞印

《於京》圖41;《璽印》P409;《大系》P279

【於京2005】

《史記·魯周公世家》:"釐公元年,以汶陽鄪封季友。"《集解》引杜預曰:"汶陽,汶水北地也。汶水出泰山萊蕪縣。"《孔子世家》:定公十年,"齊侯乃歸所侵魯之鄆、汶陽、龜陰之田以謝過。"《漢書·地理志》:"魯國,故秦薛郡,高后元年爲魯國。……汶陽,莽曰汶亭。"《水經注》卷二四:"汶水又西南逕魯國汶陽縣北,王莽之汶亭也。"《元和郡縣圖志·河南道六·兗州·龔丘縣》:"故汶陽城,在縣東北五十四里。其城側土田沃壤,故魯號汶陽之田,謂此地也。"汶陽秦屬薛郡,其治地在今山東寧陽縣東北。

【分域2009】

在釋讀"聞陽司空"(《徵存》4.20)時指出,聞陽,地名,但文獻無載;或認爲即"汶陽",秦代屬薛郡。"司空",職官名,主要掌管土木工程的修建等。雲夢睡虎地秦簡《秦律雜抄》云:"戍者城及補城,令姑(嬒)堵一歲,所城有壞者,縣司空署君子將者,貲各一甲;縣司空佐主將者,貲一盾。"可見,秦在各縣也設有司空一職,該印當爲聞陽之地的司空所用印。

【職地2014】

釋"聞陽司空"時指出,王輝先生同意《徵存》將"聞"讀作"汶"。今按秦璽印封泥中的職官名稱和地名極少用通假字;秦封泥也有"汶陽丞印",可見"汶陽"和"聞陽"應爲兩個不同的秦縣,只是"聞陽"文獻失載。

【悠悠2015】

　　《史記・魯周公世家》:"釐王元年,以汶陽鄪封季友。"《集解》引杜預曰:"汶陽,汶水北地也,汶水出泰山萊蕪縣。"《史記・孔子世家》: 定公十年,"齊侯乃歸所侵魯之鄆、汶陽、龜陰之田以謝過"。《漢志》魯國屬縣汶陽,"莽曰汶亭"。《水經・汶水注》卷24:"汶水又西南逕魯國汶陽縣北,王莽之汶亭也。"《元和郡縣志》:"故汶陽城,在縣東北五十四里,其地側土田沃壤,故魯號汶陽之田,謂此地也。"其治地在今山東寧陽東北。

(四) 無　　鹽

無鹽丞印

1
2

1.《山全》P37、P160、P200;《濟博》P6
2.《古封》P155;《秦封》P294;《大系》P280

【秦式1998】

　　録於《再續》《澂秋》。《漢志》東平國有無鹽縣。《史記・項羽本紀》: 宋義"乃遣其子宋襄相齊,身送之至無鹽,飲酒高會"。《水經》無鹽縣"舊宿國也,齊宣后之故邑,所謂無鹽醜女也"。無鹽縣秦約屬薛郡,今在山東省東平縣東十里。漢封泥見《臨淄》"無鹽丞印",《兩漢》"無鹽太尉章"。

【秦封2000】

　　《漢志》東平國有無鹽縣。有郈鄉。莽曰有鹽亭。《史記・項羽本紀》宋義"乃遣其子宋襄相齊,身送之至無鹽。飲酒高會"。索隱:"按《地理志》東平郡之縣,在今鄆州之東也。"《通典》鄆州須昌縣:"漢無鹽故城,在今縣東。"《元和》鄆州須昌縣"無鹽故城,在縣東三十六里,古宿國也"。《水經・汶水注》"其右一汶西流,經無鹽縣之故城南,舊宿國也。……王莽更名之曰有鹽亭。"《一統》: 故城在東平州東二十里。無鹽縣秦約屬薛郡,在今山東省東平縣東十里。漢封泥見:《臨淄》"無鹽丞印",《兩漢》"無鹽太尉章"。

【戰國2013】

　　傳世戰國齊兵器有"亡鹽右"戈,濟南市博物館藏。亡鹽即無鹽。無鹽,春秋時爲宿國,戰國爲齊邑。《列女傳》:"鍾離春者,齊無鹽邑之女,宣王之后也。"即鍾離春爲此邑人也。漢置縣,屬東平國,北齊廢,故城在今山東省東平縣東20里。

【悠悠2015】

《漢志》東平國有無鹽縣，"有郈鄉，莽曰有鹽亭"。《史記・項羽本紀》："(宋義)乃遣其子宋襄相齊，身送之無鹽縣，飲酒高會。"《水經・汶水注》："其右一汶西流，經無鹽縣之故城南，舊宿國也。王莽更名曰有鹽亭。"《大清一統志》："故城在東平州東二十里。"秦無鹽屬薛郡，今在山東東平市。

【廣封2019】

按《再續封泥考略》，《漢書・地理志》：無鹽縣屬東平國。"丞"詳前。

（五）卞

卞丞之印

無圖，考釋見《五十例》P319。

【五十例2005】

《春秋・僖公十七年》："夫人姜氏會齊侯於卞。"杜預注："卞，今魯國卞縣。"《史記・六國年表》："(楚考烈王十四年)，楚滅魯，頃公遷卞爲家人，絕祀。"卞，《魯周公世家》作"下"。《仲尼弟子列傳》："仲由字子路，卞人也。"《漢志》，魯國有卞，本注："泗水西南至方與入沛，過郡三，行五百里，青州川。"《水經・泗水注》："泗水出魯卞縣北山"，"水出卞縣故城東南，桃墟北"。卞縣秦屬薛郡，其地在今山東泗水縣東。

【悠悠2015】

《左傳》僖公十七年："夫人姜氏會齊侯於卞。"杜預注："卞，今魯國卞縣。"《史記・六國年表》："(楚考烈王十四年)，楚滅魯，頃公遷卞爲家人，絕祀。"卞，《史記・魯周公世家》作"下"。《史記・仲尼弟子列傳》："仲由字子路，卞人也。"《漢志》魯國有卞，本注："泗水西南至方與入沛，過郡三，行五百里，青州川。"《水經・泗水注》"泗水出魯卞縣北山"；"水出卞縣故城東南，桃墟北"。《讀史方輿紀要》卷32山東兗州府泗水縣卞城："在縣東五十里。古卞國。記曰湯伐有卞是也。春秋時爲魯卞邑，或曰卞莊子食邑於此。僖十七年，夫人姜氏會齊侯於卞。襄二十九年，季武子取卞。"《史記・魯世家》："頃公亡遷於卞邑。"漢爲卞縣治。卞縣秦約屬薛郡，其地在今山東泗水縣東。

（六）承

承印

《新官》圖2；《印集》P120；《彙考》P214；《大系》P47

【新官2002】

　　疑爲“奉常”之省稱,參見《秦封泥集》一·二·5。

【彙考2007】

　　承,縣名。《漢書·地理志》東海郡有承縣。故城在山東省棗莊東南。

【政區2009】

　　《漢志》東海郡承縣,“莽曰承治”。《元和·卷十三》:“承縣,本漢之承縣,春秋時曾國也,屬東海郡……西北有承水,因以名焉。”《讀史·卷三十二》山東兗州府嶧縣城:“縣西北一里。漢置縣,以水所經而名。讀拯,俗作承,誤也。”秦承縣因縣西北有承水而得名,其故址在今山東棗莊市南。

【分域2009】

　　(釋奉印)“奉”即奉常之省稱。《漢書·百官公卿表》云:“奉常,秦官,掌宗廟禮儀,有丞。”

【分域2009】

　　(釋承印)承,縣名。《漢書·地理志》載,東海郡有承縣,其地在今山東棗莊。

【悠悠2015】

　　《漢志》東海郡有承縣,“莽曰承治”。從《中國歷史地圖集》第二册上看,秦承縣屬薛郡,在今山東棗莊市南。

【廣封2019】

　　案《漢書·地理志》:東海郡,有縣“承”,“莽曰承治”。此其印也。

　　瑞按:封泥殘,上字殘存一半,從拓本看,其與“承丞之印”之“承”合,當讀“承”。

承丞之印

| 1 | 2 | 3 |

1.《大系》P47

2.《補讀》圖46;《秦封》P291;《大系》P47

3.《大系》P47

【兩漢1993】

　　西漢早期,封泥。印文二行四字。有界欄。《齊魯封泥集存》著録。印文“承”從手從丞。承,漢縣名。《漢書·地理志》:“東海郡,……縣三十八……承,莽曰承治。”東漢沿置,《後漢書·郡國志》:"東海郡……十三城,……丞。" 故治在今山東棗莊市南。

【補讀1998】

收藏於二閨山房。《漢志》東海郡有承縣。在秦約屬東海郡,在今山東省棗莊市南部。秦封泥見《齊魯》《再續》"承丞之印"。漢封泥見《臨淄》"承丞之印"。

【秦封2000】

《漢志》東海郡有承縣,"莽曰承治"。在秦約屬於東海郡,在今山東省棗莊市南。漢封泥見:《臨淄》"承丞之印"。漢印見:《兩漢》"承左尉印"。

【簡讀2002】

秦縣,《漢志》屬東海郡。

【集證2011】

"承"字原作"承",即承字。《説文》承篆作"承",周金文作"承"(令瓜君壺"承受屯德"),下不從手,實即"承"字,睡虎地秦簡"大嗇夫及丞除","丞"字仍同金文。大約在戰國晚期,承字下始加手旁,又改上"丞"爲"丞"。《封泥彙編》102·1"承丞之印",與此封泥皆有界格,文字風格相近,只是"承"字所從二手(収)稍靠上,時代應相差不遠,原定爲漢封泥,也有可能爲秦或漢初物。《漢書·地理志》東海郡有"承"縣,未提始置之年。《漢書補注》引全祖望語,以爲東海爲"故秦郡",則承也應爲秦縣。《漢書補注》又云:"徐松曰:'承縣以承水得名,作承者誤。'先謙曰:《廣韻》:'承,縣名,在沂州,匡衡所居。'按《表》魯孝王子當、楚孝王孫閎皆封承鄉侯,即此。《元和志》'縣西北有承水',故名。續《志》後漢因。《一統志》'故城今嶧縣西北一里,承水在縣西'。"承、丞一字,承乃丞之繁化,但由此封泥,我們可以知道秦時已寫作"承",徐松所謂"承"爲"承"之誤的説法其實是不對的。

【廣封2019】

案《再續封泥考略》,《漢書·地理志》:承縣屬東海郡。"丞"詳前。

瑞按:此封泥有殘損之品,舊多釋爲"奉常之印",參看本書上編所錄"奉常之印"封泥。

(七) 蕃

蕃丞之印

1　2

1.《菁華》P39;《大系》P78

2.《大系》P78

【釋續2001】

《漢書·地理志》魯國有蕃縣。魯國下班氏自注：“故秦薛郡。”蕃縣即今山東滕縣。按《古璽彙編》0098“罘邿大夫璽”，此爲齊璽，“罘邿”讀爲“繹蕃”，在今鄒縣、滕縣界上。入秦後作蕃。

【考略2001】

《漢書·地理志》：“魯國，故秦薛郡。”蕃縣爲薛郡所轄。蕃縣位於今山東滕州附近。傳統認爲此縣爲西漢所置，隸屬魯國。《齊魯封泥集存》《續建德周氏藏封泥拓影》均收錄有“蕃丞之印”封泥。

【簡讀2002】

秦縣，《漢志》屬魯國。

【彙考2007】

《漢書·地理志》魯國有蕃縣。班固自注：“蕃，南梁水西至胡陵入沛渠。”注引應劭曰：“邾國也，音皮。”顏師古曰：“白哀云：‘陳蕃之子爲魯相，國人爲諱，改曰皮。’此說非也。郡縣之名，土俗各有別稱，不必皆依本字。”今在山東省滕縣境內。又王輝先生考：按《古璽彙編》○○九八“罘邿大夫璽”，此爲齊璽，“罘邿”讀爲“繹蕃”，在今鄒縣、滕縣界上。入秦後作蕃。

【政區2009】

《漢志》魯國，“故秦薛郡”，有蕃縣。《讀史·卷三十二》山東兗州府滕縣：“府東南百四十里。南至南直徐州百九十里。古小邾國及滕國地，漢置藩縣，屬魯國。蕃讀爲翻。”秦蕃縣故址在今山東滕州附近。

【悠悠2015】

《漢志》魯國，“故秦薛郡”，有蕃縣。秦蕃縣屬薛郡，故址在今山東滕州市附近。

【廣封2019】

同《彙考2007》。

（八）驕

驕丞之印

1　　　　　　　　　　2

1.《發現》圖15；《圖例》P52；《秦封》P198；《書集》P115
2.《大系》P390

【發現1997】

《左傳·成公十八年》：“程鄭爲乘馬御，六騶屬焉，使訓群騶知禮。”《正義》：“騶當《周禮》之趣馬。”孔穎達疏：“騶是主駕之官也。”另秦有騶縣，《漢書·地理志》：“魯國，秦薛郡，縣六。騶。”但這批封泥中，關東郡縣罕見，似不爲縣名。騶，駕車的從吏。《説文》曰：“騶，廄御也。”亦作騶人、騶使、騶從，皆爲大官駕車的官吏。《漢書·百官公卿表》：“……古者重武官，有主射以督課之，軍屯吏、騶、宰、永巷、宮人皆有，取其領事之號。”

【秦封2000】

《漢表》郎中令條，記僕射，“軍屯吏、騶宰、永巷宮人皆有，取其領事之號”。《漢書·惠帝紀》：“騶比外郎。”師古注：“騶本廄之御者，後人又令爲騎，因謂騶騎耳。”《吕氏·季秋記》：“命僕及七騶咸駕。”高誘注：“七騶於《周禮》當爲趣馬。”朱熹《詩集傳》云：“趣馬，掌馬之官。”又：“趣馬，掌王馬之政也。”《説文》：“騶，廄御也。”《後漢書·張讓傳》李賢注：“騶，養馬人。”《睡虎·秦律雜抄》：“駕騶除四歲，不能駕御，貲教者一盾……”可見騶丞當王室馬官之一。又騶或爲縣名，《漢志》：魯國有騶縣，“故邾國，曹姓。二十九年爲楚所滅，嶧山在北。莽曰騶亭”。在秦約屬薛郡，今山東鄒縣附近。秦陶文見：《度量》“騶”。漢封泥見：《齊魯》《再續》“騶令之印”，《封泥》《建德》《封存》《封拓》“騶丞之印”，《封存》《續封》《建德》《齊魯》“騶之左尉”，《古封1994》《封存》《續封》《建德》《齊魯》“騶之右尉”。

【簡讀2002】

騶有爲官名和地名二解：《説文》：“騶，廄御也。”《漢書·惠帝紀》：“騶比外郎。”師古曰：“騶本廄之馭者，後又令爲騎，因謂騶騎耳。”《秦簡·秦律雜抄》：“駕騶除四歲，不能駕御，貲教者一盾……。”整理組注：“駕騶，即廄御，爲官長駕車的人。”騶縣名，《漢志》屬魯國，“故邾國，曹姓。二十九世爲楚所滅。”

【政區2009】

秦始皇陵遺址出土秦陶文有“騶”。《漢志》魯國領縣鄒。《史記·秦始皇本紀》：“二十八年，始皇東行郡縣，上鄒嶧山。”《史記·樊酈滕灌列傳》：“(樊噲)攻鄒、魯、瑕丘、薛”，即此。《讀史·卷三十二》：“鄒縣，在兗州府東南五十里。東南至滕縣九十里，西至濟寧州七十里。春秋時爲邾國。魯穆公改邾爲鄒，因山爲名。漢置鄒縣，屬魯國。”今封泥和陶文證之，實爲秦置縣。《清一統志·卷一百六十六》：“邾國故城在(兗州府)鄒縣東南二十六里。”考古調查山東省鄒縣的紀王故城就是秦鄒縣遺址，爲不規則形，東西2530米，南北2500米，時代從東周邾國故城，至秦薛郡鄒縣、漢屬魯國，北齊廢。

【圖説2009】

《左傳·成公十八年》：“程鄭爲乘馬御，六騶屬焉，使訓群騶知禮。”《正義》：“騶當《周禮》之趣馬。”孔穎達疏：“騶是主駕之官也。”《説文·馬部》：“騶，廄御也。”騶是古代爲王公貴族養馬並管駕車的人。騶又爲古地名，在今山東鄒縣，也作邾、鄒。陶文中有騶字印迹三枚（《陶匯》5.481—5.483），爲高明自藏，但出土於陝西，知此陶器爲騶廄所用。

【分域2009】

《左傳·成公十八年》云："程鄭爲乘馬御，六騶屬馬，使訓群騶知禮。"孔穎達疏曰："騶，主駕之官也。"該印可能爲負責訓騶之事務的丞所用。

【秦廄2010】

廄嗇夫，是各縣掌管養馬事務的官吏，亦稱廄苑嗇夫、廄苑官嗇夫。睡虎地秦簡《秦律雜抄》："馬勞課殿，貲廄嗇夫一甲，令、丞、佐、史一盾。馬勞課殿，貲皁嗇夫一盾。"整理小組注："廄嗇夫是整個養馬機構的負責人。下面皁嗇夫則是廄中飼養人員的負責人。"皁嗇夫應是廄嗇夫之屬官。春秋戰國時期的齊國也設有廄吏一職，職掌與皁嗇夫相近，爲飼養馬匹的小吏。《管子·小問》："桓公觀於廄，問廄史曰：'廄何事最難？'廄吏未對。"廄司御，縣佐史，職位在廄嗇夫之下，佐廄嗇夫管理馬廄諸事。《漢書·夏侯嬰傳》："夏侯嬰，沛人也。爲沛廄司御，每送客使，還過泗上亭。"夏侯嬰爲漢大將夏侯敦先祖，秦時任廄司御。《説文》："騶，廄御也。"騶，駕車的從史，亦稱騶人、騶吏、騶使、駕騶。秦封泥中有"騶丞印"，騶丞應爲騶之副職。睡虎地秦簡《秦律雜抄》："駕騶除四歲，不能駕御，貲教者一盾。"整理小組注："駕騶，即廄御，爲官長駕車的人。"

【集譜2011】

《漢書·地理志》魯國有"騶"縣，云："故邾國，曹姓，二十九世爲楚所滅。嶧山在北。莽曰騶亭。"《漢書補注》王先謙曰："《寰宇記》：'邾，魯附庸國。'《左傳》'魯擊柝，聞於邾'是也。《説文》'騶'作'鄒'。《韋賢傳》作'魯國鄒人'。段玉裁云：'邾婁之合聲爲鄒。周時或云鄒，或云邾婁者，語言緩急之殊也。周時作鄒，漢時作騶者，古今字之異也。'"依段玉裁説，似乎漢代才作'騶'，周代作'鄒'。按周金文作"邾"或"䵼"，見邾公華鐘、邾大司馬戟等，未見作"鄒"者。"騶"字見1963年山東鄒縣出土的始皇詔陶量，該量近口沿處有一"騶"字，底部有二"騶"字，爲器製造及置用之地點，且器出鄒縣，足見秦時已作"騶"，不始於漢。"騶"見《漢印文字徵》6·24，應是較晚的寫法。周曉陸説："這批封泥中，關東郡縣罕見，似不爲縣名。"又云："《左傳·成公十八年》：'程鄭爲乘馬御，六騶屬馬，使訓群騶知禮。'《正義》：'騶當《周禮》之趣馬。'孔穎達疏：'騶是主駕之官也。'"不過"騶"不見於《漢書·百官公卿表》，也無法證明秦有此官名，所以"騶丞"仍以看作騶縣之丞爲是。

【官名2013】

《説文》："騶，廄御也。从馬，芻聲。"駕車的從史，亦稱騶人、騶吏、騶使、駕騶。西安相家巷出土的秦封泥有"騶丞印"，騶丞應爲騶之副職。《睡虎地簡·秦律雜抄》："駕騶除四歲，不能駕御，貲教者一盾。"駕騶，即廄御，爲官長駕車的人。廄司御，縣佐史，職位在廄嗇夫之下，佐廄嗇夫管理馬廄諸事。《漢書·夏侯嬰傳》："夏侯嬰,沛人也。爲沛廄司御,每送客使,還過泗上亭。"夏侯嬰爲漢大將夏侯敦先祖,秦時任廄司御。

【悠悠2015】

秦始皇陵遺址出土秦陶文有"鄒"。《漢志》魯國領縣有鄒。《史記·樊酈滕灌列傳》"攻鄒",即此。《讀史方輿紀要》:"在兗州府東南五十里。春秋時爲邾國。魯穆公改邾爲鄒,因山爲名。漢置鄒縣。或曰秦置,漢因之。"今封泥和陶文證之,實爲秦置縣。《大清一統志》卷166:"邾國故城在(兗州府)鄒縣東南二十六里。"考古調查,山東鄒縣的紀王故城就是秦鄒縣遺址,爲不規則形,東西2530米,南北2500米,時代從東周邾國故城,至秦薛郡鄒縣、漢屬魯國,北齊廢。

(九)任　　城

任城

《新地》圖15;《印集》P126;《彙考》P220;《大系》P199

【新地2001】

參見《集》二·三·36"任城丞印"。

【簡讀2002】

秦縣,《漢志》屬東平國。

【彙考2007】

任城,縣名。《漢書·地理志》東平國有任城縣。班固自注:"故任國,太昊後,風姓。"王先謙《漢書補注》:"任國,見《左僖十一年傳》。《濟水注》:'夏后氏之任國也。在亢父北。'……《一統志》:故城今濟寧州治。"

【政區2009】

《史記·萬石張叔列傳》:"郎中令周文者,名仁,其先故任城人也。"《漢志》東平國任城縣,"故任國,太昊後,風姓,莽曰延就亭。"《讀史·卷三十三》:"任城廢縣,今(濟寧)州治。春秋時任國,戰國時爲齊附庸。"秦任城縣故址在今山東濟寧市東南。

【分域2009】

任城,縣名,其地在今山東濟寧。《漢書·地理志》載,東平國,故梁國,有縣七,任城爲其一。

【廣封2019】

案《漢書·地理志》：東平國，有縣"任城"，"故任國，太昊後，風姓。莽曰延就亭"。

任城丞印

1　　　　　　　　　　2

1.《印風》P158;《印集》P127;《彙考》P220;《大系》P199
2.《補讀》圖49;《秦封》P293;《書集》P126;《彙考》P220;《璽印》P409;《大系》P199

【補讀1998】

《漢志》東平國有任城縣，"故任國，太昊後，風姓。莽曰延就亭。"任城在秦約屬薛郡，在今山東省濟寧市東南。

【秦封2000】

同《補讀1998》。

【簡讀2002】

釋讀見"任城"條。

【彙考2007】

説見"任城"。

【分域2009】

説見"任城"。

【集證2011】

《漢書·地理志》東平國有"任城"縣，下班固自注："故任國，太昊後，風姓。"《漢書補注》王先謙曰："案《孟子》'季任爲任處守'是也。縣人周仁，見本傳。"周曉陸云："任城在秦約屬薛郡，在今山東濟寧市東南。"

【悠悠2015】

《漢志》東平國有任城縣，"故任國，太昊後，風姓，莽曰延就亭"。秦任城縣屬薛郡，在今山東濟寧市東南。

【廣封2019】

案《漢書·地理志》：東平國，有縣"任城"，"故任國，太昊後，風姓。莽曰延就亭"。此其丞之印也。

（十）方 輿

方輿丞印

《彙考》P230；《璽印》P414；《大系》P80

【秦封2000】

方輿之職《史》《漢》均未見。“方輿”一詞，參見自《易·說卦》“坤爲地……爲大輿”。《文選·束晳詩》：“漫漫方輿，迴迴洪覆。”李周翰注：“方輿，地也。”《周禮·夏官》有“輿司馬”存目。《史記·蕭相國世家》載：“沛公至咸陽，諸將爭走金帛財物之府分之，何獨先入收秦丞相御史律令圖書藏之。”此圖書之中，當有方輿之圖，方輿丞或爲丞相御史的有關執掌職司。

【小劄2001】

《漢書·地理志》山陽郡有方輿縣。馬王堆帛書《釋法·祭》中有“心尾箕掩，東井與鬼復”。“與鬼”傳世文獻通作“輿鬼”。《左傳·昭公十四年》：“欲立著丘公之弟庚輿”。《漢書·古今人表》庚輿作庚輿。以是知與輿相通，則方輿即方與。《史記·高祖本紀》：“於是少年豪吏如蕭曹、樊噲等皆爲收沛子弟二三千人，攻胡陵、方與。”又“沛公還軍亢父，至方與。”《曹相國世家》：“將擊胡陵、方與……徙守方與。方與反爲魏擊之。”《絳侯周勃世家》：“下方與。方與反。”《樊酈滕灌列傳》：“從攻胡陵、方與。”方與秦代約屬薛郡，其治在今山東省魚臺縣境。

【簡讀2002】

秦縣，《漢志》屬山陽郡。《史記·高祖本紀》：“攻胡陵、方與”。

【彙考2007】

王輝先生考：方輿之官名古籍未載，周曉陸引《易·說卦》“坤爲地……爲大輿。”方輿爲地，固謂方輿丞乃主管地圖之官。今按輿、與通用。《左傳·襄公三十一年》：“莒犁比公生去疾及展輿。”《釋文》：“輿本又作與。”疑方輿即《地理志》山陽郡方與縣。王先謙《漢書補注》：“春秋宋邑，見《楚策》，後入魏爲郡。《楚世家》云：‘大宋、方與二郡也。’秦縣，高帝起兵攻之，還軍亢父，復至此。秦嘉亦至焉，見《高紀》《陳勝傳》……《一統志》：故城今魚臺縣北。”

【政區2009】

“方輿”即文獻中“方與”，春秋時，原爲宋邑。《史記·春申君列傳》：“魏氏將

出而攻留、方與、銍、胡陵、碭、蕭、相，故宋必盡。"《史記·高祖本紀》："沛公還軍
亢父，至方與，未戰"，又"周市來攻方與"。《史記·陳涉世家》："秦嘉等引兵之方
與，欲擊秦軍定陶下。"《史記·曹相國世家》："將擊胡陵、方與。"《史記·樊酈滕
灌列傳》："（樊噲）從攻胡陵、方與。"《漢志》山陽郡領縣有方與縣。《清一統志·卷
一百八十三》："方與故城在今（濟寧州）魚臺縣北，秦置方與縣。"秦方與縣故址在今
山東省魚臺縣西。

【悠悠2015】

春秋時，原爲宋邑。《史記·春申君列傳》："魏攻留、方與、至、胡陵、碭、蕭、相，故宋
必盡。"《史記·高祖本紀》："沛公還軍亢父，至方與"，又"周臺來攻方與"。《史記·陳
涉世家》"秦嘉等引兵之方與"。《史記·曹相國世家》："將擊胡陵、方與。"《史記·樊酈
滕灌列傳》："從攻胡陵、方與，欲擊秦軍定陶下。"《漢志》山陽郡領縣有方與縣。《大清一
統志》卷183："方與故城在今（濟寧州）魚臺縣北，秦置方與縣。"

【廣封2019】

案《秦封泥集》考：方輿之職《史》《漢》均未見。"方輿"一詞，參見《易·說卦》：
"坤爲地…爲大輿"。《文選·束皙詩》："漫漫方輿，迥迥洪覆。"（李周輪注："方輿，地
也。"）《周禮夏官》有"輿馬宮"存目。《史記·蕭相國世家》載："沛公至咸陽，諸將皆
爭走金帛財物之府分之，何獨先入收秦丞相御史律令圖書藏之。"此圖書中當有方輿
之圖，方輿丞或爲丞相御史的有關執掌職司。又《秦封泥彙考》：今按輿、與通用。《左
傳·襄公三十一年》："莒犂比公生去疾及展輿。"《釋文》："輿本又作與。"疑方輿即《地
理志》山陽郡方與縣。王先謙《漢書補注》："春秋宋邑，見《楚策》，後入魏爲郡。《楚世
家》云：'大宋、方與二郡也。'秦縣，高帝起兵攻之，還軍亢父，復至此。秦嘉亦至此焉，
見《高紀》《陳勝傳》……《一統志》：故城今魚臺縣北。"

十三、東 海 郡

東晦都水

《於京》圖15；《璽印》P424；《新出》P10；《青泥》P27；《大系》P65

【於京2005】

東晦即東海，王輝有論。《史記·秦始皇本紀》：“於是立石東海上朐界中，以爲秦東門。”《史記·項羽本紀》：“項王已定東海。”《史記·貨殖列傳》：“彭城以東，東海、吳、廣陵，此東楚也。”《正義》：“彭城，徐州治縣也。東海郡，今海州也。”《漢書·地理志》：“東海郡，高帝置。莽曰沂平。屬徐州。”東海郡治郯，即今山東郯城縣北。

【政區2009】

都水爲管水之官，爲秦郡、縣之職官。東晦郡即東海郡，秦東海郡治郯，楚漢之際亦習稱郯郡。《元和·卷一一》：“秦置三十六郡，以魯爲薛郡，後分薛郡爲郯郡，漢改郯郡爲東海郡。”從此可知秦東海郡實爲薛郡分置而來。王國維始斷秦東海郡爲既併天下之後所析置郡，譚其驤則進一步以爲秦東海郡分薛郡而置。其説：“《陳涉世家》，陳王初即位，陵人秦嘉等皆特起，將兵圍東海守慶於郯。《絳侯世家》，項籍已死，因東定楚地泗川、東海郡，凡得二十二縣。《漢書·楚元王傳》，漢六年，立交爲楚王，王薛郡、東海、彭城三十六縣。《高帝本紀》六年記此事，東海作郯郡。東海治郯，楚漢之際，亦稱郯郡也。”今秦封泥證之，此説甚確，可從。《漢志》東海郡，“高帝置，莽曰沂平，屬徐州”。可這是不够準確的。前面文獻《史記·陳涉世家》《史記·絳侯周勃世家》亦云：“東海郡”。《史記·秦始皇本紀》：“於是立石東海上朐界中，以爲秦東門。”《史記·項羽本紀》：“項王已定東海來，西，與漢俱臨廣武而軍，相守數月。”這些文獻記載也表明秦末確實設置東海郡。又楊守敬曰：“秦東海郡，楚漢之際改名郯郡，漢復故。”其郡治郯，今山東省郯城縣西。《水經·沂水注》：“郯故國也，少昊之後……縣故舊魯也，東海郡治，秦始皇以爲郯郡，漢高帝二年，更從今名。”

【秦水2016】

王輝對“晦”字有過很好的解説，謂：《易·明夷》上六：“不明晦，初登天，後入於地。”“晦”馬王堆帛書本作“海”；又長沙子彈庫戰國楚帛書乙篇中有：“乃命山川四晦”，“四晦”即“四海”。因此“東晦都水”即“東海都水”，“東晦都水”就是秦東海郡都水官之省稱。秦東海郡爲秦兼併天下之後，分薛郡而析置郡，郡治郯，故址今山東郯城縣北，故楚漢之際亦習稱郯郡。

【秦地2017】

秦封泥有“東晦都水”“東晦司馬”，是以秦有東晦郡，傳世文獻作東海郡。

瑞按：《初學記》卷6《釋名》云：海，晦也。主引穢濁，其水黑而晦。”諸説解釋東晦爲東海，自當無誤。然“海”字秦漢已有，以《漢印文字徵》所收即有“海右鹽丞”“北海太守章”“東海廟長”“海鹽丞印”“橫海候印”等官印，並有“杜海私印”“張東海”“孟海”等私印，而“晦”字也有“李晦”私印。《漢印文字徵補遺》“海”字下又收“南海司空”“成海”印。“南海司空”《秦文字集證》等列爲秦印。在秦漢簡牘中海、晦二字同時並存的情況同樣存在。南越國簡牘中有“南海”，傳世有“南海司空”，説明文獻中“南海郡”的記載無誤。那麽作爲地名的東晦，是否一定是文獻中的東海，尚可存疑。

東晦司馬

《印風》P147;《釋續》圖39;《印集》P93;《彙考》P179;《大系》P65

【釋續2001】

　　第三字已殘,從殘畫看,似是司字。依上文"晦陵丞印"條所説,"東晦"應即東海。《漢書·地理志》東海郡下班氏自注:"高帝置。"王先謙《補注》:"全祖望曰:'故秦郡,楚漢之際改名剡,屬楚國。高帝五年屬漢復故,仍屬楚國,景帝二年復故。"'東海司馬"應是郡司馬。漢有"豫章司馬""東郡司馬""琅邪司馬""臨菑司馬"封泥,皆其例。

【簡讀2002】

　　史籍失載,王輝先生認爲"'東晦'應爲東海",《漢志》有東海郡。缺字爲"司","東海司馬"爲郡司馬。

【彙考2007】

　　王輝先生考:第三字已殘,從殘畫看,似是司字。依下"晦陵丞印"條所説,"東晦"應即東海。《漢書·地理志》東海郡下班氏自注:"高帝置"。王先謙《補注》:"全祖望曰:'故秦郡,楚漢之際改名剡,屬楚國。高帝五年屬漢復故,仍屬楚國,景帝二年復故。"'東海司馬"應是郡司馬。漢有"豫章司馬""東郡司馬""琅邪司馬""臨菑司馬"(吳幼潛:《封泥彙編》,上海古籍出版社一九八四年版,第六一頁)封泥,皆其例。

【政區2009】

　　王輝對"晦"字有過很好的解説,謂:《易·明夷》上六:"不明晦,初登天,後入於地。""晦"馬王堆帛書本作"海";又長沙子彈庫戰國楚帛書乙篇中有:"乃命山川四晦","四晦"即"四海";因此,"東晦司馬"即"東海司馬"。《漢書·百官公卿表》未載"郡司馬"一職,但《漢舊儀》載邊郡太守,"置長史一人,掌兵馬。丞一人,治民。當兵行,長史領。置部都尉、千人、司馬、候、農部尉,皆不治民,不給衛士"。陳直曰:"西漢時,郡有司馬,内郡,邊郡都有,其系統屬於太守,其調遷屬於都尉。"秦封泥中還有"東郡司馬""琅邪司馬""臨淄司馬"等,可見秦郡也普遍設有司馬一職。

【秦官2018】

　　郡司馬見於新出秦封泥"東晦司馬"和"洞庭司馬"。郡司馬統一前稱爲"邦司馬",這種名稱的更改見於里耶秦簡8-461"邦司馬爲郡司馬"。

【廣封2019】

同《彙考2007》。

剡□之印

《印風》P151；《釋續》圖38；《印集》P130；《彙考》P222；《璽印》P419；《大系》P263

【釋續2001】

　　《漢書・地理志》東海郡有剡縣。班氏自注："故國，少昊後，盈姓。"王先謙《補注》："錢坫曰：'《秦紀》：嬴姓分封，以國爲姓，有徐氏、剡氏、莒氏。按三國盈姓，盈、嬴通，故史公云爾。'……《沂水注》：'沂水自襄賁來，又屈南過剡縣西。剡，故國。昭公十七年朝魯。晋烈公四年越滅剡。沂水下入良城。'《一統志》：今剡城縣西二十里故城社，又西南三十里故縣社，蓋其遺址。"剡爲先秦舊縣，今山東剡城縣。又《地理志》會稽郡亦有剡縣，然爲漢置縣，與此封泥無關。

【簡讀2002】

　　秦縣，《漢志》屬東海郡。《史記・靳歙列傳》："略地東至繒、郯下邳。"

【彙考2007】

　　同《釋續2001》。

【戰國2013】

　　包山楚簡有"丙辰，郯人□鄒"（J183）；"郯列尹靈之人"（J194）。整理者認爲"郯，古國名，戰國初被越國所滅，越被楚滅後，地入楚，在今山東郯城西南"。考古調查表明，郯縣故城爲不規則四邊形，東1370米，西1260米，南780米，北1260米，時代從周之郯國，至秦漢東海郡治郯縣，後省縣入臨沂。

【悠悠2015】

　　《漢志》東海郡有郯縣，"故國，少昊後，嬴姓"。《史記・陳涉世家》陳王初立時，"將兵爲東海守慶於郯"。《漢書補注》記"錢坫曰：《秦紀》：嬴姓分封，以國爲姓，有徐氏、郯氏、莒氏。按三國盈姓，盈、嬴通，故史公云爾。'"《水經・洣水注》："縣故舊魯也，東海郡治，秦始皇以爲郯郡。"郯縣在秦時爲東海郡治所在，秦末漢初之際或爲郯郡治，漢初復爲東海郡治。秦郯縣治在今山東省郯城縣附近，其南部到今江蘇省新沂縣北部。考古代調查表明，郯縣故城爲不規則四邊形，東1370米，西1260米，南780米，北1260米，時代從周之郯國，至秦漢東海郡治郯縣，唐省縣入臨沂。

（一）下　邳

下邳

無圖，釋讀見《五十例》P320。

【五十例2005】

半通。《史記·田敬仲完世家》："居期年，封（鄒忌）以下邳，號曰成侯。"《留侯世家》："良乃更名姓，亡匿下邳。良嘗間從容步遊下邳圯上。"《項羽本紀》："項梁渡淮，黥布、蒲將軍亦以兵屬焉。凡六七萬人，軍下邳。"《正義》："下邳，泗水縣也，應劭云：'邳在薛，徙此，故曰下邳。'按：有上邳，故曰下邳。"《漢志》：東海郡有下邳，本注："葛嶧山在西，古文以爲嶧陽。有鐵官。莽曰閏儉。"《水經·泗水注》："（泗水）又東南過下邳縣西。""泗水又東海屬縣也。應劭曰：奚仲自薛徙居之，故曰下邳也。漢徙齊王韓信爲楚王，都之，後乃縣焉。"《元和郡縣圖志·河南道五·泗州·下邳》："本夏時邳國，後屬薛，《左傳》薛之祖奚仲遷於邳是也。春秋併於宋，戰國時屬楚，後屬齊。至秦曰下邳縣，漢屬東海郡。《魏志》曹公征呂布於下邳，生擒布，令東中郎將鎮下邳。宋改爲下邳縣，屬東徐州。周改東徐爲邳州。隋省邳州，以縣屬泗州。"下邳秦屬東海郡，其地在今江蘇睢寧縣西北。

【戰國2013】

《史記·田完世家》鄒忌見齊威王，"居期年，封以下邳，號曰成侯"。《元和·卷九》："下邳縣，本夏時邳國，後屬薛，《左傳》薛之祖奚仲遷於邳是也。春秋併於宋，戰國時屬楚，後屬齊。至秦曰下邳縣，漢屬東海郡。"《讀史·卷二十二》南直隸四邳州下邳城，"州治東，古邳國也。《左傳》昭元年：'趙文子曰：商有女先邳'，此即邳國矣。應劭曰：'邳在薛，後徙此，故曰下邳。'薛瓚曰：'有上邳，故云下。'《春秋》定元年傳云：'薛祖奚仲遷於邳'，或以自北遷出，故謂之下邳"。下邳古城故址在今江蘇省邳縣東南。

【悠悠2015】

説見"下邳丞印"。

下邳丞印

《於京》圖39；《璽印》P408；《大系》P295

【於京2005】

《史記・高祖本紀》："齊王韓信習楚風俗,徙爲楚王,都下邳。"《正義》："泗州下邳縣是,楚王韓信之都。"《史記・留侯世家》："良嘗間從容步遊下邳圯上。"《索隱》："按:《地理志》下邳縣屬東海。又云邳在薛,後徙此。有上邳,故此曰下邳也。"《水經注》卷二五:"泗水又東南逕下邳縣故城西,東南流,沂水流注焉,故東海屬縣也。應劭曰:奚仲自薛徙居之,故曰下邳也。"《漢書・地理志》:"東海郡,下邳,(萬)〔葛〕嶧山在西,古文以爲嶧陽。有鐵官。"《元和郡縣圖志・河南道五・泗州・下邳》:"本夏時邳國,後屬薛,《左傳》薛之祖奚仲遷於邳是也。春秋併於宋,戰國時屬楚,後屬齊,至秦曰下邳縣,漢屬東海郡。《魏志》曹公征呂布於下邳,生擒布,令東中郎將鎮下邳。宋改爲下邳縣,屬東徐州。周改東徐爲邳州。隋省邳州,以縣屬泗州。"下邳秦屬東海郡,其治在今江蘇睢寧西北。

【悠悠2015】

《史記・田敬仲完世家》:"居期年,封(騶忌)以下邳,號曰成侯"。《史記・高祖本紀》:"齊王韓信習楚風俗,徙爲楚王,都下邳。"《正義》:"泗州下邳縣是,楚王韓信之都。"《史記・留侯世家》:"良乃更姓名,亡匿下邳。良嘗間從容,步遊下邳圯上。"《史記・項羽本紀》:"項梁渡淮,黥布、蒲將軍亦以兵屬焉。凡六七萬人,軍下邳。"《正義》:"下邳,泗水縣也,應劭云:'邳在薛,徙此,故曰下邳。' 按:有上邳,故曰下邳。"《水經・泗水注》:"泗水又東南經下邳縣故城西……故東海屬縣也。"《元和郡縣志》卷9:"下邳縣,本夏時邳國,後屬薛,《左傳》薛之祖奚仲遷於邳是也。春秋併於宋,戰國時屬楚,後屬齊。至秦曰下邳縣,漢屬東海郡。"《讀史方輿紀要》卷22南直隸四邳州下邳城,"州治東,古邳國也。《左傳》昭元年:'趙文子曰:商有女先邳。' 此即邳國矣。應劭曰:'邳在薛,後徙此,故曰下邳。' 薛瓚曰:'有上邳,故云下。'《春秋》定元年傳云:'薛祖奚仲遷於邳。' 或以自北遷出,故謂之下邳。秦置下邳縣,屬薛郡。二世二年項梁西渡淮,軍下邳是也。漢初封韓信爲楚王,都下邳。後爲縣,屬東海郡。"邳州即今江蘇省邳縣。

（二）晦　　陵

晦陵丞印

《印風》P152;《釋續》圖37;《印集》P143;《彙考》P235;《璽印》P420;《大系》P122

【釋續2001】

晦疑應讀爲海，《易·明夷》上六：“不明晦，初登於天，後入於地。”“晦”馬王堆帛書本作“海”；長沙子彈庫戰國楚帛書乙篇：“乃命山川四晦（李零以爲晦即晦）……”，“四晦”即四海。《漢書·地理志》臨淮郡有海陵縣。王先謙《補注》：“戰國楚地海陽，見《楚策》吳注。……《一統志》：故城今泰州治。”依其説，海陵初名海陽，漢始改爲海陵。由此封泥看，則秦時已置縣，明晦陵或海陵。

【簡讀2002】

籍失載，王輝先生認爲“晦疑讀爲海”，乃《漢志》臨淮郡之海陵縣。

【彙考2007】

同《釋續2001》。

【分域2009】

“晦”讀作海。《漢書·地理志》載，臨淮郡有海陵縣。其地在今江蘇泰州。

【悠悠2015】

秦封泥有“晦陵丞印”，“晦”通“海”，晦陵即海陵。《漢志》臨淮郡領縣有海陵，“有江海會祠，莽曰亭間”。王先謙《漢書補注》：“戰國楚地海陽，見《楚策》吳注。”如依其説，海陵初名海陽，秦漢時始改爲海陵。《大清一統志》：“故城今泰州治。”秦海陵縣治及領地在今江蘇省泰州市。

【廣封2019】

同《釋續2001》。

晦□丞□

《彙考》P258

瑞按：封泥殘，殘存文字排列與“晦陵丞印”不同，是否爲“晦陵”尚難確定，具體所指有待完整封泥。

（三）建　　陵

建陵丞印

（當爲“延陵丞印”）

《彙考》P212

【發現1997】

《漢書・地理志》東海郡：“建陵，侯國。”

【郡縣1997】

《漢書・地理志》東海郡下屬縣有建陵，本注“侯國”。《水經注》卷二十五《泗水》注郯縣云：“東海郡治，秦始皇以爲郯郡，漢高帝二年，更從今名，即王莽之沂平者也。”則建陵原爲秦郯郡（東海郡）屬縣，在今江蘇新沂。丞爲縣令佐官。

【秦封2000】

《漢志》東海郡有建陵縣，“侯國，莽曰付亭”。《水經》：“東海郡治，秦始皇以爲郯郡，漢高帝二年，更以今名，即王莽之沂平也。”則建陵爲秦郯郡屬縣。《史記》：“建陵侯衛綰者，代大陵人也。”《正義》引《括地志》云漢建陵故城在沂州承縣界也。建陵縣秦約屬東海郡，今在江蘇省新沂縣南郊。

【簡讀2002】

秦縣，《漢志》屬東海郡。

【彙考2007】

《漢書・地理志》東海郡下有建陵縣。王先謙《漢書補注》：“續《志》後漢省。《沐水注》：‘沐水自厚丘來，南徑建陵山西……。’《一統志》：故城今沐陽西北建陵山下。”

【分域2009】

建陵，縣名。《漢書・地理志》東海郡：“建陵，侯國。”其地在今江蘇新沂。

【集證2011】

《漢書・地理志》東海郡有“建陵”侯國。《漢書補注》王先謙曰：“張釋卿國，高后封。衛綰，景帝封。魯孝王子遂，宣帝封。”《漢書・高后紀》：“八年（前180年）春，封中謁者張釋卿爲列侯。”漢初侯國地名多因秦縣，由此封泥看，則秦已置建陵縣。

【悠悠2015】

建陵在秦代並無相關歷史事件記載,但西漢初年衛綰、張釋都曾爲建陵侯,可見建陵出現較早。《漢書·高后紀》:"八年春,封中大謁者張釋卿爲建陵侯。"《漢志》東海郡有建陵縣,"侯國,莽曰付亭"。《水經·沭水注》:"沭水又南逕東海厚丘縣⋯⋯一讀南逕建陵故城東,漢景帝六年封衛綰爲侯國,王莽更之曰付亭也。"《正義》引《括地志》云:"漢建陵故城在沂州承縣界也。"秦建陵縣故址在今江蘇新沂縣南郊。

【廣封2019】

案《漢書·地理志》:東海郡,有縣"建陵","侯國,莽曰付亭"。此其丞之印也。

瑞按:首字殘泐,諸家均讀"建",從拓本中所存筆畫看,應爲"延陵丞印"。

(四)蘭　　陵

蘭陵丞印

《古封》P152;《秦封》P290;《書集》P129;《彙考》P267;
《璽印》P405;《山全》P36、159;《濟博》P8;《大系》P146

【兩漢1993】

西漢早期,封泥。印文二行四字。有界欄。《齊魯封泥集存》著録。蘭陵,漢縣名。《漢書·地理志》:"東海郡,⋯⋯縣三十八⋯⋯蘭陵。莽曰蘭東。"東漢沿置,《後漢書·郡國志》:"東海郡⋯⋯十三城,⋯⋯蘭陵有次室亭。"注引《地道記》曰:"故魯次室邑。"故治在今山東棗莊市東南。《漢書·王子侯表》:建昭五年(公元前三四年)以廣陵孝王子宜爲蘭陵侯,傳三世免。則西漢晚期蘭陵曾爲王子侯國。

【秦式1998】

録於《齊魯》《再續》。《漢志》東海郡有蘭陵縣。《史記·荀卿列傳》:"荀卿乃適楚,而春申君以爲蘭陵令。"蘭陵縣秦約屬東海郡,今在山東省棗莊市東南。《秦陶》:"蘭陵居貲便里不更牙",漢封泥見《再續》《澂秋》"蘭陵之印",《續封》《建德》"蘭陵左尉",《齊魯》"蘭陵丞印"。漢印見《徵存》"蘭陵左尉"。

【秦封2000】

《漢志》東海郡有蘭陵縣,"莽曰蘭東"。《史記·荀卿列傳》:"荀卿乃適楚,而春申君以爲蘭陵令。"《通典》忻州丞縣:"漢蘭陵縣,故城在今縣東是也。"《元和》:忻州丞縣:"蘭陵縣城,在縣東六十里,《史記》曰荀卿以儒者適楚,楚春申君以爲蘭陵令,因家焉。"清爲兖州府嶧縣。蘭陵縣秦約屬東海郡,今在山東省棗莊市東南。《秦陶》:"蘭陵居貲便里不更牙。"漢封泥見:《再續》《澂秋》《建德》"蘭陵左尉",《齊魯》"蘭陵丞印"。漢印見:《澂秋》"蘭陵左尉"。

【縣考2007】

　　始皇二十三年,秦大敗楚,廣陵、蘭陵、武城等縣至遲此年屬秦。秦封泥中有"蘭陵丞印"。《漢志》蘭陵縣屬東海郡。

【彙考2007】

　　蘭陵,縣名。戰國楚置。秦亦置縣。《漢書·地理志》東海郡有蘭陵縣。今在山東省蒼山西南蘭陵鎮。

【集證2011】

　　《漢書·地理志》東海郡有"蘭陵"縣。《漢書補注》王先謙曰:"戰國楚縣。荀卿爲令,家此,見《列傳》。"

【戰國2013】

　　蘭陵爲戰國時楚國地,荀子曾出任楚蘭陵令。《史記·孟子荀卿列傳》云:"齊人或饞荀卿,荀卿乃適楚,而春申君以爲蘭陵令。春申君死,而荀卿廢,因家蘭陵……卒,因葬蘭陵。"又《史記·春申君列傳》:"春申君相楚八年,爲楚北伐滅魯,以荀卿爲蘭陵令。"即蘭陵在戰國時就爲楚國縣,秦漢因之。《正義》曰:"蘭陵,縣,屬東海郡,今沂州承縣有蘭陵山。"又《戰國策·楚策四》云:"今孫子(荀子)天下賢人也,君籍之以百里勢,臣竊以爲不便於君。"據此可知蘭陵轄地甚廣。即其故地在今山東省蒼山縣西南蘭陵鎮。

【悠悠2015】

　　秦陶文有"蘭陵",該地名見於秦始皇陵西側趙背户村秦刑徒墓出土的瓦書陶文,其銘文:蘭陵居便里不更牙(79C49)。蘭陵爲戰國時楚國地。《史記·孟子荀卿傳》云:"荀卿適楚,春申君以爲蘭陵令。荀卿因家蘭陵,卒,因葬蘭陵。"此説又見於《史記·春申君傳》。故推之,蘭陵在戰國時就已設置爲縣,爲楚國縣,秦漢因之。《漢志》東海郡領縣有蘭陵,"莽曰蘭東"。又《正義》曰:"蘭陵,縣,屬東海郡,今沂州承縣有蘭陵山。"即其故地在今山東蒼山縣西南蘭陵鎮,轄地大部分在山東境内,南部在今江蘇省邳州市北部。秦漢時蘭陵縣下轄的基層行政單位有便里。

【廣封2019】

　　案《再續封泥考略》:《漢書·地理志》,蘭陵縣屬東海郡。"丞"詳前。

　　瑞按:秦陶文有蘭陵,袁仲一先生指出,《史記·荀卿列傳》春申君以荀卿爲蘭陵令,表明蘭陵爲楚縣,故城在山東蒼山縣西南蘭陵鎮(《秦代陶文》P32)。

（五）廣　　陵

廣陵丞印

《大系》P103

【縣考2007】

　　始皇二十三年，秦大敗楚，廣陵、蘭陵、武城等縣至遲此年屬秦。秦封泥中有"蘭陵丞印"。《漢志》廣陵縣屬廣陵國。

【悠悠2015】

　　《史記·六國年表》："楚懷王十年，城廣陵。"《史記·項羽本紀》："廣陵人召平於是爲陳王徇廣陵。"《史記·樊酈滕灌列傳》："（灌嬰）渡淮，盡降其城邑，至廣陵。"《讀史方輿紀要》卷23："江都縣，附郭。秦廣陵縣。漢析置江都縣，屬廣陵國。後漢因之。"考古表明揚州市蜀崗古城就是古廣陵古城遺址，城址爲不規則形，東西1900米，南北1400米，周長7000米，時代從春秋末吳國都城，戰國楚廣陵城，漢荆、吳、江都、廣陵王城。

（六）新 東 陽

新東陽丞

《印風》P157；《釋續》圖28；《印集》P134；《彙考》P226；《大系》P307

【釋續2001】

　　《漢書·地理志》無新東陽縣，但新東陽肯定爲先秦古縣，1976年安徽阜陽博物館在阜陽廢銅倉庫揀選到一枚方形古璽。璽文"新東易（陽）宦（邑）大夫鉥"，該璽從風格和文字特點看,應是楚璽。韓自强先生推測新東陽即安徽界首縣光武鄉的尹城子,此地爲春秋蔡莘邑,西漢曾在此設新陽縣,楚敗蔡後有莘改稱新東陽,漢又稱新陽,恐未必是。先秦時魯有東陽,《左傳・哀公八年》:"吳師克東陽而進。"齊有東陽,《左傳・襄公二年》:"晏弱城東陽以逼之。"晋有東陽,《左傳・襄公二十三年》:"趙勝率東陽之師以追之。"此東陽《漢書・地理志》爲清河郡侯國。楚有東陽,秦置縣。《史記・項羽本紀》:"秦二世元年……項梁乃以八千人渡江而西,聞陳嬰已下東陽,使使欲與連和俱西。陳嬰者,東陽令史……"《正義》引《括地志》云:"東陽故城在楚州盱眙縣東七十里,秦東陽縣城也,在淮水南。""新東陽"爲楚地,大概因爲齊、魯、晋已有東陽地,故加新以分別之,至秦末漢初又省"新",逕稱東陽。

【簡讀2002】

　　新東陽史籍失載,所指不明。

【彙考2007】

　　同《釋續2001》。

【政區2009】

　　廣西貴縣羅泊灣一號墓出土"從器志木牘",其刻銘:"東陽田器志、人插卅,正月甲申中待□□、□□十八其九□□"。東陽,地名。戰國秦時,東陽有二。一趙東陽,《史記・趙世家》:"惠文十八,王再之衛東陽,決河水,伐魏氏。"又"悼襄王五年,慶舍將東陽河外師,守河梁。"《史記・秦始皇本紀》:"始皇十九年,王翦、羌瘣盡定取趙地東陽,得趙王。"趙之東陽,置縣較早。《左傳》:"襄公二十三年,齊伐魯晋,趙勝率東陽之師追之";又昭王二十二:"晋荀吴略東陽,減鼓。"《正義》引《括地志》云:"東陽故城在貝州歷亭縣界。"《漢志》清河郡屬縣東陽,"侯國"。秦置東陽縣,漢因之,今山東德州西北。二楚地東陽。《史記・項羽本紀》云:"陳嬰者,故東陽令吏";又"東陽少年殺其令,相聚數千人,欲置長"。故知楚地東陽,秦時置縣。西漢屬臨淮郡。《正義》引《括地志》云:"東陽故城在楚州盱眙縣東七十里,在淮水南。"《清一統志・卷一百三十四》:"故城在泗州天水縣西北,秦置。"即安徽天水縣西。廣西貴縣羅泊灣一號墓墓主爲南越國貴族,時代爲秦末漢初,南越王趙佗爲河北真定人,估計此人也與此物有關,似可推之此東陽爲趙地東陽,即秦在趙地置東陽縣一例證。

【分域2009】

　　新東陽縣史書未載,但楚有東陽,秦置縣。《史記・項羽本紀》云:"秦二世元年……項梁乃以八千人渡江而西,聞陳嬰已下東陽。"因先秦時魯有東陽,齊有東陽,晋有東陽,故加一"新"以别之,至秦末漢初,又省"新",直稱東陽。故城在今江蘇盱眙縣東。

【戰國2013】

　　1976年阜陽縣揀選的傳世戰國楚系官璽印有"新東陽邑大夫璽",其中"大夫"二字合書。此印與公認爲楚系印,如安徽壽縣所出"上場行邑大夫璽"和上海博物館藏"江陵行邑大夫璽"二印的形制,字體相似,當爲戰國時楚國官印。又秦封泥有"新東陽丞",説明楚國新東陽縣一直延續至秦,具體地望待考。

【楚地2013】

安徽阜陽市博物館藏有"新東易序大夫鈢"(圖4.10.1),韓自强推測印文"新東陽"可能就在發現該印的阜陽附近。今按,印文或與《漢志》臨淮郡有"東陽"縣(今江蘇盱眙縣)有關。

【職地2014】

楚有東陽,秦置縣。《史記·項羽本紀》陳嬰爲東陽令史。戰國魯國、齊、晋皆有東陽,加"新"以示區別。

【悠悠2015】

秦封泥有"新東陽丞"。1976年阜陽縣揀選到傳世戰國楚系官璽印"新東陽邑大夫鈢",説明新東陽置縣較早,戰國時期楚國就已設縣,秦或沿襲之。《漢志》臨淮郡領縣有東陽縣,秦末陳嬰曾爲故東陽令史。新東陽之謂,應是相對於東陽而言,具體地望待考。《漢志》中無此縣,估計廢。又,文獻載秦置東陽縣。《史記·項羽本紀》云:"陳嬰者,故東陽令史。"秦末時,這裏曾發生"東陽少年殺其令";"强立(陳)嬰爲長,縣中從者得二萬人。"陳嬰振臂即聚二萬人,可知秦東陽爲一大縣。《正義》引《括地志》云:"東陽故城在楚州魚臺東七十里,在淮水南。"《大清一統志》卷134云:"故城在泗州天水縣西北,秦置。"現代考古證明,秦東陽縣故址位於江蘇盱眙縣東陽鄉,城址保存較好。現存城垣爲並列的東西兩城,略呈方形。兩城面積合計約150多萬平方米。城址出土秦始皇二十六年詔書銅權、半兩錢和秦磚漢瓦。東城南垣墻基下採集到楚蟻鼻錢,説明東陽城的上限不超過戰國末期,推之可能是在戰國舊址上興建的,下限不晚於西漢晚期。

【古分2018】

楚璽印有"新東陽館大夫璽"(《文物》1988年6期89頁),韓自强、韓朝謂:"'新東陽館大夫璽'是在阜陽廢銅倉庫撿選的,可能新東陽就在阜陽周圍。阜陽地區的古城址,可以介首縣光武鄉的尹城子當之,該城址面積廣大,夯土城墻和城門歷歷在目。這裏是春秋蔡國的莘邑,西漢時曾在此建置新陽縣,西晋時廢。楚敗蔡後占有了莘邑,把它改爲新東陽,把莘寫作新,才有西漢在這裏建置新陽縣的可能。"新東陽,楚地,或與東陽有關。《史記項羽本紀》:"項梁乃以八千人渡江而西,聞陳嬰已下東陽,使使欲與連和俱西。"《集解》:"晋灼曰:'東陽縣本屬臨淮郡,漢明帝分屬下邳,後復分屬廣陵。'"《正義》:"《括地志》東陽故城在楚州盱眙縣東七十里,秦東陽縣城也,在淮水南。'"又有衛之東陽,《史記趙世家》:"(惠文王十七年)王再之衛東陽,決河水,伐魏氏。"《正義》:"《括地志》云'東陽故城在貝州歷亭縣界。'按:東陽先屬衛,今屬趙。"又春秋時齊、晋魯皆有東陽。戰國時期,燕也有東陽。

【廣封2019】

同《釋續2001》。

瑞按:《漢書·地理志》無"新東陽",然臨淮郡有"東陽",清河郡有"東陽"侯國。《史記·秦始皇本紀》"十九年,王翦、羌瘣盡定取趙地東陽,得趙王"。《史記·項羽本紀》"項梁乃以八千人渡江而西。聞陳嬰已下東陽,使使欲與連和俱西。陳嬰者,故東陽令史,居縣中,素信謹,稱爲長者。東陽少年殺其令,相聚數千人,欲置長,無適用,乃請陳嬰。"注引《集解》:晉灼曰:"東陽縣本屬臨淮郡,漢明帝分屬下邳,後復分屬廣陵。"《索隱》下音如字。按:以兵威伏之曰下,胡嫁反。彼自歸伏曰下,如字讀。他皆放此。東陽,縣名,屬廣陵也。《正義》:《括地志》"東陽故城在楚州盱眙縣東七十里,秦東陽縣城也,在淮水南。"《史記·高祖本紀》"沛公怨雍齒與豐子弟叛之,聞東陽寧君、秦嘉立景駒爲假王,在留,乃往從之"。

(七)游　　陽

游陽丞印

1

2

1.《印風》P146;《印集》P118;《彙考》P212
2.《印集》P118

【補讀1998】
　　《漢志》失載。《水經·淮水注》:"淮水於縣枝分,北爲游水……《地理志》曰:游水自淮浦北入海。"游水所流經秦東海郡,則游陽當在此,約在今江蘇省東北部。
【秦封2000】
　　同《補讀1998》。
【簡讀2002】
　　秦縣,《漢志》失載。游陽當在游水流域附近。
【彙考2007】
　　《秦封》考:《漢書·地理志》失載。《水經·淮水》:"淮水於縣枝分,北爲游水。"《地理志》曰:"游水自淮浦北入海。"游水所流經秦東海郡,則游陽縣當在此,地約在今江蘇省東北。
【集證2011】
　　周曉陸云:"《漢志》失載。《水經·淮水》:"(淮水)又東至廣陵淮浦縣,入於海。"注:"淮水於縣枝分,北爲游水,歷朐縣與沭合……游水東北入海,舊吳之燕岱,常泛巨海,憚其濤險,更沿溯是瀆由是出。《地理志》曰:游水自淮浦北入海,《爾雅》曰:淮別爲滸,游水亦枝稱者也。"游水是淮河入海前的分枝,則游陽當在淮浦附近,秦屬東海郡。

【職地2014】

《地理志》“游水自淮浦北入海”，“游陽”蓋在游水之陽而得名。《水經注·淮水》：“淮水於縣枝分，北爲游水。”游陽應在游水之北，漢東海郡境，約在今江蘇省東北。

【悠悠2015】

《史記》《漢志》等文獻無載，估計當爲秦漢一失載縣名。《水經·淮水注》：“淮水於縣枝水，北爲游水。”《漢志》曰：“游水自淮浦北入海。”按游水所流經秦東海郡，在今江蘇省連雲港市和灌雲縣一帶注入黃海，游陽得名應取自游水之北岸，則游陽縣當此，地約在今江蘇省東北的連雲港市及淮安市轄區之内。

【廣封2019】

同《彙考2007》。

（八）堂　　邑

堂邑丞印

《補讀》圖2∶48；《秦封》P292；《印集》P118；《書集》P128；
《彙考》P211；《璽印》P404；《大系》P263

【印考1997】

印面正方形，田字格，邊長1.8釐米，印文略殘，推測爲“堂邑丞印”。堂邑，古縣名。春秋時楚棠邑，後屬吳，稱堂邑。秦及漢初爲侯國，後置堂邑縣，治所在今江蘇六合北。

【補讀1998】

初讀誤作“卷邑丞印”，現據《秦封2000》正讀。《漢志》：臨淮郡有堂邑縣，“有鐵官”。《史記·高祖功臣年表》有堂邑侯。《太平》：“六合縣本楚堂邑。春秋時，伍尚爲棠邑大夫，即此。秦滅楚，以堂邑爲縣。”堂邑縣秦約屬東海郡，今在江蘇省六合縣北。漢封泥見《封泥》《建德》“堂邑丞印”。

【秦封2000】

《漢志》臨淮郡有堂邑縣，“有鐵官”。《史記·高祖功臣年表》有堂邑侯。《太平》：“六合縣本楚棠邑。春秋時，伍尚爲棠邑大夫，即此。秦滅楚，以棠邑爲縣。”堂邑縣秦約屬東海郡，今在江蘇省六合縣北。漢封泥見：《文物》“堂邑左尉”，《封泥》《建德》“堂邑丞印”。

【簡讀2002】

秦縣,《漢志》屬臨淮郡。

【彙考2007】

堂邑,縣名。春秋時楚棠邑。後屬吳,稱堂邑。秦與此置堂邑縣。《漢書·地理志》臨淮郡有堂邑縣。《太平寰宇記》:"六合縣本楚棠邑。春秋時,伍尚爲棠邑大夫,即此。秦滅楚,以棠邑爲縣。"堂邑縣秦屬東海郡,今在江蘇省六合縣北。

【集證2011】

首字周曉陸初釋"卷",後已糾正。《漢書·地理志》臨淮郡有"堂邑"縣,《漢書補注》王先謙曰:"高帝封陳嬰爲侯國,見《表》……春秋時曰堂。按堂即棠,楚地,《左傳·襄十四年》'楚子囊師於棠'是也。伍奢子棠君尚,杜預曰:'棠邑大夫。棠、堂古通。'後屬吳,《刺客傳》:'專諸,吳堂邑人。'《一統志》:'故城今六合縣北。'"馬非百《秦集史·郡縣志》將"堂邑"置於東海郡下。

【悠悠2015】

秦封泥有"堂邑丞印"。堂邑原爲吳地,春秋時伍尚曾爲堂邑大夫,刺客專諸即爲堂邑人。《史記·刺客列傳》:"專諸,吳堂邑人。"《漢志》臨淮郡有堂邑縣,"有鐵官"。《史記·高祖功臣年表》有堂邑侯。《太平寰宇記》卷123:"六合縣本楚棠邑,春秋時,伍尚爲棠邑大夫,即此。秦滅楚,以棠邑爲縣。"秦堂邑縣治及領地今在江蘇六合縣北,或兼有安徽省天長縣部分。

【廣封2019】

案《漢書·地理志》:臨淮郡,有縣"堂邑","有鐵官"。此其丞之印也。

（九）成　　陽

成陽丞印

1　　　　　　　　2

1.《大系》P47
2.《精品》P48;《大系》P47

【政區2009】

包山楚簡有"成陽迅尹成以告子司馬"(J145)。"迅尹"爲楚縣令(亦稱縣令、縣尹)之屬吏。《戰國策·楚策四》:"秦果舉鄢、郢、巫、上蔡、陳之地,襄王流拼(掩)於城陽。"張琦《戰國策釋地》曰:"成陽故城在今光州息縣西界,北距陳300公里。"其後程恩澤《國策地名考》亦持此論。楚成陽,即漢汝南郡成陽縣前身,今河南信陽市北五十公里的長臺關有楚王城遺址。考古調查表明,信陽楚王城的成陽城始建於春秋,興盛於戰國時期,與文獻記載互證。漢置成陽縣,乃仍楚縣之舊。二者互證,秦置成陽縣。屬淮陽郡。

又:戰國齊兵器銘文有"成陽辛城里戈"(《集成》11154)。《戰國策·齊策》:"燕人興師而襲齊墟,王走而之城陽之中。"又《漢志》濟陰郡有城陽,今山東定陶北。此地在秦末多次發生戰爭。《史記·項羽本紀》:"項梁使沛公及項羽別攻城陽,屠之";"漢之二年冬,項羽北至成陽,田榮亦將兵會戰。"《史記·曹相國世家》:"擊王離軍成陽南"。可知秦成陽實爲戰國齊成陽縣之延續。

【戰國2013】

包山楚簡有"成陽卜尹成以告子司馬"(J145)。"卜尹"爲楚縣令(亦稱縣令、縣尹)之屬吏。《戰國策·楚策四》:"秦果舉鄢、郢、巫、上蔡、陳之地,襄王流拼(掩)於城陽。"張琦《戰國策釋地》曰:"成陽故城在今光州息縣西界,北距陳300公里。"其後程恩澤《國策地名考》亦持此論。徐少華認爲此"成陽"就是《戰國策》中"城陽","漢置成陽,乃仍楚縣之舊"。楚成陽即漢汝南郡成陽縣前身,今河南信陽市北50公里的長臺關有楚王城遺址。考古調查表明,信陽楚王城的成陽城始建於春秋,興盛於戰國時期,與文獻記載互證。

【楚地2013】

包山楚簡有"成昜"(《包山》145號),顏世鉉認爲包山楚簡的"成昜(陽)"應當就是湖北隨州擂鼓墩M2出土的《盛君縈之御簠》(《集成》9.4494)中盛君的封地"盛(成)",即《左傳》定公五年"(楚昭)王之奔隨也,將涉於成臼"的"成臼",杜注:"江夏竟陵縣西有臼水,出聊屈山,西南入漢。"包山簡"成昜"應在今湖北鐘祥縣北豐樂河入漢處。徐少華認爲包山簡文的"成昜(陽)"就是《戰國策楚策四》中的"城陽",地在今河南信陽市。

瑞按:《漢書·地理志》濟陰郡下有"成陽"縣,"有堯(家)[冢]靈臺。《禹貢》雷澤在西北。"汝南郡有"成陽"侯國。《漢書·地理志》"昔堯作游成陽,舜漁靁澤,湯止於亳",注引如淳曰:"作,起也。成陽在定陶,今有堯冢靈臺。"《史記·高祖本紀》"乃道碭至成陽,與杠里秦軍夾壁"《史記·曹相國世家》"擊王離軍成陽南",《索隱》:《地理志》縣名,在濟陰。成,地名。周武王封弟季載於成,其後代遷於成之陽,故曰成陽。《正義》:成陽故城,濮州雷澤縣是。《史記》云武王封弟季載於成。其後遷於成之陽,故曰成陽也。《漢書·項籍傳》"韓信破殺龍且,追至成陽,虜齊王廣"。

（十）潘　旌

潘旌

《於京》圖40；《書法》P44；《印集》P152；
《彙考》P242；《璽印》P360；《大系》P453

【於京2005】

《漢書·地理志》，臨淮郡有播旌。播旌秦屬東海郡，其治地失考。

【悠悠2015】

古無清唇音，"潘"即"播"。《漢志》臨淮郡屬縣播旌，"莽曰著信"。此地秦時屬東海郡，據《中國歷史地圖集》第二册爲地望無考縣，估計其地望在江蘇境内。

十四、泰 山 郡

泰山司空

《古封》P60；《秦封》P218；《上封》P45；《璽印》P424；
《山全》P38、P158、P190；《濟博》P15；《大系》P259

【秦式1998】

錄於《齊魯》《再續》。泰山郡，《漢志》："泰山郡，高帝置，屬兗州。"《漢表》如淳注："律，司空主水及罪人"。司空負責土木建築。此泰山司空約與漢泰山郡無關，當爲秦帝祭秦山時工程官署。秦印見《徵存》"聞陽司空"，漢封泥見《鐵雲》"泰山太守章"，

《封泥》"泰山大尹章",《再續》《澂秋》"泰山都尉章"。

【秦封2000】

泰山郡,《漢志》:"泰山郡,高帝置,屬兗州。"全祖望曰:"故屬泰山郡,楚漢之際屬齊國,尋爲濟北國,五月復屬齊國,分置濟北、博陽二郡,高帝四年屬漢,改博陽曰泰山,仍屬齊國,文帝二年別屬濟北國,四年復故,十六年復屬濟北國,景帝四年復故,五年復屬濟北國。武帝元鼎元年獻泰山及其旁邑,其國如故,後元二年,併濟北入泰山。"《續史》"泰山郡:故齊國地,文二年分置濟北國……三年國除,十六年復分爲濟北國,元狩初濟北王獻泰山及其旁邑,於是立泰山郡,後元二年,以濟北併入泰山郡,領奉高等縣二十四,今濟南府泰安州以北至兗州府之東北境,皆是其地。"漢治於博陽,故城在今山東省泰安縣東南。《漢表》如淳注:"律司空主水及罪人。"司空負責土木建築之事。此泰山司空恐與泰山郡無關,當爲秦始皇帝封泰山時所司建築職司。秦印見:《徵存》"聞陽司空"。漢封泥見:《鐵雲》"泰山太守章",《封泥》"泰山大尹章",《再續》《澂秋》"泰山都尉章"。

【上封2002】

《齊魯封泥集存》著録有"泰山司空",則秦郡並有司空又得新證。郡、國置司空,雖史籍不載,但可由印章、封泥中徵得。西漢初王國司空,見封泥"齊司空印"及"楚司空印"。秦之郡司空,有"南海司空"印可證,南海郡置於秦始皇三十三年。又,泰山秦漢皆無其縣,印文非郡無以歸之。《地理志》曰泰山郡,高帝置。全祖望《漢書地理志稽疑》說:"故屬秦齊郡,楚漢之際屬齊國,尋屬齊北國,五月復屬齊國,分置齊北、博陽二郡。高帝四年屬漢,改博陽曰泰山。"王國維認爲"故漢初之郡,當因秦故"。以此封泥證之,泰山亦秦始皇二十六年後自齊郡析出之郡。所謂高帝改博陽曰泰山,恐實爲復其秦名而已。

【圖説2009】

秦郡並有司空之新證。郡、國置司空,雖史籍不載,但可由印章、封泥中徵得。泰山秦漢皆無其縣,印文非郡無以歸之。泰山亦秦始皇二十六年後自齊郡析出之郡。所謂漢高帝改博陽曰泰山,實爲復其秦名而已(孫慰祖著《中國古代封泥》45)。司空負責土木建築之事。此泰山司空恐與泰山郡無關,當爲秦始皇帝封泰山時所司建築職司(《泥集》218)。

【職地2014】

《漢書·地理志》記載泰山郡爲高帝置,周振鶴認爲應推遲至漢武帝元狩元年。里耶秦簡8-462+8658號"卅五年三月庚子,泰山木功右□守",且嶽麓秦簡1114號云"泰山守言,新黔首不更昌等夫妻盜"。泰山守似爲泰山郡守。泰山司空封泥暫附此待考。

【悠悠2015】

通常以爲此封泥爲"當爲秦始皇帝封泰山對所司建築職司",非秦縣級官印,筆者以爲誤也。《戰國策·齊策》中蘇秦説齊王曰:"齊南有泰山,東有琅邪。"秦漢時,爲了宣傳皇權神聖性,對於各種自然神,尤其是天神的崇拜,是秦漢時宗教的重要内容。所謂"帝王之事莫大乎承天之序,承天之序莫重於郊祀"。秦漢泰山封禪,並設奉郊縣,管理封禪大典之事。如漢泰山郡奉高邑就是漢爲行封禪大典而置的基地,爲漢特殊宗教職能的縣城。秦封泥"泰山司空"或也爲封禪祭祀而設置的地方職宮,故推之秦泰山置縣,或爲漢奉郊縣奉高邑之前身。

【秦地2017】

里耶簡有"泰山木功"。《校釋》以爲秦郡。嶽麓書院藏秦簡有"泰山守"。辛德勇曾推測秦設泰山郡,時在秦始皇三十三年。此簡記始皇三十五年事,泰山當爲秦郡。

【廣封2019】

案《再續封泥考略》:《漢書·地理志》有泰山郡。司空或如軍司空則應是都尉之屬官,或如縣道獄司空則是掾史之印也。

（一）盧

盧丞

《彙考》P225

瑞按:《漢書·地理志》泰山郡有盧縣,"都尉治,濟北王都也"。《史記·魯相國世家》"還定濟北郡,攻著、漯陰、平原、鬲、盧"。《正義》:盧縣,今濟州理縣是也。《水經注》卷8"又東北過盧縣北",注:"濟水東北與湄溝合,水上承湄湖,北流注濟。《爾雅》曰:水草交曰湄,通谷者微。犍爲舍人曰:水中有草木交合也。郭景純曰:微,水邊通谷也。《釋名》曰:湄,眉也,臨水如眉臨目也。濟水又逕盧縣故城北,濟北郡治也。漢和帝永元二年,分泰山置,蓋以濟水在北故也。"《太平御覽》卷160引《左傳》曰:齊、鄭盟於石門,尋盧之盟。杜注曰:今盧縣故城是。

盧丞之印

1　　　　　　　　　　　　2

1.《補讀》圖60;《續考》圖221;《印風》P154;《秦封》P319;《印集》P133;《書集》
　P126;《彙考》P225;《璽印》P410;《大系》P160

2.《大系》P160

【兩漢1993】

西漢早期，封泥。印文二行四字。有界欄。《齊魯封泥集存》著録。盧丘，縣名，漢志失載。

【補讀1998】

初因殘未讀，現據《收藏》正讀。《漢志》泰山郡有盧縣，《史記·曹相國世家》："攻著、漯陰、平原、鬲、盧。" 正義引《括地志》云："盧縣，今濟州所理縣是也。"《水經·濟水》："濟北郡治也，漢和帝永元二年分泰山置，蓋以濟水在此故也。" 盧縣秦約屬濟北郡，今在山東省長清縣歸德鎮國街西之盧城窪。漢封泥見：《續封》《建德》"盧丞"，《齊魯》《再讀》"盧丞之印"。

【續考1998】

印面正方形，邊長2釐米，邊欄左側略殘，但印文清晰。"盧" 爲 "盧氏" 的省稱，古縣名，其地在今河南省三門峽市西南部，洛河上游，鄰接陝西省。

【秦封2000】

《漢志》：泰山郡有盧縣，"都尉治，濟北王都也。"《史記·曹相國世家》："攻著、漯陰、平原、鬲、盧。" 正義：《括地》云："盧縣，今濟州所理縣是也。"《水經·濟水》："濟北郡治也，漢和帝永元二年分泰山置，蓋以濟水在此故也。"《讀史》："在長清縣南二十五里。" 盧縣秦約屬濟北郡，今在山東省長清縣歸德鎮國街西之盧城窪。漢封泥見：《續封》《建德》"盧丞"，《齊魯》《再讀》"盧丞之印"。

【簡讀2002】

秦縣，《漢志》屬泰山郡。《史記·曹相國世家》："還定濟北郡，攻著、漯陰、平原、鬲、盧"。

【彙考2007】

盧，縣名。《漢書·地理志》泰山郡有盧縣。班固自注："盧，都尉治。濟北王所都也。"《水經·濟水》："濟水又徑盧縣故城北。" 酈道元注曰："濟北郡治也。漢和帝永元二年，分泰山置。蓋以濟水在北故也。" 今在山東省長清縣。

【政區2009】

《漢志》泰山郡盧縣，"都尉治，濟北王都也"。《史記·曹相國世家》："（參）遂取臨淄，還定濟北郡，攻著、漯陰、平原、鬲、盧。"《正義》引《括地志》云："盧縣，今濟州所理縣是一也。"《水經·濟水注》："濟水又逕盧縣故城北，濟北郡治也，漢和帝永元二年，分泰山置，蓋以濟水在北故也。"《讀史·卷三十一》山東濟南府長清縣盧城："縣西南二十五里。春秋時齊邑，齊公子溪食采於此。《左傳》隱三年：'齊侯、鄭伯盟於石門，尋盧之盟也。' 成十七年：'齊高弱以盧叛。' 襄十八年：'晉趙武、韓起以上軍圍盧。' 二十九年：'齊高豎又以盧叛。' 戰國時謂之博陽，以在伯關南也。項羽封田安爲濟北王，都博陽，即此。漢置盧縣。初屬濟北國，都盧；後屬泰山郡，郡都尉治焉。" 考古調查表明，秦盧縣故址在今山東省長青縣歸德鎮盧城窪。長清縣盧城故城爲方形，邊長2000米，時代爲秦郡治至漢濟北王國都盧城。

【集證2011】

《漢書·地理志》泰山郡有"盧"縣。《漢書補注》王先謙曰:"春秋齊邑,見《左·隱成襄傳》。秦縣,曹參攻之,見本傳。《地道紀》:'扁鵲所生。'"《清一統志》:"故城今長清縣南二十五里。"《封泥彙編》94·4有漢"盧丞"封泥。

【悠悠2015】

《漢志》泰山郡有盧縣,"都尉治,濟北王都也"。《史記·曹相國世家》:"攻著、漯陰、平原、鬲、盧。"《正義》引《括地志》云:"盧縣,今濟州所理縣是也。"《水經·濟水注》:"濟北郡治也,漢和帝分泰山置,蓋以濟水在此故也。"《讀史方輿紀要》:"在長清縣南二十五里。"秦盧縣屬濟北郡,今在山東長青歸德鎮盧城窪。考古調查表明,長清縣的盧城故城爲方形,邊長2000米,時代爲秦縣至漢濟北王國都盧城。

【職地2014】

《漢書·地理志》:"河東曰兗州:其山曰岱,藪曰泰野,其川曰河、沛,浸曰盧、濰……"師古曰:"盧水在濟北盧縣。"此盧縣在《地理志》泰山郡。王先謙補注:"春秋齊邑……秦縣,曹參攻之,見本傳。"盧丘或即此盧縣。

【廣封2019】

案《漢書·地理志》:泰山郡,有縣"盧","都尉治。濟北王都也"。《水經·濟水》:"又東北過盧縣北。"酈道元注曰:"濟水又逕盧縣故城北,濟北郡治也。漢和帝永元二年,分泰山置,蓋以濟水在北故也。"

十五、河 外 郡

河外大守

《大系》P114

瑞按:《於京2005》認爲河外郡爲河東郡曾用名,施謝捷先生亦認爲河外爲河東郡曾用名,陳偉認爲"外"應讀"間",河外郡是河間郡異寫。何慕先生認爲河外郡是叄川郡前身(《秦代政區研究》博士論文P53)。陳偉指出何慕之説確,是叄川郡前身。從封泥文字看,該封泥與所見叄川郡封泥相類,似時間差異不大,不排除同期存在的河外、河間的可能。大守,即太守。

河外府丞

1　　　　　2　　　　　3　　　　　4

1.《於京》圖8;《璽印》P423;《新出》P16;《大系》P113
2.《新出》P16;《大系》P113
3、4.《大系》P113

【於京2005】

《史記·秦本紀》:"魏將無忌率五國兵擊秦,秦却於河外。"《正義》:"蒙驁被五國兵敗,遂解而却至於河外。河外,陝、華二州也。"《史記·張儀列傳》:"大王不事秦,秦下兵攻河外。"《索隱》:"河之西,即曲沃、平周之邑也。"《正義》:"河外即卷、衍、酸棗。"《史記·魏公子列傳》:"公子率五國之兵破秦軍於河外,走蒙驁。"此秦設河外郡之證,可能即河東郡曾名。

【秦漢2010】

相家巷秦封泥有"南郡府丞""上黨府丞""上谷府丞""蜀大府丞""漢大府丞"等,知"河外"亦是秦郡名。周曉陸先生曾經刊布過一件同印封泥,並指出河外郡"可能是河東郡曾名",其説當是。由於原刊布之"河外府丞"拓本模糊,近年據秦封泥資料研究秦郡者多棄置不論。或謂"河外"或如江左、江右,爲大的區域名稱而非郡名。失之。

【體系2010】

説見"南郡府丞"。

【河外2011】

河外是河間郡異寫的可能性較大,而作爲另外一處秦郡的可能性反而比較小。

【文府2014】

秦時郡太守仍稱"大守"或"泰守",不直接稱"府"或"大府",所謂"某郡府丞"之"府"只是指某郡官府這一機構,而非指太守這一職務。府的本義指收藏文書及財物、器物的處所。《説文》:"府,文書藏也。"戰國秦漢時有各種名目的府,如楚有大府、高府、造府,三晋、東西周有中府、府、少府,秦有少府茜府、右府、左府,燕有殿具府,齊有饎(貸)府,性質大多如此。大約從戰國晚期起,出現了"官府"這一名稱,它最初指國家府庫。睡虎地秦簡《秦律十八種·金布》:"賈市居列者及官府之吏,毋

敢擇行錢、布。”《關市》:“爲作務及官府市,受錢必輒入其錢埇中。”《管子・問篇》:
“官府之藏,彊兵保國。”《小匡》:“是故聖王之處士必於閑燕,處農必就田野,處工必
就官府,處商必就市井。”引申之,官吏所居亦曰官府。《周禮・天官・大宰》:“以八法
治官府。”鄭玄注:“百官所居曰府。”賈公彦疏:“官府,在朝廷之官府也。”《廣雅・釋
宫》:“府,官也。”王念孫疏證:“府,謂官舍也。”“官府”或省稱“府”,郡、縣官署皆
稱“府”。《漢書・朱博傳》所説的“府”,當指郡守官府,亦即署衙。里耶秦簡5-23;
“□□□□□□印,一泰守府,一成固。”《里耶秦簡牘校釋(第一卷)》注:“泰守府,
郡太守之府,這裏應指洞庭郡太守。”又里耶簡8-062;“遷陵丞昌敢言之;令曰上蔡
繕牛車薄(簿),恒會四月朔日泰守府。”又8-410:“廿八年,遷陵田車計付雁門泰守
府。”又8-67+8-652“廿六年十二月癸丑朔辛巳,尉守蜀敢言之:大守令曰:秦人
□□□。侯中秦吏自捕取,歲上物數會九月望大守府。”上言“大(太)守”,下言“大
(太)守府”,一指太守,一指其署衙。又有“守府”,里耶8-60+8-656+8-665+8-748
背:“……六月乙亥水十一刻刻下六,守府快行少内。”《校釋》注:“守府,里耶簡所
見,一爲‘泰守府’的省稱……另外一種似是縣府差遣之人。……守府門似指守府、
守門之人。這種守府乃是看守縣府者,在需要時也充當信使。”依其説,郡太守省
稱“守府”,“府”爲郡太守署衙,守縣府者亦可省稱“守府”,“府”指縣令長署衙。
《左傳・僖公十五年》:“(晋惠公)賂秦伯以河外列城五,東盡虢略,南及華山,内及
解梁城,既而不與。”杜預注:“河外,河南也。東盡虢略,從河南而東,盡虢界也。解
梁城,今河東解縣也。華山在弘農華陰縣西南。”孔穎達疏:“河自龍門而南,至華陰
而東。晋在西河之東,南河之北,以河北爲内,河南爲外。虢略,彼之竟界也,獻公滅
虢而有之。今許以賂秦列城五者,自華山而東,盡耽之東界,其間有五城也。《傳》稱
‘許君焦瑕’,蓋焦、瑕是其二,其餘三城不可知也。……解梁則在河北,非此河外五
城之數也。”“許君焦瑕”一語見《左傳・僖公三十年》,是鄭大夫燭之武對秦穆公説
的話。燭之武説晋惠公曾“許君焦瑕,朝濟而夕設版焉”。杜預注:“焦瑕,晋河外五
城之二邑。”高士奇《春秋地名考》以爲晋河外之瑕,在河南陜縣(今三門峽市)西南
三十二里。焦又見《史記・周本紀》“武王追思先聖王,乃褒封神農之後於焦”。集
解:《地理志》弘農陜縣有焦城,故焦國也。”又《史記・蘇秦列傳》記蘇秦説趙肅侯
之語曰:“今大王與秦,則秦必弱韓、魏;與齊,則齊必弱楚、魏。魏弱則割河外,韓弱
則效宜陽。宜陽效,則上郡絶,河外割則道不通。”正義:“河外,同、華等地也。言魏
弱與秦河外地,則道路不通上郡矣。《華山記》云:‘此山分秦、晋之境。晋之西鄙,則
曰陰晋;秦之東邑,則曰寧秦。”“河外”與“河内”相對而言。晋都絳在山西南部,其
西、南、東皆爲黄河包圍,稱“河内”,河西、河南即後來魏的西河,稱“河外”。大體包
括《漢書・地理志》弘農郡之陜(今三門峽市)、盧氏,左馮翊之夏陽(今韓城市)、臨
晋(今大荔縣、亦即後世同州)、合陽、華陰(今華陰市)等地。《史記・秦本紀》:“(惠文
君)六年,魏納陰晋,陰晋更名寧秦。……八年,魏納河西地。……圍焦,降之。”河外
地入秦及置郡,應在惠文君時,最初可能因襲晋人舊稱以爲郡名。這一郡名存在時間

可能很短,後併入內史。

【秦地2017】

《史記·秦始皇本紀》"孝公既没,惠王、武王蒙故業,因遺册,南兼漢中,西舉巴、蜀,東割膏腴之地,收要害之郡","要害之郡"或即河外郡,郡名"河外",治所則在宜陽。至莊襄王元年(前249年)滅東周、置三川郡(出土文獻寫作"叁川"),河外郡即併入叁川郡中。此後隨着潁川郡、東郡、碭郡相繼設置,其地域或有所變更。

【廣封2019】

案《史記·秦始皇本紀》:"魏將無忌率五國兵擊秦,秦却於河外。"注,《正義》蒙驁被五國兵敗,遂解而却至於河外。河外,陝、華二州也。《史記·蘇秦列傳》:"魏弱則割河外,韓弱則效宜陽,宜陽效則上郡絶,河外割則道不通,楚弱則無援。"注,《正義》河外,同、華等地也。言魏弱,與秦河外地,則道路不通上郡矣。《華山記》云:"此山分秦晋之境,晋之西鄙則曰陰晋,秦之東邑則曰寧秦。"《史記·張儀列傳》:"大王不事秦,秦下兵攻河外,據卷、衍、〔燕〕、酸棗。"注,《索隱》河之西,即曲沃、平周之邑等。《正義》河外即卷、衍、燕、酸棗。又《周禮·天官·冢宰》:"以八法治官府。"注:百官所居曰府。則府是對官署的稱呼。則此應爲設置在河外的官署之印。

十六、城　陽　郡

城□大□

《大系》P48

瑞按:封泥殘存"城、大"二字。以"即墨大守"例,"大"當爲"大守"之"大"。若是,則"城"應爲郡名之首字。在既往研究中,以"城"爲首字的秦郡名,王國維、辛德勇、孫慰祖等均認爲有城陽郡。秦封泥有"城陽候印"。

第四章　淮漢以南

一、南　　郡

南郡大守

《大系》P178

【秦地2017】
　　里耶簡中有關南郡的材料尤多，16-5 "今洞庭兵輸内史，及巴、南郡、蒼梧輸甲兵"，8-722 "南郡泰守"。一條爲洞庭郡輸兵内史，以及南郡、巴郡、蒼梧郡輸送甲兵。一條爲南郡與洞庭郡往來文書之封檢。

南郡府丞

1　　　　　　　　　　2

1.《菁華》P36
2.《新出》P26

【於京2005】

《史記·秦本紀》："(昭襄王)二十九年，大良造白起攻楚，取郢爲南郡，楚王走。"《正義》："《括地志》云：'郢城在荆州江陵縣東北六里，楚平王築都之地也。'"《史記·秦始皇本紀》："(秦始皇二十八年)乃西南渡淮水，之衡山、南郡。"《正義》："今荆州也。言欲向衡山，即西北過南郡，入武關至咸陽。"《漢書·地理志》："南郡，秦置，高帝元年更爲臨江郡，五年復故。景帝二年復爲臨江，中二年復故。莽曰南順。屬荆州。"《水經注》卷三四："昔巴、楚數相攻伐，藉險置關，以相防捍，秦兼天下，置立南郡，自巫下皆其域也。"南郡治江陵，即今湖北江陵。

【西見2005】

有邊欄有界格，印風與常見秦式封泥相類。新見。南郡，戰國秦置。《史記》卷73《白起傳》："其明年(秦昭王二十九年)，攻楚，拔郢，燒夷陵，遂東至竟陵。楚王亡去郢，東走徙陳。秦以郢爲南郡。"此事發生在公元前279年，距秦始皇統一六國尚有58年之久。《睡虎地秦簡·語書》亦記載了不少關於南郡的内容。南郡治所在今湖北省江陵市東，轄今湖北省大部。已見的漢代封泥有南郡守印、南郡尉印、南郡發弩。

【政區2009】

西安相家巷出土秦封泥有"南郡司空""南郡府丞""南郡郎丞""南郡池丞"，傳世秦璽印有"南郡候丞"，都爲秦南郡郡守屬吏之遺物。另外秦簡中多見"南郡"，如雲夢秦簡的簡026："南郡備敬(警)"；龍崗秦簡的簡148："南郡用節不給時令"。此郡原爲楚國都郢及其周圍地區，公元前278年被秦所攻取，設置爲郡。其地因當時在秦國之南，故所置之郡名稱爲南郡。《史記·秦本紀》："(昭襄王)二十九年，大良造白起攻楚，取郢爲南郡，楚王走。"《史記·秦始皇本紀》："(始皇二十八年)乃西南渡淮水，之衡山、南郡"；"上自南郡由武關歸。"《正義》："今荆州也，言欲向衡山，即西北過南郡，入武關至咸陽。"《史記·項羽本紀》："義帝柱國共敖將兵擊南郡，功多，因立敖爲臨江王，都江陵。"《漢志》："南郡，秦置，高帝元年更爲臨江郡，五年復故。景帝二年復爲臨江，中二年復故。莽曰南順。屬荆州。"雲夢秦簡有南郡守騰，此外《新唐書·宗室世系表》："(秦隴西郡守李崇)生二子，長曰平燕，次曰瑶，字内德。南郡守，狄道侯。"秦南郡治郢，今在湖北江陵市。

【體系2010】

由"南部府丞"已自明"府丞"在郡。早年出土有"甾川府丞"(《集成》335)，因屬孤例未引起注意。新出者有"蜀大府丞"(《相家》8)、"河外府丞"(《相家》4)、"上黨府丞"(《彙編》676)等，南郡、蜀、上黨皆秦始皇二十六年前已有之都，甾川、河外爲郡不能例外。府丞應即太守丞，《漢官儀》稱郡太守爲"大府"，曰大府秩兩千石，丞一人，秩六百石。這與《百官志》所記太守及丞的秩次正好對應。《漢書·朱博傳》："於是府丞詣閣，博乃見丞掾曰：以爲縣自有長吏，府未嘗與也，丞掾謂府當與之邪？"也表明了"府丞"的地位。漢初封泥中仍見有"府丞"如"甾川府丞"(《集成》336)，而無“守丞”，新出秦封泥也未見“守丞”，這似乎也提示“大府丞”即秦時郡丞之正式官號，而非與“少府”或曰“少府”相對之職署。印文“府丞”又爲官印四字定式而緊縮文字。

【川渝2013】

《漢書・地理志》：“南郡，秦置，高帝元年更爲臨江郡，五年復故。景帝二年復爲臨江，中二年復故。莽曰南順，屬荆州。”《史記・秦本紀》：“（昭襄王）二十九年，大良造白起攻楚，取郢爲南郡，楚王走。”《正義》：“《括地志》云：‘郢城在荆州江陵縣東北六里，楚平王築都之地也。’”《史記・秦始皇本紀》：“（秦始皇二十八年）乃西南渡淮水，之衡山、南郡。”《正義》：“今荆州也。言欲向衡山，即西北過南郡，入武關至咸陽。”《水經注》卷三四：“昔巴、楚互相攻伐，籍險置關，以相防捍，秦兼天下，置立南郡，自巫下皆其域也。”南郡的郡治江陵，即今湖北江陵，按：秦之南郡最西部可達今重慶市的最東部。釋參見上“蜀大府丞、漢大府丞”條，此爲南郡某府（秦時郡級有大府、中府、少府、馬府等，此以大府爲宜）之丞用印之遺。

【悠悠2015】

西安相家巷出土秦封泥有“南郡司空”“南郡府丞”“南郡池丞”“南郡郎丞”，傳世秦璽印有“南郡候丞”。另外秦簡中多見“南郡”，如雲夢秦簡的簡026“南郡備敬（警）”；龍崗秦簡的簡148“南郡用節不給時令”。此郡原爲楚國都郢及其周圍地區，公元前278年被秦所攻取，設置爲郡。《史記・秦本紀》：“昭襄王二十九年，大良造白起攻楚，取郢爲南郡。”秦南郡治郢，今在湖北江陵市。《水經・江水注》：“秦兼天下，置立南郡。自巫東上，皆其域也。”

【廣封2019】

案《漢書・地理志》：“南郡，秦置，高帝元年更爲臨江郡，五年復故。景帝二年復爲臨江，中二年復故。莽曰南順。屬荆州。”《史記・秦本紀》：“二十九年，大良造白起攻楚，取郢爲南郡，楚王走。”注，《正義》《括地志》云：“郢城在荆州江陵縣東北六里，楚乎王築都之地也。”《史記・秦始皇本紀》：“當是之時，秦地已併巴、蜀、漢中，越宛有郢，置南郡矣。”

南郡司空

《秦封》P253；《璽印》P425；《大系》P177

【官印1990】

在考訂"南郡候丞"印時指出,《漢書·地理志》:"南郡,秦置,高帝元年更爲臨江郡(《補注》引錢大昕曰:郡當作國),五年復故。景帝二年復爲臨江,中二年復故"。印文"候",係指候官,候官爲郡都尉的屬官,西漢内郡候官,雖不見於《百官表》,但見於傳世封泥,如《封泥考略》卷四著録有"豫章候印",可與此印參證。此印爲魚鈕,亦係漢初之物。

【秦式1998】

録於《陝西》。南郡,《漢志》:"秦置,高帝元年更爲臨江郡,五年復故,景帝二年復爲臨江,中二年復故。"《史記》:"昭襄王二十九年,大良造白起攻楚,取郢爲南郡。"習鑿齒曰:"秦併天下自漢以北爲南陽郡,自漢以南爲南郡。"《水經》:"秦併天下,置立南郡。自巫東上,皆其地也。"轄境約當於今湖北省中部、南部、西南部及重慶市部分地區,郡治江陵。秦印見:《徵存》"南郡候丞";秦簡見:《睡虎》《龍崗》"南郡";漢封泥見:《封泥》"南郡尉印""南郡都尉章""南郡守印""南郡發弩";漢印見:《徵存》"南郡候印"。

【秦封2000】

《漢志》:"秦置,高帝元年更溝臨江郡,五年復故。景帝二年復爲臨江,中二年復故。莽曰南順。屬荆州。"《史記》:"昭襄王二十九年,大良造白起攻楚,取郢爲南郡。"習鑿齒曰:"秦併天下,自漢以北爲南陽郡,自漢以南爲南郡。"《水經注·河水》:"秦兼天下,置立南郡。自巫東上,皆其域也。"《讀史》:"今湖廣、荆州、安陸、漢陽、武昌、黃州、德安諸府及襄陽府之南境,又施州衞亦是其地,郡治郢,故楚都。"轄境約當於今湖北省中部、南部、西南部及四川巫山縣等地區,郡治江陵。秦印見:《徵存》"南郡候丞"。秦簡見:《睡虎》《龍崗》"南郡"。漢封泥見:《封泥》"南郡尉印""南郡都尉章""南郡守印""南郡發弩"。漢印見:《徵存》"南郡候印"。

【圖説2009】

當爲南郡地方司土木建築之職官,此枚封泥在關中發現,當與秦始皇巡遊南郡、雲夢等地建築有關。《史記》:"昭襄王二十九年,大良造白起攻楚,取郢爲南郡。"習鑿齒曰:"秦併天下,自漢以北爲南陽郡,自漢以南爲南郡。"轄境約當於今湖北省中部、南部、西南部及四川巫山縣等地區,郡治江陵。

【研究2012】

此封泥有田字格,印文纖細秀美,作上下左右讀,係秦印。秦昭襄王二十九年(前278年)置南郡,封泥不會早於此年。司空乃古官,歷代沿置。秦有邦司空、縣司空之職,且睡虎地秦簡《秦律雜抄》:"軍人買(賣)稟稟所及過縣,貲戍二歲;同車食、敦(屯)長、僕射弗告,戍一歲;縣司空、司空左史、士吏將者弗得,貲一甲;邦司空一盾。"邦司空是古籍中的國司空。司空負責修建城垣、廨宇以及水利等工程方面的工作,同時兼管與工程相關的徭役。這枚"南郡司空"表明在邦司空和縣司空之間還設有郡司空。

【川渝2013】

《漢書·百官公卿表》載宗正屬官有"都司空令丞"，如淳曰："司空主水及罪人。"此爲南郡管理刑徒及工程的職官用印之遺。按：秦之南郡最西部可達今重慶市的最東部。

【悠悠2015】

説見"南郡府丞"。

【秦官2018】

秦時各郡設有司空和司馬。郡司空如新出秦封泥"南郡司空"和新刊秦璽印"恒山司空"，里耶秦簡8-793+8-1547還有"巫司空"。郡司空統一之前稱"邦司空"，"邦司空"之名除見於睡虎地秦簡《秦律雜抄》外，還見於里耶秦簡8-773"八十四人邦司空公白羽"。

南郡池印

《大系》P177

南郡池丞

無圖，釋讀見《五十例2005》。

【五十例2005】

《史記·秦本紀》：秦昭襄王"二十九年，大良造白起攻楚，取郢爲南郡。"《秦始皇本紀》：二十八年，"（始皇）西南渡淮水，之衡山、南郡。""上自南郡由武關歸。"《項羽本紀》："義帝柱國共敖將兵擊南郡，功多，因立敖爲臨江王，都江陵。"《漢志》，南郡本注："秦置，高帝元年更爲臨江郡，五年復故。景帝二年復爲臨江，中二年復故。莽曰南順。"南郡治江陵，其地在今湖北江陵。《漢表》："少府，秦官，掌山海池澤之税，以給共養。"又水衡都尉，應劭曰："古山林之官曰衡。掌諸池苑，故稱水衡。"《後漢書·百官志》："（郡縣）有水池及魚利多者置水官，主平水收漁税。"《秦封2000》有秦封泥"南郡司空"。

【職地2014】

據《史記》，昭襄王二十九年"大良造白起攻楚，取郢爲南郡"，其境内有著名的雲夢禁苑。從龍崗秦簡《禁苑律》等相關記載來看，此"南郡池丞"極有可能是雲夢禁苑中的池官之丞用印。又,《後漢書·百官志》"亭里"條云,"(郡縣)有水池及魚利多者置水官,主平水收漁税"。蓋"南郡池丞"即設置於南郡的主池魚的官吏。秦璽印"南池里印"的"南池"是否爲"南郡池"之省不得而知,且出土文獻僅此一見,暫存疑。

【悠悠2015】

　　説見"南郡府丞"。

南郡□□

　　　　1　　　　　　　　2　　　　　　　　3

1、2.《新出》P71;《大系》P178
3.《新選》P102;《大系》P178

（一）江　　陵

江陵

《新選》P97;《大系》P125

【政區2009】

　　湘西里耶秦簡[16]52簡文:"銷到江陵二百四十里,江陵到屠陵百一十四里",江陵,地名,戰國時爲楚郢都,也見秦《雲夢秦簡》和《雲夢龍崗秦簡》。《漢志》:"江陵,故楚郢都,楚文王自丹陽徙此。後九世平王城之。後十世秦拔我郢,徙陳。"楚璽有"江陵行邑大夫璽"(《璽匯》0101),説明江陵在楚國時就設縣。秦拔楚郢,置江陵縣,南郡治,秦末爲臨江王都。《史記·項羽本紀》:"共敖爲臨江王,都江陵。"又《史記·傅靳蒯成列傳》:"(靳歙)別定江陵,降江陵柱國、大司馬以下八人,身得江陵王。"江陵地理位置優越,《史記·貨殖列傳》:"江陵故都郢,西通巫、巴,東有雲夢之饒。"《清一統志·卷二百四十四》:"江陵故城即今荆州府治。"其故址在今湖北省荆州市境内。

【戰國2013】

上海博物館藏傳世戰國楚系官璽印有"江陵行邑大夫璽"(《璽匯》0101)。《史記·貨殖列傳》:"江陵故郢都,西通巫、巴,東有雲夢之饒。"傳統上多認爲江陵即楚都郢,實誤。今考古資料證明,戰國時,楚都郢和江陵縣並存,二者相距不遠,估計白起燒毀楚都郢後,江陵的地位突現,故後人多認爲楚都郢即江陵之前身。其故址地望即今湖北省江陵市。

【十五則2017】

江陵,秦南郡轄縣,治今湖北江陵。原屬楚國郢都,秦置江陵縣應在秦昭王二十九年白起拔郢爲南郡之後不久。睡虎地秦簡、里耶秦簡和嶽麓秦簡中均反復出現江陵,簡文記載的一些事件的時代均在秦統一之前,與文獻記載吻合。

【秦地2017】

里耶簡8-1444有"江陵慎里大女子可思"。亦見《秩律》。《漢志》屬南郡。又:北京大學藏秦水陸里程簡册有"江陵",爲若干條水陸交通路綫的起始點。江陵在里程簡册中出現17次,僅次於安陸,是南郡中心城市和重要交通節點。從江陵爲里程簡册中的出現頻率和所處地位看,江陵應爲南郡的治所。

【古分2018】

楚璽印有"江陵行館大夫璽"(0101)《漢書·地理志》南郡:"江陵,故楚郢都。楚文王自丹陽徙此,後九世平王城之,後世秦拔郢,徙東。"杜預曰:"楚國都於郢,南郡江陵縣北紀南城,東北小城名郢。"《説文·邑部》:"郢,故楚都,在南郡江陵北十里。"

瑞按:《漢書·地理志》南郡屬縣有江陵,"故楚郢都,楚文王自丹陽徙此。後九世平王城之。後十世秦拔我郢,徙(東)[陳]。莽曰江陸。""江陵,故郢都,西通巫、巴,東有雲夢之饒,亦一都會也。"睡虎地秦簡《語書》有"江陵"。

江陵丞印

1　　　　　　　　2　　　　　　　　3

1、2.《新出》P67;《大系》P125

3.《大系》P125

【悠悠2015】

　　該地名見於湘西里耶秦簡［16］52，簡文"銷到江陵二百四十里，江陵到屚陵百一十四里……"江陵，地名。戰國時爲楚郢都。《漢志》："江陵，故楚郢都，楚文王自丹陽徙此。後九世平王城之。後十世秦拔我郢，徙陳。"秦拔楚郢，置江陵縣。《史記》曰："江陵故城郢都。秦昭王二十五年，白起攻楚，取郢都，置南郡，分爲江陵縣"。《史記·項羽本紀》："共敖爲臨江王，都江陵。"又《史記·靳歙列傳》："別定江陵，身得江陵王。"江陵地理位置優越，《史記·貨殖列傳》："江陵故郢都，西通巫、巴，東有雲夢之饒。"故或説是秦南郡郡治。《大清一統志》卷244："江陵故城即今荆州府治。"今湖北荆州市境内。

江陵少内

《大系》P126

　　瑞按：江陵，説見"江陵"。少内，秦官，説見"少内"。江陵少内爲江陵縣的少内。

（二）競　　陵

競陵

《大系》P128

【縣考2007】

　　《戰國策·中山策》載秦王使應侯謂武安君曰："君前率數萬之衆入楚，拔鄢郢，焚其廟，東至竟陵，楚人震恐，東徙而不敢西向。"《六國年表》秦昭襄王二十九年欄曰："白起擊楚，拔郢更東至竟陵，以爲南郡。"《白起列傳》曰："其明年，攻楚，拔郢燒夷陵，遂東至竟陵。楚王亡去郢，東走徙陳，秦以郢爲南郡，白起遷爲武安君。"《水經·沔水注》亦曰："巾水又西逕竟陵縣北，西注揚水，謂之巾口。水西有古竟陵大城，古郧國也。郧公辛所治，所謂郧鄉矣。昔白起拔郢，東至竟陵，即此也。秦以爲縣。"綜上所引，是秦昭襄王二十九年楚竟陵成爲秦南郡的轄地，且設置爲縣。《漢志》竟陵縣屬江夏郡。

【政區2009】

戰國時爲楚地。《史記·六國年表》："秦昭王二十九年，白起救攻楚，拔郢，更東至竟陵；以爲南郡。"又《史記·白起王翦列傳》："（白起）拔鄢郢，燒夷陵，遂東至竟陵。"《水經·沔水注》："古郧國也。郧公本所治，所謂郧鄉矣。昔白起攻郢，東至竟陵，即此矣。秦以爲縣。"《清一統志·卷三百四十二》："故城在今安陸府天門縣西北，本楚地，秦置縣。"秦竟陵縣故址即今湖北省潛江市西北。

又：湘西里耶秦簡［8］134簡文："廿六年八月庚戌朔丙子，司空守契（繆）敢言：'前日言競（竟）陵（蕩）陰狼暇（假）遷陵、公船一……'"。競陵，原文以爲"競通竟，竟陵，縣名，在今湖北省潛江市西北。秦時屬南郡，《漢志·地理志》屬江夏郡"。即此"競陵"爲秦南郡竟陵，似不確。按秦簡文言："競陵人狼借遷陵公船，亡而問責。"秦南郡竟陵爲今湖北天門，遷陵爲今湖南湘西，二者相隔千里之遥，且湘西地形複雜，山水重障，似無水路與之相通，故遷陵公船也就無法發往至竟陵，遷陵公船發竟陵，也於理不通。故此競陵應非秦南郡之竟陵，推之，應爲與遷陵縣同郡，估計也爲洞庭郡屬縣，具體地望不詳。

競陵丞印

1　　　　　　2　　　　　　3　　　　　　4

1.《新出》P101；《大系》P129

2.《新選》P97；《大系》P129

3、4.《大系》P129

【秦地2017】

里耶簡8-135有"竟陵漢陰狼假遷陵公船一"。竟陵亦見《秩律》。《漢志》屬南郡。

又：北京大學藏秦水陸里程簡册有“竟陵”，爲戰國秦漢時期著名城邑，流行説法定在今湖北潛江市西北、漢水西岸。但據里程簡册，竟陵應在漢水東岸。石泉先生認爲流行説法所據《水經注》有錯簡。從《水經注》的描述看，古竟陵城應在今潛江市澤口鎮以北，沙洋鎮以南的漢水東岸，或即天門與鍾祥交界處。

（三）鄢

鄢印

《新選》P115；《大系》P317

【縣考2007】

《秦本紀》曰：“（昭襄王）二十八年，大良造白起攻楚，取鄢、鄧，赦罪人遷之。”《白起列傳》亦曰：“後七年，白起攻楚，拔鄢、鄧五城。”是秦昭襄王二十八年，楚鄢縣屬秦。《水經·沔水注》亦曰：“［宜］城，故鄀之舊都，秦以爲縣。”《讀史方輿紀要》卷七十九湖廣五襄陽府宜城縣下曰：“戰國時楚鄢縣，秦因之。”鄢城下曰：“縣西南九里，古鄢子國，楚爲鄢縣。……秦亦爲鄢縣。”秦鄢縣屬南郡。《漢志》南郡宜城縣下班固自注曰：“故鄢惠帝三年更名。”

【政區2009】

湘西里耶秦簡［16］52簡文：“鄢至銷八十四里。”雲夢秦簡《編年紀》記載墓主喜歷任官職，其中有十二年喜爲“鄢令史”和“治獄都”。鄢，縣名。戰國時鄢曾爲楚舊都所在，秦奪地置縣。《史記·楚世家》：“靈王乘舟欲入鄢。”《史記·秦本紀》：“昭襄王二十四年，與楚王會鄢”。《史記·白起王翦列傳》：“二十八年，白起攻楚，取鄢、鄧五城。”又《史記·六國年表》：“（同年）拔鄢、西陵。”《水經·沔水注》：“城故鄢，鄀之舊都，秦以爲縣。”《元和·卷二十一》：“故宜城，在縣南九里，本楚鄢縣。”《正義》引《括地志》云：“故鄢城在襄州安養縣北四里，在襄州北五里，南去荆州二百五十里”；“鄀之南鄢也，漢惠帝改曰宜城。”《讀史·卷七十九》：“鄢城，縣西南九里。古鄢子國。楚爲鄢縣。《左傳》昭王十二年，王沿夏，將欲入鄢。杜預曰：順漢水入鄢也。鄢，楚之別都。《楚世家》：頃襄王十六年，與秦昭王好會於鄢。秦昭襄王二十八年，大良造白起攻楚，取鄢。高誘曰：秦兵出武關則臨鄢，下黔中則臨郢也。

秦亦爲鄢縣。漢改縣曰宜城，治此。”又西漢初年張家山漢簡《秩律》有“宜城”縣，其上屬郡在西漢初年爲南郡。《漢志》南郡屬縣宜城，“故鄢，惠帝三年更名”。《清一統志·卷三百四十七》：“宜城故城在今襄陽府宜城縣，本楚鄢地，秦置鄢縣。”今秦漢文物證之，秦置鄢縣，漢改宜城，甚確。考古表明湖北宜城縣“楚皇城”就是古都城故址，城址爲不規則形，東2000米，西1840米，南1500米，北1080米，周長6420米，面積220萬平方米，時代從春秋鄢國，戰國楚都郢城，秦鄢縣，漢宜城縣，東漢建安十三年廢。

【戰國2013】

包山楚簡有鄢“邑大夫”“攻尹”（J157）、“左司馬”（J155）等。雲夢睡虎地秦簡《編年記》：“（秦昭王）廿八年，攻鄢。”鄢在春秋戰國時期爲楚國別都，文獻常鄢郢並稱。《史記·楚世家》：“靈王乘舟欲入鄢。”《史記·秦本紀》：“昭襄王二十四年，與楚王會鄢。”《史記·秦本記》：昭王“廿八年，大良造白起攻楚，取鄢、鄧”。《史記·白起王翦列傳》：“二十八年，白起攻楚，取鄢、鄧五城。”又《史記·六國年表》：“（同年）拔鄢、西陵。”《戰國策·齊策二》：“鄢郢者，楚之柱國也。”故《史記·范雎蔡澤列傳》：“一舉鄢郢，而襲夷陵。”《集解》曰：“楚別都也。”杜預曰：“襄陽宜城縣。”《水經·沔水注》：“城故鄢，郢之舊都，秦以爲縣。”《元和·卷二十一》：“故宜城，在縣南九里，本楚鄢縣。”《正義》引《括地志》云：“故鄢城在襄州安養縣北四里，在襄州北五里，南去荆州二百五十里”；“鄧之南鄢也，漢惠帝改曰宜城”。《讀史·卷七十九》：“鄢城，縣西南九里。古鄢子國。楚爲鄢縣。《左傳》昭王十二年，王沿夏，將欲入鄢。杜預曰：順漢水入鄢也。鄢，楚之別都。《楚世家》：頃襄王十六年，與秦昭王好會於鄢。秦昭襄王二十八年，大良造白起攻楚，取鄢。高誘曰：秦兵出武關則臨鄢，下黔中則臨郢也。秦亦爲鄢縣。漢改縣曰宜城，治此。”考古表明湖北宜城縣“楚皇城”就是古鄢城故址，城址爲不規則形，東2000米，西1840米，南1500米，北1080米，周長6440米，面積220萬平方米，時代從春秋鄢國，戰國楚鄢郢城，秦鄢縣，漢宜城縣，東漢建安十三年廢。

【十五則2017】

此“鄢”爲文獻所謂的楚別都鄢郢，在今湖北省宜城縣。包山楚簡中寫作郔，讀爲“鄢”，約楚懷王時期已經置縣。秦封泥有“鄢丞之印”，睡虎地秦簡《編年記》記載墓主喜在秦王政“七年正月甲寅鄢令史”，可見秦統一前已置郡縣，具體時間應是秦昭王時期拔鄢郢、設置南郡前後。

【秦地2017】

里耶簡8-807有“鄢江里犀”。《漢志》南郡“宜城”縣條下，班固自注：“故鄢，惠帝三年更名”。亦見《秩律》，屬南郡。又，北京大學藏秦水陸里程簡册有“鄢到鄧百卌里”，鄢即秦鄢縣，後改名宜城，在今湖北宜城市南。

鄢丞之印

　　1　　　　　　2　　　　　　3　　　　　　4

1.《新出》P83;《大系》P316

2—4.《新出》P83

【秦地2017】

　　李信"又攻鄢郢,破之。於是引兵而西,與蒙恬會城父"。鄢郢所指,説多分歧。清華簡《楚居》亦有"鄢郢"。鄢郢又簡稱鄢,《楚居》簡文有"王自蔡復鄢"之語。整理者説鄢郢在今湖北宜城。趙平安指出《楚居》中的"爲郢"才是位於今湖北宜城的鄢郢,而《楚居》中的鄢郢應即《伍子胥列傳》中"楚之邊邑鄢",在今河南鄢城縣南五里。韓鵬濤進一步指出,李信攻鄢郢與《楚居》之鄢郢同地,均在今河南偃城南。

鄢□之□

《酒餘》P44下

【悠悠2015】

　　同《政區2009》"鄢印"。

（四）安　　陸

安陸

1　　　　　　　　　　　　　2

1.《新選》P86;《大系》P22
2.《大系》P22

【縣考2007】
　　秦簡《編年記》載:"〔昭王〕二十九年,攻安陸。""〔始皇〕四年,……喜爲安陸御史。……六年四月,〔喜〕爲安陸令史。"以安陸之地望,可知其地本屬楚。綜上所引,安陸當在秦昭襄王二十九年時已由楚屬秦,因而喜才會有在秦始皇四年爲安陸御史、六年爲安陸令史之舉,故可斷秦至遲秦始皇四年已置有安陸縣。《漢志》安陸縣屬江夏郡。

【政區2009】
　　湖北雲夢睡虎地14號秦墓出土陶甕上戳"安陸市亭"印記;又1978年雲夢秦漢墓出土的陶甕、壺、鋈上也有"安陸市亭"戳印。二者都是安陸縣市亭的省稱。安陸,秦置縣。雲夢秦簡《編年紀》記載秦昭王二十九年攻安陸。秦始皇四年,喜爲安陸御史。六年四月爲安陸令史。二十八年,過安陸。故安陸"原爲楚國故地,公元前278年秦軍攻克後,設置安陸縣,隸屬於南郡"。《清一統志》:"故城今安陸縣北。"考古表明今湖北雲夢縣雲夢楚王城就是古安陸故址,城址爲不規則形,東西2050米,南北1200米(漢初築中墻,沿用西墻),時代從戰國楚安陸城、秦安陸縣,沿用至西漢江夏郡治,東漢廢。

【戰國2013】
　　包山楚簡有"安陸人陳環"(J181)。雲夢秦簡《編年紀》:"(秦昭王)廿九年,攻安陸。"考古表明,今湖北雲夢縣的雲夢楚王城就是古安陸故址,城址爲不規則形,東西2050米,南北1200米(漢初築中墻,沿用西墻),時代從戰國楚安陸城、秦安陸縣,沿用至西漢江夏郡治,東漢廢。

【悠悠2015】
　　秦陶文有"安陸市亭",安陸縣市亭的代稱。湖北雲夢睡虎地14號秦墓出土陶甕上戳"安陸市亭"印記；又1978年雲夢秦漢墓出土的陶甕、壺、鋬上也有"安陸市亭"戳印。安陸，秦置縣。雲夢秦簡《編年紀》記載秦昭王二十九年攻安陸。秦始皇四年，喜爲安陸御史。六年四月爲安陸令史。二十八年，今過安陸。故安陸"原爲楚國故地，公元前278年秦軍攻克後，設置安陸縣，隸屬於南郡"。《大清一統志》："故城今安陸縣北。"秦安陸縣今湖北雲夢，西漢因之置縣，地屬江夏郡。考古表明，今湖北雲夢縣的雲夢楚王城就是古安陸故址，城址爲不規則形，東西2050米，南北1200米（漢初築中墻，沿用西墻），時代從戰國楚安陸城、秦安陸縣，沿用至西漢江夏郡治，東漢廢。

【秦地2014】

北京大學藏秦水陸里程簡册有"安陸"，在里程簡册中出現次數最多，達19次，是當時漢江地區重要的中心城邑。安陸除作爲交通綫路所經過的地點外，還是聯結許多小的亭聚邑落的中心點。

【十則2019】

此封泥第二字右下部殘，暫釋爲"陸"，安陸，《漢書·地理志》屬江夏郡，在秦應爲南郡縣名。睡虎地秦簡《語書》有"安陸令史"，睡虎地秦墓出土陶器有戳印"安陸市亭"。嶽麓秦簡《三十四年質日》簡0636有"丁巳騰之安陸"、簡0501有"己卯騰道安陸來"等。因令史爲縣令屬吏，故安陸在秦已爲縣確定無疑，並與秦簡資料互相印證。今按，此封泥殘字作 ，與"陵"字亦寫法亦極接近。陸陵二字左旁均從阜，右邊所從的坴和夌的上部也相同。《説文·夊部》："夌（ ），從夊、從㚏。"《説文·土部》：坴（ ），從土、㚏聲。將此殘字與秦封泥中筆畫較清楚的"陵"字對比，見下表，

江　陵	新襄丞印	高　陵
《選編》	《彙編》981號	《彙編》1508號
高陵丞印	武陵丞印	鄢陵丞印
《彙編》1516號	《彙編》1872號	《菁華》276號

如果不考慮殘字所缺的部分，則二者幾乎沒有没有任何區別，故此封泥釋爲"安陸"抑或"安陵"似乎都是可以的。

安陸丞印

《新選》P86;《大系》P22

【楚地2013】

　　包山楚簡有"安陸"(《包山》62、181號),整理者認爲:"陸,陸字。安陸,古地名。今湖北安陸縣。據簡文,戰國就已稱安陸。睡虎地秦墓竹簡中也記有安陸,至秦,仍稱安陸。"雲夢睡虎地秦墓出土的陶罐上有"安陸"(《陶匯》第8.1)。秦漢時期"安陸"的地望,目前有不同的意見:1. 傳統的看法認爲在今湖北安陸市附近。《楚國歷史文化辭典》"安陸"條説:"秦漢有安陸縣,故城在今湖北安陸縣城關。楚安陸應是其前身。"何琳儀也取用安陸説。2. 在今湖北雲夢縣附近。譚其驤説:"據1975年雲夢睡虎地秦墓出土秦簡《大事記》,並經湖北省博物館調查,可以確定今雲夢縣城東北郊的楚王城廢址,即漢晋安陸縣故城。"黃盛璋也認爲今雲夢睡虎地秦墓所在的雲夢古城即秦漢之安陸縣。3、石泉等學者認爲"在今湖北隨州市東淅河店附近,古遼(蓼)水(今漂水)入溳初以東,所統地域包括今隨州東境、安陸市和應城縣的部分地區。"從雲夢睡虎地秦簡出土的地點及其出土文物所載有安陸地名的内容來看,以黃盛璋、譚其驤的説法爲是,因此,包山楚簡的"安陸"在今湖北雲夢縣附近。

（五）西　　　陵

西陵丞印

1　　　　　　　　　　2

1.《釋續》圖30;《印風》P135;《書法》P42;《印集》P119;《於京》圖45;《彙考》P214;
　《大系》P287

2.《璽印》P404;《大系》P288

【釋續2001】

《漢書・地理志》江夏郡有西陵縣。西陵原爲楚地,戰國入秦。《史記・楚世家》:"(頃襄王)二十年,秦將白起拔我西陵。"《正義》引《括地志》云:"西陵故城在黃州黃山西二里。"日人瀧川資言《史記考證》:"今湖北宜昌府楚西陵地。"當以後説爲是。

【簡讀2002】

秦縣,有二:一《漢志》屬江夏郡。《史記・楚世家》:"秦將白起拔我西陵。"二《史記・秦始皇本紀》:"出子享國六年,居西陵。"《索隱》:"一云居西陂。"《張家・二年・秩律》:"西陵……秩各六百石,有丞、尉者半之。"整理組注:"漢初疑屬南郡。"

【於京2005】

《史記・高祖本紀》:秦二世三年,"襄侯王陵降西陵"。《楚世家》:楚頃襄王二十年,"秦將白起拔我西陵"。《集解》:"徐廣曰:'屬江夏。'"《正義》:"《括地志》云:'西陵故城在黃州黃山西二里。'"《漢書・地理志》:"江夏郡……西陵,有云夢官。莽曰江陽。"《元和郡縣圖志・江南道三・黃州・黃岡縣》:"本漢西陵縣地,故城在今縣西二里。"又《黃陂縣》:"本漢西陵縣地。"《麻城縣》:"本漢西陵縣地。"西陵秦屬衡山郡,其治地在今湖北新洲縣西。又《史記・秦始皇本紀》:"出子享國六年,居西陵。"則西陵又當爲宮殿名。是秦由西縣遷至平陽途中的一處宮殿。具體地望已難確指。

【彙考2007】

同《釋續2001》。

【政區2009】

西陵,地名,春秋楚地,戰國入秦。《史記・高祖本紀》:秦二世三年,"襄侯王陵降西陵"。《史記・楚世家》楚頃襄王二十年,"秦將白起拔我西陵"。《集解》引徐廣曰:"江夏"。《正義》分引《括地志》云:"西陵故城在黃州黃山西二里。"《漢志》江夏郡西陵,"有雲夢官。莽曰江陽"。《元和・卷二十七》:"黃岡縣,本漢西陵縣地,故城在今縣西二里。"《讀史・卷七十六》湖廣黃州府黃岡縣西陵城,"在府東北百里,本楚之西陵邑,《史記》楚頃襄王二十年秦白起拔我西陵,或以爲即此。漢置西陵縣"。秦西陵縣故城在今湖北省新州縣西。

【分域2009】

西陵,縣名。春秋時期屬楚,後歸秦。《漢書・地理志》載,江夏郡有西陵縣。其地在今湖北新州。

【悠悠2015】

西陵,地名,春秋楚地,戰國入秦。《漢志》江夏郡有西陵縣,秦時屬衡山郡,故城在今湖北新洲縣西。

【廣封2019】

同《釋續2001》。

瑞按：西陵爲江夏郡屬縣，《史記·高祖本紀》"襄侯王陵降西陵"。《史記·蘇秦列傳》"楚得枳而國亡"下《集解》引徐廣曰："燕昭王三十三年，秦拔楚鄢、西陵。"《正義》按：西陵在黃州。《史記·楚世家》"二十年，秦將白起拔我西陵"，《集解》引徐廣曰："屬江夏。"《正義》引《括地志》云："西陵故城在黃州黃山西二里。"此外，秦另有西陵，見《史記·秦始皇本紀》"出子享國六年，居西陵"，《索隱》："一云居西陂，葬衙。本紀不云。"而西陵之名，尚見於《史記·五帝本紀》"黃帝居軒轅之丘，而娶於西陵之女，是爲嫘祖"，《正義》："西陵，國名也。"張家山漢簡《二年律令》第457號有"西陵、夷道、下雋、析"。馬孟龍、楊智宇指出，張家山漢簡《二年律令》中的西陵在秦時爲鄧下的鄉聚，在秦代與鄧一樣隸屬於南陽郡。並認爲秦漢之際"西陵"地位提升，從鄧下的鄉聚轉變爲縣邑。在轉變爲縣邑後完全有可能改屬附近的南郡管轄，因此《秩律》將西陵和南郡並列。此外認爲，西陵和襄陽是先後相繼的兩個縣，漢初爲西陵，景帝前後撤銷，武帝後新置襄陽而取代西陵的位置。西陵位於湖北省襄陽縣雙溝鎮唐店村附近（《張家山漢簡〈二年律令·秩律〉地名校釋四則》，《歷史地理（37）》P66）。

（六）芰　　江

芰江丞印

無圖，釋讀見《五十例》P47。

【五十例2005】

《漢志》，南郡有枝江。本注："故羅國。江沱出西，東入江。"師古曰："沱即江別出者也。"《水經·江水注》："（沮水）又東南過枝江縣，東南入於江。"《太平寰宇記·山南東道五·荆州·枝江縣》："漢舊縣，屬南郡，古羅國之地。江沱出邑西，東入江，即《史記》謂楚文王自丹陽徙都此，亦曰丹陽，即今巴東郡是也。唐上元元年析枝江縣置長寧縣於郡郭，以視兩京赤縣，至二年又廢枝江入長寧，寄戶口實於長寧。久之不便，至大曆六年復廢長寧，却立枝江於舊地，即今邑也。"芰江即枝江。芰江秦屬南郡，其地在今湖北枝江東北。

【政區2009】

"芰"通"枝"，芰江即枝江。《漢志》南郡枝江縣，"故羅國。江沱出西，東入江"。《水經·江水注》："（沮水）又東南過枝江縣，東南入於江"；"羅子自枝江徙此，世猶謂之爲羅侯城也。"《太平寰宇記》："枝江縣，漢舊縣，屬南郡，古羅國之地。江沱出邑西，東入江，即《史記》謂楚文王自丹陽徙都此，亦曰丹陽，即今巴東郡是也。唐上元元年析枝江縣置長寧縣於郡郭，以視兩京赤縣，至二年又廢枝江入長寧，寄戶口實於長寧。久之不便，至大曆六年復廢長寧，却立枝江於舊地，即今邑也。"又《讀史·卷七十八》湖廣荆州府："枝江縣，府西一百八十里"；"漢置縣，屬南郡，以蜀江至此分枝爲諸州而名"。秦芰江縣其故址地望在今湖北枝江市東北。

【悠悠2015】

　　略同《五十例2005》《政區2009》。

（七）沙　羡

沙羡關印

《大系》P204

【政區2009】

　　湖北出土雲夢龍崗秦簡牘文："九月丙申，沙羡丞甲，史丙免辟死爲庶人，令"。沙羡，地名。《荀子·疆國篇》："今秦南乃有沙羡與俱，是乃江南也。"王先謙曰："沙羡城在今武昌府，江夏縣西南。"《漢志》江夏郡屬縣沙羡，《郡國志》同。《水經·沔水注》："沔水，又南至江夏沙羡縣北，南入於江。"又"江水，又東北至江夏沙羡縣西北，沔水從北來注之。"秦漢沙羡縣其治所在今湖北武漢武昌區西金口。

【秦地2014】

　　北京大學藏秦水陸里程簡册有"沙羡"，寫作"沙義"。里程簡册記載由夏汭過長江四里即沙羡，則沙羡當在今武漢市長江南岸的武昌區。沙羡又見龍崗秦牘和嶽麓書院藏秦簡，秦昭王七年丞相夬殳戈刻銘有沙羡。《荀子·强國》："今秦南乃與沙羡與俱，是乃江南也"。楊寬先生係此條記事於秦昭王四十三年（前264年）。凡此可見沙羡爲秦占領楚地後在江南設立的重要軍事據點。

【悠悠2015】

　　湖北出土的雲夢龍崗秦簡的木牘文"九月丙申，沙羡丞甲，史丙免辟死爲庶人，令"。沙羡，地名。《荀子·疆國篇》："今秦南乃有沙羡與俱，是乃江南也。"王先謙曰："沙羡城在今武昌府，江夏縣西南。"《漢志》中沙羡爲江夏郡屬縣，《郡國志》同。一般認爲其治所在今湖北武昌西金口。《水經·沔水注》"沔水，又南至江夏沙羡縣北，南入於江"；又"江水，又東北至江夏沙羡縣西北，沔水從北來注之"。可見方位與兩《漢志》同。秦沙羡縣屬南郡。

（八）孱　陵

孱陵丞印

1　　　　　　　　　　　2

1.《新選》P89;《大系》P42
2.《大系》P42

【縣考2007】

里耶秦簡J1（16）52載:"鄢到銷百八十四里,銷到江陵二百四十里,江陵到孱陵百一十里,孱陵到索二百九十五里,索到臨沅六十里,臨沅到遷陵九百一十里。"其中提及的"孱陵""索"等,皆當爲秦縣。從此二地之地望來看,皆當爲秦洞庭郡屬縣。《漢志》孱陵、索二縣並屬武陵郡。

【政區2009】

湘西里耶秦簡[16]3簡文:"江陵到孱陵百一十里,孱陵到寨（索）二百九十五里……"又廣西平樂縣銀山嶺戰國墓地出土戰國秦兵器"孱陵"矛。孱陵,地名。西漢時爲武陵郡屬縣。《漢志》武陵郡孱陵,"莽曰孱陸"。《水經·油水注》:"油水出武陵孱陵縣西界,東過其縣北,又東北入於江。"《讀史·卷七十八》孱陵城位於"（公安）縣西二十里"。今從秦兵器和竹簡看,漢孱陵縣實源自同名秦縣。秦孱陵縣屬洞庭郡,其地在今湖北公安縣北。

【秦地2017】

里耶簡8-1545有"孱陵咸陰敞臣"。孱陵《漢志》屬武陵郡。亦見《秩律》。秦及漢初當屬南郡。

又:北京大學藏秦水陸里程簡册有"孱陵"。傳統看法定在今湖北公安西。秦之江陵與孱陵應以大江爲分界綫。

【十則2019】

印面爲田字格。首字"孱"上部稍殘,但據上部"尸"殘畫以及《殷周金文集成》11461—11462號著錄的兩件孱陵矛中"孱"字的寫法,仍可確定首字爲"孱"無疑。孱陵,《漢書·地理志》屬武陵郡,秦時屬洞庭郡或巫黔郡。里耶秦簡8-467、8-1444、8-1545等簡中均有"孱陵",可見孱陵縣爲秦置,張家山漢簡中的孱陵縣應是漢初沿置。秦封泥"孱"字的寫法也值得注意,"尸"旁下面的"孨"字還寫成三子並排的形式,而兩件屏陵矛的"屏"字"尸"旁下面的"孨"一爲"孨"形,一爲三子並排的形式。里耶秦簡中較清晰的三個"屏"字也是寫作"孨"形。

秦封泥"屏"	屏陵矛（戰國時期）		里耶秦簡		
	《集成》11461	《集成》11462	8-467	8-1444	8-1545

一般來说,秦官印封泥中文字的寫法應該是當時規範的寫法,是正體;而目前所見"屏"字的兩類寫法與各自對應的書寫載體上的文字書寫習慣和風格基本相符,也可以看出,後世"屏"字的寫法是繼承秦時俗體的寫法而來。

(九) 當　陽

當陽丞印

1　　　　　2　　　　　3　　　　　4

1.《新選》P91;《大系》P59
2—4.《大系》P59

【政區2009】

　　陝西武功縣遊園鄉一豎穴古墓中出土秦青銅器"當陽"勺,刻銘"當陽七兩";又臨潼新豐鎮劉家村秦遺址出土陶文"當陽克"。臨潼秦新豐鎮劉家村遺址是秦麗邑遺址。《史記》中多次提及修建麗山園而徵發大量刑徒,陶文性質反映了從全國各地徵發徭役的工匠,並以縣爲單位。故"當陽"爲秦置縣,西漢因之。《漢志》南郡有當陽縣。其故址地望在今湖北當陽市東。馬非百論證秦設置當陽縣,依《史記·黥布列傳》"項梁聞陳王定死,徒立楚懷王,項梁號爲武信君,英布爲當陽君"爲據,應誤。當陽君英布轄地在今安徽和江西九江一帶。故《史記·陳涉世家》:"吕將軍走,收兵復聚,鄱盜當陽君黥布之兵相收。"項羽分封諸侯時,當陽君黥布爲九江王。高祖時,英布反,被追殺於轄地都陽。《史記·高祖本紀》:"漢將別擊布軍洮水南北,皆大破之,追斬布都陽。"秦當陽縣在南郡,今湖北境內。秦末九江王英布轄地,在安徽、江西北部一帶,二者爲風馬牛之事。故英布之"當陽"不在南郡。漢九江郡有當塗縣,今安徽懷遠縣東南,又安徽和縣有當利浦,都與當塗相近。故錢穆認爲:"或英布之當陽乃在當塗之陽也。"

【悠悠2015】

　　同《政區2009》。

【秦地2017】

　　里耶簡8-2235有"當陽"。牘文第二條大概是講郵傳路綫,可見有當陽—零陽—充等處,零陽、充爲縣名,當陽亦應爲縣名。北京大學藏秦水路里程簡册記有"當陽鄉",秦時當陽或由鄉升格爲縣。從嶽麓簡看,當陽至遲在前246年設縣。當陽亦見《秩律》,《漢志》屬南郡。

　　瑞按:《漢書·地理志》南郡屬縣有當陽。《史記·黥布列傳》:"項梁號爲武信君,英布爲當陽君。"《漢書·黥布傳》:"項梁聞陳涉死,立楚懷王,以布爲當陽君。"王望生在介紹"當陽邑□"陶文時指出,當陽在今湖北當陽市(《考古與文物》2000年第1期P11)。

二、九　江　郡

九江守印

《古封》P89;《秦封》P254;《上封》P43;《彙考》P260;《大系》P129

【官印1990】

　　《漢書·地理志》:"九江郡秦置"。楚漢之際屬黥布之淮南國。《史記·黥布傳》:漢六年,"布遂破符爲淮南王,都六,九江、廬江、衡山、豫章郡皆屬布"。後黥布反,被誅,歸劉長之淮南國。《史記·淮南王傳》:"高祖十一年,淮南王黥布反,立子長爲淮南王,王黥布故地,凡四郡"。《集解》:"徐廣曰:九江、廬江、衡山、豫章也"。《史記·漢興以來諸侯王表》:"文帝六年,(淮南)王無道,遷蜀,死雍,爲郡"。此時淮南國之四郡屬漢。《史記·淮南王傳》:文帝十六年,立"阜陵侯安爲淮南王,安陽侯勃爲衡山王,陽周侯賜爲廬江王,皆復得屬王時地,參分之"。武帝元狩元年,淮南王安謀反,被誅,"國除爲九江郡”。由上所述,可知西漢時九江郡在文帝六年以前,先後屬黥布及劉長之淮南國,文帝六年至十六年之間屬漢。十六年後以九江郡復置淮南國。武帝元狩元年,國除屬漢。此封泥印文署“守”字,即是郡守。據《漢書·百官公卿表》:“郡守……景帝中二年更名太守”,是知此封泥之年代當在景帝中二年更改郡守官名之前,又由上述九江郡之沿革,亦可進一步推知應係文帝十六年以前之物。

【兩漢1993】

西漢中晚期,封泥。印文三行五字,上海博物館藏。西漢更名郡守爲太守在景帝中二年(公元前一四八年),淮南復爲九江郡在元狩元年(公元前一二二年),武帝更郡、國守、相印文爲五字在太初元年(公元前一〇四年),則封泥時代應在此之後(瑞按:該考釋“九江太守章”所附封泥拓片爲“九江守印”)。

【秦式1998】

録於《續封》《建德》。九江爲秦郡。《漢志》:“九江郡,秦置高帝四年更名淮南國,武帝元狩元年復故。”《水經》:“壽春縣,秦始皇立九江郡,治此。”據《史記》等文獻,秦王政二十四年,秦滅楚取淮南地,秦置九江郡應在是年。今在安徽省壽縣。漢封泥見《封泥》《澂秋》“九江太守章”。

【上封2002】

秦王政二十三年滅楚,次年置九江郡,印文曰“守”,與“遼東守印”同。

【彙考2007】

九江,郡名。戰國楚地,秦置郡。因境内有九江而得名。《漢書·地理志》有九江郡。班固自注:“秦置,高帝四年更名爲淮南國,武帝元狩元年復故。”

【政區2009】

爲秦九江太守之印。“九江”之名,原爲有九條江水匯流,東合爲大江,故名之曰“九江”。九江原爲楚地,《漢志》九江郡,“秦置”。《史記》没有明確記載秦何時設置九江郡。《史記·楚世家》:“五年,秦將王翦、蒙武遂破楚國,虜楚王負芻,滅楚名爲郡云。”又《史記·白起王翦列傳》:“歲餘,虜荆王負芻,竟平荆地爲郡縣。”但《水經·淮水注》:“(淮水)又東北流逕壽春故城西,縣即楚考烈王自陳徙此,秦始皇立九江郡,治此,兼得廬江、豫章之地,故以九江名郡。”即公元前223年秦滅楚後設郡。郡治壽春,今在安徽壽縣。

【集證2011】

王人聰認爲此爲漢初印,“係文帝十六年以前之物”。但此與“遼東守印”風格一致,亦可能爲秦印。《漢書·地理志》:“九江郡,秦置,高帝四年更名爲淮南國,武帝元狩元年復故。”王先謙《補注》:“《江水注》:‘秦始皇二十四年置。’……全祖望曰:‘楚漢之際爲九江國,高帝三年復屬楚國,四年更名淮南國,以封英布。文帝六年爲九江郡,十六年復爲淮南國。武帝元狩元年,淮南王安國除復故。’”此印固可爲漢文帝十六年前物,但九江秦已置郡,則其爲秦印亦大有可能。

【分域2009】

九江,郡名,戰國時屬楚,秦在此置郡。《漢書·地理志》中有九江郡。郡守爲郡的最高長官。

【廣封2019】

案《續封泥考略》,《漢害・地理志》:"九江郡,秦置,高帝四年更名爲淮南國,武帝元狩元年復故。莽曰延平。屬揚州。"(應劭曰,"江自廬江潯陽分爲九。")縣十五。《漢書・百官公卿表》:郡守,秦官,掌治其郡,秩二千石,有丞。邊郡又有長史,掌兵馬,秩皆六百石。景帝中二年更名太守。此景帝更名前郡守之印也。

九江司空

無圖,釋讀見《職地》P265。

【職地2014】

田字格,西安博物院藏。

(一) 壽　　春

壽春丞印

1　　　　　　　　　　　　2

1.《新地》圖18;《印集》P121;《彙考》P216;《大系》P224
2.《大系》P224

【新見1996】

《漢志》九江郡有縣"壽春邑,楚考烈王自陳徙此"。《史記・項羽本紀》"劉賈軍從壽春並行,屠城父"。《水經注・淮水》壽春"秦始皇立九江郡,徙此,兼得廬江、豫江之地,故以九江名郡"。今安徽省壽春縣。漢銅器銘文見《秦》228《壽春鈁》。

【新地2001】

同《新見1996》。

【簡讀2002】

秦縣,《漢志》屬九江郡。《史記・高祖本紀》:"圍壽春。"

【縣考2007】

壽春公元前240年爲楚都。始皇二十三年,秦破楚(《秦本紀》),壽春自當屬秦。《水經・淮水注》曰:"[淮水]又東北逕壽春縣故城西。縣即楚考烈王自陳徙此,秦始皇立九江郡,治此,兼得廬江豫章之地,故以九江名郡。"《太平寰宇記》卷一二九淮南道壽州壽春縣下曰:"壽春縣南二十五里,元十三鄉,本楚縣也。戰國時屬楚。……考烈王二十二年與諸侯共伐秦,不利而去。楚東徙都壽春,命曰郢。尋爲秦所滅,以壽春爲縣,屬九江郡"。由上引之文可知,壽春屬秦後,仍立爲縣,並成爲秦九江郡治所。出土秦封泥中有"壽春丞印"。《漢志》壽春縣屬九江郡。

【彙考2007】

　　壽春,戰國楚邑,秦置縣。《漢書·地理志》九江郡有壽春縣。班固自注:"楚考烈王自陳徙此。"王先謙《漢書補注》:"秦縣。劉賈圍壽春,見《荆燕吳傳》……縣人梅福,見本傳……後漢因,續《志》無邑字……《一統志》:故城今壽州治。考烈王二十二年徙都壽春,命曰郢,見《楚世家》。"

【政區2009】

　　《漢志》九江郡有"壽春邑,楚考烈王自陳徙此";《史記·項羽本紀》:"劉賈軍從壽春並行,屠城父。"《史記·楚世家》:"楚東徙都壽春,命曰郢。"《水經·淮水注》壽春:"秦始皇立九江郡,徙此,兼得廬江、豫江之地,故以九江名郡。"《讀史·卷二十一》南直隸:"壽州,春秋時六、蓼國地,戰國時屬楚,名曰壽春。楚考烈王二十二年,爲秦所敗,徙都壽春,仍名曰郢,即此地也。秦爲九江郡。""壽春廢縣,即今城也。秦置縣。"考古調查表明,秦壽春縣故址在今安徽省壽春市,故城爲長方形,東西4250米,南北6200米,面積2600萬平方米,時代從戰國晚期楚都壽春,至秦漢九江郡治壽春縣,西漢初淮南國都。

【楚地2013】

　　《集成》4.2397有《壽春府鼎》。壽春爲戰國末期楚國都城,《史記·楚世家》:楚考烈王二十二年"楚東徙都壽春,命曰郢"。地在今安徽壽縣。

【戰國2013】

　　傳世楚青銅器有"壽春府"鼎(《集成》4.2397),《史記·楚世家》:"考烈王二十二年,楚東徙都壽春,命曰郢。"《漢志》九江郡壽春邑,"楚孝烈王自陳徙此"。《太平寰宇記》:"壽春縣,本楚縣也,戰國時屬楚。"顧棟高《春秋大事表·春秋列國都邑表》曰:"壽春城在淮之南,下蔡城在淮之北,相去三十里,夾淮爲固。歷東漢至六朝,常爲重鎮。今壽州治即古壽春,縣城爲楚考烈王所築。"古壽春今爲安徽省壽春市。考古調查表明,壽春縣故城爲長方形,東西4250米,南北6200米,面積2600萬平方米,時代從戰國晚期楚都壽春,至秦漢九江郡治壽春縣,西漢初淮南國都。

【廣封2019】

　　案《漢書·地理志》:九江郡,有縣"壽春邑","楚考烈王自陳徙此"。此其丞之印也。

（二）舒

舒丞之印

1.《新出》P31；《青泥》P32；《大系》P225
2.《於京》圖38；《璽印》P410；《大系》P225

【於京2005】

《史記·項羽本紀》："大司馬周殷叛楚，以舒屠六，舉九江兵，隨劉賈、彭越皆會垓下，詣項王。"《史記·吳太伯世家》："吳公子燭庸、蓋餘二人將兵遇圍於楚者，……乃以其兵降楚，楚封之於舒。"（闔廬）三年，吳王闔廬與子胥、伯嚭將兵伐楚，拔舒，殺吳亡將二公子。"《史記·楚世家》："（莊王）十三年，滅舒。"《集解》："杜預曰：'廬江六縣東有舒城也。'"《史記·伍子胥列傳》：前王僚所遣二公子將兵伐楚者，道絕不得歸。後聞闔廬弑王僚自立，遂以其兵降楚，楚封之於舒。闔廬立三年，乃興師與子胥、伯嚭伐楚，拔舒，遂禽故吳反二將軍。《水經注》卷二九："《春秋·文公十二年》：'夏、楚人圍巢。巢，群舒國也。舒叛，故圍之。'"

【政區2009】

舒，本楚邑，秦置縣。《史記·楚世家》："莊王十三年，滅舒。"《集解》："杜預曰：'廬江六縣東有舒城也。'"《史記·吳世家》："（吳王）三年，吳王闔廬與子胥、伯嚭將兵伐楚，拔舒，殺吳亡將二公子。"《史記·項羽本紀》："大司馬周殷叛楚，以舒屠六，舉九江兵，隨劉賈、彭越皆會墳下，詣項王。"《史記·伍子胥列傳》："前王僚所遣二公子將兵伐楚者，道絕不得歸。後聞闔廬弑王僚自立，遂以其兵降楚，楚封之於舒。闔廬立三年，乃興師與伍胥、伯嚭伐楚，拔舒，遂禽故吳反二將軍。"《水經·沔水注》："《春秋》：'文公十二年夏、楚人圍巢。'巢，群舒國也。舒叛，故圍之。"《元和·卷二十八》淮南道舒州："《禹貢》揚州之域，春秋時皖國也，亦爲舒國、桐國之地，皆爲楚所滅。"《讀史·卷二十六》廬州府舒城縣舒城"即今縣治，春秋時舒庸舒鳩諸國地也"。"秦爲舒邑，屬九江郡"，秦舒縣故址地望在今安徽省舒城縣治。

【戰國2013】

湖北包山楚簡有"與其季父餘連囂陽必同室"（J127）。史傑鵬釋"餘"爲"舒"，可從。《漢志》廬江郡舒縣,即《春秋》僖公三年"徐人取舒"三"舒"。又《左傳》文公十二年,"群舒叛楚,子孔執舒子平及宗子、遂圍巢"。此外河南新蔡縣出土戰國楚封泥有"舒"字,應與包山楚簡"舒"爲同地。古舒縣故址在今安徽廬江縣西。

(三) 灊

灊丞之印

無圖,釋讀見《五十例》P318。

【五十例2005】

《漢志》廬江郡屬縣有"灊,天柱山在南,有祠"。《讀史·卷二十六》霍山縣"灊城,縣東北三十里。春秋時楚之灊邑"。灊縣在秦屬九江郡,在今安徽省霍山縣東北。

【政區2009】

《史記·吳太伯世家》:"四年,伐楚,取六與灊。"《漢志》廬江郡屬縣"灊,天柱山在南,有祠"。《讀史·卷二十六》南直隸無爲州霍山縣灊城:"縣東北三十里,春秋時楚之灊邑。《左傳》昭公二十七年:'吳子因楚喪,使公子掩餘,公子燭庸伐楚,圍灊。'又三十一年吳人侵灊、六,楚沈尹戍帥師救灊,吳師還,楚遷灊於南岡是也。"秦灊縣故址在今安徽省霍山縣東北。

(四) 歷　陽

歷陽丞印

《印風》P160;《釋續》圖32;《印集》P122;《彙考》P216;《璽印》P406;《大系》P153

【釋續2001】

《漢書·地理志》九江郡有歷陽都尉治。王先謙《補注》:"范增侯國,見《項羽紀》。"歷陽應爲秦縣,今安徽和縣。

【簡讀2002】

秦縣,《漢志》屬九江郡。

【彙考2007】

《漢書·地理志》九江郡有歷陽都尉治。王先謙《補注》:"范增侯國,見《項羽紀》。"歷陽應爲秦縣,今安徽和縣。

【政區2009】

《史記・項羽本紀》:"歷陽侯范增"。《史記・樊酈滕灌列傳》:"(灌嬰)盡得其軍將吏,下東城、歷陽。"《讀史・卷二十九》:"歷陽廢縣,今州治,秦縣也,項羽封范增爲侯邑,漢爲九江都尉治。"《清一統志・卷一百三十一》:"故城即今和州治,秦置。"和州即今安徽省和縣。

【廣封2019】

案《漢書・地理志》:九江郡,有縣"歷陽","都尉治。莽曰明義"。此其丞之印也。

(五)安　　豐

安豐丞印

《印風》P150;《釋續》圖55;《印集》P142;《彙考》P234;《璽印》P420;《大系》P22

【釋續2001】

《漢書・地理志》六安國有安豐縣。班氏自注:"《禹貢》大別山在西南。"王先謙《補注》:"《禹貢山水澤地篇》'大別山在安豐縣西南',與《志》合。……《一統志》:故城今固始縣東。"

【簡讀2002】

秦縣,《漢志》屬六安國。

【彙考2007】

《漢書・地理志》六安國有安豐縣。班氏自注:"《禹貢》大別山在西南。"王先謙《漢書補注》:"《禹貢山水澤地篇》:'大別山在安豐縣西南',與《志》合。……《一統志》:故城今固始縣東。"

【政區2009】

《漢志》六安國安豐,"《禹貢》大別山在西南,莽曰美豐"。《太平寰宇記・卷一百二十九》:"古安豐縣在霍丘縣西南十四里,北臨淮水。……《漢書・地理志》云,秦時於壽春置九江郡,此縣屬焉。"《讀史・卷二十一》壽州霍丘縣,"安豐城,縣西南二十里,漢縣屬六安國,後漢初以安豐、陽泉、繆、安風四縣封竇融爲安豐侯"。《漢書新注》曰:"安豐,故城在今河南固始縣東南四十里。"《清一統志》:"故城在潁州府霍丘縣西南。"秦安豐縣治約在河南固始縣東南部,領地兼有河南固始縣、安徽六安縣、霍丘縣的一部分。

【廣封2019】

案《漢書・地理志》：六安國,有縣"安豐","《禹貢》大別山在西南。莽曰美豐"。

（六）弋　　陽

弋陽

《新地》圖8;《印集》P165;《彙考》P255;《大系》P165

【彙考2007】

王輝先生推測：首字可能是"弋"字。《漢書・地理志》汝南郡有弋陽侯國,在今河南省光山縣西北。

【政區2009】

《漢志》："陽陵,故弋陽,景帝更名。"從此文獻可知,西漢左馮翊屬縣陽陵之前身實爲秦弋陽縣。《清一統志》："故城在今咸陽縣東四十里。"在今陝西高陵西南考古發現漢陽陵邑,出土"陽陵涇置""陽陵東鄉"瓦當等文物。

又：傳世戰國楚系古璽有"邘陽君鈢"(《璽匯》0002),李家浩釋讀"邘陽"爲"弋陽",可從。弋陽君爲楚國封君,文獻失載。《漢志》汝南郡有弋陽縣,其地在戰國時屬楚地,在《圖集》第二册"秦淮漢以南諸郡"的衡山郡。二者互證,秦衡山郡置弋陽縣,其故址在今河南省潢川縣西。

【戰國2013】

《漢志》："陽陵,故弋陽,景帝更名。"從此文獻可知,西漢左馮翊屬縣陽陵之前身實爲秦弋陽縣。《清一統志》："故城在今咸陽縣東四十里。"在今陝西高陵西南考古發現漢陽陵邑,出土"陽陵涇置""陽陵東鄉"瓦當等文物。

【秦地2017】

里耶簡有"弋陽須印"。《漢志》左馮翊有"陽陵"縣,班固自注"故弋陽,景帝更名"。又,汝南郡有弋陽侯國。由簡文無法確定弋陽歸屬,今暫附此。

瑞按：封泥殘,《新地2001》《大系2018》讀"美陽","《彙考2007》讀"弋陽"。從"美陽丞印"的"美"字看,本封泥上半殘字與其有較大差異,讀爲"美"當可存疑。然從殘存筆畫看,讀"弋"亦有疑問。

【古分2018】

"邔陽君璽"(0002),李家浩認爲:"'邔昜'當讀爲'弋陽'。《漢書・地理志》汝南郡有弋陽縣,在今河南潢川縣,戰國時期屬楚。"

（七）蓼

蓼丞之印

《大系》P156

【秦封2000】

籔即蓼,《漢志》千乘郡有蓼城縣,"都尉治"。籔城縣秦約屬臨淄郡又齊郡,在今山東省利津縣西南。漢封泥見:《續封》《建德》《臨淄》《澂秋》"籔城丞印"。

【楚地2013】

包山楚簡有"鄝"(《包山》29、116、143號),整理者説:鄝,《左傳・文公五年》:"楚滅蓼。"《釋文》云:"自或作鄝。"《穀梁傳・宣公八年》:"楚人滅舒鄝。"《釋文》云:"本又作蓼。"簡文之蓼有可能位於河南省固始縣境内。徐少華贊同整理者認爲"鄝"即《左傳》文公五年所滅之"蓼"的意見,在今河南固始縣境内。(《包山楚簡釋地五則》,《江漢考古》1996.4)。顏世鉉認爲在今河南唐河縣南的古蓼國爲楚胡陽縣、漢湖陽縣所在,也就是包山楚簡的"鹽昜"一地所在。而今河南固始縣附近的另一個古蓼國則是包山楚簡"鄝""鄝昜"所在,從簡文來看,鄝陽位置約在郪君的北方。而郪君封地較易考定,是在今安徽六安市東北。若如徐少華所言,則鄝陽即位於郪君的西北方偏西的位置,距離也較遠,與簡文所述的情形較爲不合。若如何浩、劉彬徽所説:"(蓼國、蓼縣)故城在今河南固始與安徽霍丘接界的蓼城岡,蓼陽當在蓼縣北境的今霍丘境内。"則鄝陽就位於郪君的西北方較偏北位置,距離較近,較合乎簡文所述的相關方位。劉信芳認爲楚滅國遷縣之例甚多,戰國時楚鄝縣於文獻無徵,不宜確指,以今安徽舒城之"蓼城"近是。(《包山楚簡解詁》P44)。

瑞按:徐少華先生指出,由庭堅後嗣建立的蓼國,是周代淮河流域的一個小國,春秋中期滅於楚,漢晉時於其地置蓼縣。古蓼國、漢晉蓼縣所在,後世文獻有不同説法,《歷史地圖集》定在今河南省固始縣以北四十五里、史灌河匯流之後的下游西岸,約今李店鄉東的渡口至李店子一帶,已爲可疑。古蓼國、漢晉蓼縣當不出今固始縣城一帶。位於固始縣治的古城當爲周代蓼國故城、漢晉蓼縣所在(《《中國歷史地圖集》先秦漢晉若干地理補正》,《荊楚歷史地理與考古探研》P385)。

（八）英

英丞之印

1　　　　　2　　　　　3　　　　　4

1、2.《汝南》P91;《新出》P109;《大系》P330

3.《新出》P109;《汝南》P91

4.《新選》P116;《大系》P330

【職地2014】

　　《史記·夏本紀》:"帝禹立而舉皋陶薦之……封皋陶之後於英、六,或在許。"在今安徽省金寨縣東南。

【廣封2019】

　　案《史記·楚世家》:"(成王)二十二年,伐黄。二十六年,滅英。"注,《正義》英國在淮南,蓋蓼國也,不知改名時也。又:"穆王三年,滅江。四年,滅六、蓼。六、蓼,皋陶之後。"《集解》杜預曰:"六國,今廬江六縣。蓼國,今安豐蓼縣。"《史記·夏本紀》:"帝禹立而舉皋陶薦之,且授政焉,而皋陶卒。封皋陶之後於英、六,或在許。"注,《正義》英蓋蓼也。《括地志》云:光州固始縣,本春秋時蓼國。偃姓,皋陶之後也。《左傳》云:子燮滅蓼。《太康地志》云:蓼國先在南陽故縣,今豫州郾縣界故胡城是,後徙於此。《漢書·地理志》:南陽郡,有縣"湖陽","故廖國也。"又六安國,有縣"蓼","故國,皋繇後,爲楚所滅"。

　　瑞按:《史記·陳杞世家》"皋陶之後,或封英、六,楚穆王滅之,無譜。"《索隱》:蓼、六,本或作英、六,皆通。然蓼、六皆咎繇之後也。據《系本》,二國皆偃姓,故春秋文五年《左傳》云楚人滅六,臧文仲聞六與蓼滅,曰"皋陶、庭堅不祀忽諸"。杜預曰"蓼與六皆咎繇後"。《地理志》云,六,故國,皋陶後,偃姓,爲楚所滅。又僖十七年"齊人徐人伐英氏"。杜預又曰"英、六皆皋陶後,國名"。是有英、蓼,實未能詳。或者英後改號曰蓼也。《史記·楚世家》:"二十二年,伐黄。二十六年,滅英。"《集解》徐廣曰:"《年表》及他本皆作'英',一本作'黄'。"《正義》:"英國在淮南,蓋蓼國也,不知改名時也。"秦封泥中既有蓼丞,也有英丞。英,不見於《漢書·地理志》,所在地不詳,暫依蓼排列。

三、廬 江 郡

廬江御丞

《彙考》P122

【秦漢2017】
　　里耶簡8-1873"以户遷廬江"。傳統地理志書如《元和郡縣圖志》《太平寰宇記》《方輿勝覽》等,均將廬江列爲秦郡。《水經注·贛水》"又北國南昌縣西"下酈道元注:"於《春秋》屬楚,即令尹子蕩師於豫章者也,秦以爲廬江南部。"楊守敬疏一方面以"自裴駰以下釋秦郡者不及廬江郡"爲由,懷疑廬江爲九江之誤;一方面又據《元和志》《寰宇記》謂秦置廬江郡,以及《漢書·淮南衡山濟北王傳》等書記載,以爲"秦時立廬江郡,其地跨江南北,亦情事所有"。譚其驤認爲"廬江亦未必非秦舊也"。周振鶴認爲秦置廬江郡。辛德勇認爲秦先置九江郡,後析置衡山郡,再析置廬江郡。譚、周、辛將秦置廬江郡的時間放在秦始皇二十六年之後,並非秦三十六郡之數。張莉討論秦郡,定廬江郡設置在秦始皇二十八年。經分析,秦滅楚設郡,有九江、衡山,無廬江,廬江設置晚於九江、衡山,或爲分九江郡置。嶽麓簡0556"丞相上廬江假守書言",廬江假守即廬江郡代理太守,然時代未詳。里耶簡"以户遷廬江"當指廬江郡,時在秦始皇三十五年,爲秦置廬江郡的下限。

（一）新　　淦

新淦丞印

《古封》P153;《中封》P103;《秦封》P302;《彙考》P267;《大系》P308

【兩漢1993】

　　西漢早期,封泥。印文二行四字。有界欄。《封泥考略》著録。新淦,漢縣名。《漢書·地理志》:"豫章郡,……縣十八……新淦,都尉治。莽曰偶亭。"應劭曰:"淦水所出,西入湖漢也。"東漢沿置,《後漢書·郡國志》:"豫章郡……二十一城,……新淦。"故治在今江西清江市境。

【秦式1998】

　　録於《封泥》。《漢志》豫章郡有新淦縣,應劭曰:"淦水所出,西入湖漢也。"新淦縣秦約屬九江郡,今在江西省清江市。

【秦封2000】

　　《漢志》豫章郡有新淦縣,"都尉治,莽曰偶亭。"應劭曰:"淦水所出,西入湖漢也。"《水經·贛水》:"牽水又東經新淦縣,即王莽之偶亭……"。《元和》:"本漢舊縣,豫章南部都尉所居,縣有淦水,因以爲名。陳割巴山郡,隋開皇中廢郡縣,屬吉州。"《讀史》:"縣東六十里,漢時縣治","本秦舊縣,以淦水爲名,屬九江郡,漢屬豫章郡。晋宋以後因之,皆治今清江縣東,隨遷縣治南市村,屬吉州,唐因之。宋初亦屬吉州,淳化三年改屬臨口郡。元元貞初升新淦州,明初復爲縣。"新淦縣秦約屬九江郡,今在江西省清江市。

【彙考2007】

　　新淦,縣名。《漢書·地理志》豫章郡有新淦縣。在今江西省清江樟樹鎮。

【廣封2019】

　　案《封泥考略》:《漢書·地理志》:"新淦縣,都尉治。屬豫章郡。"都尉,豫章都尉也。"丞"詳前。

（二）南　　昌

南昌丞印

《大系》P174

【秦地2017】

　　里耶簡8-1164"南昌"。《漢志》屬豫章郡,秦時或屬廬江郡。

四、衡　山　郡

衡山發弩

《中封》P169;《秦封》P254;《彙考》P60;《璽印》P422;《大系》P114

【秦封2000】

　　衡山,郡名,《史記·秦始皇本紀》記秦始皇二十八年"之衡山、南郡,浮江,至湘山祠"。是郡之建置不晚於秦始皇二十八年。該郡郡治在今湖北省黄岡北。《漢志》六安國,故楚,"高帝元年别爲衡山國;五年屬淮南,文帝十六年復爲衡山。武帝元狩三年復爲六安國"。《漢書·韓彭英盧吴傳》"布遂剖符爲淮南王,都六,九江、廬江、衡山、豫章郡皆屬焉。"《漢志》南郡有"發弩官",師古曰:"主教發弩也。"據本封泥知衡山郡亦有發弩官。戰國璽印見:《古璽》"榆平發弩、增城發弩"。秦印見:《徵存》"發弩"。秦封泥見:"發弩、弩工室印、淮陽弩丞、琅邪發弩"。漢封泥見:《封泥》"南郡發弩"。

【圖説2009】

　　衡山,郡名,《史記·秦始皇本紀》記秦始皇二十八年,"之衡山、南郡,浮江,至湘山祠"。是郡之建置不晚於始皇二十八年。該郡郡治在今湖北黄崗北。暢按:秦王朝在各郡縣都置有發弩官署。主教發弩。發弩(《徵存》0078),銅質,鼻紐。故宫藏。戰國晚期至秦王朝時印。

【政區2009】

　　"發弩"是一種武官,秦漢時中央官署及郡、國都設有發弩官,專主射弩兵種之官。《漢志》記南郡有"發弩官",師古曰:"主教發弩也。"秦封泥有"發弩""弩工室印""淮陽弩丞""琅邪發弩";秦官印有"發弩";漢封泥有"南郡發弩"。據之,此封泥爲衡山郡之發弩官。又新發現的秦封泥有"衡山馬丞",爲衡山郡之馬丞官,二者可知秦設置衡山郡。衡山作爲一獨立地理單位出現較早,春秋時屬吴地。《左傳·襄公三年》:"三年春,楚子重伐吴,爲簡之師,克鳩兹,至於衡山。"秦衡山置郡,《漢志》等文獻缺載。《史記·項羽本紀》:"番君吴芮率百越佐諸侯,又從入關,故立芮爲衡山王,都邾。"譚其驤曰:"項羽封建諸王,率因秦郡之舊,則以秦置爲是";"《項羽本紀》,立番君吳芮爲衡山王。其建郡之年,姚氏以爲未可知,今從前例亦斷以爲秦置"。按項羽封建諸侯王,多因秦郡之舊,"則衡山亦必爲秦所置郡甚明"。又《史記·秦始皇本紀》二十八年:"乃西南渡淮水,之衡山、南郡。"故譚其驤言:"衡山與南郡並舉,蓋其時已建郡矣。"馬非百也從此論。譚其驤主秦衡山郡爲九江郡分置。秦九江郡地域過於遼遠,或爲其分而設置衡山郡的主要原因。秦衡山郡治邾,今在湖北黃岡西北。

【職地2014】

據里耶秦簡8-1234號:"衡山守章言:衡山發弩丞印亡,謁更爲刻印",簡文言衡山郡發弩之丞印章丟失,請求重新刻印。可知秦郡發弩有丞,也可見秦時官印管理制度有着嚴格的規定。

【悠悠2015】

同《政區2009》,文字略有出入。

【秦地2017】

衡山郡,譚其驤先生最早確定爲秦郡,並據《秦始皇本紀》所載始皇二十八年南巡"渡淮水,之衡山、南郡",以爲衡山和南郡並列,當爲秦郡。從而將置郡時間確定在秦始皇二十八年前。陳松長先生根據嶽麓秦簡,以爲至遲二十五年已置郡。從後發表的簡牘全文看,衡山郡在秦王政二十五年四月即已存在應無問題。衡山郡之設當與九江郡、四川郡同時,始置於秦王政二十四年。又,里耶簡8-1234號"衡山守章言:衡山發弩丞印亡,謁更爲刻印",衡山守爲衡山郡守,秦封泥有"衡山發弩""衡山馬丞"。

　　瑞按:里耶秦簡8-1234號内容中,從衡山發弩丟印章後向衡山守上報請求重刻的情況看,衡山發弩當屬衡山郡管轄,非設在地方的中央職官。

衡山馬丞

無圖,釋讀見《五十例2005》P317。

【五十例2005】

《史記·黥布列傳》:"布遂剖符爲淮南王都六,九江、廬江、衡山、豫章郡皆屬布。"《貨殖列傳》:"衡山、九江、江南、豫章、長沙,是南楚也。"《集解》:"徐廣曰:'都鄭。邾縣,屬江夏。"《項羽本紀》:"故立芮爲衡山王,都邾。"衡山郡治邾,其地在今湖北黃州市。馬丞爲掌馬政之官。《秦封2000》有秦封泥"衡山發弩"。

【政區2009】

爲衡山郡之馬丞官。

（一）虖婁

虖婁丞印

《釋續》圖31；《印集》P119；《彙考》P214；《大系》P114

【釋續2001】

　　第二字不很清楚，但從殘畫看，似是婁字。《漢印文字徵》12·15婁字條下有"虖婁丞印"，婁字與此字近。"虖婁"之"虖"應讀同雩。上古音乎、於二字魚部匣紐，雙聲疊韻，可以通用。《易·説卦》"燥萬物莫乎火"，《説文》日部字下引爲"莫於離"；《史記·建元以來王子侯者年表》"雩殷"，《索隱》云"《漢表》作虖葭"。《漢書·地理志》盧江郡有雩婁縣。王先謙《補注》："楚東邑，與吳界，見《左襄昭傳》《楚世家》注。《淮南子》：'孫叔敖決期思之陂，灌雩婁之野。'……《一統志》：故城在今霍邱縣西南，商城縣東北。"所説"《楚世家》注"，即《史記·吳太伯世家》王餘祭十一年"楚伐吳至雩婁"，《集解》引服虔説。又《封泥彙編》收有"虖婁丞印"封泥，目録下注"盧江郡"，無説，也許編者認爲"婁"應讀雩。

【簡讀2002】

　　史籍失載，王輝先生認爲即是《漢志》盧江郡之雩婁縣。

【彙考2007】

　　同《釋續2001》。

【政區2009】

　　《史記·吳太伯世家》："十一年，楚伐吳，至雩婁。"《漢志》盧江郡有雩婁縣，《漢書新注》曰："雩婁，故城在今河南商城縣東北，'雩'作'乎'。"《讀史·卷二十一》壽州霍丘縣，"雩婁城，在縣西南八十里"。"漢爲縣，屬盧江郡"。秦雩婁縣治在今河南商城縣東北（或安徽霍丘縣西）。

【戰國2013】

　　安徽阜陽地區新見楚兵器"虎婁公"戈，銘文中"虎婁"即《漢志》盧江郡雩婁縣。《左傳》襄公二十六年，"楚子，秦人侵吳，及雩婁。"古雩婁故址在今河南固始縣東南。

【職地2014】

　　《地理志》盧江郡有雩婁縣，虖、雩可通用，雩婁縣約在今河南商城縣東。

【廣封2019】

　　同《釋續2001》。

（二）郹

郹丞之印

《大系》P166

【戰國2013】

　　河南新蔡葛陵出土楚簡有"郹尹羕"（甲三：193）。"郹"，地名，是楚國北部一重要的關隘之地。《史記·楚世家》："王出寶弓，碆新繳，涉郹塞，而待秦之倦也，山東、河內可得而一也。"《史記·蘇秦列傳》："秦欲攻魏重楚，則以南陽委於楚。曰：'寡人固與韓且絕矣。殘均陵，塞郹陉，苟利於楚，寡人如自有之。'魏棄與國而合於秦，因以塞郹陉爲楚罪。"從"郹尹"情況看，郹設縣。郹縣故址在今河南省羅山縣西。

五、會稽郡

（一）吳

吳丞之印

　　　　1　　　　　　　　　2　　　　　　　　　3

1.《補讀》圖54；《續考》圖220；《釋續》圖40；《印風》P155；《秦封》P300；《書法》P43；《印集》P135；《書集》P128；《彙考》圖版P61
2.《新選》P112；《大系》P280
3.《大系》P280（《集證2011》，237—238頁）（《印風1999》，155頁）（《秦封2000》，300—301頁）（《彙考2007》，227頁）

【補讀1998】

　　録於《收藏》。《漢志》會稽郡有吳縣，"故國，周太伯所邑。具區澤在西，揚州藪，故以爲震澤。南江在南，東入海，揚州川"。班固自注："故國，周太伯所邑。"《史記·周本紀》："二人乃亡如荆蠻。" 正義引《括地志》云："太伯奔吳所居城，在蘇州北五十里常州無錫縣界梅里村。其城及冢見存。"《史記·秦始皇本紀》："三十七年，還過吳，從江乘渡。"《史記·貨殖列傳》："彭城以東，東海、吳、廣陵，此東楚也。" 正義："吳、蘇州也。"《三國吳志·虞翻傳》注引《會稽會典》："秦始皇二十五年，以吳越地爲會稽郡，都吳。" 秦吳縣約屬會稽郡，今在江蘇省蘇州市。漢封泥見《封泥》"吳郎中印、吳左尉印"。

【續考1998】

　　印面正方形，田字格，邊長2釐米，邊框完整，印文清晰。"吳"即"吳縣"的省稱，古縣名。治今蘇州市郊。秦置縣。

【釋續2001】

　　《漢書·地理志》會稽郡有吳縣。班氏自注："故國，周太伯所邑。" 秦置會稽郡，治吳。今江蘇蘇州市。

【秦封2000】

　　《漢志》：會稽郡有吳縣，"故國，周太伯所邑。具區澤在西，揚州藪，故以爲震澤。南江在南，東入海。"《史記·周本紀》："二人乃亡如荆蠻"。 正義：《括地》云，太伯奔吳所居城，在蘇州北五十里常州無錫縣界梅里村。其城及冢見存。《史記·秦始皇本紀》："三十七年，還過吳，從江乘渡。"《史記·項羽本紀》："乃以故吳令鄭昌爲韓王。"《漢書·樊酈滕灌傅靳周傳》："渡江，破吳郡長吳下，得吳守，遂定吳、豫章、會稽郡。"《史記·貨殖列傳》："彭城以東，東海、吳、廣陵，此東楚也。"《正義》：吳、蘇州也。《三國·吳志·虞翻傳》注引《會稽會典》："秦始皇二十五年，以吳越地爲會稽郡，都吳。"《一統》："吳城今蘇州府治。" 秦吳縣約屬會稽郡，今在江蘇省蘇州市。漢封泥見：《封泥》"吳郎中印、吳左尉印"。

【簡讀2002】

　　秦縣，《漢志》屬會稽郡。《史記·秦始皇本紀》："還過吳"。

【縣考2007】

　　吳本爲吳國都城。公元前473年越滅吳，其地屬越。公元前329年(據《新編年表》)，楚大敗越，盡取故吳地至浙江，吳又當屬楚。秦始皇二十五年，其地又爲秦取。《秦始皇本紀》載："二十五年，大興兵，使王賁將，攻燕遼東，得燕王喜。還攻代，虜代王嘉。王翦遂定荆江南地；降越君，置會稽郡。"《三國志·吳書·虞翻傳》裴松之注引《會稽典録》載淮陽府君謂朱育曰："吾聞秦始皇二十五年，以吳越地爲會稽郡，治吳。"《元和郡縣圖志》卷二十五江南道蘇州府吳縣下曰："本吳國闔閭所都，秦置縣。" 出土秦封泥中有"吳丞之印"。《漢志》吳縣屬會稽郡。

【彙考2007】

　　《漢書·地理志》會稽郡有吳縣。班氏自注："故國，周太伯所邑。" 秦置會稽郡，治吳。今江蘇蘇州市。

【分域2009】

《漢書・地理志》會稽郡有吳縣,秦時置會稽郡,治吳。其地在今江蘇蘇州。

【集證2011】

《漢書・地理志》:"會稽郡,秦置。高帝六年爲荆國,十二年更名吳,……"《漢書補注》:"閻若璩曰:'郡治吳,以嚴助、朱買臣、梅福《傳》知之。秦時郡即治吳城,故《項籍傳》云'初起兵吳'也。'"郡有"吳"縣,云:"故國,周太伯所邑。具區澤在西,揚州藪,古文以爲震澤。南江在南,東入海,揚州川。"吳即吳縣,本傳説周太伯奔吳所建之國,後爲吳國,亡於越。後越爲楚所亡,地屬楚。《史記・秦始皇本紀》:"(二十五年)王翦遂定荆江南地,降越君,置會稽郡,……三十七年,……(始皇)上會稽,祭大禹,……還過吳,從江乘渡……"此爲吳縣丞之印,必在始皇二十五年(前222年)會稽置郡之後,吳縣今爲蘇州市。

【悠悠2015】

《史記・秦始皇本紀》:"三十七年,還過吳,從江乘渡,並海上,北至琅邪。"《史記・項羽本紀》記項羽起兵於吳,分封天下時,"乃以故吳令鄭昌爲韓王"。《漢書・樊酈滕灌列傳》:"(灌嬰)渡江,破吳郡長吳下,得吳守,遂定吳、豫章、會稽郡。"《漢志》會稽郡領縣吳縣,"故國,周太伯所邑"。《讀史方輿紀要》卷24:"吳縣,(蘇州)府治西,故吳都,秦置吳縣,爲會稽郡治。"秦吳縣爲會稽郡治,故址在今江蘇蘇州市。

【廣封2019】

案《漢書・地理志》:會稽郡,有縣"吳","故國,周太伯所邑。具區澤在西,揚州藪,古文以爲震澤。南江在南,東入海,揚州川。莽曰泰德"。

吳炊之印

　　　　1　　　　　　　　　　2　　　　　　　　　3

1.《印風》P155;《印集》P158;《彙考》P250;《大系》P280
2.《發現》圖106;《圖例》P55;《秦封》P238;《彙考》P250
3.《大系》P280

【發現1997】

認爲吳炮當是爲秦帝烹製野味之署。

【補讀1998】

初披露時誤爲"吳炮之印"，經《空前》指出正讀。《石鼓》有"吳人"即虞人。《左傳·昭公二十年》："齊田於沛，招虞人以弓。"《管子·立政》："修大憲，敬山澤林藪積草，天財之所出，以時禁發焉，使民足於宮室之用，薪蒸之所積，虞師之事也。"《睡虎·法律答問》："何謂'爨人'？古主爨灶者也。"吳炊之職與爨人相近，然地位當高於爨人。"炊，《説文·火部》爨也。"《墨子·耕柱》："不炊而自烹。"《論語·知實》："顏淵炊飯，塵落甑中。"漢封泥有《續》《建》"右炊"。吳炊疑爲秦皇帝烹製野味之職署。漢封泥見《續封》《建德》"右炊"。

【叢考1998】

在認爲是"吳炮之印"的基礎上認爲：吳炮蓋即胞人，二者同類。吳炮亦應屬少府，其長官稱長，丞爲其佐官。

【秦封2000】

《左傳·昭公二十年》："招虞人以弓。"《管子·立政》："修大憲，敬山澤林藪積草，天財之所出，以時禁發焉，使民足於宮室之用，薪蒸之所積，虞師之事也。"《睡虎·法律答問》："何謂'爨人'？右主爨灶者也。"吳炊之職與爨人相近，然地位當高於爨人。炊，《説文·火部》："爨也。"《墨子·耕柱》："不飲而自烹。"《論語·知實》："顏淵炊飯，塵落甑中。"吳炊疑爲秦皇帝烹製野味之職署。秦《石鼓》有"吳人"，吳人即虞人。漢封泥有：《續封》《建德》"右炊"。

【簡讀2002】

《史記·封禪書》："自華以西，名山七，名川五。曰華山，薄山，……嶽山，岐山，吳嶽，鴻冢，瀆山。……而四大塚鴻、岐、吳、嶽，皆有嘗禾。""吳嶽"：《集解》："徐廣曰：在汧也。"《索隱》："案：謂四山爲大塚也。又《爾雅》云'山頂曰塚'，蓋亦因鴻塚而爲號也。"《秦簡·法律答問》："何謂爨人？古主爨灶者也。"炊，《説文·火部》："爨也"。吳炊或即是主吳嶽祭祀炊造祭品之職署。

【彙考2007】

同《秦封2000》。

【圖説2009】

兩周時期的食器文化，主要體現在青銅飲食器具的製作和使用上。兩周是青銅飲食器具的發展和繁榮期。青銅飲食器具可分炊器、食器和酒器三類。炊器是煮牲肉和蒸煮黍、稷、稻、粱等飯食的器具，有鼎、鬲、甗、鍪等，體大而重，須專門作坊生產製作。設立相應的官署以監督指導炊器的生產以供應皇宮貴族之需，是很有必要的。吳即吳郡，郡治蘇州，管轄江蘇、安徽及江西、湖北部分地區；炊即炊具。此爲秦政府設在吳郡製造炊具的官署用印。新出秦封泥"吳丞之印"、傳世漢封泥"右炊"可以爲證。

【政區2009】

吳炊，傳世文獻無載，但從封泥的性質看，爲縣級之印，自應是失載之縣。

【分域2009】

印文 "吳炮"，當讀做虞庖。庖和炊含義相近，《左傳·昭公二十年》云："齊侯田於沛，招虞人以弓。"《韓非子·難二》云："凡爲人臣者，猶炮宰和五味而進之君。"該印當爲給國君烹製野味之官署或官員用印。

【集證2011】

吳與虞通用。西周金文免簋："奠（鄭）還眔吳眔牧。"同簋："易（場）林吳牧。"二銘中 "牧" 爲牧人，"林" 爲林衡，則 "吳" 必爲 "虞"。《周禮·地官·司徒》有 "山虞"，"掌山林之政令，而爲之守禁"；又有 "澤虞"，"掌國澤之政令"。金文 "吳（虞）" 大概兼有二者的職責。《詩·周頌·絲衣》："不吳不敖。"《釋文》"吳" 作 "虞"。《史記·周本紀》之 "虞仲"，《漢書·地理志》作 "吳仲"。"炊" 周曉陸初釋 "炮"。倪志俊《空前的考古發現，豐富的瑰寶收藏》一文已糾正。《説文》："炊，爨也。" 睡虎地秦簡《法律答問》："何謂 '爨人'？古主爨灶者殹。" 周氏云："吳炊疑爲秦皇帝烹製野味之職署。"《古封泥集成》2192有漢 "右炊" 封泥。

【官名2013】

《説文》："炊，爨也。從火，吹省聲。" 秦簡封泥所見的 "吳炊" "爨人" 之職官名僅見於秦系，疑其職司與掌理飲食事務有關，爲品秩較低的小吏。秦簡《法律答問》："可（何）謂 '爨人'？古主爨灶者殹（也）。" 整理者認爲 "爨人"，是管理燒灶的人。有學者認爲吳炊的地位有可能高於爨人，其職責爲烹製野味。

【廣封2019】

同《秦封2000》。

（二）烏　　呈

烏呈之印

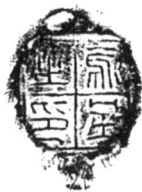

《秦封》P301；《璽印》P403；《大系》P279

【秦封2000】

東周侯馬盟書呈作呈，《吳季子之子劍》逞作逞，《睡虎》程作程，《居延漢簡》程作程，顯然，呈即後來的呈字。又 "呈" 通 "程"，《正字通·口部》："呈，與程通。"《史記·秦始皇本紀》："上至以衡石量書日夜有呈，不中呈，不得休息。" 於是 "烏（呈）" 當即 "烏程"。《漢志》"會稽郡，秦置"，縣二十六，有 "烏程" 縣。《郡國志》記：楚春申君立菰城縣，秦改爲烏程。《元和》：烏程縣，本秦舊縣。《越絶》記：始皇至會稽，徙於越之人于烏程。《興地紀勝》：“始皇二十六年，改菰城縣爲烏程縣。”《太平》記：廢菰城在湖州南二十五里。按烏程在秦約屬會稽郡，地在今浙江省湖州市南。

【簡讀2002】

《漢志》會稽郡有“烏程”縣。

【戰國2013】

傳世古印譜《安昌里館璽存》中收錄有傳世楚璽“烏呈之璽”。施謝捷釋讀爲“烏程”。《漢志》會稽郡烏程縣，“有歐陽亭”。古烏程故址在今浙江湖州市。

【古分2018】

楚璽印有“鵨（烏）呈之璽”（《安昌里館璽存》一册本），施謝捷認爲“鵨（烏）”即“烏呈”。並謂：《史記・吳太伯世家》：“（吳王壽夢）十六年，楚共王伐吳，至衡山。”杜預曰：“吳興烏程縣南也。”《索隱》曰：“《春秋經》襄三年‘楚公子嬰齊帥師伐吳’，《左傳》曰‘楚子重伐吳，爲簡之師，克鳩兹，至於衡山’也。”《漢書》卷二十八《地理志八上》：“會稽郡，秦置。高帝六年爲荆國，十二年更名吳。景帝四年屬江都。屬揚州。”所領二十六縣中有烏程縣。《元和郡縣志》卷二十五《江南道一》湖州烏程縣：“本秦舊縣，《越絶》云：始皇至會稽，徙於越之人于烏程。”《太平寰宇記》卷九十四湖州烏程縣：“本漢舊縣。《越絶》云：秦始皇至會稽，徙越之人于烏程。……《郡國志》云：春申君立菰城縣，秦改爲烏程。”今據“鵨（烏）呈（呈）”，漢以後寫作“烏程”，當屬沿用舊名，唯寫法稍有不同。其地戰國時爲楚所有，故治位於今浙江省湖州市南雲巢。

六、鄣　　郡

（一）秣　　陵

秣陵之印

《於京》圖68；《大系》P343

【五十例2005】

《漢志》，丹陽郡有秣陵。本注：“莽曰宣亭。”秣陵即秣陵。《元和郡縣圖志・江南道一·潤州·上元縣》:“本金陵地,秦始皇時望氣者云:‘五百年後,金陵有都邑之氣.’故始皇東遊以厭之,改其地曰秣陵,塹北山以絶其勢.及孫權之稱號,自謂當之.孫盛以爲始皇逮於孫氏四百三十七載,考其曆數,猶爲未及.晋之渡江,乃五百二十六年,遂定都焉.隋開皇九年平陳,於石頭城置蔣州,以江寧縣屬焉.武德三年,杜伏威歸化,改江寧爲歸化縣.九年,改曰白下縣,屬潤州.貞觀九年,又改白下爲江寧.至德二年,於縣置江寧郡,乾元元年改爲昇州,兼置浙西節度使.上元二年廢昇州,仍改江寧爲上元縣.”“秣陵故縣,在縣東南四里.本金陵地也.秦改爲秣陵.”秣陵秦屬鄣郡.其地在今江蘇江寧縣南.

【於京2005】

秣陰失載.

【政區2009】

釋爲“抹陰”.抹陰,傳世文獻無載,但從封泥的性質看,爲縣級之印,自應是失載之縣.

【職地2014】

《地理志》丹陽郡有秣陵縣,即文獻之秣陵.秣陰地望不明,或與“秣陵”有關.

【悠悠2015】

秣陵即秣陵.《郡國志》劉昭注:“秣陵,其地本名金陵,秦始皇改.”《元和郡縣志》卷25:“上元縣,本金陵地.秦始皇時,望氣者云:五百年後,金陵有都邑之氣.故始皇東遊以壓之,改其地曰秣陵,斬北山以絶其勢.故城在(上元)縣東南四里.”《讀史方輿紀要》卷20南直隸應天府江寧縣,“秣陵城,在府東南五十里.秦縣,屬鄣郡.志云:始皇三十七年自會稽還,改金陵爲秣陵.”顧氏不明秦郡設置,延續舊説,以爲秦置鄣郡,非也.《大清一統志》卷74:“舊城在今江寧縣東南,秦置.”秦秣陵縣其地在今江蘇省江寧縣南.

七、洞庭郡

□庭□馬

《里耶》P220;《大系》P68

【政區2009】

現已公布的里耶秦簡中多枚涉及洞庭郡之郡名.如:簡[9]5之簡文:“卅三年四

月辛丑朔丙午,司空騰敢言之,陽陵下里士五鹽有貲錢三百八十四。鹽戍洞庭郡,不智何縣署……"。簡文中"洞庭郡"一詞的出現,説明秦始皇統一後郡縣的設置遠較歷史文獻記載要複雜得多。里耶秦簡出土其他簡文涉及地名有遷陵、酉陽、沅陵、零陽、臨沅、索縣、益陽、陽陵等縣,説明秦時已有。同時也表明中央王朝對今天湖南的武陵山地已經進行有效的行政管理,而不是《漢志》等所記載的西漢初年。以上諸縣都與秦洞庭郡有關聯,説明爲其屬縣,其地域相當於西漢武陵郡的北部。傳統上認爲秦黔中郡爲占楚黔中郡、巫郡、及江南地而置,漢武陵郡地域大概沿襲秦黔中郡而來,今從秦洞庭郡所轄地域看,相當於傳統的秦黔中郡之東南地。《太平寰宇記》引甄烈《湘洲記》云:"始皇二十五年,併天下,分黔中以南之沙鄉爲長沙郡,以統湘洲。"文獻説明秦巫黔郡確實曾經分郡,但其所謂分置長沙郡,實爲統一後分置洞庭郡之誤。里耶秦簡中有關"洞庭郡"紀年最早的爲"廿七年",爲秦統一之後事,正爲秦統一後分地設郡之時,與有關記載秦郡的文獻沒有衝突。洞庭郡在湖南武陵山地一帶的統治只維持了十來年,它極可能沿襲楚國原有的行政設置。《戰國策·秦策一》:"秦與荊人戰,大破荊,襲郢,取洞庭、五都、江南。"高誘注:"洞庭、五都、江南,皆楚邑也。"推測隨着秦之苛政,秦朝短命覆亡,巫黔郡、洞庭郡的廢棄和遺忘,西漢武陵郡的設置,"洞庭郡"一詞也就漸行漸遠,最後淡出人們的記憶。秦洞庭郡治不詳。

【秦地2017】

里耶簡8-755"洞庭守禮謂遷陵丞"、8-758"爲郡九歲乃往歲田"等。"爲郡九歲"之郡,應是遷陵縣所屬的洞庭郡,非蒼梧郡。文書形成於秦始皇三十四年,上推九年,時在秦始皇二十五年,洞庭郡的設置時間在秦王政二十五年,與遷陵縣同時。從里耶簡看,從二十五年到三十四年沒有中斷過。有關洞庭郡的明確記載還見於三十五年。洞庭郡在秦代一直存在,並未改名。洞庭郡改稱武陵郡當在秦漢之際或西漢初年。《漢志》稱武陵郡爲"高帝置",恐怕不是沒有原因的。

（一）酉　　陽

酉陽丞印

《里耶2016》P1

【縣考 2007】

里耶秦簡 J1（8）133 正面載："廿七年八月甲戌朔壬辰，酉陽具獄，［獄］史啟敢□啟治所獄留□，敢言之。封遷陵留。" 其中提及的 "酉陽"，當爲縣名，依其地望應爲秦洞庭郡屬縣。《漢志》酉陽縣屬武陵郡。

【政區 2009】

湖南龍山里耶古城出土秦封泥 "酉陽丞印"，該地名也見於湘西里耶秦簡［8］133 簡文："廿七年八月甲戌朔壬辰，酉陽具獄，［獄］吏啟敢口" 酉陽，縣名。《漢志》武陵郡屬縣酉陽，應劭曰："酉水所出，東入湘。"《水經·酉水注》："酉水又東逕遷陵縣故城北，王莽更名曰遷陸也。酉水東逕酉陽故縣南，縣故西陵也。"《讀史·卷八十一》湖廣七辰州府沉陵縣 "酉陽城" 條：酉陽城位於 "（辰州）府西北百二十里，漢置酉陽縣，屬武陵郡"。《水經注疏》（熊）會貞按：酉陽 "漢置縣，屬武陵郡，後漢、吳、晉、宋、齊因，梁改置大鄉縣，仍屬武陵郡，在今永順縣南"。湖南省湘西的魏家寨古城就是秦漢酉陽故址。

【秦地 2017】

里耶 8-65 "酉陽·洞庭"，5-34 "酉陽以郵行洞庭"，可證酉陽縣屬洞庭郡。酉陽縣在遷陵縣東，同在酉水流域，是與洞庭最爲鄰近的秦縣。里耶簡中除遷陵縣外，酉陽縣最爲多見。

八、巫黔中郡

巫黔中守

《大系》P279

瑞按：巫黔中，郡名，不見於《漢書·地理志》。文獻中相關郡名的情況有四。

一、黔中郡。如《水經注》卷 37："至三十年，秦又取楚巫黔及江南地，以爲黔中郡。漢高祖二年，割黔中故治爲武陵郡，王莽更之曰建平也。"《初學記》卷 8 "州郡"，"分置三十六郡" 注："三十六者，三川……蜀郡、黔中、長沙，凡三十五。與內史爲三十六。"《史記·秦始皇本紀》注引《集解》於此同。《史記·秦本紀》"孝公元年……楚自漢中，南有巴、黔中。""（昭襄王二十七年）又使司馬錯發隴西，因蜀攻楚黔中，拔之。二十八年，大良造白起攻楚，取鄢、鄧，赦罪人遷之。二十九年，大良造白起攻楚，取郢爲南郡，楚王走。周君來。王與楚王會襄陵。白起爲武安君。三十年,蜀守若伐楚,取巫郡,及江南爲黔中郡。"《正義》引《括地志》云:"黔中故城在辰州沅陵縣西二十里。江南,今黔府亦其地也。"《後漢書·郡國志》武陵郡:"秦昭王置,名黔中郡,高帝五年更名。"《宋書·州郡志》"武陵太守,《前漢·地理志》,高帝立。《續漢郡國志》云,秦昭王立,名黔中郡,高帝五年更名。"《太平御覽》卷785引《後漢書》:"秦昭王使白起伐楚,略取蠻夷,始置黔中郡。""漢興,改秦黔中郡爲武陵。"《史記·西南夷列傳》:"始楚威王時,使將軍莊蹻將兵循江上,略巴、(蜀)黔中以西。莊蹻者,故楚莊王苗裔也。蹻至滇池,(地)方三百里,旁平地,肥饒數千里,以兵威定屬楚。欲歸報,會秦擊奪楚巴、黔中郡,道塞不通,因還……"此說與《太平御覽》卷771引《華陽國志》近同。《史記·張儀列傳》"秦要楚欲得黔中地,欲以武關外易之。楚王曰:不願易地,願得張儀而獻黔中地。"《太平御覽》卷123引崔鴻《十六國春秋·蜀録》曰:"李特,字玄休,巴西宕渠人。其先廩君之苗裔。秦併天下,以爲黔中郡,薄賦其人,口歲出錢四十。"卷168引《十道志》曰:"朗州,武陵郡。《禹貢》荆州之域。春秋及戰國時屬楚。秦爲黔中郡。漢高祖五年,更名武陵郡"。

二、黔中與巫連稱。如《史記·蘇秦列傳》"乃西南說楚威王曰:'楚……西有黔中、巫郡,東有夏州、海陽,南有洞庭、蒼梧,北有陘塞、郇陽,地方五千餘里。'"《集解》徐廣曰:"今之武陵也。"《正義》:"今朗州,楚黔中郡,其故城在辰州西二十里,皆盤瓠後也"。《戰國策》卷14"楚地西有黔中、巫郡,東有夏州、海陽""黔中、巫郡非王之有已"等,現均點校爲"黔中、巫郡"。其所講的黔中、巫郡,亦見於《太平御覽》卷331引《春秋後語》"西有黔中、巫郡,東有夏州,海陽"。《太平御覽》卷167引《史記》蘇秦說威王曰"楚西有黔中、巫郡,東有夏州、海陵",與前引同。

三、巫、黔中連稱。如《史記·楚世家》"秦因留楚王,要以割巫、黔中之郡",《史記·六國年表》"秦拔我巫、黔中",《史記·春申君列傳》"是之時,秦已前使白起攻楚,取巫、黔中之郡,拔鄢郢,東至竟陵,楚頃襄王東徙治於陳縣",《史記·白起列傳》"白起遷爲武安君。武安君因取楚,定巫、黔中郡",《鹽鐵論》卷9"大夫曰:'楚自巫山起方城,屬巫、黔中,設捍關以拒秦'"等,均點校爲"巫、黔中郡"。

四、《戰國策》卷3"蘇秦始將連橫"載爲"南有巫山、黔中之限"。

從已知秦封泥的情況看,既有"巫黔大府""巫黔右工""巫黔□邸",也有本封泥"巫黔中守"。據前三封泥,"巫黔"二字自當連用。然查核傳世、出土文獻,雖有"漢中守""雲中守"等中守二字在一起的情況,但中與前字連用,守爲職官名。尚未見到"中守"二字連稱後單獨出現的情況。"守中"一詞,有單獨出現的情況,但在傳世和出土文獻中集中見於《老子》《太平經》等文獻。如《太平經》有"守中者,少亂而煩矣",《太平御覽》卷390引《老子》曰"多言數窮,不如守中。善言無瑕謫",卷47引《名山略記》曰"小白山,在會稽,陽城趙廣信以魏末入小白山,受李氏服氣法。又師左元放,受守中之道,後煉九華丹,丹成服之,太一遣迎",《太玄經》"次五:守中以和,要侯貞。測曰:守中以和,侯之素也"。郭店楚簡《老子》甲本"至虛,恒也。守中,篤也。萬物並作,居以須復也。天道云云,各復其根"。這裏的"守中"均非職官。因此,"巫黔中守"四字中,

"守"字應單獨存在,爲職官名,之前的"巫黔中"三字則如其它封泥"大原守印""遼東守印"中的"大原""遼東"一樣爲地名。同時,從目前已知秦封泥的發現情況看,在一枚封泥中還未見兩個郡名同時出現,因此在這種情況下,本封泥中的"巫黔中"應爲一個獨立的郡名。即,從本封泥看,"巫黔中"應爲一個郡名。如是,則"巫黔大府""巫黔右工""巫黔□邸"中的"巫黔"就應是"巫黔中"的省稱,原應爲"巫黔中大府""巫黔中右工""巫黔中□邸"。這樣看來,現在前引文獻中將"巫黔中"三字點校爲"巫、黔中"的情況,就明顯有誤。正確的點校應是如封泥一樣,將三字連成一個"巫黔中"的地名。在從秦封泥獲知完整的郡名當爲"巫黔中"後,前引文獻中出現的"黔中巫"的記載,就或是傳抄文獻中出現文字倒置,或者就是原爲"黔中郡"和"巫郡",後秦占領後併爲"巫黔中郡"。至於文獻中的"黔中郡",則應該有誤,或是後從"巫黔中郡"更名爲"黔中郡"。

巫黔大府

《大系》279

【政區 2009】

　　相家巷出土秦封泥中"巫黔□邸"和"巫黔右工",並經周曉陸首先釋讀和確認。前者是巫黔郡派駐首都咸陽的辦事官署印,後者爲巫黔郡的工官印。原爲楚地,公元前280年秦攻取楚之黔中,但不久被楚收復。公元前277年,秦又攻取楚巫郡、黔中郡及江南地,設置巫黔郡。《史記·楚世家》:"(頃襄王)二十二年,秦復拔我巫、黔中郡。"《史記·秦本紀》:"昭襄王三十年,蜀守若伐楚,取巫郡及江南爲黔中郡。"《水經·沅水注》:"秦昭襄王二十七年,使司馬錯以隴、蜀軍攻楚,楚割漢北與秦,至三十年,秦又取巫黔及江南地以爲黔中郡。"此地在秦楚之間反復拉鋸,次年楚又收復十五邑,到戰國晚期才全部爲秦所有。傳統上認爲此郡名黔中郡。全祖望曰:"故楚置,昭襄王三十年因之。漢之武陵,《前志》闕。案《楚世家》《秦本紀》《六國年表》皆載之,不知何以班氏不及。至《續志》始補入之。考《國策》及《史記》,其時楚尚有新城郡、巫郡,秦省新城,盡併入漢中;省巫,盡併入黔中。"今從秦封泥證之,"省巫,盡併入黔中"確有其事,但黔中郡實名巫黔郡,應爲楚巫郡和黔中郡之合併,可糾《史記》之一誤。或秦初名黔中郡,併楚巫郡後改稱巫黔郡。傳統上認爲黔中郡(巫黔郡)轄地包括今湖南湘西之地,今里耶秦簡證明秦統一之後,分置洞庭郡,説明此地非黔中郡所轄。此外,原認爲秦巫縣一帶地(即戰國楚巫郡地)在《圖集》中屬於秦南郡,今從巫黔郡名看,也應歸屬於巫黔郡。秦巫黔郡治不詳。

【戰國2013】

　　楚威王時設黔中郡,因黔山而得名。《史記·秦世家》:"楚自漢中,南有巴、黔中。"又《戰國策·楚策一》蘇秦言楚威王曰:"楚,天下之强國也;大王,天下之賢王也。楚地西有黔中、巫郡,東有夏州、海陽,南有洞庭、蒼梧,北有汾陘之塞、旬陽。"公元前280年,楚黔中郡被秦將司馬錯率兵攻取,之後一度爲楚所收復。《史記·秦本紀》:"(昭襄王二十七年),又使司馬錯發隴西,因蜀攻楚黔中,拔之。"《史記·楚世家》:"(頃襄王)二十二年,秦復拔我巫、黔中郡。"其轄境包括湖南西部常德地區以西和貴州東北部一帶。

巫黔右工

《於京》圖20;《璽印》P423;《大系》P279

【於京2005】

　　巫黔郡右工室用印之遺。

【川渝2013】

　　此爲巫黔郡的右工室用印之遺,例見秦封泥"櫟陽左工室丞"。按:秦之巫黔郡北部有達今重慶市東南部。

巫黔□邸

《於京》圖19;《璽印》P423;《大系》P279

【於京2005】

　　《史記·秦本紀》:"(昭襄王二十七年)使司馬錯發隴西,因蜀攻楚黔中。"《正義》:

"今黔府也。""（昭襄王）三十年,蜀守若伐楚,取巫郡,及江南爲黔中郡。"《正義》:"《括地志》云:'黔中故城在辰州沅陵縣西二十里。'江南,今黔府亦其地也。"《元和郡縣圖志·江南道六·辰州》:"辰州,……秦爲黔中郡。……沅陵縣,……秦黔中故郡城,在縣西二十里。"巫郡、黔中郡爲楚故郡,秦先下楚黔中,再下楚巫郡,合稱巫黔郡在情理之中。巫黔郡治失載。

【體系2010】

"巫黔"爲郡近年已有論及。但其與秦黔中郡之關係不得互斥而有先後關係,"巫黔"當昭襄王三十年秦得楚巫、黔兩郡後之初名,後巫析出,改隸南郡,郡乃改黔中。"巫黔□邸"揭示了黔中郡前後的沿革,反映出官印、封泥文字的即時性特點,可由補出後人追記的疏略之處。

【川渝2013】

《史記·秦本紀》:"(昭襄王二十七年)使司馬錯發隴西,因蜀攻楚黔中。"《正義》:"今黔府也。""(昭襄王)三十年,蜀守若伐楚,取巫郡,及江南爲黔中郡。"《正義》:"《括地志》云:'黔中故城在辰州沅陵縣西二十里。'江南,今黔府亦其地也。"《元和郡縣圖志·江南道六·辰州》:"辰州,……秦爲黔中郡。……沅陵縣,秦黔中故郡城,在縣西二十里。"周曉陸先生指出:"巫郡、黔中郡爲楚故郡,秦先下楚黔中,再下楚巫郡,合稱巫黔郡在情理之中。"巫黔郡的郡治失載,大致在今湖南沅江市附近。《漢書·百官公卿表》載典客屬官有"行人、譯官、別火三令丞及郡邸長丞"。師古曰:"主諸郡之邸在京師者也。"此爲巫黔郡在首都設邸所用印之遺。

【職地2014】

説見"郡邸長印"。

瑞按:"邸"字殘,釋"邸"尚可存疑。

第五章　鄉·亭·部

一、鄉

安鄉

1　　　　　　　　　　2

1.《古封》P317;《秦封》P341;《山全》P235
2.《古封》P317;《秦封》P341;《山全》P208;《濟博》P102

【秦封2000】
　　《漢志》鉅鹿郡有安鄉縣,與之似無關係。
【職地2014】
　　漢鉅鹿郡有安鄉侯國。

安鄉之印

1　　　　　　　　　　2

1.《古封》P294;《秦封》P342;《山全》P171、P207;《濟博》P92
2.《秦封》P342;《山全》P234

安國鄉印

　　　　1　　　　　　　　　　2

1.《古封》P293;《山全》P171、P206;《濟博》P94
2.《古封》P293;《山全》P232

安平鄉印

　　1　　　　　2　　　　　3　　　　　4

1.《古封》P290;《秦封》P362;《山全》P8
2.《古封》P291;《秦封》P362
3.《古封》P291;《秦封》P362;《山全》P8
4.《古封》P291;《秦封》P362

【秦封2000】
　　《漢志》涿郡有安平鄉,與此似無關係。

【集證2011】
　　釋"安平鄉印",印1967年10月發現於河北保定,鄭紹宗《河北古代官印集釋》說"可能屬於東漢或晚到曹魏時期",王人聰則定此爲秦印。王氏云:"此印字體爲秦篆,印面作田字格,與傳世的秦'宜陽津印''北鄉之印'風格相同,可知係秦印。"《史記·蕭相國世家》記載漢五年,高帝定天下,論功行封,封鄂千秋爲"安平侯",《索隱》云:"縣名,屬涿郡。"王人聰據此謂安平爲秦所置縣,此印文署"安平鄉",係指安平縣之屬鄉。鄉名與縣名相同,與櫟陽鄉同例。

【職地2014】
　　漢涿郡有安平縣,豫章郡有安平侯國。

拔鄉之印

《古封》P301;《秦封》P346;《山全》P173、P207;《濟博》P90

白水鄉印

1　　　　　　　　2

1.《古封》P290;《秦封》P354;《彙考》P148;《山全》P232;《大系》P26
2.《古封》P290;《秦封》P354;《上封》P76;《山全》P143;《大系》P26

【秦封2000】
　　《漢志》廣漢郡有白水鄉,與此似無關係。
【職地2014】
　　漢廣漢郡有白水縣。

北鄉

1　　　　　2　　　　　3　　　　　4

1.《大系》P35
2.《山全》P261
3.《古封》P316;《山全》P10
4.《古封》P316

【官印1990】

在考訂"北鄉之印、宜野鄉印、街鄉、東鄉、西鄉、南鄉、谿鄉"等印時指出,以上諸印,均是鄉印,其隸屬之縣無考。由印文字體及印面有邊欄及田字格、日字格的特徵來看,應當也是秦印。《續封泥考略》著錄漢鄉印封泥如安鄉之印、新息鄉印、東鄉、西鄉、南鄉、北鄉等,不論方印或長方印,印面均無邊欄與界格。這批秦鄉印的印形,分方形與長方形兩種,長方形的面積爲方形印之半。應劭《漢官儀》:"孝武皇帝元狩四年令通官印方寸大,小官印五分。"方形印即是所謂的通官印,長方印即小官印,因其爲方印之半,所以也稱爲半通印,揚雄《法言·孝至》:"不由其德,五兩之綸,半通之銅,亦泰矣。"李軌注:"五兩之綸,半通之銅,皆有秩嗇夫之印綬,印綬之微者也。"今由這批鄉印中,方印與長方印並存,可知以官秩高低來區別印的大小,秦時尚未成爲制度。

【秦封2000】

《漢志》齊郡有北鄉縣,與之似無關係。秦印見:《徵存》"北鄉之印"。

【分域2009】

釋"北鄉之印"(《徵存》13.67)。《漢書·地理志》載,齊郡有北鄉縣。注曰:"侯國,或謂北鄉乃鄉名。"按當爲後者。

【集證2011】

釋"北鄉之印、街鄉、東鄉、西鄉、南鄉、谿鄉"印,諸印《官印徵存》皆定爲漢初印,王人聰定爲秦印。王氏云:"以上諸印,均是鄉印,其隸屬之縣無考。由印文字體及印面有邊欄及田字格、日字格的特徵來看,應當也是秦印。《續封泥考略》著錄漢鄉印如安鄉之印、新息鄉印、東鄉、西鄉、南鄉、北鄉等,不論方印或長方印,印面均無邊欄與界格。……這批鄉印中,方印與長方印並存,可知以官佚高低來區別印的大小,秦時尚未成爲制度。"王説當是。

【職地2014】

説見"南鄉"。又,漢齊郡有北鄉侯國。

【二十則2015】

卿字可讀爲鄉,南卿即南鄉,北卿即北鄉。《選編》收有秦封泥"胡卿"和"新昌卿印",又收有焦家村出土漢封泥"胡卿"和"新昌卿印",這樣的對應也可佐證卿可讀爲鄉。秦璽印中以方位命名的鄉印還有:南鄉、南鄉喪吏、西鄉、東鄉、北鄉之印和咸陽右鄉等,可見這種以方位命名的鄉在秦時較爲常見。據悉,此兩類封泥均出土於高陵城關一帶,故可據以推測南卿和北卿是秦時高陵縣所轄的鄉名。

朝陽鄉印

1　　　　　　　　　2

1.《古封》P307；《秦封》P352；《山全》P172、P205
2.《古封》P307；《秦封》P352；《上封》P81；《山全》P141

【秦封2000】
　　《漢志》南陽郡有朝陽縣，濟南郡有朝陽縣，與此似無關係。
【職地2014】
　　漢南陽郡有朝陽縣；泰山郡有朝陽侯國。

池鄉

1　　　　2　　　　3　　　　4

1、4.《新出》P99
2.《大系》P49
3.《新出》P99；《大系》P48

【職地2014】
　　説見“南鄉”。

定鄉

1　2　3　4

1.《古封》P323;《秦封》P347;《山全》P222
2.《古封》P323;《秦封》P347;《山全》P13
3.《古封》P323;《秦封》P347
4.《古封》P324;《秦封》P347;《山全》P236

【職地2014】

　　《漢書·外戚恩澤侯表》有定鄉侯孫遷。

東鄉

1　2

1.《大系》P65
2.《古封》P326;《秦封》P336;《上封》P84;《山全》P139

【官印1990】

　　說見"北鄉之印"。

【秦封2000】

　　《漢志》沛郡有東鄉縣,《史記·王翦列傳》:"王翦者,頻陽東鄉人也。"與之似無關係。秦印見:《徵存》"東鄉"。

【分域2009】

　　"西鄉"(《集證》158)。"東鄉"(《印舉》2.57)。"南鄉"(《集證》158)。"街鄉"(《印舉》2.57)。"北鄉"(《印舉》2.57)。"磎鄉"(《集證》158)。"沈鄉"(《印舉》2.57)。以上

所列均爲秦地諸"鄉"所用之印。

【集證2011】

說見"北鄉"。

【職地2014】

漢魏郡有東鄉侯國。

【秦地2017】

里耶簡有"穎陰、繫陽、東鄉"。《漢志》屬沛郡,秦當屬四川郡。

瑞按:從封泥形制看,此封泥爲鄉印,與縣名"東鄉"者無涉。

東閭鄉印

1　　　　　　　　　　　2

1.《菁華》P47;《山全》P248

2.《古封》P299;《秦封》P357;《山全》P232

【職地2014】

雖爲鄉印,但有從里、閭升級爲鄉的可能,故仍以原來的里名和閭名作爲鄉名。

都鄉

1　　　　　　　　　　　2

1.《古封》P333;《秦封》P333;《大系》P72

2.《古封》P334;《上封》P84

【分域2009】

釋"都亭",陳直先生在《漢書新證》中認爲,"都亭"是指一縣内最重要的亭。裘錫圭先生也有類似的看法。上列"亭"印與湖北雲夢睡虎地秦墓出土漆器烙印"亭""咸亭"等風格相同。

【職地2014】

據學界對"都鄉"是縣治所在之鄉的簡史,可知睡虎地秦簡《效律》"都倉、庫、田、亭嗇夫坐其離官屬於鄉者"中的都倉、都庫、都田、都亭等,也是設置在都鄉的縣級職官和機構。又,漢常山郡有都鄉侯國。

【秦地2017】

秦漢時期"都鄉"多與縣城同地或在縣城附近。里耶簡"都鄉"亦當位於秦遷陵縣城內或附近,"縣"與"鄉"有不同的辦事機構和地點。周家臺秦簡、北京大學秦簡"都鄉",均不在縣城之內。

瑞按:里耶秦簡中有都鄉,注釋指出其是秦漢行政區劃中的一種(《中國歷史文物》2001年1期P22頁)。

都鄉之印

1　　　　　　　　2

1.《秦封》P333;《大系》P72
2.《秦封》P333;《上封》P80;《大系》P72;《山全》P138

端鄉

1　　　　2　　　　3　　　　4

1.《古封》P338;《山全》P13
2.《古封》P338;《秦封》P344;《山全》P236
3.《古封》P337;《秦封》P344;《山全》P145
4.《古封》P337;《山全》P13

【職地2014】

　　漢河東郡有端氏縣、蒼梧郡有端谿,或與此端鄉有關。

梦鄉

《大系》P81

邞鄉

　　　1　　　　　　　2　　　　　　　3　　　　　　　4

1.《新出》P101

2.《新出》P101;《大系》P404

3.《新出》P101

4.《新選》P122;《大系》P405

【職地2014】

　　說見"南鄉"。

句莫鄉印

　　　　　1　　　　　　　　　　　　2

1.《古封》P298;《秦封》P356;《上封》P76;《山全》P144;《大系》P100

2.《古封》P298;《秦封》P356;《山全》P233;《大系》P100

郝鄉

1　　　　　　　2　　　　　　　3

1、2.《大系》P109

3.《酒餘》P32上;《大系》P109

【職地2014】

　　說見"南鄉"。

廣鄉

1　　　　　　　　　2

1.《古封》P339;《秦封》P344;《山全》P176、P208;《濟博》P102

2.《古封》P339;《秦封》P344;《山全》P235

【職地2014】

　　漢真定國有廣鄉侯國。又,張家山漢簡《二年律令·秩律》:"黃(廣)鄉長、萬年邑長、長安廚長、秩各三百石。有丞、尉者二百石,鄉部百六十石。"秦封泥之"廣鄉"或與之有關。

廣陵鄉印

　　　　1　　　　　　2　　　　　　3　　　　　　4

1.《古封》P310;《秦封》P350;《山全》P143
2.《古封》P309;《山全》P19
3.《古封》P309;《山全》P232
4.《古封》P309;《山全》P143

【職地2014】

　　漢廣陵國有廣陵縣。

廣文鄉印

　　　　　1　　　　　　　　　2

1.《古封》P309;《秦封》P352;《山全》P19
2.《古封》P309;《秦封》P352;《上封》P81;《山全》P144

利居鄉印

　　　　　1　　　　　　　　　2

1.《古封》P297;《上封》P78
2.《古封》P298;《秦封》356;《山全》P8

良鄉

《古封》P322;《秦封》P340;《上封》P78;《書集》P131;《大系》P156

【秦封2000】
　　《漢志》沛郡有良鄉,與之似無關係。
【職地2014】
　　漢涿郡有良鄉侯國。
【廣封2019】
　　案《續封泥考略》:此封泥二字,半通,印文曰"良鄉"。《漢書·地理志》:良鄉,侯國。莽曰廣陽。屬涿郡。

朗鄉

《書集》P131

纍丘鄉印

1　　　　　　　　　　　2

1.《古封》P311;《秦封》P359;《山全》P234;《大系》P151
2.《古封》P311;《秦封》P359;《上封》P81;《大系》P151

路鄉

1

2

1.《古封》P337;《上封》P85;《山全》P143
2.《古封》P337;《秦封》P343;《山全》P143

【職地2014】
　　漢漁陽郡有路縣,或爲與縣同名的鄉。

祁鄉

1

2

1.《上封》P83
2.《秦封》P345

【兩漢1993】
　　西漢早期至中期,封泥。印文一行二字。上海博物館藏。祈鄉,地望無考。
【職地2014】
　　漢魏郡有祁鄉侯國,秦祁邑。

勳里鄉印

　　　　1　　　　　　　　2　　　　　　　　3　　　　　　　　4

1.《古封》P310;《秦封》P351;《山全》P233

2.《古封》P310;《秦封》P351

3.《山全》P247

4.《古封》P310;《山全》P144

【職地2014】

　　雖爲鄉印,但有從里、閭升級爲鄉的可能,故仍以原來的里名和閭名作爲鄉名。

請鄉之印

《古封》P311;《秦封》P348;《山全》P234

建鄉

　　　　1　　　　　　　　2　　　　　　　　3　　　　　　　　4

1.《古封》P330;《秦封》P348;《山全》P17

2.《古封》P331;《秦封》P348

3.《古封》P330

4.《古封》P330;《山全》P17

【職地2014】

漢東海有建鄉侯國。

南鄉

　　1　　　　　　2　　　　　　3　　　　　　4

1、2.《古封》P331;《秦封》P339;《山全》P10

3.《古封》P332;《秦封》P339;《山全》P234

4.《山全》P240

【官印1990】

　　説見"北鄉之印"。

【秦封2000】

　　秦印見:《徵存》"南鄉、南鄉喪吏"。

【二十則2015】

　　説見"北鄉"。

【集證2011】

　　説見"北鄉"。

【職地2014】

　　新見資料有兩類可定爲鄉印,一位"某卿",卿字可讀爲鄉。秦封泥有"胡卿"和"新昌卿印",又有焦家村出土漢封泥"胡卿"和"新昌鄉印",這樣的對應也可佐證卿可讀爲鄉。《嶽麓書院藏秦簡(三)》87號有"□谿卿倉天窓(窗)容鳥",又簡1200號有"卿唐、佐更曰……"這兩處"卿"都讀爲鄉,而以上簡文所在文書的時代都屬於秦王政時期,這也可以佐證"卿"類鄉印的時代較早,可能在統一之前。此類鄉印有:北卿、池卿、池陽北卿、□卿、郝卿、南卿、新昌卿印等六種。又,《漢書·外戚恩澤侯表》有南鄉侯陳崇。

南成鄉印

1　　　　　　　　　　　　2

1.《古封》P302;《秦封》P360;《上封》P79;《山全》P142;《大系》P174
2.《古封》P302;《秦封》P360;《山全》P205;《大系》P174

【秦封2000】

　　《漢志》東海郡有南成縣,與此似無關係。

【職地2014】

　　　東海郡有南城縣。

南陽鄉印

1　　　　　　　　　　　　2

1.《古封》P303;《秦封》P361;《上封》P80;《山全》P141;《大系》P181
2.《古封》P303;《秦封》P361;《山全》P233;《大系》P181

【職地2014】

　　　里耶秦簡户籍簡中有"南陽户人某",簡文所見之"南陽"有郡名和里名兩説。對鄉里名稱與郡、縣名相同的現象,除了我們前文指出可能有"集小鄉邑聚爲縣"之後地名遺留的原因之外,還有學者認爲是"某縣居民在遷徙到新地後以原籍貫來命名其所居之鄉里而產生的,因此才會出現大量縣、鄉同名的現象,這一情形符合歷史上地名隨人搬家的一般規律。"所論殆是。

平望鄉印

1　　　　　　　　　　2

1.《上封》P76;《秦封》P353
2.《古封》P288;《秦封》P354;《山全》P8

【秦封2000】

《漢志》北海郡有平望縣,與此似無關係。

上東陽鄉

1　　　　　　　　　　2

1.《古封》P288;《秦封》P363;《上封》P75;《大系》P207
2.《古封》P288;《秦封》P363;《山全》P234;《大系》P207

【秦封2000】

《漢志》臨淮郡有東陽縣,與此似無關係。

【職地2014】

漢涿郡有東陽縣,參前"新東陽丞"。

尚父鄉印

1

2

1.《古封》P301;《秦封》P358;《上封》P79;《山全》P144;《大系》P211
2.《古封》P301;《秦封》P358;《上封》P79;《山全》P233;《大系》P211

畫鄉

1

2

1.《古封》P335;《上封》P85;《山全》P145
2.《古封》P335;《秦封》P341

臺鄉

1

2

1.《古封》P340;《秦封》P349;《上封》P85;《山全》P140
2.《古封》P340;《山全》P236

【秦封2000】

《漢志》臨淄郡有臺鄉縣,與之似無關係。

【職地2014】

　　漢齊郡有臺鄉侯國。

武鄉

　　　　　1　　　　　　　　　　2

1.《古封》P325;《上封》P83;《山全》P140
2.《古封》P324

西鄉

　　　　　1　　　　　　　　　　2

1.《上封》P83;《秦封》P337;《山全》P139
2.《古封》P319;《秦封》P337;《山全》P9

【官印1990】

　　説見"北鄉之印"。

【秦封2000】

　　秦印見:《徵存》"西鄉"。

【集證2011】

　　説見"北鄉"。

【職地2014】

　　漢涿郡有西鄉侯國。

西鄉之印

　　　1　　　　　　　2　　　　　　　3　　　　　　　4

1.《古封》P296；《秦封》P338；《璽印》P400；《山全》P205；《大系》P289

2、3.《古封》P296；《秦封》P338；《山全》P232；《大系》P289

4.《古封》P296；《山全》P232；《大系》P288

【秦封2000】

　　説見“西鄉”。

西昌鄉印

　　　　　1　　　　　　　　　　　2

1.《古封》P295；《秦封》P355；《上封》P77；《大系》P284

2.《古封》P296；《秦封》P355；《大系》P284

【職地2014】

　　《史記·建元已來王子侯者年表》有魯王子之西昌國。

西平鄉印

　　　　　1　　　　　　　　　　　2

1.《古封》P295；《秦封》P355；《上封》P77；《山全》P141；《大系》P288

2.《古封》P295；《秦封》P355；《山全》P234；《大系》P288

【秦封2000】

《漢志》汝南郡有西平縣,與此似無關係。

【政區2009】

西漢初年的張家山漢簡《秩律》有"西平"縣。《漢志》南陽郡屬縣西平。從此簡文看,秦時漢初西平即已置縣。《水經·潕水注》:"縣,故柏國也。《春秋左傳》所謂江、黃、道、柏,方睦於齊也,漢曰西平。其西呂墟,即西陵亭也。西陵平夷,故曰西平。"考古調查表明,秦漢西平故城在河南省西平縣,面積120萬平方米。從《圖集》上看,秦西平縣屬秦淮陽郡。

【職地2014】

漢汝南郡有西平縣;臨淮郡有西平侯國。

新昌鄉印

《新選》P114;《大系》P306

【十五則2017】

焦家村出土漢封泥"新昌鄉印"(1167號),與此"新昌卿印"封泥對照可知秦時鄉或寫作"卿"。新昌文獻有二:一爲《漢書·地理志》涿郡新昌侯國,今河北新城縣東南;二爲遼東郡新昌縣,今遼寧海城市東北。秦漢時新昌鄉或與涿郡新昌侯國有關,因《漢書·地理志》記載不少"某鄉侯國",如鉅鹿郡有安鄉侯國、汝南郡有安陽侯國、豫章郡有安平侯國、齊郡有北鄉侯國、北海郡有平望侯國、泰山郡有朝陽侯國、常山郡有都鄉侯國、魏郡有東鄉侯國、涿郡有西鄉侯國、廣平國有廣鄉侯國、東海郡有建鄉侯國、山陽郡有中鄉侯國、臨淮郡有西平侯國,這些漢侯國名稱在秦璽印封泥中均有與之對應鄉印。秦璽印另有"新昌里印",與"新昌鄉印"同爲秦基層行政組織名稱,但也可能僅是名稱上的巧合,其地望不一定相同。

新息鄉印

1

2

1.《古封》P308;《秦封》P353;《上封》P81;《山全》P141
2.《古封》P307;《秦封》P353;《山全》P231

【秦封2000】

《漢志》汝南郡有新息縣,與此似無關係。

【職地2014】

漢汝南郡有新息縣。

瑞按:徐少華先生指出,漢晉新息縣,是在古息國、楚息縣基礎上設置。古息國、楚息縣的地位《歷史地圖集》定在河南省息縣西南不遠的淮河北岸,漢晉新息縣定在今息縣城關一帶。結合文獻記載分析,漢晉新息縣在今息縣西南約10里、淮河北岸的城郊鄉徐莊村青龍寺一帶,東西長800多米、南北寬400餘米(《〈中國歷史地圖集〉先秦漢晉若干地理補正》,《荊楚歷史地理與考古探研》)。

信安鄉印

1

2

1.《古封》P304;《秦封》P351;《璽印》P401;《山全》P171、P206;《濟博》P91
2.《山全》P144

【職地2014】

《戰國策·魏策》有魏相信安君。蓋信安爲戰國魏相封地,秦時爲鄉。

休鄉之印

1

2

1.《古封》P297;《秦封》P346;《上封》P78;《山全》P146;《大系》P311
2.《古封》P297;《秦封》P346;《山全》P207;《大系》P311

陽夏鄉印

1

2

1.《古封》P306;《秦封》P360;《上封》P80;《彙考》P233;《山全》P143
2.《古封》P306;《秦封》P360;《彙考》P233

【秦封2000】

《漢志》淮陽國有陽夏縣,與此似無關係。

【於京2005】

陽夏鄉殆爲陽夏縣所屬之鄉。

【職地2014】

陽夏設縣可能較早,《史記》中已爲秦縣,吳廣即陽夏人。漢沿置,《漢書·地理志》屬淮陽國。今由陽夏鄉印可知,設縣之前陽夏或是鄉。秦封泥有"淮陽發弩"和"淮陽弩丞",睡虎地秦墓出土家信木牘有"黑夫直佐淮陽",可證秦時淮陽或爲縣,陽夏可能是淮陽縣的下轄的一個鄉。又,漢梁國有陽夏縣,秦時亦爲縣。

宜春鄉印

1　　　　　　　　　　　　2

1.《古封》P299;《秦封》P350;《上封》P80;《山全》P142
2.《山全》P247

【職地2014】

汝南郡有宜春縣;豫章郡有宜春縣;秦宜春宮在長安城東南杜縣東,近下杜。此宜春鄉不知所屬。

猶鄉

1　　　　　　　　　　　　2

1.《古封》P336;《秦封》P343;《上封》P85
2.《古封》P336;《山全》P13、P145;《秦封》P343

郁狼鄉印

《山全》P146

【職地2014】

《史記·建元已來王子侯者年表》有魯共王子之郁狼國。索隱引韋昭云:"屬魯。志不載。"

瀆郭鄉印

　　1　　　　　2　　　　　3　　　　　4

1、2.《大系》P364

3.《古封》P308；《秦封》P359；《山全》P8；《大系》P364

4.《古封》P308；《秦封》P359；《大系》P365

左鄉

　　1　　　　　　　2

1.《古封》P313；《秦封》P335；《上封》P82；《山全》P144

2.《古封》P312；《秦封》P335；《山全》P17

右鄉

　　1　　　　　　　2

1.《古封》P314；《上封》P82；《山全》P145

2.《古封》P315；《秦封》P335；《山全》P10

【官印1990】

在考訂"咸陽右鄉"印時指出,此印有田字格,印文右起交叉讀,字體秦篆。咸陽,《史記·秦本紀》:"(孝公)十二年,作爲咸陽,築冀闕,秦徙都之"。《正義》引《括地志》云:"咸陽故城亦名渭城,在雍州咸陽縣東十五里,京城北四十五里,即秦孝公徙都之者"。《漢書·地理志》:"渭城,故咸陽,高帝元年更名新城,七年罷屬長安,武帝元年更名渭城"。是知咸陽高帝元年時已更名,此印文署咸陽,即可確定爲秦印。右鄉是咸陽的屬鄉。秦漢時縣以下分若干鄉,《續後漢書》云:"凡縣户伍佰以上置鄉,三千以上置二鄉,五千以上置三鄉,萬以上置四鄉"。《續封泥考略》有漢"東鄉""西鄉""南鄉""北鄉"封泥。長沙馬王堆一號墓出土漆器烙印有"南鄉□""中鄉□"。由此印的右鄉之名,可以推知當時咸陽的屬鄉應當還有左鄉和中鄉。此印不署吏員職名,是鄉吏所用的公章。

【秦封2000】

秦印見:《徵存》"咸陽右鄉"。

【職地2014】

《後漢書·度尚列傳》:"尚出兵三年,群寇悉定。七年,封右鄉侯,遷桂陽太守。"

　　瑞按:里耶簡8-439+8-519+8-537有"右里"。

右鄉之印

《古封》P290;《秦封》P336;《山全》P207;《濟博》P95

正鄉

　　　　　1　　　　　　　　　　　　2

1.《古封》P313;《上封》P82;《山全》P140
2.《古封》P313;《山全》P235

軹鄉

1　　　　　　　2　　　　　　　3

1、2.《古封》P334;《秦封》P340;《山全》P18
3.《山全》P241

【職地2014】
　　軹,《漢書・地理志》河内郡軹縣條下顏師古注引孟康曰:"原鄉,晋文公所圍是也。"
王先謙補注:"戰國鄭地,後入韓。聶政軹深井里人也。"蓋戰國時軹尚是鄉,聶政即是軹
鄉深井里人氏,此地後歸韓,梁惠王取之爲軹道;戰國後期秦伐魏取軹。軹由鄉升縣最
晚應在歸秦之後不久。《漢書・地理志》屬於河内郡。又,漢河南郡有軹縣,或爲與縣同
名的鄉。

中鄉

1　　　　　　　　　　　2

1.《古封》P312;《上封》P82;《秦封》P334;《山全》P138
2.《古封》P312;《秦封》P334;《山全》P235

【秦封2000】
　　《漢志》山陽郡有中鄉縣,與之似無關係。
【職地2014】
　　漢山陽郡有中鄉侯國。

鄠鄉

《大系》P406

□鄉

　　1　　　　　　2　　　　　　3　　　　　　4

1.《新出》P106；《大系》P419
2.《大系》P419
3.《大系》P110
4.《酒餘》P32

□鄉之印

《大系》P419

二、亭

邳亭

《璽印》P385；《秦封》P365；《大系》P186

【秦封2000】

《史記・項羽本紀》記，"軍下邳"。《正義》："下邳，泗水縣也。"應劭曰："邳在薛，徙此，故曰下邳。"按有上邳，故曰下邳。邳地在今山東省、江蘇省交界處附近。

【職地2014】

《後漢書・郡國志》(梁國)"有邳亭"，注曰"古邳國"，即《漢書・地理志》東海郡之下邳，在今江蘇省邳縣南。

□□亭□

《大系》P84

瑞按： 封泥殘，原讀"傅陵亭□"。從拓本看，右側二字尚可存疑。傅陵，文獻失載，所在不詳。

三、部

都部

《大系》P68

【職地2014】

　　"都部"封泥中第二字殘,是否爲"部"字或可再議。"都"字的寫法與秦璽印"都亭"之"都"和秦陶文"都倉""都昌"之"都"基本相同。"都部"或與見於秦簡的"都鄉"有關係,其職能待考。

獂部

　　　　　　1　　　　　　　　　　　2

1.《新出》P66;《青泥》P36;《大系》P118
2.《大系》P118

【職地2014】

　　秦封泥有"獂導(道)丞印","獂部"應是獂道的鄉部機構。

洛部

《大系》P163

略部

《大系》P162

【職地2014】

　　將"絲（綿）者略部"與"絲（綿）諸丞印"對照，前者印面無界格，且"諸"字寫作"者"，後者印面有田字格，可見"絲（綿）者略部"封泥時代較早，或爲秦統一前之物。印文中的"略部"依例應爲綿諸道的鄉部機構，但具體含義不明，暫闕。

　　瑞按：嶽麓秦簡《爲吏治官及黔首》"部佐行田"，整理者注："部佐，疑爲鄉部之佐"（《嶽麓書院藏秦簡（一──三）釋文修訂本》P40）。《漢書・循吏傳》："鰥寡孤獨有死無以葬者，鄉部書言，霸具爲區處，某所大木可以爲棺，某亭豬子可以祭，吏往皆如言。"《漢書・貢禹傳》："已奉穀租，又出稿稅，鄉部私求，不可勝供。"《漢書・韓延壽傳》："延壽大喜，開合延見，内酒肉與相對飲食，厲勉以意告鄉部，有以表勸悔過從善之民。"《職地2014》指出，秦璽印封泥中地名璽印較多，而鄉級職官名稱和機構除諸"喪吏"印外，其餘的都很難確認。秦簡牘資料中有較爲豐富的鄉級職官和機構名稱，可補秦璽印封泥之闕，如龍崗秦簡10號"取傳書鄉部稗官"，"鄉部"即鄉官部吏。睡虎地秦簡《封診式》有"鄉主"，應爲鄉之主事者。里耶秦簡8-297+8-1600號："鄉部官【嗇】夫、吏、吏主"，其中的"鄉部"和"鄉部官【嗇】夫"應是對鄉級官吏的統稱或泛稱。

西部

1

2

1.《古封》P282；《山全》P122
2.《大系》P283

【職地2014】

　　"西部"之"西"的寫法與珍藏秦齋藏元年相邦疾戈(《圖像集成》17242號)和相邦冉戈(《集成》11359號)以及秦十五年上郡守壽戈(《集成》11405號)刻銘中"西"字寫法接近。"西部"應爲西縣的鄉部機構。

【廣封2019】

　　案《續封泥考略》: 此封泥二字, 半通, 印文曰"西部"。《漢書·地理志》縣名有注西部, 都尉治者。此或郡都尉屬吏之印, 別無可考。姑附此。

畦部

《大系》P195

邽部

1　　　　　　　　2

1、2.《大系》P103

武部

《大系》P281

治部

1　　　　　　　　2

1、2.《大系》P373

渠部

《大系》P198

沈部

《大系》P223

下部晶部

《大系》P292

未歸類未釋讀及殘碎封泥

第一章　未歸類封泥

一、諸　　璽

請璽

| 1 | 2 | 3 | 4 |

1、2.《新出》P74;《大系》P197
3.《大系》P197
4.《西見》圖二:21;《大系》P198

【西見2005】

　　有邊欄無界格,半通印。封泥側有明顯指紋。新見。我國的古璽印,秦代以前通稱爲璽,秦統一後規定皇帝所用稱璽,一般只稱作印。文獻記載和考古材料都證實這一制度是符合當時實際情況的,早已成爲印學界共識。中科院考古所漢城工作隊在相家巷遺址的發掘中曾獲兩枚"豐璽"和一枚"寺工丞璽"封泥,劉慶柱先生認爲這兩種封泥應爲戰國時代秦國遺物。同理,此枚封泥自稱爲璽,就明白無誤地告訴我們這是秦統一之前的秦國之物。關於"請"字,查1934年國立北京大學《封泥存真》著録有"請鄉之印",如請爲鄉名,具體地望待考。

綬璽

《大系》P458

瑞按：綬，若爲地名，不見於《漢書·地理志》，所指不詳。文獻中璽綬、印綬常連稱，但少見"綬"爲人名者。《後漢書·百官志》："符節令一人，六百石。本注曰：爲符節臺率，主符節事。凡遣使掌授節。尚符璽郎中四人。本注曰：舊二人在中，主璽及虎符、竹符之半者。符節令史，二百石。""綬璽"，或爲司"綬"職官的印章。

二、諸　　印

府印

1　　　　　　2　　　　　　3

1.《秦封》P240;《彙考》P157
2、3.《大系》P84

【印考1997】
　　印面長方形，日字格，長2釐米，寬1釐米，泥封邊欄寬博，與清晰的印文渾然一體。府，古官府名，爲掌管財物或文書的地方，周有泉府，秦有少府，均爲管理財物的官署。《周禮·天官·宰夫》："五曰府，掌官契以治藏。"鄭玄注："治藏，藏文書及器物，贊治若今起文書草也。"
【秦封2000】
　　《禮記·曲禮下》："在官言官，在府言府，在庫言庫，在朝言朝。"注："府，謂寶藏貨賄之處也。"《周禮·天官》有内府、外府、玉府。《周禮·地官》有泉府。皆掌財貨。《漢書·郊祀志上》:"史書而藏之府。"《史記·秦始皇本紀》:"沛公道入咸陽,封宫室府庫。"《史記·蕭相國世家》:"沛公至咸陽,諸將皆争走金帛財物之府分之。"《睡虎·法律答問》:"'府中公金錢私貣用之,與盗同法。'可(何)謂'府中,唯縣少内爲府中'。其它不爲。"此爲府之公印。府掌財貨、圖籍、律令。漢封泥見:《再續》《澂秋》"府印"。

【簡讀 2002】

《秦簡·傳食律》:"及卜、史、司御、寺、府、……。"整理組注:"府,掌管府藏的人,見《周禮·天官》。"此府之所屬不明。

【彙考 2007】

府,秦時指收藏文書、財務之處。後泛指官府,凡百官所居,皆稱府。此封泥爲秦時府之公印,以掌財貨、圖籍之律令。

【分域 2009】

府,秦時指收藏財物、文書的地方,後泛指官府。該印可能爲秦府之公印。

【集證 2011】

此爲半通印而無府名,猶上"私府"印某宫私府,可能職階較低。

【官名 2013】

考訂"府"時指出,《説文》:"府,文書藏也。從廣付聲。"段玉裁注:"文書所藏之處曰府。"西周時期,"府"的主要職能是收藏文書檔案,如設有"盟府"爲收藏盟約的機構。《左傳·哀公十三年》:"百官官備,府庫慎守,官人肅給。"春秋時代,貯藏物品的府庫隨着生産力的發展,其職能不斷擴大。大府、中府、少府是戰國時代中央一級常設的官府機構,隨着社會需求日益增加而府的職能更加明細化,除了生産與儲存物品、商貿交易、徵收賦税之外,還有其它功能,如秦國的茜府掌供酒,尚衣府掌王之衣服,車府掌車輿,趙國的客府招待外國使者。

【廣封 2019】

案《漢書·食貨志》:"太公爲周立九府圜法:黄金方寸,而重一斤;錢圜函方,輕重以銖;布帛廣二尺二寸爲幅,長四丈爲匹。"(李奇曰:"圜即錢也。圜一寸,而重九兩。"師古曰:"此説非也。周官太府、玉府、内府、外府、泉府、天府、職内、職金、職幣皆掌財幣之官,故云九府。圜謂均而通也。")《漢書·郊祀志》:"史書而藏之府。"(師古曰:"府,臧書之處。")《史記·秦始皇本紀》:"沛公遂入咸陽,封宫室府庫,還軍霸上。"《秦封泥集》考,《睡虎地秦墓竹簡·法律問答》:"'府中公金錢私貸用之,與盗同法。'可(何)謂'府中,唯縣少内爲府中。'其它不爲。"此爲府之公印。府掌財貨、圖集、律令。又《秦封泥彙考》:府,秦時指收藏文書、務之處。後泛指官府,凡百官所居,皆稱府。

公印

《古封》P374;《中封》P132;《秦封》P239;《書集》P132;《山全》P103;《大系》P96

【秦式1998】

録於《封泥》。《詩經·召南·采蘩》:"夙夜在公"。《睡虎·法律答問》:"亡久書、符券、公璽、衡贏……。"從《睡虎》看秦有"公璽"之謂,有頻頻用印的記載,可知公印即公璽。

【秦封2000】

同《秦式1998》。

【船官2014】

里耶秦簡中有關於秦代"公船"的記録。從船的性質上來説,簡文J1(8)134中"竟陵"的"狼"(人名)所借的"公船"應指公家(即秦遷陵縣官府)之船,屬於秦代"公器"之一種。"秦代將官有器物稱作'公器'",因秦律中有關於百姓"假公器",隸臣妾如若丟失"公器"當如何處罰的規定。睡虎地秦簡《秦律十八種·金布律》:"百姓叚(假)公器及有責(債)未賞(償)"不同情況會有不同的賠償規定。其中"公器"大概是指官有器物,而"秦公器"管理的維持,是通過讓負責官員承擔很大賠償責任來實現的。

【廣封2019】

案《封泥考略》:此封泥二字,半通,印文曰"公印"。公近似封爵之稱,而作半通,印文似秦。《公羊傳》:"不以私邑累公邑也。"注:"公邑,君邑也。"則此或公邑之印歟?《儀禮·特牲饋食禮記》:"若有公有司私臣,皆殺胙"注:公有司亦士之屬,命於君者。《漢書·睦閎傳》集注:"公,長老之號"。《田叔傳》:"公者,長老之稱"。或又同於三老之有印歟? 姑列半通縣名後。

庫印

《大系》P144

【官名2013】

《説文》："庫，兵車藏也。"《釋名》："庫，舍也，物所在之舍也。"《禮記·曲禮下》："在府言府，在庫言庫。"鄭玄注："府謂寶藏貨賄之處，庫謂車馬兵甲之處也。"戰國時期的三晋兵器銘文中有"上庫""下庫""左庫""右庫""武庫"，秦封泥和璽印有"北私庫""武庫""特庫"等。黄盛璋先生認爲："三晋兵器多由庫造，庫應該是以製造兵器爲主，而府則以製造其它器物爲主……庫雖然以製造兵器爲主，但有時也可製造别的器物。"王輝先生認爲："從古文字材料看，楚只有府，無庫，府既造生活用器，也造兵器，如造府造陳旺戈。"秦國與三晋庫的管理機構相似，庫内人員管理分級如下：庫嗇夫（令）、庫丞、吏掾、庫工師、工師丞、冶尹、冶（工）。

廥印

《大系》P144

【兩漢1993】

在考訂"廥印"印時指出，印爲東漢早期，瓦鈕。縱2.5、橫1.4、通高1.7釐米。印文一行二字。上海博物館藏。廥，積藏芻草之處。《廣韻》："廥，芻藁藏也。"《史記·趙世家》："(孝成王)十二年（公元前二五四年），邯鄲廥燒。"《索隱》："廥，積芻藁之處。"此爲廥署之印。

牢印

1　　　　　2　　　　　3　　　　　4

1.《新出》P102；《大系》P149

2—4.《大系》P149

【二十則 2015】

《説文·牛部》:"閑,養牛馬圈也。"段注云:"閑也。養牛馬圈也。"又《門部》:"閑,闌也。"甲骨文、金文的牢字均爲欄圈内有牛或羊之形,秦封泥"牢"字是標準的小篆,與《説文》所收小篆字形均定形爲从牛,這種變化應是秦統一文字的結果。牢,本義爲關養牲畜的欄圈,《詩·大雅·公劉》:"執豕於牢,酌之用匏。"亦指用以祭祀的犧牲牛羊豕等。《周禮·秋官·掌客》:"掌四方賓客之牢禮餼獻飲食之等數與其政治。王合諸侯而饗禮,則具十有二牢。"先秦時期牢字似乎並沒有監牢、監獄的意義,故秦封泥"牢"和"牢印"應該與牢獄無關,其很可能是秦時掌管宗廟祭祀或外交禮儀的機構中負責祭祀所用犧牲的官吏用印。又里耶秦簡有"牢人",是否與秦封泥"牢"和"牢印"有關則難以判斷,姑附此待考。

【職地 2014】

里耶秦簡見"牢人""牢臣""牢監",有些還與"少内"同簡出現。由此大致判斷,以上"牢人""牢臣"和"牢監"以及秦封泥中的"牢"和"牢印"均是縣級機構和名稱用印。秦時各縣可能還設有"牢"的機構,或與秦簡所見"祠先農"事務有關。

瑞按:水間大輔指出,里耶秦簡中不僅有牢監,還有牢人、牢臣、牢司寇等人員。至晚在秦始皇三十一年已置有牢監,牢隸臣見於睡虎地秦簡《封診式》,可知至晚在戰國後期置有牢隸臣。因此指揮牢隸臣的牢監或許在戰國後已有設置。賈誼《新書·階級》中的牢正有可能是指牢監。里耶秦簡顯示,牢人由受徵召爲兵的民及隸臣、司寇等隸屬身份者或刑徒充任。牢人屬於縣獄,牢人、牢隸臣和牢司寇大概平時在牢監指揮下,在獄中從事管理獄等工作(《里耶秦簡所見的"牢監"與"牢人"》《出土文獻與法律史研究(2)》P25—34)。

三、諸　　府

大府丞印

1　　　　　　　　　　　　　2

1.《相家》P30;《大系》P53
2.《在京》圖二:4;《璽印》P444

【字典1998】

楚器 "大賓"，讀 "大府"。《周禮·天官·大府》："大府掌九貢、九賦、九功之貳，以受其貨賄之入，頒其貨於受藏之府，頒其賄於受用之府，凡官府都鄙之吏及執事者，受財用焉。"

【新官2002】

《通典·職官八》記："《周官》有太府下大夫，掌貢賦之貳，受其貸賄人，頒其貨賄於受藏之府。歷代不置，然其職在司農、少府。""（太府）丞，於《周官》爲太府上士之任，自後無聞。"由封泥見，秦仍有大（太）府之設，主貨藏，是否隸屬少府待考。

【可齋2003】

在考訂 "大府" 銅印時指出，大府，即大府，主管國家財政的官署，《周禮·天官》載："大府掌九貢、九賦、九功之貳。""大府" 多見於楚國銅器銘文。此印具楚地文字特徵，篆法奇縱恣肆，大氣逼人，布局疏密對比强烈而取得均衡穩定的效果。恰當處置印文斜筆使之相反相成，構成整體和諧是此璽構圖的顯著特色。此璽形制碩大，爲戰國楚璽中少見。據其鈕式特徵，可以推知係用於器物烙記或捶抑。

【在京2005】

漢世文獻中大府，然爲泛稱，所指不一。《史記·酷吏列傳》："旁十餘郡守畏都如大府。""極知禹無害，然文深，不可以居大府。""湯給事內史，爲寧成掾，以湯爲無害，言大府。"《正義》："如淳曰：大府，幕府也。""郡吏大府舉之廷尉，一歲至千餘章。"《漢書·張湯傳》："湯給事內史，爲寧成掾，以湯爲無害，言大府。"師古曰："大府，丞相府也。"《漢書·杜周傳》："郡吏大府舉之廷尉，一歲至千餘章。"文穎曰："大府，公府也。"師古曰："大府，丞相、御史之府也。"從此封泥看秦置 "大府" 職官，與漢泛指不同。

【官名2013】

楚器中的大府，執掌國家財政供軍國之用。《禮記·曲禮下》："天子之大府。"鄭玄注："府，主藏六物之稅者也。"《周禮·天官·大府》："凡頒財，以式法授之。關市之賦，以待王之膳服；邦中之賦，以待賓客；四郊之賦，以待稍秣；家削之賦，以待匪頒；邦甸之賦，以待工事；邦縣之賦，以待弊帛；邦都之賦，以待祭祀；山澤之賦，以待喪紀；弊餘之賦，以待賜予。"大府亦作官名，殷滌非先生認爲其應與《周禮·天官·大府》所記的大府一樣，是楚國的官名。王輝先生認爲 "楚之大府有大工尹，尹爲長官，楚之大工尹地位甚高，大約相當於後代的工部尚書。鄂君啟節提到的大工尹名脽。或説即是楚懷王的大臣昭脽。"楚國大府有收藏寶物、監造器物之職能，所屬官吏有大攻尹、少攻尹、鑄客等。按：秦國題銘一直沒有看到 "大府"，可能其職能被少府所代替。

【職地2014】

秦封泥中的 "大府" 應即 "大守府"，"府丞" 即爲之 "大守府之丞"，此 "府" 應是府邸、府寺之府，而非府庫之府。秦封泥 "大府丞印" 之大府可能是僅存在於秦統一之前的中央府庫，而郡名+大府之大府，是郡守的辦公場所。

大府□丞

《在京》圖二：5；《大系》P54

【在京 2005】

見"大府"釋，此爲大府所轄某署，可惜不清。

大府□府

《大系》P54

【在京 2005】

"大府"釋見上，此爲大府所轄某署，可惜不清。

【職地 2014】

説見"大府丞印"。

南室府丞

《在京》圖三：9；《璽印》P436；《大系》P179

【在京2005】

《水經注》卷十七:"(渭水)又西得南室水。"

【職地2014】

周曉陸僅引《水經注》卷十七"(渭水)又西得南室水",無説。今按,《水經注·渭水》:"其水又西歷略陽川,西得破杜谷水,次西得平相谷水,又西得金里谷水,又西得南室水……"可見"南室"是源於南山山谷而注入渭水的一條水名或山谷名,距略陽城甚近。秦在此或設置縣並有府庫,而文獻失載。

帑府

《大系》P263

【兩漢1993】

在考訂"帑府"印時指出,印爲東漢中晚期,瓦鈕。印面縱2.25、橫1.4釐米。印文一行二字。《十鐘山房印舉》著録。帑府,古時金帛財貨之藏所。《説文解字》:"帑,金幣所藏也,從巾奴聲。"段玉裁注:"此與府庫廥等一律。帑讀如奴。帑之言囊也,以幣帛所藏,故從巾"。《漢書·匈奴傳》:"……單于朝中國輒有大故。上由是難之,以問公卿,亦以爲虛費府帑,可且勿許。"師古曰:"府,物所聚也。帑,藏金帛之所也。"又《後漢書·鄭弘傳》:"人食不足,而帑藏殷積。"《後漢書·百官志》大司農屬官有大司農丞、部丞,本注曰:"部丞主帑藏。"又《漢書·王莽傳》:"長樂御府、中御府及都内、平準帑藏錢帛珠玉財物甚衆。"都内、平準者皆大司農屬。此"帑府"應爲郡國所置之官署。

【文府2014】

説見"御府帑府"。

器府

《大系》P196

【兩漢1993】

在考訂“器府”印時指出，印爲西漢中晚期，瓦鈕。印面縱2.4、横1.4釐米。印文一行二字。陝西省博物館藏。器府，藏器械之所，器，一謂武器兵甲，《淮南子·兵略訓》：“勢位至賤而器甚不利。”又謂用具之總稱。《漢書·宣帝紀贊》：“至於技巧工匠器械，自元、成間鮮能及之。”師古曰：“械者，器之總名也。”按武庫令丞主兵器，《再續封泥考略》有“兵府”半通印封泥，當爲兵戎武器之藏府。故器府之“器”應屬工、用器械之類。此爲其署印。

　　瑞按：器府，所指不詳。《太平御覽》卷6引《石氏星經》“庫樓十五星，在左角南，器府東。一名天庫，兵車之府，星芒角兵起。”《後漢書·五行志》注“七星北有酒旗，南有天廚，翼南有器府。”爲星名。此封泥所指尚難確定。

泉府

《大系》P198

【兩漢1993】

在考訂西漢中晚期“泉府”印時指出，《十鐘山房印舉》著録。泉府，“泉”通“錢”，爲收取工商貢税，調濟民用之官署。《周禮·地官》：“泉府掌以市之徵布，斂市之不售，貨之滯於民用者，以其賈買之物楬而書之，以待不時而買者。”《漢書·食貨志》：“民欲祭祀喪紀而無用者，錢府以所入工貢但賒之”，王莽時京畿置“交易丞五人，錢府丞一人。工商能采金銀銅連錫登龜取貝者，皆自古司市錢府，順時氣而取之”。

　　瑞按：封泥殘，文字磨勒較爲嚴重。《初學記》卷27：《周官》曰：泉府上士四人，中士八人，下士十有六人。鄭玄注曰：泉或作錢。”《太平御覽》卷828：“《周禮·地官下》曰：泉府，掌以市之徵布，斂市之不售、貨之滯於民用者，以其賈買之物揭而書之，以待不時而買者。買者各從其抵，都鄙從其主，國人、郊人從其有司，然後予之。”《左傳·昭公十七年》“使府人、庫人各徵其事”《正義》曰：“《曲禮》云：在府言府，在庫言庫，皆是藏財賄之處，故使其人各自徵守以防火也。《周官》有大府、内府、外府、天府、玉府、泉府，而無掌庫之官，蓋府庫通言，庫亦謂之府也。諸侯國異政殊，故府庫並言也。”《史記·平準書》“虞夏之幣，金爲三品，或黄，或白，或赤；或錢，或布，或刀，或龜貝。”《索隱》按：“錢本名泉，言貨之流如泉也，故周有泉府之官。及景王乃鑄大錢。布者，言貨流布，故《周禮》有二夫之布。《食貨志》貨布首長八分，足支八分。刀者，錢也。《食貨志》有契刀、錯刀，形如

刀,長二寸,直五千。以其形如刀,故曰刀,以其利於人也。又古者貨貝寶龜,《食貨志》有
十朋五貝,皆用爲貨,其各有多少,元龜直十貝,故直二千一百六十,已下各有差也。"

山府

　　　　　1　　　　　　　　　　　2　　　　　　　　　　　3

1、2.《大系》P205
3.《酒餘》P38上;《大系》P205

市府

　　　　　1　　　　　　　　　　　2　　　　　　　　　　　3

1—3.《古封》P372

【兩漢1993】
　　考訂"市府"封泥時指出,西漢中期封泥,印文一行二字,上海博物館藏。此市府當
爲管理市易之官署。

徒府

《大系》P272

【兩漢1993】

在考訂"徒府"印時指出,印爲西漢晚期,無鈕。印面縱2.5、橫1.35釐米。印文一行文字。故宮博物院藏。漢時邢徒又總稱"徒",《居延漢簡考釋·釋文之部》227頁509·一六簡云:"戊午鼓下卒十人,徒二人","徒府"即主掌邢徒之官署。

【職地2014】

王人聰認爲是"管理刑徒的機構",王輝先生謂"徒本是官府服徭役者",二説略同。漢有"武徒府"印(《徵存》423號),武蓋屬地名。秦璽印"中官徒府"可與《漢舊儀補遺》"中都、中宮徒奴"句對讀。一方面可瞭解秦中官機構設有專門管理"徒奴"的"徒府",其原因不外乎後宮日常運轉需大量人力保障,且秦時官府和私人均有奴隸在睡虎地秦簡中也有反映。另一方面,或可將秦統一前即設置的"中都丞印"推定爲"中官"屬官。

瑞按:徒府之前見於印章,羅福頤先生認爲其是宦者所掌刑徒之府(《秦漢南北朝官印徵存》P2),王人聰先生在分析中官徒府時亦認爲徒府時與徒官性質相同的管理刑徒的機構(《古璽印與古文字論集》P54)。

左府

《大系2018》

《大系》P394

瑞按:封泥殘,釋"左"尚可存疑。睡虎地秦簡《秦律雜抄》有"大官、右府、左府、右采鐵、左采鐵",王輝先生指出"左府""右府"疑少府屬官(《中國考古學研究論集》P351)。

遂官府印

《大系》P242

瑞按： 首字殘，《大系2018》隸爲"遂"，遂官不見文獻，所指不詳。

廷府

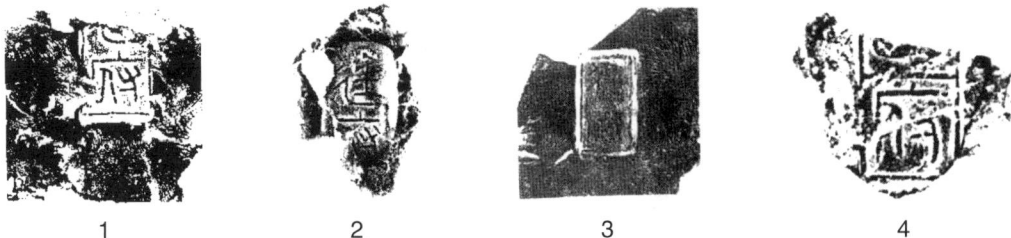

1　　　　　2　　　　　3　　　　　4

1.《新選》P111；《大系》P269

2—4.《大系》P269

【文府2014】

　　林義光《文源》："廷與庭古多通用，……象庭隅之形。"何琳儀説："廷，西周金文作(孟鼎)。从L(曲之初文)，㾔聲。……廷爲庭之初文，門與宮之間曲地爲庭。"《説文》："庭，宮中也。"段玉裁注："宮者，室也，室之中曰庭。"引申之，官署稱廷。《説文》："廷，朝中也。"《玉篇》："'廷，朝廷也。"指君王接受朝拜及處理政事之處。地方郡縣官署亦稱廷。睡虎地秦簡《法律答問》："'辭者辭廷'。今郡守爲廷不爲？爲殹。"其時成例，"訴訟者向廷訴訟"。簡文問："如郡守算不算廷？"回答："算。"此處"廷"指郡守官署甚或其本人。《墨子·號令》："符傳疑，若無符，皆詣縣廷言，請問其所使。"睡虎地秦簡《秦律十八種·倉律》："禾、芻稾積索(索)出日，上贏不備縣廷。出之未索(索)而已備者，言縣廷，廷令長吏雜封其廥，與出之，輒上數廷。"上言"縣廷"，下言"廷"，皆指縣之署衙。里耶簡8-1"廷户發。"《校釋》注："廷，縣廷。……'户'似是主户或户曹的省稱。"又里耶簡8-769背："卅五年八月丁巳朔己未，啟陵鄉守狐敢言之：廷下令書曰敢取鮫魚與今盧(鱸)魚獻之，問津吏徒莫智(知)。問智(知)此魚者具署物色。"簡言遷陵縣廷下令向其下屬啟陵鄉索要鮫魚、鱸魚，鄉守不知其"物色"，行書縣廷請問。由此可知"廷府"即署衙，中央、郡、縣皆得稱之。睡虎地秦簡《秦律十八種·内史雜》："毋敢以火入臧(藏)府、書府中。吏已收臧(藏)，官嗇夫及吏夜更行官。毋火，乃閉門户。令令史循其廷府。"此爲内史之廷府。《漢書·東方朔傳》："(郭舍人)妄爲諧語日：'令壺齟老柏塗……'何謂也。朔曰：'令者，命也。壺者，所以盛也。齟者，齒不正也。老者，人所敬也。柏者，鬼之廷也。'"顏師古注："言鬼神尚幽闇，故以松柏爲廷府。"王先謙補注："沈欽韓日：'陵寢兆域爲柏城。"東方朔説的"廷"，顏師古説的"廷府"，沈欽韓説的"柏城"均指鬼所居之館舍，是更進一步的引申。《陶泥》所收"廷府"封泥皆半通，殆縣廷物。

【二十則2015】

　　"廷府"見於睡虎地秦簡,如《内史雜》"令令史循其廷府";《秦律十八種·倉律》"禾、芻藁積索出日,上贏不備縣廷……言縣廷,廷令長吏雜封其廥,與出之,輒上數……";又《徭律》"縣毋敢擅壞更公舍官府及廷"等。簡文中"廷"和"廷府"是縣府機構辦公所在地的稱呼。秦封泥還有"中廄廷府"和"御廷府印"(可能爲"御府廷府"之省),是中廄和御府機構的辦公場所。僅就此"廷府"封泥來説,其級別和隸屬關係難以判斷。

小府

　　　　　1　　　　　　　　　　　　2

1.《青泥》P70
2.《新出》P81

【職地2014】

　　説見"少府"。

　　瑞按: 居延簡有"小府"文,封泥有"大府",小府與大府成對出現,應非"少府"。

四、特　　庫

特庫之印

　　　　　1　　　　　　　　　　　　2

1.《補讀》圖2:37;《秦封》P221;《印集》P82;《書集》P119;《彙考》P158;《璽印》
　　P448;《大系》P266
2.《大系》P266

【秦封2000】

此印或有三説。特爲雄畜。《周禮·夏官·校人》:"凡馬,特居四分之一。"《禮記·郊特牲》鄭玄注:"郊者,祭天之名,用一牛,故曰特牲。"《國語·楚語》:"大夫舉以特牲,祀以少牢。"又,《史記·秦本紀》文公四十七年,"伐南山大梓,豐大特。"徐廣曰:"今武都故道有怒特祠,圖大牛,上生樹木,有牛從木中出,後見於豐水之中。"特庫或爲怒特祠之庫。又特廟,《公羊·隱公五年》:"考仲子之宮。"何休注:"不説惠公廟者,妾母卑,故雖爲夫人,猶特廟而祭之。"庫爲儲車服之所,則特庫當爲特廟之庫。

【簡讀2002】

"特庫"史籍失載,確指不明。

【彙考2007】

同《秦封2000》。

【分域2009】

印文"特",有學者解釋爲雄馬,"特庫"爲特牲之庫,或特廟之庫。《周禮·夏官·校人》云:"凡馬,特居四之一。"如果上述不誤,上列兩方印可能爲管理存儲公馬之庫的官吏用印。

【廣封2019】

同《秦封2000》。

特庫丞印

1

2

1.《印考》圖188;《印風》P138;《彙考》P159;《大系》P266
2.《大系》P266

【發現1997】

特爲雄馬,《周禮·夏官·校人》:"凡馬,特居四分之一。"如是,特庫丞或爲六廄之一;又有特牲,《禮·郊特牲》鄭玄注:"郊者,祭天之名,用一牛,故曰特。"《國語·楚語》:"大夫畢以特牲,祀以少牢。"或爲特牲之庫;又有特廟,《公羊傳·隱公五年》:"考仲子之宮。"何休注:"不就惠公廟者,妾母卑,故雖爲夫人,猶特廟而祭之。"或如特廟之庫。

【印考1997】

　　説見"泰倉"。

【續考1998】

　　印面均爲正方形,田字格,邊長前者1.8釐米,後者2釐米,印文清晰,邊欄完整。"特庫"何指,有待進一步研究。

【秦封2000】

　　爲特庫之丞用印。説見"特庫之印"。

【簡讀2002】

　　釋讀見"特庫之印"條。

【彙考2007】

　　説見"特庫之印"。

【分域2009】

　　説見"特庫之印"。

【集證2011】

　　"特庫"之名亦不見於文獻。特或指公牛,或指三歲之獸,或指公馬。周曉陸疑特庫爲六廄之一,然養馬牛處不稱廄而稱特庫,也不好理解。特庫職能現在尚不能完全理解。

【官名2013】

　　特庫應是負責飼養儲存公牛和公馬的機構。《周禮・夏官・校人》:"凡馬,特居四之一。"《説文》:"特,朴特,牛父也。"特,一般指公牛之外,也指其他雄性牲畜。亦有學者認爲"特庫"是秦始皇所建的"特廟"之庫。特庫丞應是特庫嗇夫(令)之屬官。

【廣封2019】

　　説見"特庫之印"。此其丞之印也。

特庫□□

　　　　1　　　　　　　2　　　　　　　3

1.《秦封》P222;《彙考》P159

2.《新出》P78

3.《新獲》P291;《大系》P267

【考略2001】

相家巷流散秦封泥有"特庫之印""特庫丞印"。庫爲春秋戰國時代官署,《禮記·曲禮(下)》:"在府言府,在庫言庫。"注:"庫,謂車馬兵甲之處也。"古有"特廟",《公羊傳·隱公五年》:"九月,考仲子之宮。"何休注:"不就惠公廟者,妾母卑,故雖爲夫人,猶特廟而祭之。"特廟當爲宗廟外特別另立的祀廟。疑"特庫"當爲"特別"另立的"庫"。

瑞按:嶽麓秦簡033—036號簡所記《亡律》中有"寺車府、少府、中府、中車府、泰官、御府、特庫、私官隸臣,免爲士五、隱官,及隸妾以巧及勞免爲庶人……"等語。魯家亮先生認爲律文或是專門針對少府中一些特殊逃亡情況的補充規定(《嶽麓書院藏秦簡〈亡律〉零拾》《出土文獻與法律史研究(6)》P121—122)。若如是,則特庫屬少府。然從033—036內容看,少府和寺車府、中府、中車府、泰官、御府、特庫、私官等職官爲並列關係,不僅尚難確定是時各職官均屬少府,反而也可被看作判斷其他職官本不屬少府的證據。然從《漢書·百官公卿表》看,泰官、御府等在漢屬少府,與前述認識相悖。特庫文獻未載,其歸屬暫難確定。

五、官　　臣

官臣之印

1　　　　　　　　　　2

1.《西見》圖二:16;《新出》P15;《青泥》P25;《大系》P102
2.《璽印》447;《大系》P102

【西見2005】

有邊欄有界格。已見者有官臣丞印封泥,官臣之印新見。官臣一職出現較早,鄭玄注《周禮·大宗伯》"六命賜官":"受天子命能自置官吏以治家者爲官臣。"

【在京2005】

《左傳·襄公十八年》:"其官臣堰實先後之"。楊伯峻注:"官臣,據《周禮·大宗伯》'六命賜官'鄭玄注,受天子命能自置官吏以治國邑者爲官臣。"南越、閩越陶文中多見"官"字戳印。

【職地2014】

官臣見於先秦文獻。《周禮·春官宗伯》“六命賜官”,鄭玄注:“受天子命能自置官吏以治國邑者爲官臣。”如果作爲職官名稱來理解,《周禮》的説法較爲合理。“官臣”有丞,則應是某種機構的長官,或是掌管各封邑官吏的機構。

瑞按:官臣不見於文獻,嶽麓秦簡《爲吏治官及黔首》“此治官、黔首及身之要也”,整理者注“治官,治理官府。官,指官署。嶽麓秦簡1590簡:‘官中多草’”(《嶽麓書院藏秦簡(一—三)釋文修訂本》P37)。

官臣丞印

1　　　　　　2　　　　　　3　　　　　　4

1.《新出》P15
2.《彙考》P154;《大系》P101
3.《大系》P101
4.《圖例》P56;《秦封》P224;《彙考》P154

【官印1990】

在考訂“官田丞印”秦印時指出,官田,亦即公田,《周禮·載師》:“以官田、牛田、賞田、牧田任遠近之地”,注:“官田者,公家之所耕田”。臣,指隸臣,據云夢秦簡知秦時國家役使隸臣耕種公田。《倉律》:“隸臣田者,以二月月稟二石半石,到九月盡而止其半石”。此印當係秦代管理耕種官田的隸臣的官署所用之印。

【發現1997】

史籍未載,或爲管理官吏之丞。《周禮·天官·冢宰》:“以八法治官府,……八曰官計,以弊邦治。”《周禮·天官·小宰》有小宰“以聽官府之計,弊群吏之治”。鄭司農云:“官計,謂三年則大計群吏之治而誅賞之。”

【印考1997】

印面正方形,田字格,邊長2釐米,印文左側兩字略殘,推測爲“丞印”兩字。可能是地名或郡屬縣名,待考。

【簡讀2002】

《左傳·襄公十八年》:“其官臣偃實先後之”。楊伯俊注:“官臣,據《周禮·大宗伯》'六命賜官' 鄭玄注,受天子命能自置官吏以治家邑者爲官臣。說詳張聰咸《杜注辨證》、徐孝實《左傳鄭箋》。"**瑞按**: 阮本《周禮注疏》無其所引句。

【分域2009】

"官臣"文獻無載,《周禮・天官・冢宰》云:"以八法治官府……以弊邦治。"該印可能爲負責管理或督察官吏的官員用印。

【集證2011】

以上兩枚封泥皆有殘文(**瑞按**: 指《發現1997》和《印考1997》公布封泥圖片),但殘文互補。"官臣"含義不明,有可能是"官田臣"之省,姑置此處。(以下文字原爲釋讀"官田臣印"秦印)"官田"見《周禮・地官・載師》:"以官田、牛田、賞田、牧田任遠郊之地。"鄭玄注:"鄭司農云:'……官田者,公家之所耕田,……'玄謂……官田,庶人在官者,其家所受田也。"據鄭衆説,官田是指"公家之所耕田",所以要設置職官來管理。王人聰以爲臣指隸臣。睡虎地秦簡《倉律》:"隸臣田者,以二月月稟二石半石,到九月盡而止其半石。"王氏因謂:"此印當係秦代管理耕種官田的隸臣的官署所用之印。"不過"臣"也未必要解爲隸臣,嶧山碑"群臣頌略",泰山刻石"臣去疾",琅邪刻石"臣請具刻詔書",諸"臣"皆指秦之卿大夫。由此言之,"臣"或爲管理官田之官。或以爲"官田"即"公田"。孫詒讓《周禮正義》引俞樾曰:"《牛人》'公牛',《巾車》'公車',注並曰:'公猶官也。'然則官田猶公田矣。"王人聰亦云。曹錦炎則以爲秦印"官田"與"公田"並見,二者所指不同。今按官與公義同,睡虎地秦簡《法律答問》:"亡久書、符券、公璽……""公璽"即官印。至於二者稱呼不同,或許是時代早晚不同使然,但已無法深究了。

【秦封2000】

《周禮・天官・冢宰》:"以八法治官府,……八曰官計,以弊邦治。"《周禮・天官・小宰》:"以聽官府之計,弊群吏之治。"鄭司農云:"官計,謂三年則大計群吏之治而誅賞之。"官臣當掌官吏管理,參見"官廄丞印"。秦印有:《徵存》"官田丞印"。

【考略2001】

官臣出現較早,鄭玄注《周禮・大宗伯》"六命賜官"謂:"受天子命能自置官吏以治家邑者爲官臣。""官臣丞"爲"官臣"之屬官。

【彙考2007】

官臣:春秋時期稱受天子之命得以自置官吏治理家邑的卿大夫。《左傳・襄公十八年》:"其官臣偃實先後之。"楊伯峻注:"官臣,據《周禮・大宗伯》,六命賜官,鄭玄注,受天子命能自置官吏以治家邑者爲官臣。"

【官名2013】

秦封泥中的官臣丞,掌考核官吏之政績。《周禮・天官・小宰》:"以聽官府之計,弊群吏之治。"鄭玄注:"官計,謂三年則大計群吏之治而誅賞。"官府每三年都要計量政績和銓選官吏,官臣可能擔當此職。

□臣丞印

《秦封》P224;《彙考》P154;《大系》P408

六、都　共

都共

1　　　　　　2　　　　　　3　　　　　　4

1.《在京》圖四：3;《璽印》P393;《大系》P70
2.《新出》P10;《大系》P70
3.《新出》P10;《大系》P70
4.《大系》P70

【在京2005】

　　半通。"共"同"供",中央供養之官署。

【職地2014】

　　都有總概括之意。《鶡冠子·秦録》:"故執不詔請都理焉。"陸佃注:"都之爲言總也。"《唐韻·模韻》:"都,猶揔(總)也。"漢代"都護"之"都"意即爲"總",史籍還有"都部""都受""都統""都督",皆表示總括之意。臨潼南杜和劉寨秦遺址均出土有"都共工"陶文,可見"都共"應是機構名稱。我們認爲"共"可能指"共廚"。

都共丞印

1　　　　　　　　　　　　2

1.《璽印》P431;《大系》P70
2.《相家》P22;《大系》P70

【在京2005】

　　爲"都共"之丞。

【圖説2009】

　　《左傳·莊廿八》:"凡邑有宗廟先君之主(神主、牌位)曰都,無曰邑。"都共即設在有宗廟大城的共府。

七、發　　弩

發弩

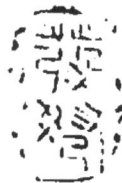

1　　　　　　　2　　　　　　　3　　　　　　　4

1、2.《秦封》P234;《大系》P76
3.《秦封》P235;《大系》P76
4.《秦封》P234;《璽印》P394;《大系》P76

【官印1990】

　　在考訂"發弩"印時指出,此印爲半通印形式,有日字格,字體秦篆。吳式芬《封泥考略》南郡發弩條下曾舉此印，認爲應當是秦印。發弩爲專司射弩兵種之官，秦漢時郡縣設有發弩官，秦簡《秦律雜抄》："除士吏，發弩嗇夫不如律，及發弩射不中，尉貲二甲。發弩嗇夫射不中，貲二甲，免，嗇夫任之"。《漢書·地理志》："南郡……有發弩官"，師古曰："主教放弩也"。此發弩印，亦當係秦郡縣發弩官所用之印。

【秦式1998】

録於《臨淄》《續封》《建德》《齊魯》《封存》。《漢志》南郡"有發弩官"，師古曰："主教放弩也"。《睡虎秦律雜抄》："除士吏，發弩嗇夫射不如律，及發弩射不中，尉貲二甲，免。發弩嗇夫射不中，貲二甲，免。"戰國璽印見《古璽》："榆平發弩""增城發弩"。秦印見《徵存》"發弩"。

【秦封2000】

《漢志》：南郡"有發弩官"。師古曰："主教放弩也。"《睡虎·秦律雜抄》："除士吏，發弩嗇夫不如律，及發弩射不中，尉貲二甲。發弩嗇夫射不中，貲二甲，免。"整理組注："發弩，專司射弩的兵種，見戰國及西漢璽印、封泥。發弩嗇夫係這種射手的官長。"戰國璽印見：《古璽》"榆平發弩，增城發弩"。秦印見：《徵存》"發弩"。漢封泥見：《封泥》"南郡發弩"。

【分域2009】

發弩，官名，本來是指專管射弩的兵種，《漢書·地理志》南郡下本注："有發弩官。"顏師古注："主教放弩也。"雲夢秦簡中也有"發弩"一職，《秦律雜抄》云："除士吏、發弩嗇夫不如律，及發弩射不中，貲二甲。免，嗇夫任之。"該印當爲發弩官所用之印。

【圖説2009】

上博亦有收藏（《中國古代封泥》43），未冠地名。應是中央頒發之地方發弩官署印。《張家·二年·秩律》："中發弩、枸（勾）指發弩，中司空、輕車；郡發弩、司空、輕車，秩各八百石。"秦漢時郡縣設有教練射弩兵種的發弩嗇夫，秦簡《秦律雜抄》規定："如果發弩射不中，縣尉貲（罰）二甲（甲冑）。發弩嗇夫射不中，貲二甲，免（職），〔由縣〕嗇夫任之"。可見法律規定非常嚴格。

【集證2011】

《徵存》0078有"發弩"。王人聰："發弩爲專司射弩兵種之官，秦漢時郡縣設有發弩官，秦簡《秦律雜抄》：'除士吏、發弩嗇夫不如律，及發弩射不中，尉貲二甲。發弩嗇夫射不中，貲二甲，免，嗇夫任之。'《漢書·地理志》：'南郡……有發弩官'，師古曰：'主教放弩也。'此發弩印，亦當係秦郡縣發弩官所用之印。"所説是。戰國秦漢皆有發弩之印，古璽有"增城發弩"（《璽匯》0115）、"榆平發弩"（《璽匯》0116），"發"字作"𤼲"；漢印亦多"發弩"，"弩"字多作"𥝂"，與此印不同。此印弩字所從弓字比較特殊，與漢印有別。《秦代陶文》1307有"宮雋"，"雋"字作"𥁊"，所從弓字與之形近。"𥁊"字原釋焦，劉樂賢先生已糾正，《説文》："雋，肥肉也，從弓，所以射隹。"從文字風格看，此當是秦印。

【官名2013】

發弩,下設左、右發弩,常見於秦、晉軍隊中的一種職官名,地位在尉官之下,職司與《周禮》的"司弓矢"相類似。發弩嗇夫爲發弩的長官,主司發弩射擊。晉系的左邑發弩、鹽城發弩,應是地方軍事武裝之官名。秦簡《秦律雜抄》:"除士吏,發弩嗇夫不如律,及發弩射不中,尉貲二甲。發弩嗇夫射不中,貲二甲,免。"整理者注:"發弩,專司射弩的兵種,見戰國及西漢璽印、封泥。發弩嗇夫係這種射手的長官。"另外,《張家山漢簡·二年律令》:"中發弩、枸指發弩、中司空、輕車、郡發弩、司空、輕車,秩各八百石,有丞者三百石。"據《漢書·地理志》記載南郡有"發弩官",顏師古注:"主教放弩也。"按:發弩官,非作戰時爲教習弓箭的武官,職位並不顯要。

瑞按:《漢書·地理志》南郡"有發弩官",顏師古曰:"主教放弩也。"睡虎地秦墓竹簡《秦律雜抄》"除吏律""除士吏、發弩嗇夫不如律,及發弩射不中……",整理小組指出,發弩爲專司射弩的兵種,見戰國至西漢璽印、封泥。陳偉等指出,據里耶秦簡,洞庭郡、遷陵縣均有發弩官署(《秦簡牘合集(壹)》P157)。張家山漢墓竹簡《二年律令》第445號簡"中發弩、枸指發弩,中司空、輕車、郡發弩、司空、輕車,秩各八百石,有丞者三百石。"

發弩之印

1　　　　　　　　2

1.《新出》P11;《大系》P76
2.《大系》P77

【在京2005】

《張家·二年·秩律》:"中發弩、枸(勾)指發弩,中司空、輕車;郡發弩、司空、輕車,秩各八百石。"《漢志》南郡有"發弩官"。《秦封2000》有"發弩,弩工室印,琅邪發弩,衡山發弩、淮陽弩丞"。漢封泥見:《封泥》"南郡發弩"。戰國璽印見:《古璽》"榆平發弩,增城發弩"。秦印見:《徵存》"發弩"。

八、募　人

募人

《在京》圖四:8;《大系》P169

【三則2000】

　　"募人"一職文獻未見。《說文》:"募,廣求也。从力,莫聲。"亦即徵召,募集。《廣韻·暮韻》:"募,召也。"《晏(瑞按:原作吳)子·圖國》:"安集吏民,順俗而教,簡募良材,以備不虞。"又睡虎地秦墓竹簡《秦律雜抄·敦(屯)表律》:"冗募歸……"影本注:"冗募,意即衆募,指募集的軍士,《漢書·趙充國傳》稱爲'應募'。"《漢印文字徵》13·16有"陷陳(陣)募人""募五百將"。由此可知,"募人"即募集的兵士。秦漢實行募兵制,"兵士是從人民中徵集起來的"。如《漢書·馮唐傳》所說:"士卒盡家人子,起田中從軍。"顏師古注:"家人子謂庶人之家子也。"募人的身份是士,而非刑徒或罪犯,召募的兵士因稱"應募"或"募士"。《漢書·趙充國傳》:"留弛刑應募,及淮陽、汝南步兵與吏士私從者,合凡萬二百八十一人。""募人"應即"募士"。秦時募集的兵士有時還需自備隨身衣物(鎧甲之類則可能由國家統一發放)。睡虎地秦墓M4出土的11號木牘是秦國士兵黑夫和驚的家信,在信中他們向家裏要錢、布和衣物。秦漢在緊急時期也徵用刑徒,但那只是應急措施,而非常規。《史記·秦始皇本紀》記陳涉兵數十萬攻至戲(今陝西臨潼新豐附近)時,咸陽危在旦夕,章邯乃告二世曰:"盜已至,衆彊,今發近縣不及矣。驪山徒多,請赦之,授兵以擊之。"《漢書·高帝紀》記高祖十一年(元前196年)時,"淮南王布反","上赦天下死罪以下,皆令從軍,徵諸侯兵,上自將以擊布。"刑徒、罪犯須赦免其罪,始可從軍,也說明平時應募的兵士是庶人。至於封泥"募人"是單個士兵還是指徵發兵士的機構,目前還難以論定。不過秦封泥集中出土於西安北郊的相家巷村,是各地機構送文書或日用物品給皇帝時封緘所用,兵士個人要送物品給皇帝或中央,似不大可能。由此而論,"募人"似應是一種機構。

【簡讀2002】

　　"募人"史籍未載。《說文》:"募,廣求也。"《秦簡·秦律雜抄·敦(屯)表律》:"冗募歸",整理組注:"冗募,意即衆募,指募集的軍士,《漢書·趙充國傳》稱爲'應募'"。募人或即是募集軍士的機構。

【在京2005】

半通。"募人"史籍未載。《説文》:"募,廣求也。"《睡虎·秦律雜抄·敦(屯)表律》:"冗募歸",整理組注:"冗募,意即衆募,指募集的軍士,《漢書·趙充國傳》稱爲'應募'"。募人或即是募集軍士的機構。

【圖説2009】

説見"募人丞印"。

募人丞印

1　　　　　　　2　　　　　　　3

1.《彙考》P161;《大系》P170
2.《印風》P141;《新官》圖40;《彙考》P161;《大系》P170
3.《發掘》圖一八

【考略2001】

羅福頤《秦漢南北朝官印徵存》輯録有"陷陳募人"印。秦漢時代兵士的徵集,有召募方式,被召募者爲"應募"或"募士"。《漢書·趙充國傳》:"留弛刑應募,及淮陽、汝南步兵與史士私從者,合凡萬二百八十一人。"《漢書·馮奉世傳》"漢復發募士萬人。"北魏時,爲招募軍隊設置有"募人別將",《魏書·裴延儁傳》:"詔(裴)慶孫爲募人別將,招率鄉豪,得戰士數千人以封之。"秦封泥"募人丞印"當爲負責招募兵士的官印封泥。

【簡讀2002】

釋讀見"募人"條。

【新官2002】

募即招募軍士。《雲夢睡虎地秦簡·秦律雜抄》三五記:"冗募歸"。漢印見《十鐘山房印舉》:"陷陣募人、募五百將",王保平先生見告陽陵俑坑出:"募當百印"。《漢書·武帝紀》:"遣樓船將軍楊僕、左將軍荀彘將應募罪人擊朝鮮。"

【在京2005】

釋見"募人"。

【彙考2007】

募人丞,官名,當爲主招募軍士的官吏。《睡虎地秦墓竹簡·秦律雜抄》:"冗募歸,辭曰日月已備,致未來,不加辭,貲曰四月居邊。"秦漢之際亦有招募罪人作戰的。如《漢書·武帝紀》:"募天下死罪擊朝鮮。"

【圖説2009】

　　《説文》:"募,廣求也。"。亦即徵召、募集。《睡虎·秦律雜抄·敦(屯)表律》:"冗募歸"。整理組注:"冗募,意即衆募,指募集的軍士,《漢書·趙充國傳》稱爲'應募'。"募人或即是募集軍士的機構。被招募者爲"應募"或"募士"。《漢書·趙充國傳》:"留弛刑應募,及淮陽、汝南步兵與史士私從者,合凡萬二百八十一人。"《漢書·馮奉世傳》:"漢復發募十萬人。"秦封泥"募人府印"當爲負責招募兵士的中央官署封泥,募人可能是郡、縣地方官署。《魏書·裴延儁傳》:"詔(裴)慶孫爲募人別將,招率鄉豪,得戰士數千人以封之。"《漢書·武帝紀》:"遣樓船將軍楊僕、左將軍荀彘將應募罪人擊朝鮮。"所以這是率應募罪人之將官。漢印又有"陷陳(陣)募人"(《徵存》139)。《後漢書·西羌傳》:"又遣假司馬募陷陣士擊零昌於北地。"此爲率應募陷陣士之官。秦漢實行募兵制,應募人的身份可以是庶民,特殊情況也可以招募罪人,招募的人即屬自己統轄,往往招募的人越多所封的官也越大。所謂"陷陳(陣)募人"猶如今之敢死隊,所謂重賞之下必有勇夫。

【分域2009】

　　由秦漢王朝實行募兵制可知,"募人"即募集兵士,當與典籍中的"募士"相類。市官中一般有"市官令","募士"當有"募士令","募人丞"當爲"募人令"的佐官。

【官名2013】

　　募人丞,官名,當爲主招募軍士的官吏。《睡虎地簡·秦律雜抄》:"冗募歸,辭曰日月已備,致未來,不如辭,貲日四月居邊。"

【職地2014】

　　募人,《徵存》0139號有"陷陣募人"。周曉陸説"或即是招募軍士的機構",劉慶柱、徐暢説同,殆是。睡虎地秦墓竹簡《秦律雜抄》有"冗募",整理小組:"冗募,意即衆募,指募集的軍士"。

【廣封2019】

　　同《彙考2007》。

募人府印

《在京》圖四:9;《璽印》P434;《大系》P170

【圖説2009】

　　説見"募人丞印"。

九、桃　　枳

桃枳丞印

1 2

1.《青泥》P38;《新出》P37;《大系》P264
2.《新出》P37;《大系》P264

【西見2005】

　　讀"杞桃丞印"。有邊欄有界格,印文風格與常見秦式封泥類似。印文新見。此印文頗令人費解,首先文字排列順序不知應左起環讀爲"杞桃丞印"還是右起橫讀爲"桃杞丞印"爲是。另外,前二字不知是官名還是地名。筆者不敢妄斷。

【職地2014】

　　枳,果小味酸苦不能食,但可入藥。"枳桃丞印"可能是醫藥機構,但亦可能與"橘丞之印""橘府""橘官"和"橘府"同類,是管理果木園林的官員。

桃□之□

《大系》P265

十、容　　趨

容趨

1 　　　　　　　　　2

1.《新地》圖36;《考釋》圖一：14;《印集》P154;《彙考》P245;《大系》P199
2.《相家》P30;《大系》P199

【考釋2001】

　　第二字從殘畫看,應是"趨"字,西安中國書法藝術博物館傅嘉儀藏秦封泥有"容趨丞印"(未發表)。容趨有丞,必爲官印。容趨一職不見於《漢書·百官公卿表》,含義亦不清楚,以下試加推測。容,儀容,相貌。趨,《説文》:"走也。"借爲促,恭謹貌。《儀禮·聘禮》:"賓入門皇,升堂讓,將授志趨。"清俞樾平議:"趨當讀爲促,古字通用。……將授志趨者,謂賓將授玉之時,其志彌促也。《士相見禮》:'至下,容彌蹙。'注曰:'蹙猶促也。促,恭愨貌也。'"依此,容趨即容貌恭謹,封泥"容趨"殆禮儀官。

【簡讀2002】

　　节引自《考釋2001》。

【彙考2007】

　　节引自《考釋2001》。

【政區2009】

　　説見"容趨丞印"。

【分域2009】

　　容趨,文獻未載。或認爲"容"即儀容;"趨"即走也。容趨即爲禮儀官。容趨丞即容趨令之佐官。

【廣封2019】

　　同《彙考2007》。

容趨丞印

1　　　　　　　2　　　　　　　3　　　　　　　4

1.《大系》P200
2.《新地》圖37；《大系》P200
3.《發現》圖105；《圖例》P55；《秦封》P238；《彙考》P245
4.《秦封》P238；《彙考》P245；《璽印》P434；《大系》P200

【發現1997】

（釋爲“罟趨丞印”）罟當爲網罟之意，趨（？）爲勇武貌，或爲上林苑中捕獵禽獸之官員。

【集證2011】

周曉陸初釋前二字爲“罟”，云：“罟當爲網罟之意，趨（？）爲勇武貌，或爲上林苑中捕獵禽獸之官員。”今按首字不清楚，第二字與《漢印文字徵》2・8“趨武男印章”之“趨”作“”近，應爲趨字。後周氏亦改釋“趨”。“□趨”義不明。

【秦封2000】

（釋爲“罟趨丞印”）罟當爲網罟之意，趨爲疾走貌，可能爲上林苑中捕獵禽獸之官員印。一説可能爲失載之縣名。

【考略2001】

相家巷流散秦封泥有“罟趨丞印”，此“□趨丞印”或爲“罟趨丞印”。關於“罟趨”之意，其解有二：一爲負責捕獵禽獸之官，另一爲失載之地名。“罟”爲網之通稱。《易・繫辭》：“（包犧氏）作結繩而爲網罟，以佃以漁。”《説文》：“取獸曰網，取魚曰罟。”“趨”作“歸附”解。因此，“罟趨”應爲負責捕魚之官。漢代皇室設有捕魚官吏。《漢官六種・漢舊儀》載：“上林苑中昆明池、鎬池、牟首諸池，取魚鱉給祠祀，用魚鱉千枚以上，餘給太官。”《西京雜記》亦載：“武帝作昆明池，欲伐昆吾夷，教習水戰。因而於上遊戲養魚，魚給諸陵廟祭祀，餘付長安市賣之。”西漢時代在上林苑諸池之中捕魚，用於陵廟祭祀活動，當置官理其事。秦代或戰國秦進行陵廟祭祀，可能也要“取魚鱉給祠祀”。秦設“主魚吏”爲時甚久，劉向《列仙傳》載：“赤鬚子，豐人也。豐中傳世見之，云：秦穆公時主魚吏也。”《呂氏春秋》亦載：“令漁師伐蛟取鼉，升魚取黿。”“漁師”當爲掌漁之官，或與“主魚吏”同。“漁師”“主魚吏”或爲“罟趨”之官吏。“罟趨丞”當爲“罟趨”之丞。

【新地2001】

此例在《集》一・五・31中，釋爲“罟趨丞印”，現有了清晰的拓本，可糾正誤識。

“容趨”疑爲縣名,待考。

【簡讀2002】

　　釋讀見“容趨”條。

【彙考2007】

　　《秦封泥集》釋爲“罟趨丞印”,應爲“容趨丞印”。

【圖説2009】

　　《周禮·獸人》:“獸人掌罟田獸。”是將罟作爲狩獵所用網具的總稱。細分起來,當如《爾雅·釋器》所説:“鳥罟謂之羅,麋罟謂之罞,彘謂罟之羉。”罝是大型的網,可長百里。長柄網名畢。《説文》“畢,田網也。”《禮記·月令》鄭注:“小而柄長謂之畢。”説得也很明確。畫像石上的畢不僅用於捕兔,也用於捕雉。最習用的獵具還是罟。“趨”作“歸附”解(一説疾走貌)。因此,“罟趨”應爲負責捕魚之官。漢代皇室設有捕魚官吏。《漢官六種·漢舊儀》載:“上林苑中昆明池、鎬池、牟首諸池,取魚鱉給祠祀,用魚鱉千枚以上,餘給太官。”《西京雜記》亦載:“武帝作昆明池,欲伐昆吾夷,教習水戰。因而於上遊戲養魚,魚給諸陵廟祭祀,餘付長安市賣之。”西漢時代在上林苑諸池之中捕魚,用於陵廟祭祀活動,當置官理其事。秦代或戰國秦進行陵廟祭祀,可能也要“取魚鱉給祠祀”。據劉向《列仙傳》載,秦穆公時已設主魚吏。《吕氏春秋》亦載:“令漁師伐蛟取鼉,升龜取黿。”“漁師”當爲掌漁之官,或與“主魚吏”同。“漁師”“主魚吏”或爲“罟趨”之官吏。“趨丞”當爲“罟趨”之丞。

【政區2009】

　　容趨,地名,傳世文獻無載,但從封泥的性質看,爲縣級之印,自應是失載之縣。

【分域2009】

　　罟即網罟,赳爲勇猛神武之貌,該印可能爲秦苑中負責捕獵禽獸之官吏用印。

【廣封2019】

　　同《彙考2007》“容趨”。此其丞之印也。

十一、走　　翟

走翟

《大系》P391

【二十則2015】

秦封泥有"走翟丞印"，首字或爲"走"字。秦封泥"走"類職官還有走士、走士丞印、宦走、宦走丞印等，漢代也有"走士"，張家山漢簡《秩律》有"大行走士"和"未央走士"，《古封泥集成》275—276號收録漢封泥"齊走士丞"兩枚。走、行意思相近，秦漢"走士"或與《周禮》中的"行夫"、戰國楚璽"行士鉨""行士之鉨"和"邛行士鉨"等中的"行士"異名同實，是負責外交事務的官吏用印，或是宫廷中王命詔令上傳下達的承擔者。秦之"走士"和"宦走"的職能或與之相當，其名稱的不同可能是服務對象不同而在不同機構設置的緣故。翟本是雉的一種，《説文・羽部》："山雉尾長者。"後多指用其羽毛作裝飾的器物，如"翟車""翟茀"等，是指以雉羽爲飾，供貴族婦女或后妃乘坐的車輛。《周禮・春官・巾車》："翟車，貝面組總，有握。"鄭玄注："以翟飾車側……后所乘以出桑。"《詩・衛風・碩人》："翟茀以朝。"毛傳："翟，翟車也，夫人以翟羽飾車。茀，蔽也。""走翟"很可能是管理后妃翟車的低級官吏，應該也有承擔詔令上傳下達的職責。傅嘉儀認爲是"爲抵御外族人入侵的官職"，這個可能性較小。

【職地2014】

翟本是雉的一種，《説文・羽部》："山雉尾長者。"後多指用其羽毛做裝飾的器物，如"翟車""翟茀"等，是指以雉羽爲飾，供貴族婦女或后妃乘坐的車輛。《周禮・春官・巾車》："翟車，貝面組總，有握。"鄭玄注："以翟飾車之側……后所乘以出桑。"《詩・衛風・碩人》："翟茀以朝。"毛傳："翟，翟車也，夫人以翟羽飾車。茀，蔽也。""走翟"可能是管理后妃乘坐的翟車的低級官吏。傅嘉儀認爲是"爲抵御外族入侵的官職"，恐誤。

【秦官2018】

傅嘉儀認爲是"爲抵御外族人侵的官職"，可備一説。因"走翟"僅出現在秦封泥中，没有語境或相關文獻記載以供推斷。我們暫提出以下兩種理解。其一，《説文・羽部》："翟，山雉尾長者。"後多指用其羽毛作裝飾的器物，如"翟車""翟茀"等，《周禮・春官・巾車》："翟車，貝面組總，有握。"鄭玄注："以翟飾車之側，……后所乘以出桑。"《詩・衛風・碩人》："翟茀以朝。"毛傳："翟，翟車也，夫人以翟羽飾車。茀，蔽也。"故"走翟"可能是管理后妃乘坐的翟車的低級官吏。其二，結合秦封泥"翟馬丞印"可能是管理戎狄地區所產良馬的官吏，"走翟"或可能是專門管理戎狄的"走士"類職官。

走翟丞印

1

2

1.《新出》P97;《青泥》P37;《大系》P391
2.《秦封》P232;《彙考》P250

【發現1997】

此職官未見記載。翟即狄,走翟即抵禦外族之入侵。秦時常把來自西北部的威脅稱爲胡、狄的侵犯。古文獻見"走胡"一詞。另秦是否設走翟縣不見記載。

【印考1997】

印面正方形,田字格,邊長2釐米,印文方整精勁,邊欄寬博爛漫,走翟,與"走士"甚同,待考。

【秦封2000】

同《發現1997》。

【考略2001】

"翟"有二解:其一"翟"與"狄"通,《國語·周語》載:"我先王不窋,用失其官,而自竄於戎翟之間,不敢怠業。"其二"翟"爲樂吏名,《禮記·祭統》:"翟者,樂吏之賤者也。"注:"翟謂教羽舞者也。""走翟"可能爲掌管樂舞之吏的官署或掌北狄事務的屬官。

【簡讀2002】

"走翟"史籍失載,劉慶柱、李毓芳先生認爲"'走翟'可能爲掌管樂舞之吏的官署或掌北狄事務的屬官。"《張家·二年·秩律》有"翟道""狄道",二者應有區別,不可相通。

【彙考2007】

"走翟"史書未載。古人翟通狄,秦時稱西北部的威脅稱爲胡、狄的侵犯。"走翟"或爲抵御外族入侵的職官。

【圖説2009】

同《考略2001》。

【分域2009】

走翟,官名,但文獻無載。"翟"通狄,秦時把西北邊疆地區的少數民族稱爲狄。按該印當爲秦管理西北少數民族事務的官吏所用。

【集證2011】

周曉陸云:"此職官未見記載。翟即狄,走翟即抵禦外族之入侵。秦時常把來自西北部的威脅稱作胡、狄的侵犯。古文獻見'走胡'一詞。另秦是否設走翟縣不見記載。"今按"走胡"一詞出《史記·季布欒布列傳》,劉邦得天下後欲拿項羽舊部季布,朱家求汝陰侯滕公勸劉邦,云:"且以季布之賢而漢求之急如此。此不北走胡即南走越耳。夫忌壯士以資敵國,此伍子胥所以鞭荆平王之墓也。君何不從容爲上言邪?"看來"走翟"與"走胡"無關。"走"也可能讀爲"徒",指一種身份。

【官名2013】

走翟丞,爲走翟令的屬官,先秦典籍未見記載此職官名。有學者認爲:"翟即狄,走翟即抵禦外族之入侵。"

【職地2014】

　　説見"走翟"。

【秦官2018】

　　説見"走翟"。

【廣封2019】

　　同《彙考2007》。

十二、少　　卒

少卒

《大系》P222

　　瑞按：少卒，文獻失載，所指不詳。《史記・魏世家》少、卒二字連用，"懿侯説，乃與趙成侯合軍併兵以伐魏，戰於濁澤，魏氏大敗，魏君圍。趙謂韓曰：'除魏君，立公中緩，割地而退，我且利。'韓曰：'不可。殺魏君，人必曰暴；割地而退，人必曰貪。不如兩分之。魏分爲兩，不强於宋、衞，則我終無魏之患矣。'趙不聽。韓不説，以其少卒夜去。惠王之所以身不死，國不分者，二家謀不和也。若從一家之謀，則魏必分矣。"

少卒丞印

《大系》P222

　　瑞按：少卒，所指不詳。説見"少卒"。

十三、隍

隍采金印

1   2   3

1.《相家》P25;《大系》P121
2.《在京》圖4:15;《璽印》P445;《大系》P121
3.《新出》P19;《大系》P121

【職地2014】

有二地:一爲浙江屬縣。《集韻·唐韻》:"郹,縣名,在會稽。"二爲河南地名。《路史·國名紀》"王猛居郹也"。《左傳》昭公二十二年作"皇"。此"皇"近河南鞏縣,距離東周王城較近。郹亦見於秦《詛楚文》,王輝先生認爲《詛楚文》中的幾個地名都在河南境内,郹應即《左傳》所記之"皇",在今河南鞏縣附近。

【秦官2018】

説見"采司空印"。

隍采金丞

1   2

1.《在京》圖4:16;《新出》P19;《青泥》P26;《大系》P121
2.《璽印》P445;《大系》P121

【考略2001】

秦漢時代,在鐵礦、銅礦等礦産資源豐富,並已進行開採的郡、縣設有採礦之官,如漢代封泥有"齊采鐵印""采銅"等。《睡虎地秦墓竹簡》和《韓非子》等文獻亦有"采鐵""采金"記載。"采金"之"金"爲黄金,非銅。《漢書·地理志》:"南郡,秦置。"轄縣有郢。郢爲楚都,在今湖北江陵。戰國時代楚國是黄金貨幣流通最多的地區。"郢爰"即楚國流通的黄金貨幣之一。這可能與楚地盛産黄金有關。《戰國策·楚策》載:"黄金珠璣犀象出於楚。"戰國時代,黄金開採已屬官營,百姓采金被嚴禁。《韓非子·内儲説(上)》載:"荆南之地。麗水之中生金,人多竊采金,采金之禁,得而輒辜磔於市,甚衆,壅離其水也。"像"采鐵""采銅"一樣,"采金"亦屬政府主管,"郢采金丞"當爲郢之采金官署屬官之印。

【簡讀2002】

《漢志》南郡屬縣有郢,爲楚都。采金釋讀見"西采金印"。

【在京2005】

隍,依采金職官體例,當爲地名。

【縣考2007】

郢爲春秋、戰國時期楚國的都城。秦昭襄王二十九年取之。《秦本紀》曰:"[昭襄王]二十九年,大良造白起攻楚,取郢爲南郡。"《楚世家》載:"[頃襄王]二十一年,秦將白起遂拔我郢,燒先王墓夷陵。"《六國年表》秦昭襄王二十九年欄曰:"白起擊楚,拔郢,更東至竟陵,以爲南郡。"楚頃襄王二十一年欄曰:"秦拔我郢,燒夷陵,王亡走陳。"而據《新編年表》,秦昭襄王二十九年當爲楚頃襄王十九年。司馬遷之所以將此事繫於楚頃襄王二十一年,是因其在《六國年表》中誤將楚頃王二十一年與秦昭襄王二十九年排在同一年所致。至於《楚世家》中的記載,則是《六國年表》的轉寫。郢既然成爲秦南郡的領地,則郢必爲秦縣,而置縣的時間即應在設南郡之時。《漢志》南郡江陵縣下班固自注曰:"故楚郢都,楚文王自丹陽徙此。後九世平王城之。後十世秦拔我郢,徙(東)[陳]。"出土秦封泥中有"郢采金丞"。

【銘刻2010】

秦封泥有"隍采金丞""隍采金印"。封泥初釋爲"郢采金丞",不確。周曉陸先生對此已做更正,並云"隍,依采金職官體例,當爲地名",但未指出具體地望。隍的地望有兩種可能。其一,《春秋·昭公二十二年》"劉子、單子以王猛居於皇"。杜預注《春秋·昭公二十二年》云:"河南鞏縣西南有黄亭,辟子朝難出居皇。"《路史·國名紀戊》:"王猛居隍也。今鞏西南皇亭。"此隍在今河南省鞏義市西南,秦代爲叁川郡屬縣。鞏義古代出産黄金,《天工開物》卷十四《五金》黄金條載:"河南蔡、鞏等州邑……皆平地掘深井取細沙淘練而成。"隍邑地處鞏縣西南雒水之濱,秦時當已成爲一處重要的黄金産地,故在此設立有采金一職來管理相關事務。其二,《玉篇·邑部》:"隍,古縣名。"《集韻·唐韻》:"隍,縣名。在會稽。"《玉篇》作者顧野王爲南朝梁陳間人,其所云之古縣,應當是秦漢時期的建置。此隍縣在秦代應爲會稽郡屬縣,其地在今浙江境内。《續漢書·郡國志四》會稽郡山陰縣注引《山海經》曰："會稽之山四方,上多金玉,下多砆石。"句章縣注引《山海經》曰："餘句之山,無草木,多金玉。"可見早在戰國時期會稽一帶就已經出產黃金,因此在秦統一後便在當地設立采金來管理黃金生產。采金是秦漢時期掌管黃金開採的機構,《漢書·地理志》豫章郡鄱陽縣就有"黃金采"。此機構當爲治粟内史所屬。《漢書·百官公卿表》:"治粟内史,秦官,掌穀貨。"秦時黃金的用途,一作貨幣,另外做裝飾,第三則與長生有關,如《鹽鐵論·散不足》:"方士於是趣咸陽者以千數,言仙人食金飲珠,然後壽與天地相保。""仙人食金飲珠"的説法對於秦始皇求仙以期長生的心理無疑是具有相當的誘惑力。

【戰國2013】

1984年河南息縣宣樓村霸王臺古城址出土一方"郢稱"銅印,印柄頂端有多次使用痕迹。中國國家博物館也藏兩枚傳安徽壽縣出土的"郢稱"銅印。這種銅印是楚國所特有的,專門用來戳打黃金鑄幣之物。楚金幣上印有"郢稱",表明是楚國的國家信用貨幣。文獻記載郢都設有郢大夫。《烈女傳》記載,江乙爲郢大夫,有人入於王宮中偷盗,令尹以此怪罪江乙,請於王而絀之。《戰國策·秦策一》:"秦與荆人戰,大破荆,襲郢,荆王亡奔走。"考古表明,楚郢都遺址,位於湖北江陵北十里,後世習稱紀南城,城址平面長方形,東西4450米,南北3588米。

【悠悠2015】

西安相家巷出土秦封泥有"郢采金丞"。原文認爲此"郢爲楚都,在今湖北江陵",實誤。秦置江陵縣,秦簡中已證。此"郢"實爲西漢南郡領縣郢縣之前身。《漢志》南郡領縣有郢縣,"楚別都,故郢。莽曰郢亭"。秦漢時,在鐵礦、銅礦等礦產資源豐富的郡、縣設採礦之官,如漢封泥有"齊鐵官印""采銅"等。此"郢采金丞"當爲郢之采金官署屬官之印。考古發掘表明今湖北荆州的郢城古城近方形,東1400米,西1267米,南1283.5米,北1453.5米,時代從秦南郡治至漢郢縣。

【秦官2018】

説見"采司空印"。

瑞按:封泥殘,舊多讀首字爲"郢",據"隍采金印"及完整封泥,首字當爲"隍"。

隍□采□

《印集》P161;《彙考》P252;《大系》P121

十四、陽　　鄭

陽鄭

《大系》P322

　　瑞按：陽鄭，文獻不載，所指不詳。

陽鄭丞印

1　　　　　　　　　　　　　　　　2

1、2.《大系》P322

十五、魏　　文

魏文之印

《大系》P466

　　瑞按：魏文，不見於文獻，所指不詳。“魏”字從“山”，爲“巍”。從封泥拓本規格看，爲公印。然從内容看，可能爲私印。

魏文建邑

　　無圖，釋讀見《五十例》P313。

【五十例2005】

　　魏建文邑史籍失載。《漢表》：“列侯所食曰國，皇太后、皇后、公主所食曰邑。”依此，則魏建文邑當爲秦某位公主之封邑，其地當在故魏國範圍之内。

　　瑞按：未見圖像，原讀“魏建文邑”，以“魏文之印”封泥看，似可讀爲“魏文建邑”，然所指不詳。

十六、其　　他

大王

《大系》P249

　　瑞按：封泥殘泐，釋爲“大王”。大王，尊稱。秦統一前，有稱秦王爲大王。如《史記·秦始皇本紀》：“齊人茅焦説秦王曰：‘秦方以天下爲事，而大王有遷母太后之名，恐諸侯聞之，由此倍秦也。’”《史記·廉頗藺相如列傳》：“謂秦王曰：大王欲得璧，使人發書至趙王，趙王悉召群臣議……。相如至，謂秦王曰：‘秦自繆公以來二十餘君，未嘗有堅明約束者也。臣誠恐見欺於王而負趙，故令人持璧歸，間至趙矣。且秦强而趙弱，大王遣一介之使至趙，趙立奉璧來。今以秦之强而先割十五都予趙，趙豈敢留璧而得罪於大王乎？臣知欺大王之罪當誅，臣請就湯鑊，唯大王與群臣孰計議之。’”其它各國亦有此稱，如《史記·仲尼弟子列傳》：“報吴王曰：‘臣敬以大王之言告越王。’”秦末漢初之時，張良稱劉邦爲大王，如《史記·項羽本紀》：“沛公大驚，曰：‘爲之奈何？’張良曰：‘誰爲大王爲此計者？’”而樊噲也稱項羽爲大王，如《史記·樊噲列傳》“項羽曰：‘能復飲乎？’噲曰：‘臣死且不辭，豈特巵酒乎！且沛公先入定咸陽，暴師霸上，以待大王。大王今日至，聽小人之言，與沛公有隙，臣恐天下解，心疑大王也。’”從此封泥看，其似於上述文獻中"大王"爲尊稱的情況不同,應是專名。

蒲曲

《大系》P193

瑞按:蒲曲,文獻不載。

圻王

《大系》P405

㯺

1   2   3   4

1.《大系》P407
2—4.《新出》P82;《大系》P407

瑞按:㯺,文獻未載,所指不詳。

畜浴

《大系》P406

瑞按：畜浴，文獻失載，所指不詳。

大陸

無圖，釋讀見《五十例》P31。

【五十例2005】

半通。《尚書·禹貢》"北過降水，至於大陸。"《爾雅·釋地》"晋有大陸。"大陸爲古代巨浸澤藪，又稱鉅鹿澤、廣阿澤，在秦或爲畋游禁苑，類似於南方雲夢。位於今河北省鉅鹿、任縣、隆堯一帶。

水□

無圖，考釋見《發掘》P543。

【集證2011】

曹錦炎云："'水'，機構名，根據秦陶文，中央官署有宮水、寺水、左水、右水、大水等機構名，是中央官府的製陶作坊，主要燒造磚瓦。所以，此璽也當是製陶官署所用的印。"今按曹說是，水乃製陶官署，不主陂池灌漑，保守河渠，與都水無關。曹氏又云："按燒造磚瓦的機構，似應有'土'或'火'字才符合本意，稱爲'水'或'某水'，很可能和秦國認爲自己應'水德'有關，即和陰陽學家所謂'五德終始'學說有關。"這也不失爲一種推測意見。

左庫□□

《大系》P395

　　瑞按：封泥殘，舊釋爲"左庫"，當可存疑。孫敬明、蘇兆慶指出左庫矛中的左庫爲鑄造、存放和管理的場所，三晉兵器銘刻中時見左右上下庫名，齊國僅見左右庫，燕國也有左右庫（《文物》1990年第7期P40）。董珊指出邦左庫爲製造兵器的機構，趙國兵器還有邦右庫（《中國古文字研究》(1)P198）。

隄官丞印

《大系》P61

　　瑞按：隄，段玉裁《説文解字注》謂"唐也。唐塘正俗字。唐者，大言也。段借爲陂唐。乃又益之土旁作塘矣。隄與唐得互爲訓者，猶陂與池得互爲訓也。其實宩者爲池，爲唐。障其外者爲陂，爲隄"。青川木牘中有"修波隄"。張家山漢墓竹簡《二年律令》第249號簡"禁諸民吏徒隸，春夏毋敢伐材木山林，及進〈壅〉隄水泉，燔草爲灰"。隄官，當爲司隄之官。

底柱丞印

《彙考》P19

【選釋2001】

《漢志》："南至於華陰,東至於底柱。"師古曰："自龍門南流以至華陰,又折而東經底柱。"《史記·河渠書》："南到華陰,東下底柱。"《正義》："底柱山俗名三門山,在硤石縣東北五十里,在河之中也。"底柱位於黄河中流,此或即是祭祀底柱石之丞。

【新官2002】

《尚書·禹貢》記河水(黄河)"道河積石,至於龍門,南至於華陰,東至於底柱……"《讀史方輿紀要·河南·底柱》記："底柱山亦曰三門山","《水經注》:禹治水,山陵當水者鑿之,故破山以通河,河水分流包山而過山,見水中若柱然,故曰底柱"。以底柱之險狹,似不能立縣,底柱丞約爲秦時"令祠官所常奉天地名山大川"時,所在黄河祠祀底柱之官吏。

【簡讀2002】

《漢志》："南至於華陰,東至於底柱。"師古曰："自龍門南流以至華陰,又折而東經底柱。"《史記·河渠書》："南到華陰,東下底柱。"《正義》："底柱山俗名三門山,在硤石縣東北五十里,在河之中也。"底柱位於黄河中流,此或即是祭祀底柱石之丞。

【彙考2007】

王輝先生考:底柱,山名,在陝西平陸縣東五十里,黄河中流,南與河南陝縣(今三門峽市)接界,修三門峽水庫後此山已炸除。《尚書·禹貢》:"道河……東至於底柱。"又云:"底柱析城,至於王屋。"僞孔傳:"底柱,山名。河水分流,包山而過,山見水中,若柱然。在西虢之界。"可見最遲戰國時已有此稱。又《水經》:"(河水)又東過砥柱間。"酈道元注:"昔禹治洪水,山陵當水者鑿之,故破山以通河。……三穿既決,水流疎分,指狀表目,亦謂之三門矣……《搜神記》稱齊景公渡於江沈之河,黿銜左驂没之,衆皆惕。古冶子於是拔劍從之,邪行五里,逆行四里,至於底柱之下,乃黿也,左手持黿頭,右手挾左驂,燕躍鵠踴而出,仰天大呼,水爲逆流三百步,觀者皆以爲河伯也。"底柱是傳説中大禹治水所鑿,其地勢險要,時有怪物作祟,需河神鎮守,或由力士剷除之。秦時於底柱設官,是爲了祭祀河神,鎮懾異物,底柱丞殆治水官。封泥作"底"不作"砥"與《禹貢》同,亦可見《禹貢》之成書年代在先秦。

【政區2009】

《尚書・禹貢》:"導河……東至於底柱";"底柱析城,至於王屋。"又《僞孔傳》:"底柱,山名。河水分流,包山而過,山見水中,若柱然,在西虢之界。"底柱,古山名,在山西平陸縣東五十里,黃河中游,南與河南陝縣(今三門峽市)接界,修三門峽水庫時此山被炸除。據《水經注》載,底柱是傳説中大禹治水所鑿,其地勢險要,時有怪物作祟,需河神鎮守,或由力士剷除之。故王輝認爲"秦時於底柱設官,是爲了祭祀河神,震懾異物,底柱亦治水官"。從此封泥看,底柱或爲秦代所設置縣。

【分域2009】

"厎柱"即底柱,爲古代山名,在今山西平陸東,《尚書・禹貢》云:"導河……東至於厎柱。"其地在今山西平陸縣東五十里。或認爲秦在此設官,是爲了祭祀河神、震懾異物,底柱丞可能爲治水官。

【圖説2009】

秦封泥。氐(砥)柱,三門峽東的一座小山,屹立於黃河的激流之中,成語"砥柱中流"(亦作"中流砥柱")即指此處。《水經注》:"(河水)又東過砥柱間。"酈道元注:"昔禹治水,山陵當水者鑿之,故破山以通河,河水分流包山而過山,見水中若柱然,故曰底柱。"王輝《一粟集》認爲,秦時於底柱設官。是爲了祭祀河神、震懾異物,底柱承殆治水官,可從。

【職地2014】

《尚書・禹貢》"東至於厎柱"孔傳:"厎柱,山名,河水分流,包山而遇,山見水中若柱然,在西虢之界。"秦蓋在厎柱設立管理機構,屬叁川郡界,厎柱則不一定是秦縣名。

【悠悠2015】

同《政區2009》。

【廣封2019】

同《彙考2007》。

當密丞印

《大系》P59

瑞按: 當密,不見於文獻,所指不詳。從拓本看,右下之字是否爲"密"尚可存疑。

翟馬丞印

1　　　　　　　　　　　　2

1.《菁華》P37;《大系》P366
2.《精品》P59;《大系》P366

【職地2014】

　　或爲設於翟道的"馬丞"。附此待考。

【秦官2018】

　　"翟"同"狄"。《淮南子·繆稱訓》:"戎翟之馬,皆可以馳驅。""翟馬"或是産於夷狄的優良馬匹,"翟馬丞印"就是專門管理"翟馬"的職官用印。

【廣封2019】

　　案《漢書·地理志》,左馮翊,屬縣有翟道。"翟"或與之有關。

都部□□

《大系》P72

　　瑞按:封泥殘,左半不存,有待完整封泥。

都竹丞印

《大系》P72

【選考2013】

　　關中渭水之南自古有竹材之饒。《史記·貨殖列傳》載：“渭川千畝竹。”《唐六典》卷十九《司農寺》“司竹監”條載“漢官有司竹長、丞”，“司竹監掌植養園竹之事……凡宮掖及百司所需簾、籠、筐、篋之屬，命工人擇其材幹以供之；其笥，則以時供尚食。”《讀史方輿紀要》卷五十三《陝西三·西安府·盩厔縣》：“《漢書·王莽傳》：霍鴻負倚芒竹。即此地也。師古注：芒竹在盩厔南，芒水之曲而多竹林也。《穆天子傳》：天子西征至玄池，奏《廣樂》三日，是曰樂池，乃植之竹。漢時謂之鄠、杜竹林，有竹丞。”漢至唐宋時期，關中地區設立掌管竹園官員所在的地方基本上都是在鄠縣、盩厔一帶，由此推測，秦代都竹丞所管轄的區域亦應在此。而這一區域中的很大一部分又是秦漢時期上林苑的範圍。又從後世相關官職的職權範圍可知，秦漢時竹材功用大約有四種：其一是做成書寫材料——竹簡，其二是做箭杆，其三是做各種竹器，其四就是食用竹笥。都竹丞（當亦有令）的職能當爲管理此類事物。

工居帷印

1　　　　　　　　　　　　　　2

1.《大系》P95
2.《在京》圖4：5；《大系》P95

【在京2005】

疑爲尚帷居室工丞之印的簡稱。

【職地2014】

列少府屬官,讀"帷居工印"。文義不可解,可能與"尚帷"有關。

【秦官2018】

說見"尚書",釋爲"帷居工印"。

盧丘丞印

《古封》P268;《秦封》P331;《璽印》P417;
《山全》P36、P160、P201;《濟博》P7;《大系》P160

【秦封2000】

盧丘失載,待考。

【廣封2019】

案《漢書・地理志》無盧丘縣,不知屬何郡。"丞"詳前。

洛丞之印

　　　1　　　　　　　　2　　　　　　　3

1.《新選》P102;《大系》P163

2、3.《大系》P163

　　瑞按:洛,不見於《漢書・地理志》。《漢書・地理志》河南郡有"雒陽",師古曰:
"魚豢云漢火行忌水,故去'洛''水'而加'隹'。如魚氏説,則光武以後改爲'雒'

字也。"秦封泥有"雒陽丞印",秦簡牘中亦有"雒陽",知秦時在"雒陽"地名中已用"雒",非如魚豢言始自東漢光武都城之時。以是言之,雒陽所在的河流名自當爲"雒水"。文獻中,洛爲水名,如《史記・封禪書》:"汧、洛二淵,鳴澤、蒲山、……爲小山川,亦皆歲禱塞泮涸祠,禮不必同。"《正義》引《括地志》云:"汧水源出隴州汧源縣西南汧山,東入渭。洛水源出慶州洛源縣白於山,南流入渭。"又云:"洛水,商州洛南縣西冢嶺山,東北流入河。""案:有二洛水,未知祠何者。"《史記・河渠書》載鄭國渠"並北山東注洛三百餘里"。《史記・秦本紀》"簡公六年,令吏初帶劍,塹洛",孝公元年"魏築長城,自鄭濱洛以北,有上郡",孝公十二年"爲田開阡陌,東地渡洛。"地名之洛,見《史記・酈生傳》:"漢三年秋,項羽擊漢,拔滎陽,漢兵遁保鞏、洛。楚人聞淮陰侯破趙,彭越數反梁地,則分兵救之。淮陰方東擊齊,漢王數困滎陽、成皋,計欲捐成皋以東,屯鞏、洛以拒楚。"亦見於《史記・韓信傳》"明年春,上以韓信材武,所王北近鞏、洛,南迫宛、葉,東有淮陽,皆天下勁兵處",此處"鞏、洛",當爲鞏義、洛陽之簡稱,非另有"洛"地。《史記・楚世家》"八年,伐陸渾戎,遂至洛,觀兵於周郊",這裏的洛指洛邑,亦即洛陽。此外如《漢書・匈奴列傳》"當是時,秦晉爲强國。晋文公攘戎翟,居於西河圁、洛之間,號曰赤翟、白翟。而秦穆公得由餘,西戎八國服於秦。"封泥之"洛",若爲縣名,文獻無載,所指不明。當然,不排除"洛"指洛水的可能性。

女賁丞印

1　　　　　2　　　　　3　　　　　4

1.《新出》P107;《大系》P201
2.《新出》P107
3.《汝南》P90;《新出》P107;《大系》P201
4.《新出》P107;《大系》P200

【職地2014】
　　《漢書・地理志》:"女陰,故胡國。都尉治。莽曰汝墳。"秦封泥"女賁丞印",或與此"汝墳"有關。
【廣封2019】
　　案:"女賁"即"汝墳",《漢書・地理志》:汝南郡,有縣"女陰","故胡國。都尉治。

莽曰汝墳"。據此封泥可見秦時就已有此稱呼,後改名女陰。

瑞按:秦封泥有"女陰丞印","女賁"與"女陰"的關係,尚待更多資料。

秋城之印

《古封》P276;《秦封》P332;《大系》P198

【秦封2000】

　　秋城失載,待考。

【政區2009】

　　秋城,地名,傳世文獻無載,但從封泥的性質看,爲縣級之印,自應是失載之縣。

【廣封2019】

　　案《再續封泥考略》:《漢書》無秋城,是否縣名未可考。姑附此。

瑞按:秋城,文獻不載。《初學記》卷24引漢劉歆《甘泉宮賦》:"軼淩陰之地室,過陽谷之秋城;回天門而風舉,躡黃帝之明庭。"《藝文類聚》卷62引同。《漢書·郊祀志》"東北神明之舍,西方神明之墓也",張晏曰:"神明,日也。日出東北,舍謂陽谷。"《水經注》卷8:"《魏土地記》曰:縣有谷城山,山出文石,陽谷之地。《春秋》,齊侯、宋公會於陽穀者也。"《太平御覽》卷3引《淮南子》曰:"日出於陽谷,浴於咸池,拂於扶桑,是謂晨明。"秋城所在或與陽谷有關,然難遽定。

三泉之印

《大系》P203

瑞按:三泉,《史記·秦始皇本紀》:"始皇初即位,穿治酈山,及併天下,天下徒送詣七十餘萬人,穿三泉,下銅而致槨,宮觀百官奇器珍怪徙臧滿之。"《正義》顔師古云:"三重之泉,言至水也。"《漢書·楚元王傳》:"秦始皇帝葬於驪山之阿,下錮三泉,上崇山墳,其高五十餘丈,周回五里有餘。"《初學記》卷14引《三輔故事》曰:"秦始皇葬驪山,起墳高五十丈,下周三泉,周回七百步。"《太平御覽》卷44引《三輔故事》曰:"始皇葬驪山,起陵高五十丈,下錮三泉,周回七百步"。《通典》卷175漢中郡有"三泉"縣,《唐會要》卷69:"五年六月二十日。興元府奏……城固、襃城縣令、丞、簿各一員,尉各三員;金牛、三泉縣令、丞、簿各兩員。"以封泥言,此三泉當爲地名,然秦漢未見,所指不詳。

寺 將 行印

《大系》P241

土復丞印

《大系》P272

瑞按:原讀"土旬之印",右下字有"土"旁,當爲"均"。土均,見《周禮·地官》有土均"上士二人,中士四人,下士八人,府二人,史四人,胥四人,徒四十人"。注"均猶平也。主平土地之政令者也";"以土均之灋辨五物九等,制天下之地徵,以作民職,以令地貢,以斂財賦,以均齊天下之政。"《初學記》卷11《職官部上》《周禮》:大司徒之職,乃立地官司徒。使帥其屬而掌邦教,以佐王安擾邦國。鄭玄注云:所以親百姓,訓五品也,擾亦安也。又曰:以土均之法辨五物九等,制天下之地徵。鄭玄注曰:均,平也;五物,五土所生之物也;九等,騂剛、赤緹、墳壤、渴澤、鹹瀉、勃壤、埴壚、強㯺木、輕㯺之屬;徵,稅也。"《太平御覽》卷544"又《地官·土均》曰:禮俗、喪紀、祭祀,皆以地媺惡爲輕重之法而行之,掌其禁令。君子行禮,不求變俗,隨其土地厚薄爲之制也。"

楊下著若

《大系》P323

瑞按：楊下著若，文獻未載，所指不詳。

新右尉印

《大系》P309

瑞按：封泥殘，首字原讀"新"，從拓本看尚可存疑。

者水丞印

《大系》P370

瑞按：者水，文獻無載，所指不明。

田廥

《古封》P359;《中封》P77;《彙考》P72;《璽印》P395;《山全》P85;《大系》P267

【秦式1998】

録於《封泥》,當時即考爲秦物。《説文・廥部》"廥,芻稾之積也"。《睡虎・效律》:"入禾……籍之曰:'禾若千石,倉嗇夫某、佐某、廩人某'。"《倉律》:"入禾稼,芻稾,輒爲廥籍,上内史。"漢印見《徵存》"廥印"。田廥當掌芻稾。

【秦封2000】

《説文・广部》:"廥,芻稾之爲也廥也。"段玉裁注:《天官書》:"其南衆星曰廥積。"如淳《漢書》注曰:"芻稾積爲也。"《史記正義》曰:"芻稾六星在天苑西,主積芻稾草者。"秦《睡虎・效律》:"入禾……籍之曰:'禾若千石,倉嗇夫某、佐某、稟人某。'"《睡虎・倉律》"入禾稼、芻稾輒爲廥籍,上内史。"田廥當掌芻稾。漢印見:《徵存》"廥印"。

【職地2014】

《説文・廣部》:"廥,芻槁之藏。""田廥"是掌管田地收穫的芻稾之儲藏事務的機構,睡虎地秦簡"廥""廥籍"數十見。芻稾屬"糧草",是重要的戰略物資的日常消耗品,有專門的倉庫存放並有專人看管。

【廣封2019】

案《封泥考略》:此封泥二字,半通,官印,文曰"田廥"。考《説文》:"廥,芻稾之藏。"《漢書・天文志》:"其南聚星曰廥積。""如曰:'芻稿積爲廥。'"《史記・趙世家》"徐廣曰:'廥,廄之名。'"《爾雅・釋室》:"廥,倉也。"此自是田官掌芻稾者之印,疑是秦制。

第二章　未釋讀封泥

女□丞印

1　　　　　　　　　　　2

1.《新選》P105;《大系》P203
2.《大系》P203

□道丞印

《大系》P223

□武丞印

《大系》P329

瑞按：封泥殘，首字原讀"陰"，從拓本看，該字與秦封泥中的其它"陰"字有一定差異。陰武，不見於文獻。

□成丞印

《酒餘》P43

□漢丞印

《大系》P157

瑞按：首字原讀"臨"從拓本看，與臨淄等的"臨"寫法有異。臨漢，不見史漢文獻。後世有縣名臨漢，如《宋書·州郡志》略陽太守轄"臨漢"縣，"何志新立"。《唐會要》卷66："山南東道節度使裴度奏，請停臨漢監牧。先置牧養馬三千三百匹，廢百姓田四百餘頃。詔許停之。"卷71："改臨漢縣於古城，爲鄧城縣。"《舊唐書·地理志》鄧城："漢鄧縣，屬南陽郡，古樊城也。宋故安養縣。天寶元年，改爲臨漢縣。貞元二十一年，移縣古鄧城置，乃改臨漢爲鄧城縣。"

臨□丞印

《於京》圖69；《璽印》P412；《大系》P159

瑞按：封泥殘，右下字原讀“汝”。從拓本看，該字殘存“女”字，爲左右結構，非獨一“女”，當非“汝”，似不能讀爲“臨汝丞印”。該字右側筆畫不存，具體何字有待完整封泥。

□丞之印

| 1 | 2 | 3 | 4 |

1.《大系》P409
2、3.《大系》P409
4.《大系》P408

□陽丞印

《印風》P149

□陽丞印

《上封》P66

瑞按：封泥殘，原讀“甘陽丞印”，第二字殘，是否爲“陽”實難遽定。甘陽，不見於文獻。

新□丞印

1　　　　　　　　　　　2

1.《古封》P269;《上封》P66
2.《大系》P307

【上封】

印文第二字磨滅,殘痕似爲"程",新程無考。

白水□鄉

《大系》P27

□父鄉印

《大系》P411

□池弄印

1　　　　　　　　　2　　　　　　　　　3

1—3.《大系》P410

　　瑞按：首字磨泐不清，弄見"御弄"等封泥，池之設弄，由此封泥可知也。

□宮之印

《大系》P412

　　瑞按：首字未識，秦宮以此字起首者文獻未見。

□司空□

《大系》P104

　　瑞按：原釋讀爲"海司空□"。封泥殘，首字似"灆"，若是，爲"灆丘司空"可能性較大。

第三章　殘封泥

一、大　泰　類

大□邦□

《在京》圖四：19；《璽印》P449；《大系》P252

二、陰陽高下類

□陽□印

1　2　3　4

1.《新出》P57
2.《新選》P96；《大系》P111
3.《新出》P108
4.《大系》P420

□陽□守

《補讀》圖42;《秦封》P269;《大系》P420

【秦封2000】

　　惜第一字殘,此爲秦某郡守印。秦郡中綴以陽字者,今知有南陽、廣陽、漁陽,可能還有博陽、城陽、東陽、淮陽等郡,待考。

三、左 右 類

左□□□

1　　　　　2　　　　　3　　　　　4

1.《新出》P52
2.《新出》P97;《大系》P397
3.《新出》P53;《大系》P402
4.《大系》P403

　　又:《發掘》P534《出土封泥登記表》2000CH相1T3③:32爲"左□□□"。

□左□□

　　1　　　　　　　　2　　　　　　　　3

1.《大系》P425
2.《新出》P102
3.《新出》P59;《大系》P248

□□左□

《大系》432

又:《發掘》P534《出土封泥登記表》2000CH相1T3③:40爲"□□左□"。

左□丞□

　　1　　　　　　　　2　　　　　　　　3

　　4　　　　　　　　5　　　　　　　　6

1.《新出》P54;《大系》P403
2—5.《新出》P54;《大系》P402
6.《新出》P98;《大系》P402

□左□印

1

2

3

4

5

1.《新出》P24;《大系》P424

2.《新出》P24;《大系》P425

3.《大系》P425

4、5.《新出》P102

□□左印

1

2

1.《大系》P432

2.《秦封》P107;《彙考》P1

右□□□

　　　　1　　　　　　　　　　2　　　　　　　　　　3

1.《新選》P117
2.《大系》P341
3.《新出》P43

□□右□

　　　　1　　　　　　　　　　2

1.《新出》P106;《大系》P431
2《新出》P106

右□丞□

　　　　1　　　　　　　　　　2

1.《大系》P341
2.《新出》P86

□右□印

1 2 3 4

5 6 7 8

9 10 11

1—3.《大系》P422

4—7.《新出》P22

8.《新出》P73;《大系》P185

9.《長安》P14

10、11.《新出》P22

□右□丞

《大系》P421

右□丞印

《酒餘》P45下

四、東西南北中類

東□

1

2

1.《新選》P91;《大系》P66、P68
2.《相家》P32;《大系》P66

東□□□

1

2

1.《新出》P10;《大系》P68
2.《新出》P62

東□丞□

《新出》P100;《大系》P68

西□丞印

《璽印》P419;《大系》P290

　　瑞按:封泥殘。西爲秦人故都,秦封泥中與西相關者較多。此外,史漢文獻所載地名中,以西爲首字者亦有多例。

北□司□

《彙考》P137;《璽印》P437;《大系》P36

【秦封2000】
　　疑爲"北宫司丞""北宫司空"或"北宫司馬"封泥之殘。北宫之説見"北宫"。《秦陶》見:"北司"。
【彙考2007】
　　《秦封》疑爲"北宫司丞""北宫司空"或"北宫司馬"。

【職地2014】

《秦封泥集》懷疑爲"北宫司丞""北宫司馬"之殘。據秦陶文"北司",可推斷此封泥最有可能爲"北宫司空"或"北宫司丞"。

五、宫室園苑臺禁池圈類

□畫之室

《大系》P413

瑞按:畫室,説見"畫室府印"。

□□□園

1　　　　　　　　2

1.《大系》P433
2.《大系》P434

□苑之印

《酒餘》P29下;《大系》P79、P423

【職地2014】

首字釋"反"。失載。首字不可確釋,暫存疑。

苑□

《新出》P56;《大系》P359

瑞按:封泥殘,所指爲何有待完整封泥。

□陽苑丞

《印集》P164;《彙考》P254;《大系》P420

【分域2009】

説見"突原禁丞"。

□苑□□

無圖,釋讀見《發掘》P530。

□阿園印

《大系》P407

□園之印

《大系》P423

六、寺御般差謁類

御□

《新出》P92

瑞按：封泥殘，舊釋"御廷"。

□秋□謁

《大系》P416

□□繁謁

1

2

1、2.《大系》P78

瑞按：原釋爲繁部，以左側封泥看，似爲十字界格，下似謁字。含義不詳。

從□謁□

《大系》P52

□廷□印

《大系》P353

□□飤般

《大系》P429

七、廏馬車類

□究□廏

《大系》P414

□廏

| 1 | 2 | 3 | 4 |

1.《大系》P366
2.《新出》P106
3.《新出》P49
4.《秦封》P187

□車丞印

無圖,釋讀見《發掘》P539。

八、府庫榦廥倉類

□府信印

《大系》P231

瑞按:原讀"私府信印",首字殘,似非"私"字。

□山倉印

《大系》P417

榦□□□

1　　　　　　　　　　　　2

1.《新出》P11;《大系》P86
2.《新出》P12;《大系》P86

九、共官宦司空工類

都□司□

1　　　　　　　　　　　2

1、2.《大系》P73

□□司空

《印集》P167;《彙考》P256;《大系》P429

十、璽印丞類

□□丞璽

1　　　　　　　　　2　　　　　　　　　3

1.《發掘》圖一六：15;《大系》P425
2.《大系》P425
3.《新出》P77;《大系》P425

□□嬰璽

《大系》P430

□□之印

1　　　　　　　　　　　　　2

1.《新出》P106
2.《濟博》P20

十一、郡守尉類

□尉□□

1　　　　　2

1.《發掘》圖十八：13；《大系》P419
2.《新出》P37

□□□守

《印集》P165;《彙考》P255;《大系》P433

□□大守

《發現》圖115;《圖例》P56;《大系》P429

【發現1997】

此方封泥已殘,但據此可知秦確在郡級設太守之職,《雲夢秦簡》亦載。

【郡縣1997】

按上引《漢書・百官志》郡長官稱爲"守",漢景帝中二年更名爲"太守"(瑞按:見"□陽□守")。此秦封泥出現"太守",是否有誤? 戰國時,包括秦、趙等國所置郡長官均稱守,然而有時爲尊稱"守"也加"太"字,爲太守。雲夢睡虎地秦簡中即出現有"太守"之名(見《封診式・遷子》)。故封泥出現太守一名,是正常的。漢景帝時則將"守"一律改稱爲"太守"。

【叢考1998】

雲夢秦簡《封診式・遷子》始出現"太守"之稱,與此枚封泥可互證,同時也説明此封泥之年代不早于戰國晚期。至於《百官公卿表》所云:"景帝中二年更名太守",殆正式更名守爲太守,也是因秦遺緒而已。

【集證2011】

1、2二字已殘,但"大守"二字則相當清楚。由此封泥可見秦確有太守,趙超的説法是完全對的。

□尉之印

1 2

1.《秦封》P116
2.《發現》圖4;《補讀》圖4;《秦封》P121;《璽印》P450

【發現1997】
　　此枚封泥第一字殘,可能爲太尉(國尉)、衛尉、廷尉、中尉等。
【分域2009】
　　秦"三公"中有太尉(國尉),還有衛尉、廷尉、中尉等官職,該印第一字殘缺,不知道爲何尉之印。

十二、邑道都家亭陵部類

右都□□

《大系》P337

□陵□□

1 2 3 4

1.《酒餘》P34
2.《大系》P89
3、4.《大系》P91

十三、其　　他

曲□

《大系》P198

靈□

《大系》P159

錫□

《大系》P291

□師

《大系》P248

□氏

1 2 3

1.《大系》P417
2.《新選》P101;《大系》P160、P417
3.《新選》P105;《大系》P186

□隱

《大系》P421

□弩

《大系》P416

□原

《大系》P422

【簡讀2002】

此封泥介紹見《新見》,因非封泥全文,故暫不釋讀。

晦□丞□

《印集》P170;《彙考》P258;《大系》P122

□其□□

《印集》P166;《彙考》P255;《大系》P416

中夫□□

無圖,釋讀見《發掘》P528。

文□丞□

《發掘2001》

□宰□□

無圖,釋讀見《發掘》P528。

□中材廥

《彙考》P257

【簡讀2002】

文殘,不釋。

【新官2002】

所謂"材廥",當指材木或箭材之積藏,參見"斡都丞、少府斡丞"《秦封泥集》
一·二·34、35。

信武□□

1　　　　　　　　　2

1、2.《新選》P114;《大系》P309

【五十例2005】

《史記·高祖功臣侯者年表》有信武侯。《索隱》:"案:《地理志》無信武縣,當是後廢故也。"信武地望無考。

【政區2009】

同《五十例2005》。

【職地2014】

《高祖功臣侯者年表》有"信武侯",索隱云:"《地理志》無信武縣,當是後廢故也"。

　　瑞按:秦末至漢代信武有三:首爲陳平,見《漢書·陳平傳》"殷王反楚,項羽乃以平爲信武君,將魏王客在楚者往擊,殷降而還。"《太平御覽》卷809引《史記》"又曰:項羽以陳平爲信武君,擊殷而還,拜平爲都尉,賜金三十鎰。居無何,漢攻下殷,項王怒,將誅定殷者。平懼,乃封其金與印,使使歸,間行仗劍亡,渡河。"次爲蒯緤,《史記·蒯緤傳》"蒯成侯緤者,沛人也,姓周氏。常爲高祖參乘,以舍人從起沛。至霸上,西入蜀、漢,還定三秦,食邑池陽。東絶甬道,從出度平陰,遇淮陰侯兵襄國,軍乍利乍不利,終無離上心。以緤爲信武侯,食邑三千三百户。高祖十二年,以緤爲蒯成侯,除前所食邑。"《集解》徐廣曰:"蒯成侯,表云遇淮陰侯軍襄國,楚漢約分鴻溝,以緤爲信武侯。戰不利,不敢離上。"三爲靳歙,《史記·靳歙傳》:"從至陳,取楚王信,剖符世世勿絶,定食四千六百户,爲信武侯。"信武所在,今尚難確定。

新邑丞印

無圖,釋讀見《五十例》P521。

【五十例2005】

《尚書·洛誥》:"戊辰,王在新邑,烝祭歲,命作策,惟周公誕保文武受命,惟七年。"此新邑指成周,東周時爲雒邑,秦時爲洛陽,其地在今河南洛陽市。秦新邑失載。

【政區2009】

同《五十例2005》。

【職地2014】

新邑本爲新建城邑之通稱,秦封泥之新邑或爲見於文獻的"西新邑"。《史記·秦始皇本紀》:"憲公享國十二年,居西新邑。死,葬衙。"司馬貞索隱曰:"憲公滅蕩社,居新邑,葬衙。《本紀》憲公徙居平陽,葬西山。"可見此"新邑"或在秦人故地西縣境,是秦憲公所居之地,故秦時特置縣,至漢而廢,故不見於《地理志》。新邑本爲新建城邑之通稱,秦封泥之新邑或爲見於文獻的"西新邑"。

汪府工室

無圖,考釋見《續考》P22。

【續考1998】

　　汪,古地名。在陝西白水縣境内。《左傳·文公二年》:"伐秦,取汪及彭衙而還。"《江永地理考實》:"(彭衙)在今西安府白水縣東北六十里……汪當地彭衙。"此印當爲秦中央設在汪地專門管理手工業的機構。

【工室2001】

　　説見"少府工室"。

【簡讀2002】

　　任隆先生認爲:"汪,古地名。在陝西白水縣境内。《左傳·文公二年》:'伐秦,取汪及彭衙而還。'……此印當爲秦中央設在汪地專門管理手工業的機構。"

【秦工2007】

　　説見"屬邦工室"。

　　瑞按:汪,《史記·晋本紀》:"後三年,秦果使孟明伐晋,報殽之敗,取晋汪以歸。"《索隱》按:"《左傳》文二年,秦孟明視伐晋,報殽之役,無取晋汪之事。又其年冬,晋先且居等伐秦,取汪、彭衙而還。則汪是秦邑,止可晋伐秦取之,豈得秦伐晋而取汪也? 或者晋先取之秦,今伐晋而收汪,是汪從晋來,故云取晋汪而歸也。彭衙在郃陽北,汪不知所在。"《史記·鄭世家》:"三年,鄭發兵從晋伐秦,敗秦兵於汪。"汪爲地名,僅見於此役前後,屬秦後再無記載。是地近晋,若設府、設工室,則當有甚大規格,與文獻不載的情況不合。因封泥未見拓片,故是否爲"汪",尚可存疑。

新平□丞

《大系》P309

　　瑞按:新平,《漢書·地理志》淮陽國屬縣。封泥殘,右下字不存,究竟爲何地名,有待完整封泥。

河□丞印

《大系》P112、P114

合□丞□

《大系》P110

江□丞印

《大系》P126

瑞按：封泥殘，其準確内容有待完整封泥。嶽麓秦簡有江胡郡，此封泥或與其有關。

歸□之□

《大系》P103

瑞按：封泥殘，首字爲歸，其下之字爲何，有待完整封泥。

淮□丞□

1

2

1.《大系》P117
2.《於京》圖72；《大系》P117

【於京2005】

　　文字殘缺，但從現存分析，當系淮河流域的地名。

隋□丞□

《大系》P327

杞□之□

《大系》P196

平□左□

《新出》P109

杜□司□

《大系》P76

□安丞印

《大系》P407

　　瑞按：封泥殘。從首字殘存筆畫看，似爲“武”字。武安，《漢書・地理志》屬魏郡。《史記・廉頗藺相如傳》：“兵去邯鄲三十里，而令軍中曰：‘有以軍事諫者死。’秦軍軍武安西，秦軍鼓噪勒兵，武安屋瓦盡振。軍中候有一人言急救武安，趙奢立斬之。”《集解》徐廣曰：“屬魏郡，在邯鄲西。”文獻中多人被封武安君，如《史記・廉頗藺相如傳》“趙乃以李牧爲大將軍，擊秦軍於宜安，大破秦軍，走秦將桓齮。封李牧爲武安君。”《史記・蘇秦列傳》“蘇秦既約六國從親，歸趙，趙肅侯封爲武安君，乃投從約書於秦。”《史記・穰侯列傳》：“四歲，而使白起拔楚之郢，秦置南郡。乃封白起爲武安君。”劉邦曾爲武安侯，《史記・高祖本紀》：“秦二世三年，楚懷王見項梁軍破，恐，徙盱台都彭城，並呂臣、項羽軍自將之。以沛公爲碭郡長，封爲武安侯，將碭郡兵。”《史記・項羽本紀》：“以沛公爲碭郡長，封爲武安侯，將碭郡兵。”雲夢睡虎地秦簡《編年紀》“卌八年，攻武安”。張家山漢墓竹簡《二年律令・秩律》“餘吾、屯留、武安、端氏”，亦有武安。

□胡□鹽

《大系》P413

　　瑞按：封泥殘，其準確內容有待完整封泥。嶽麓秦簡有江胡郡，封泥或與其有關。

□奴□印

《大系》P115

瑞按：首字原讀"華"，從拓本看殘泐難定。

□山□丞

無圖，釋讀見《發掘》P529。

□山□印

　　1　　　　　　　　　2

1、2.《大系》P417

□田□印

無圖，釋讀見《發掘》P529。

□土□印

無圖，釋讀見《發掘》P530。

衣常□印

《大系》P326

甘泉□印

1　　　　　　　　2

1、2.《大系》P84

武□□□

《大系》P281

瑞按：第二字原讀爲"功"，從拓本看殘泐難定。

第四章　特殊封泥

無字封泥

《發掘》圖一七：5

私名・吉語

第一章 私名

一、單　字

昌

《大系》P437

【圖説2009】

　　楚系單字封泥。有美善、正當、美好貌、興盛諸義，或言貿易正當守法，或言貨物賣相好，或言買賣興隆，財源滾滾，都與商貿有關。

敞

《大系》P438

毳

《古封》P398;《上封》P90;《大系》P438

乘

《大系》P439

澣

《大系》P440

楚

《大系》P439

賜

《古封》P397;《大系》P440

【集證2011】

此印1981年11月出土陝西旬陽縣金洞鄉。"賜"印文从貝,易聲,"易"當是易之訛誤,這種例子秦文字已有,睡虎地秦簡《廄苑律》:"賜田嗇夫壺酒。""賜"字亦从易。

達

《新出》P187;《大系》P440

儋

《新出》P98;《大系》P440

但

《大系》P440

得

《大系》P441

奠

1　　　　　　　　　2

1.《璽印》P358;《大系》P441
2.《大系》P441;《在京》圖五:5

定

《大系》P441

福

1　　　　　　　　　2

1.《印風》P166;《印集》P145;《彙考》P236;《大系》P442
2.《大系》P442

【簡讀2002】

《史記·晋世家》有"成侯子福"。

襲

《大系》P444

沽

《大系》P444

克

《印集》P146;《彙考》P238;《大系》P468

禾

《大系》P446

【集證2011】

禾爲古姓。《續通志·氏族略六》:"禾氏,《列子》范氏之上客有禾生。"禾生見《列子·黃帝》。戰國秦漢單一"禾"字的古璽印甚多(《古璽彙編》5112—5119),也可能禾讀爲和,是一種吉語。又日本菅原石盧氏藏一"禾府"印,也可能"禾"爲"禾府"之省。目前材料太少,疑不能定。

和

《大系》P446

賀

《在京》圖五:6;《璽印》P358;《大系》P446

【圖説2009】

單字秦封泥。《説文》:"賀,以禮相奉慶也。"

華

《大系》P447

緩

《印集》P151;《彙考》P241;《大系》P448

嬌

《新出》P187;《大系》P448

敬

　　　1　　　　　　　　　2

1、2.《大系》P449

舉

《大系》P449

具

《大系》P449

牢

1　　　　　2　　　　　3　　　　　4

1、2.《大系》P149
3、4.《新選》P100;《大系》P149

【二十則2015】

　　説見"牢印"。

吝

《大系》P451

買

《在京》圖五：3；《璽印》P385；《大系》P452

【圖説2009】
　　單字秦封泥。《説文》："買，市也。"買有購進、雇、貨等意（《漢語大字典》1512）。
買，（《陶匯》3.1212—3.1219）鄒縣出土。或表示已買進。

麥

《大系》P452

狠

《大系》P453

羕

《大系》P453

恋

《大系》P453

俒

《璽印》P355;《山全》P4

起

《大系》P454

强

《大系》P454

慶

　　　　1　　　　　　　　　2　　　　　　　　3

1.《在京》圖五：7;《璽印》P360;《大系》P454
2、3.《大系》P454

【圖説2009】

　　單字秦封泥。《説文》:"慶,行賀人也。" 有祝賀、賞賜等幾用。慶,(《印擧》3・12A)秦印。慶,(《季木》0738)齊系陶器印迹,鄒縣出土。《篆集・卷一》508還收録一方長方形 "慶" 字秦印。慶、賀、奠等封泥可能與賀儀、慶典、喪禮有關,是禮品的封檢印。璽印爲示信之物,所系非輕,故古今封拜之所及,命令之所出,非此莫憑。奠、賀、慶等封泥應是 "題爲賫予,以標鄭重" 的禮儀用意,猶如當今之禮品的精美包裝。

容

　　無圖,釋讀見《發掘》P540。

榮

《山全》P263;《大系》P456

善

《大系》P456

勝

《大系》P457

施

《大系》P457

始

《大系》P457

氏

《大系》P458

奭

《大系》P458

水

《大系》P458

順

1　　　　　　　　　　　　　2

1.《印集》P150;《彙考》P239;《大系》P458
2.《大系》P458

簾

《大系》P461

孫

《大系》P461

郯

《大系》P461

同

《大系》P462

佗

《大系》P462

媧

《大系》P462

爲

《大系》P466

午

《大系》P467

衍

《璽印》P355;《大系》P469

掩

《大系》P469

偃

《大系》P469

楊

《大系》P469

義

《大系》P471

繹

《在京》圖五：4；《璽印》P361；《大系》P471

嬰

《大系》P471

于

1　　　　　　　　　　2

1.《大系》P471
2.《新選》P123；《大系》P472

元

《大系》P472

羕

《大系》P472

臧

《大系》P472

齚

《書法》P44;《上封》P89;《印鳳》P165;《印集》P145;
《彙考》P236;《璽印》P362;《大系》P472

志

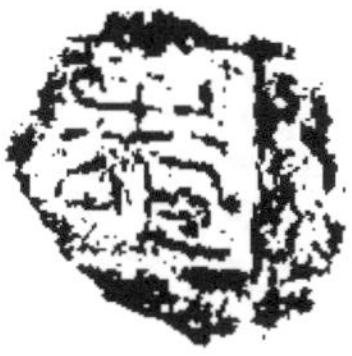

《上封》P89;《璽印》P355;《大系》P475

章

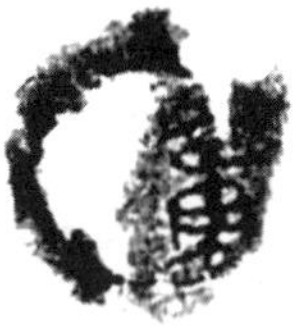

《大系》P366

𧾷

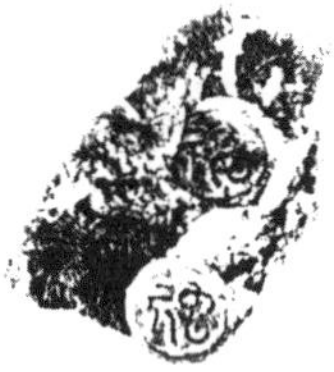

《大系》P476

偛

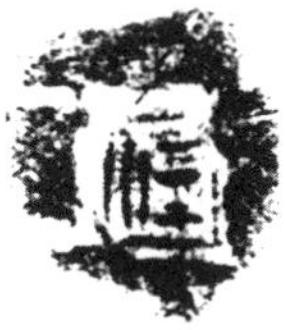

《大系》P476

巽

《大系》P476

□

1 2 3

1.《印集》P170;《彙考》P258
2.《大系》P476
3.《大系》P477

二、二　字

□昌

《大系》P477

□福

《大系》P477

□更

《大系》P477

□建

《山全》圖版P16;《大系》P477

□金

《上封》P93

□苦

《新出》P98;《大系》P477

毛閒

《上封》P96;《大系》P477

□能

《大系》P477

□青

《大系》P477

□戎

《新出》P98；《大系》P417、P477

□宋

《大系》P478

□索

《大系》P478

彼死

1　　　　　　　　　　2　　　　　　　　　　3

1.《大系》P478

2.《相家》P33；《大系》P436

3.《璽印》P361

□頑

《大系》P478

□喜

《大系》P478

□璽

《大系》P478

□信

《大系》P478

□言

《大系》P478

□應

《新出》P55;《大系》P478

和眾

1

2

1、2.《大系》P479

安宏

《大系》P436

安□

1　　　　　　　　　　　2

1.《新出》P186;《大系》P436
2.《大系》P436

不疑

1　　　　　　　　　　　2

1.《新選》P123;《大系》P436
2.《調查》圖三;《大系》P4366

弁胡

《古封》P401;《秦封》P367;《大系》P436

弁疾

《古封》P401;《秦封》P367;《璽印》P351;《山全》P178;《濟博》P120

博金

《古封》P408;《山全》P149;《大系》P436

【廣封2019】

案《續封泥考略》,《廣韵》: 古有博勞,善相馬也。

蔡即

　　　　1　　　　　　　　　　　　2

1.《古封》P410;《秦封》P382;《璽印》P359;《山全》P34;《大系》P437
2.《古封》P422

蔡□

　　　　1　　　　　　　　　　　　2

1、2.《大系》P437

曹鬲

《大系》P437

曹冣

《古封》P407;《秦封》P377;《上封》P93;《山全》P147;《大系》P437

曹順

《古封》P408;《上封》P93;《山全》P147;《大系》P437

曹鐘

《古封》P408;《大系》P437

毫□

《大系》P438

兒禄

《古封》P404;《秦封》P378;《璽印》P355;《大系》P436

陳瘳

《大系》P438

陳篤

《大系》P438

陳龍

《大系》P438

陳舍

《古封》P406;《秦封》P379;《上封》P92;《山全》P149;《大系》P438

陳延

《大系》P439

陳亦

《大系》P439

陳贏

《古封》P406；《秦封》P379；《上封》P92；《大系》P439

陳□

1　　　　　　　　　　　　2

1、2.《大系》P439

臣説

《古封》P395；《璽印》P352；《大系》P438

【廣封2019】

　　案《再續封泥考略》：《漢書・王子侯年表》有樂陽繆侯説。又陽城釐侯説（未見）。又《漢書・高惠高后文功臣表》有安丘懿侯張説。又慎陽侯樂説。又按道潛侯韓説。

臣鋋

《大系》P438

臣達

《大系》P438

臣朢

1

2

1.《大系》P438
2.《上封》P95

成闌

《古封》P401；《璽印》P352；《山全》P34；《大系》P439

成樂

《大系》P439

褚憎

1

2

1、2.《大系》P439

處路

《大系》P439

夗狀

《古封》P406;《中封》P158;《秦封》P378

【廣封2019】

案《封泥考略》: 秦以前物也。

戴□

《大系》P440

步嬰

《印風》P163;《書法》P44;《上封》P89;《印集》P147;
《彙考》P238;《璽印》P353;《大系》P436

【簡讀2002】

《史記·仲尼弟子列傳》有"步叔乘",《史記·秦本紀》有"子嬰"。

【彙考2007】

王輝先生考:首字原釋頻,但頁旁從拓本上看出不來。步爲古姓。《通志·氏族略三》:"步氏,姬姓。晉文公郤氏之後,步揚食采於步,遂以爲氏……又步鹿氏改爲步氏,望出瀰陽。"

【廣封2019】

同《彙考2007》。

儋璽

《大系》P59

瑞按:儋,漢代有儋耳郡,此爲單字,不見於《漢書·地理志》。儋作爲人名,有太史儋(《史記·封禪書》)、田儋(《史記·田儋列傳》),此封泥爲私人名儋之人印章所抑的可能性甚大。

杜僕

《大系》P441

杜□

1   2   3

1.《新出》P55;《大系》P441

2、3.《大系》P441

丁铭

《中封》P173;《玺印》P348;《大系》P441

段慶

《大系》P442

董度

《大系》P441

董應

《大系》P441

董□

《大系》P441

范福

《上封》P95;《大系》P442

范整

《大系》P442

房肩

《山全》P256；《大系》P442

逢友

《古封》P406；《秦封》P375；《山全》P148；《大系》P442

【廣封 2019】

　　案《續封泥考略》，《姓氏急就篇》：古有逢蒙，又（原文無此"又"字，《姓氏急就篇》，清文淵閣四庫全書本）姜姓，逢公、伯陵封齊地。漢逢萌、逢紀。

鳳演

《大系》P442

夫□

《大系》P442

弟洛

《大系》P442

干□

《相家》P32;《大系》P443

高賀

《古封》P407;《秦封》P373;《璽印》P356;《山全》P215;《大系》P443

高偃

1　　　　　　　　　　　　　　2

1.《济博》P116
2.《古封》P407

高期

《大系》P443

高駘

《大系》P443

官□

《大系》P444

筅羂

《古封》P409；《秦封》P380；《璽印》P359；《山全》P34；《大系》P444

谷志

《古封》P403;《秦封》P370;《上封》P91;《山全》P149;《大系》P444

郭常

《大系》P444

郭華

《大系》P444

郭耤

《大系》P445

郭武

《大系》P445

郭延

1　　　　　　　　　　　　2

1.《印風》P163;《彙考》P239;《大系》P445
2.《秦封》P380;《彙考》P240;《璽印》P357

【簡讀2002】

　　《史記・高祖本紀》有"郭蒙",《史記・呂太后本紀》有"少府延"。

罕印

《大系》P106

　　瑞按:罕,文獻未見以"罕"單獨一字爲地名或官名者。文獻中有旗幟名爲"罕",
如《後漢書・輿服志》"前驅有九斿雲罕",注引徐廣曰:"斿車有九乘。"前史不記形也。

武王克紂,百夫荷罕旗以先驅。東京賦曰:"雲罕九斿。"薛綜曰:"旌旗名。"《史記・周本紀》"及期,百夫荷罕旗以先驅",《集解》:蔡邕《獨斷》曰:"前驅有九斿雲罕。"《東京賦》曰:"雲罕九斿。"薛綜曰:"斿,旗名。"此外,有星名帶"罕",見《史記・天官書》"昴曰髦頭,胡星也,爲白衣會。畢曰罕車,爲邊兵,主弋獵。"《索隱》:《爾雅》云"濁謂之畢"。孫炎以爲掩兔之畢或呼爲濁,因名星云。《正義》:畢八星,曰罕車,爲邊兵,主弋獵。其大星曰天高,一曰邊將,主四夷之尉也。星明大,天下安,遠夷入貢;失色,邊亂。畢動,兵起;月宿則多雨。毛萇云"畢所以掩兔也"。而還有羌族名"罕",見《後漢書・西羌傳》:"罕種羌千餘寇北地。……漢安元年,以趙沖爲護羌校尉。沖招懷叛羌,罕種乃率邑落五千餘户詣沖降。"罕爲羌族一支的名稱。

韓競

《大系》P445

韓商

《大系》P445

韓喜

《大系》P446

韓澤

《古封》P412；《璽印》P361；《山全》P214；《大系》P446

恒毫

《大系》P446

黑印

《大系》P114

　　瑞按：封泥殘，是否爲黑尚可存疑。黑印，所指不詳。《水經注》卷20有"黑谷水"，"西漢水又西南得峽石水口，水出苑亭、西草、黑谷三溪，西南至峽石口，合爲一瀆"，亦有"黑水"，"白水西北出於臨洮縣西南西傾山，水色白濁，東南流與黑水合，水出羌中，西南逕黑水城西，又西南入白水"。黑水之名多見，如《水經注》卷3："赫連龍昇七年，於是水之北，黑水之南，遣將作大匠梁公叱干阿利改築大城，名曰統萬城。"卷6："黑水出黑山，西逕楊城南，又西與巢山水會。"《山海經·山經東》："又東五百里，曰雞山，其上多金，其下多丹臒。黑水出焉，而南流注於海。"《史記·夏本紀》"華陽黑水惟梁州"，《集解》孔安國曰："東據華山之南，西距黑水。"《正義》引《括地志》云："黑水源出梁州城固縣西北太山。"

胡得

《大系》P446

胡定

《大系》P446

胡良

《大系》P446

胡莊

《大系》P447

胡□

《大系》P447

華布

《古封》P408;《上封》P71;《山全》P148;《大系》P447

桓段

　　1　　　　　　2　　　　　　3　　　　　　4

1.《發現》圖152
2.《大系》P448
3.《彙考》P240;《大系》P447
4.《秦封》P374;《彙考》P241

【簡讀2002】
　　《史記·秦始皇本紀》有“桓齮”,《史記·鄭世家》有“叔段”。

【集證2011】

　　春秋秦器以"趄"爲桓,如鳳翔秦公一號大墓磬銘"龔趄是嗣","龔趄"即共、桓兩位秦公。至漢,定縣竹簡始見桓字。不過,《説文》既有桓,依理秦時應有此字。《通州·氏族略四》:"桓氏,姜氏。齊桓公之後,以諡爲氏。又宋桓公之後向魋亦號桓氏。"《漢印文字徵》6.7有"桓毋害""桓光"。《秦代陶文》拓片1352"咸郦里段","段"爲人名,字形亦與封泥同。

皇唯

《古封》P404;《上封》P92;《山全》P148;《大系》P448

黄完

　　　1　　　　　　　　　　　2

1、2.《大系》P448

紀壴

《大系》P448

賈得

　　　　1　　　　　　　　　2　　　　　　　　　3

1—3.《新出》P98;《大系》P448

即則

《古封》P403;《秦封》P371;《山全》P148

兼璽

《大系》P291

　　瑞按:封泥中首字"兼",作地名不見於文獻,作職官亦不見於文獻。所指不詳。

景□

《古封》P409;《璽印》P358;《大系》P449

靳禄

《大系》P448

靳廱

　　　1

　　　2

1.《彙考》P242
2.《大系》P449

靳□

《大系》P449

敬事

《大系》P449

　　瑞按：徐在國先生指出，洛陽市西工區212號東周墓出土陶壺有“𢼸𠭜”（《洛陽市西工區212號東周墓》，《文物》1985.12）。原考證説：“Ⅰ式壺上的兩個陶文，乃‘敂事’二字。第一字左邊作‘𤽽’，東周時的‘兄’字常作此形，如侯馬盟書中的兄弟之兄作𤽽，祝字作祝。右邊的‘𢼸’，即反文，所以此字從兄從攴，釋作敂。第二字爲‘事’字的東周習見寫法之一……敂字字書所無，估計是以兄爲聲符的字。兄古音在陽部，讀音和黃相近。事字和吏字古代是一個音，也就是使字。我們認爲前字是陶壺主人的姓氏或名字，這二字之意是説明此器是何人所享用。”按：釋“敂”，誤。我們認爲應釋爲“敬”。戰國文字中“敬”字作：𢼮（郭店.五行23）𥎡（璽匯3655）𢼮（璽匯4149）𢼮（《璽匯》5049）上引郭店簡、《璽匯》3655“敬”字所從“苟”作“𠃌、𥎡”，雖與“兄”字形體相近，但並不是“兄”字，而是“苟”之訛變。𢼸與《璽匯》3655“敬”字形體相同，應釋爲“敬”。《説文》：“敬，肅也。從攴、苟”。𠭜原報告釋“事”是正確的，但讀爲“使”則不可從。原報告認爲陶文是主人的姓氏和名字，不可信。陶文“敬事”是一方成語陶文，性質與古璽文字中常見的“敬事”成語璽是相同的（《古文字研究23》P116）

樛武

《大系》P449

蓉朝

《璽印》P357；《大系》P449

雋應

《古封》P409;《璽印》P357;《山全》P35;《大系》P449

康印

1　　　　　　　2

1、2.《大系》P143

　　瑞按: 康印,所指不詳。《水經注》卷15有康水,"西北流逕楊亮壘南,西北合康水,水亦出狼皋山,東北流逕范塢北與明水合,又西南流入於伊。"《漢書·地理志》武陵郡屬縣鐔成"康谷水南入海"。

孔解

《古封》P400;《济博》P115

孔何

《大系》P450

困固

《大系》P450

季淳

《大系》P450

李歐

《大系》P450

李强

《大系》P450

李慎

1　　　　　　　　　2

1、2.《大系》P450

李武

《大系》P450

李賢

1　　　　　　　　　2

1、2.《大系》P450

李齮

《大系》P450

李□

　　1　　　　　　　　　2

1.《古封》P403;《大系》P451
2.《大系》P451

覈印

　　1　　　　　　　　　2

1.《大系》P390
2.《新選》P121;《大系》P390

【二十則2015】

　　首字左旁"鬲"尚可辨認,右旁筆畫模糊,釋爲"覈",未知所據。首字若確爲"覈"字,則爲秦文字又增添了一個新字形。只是此封泥是官印還是私印,一時難以確定,附此存疑。

梁印

《大系》P451

樊信

《大系》P451

陵臣

《古封》P405;《璽印》P356;《大系》P451

盧召

《古封》P411;《璽印》P360;《大系》P451

盧孔

《秦封》P383;《山全》P35

女蜀

《大系》P201

瑞按:女蜀,文獻未載,所指不詳。

呂乘

《大系》P451

呂觿

　　1　　　　　　　2　　　　　　　3　　　　　　　4

1.《古封》P401;《大系》P451
2.《大系》P452
3、4.《新出》P187;《大系》P452

吕賀

《古封》P401;《秦封》P368;《山全》P146;《大系》P452

吕隴

《大系》P452

吕係

《古封》P401;《秦封》P368;《上封》P91;《山全》P146;《大系》P452

駱忌

《古封》P411;《秦封》P382;《璽印》P360;《山全》P214;《濟博》P117;《大系》P452

駱䫆

《大系》P452

馬放

《大系》P452

馬迋

《古封》P405;《大系》P452

麋説

《古封》P411;《璽印》P360;《山全》P215;《大系》P453

孟尹

《大系》P453

聶華

《大系》P453

【簡讀2002】

　　《史記·韓世家》有"聶政",《史記·秦本紀》有"女華"。

聶解

《大系》P453

聶嬰

《大系》P453

龐應

《新出》P55;《大系》P453

棄疾

《山全》P263;《大系》P454

觭印

《在京》圖五:2;《璽印》P395;《大系》P123

【在京2005】

半通。

【圖説2009】

秦半通封泥。《廣韻》《集韻》皆釋作牛角。此封泥爲牛角産品的封記。

瑞按:《爾雅·釋畜》"角一俯一仰,觭",注:"牛角低仰。"疏:"牛角一低一仰者名
觭,言傾欺也。"

頃賀

1　　　　　　　　2　　　　　　　　3

1—3.《新出》P187;《大系》P454

任夫

《大系》P455

任犄

《大系》P455

任上

《大系》P455

任壽

《大系》P455

任𨤲

《大系》P455

任賢

《大系》P455

任陽

《大系》P455

任寅

《印風》P163;《印集》P147;《彙考》P238;《璽印》P352

【簡讀2002】

《史記・秦本紀》有"任鄙",《史記・晋世家》有"中行寅"。

任□

1　　　　　　2　　　　　　3

1.《大系》P455
2.《新出》P187;《大系》P455
3.《大系》P456

戎儋

《大系》P456

榮免

《古封》P409；《秦封》P381；《上封》P93；《山全》P147；《大系》P456

【廣封2019】

案《續封泥考略》，《古今姓氏書辯證》："魯莊公時，有榮叔來錫命。文公時，有榮叔來歸含，皆周大夫。又魯宣公弟叔肹之子曰聲伯嬰齊，生榮、字駕鵝，亦以榮爲氏，謂之榮成伯。"此應爲秦印。

榮係

《古封》P410；《秦封》P381；《上封》P94；《山全》P147；《大系》P456

乳璽

《大系》P203

【選考2013】

此乳當爲馬乳。《漢書·百官公卿表》："太僕，秦官，掌輿馬，有兩丞。屬官有大廄、未央、家馬三令，各五丞一尉。……武帝太初元年更名家馬爲挏馬。”應劭曰：“主乳馬，取其汁挏治之，味醇可飲，因以名官也。”如淳曰：“主乳馬，以韋革爲夾兜，受數斗，盛馬乳，挏取其上肥，因名曰挏馬。《禮樂志》丞相孔光奏省樂官七十二人，給太官挏馬酒。今梁州亦名馬酪爲馬酒。”1977年，河北平山縣發掘的戰國中山王墓中出土了兩件銅壺，壺内當時還發現有液體。根據北京市發酵工業研究所檢測結果顯示，壺内液體是酒。“從含氮量較高，有乳酸、丁酸存在的結果來看，有可能是奶汁釀造的酒，但也可能是糧食釀造的類似如黄酒的可能性。”而從戰國時期中山國所處的地理位置來看，這裏地近北方草原民族，受遊牧民族的影響，用奶釀造酒也並非不可能。而用馬乳還可以製作乳酪。《齊民要術》卷六《養羊》有做馬酪酵法：“用驢乳汁二三升，和馬乳，不限多少。澄酪成，取下澱，團，曝乾。後歲作酪，用此爲酵也。”按《史記・秦本紀》載，秦人擅長養馬。造父以善御幸於周繆王，其後有“非子居犬丘，好馬及畜，善養息之。犬丘人言之周孝王，孝王召使主馬於沂渭之間，馬大蕃息”。秦人數百年的養馬過程中，馬乳自然在其生活中有着重要的地位。這一生活習慣對其後世産生了影響，故設此官職來管理馬乳的生産和加工。《秦封泥集》有“上家馬丞”“涇下家馬”，均係掌管馬乳及其製品的職官。乳璽應爲家馬之屬官。

茹起

《大系》P456

茹□

《大系》P456

孺□

《大系》P456

譚蒯

《古封》P413;《璽印》P362;《大系》P461

譚更

《大系》P461

唐卿

《大系》P461

匄□

《大系》P461

桃弘

《大系》P461

田達

《古封》P400;《璽印》P352;《山全》P214;《大系》P461;《濟博》P119

田固

《古封》P400;《秦封》P366;《山全》P65;《大系》P461

田友

《大系》P462

田□

《大系》P462

商光

《古封》P407;《秦封》P376;《大系》P456

私印

　　　　1　　　　　　　　　　2

1.《新出》P77;《大系》P234
2.《大系》P234

史德

《大系》P457

宋長

《大系》P459

宋賀

《新出》P187;《大系》P459

宋禄

　　　1　　　　　　　　　　2

1.《古封》P402;《秦封》P369;《璽印》P353;《山全》P214;《大系》P459
2.《大系》P459

屬王

《大系》P230

瑞按：屬王，文獻未載，所指不詳。

蘇則

《古封》P413；《秦封》P385；《山全》P223；《大系》P460

【廣封2019】
　　案《再續封泥考略》：《三國志·魏書》有蘇則。

蘇段

1　　　　　　　　　2

1.《上封》P73
2.《秦封》P386；《彙考》P243；《大系》P460

【簡讀2002】
　　《史記·秦始皇本紀》有"蘇秦"，《史記·鄭世家》有"叔段"。
【集證2011】
　　"段"字與前"段難"印同。

孫平

《古封》P406;《秦封》P376;《璽印》P356;《山全》P214;《濟博》P117;《大系》P461

荼豸

1

2

1.《古封》P407;《秦封》P377;《上封》P92;《山全》P148;《大系》P462
2.《古封》P407;《秦封》P377;《山全》P215;《大系》P462

萬黽

《大系》P462

王邦

《大系》P462

王齿

《大系》P462

王畸

《大系》P463

王解

《大系》P463

王康

《古封》P399;《玺印》P348;《山全》P214;《大系》P463

王宽

《大系》P463

王狼

《大系》P464

王猛

《大系》P464

王啟

1　　　　　　　　　　　　2

1.《大系》P464
2.《山全》P263；《大系》P464

王綏

《大系》P464

王滕

《大系》P464

王童

　　　　　1　　　　　　　　　　2

1.《印風》P163;《印集》P146;《彙考》P237;《大系》P464

2.《新出》P55;《大系》P464

【簡讀2002】

　　《史記·秦始皇本紀》有"王翦",《史記·項羽本紀》有"吕馬童"。

王文

《大系》P464

王悥

　　1　　　　　　2　　　　　　3　　　　　　4

1—3.《新出》P55;《大系》P465

4.《新出》P55;《大系》P465

王奮

《古封》P399；《上封》P90；《大系》P462

王岡

《新出》P188；《大系》P463

王和

《大系》P463

王賀

《古封》P399；《山全》P223；《大系》P463

【廣封2019】

案《再續封泥考略》,《漢書·元后傳》有王賀字翁孺。武帝時爲繡衣御史。

王桓

《璽印》P348；《大系》P463

王意

《大系》P465

王忠

《大系》P465

王□

1	2	3	4

1.《新出》P98；《大系》P465
2、3.《大系》P465
4.《大系》P466

未印

《在京》圖四：13；《璽印》P393；《大系》P276、466

【在京2005】

半通。未所指爲何不明。

【圖説2009】

秦半通封泥。報告稱：未，所指爲何不明。《説文》説未，滋味之味的本字。後假借爲未有、午未之未。又作姓。此爲食官機構或作坊所製調味品進人市場列印的標誌。

又：半通，比例稍小。原報告稱“不明所指”。筆者按：半通爲官署印。未爲味之本字，《説文·未部》：“未，味也。六月滋味也。”段玉裁注：“《史記·律書》曰：‘未者，言萬物皆成，有滋味也。’許説與史記同。”味爲後起形聲字。未印爲皇室採購、供應調味品之機構用印。

衛多

《古封》P411；《璽印》P360；《大系》P466

魏登

《古封》P413；《璽印》P361；《山全》P215；《大系》P466

魏犟

《古封》P413;《璽印》P361;《大系》P466

吴耳

1

2

1.《新出》P98;《大系》P280、P466
2.《大系》P466

吴忌

《山全》P263;《大系》P466

吴冣

《上封》P91;《大系》P466

吳饒

《大系》P466

吳應

《古封》P401;《秦封》P370;《上封》P91;《山全》P146;《大系》P467

吳譿

《大系》P467

吳□

《大系》P467

郚璽

《大系》P280

瑞按：《漢書·地理志》東海郡下有屬縣"郚鄉"，"侯國。莽曰徐亭。"《漢書·五行志》：八年"十月，螽。時公伐邾取須朐，城郚"。師古曰："須朐，邾邑；郚，魯邑也。事並在文七年。朐音鉅俱反。郚音吾。"《水經注》卷25"泗水"："水出二邑之間，西逕郚城北，《春秋》文公七年，《經》書公伐邾。三月甲戌取須句，遂城郚。杜預曰：魯邑也。卞縣南有郚城，備邾難也。泗水自卞而會於洙水也。"卷26："汶水自縣東北逕郚城北，《地理風俗記》曰：朱虛縣東四十里有郚城亭，故縣也。"

夏阿

《大系》P467

夏賀

《古封》P405；《秦封》P375；《上封》P92；《山全》P148；《大系》P467

新癰

《彙考》P242;《大系》P467

【上官2016】

　　《秦封泥彙考》中著録了一枚秦封泥,收藏於西安中國書法藝術博物館,整理者考訂爲"新□",未作其它考釋,同時將此枚封泥歸作姓名類。封泥印面較爲清晰且有界格,但界格僅存左邊的一豎和中間的一横。印面自上而下有兩字。上面的文字左從辛從木,右從斤,應爲"新"字,整理者釋確;中間多出刻劃當是殘損所致。下面字從殘存筆畫及走勢來看,應爲隹,裏面的字形即爲"雝",字爲"癰"應無疑義。《説文》云"癰,腫也。從疒雝聲"。然則劉釗"揣測古人這種命名在寓意上是取其正言若反,或是以毒攻毒。也可能古人在心目中大概有這樣的觀念,即如果名字中用了某一種疾病名,就代表這個人已經得過這種疾病,從此就不會再得這種疾病了"的説法,亦可備一説。然何爲確指或有他解尚不得而知。

邢慶

《大系》P467

胥赤

《古封》P405;《秦封》P373;《大系》P468

【廣封2019】

案《再續封泥考略》,胥姓見《元和姓纂》晉大夫胥臣之後。

徐達

《山全》P263;《大系》P468

徐度

《古封》P406;《璽印》P356;《山全》P179;《濟博》P115;《大系》P468

徐吉

1　　　　　　　　　　　2

1、2.《大系》P468

徐同

《古封》P405;《璽印》P356;《山全》P214;《大系》P468

許嘉

《大系》P468

許□

《大系》P468

宣眛

《古封》P404;《秦封》P372;《璽印》P355;《山全》P34;《大系》P468

薛赫

《古封》P412;《秦封》P384;《大系》P469

薛鼻

《古封》P412;《秦封》P384;《璽印》P361;《大系》P468

薛强

《山全》P263;《大系》P469

薛童

《古封》P412;《璽印》P360;《山全》P215;《大系》P469

楊敞

1　　　　　　　　2　　　　　　　　3

1—3.《大系》P469

楊姞

《大系》P469

楊間

《新選》P123；《大系》P469

楊龍

《大系》P470

楊路

《大系》P470

楊慶

《大系》P470

楊第

《大系》P470

楊亭

《大系》P470

楊訢

《大系》P470

楊脩

《大系》P470

楊抉

《大系》P470

楊義

《大系》P470

楊爰

《大系》P470

楊□

1　　　　　2　　　　　3　　　　　4

1、2.《大系》P470
3、4.《大系》P471

姚登

《大系》P47

姚認

《大系》P471

姚厭

《大系》P471

姚者

《大系》P471

意工

《發掘2001》

【簡讀2002】

《史記·五帝本紀》有"昌意"。

㱿

1　　　　　2　　　　　3

1、2.《大系》P472

3.《在京》圖五:8;《璽印》P353;《大系》P446

【圖說2009】

單字秦封泥。《説文》:"法有罪也。" 一定罪;審判罪人。二檢舉揭發罪狀。司法用於封檢檔案的用印。

垣同

《大系》P472

原印

1
2

1.《大系》P359
2.《大系》P423

瑞按：原印，所指不詳。《漢書·地理志》上郡屬縣膚施“有五龍山、帝、原水、黃帝祠四所”，有屬縣“原都”。《初學記》卷八“州郡”下引《水經注》曰：“陰溝出陽武縣之蕩渠。《左傳》曰：鄭有原圃，猶秦之有具囿。”

原者

《大系》P359

瑞按：原者，文獻無載。睡虎地雲夢秦簡《秦律雜抄》：“何謂‘署人’‘更人’？籍勞有六署，囚道一署旞，所道旞者名曰‘署人’，其它皆曰‘更人’；或曰守丘即‘更人’也，原者‘署人’也”。“何謂‘宮更人’？宮吏有刑，是爲‘宮更人’”。其中“原者”與此似無關係。

宰谷

《大系》P472

張頌

《大系》P472

張它

1 　　　　　　　　2 　　　　　　　　3

1.《新出》P98;《大系》P472
2.《新出》P98;《大系》P473
3.《新選》P123;《大系》P473

張□

《印集》P149;《彙考》P241;《大系》P473

趙纏

《大系》P473

趙竃

《古封》P410;《璽印》P359;《山全》P214;《大系》P473

趙趍

《大系》P473

趙得

《古封》P410;《上封》P94;《山全》P147;《大系》P473

趙固

《大系》P473

趙康

1　　　　　　　　　2

1、2.《大系》P473

趙良

1　　　　　2　　　　　3　　　　　4

1—3.《新出》P55;《大系》P474
4.《新選》P123

趙聲

《大系》P474

趙士

《大系》P474

趙爲

《相家》P31;《大系》P475

趙言

1　　　　　　　　　　　2

1、2.《大系》P475

趙洋

《大系》P475

趙茜

《大系》P475

趙轉

《大系》P475

趙□

《新選》P123;《大系》P475

《發掘》P534《出土封泥登記表》2000CH 相 1TG1：87 爲 "趙□"。

【簡讀2002】

文殘。《史記·晉世家》有 "趙盾"。

趙免

《古封》P410;《上封》P94;《山全》P147;《大系》P474

趙傷

《古封》P410;《璽印》P360;《山全》P214;《大系》P474

鄭憲

《璽印》P359

中嘉

《大系》P378

瑞按:封泥殘,首字讀"中",從拓片看豎劃似未出頭,釋讀尚可存疑。中嘉,文獻未載,所指不詳。

鐘水

《古封》P414;《秦封》P385;《上封》P95;《山全》P149;《大系》P475

【廣封2019】
案《續封泥考略》:"鐘"及"鍾"古字通也。

鐘意

《上封》P95;《大系》P475

周臣

《璽印》P353

【廣封2019】

案《再續封泥考略》,《漢書·高惠高后文功臣表》有嚴節侯許周,又沅陵哀侯吳周(未見),又《漢書·景武昭宣元成功臣表》有商陵侯趙周。曾爲丞相。又《漢書·百官公卿表》有杜周爲御史大夫。或曰此印與後臣凌印兩封泥皆臣字,在左不似臣名印。海寧王氏輯《齊魯封泥集存目》以之置臣名印。封泥中殊非是,此實漢私印封泥應讀如周臣凌臣也。此應爲秦印。

周勝

《大系》P475

周係

《古封》P404；《秦封》P371；《上封》P91；《山全》P146；《大系》P476

朱□

《古封》P402；《秦封》P369；《璽印》P352；《大系》P476

祝□

《大系》P476

莊瘳

《大系》P476

莊欣

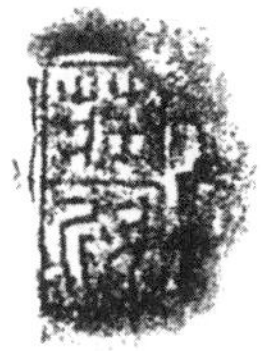

《大系》P476

𧩯□

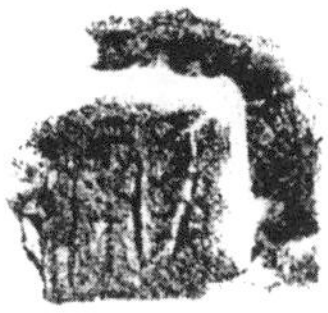

1

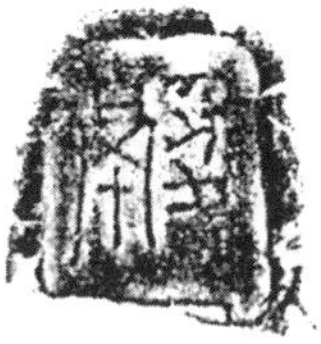

2

1.《新選》P121;《大系》P476
2.《大系》P476

□□

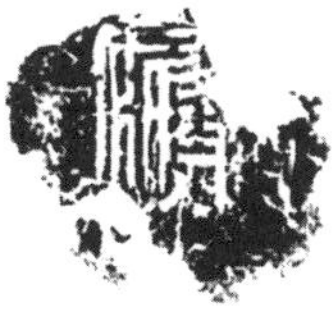

1

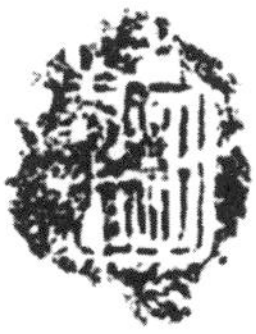

2

3

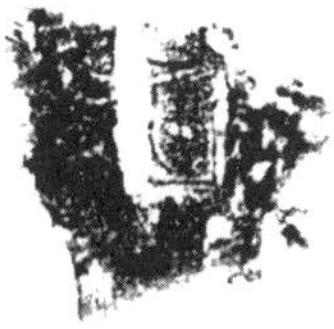

4

1—4.《大系》P425

三、三　字

□若思

《大系》P478

曹戎客

《大系》P437

曹子□

《大系》P437

蔡吳人

《大系》P437

淳于段

1

2

1.《新出》P186;《大系》P440
2.《大系》P440

淳于賈

1

2

1.《大系》P440
2.《新出》P186

淳于寬

《古封》P420;《璽印》P357;《山全》P35;《大系》P440

淳于順

《古封》P419;《璽印》P357;《山全》P35;《大系》P440

段東士

《大系》P442

高堂與

《新出》P187;《大系》P443

公上登

《古封》P415;《璽印》P348;《山全》P216;《大系》P443

公上舜

《大系》P443

公孫忌

　　　1　　　　　　　　　　　　2

1.《古封》P415
2.《大系》P443

公孫賈

《古封》P416;《璽印》P348;《山全》P35;《大系》P443

公孫聚

《大系》P443

公孫青

《大系》P443

公孫取

《古封》P415;《山全》P151;《大系》P443

公孫隨

《古封》P416;《璽印》P348;《山全》P216;《大系》P444

公孫射

《上封》P96

公孫拓

《古封》P416;《上封》P97;《山全》P151;《大系》P444

公孫鄉

《上封》P96;《大系》P444

穀梁賈

《古封》P422;《上封》P97;《山全》P151;《大系》P444

宋益友

《古封》P418;《上封》P94;《山全》P149;《大系》P460

蘇丞相

《大系》P460

郭臧□

《大系》P445

衡成安

《古封》P423;《璽印》P360;《濟博》P114;《大系》P446

胡慶忌

《古封》P418；《上封》P95；《山全》P150；《大系》P446

【古璽2010】

慶忌是先秦至秦漢時期習見的人名，除了見於古璽材料外，也見於秦漢印材料。傳世文獻還有吳公子慶忌、辛慶忌等人名。慶忌一詞見於《管子》。以爲"涸澤之精"。《漢書・趙充國辛慶忌傳》有辛慶忌，字子真。《説文》："真，仙人變形而登天也。"名、字意義相因，故知作爲人名的慶忌亦取此意。

瑞按：慶忌爲秦漢習見人名。除辛慶忌（《漢書・辛慶忌傳》）外，還有闕門慶忌（《漢書・儒林傳》）、劉慶忌（《漢書・谷永傳》），等等。

救安成

《新出》P55；《大系》P449

魯馬多

《大系》P451

閻丘達

　　　　1　　　　　　　　　2

1.《古封》P421;《上封》P98;《山全》P151;《大系》P451
2.《古封》P422;《大系》P451

茅革哉

《大系》P453

上官攬

　　　　1　　　　　　　　　2

1.《印集》P153;《彙考》P243;《大系》P456
2.《發現》圖153;《圖例》P57;《秦封》P386;《彙考》P243;《大系》P457

【簡讀2002】
　　文殘。《史記·三王世家》有"上官桀"。
【上官2016】
　　封泥右邊兩個形體,《秦封泥集》和《秦封泥彙考》均已釋"上官",爲古代姓氏中較常見複姓。與傳世秦印中"上官董""上官遺""上官賢"等的"上官"無別。左邊形體,《秦封泥集》和《秦封泥彙考》都將其看成是兩字,即上是"卧",下是"囗"。因該封泥右邊"上官"兩字間有明顯界格,故而將左邊兩個字也分開來讀,這樣印泥面文整體讀爲"上官卧囗"。印泥面文左邊上部從臣從人,釋"卧"似無疑義;然下部釋爲從牛從皿而讀爲"牭"則有待商榷。仔細觀察下一横劃曲筆,該部件形體上應更接近"手"而非"牛"。下部右邊爲"皿"。封泥面文的左邊無界格。據古文字中某些文字形體排列相對隨意的情況,此字可隸定爲從手從監的"攬"。從已見秦封泥看,形制上大多有界格和邊欄,面文有二字、三字、四字、五字和六字等多種。三字封泥有"中謁者""司馬武"和"司馬歇"三種,"中謁者"是官印,印面圓形,無界格;"司馬武"和"司馬歇"均爲姓名私印,印面爲方形,有界格。封泥"上官攬"不僅印面界格特徵與"司馬歇"一致,均姓左名右;且"上官"與"司馬"均複姓。故印泥面文應讀"上官攬"。秦印亦有一私印整理者將其隸爲"畢攬",攬的形體與封泥如出一轍,亦爲上從臣從人,下部從手從皿。"攬",從手監聲。《玉篇》云:"攬,持也。"在秦印和封泥中均指人名。

蓬丘元

《古封》P421;《璽印》P359;《山全》P35;《大系》P454

曲官穀

《大系》P454

任昌秦

《大系》P454

任何人

《璽印》P352;《中封》P173;《大系》P455

司馬歇

| 1 | 2 | 3 | 4 |

1、2.《新出》P55;《大系》P459
3、4.《秦封》P388

【簡讀2002】

　　《史記·秦本紀》有"司馬錯",《史記·項羽本紀》有"趙歇"。

【集證2011】

　　司馬爲先秦複姓,《古璽彙編》例甚多。《淮南子·修務》説秦有大夫司馬庚,曾諫秦毋攻魏。

司馬武

《古封》P417；《秦封》P387；《彙考》P244；《大系》P458

司馬央

1

2

1.《古封》P417；《上封》P97；《大系》P459；《山全》P151
2.《古封》P417；《璽印》P352；《山全》P179、P216；《濟博》P118；《大系》P459

司馬□

《大系》P459

萬芯奇

1

2

1.《古封》P421；《璽印》P358；《山全》P215；《大系》P462
2.《古封》P421；《山全》P150

王□□

《大系》P466

魏君□

《上封》P96;《大系》P466

夏侯疾

《古封》P419;《上封》P97;《山全》P151;《大系》P467

憲丘係

《古封》P422;《上封》P98;《大系》P467

姚司馬

《大系》P471

右司工

《大系》P338

【古分2018】

　　燕國璽印有薊都司空（0082）、平陰都司工（0085）、雷旦都司空（0086）、染單都司工（5545）。司工，即"司空"，西周始置。與司徒、司馬合稱"三有司"，爲朝廷大臣。主管土地及水利、營建之事，金文多作"司工"。《禮記・王制》："司空執度度地，居民山川沮澤，時四時，量地遠近，興事任力。"《詩・大雅・緜》："乃召司空，乃如司徒，俾立室家。"諸侯國與卿大夫也都設置。春秋魯、鄭、陳等國仍設置。宋因武公名司空，改稱司城。漢成帝時改御史大夫爲大司空，職掌與周代的司空不同。

　　瑞按：《古璽彙編》2227爲司工，何琳儀先生認爲即司空（《戰國古文字典》P110），李零先生認爲從西周金文看司工爲本來寫法（《上海博物館藏戰國楚竹書（二）》P268）

四、四　字

淳于頻□

《新出》P186；《大系》P440

孔□堂里

《大系》P450

瑞按：此封泥《大系》P453誤釋作"孟□里"，重出。

司馬市臣

《上封》P97；《山全》P150；《大系》P458

王魁私印

1　　　　　　　　　2

1.《新出》P55；《大系》P463
2.《相家》P31；《大系》P463

續虒慶忌

1　　　　　　　　　　　2

1.《古封》P432;《上封》P98;《山全》P150;《大系》P468
2.《古封》P432;《山全》P216

瑞按：慶忌説見"胡慶忌"。

士信之印

《大系》P457

第二章　吉語

思言敬事

《大系》P479

【集證 2011】

　　釋讀思言敬事、思言、敬事、思事，指出，以上 7 印意義接近。末印"思事"殆爲"思言敬事"之省，關於此印，《珍秦齋》云："此爲秦格言印，鑄印者將'思事'二字反文，且別出心裁，將一字分入上下兩個中。"《説文》："思，容也。"段玉裁依《韻會》改"容"爲"容"。《集韻》："思，慮也。""思言"是要爲吏者謹慎言論，必思之而後言，因爲信口開河必然出問題，造成很壞的結果。《爲吏之道》告誡吏者："謹之謹之，某（謀）不可遺；慎之慎之，言不可追。""處如資（齋），言如盟"。所謂"齋"是齋戒，是要求生活節儉；"盟"爲盟誓，盟誓説話要注意準確、恰當、並言而有信。而《語書》則指出惡吏"易口舌，不羞辱，輕惡言而易病人"。"敬事"是吏自戒恭敬、慎重地處理政事。《語書》："凡良吏明法律令，事無不能也；……惡吏不明法律令，不智（知）事。"通過對比説明吏應敬事。"思言"與"敬事"可以獨立表達各自的意思，但二者又有聯繫，故常連言。《爲吏之道》："凡治事，敢爲固，謁私圖，畫局陳卑（棋）以爲糟（藉）。肖（小）人聶（懾）心，不敢徒語恐見惡。""思言"即"不敢徒語"；"治事"如"畫局陳棋"，即取法奕局、反復思考，也即"敬事"之義。《古璽彙編》4142—4198 皆爲"敬事"璽，可見是戰國通語。但古璽作"敬事"，與秦印明顯不同。

王之上士

《大系》P479

　　瑞按：陳松長先生在考釋"上士之右"時指出，上士乃古之官名，《周禮・王制》："諸侯之上大夫卿、下大夫、上士、中士、下士凡五等"（《湖南博物館館刊》1991年P111）。

相思得志

《大系》P479

【集證2011】

　　此印從文字風格看，當是秦漢之際印。"相思"本指彼此思念，漢有"顧長相思"鏡（容庚《金文續編採用漢器銘文》31）；後轉指男女相悅而無法接近所引起的思念，漢蘇武《留別妻》："生當復來歸，死當長相思。"印文只是一般的思念，或者僅是一方的願望。"得志"爲戰國成語，說見前。"相思得志"即希望志向得以實現。

日敬毋治

《大系》P479

【集證2011】

　　"敬"讀爲儆。《詩·大雅·常武》:"既敬既戒。"《周禮·夏官·序官》鄭注引敬作儆。《說文》:"儆,戒也。""治"讀爲怠。《易·雜卦》:"謙輕而豫怠也。"《釋文》:"怠,京作治。"此印自戒忠於職守,毋有懈怠。睡虎地秦簡《語書》說惡吏"緰(偷)隨(惰)疾事",從反面說明"日儆毋怠"者爲良吏。

忠仁思士

《大系》P479

【集證2011】

　　忠於仁是儒家所提倡的道德。《論語·顔淵》:"子張問政,子曰:'居之無倦,行之以忠。'"《里仁》:"君子無終食之間違仁,造次必於是,顛沛必於是。"《述而》:"志於道,據於德,依於仁,游於藝。"古書有"思士"一語。《列子·天瑞》:"思士不妻而感,思女不夫而孕。"指思戀異性的男子,不過印文"思士"或與此有異。《集韻》:"思,慮也。"《論語·學而》:"學而不思則罔,思而不學則殆。"印文"思士"殆指善於思考的士吏。《爲吏之道》:"以忠爲榦,慎前慮後。""仁能忍"。"爲人臣則忠,爲人父則兹(慈),……"與印文意義接近。

附　録

一、存疑封泥

齊中尉印

《古封》P68；《秦封》P261；《璽印》P427；《山全》P154；《濟博》P8；《大系》P195

【秦式1998】

　　"齊中尉印" 録於《齊魯》；"齊左尉印" 録於《齊魯》《再續》；"齊□尉印" 録於《再續》。《漢志》："齊郡，秦置"。《史記·秦始皇本紀》：二十六年 "秦使將軍王賁從燕南攻齊，得齊王建"。《史記·田敬仲完世家》："秦虜王建遷之共，遂滅齊爲郡。"《漢表》："郡尉，秦官，掌佐守典武職甲卒，秩比二千石，有丞，秩皆六百。" 郡治約在今山東省臨淄。漢封泥見《封泥》"齊郡太守章"、《臨淄》"齊郡大尹章"、《徐州》"楚中尉印"、《封泥》《臨淄》《建德》《瀓秋》"齊中尉印"、《續封》《建德》"淮南中尉"，《封泥》"城陽中尉"，《續封》《建德》又有 "菑川中尉" "齊中尉丞" "楚中尉丞" 等等。漢印見《徵存》"勮左尉印" 等等。

【秦封2000】

　　《漢志》"齊郡，秦置。莽曰濟南。屬青州。"《史記·秦始皇本紀》：二十六年 "秦使將軍王賁從燕南攻齊，得齊王建"《史記·田敬仲世家》："秦虜王建遷之共，遂滅齊爲郡。"《史記·項羽本紀》項羽分封時，"齊將田都爲渡河救趙，爲齊王，都臨菑。"《讀史》："齊郡，秦郡也。高帝六年爲齊國，元朔四年國除，元狩六年復爲齊國，元封初廢爲郡，領臨淄等縣十二。"《漢表》"郡尉，秦官，掌佐守典武職甲卒，秩比二千石，有丞，秩比六百石。" 另《後漢書·桓帝紀》注引《漢官儀》"秦郡有尉一人"，恐不確。郡治約在今山東省臨淄縣。漢封泥見：《封泥》"齊郡太守章"《臨淄》"齊郡大尹章"《徐州》"楚中尉印”。《臨淄》《建德》《澂秋》“齊中尉印”。《續封》《建德》“淮南中尉、菑川中尉、齊中尉丞、楚中尉丞”。《封泥》“城陽中尉”。

【職地2014】

傳世品“齊中尉印”和“齊左尉印”的斷代若可靠,則可推知秦時郡尉不止一人擔任。從秦封泥所見多人擔任縣尉的情況看,郡尉似乎也應有多人擔任。何慕統則將“齊中尉印”歸入西漢王國封泥的可能,但因該封泥有邊欄和界格而認爲“這仍是一個疑點”,認爲“齊左尉印”是“齊縣之左尉”,但因《漢書·地理志》無齊縣而將“此枚封泥暫且存疑”。

【辨僞2016】

封泥爲僞造,秦無齊郡。

瑞按:《辨僞2016》認爲該封泥爲僞造,秦無齊郡之説可從。從《濟博》發表的封泥正背照片看,封泥似不僞,爲漢初齊國之物。

齐 左尉印

《秦封》P261;《彙考》P260;《璽印》P427;《山全》P170、P190;《濟博》P20;《大系》P195

【秦式1998】

説見“齊中尉印”。

【秦封2000】

有關齊郡及秦郡設尉參見“齊中尉印”。漢封泥見:《續封》《建德》“蘭陵左尉”。《封泥》“吳左尉印”。漢印見:《澂秋》“勮左尉印”等多例。

【彙考2007】

齊即齊郡。西周及春秋、戰國時爲齊國。秦滅齊後置齊郡。《漢書·地理志》有齊郡。《漢書·百官公卿表》:“郡尉,秦官,掌佐守典武職甲卒,秩比兩千石。”左尉,亦指郡尉之左官。

【分域2009】

秦設有齊郡。《漢書·百官公卿表》云:“郡尉,秦官,掌佐守典武職甲卒,秩比兩千石。”左尉當爲郡尉的佐官。

【職地2014】

説見“齊中尉印”。

【辨僞2016】

封泥爲僞造,秦無齊郡。

【廣封2019】

案《再續封泥考略》,《漢書·百官公卿表》:郡尉,秦官,掌佐守典武職甲卒,秩比二千石。有丞,皆六百石。景帝中二年更名都尉。但未言有左右。或曰此左字即古佐字,言佐守之尉也。

瑞按:《辨僞2016》認爲該封泥爲僞造,秦無齊郡之説可從。從《濟博》發表的封泥正背照片看,封泥似不僞,爲漢初齊國之物。

齊□尉印

《古封》P68;《山全》P170;《濟博》P9;《大系》P195

【秦式1998】

説見"齊左尉印"。

【秦封2000】

此封泥不知爲何尉,參見"齊左尉印"。

【辨僞2016】

封泥爲僞造,秦無齊郡。

瑞按:《辨僞2016》認爲該封泥爲僞造,秦無齊郡之説可從。從《濟博》發表的封泥正背照片看,封泥似不僞,爲漢初齊國之物。

齊□室□

《彙考》P79

瑞按:該封泥殘,或爲僞,或爲漢物。

菑川丞相

《璽印》P427;《山全》P181;《濟博》P6;《大系》P389

　　瑞按：以制度言，秦無菑川國，從《濟博》發表的封泥正背照片看，封泥不偽，當爲漢菑川國之物。

甾川府丞

《古封》P58;《彙考》P261;《山全》P38、P170;《濟博》P6;《大系》P390

【職地2014】

　　首字殘，印面田字格，字體風格爲秦，與漢封泥“菑川王璽”和“菑川府丞”字體差距較大，但秦無菑川郡，且尚未見到秦縣府類封泥。暫附於此，待考。

　　瑞按：以制度言，秦無菑川國，從《濟博》發表的封泥正背照片看，封泥似不偽，當爲漢菑川國之物。

二、排序之餘

陽次

《大系》P318

瑞按：陽次，文獻不載，所指不詳。

□□丞□

《新出》P11

瑞按：封泥殘，首字原讀“杜”。從拓本看，其僅存“木”，尚難確定爲“杜”。

□□府印

1　　　　　　2

1、2.《大系》P117

瑞按：封泥殘，首字原讀爲“淮”，從拓本看實難確定。

□□丞印

《古封》P269

瑞按：封泥殘，首字原左“食”右“頁”，從拓本看此讀尚可存疑。

□印

《大系》P42

【分域2009】

　　（讀爲“倉吏”）“吏”“史”爲一字分化，“倉吏”，職官名，秦在“倉”方面設置的官員很細緻，分倉嗇夫、倉佐、倉吏、廩人四級，雲夢秦簡《效律》云：“倉嗇夫及佐、史，其有免去者，新倉嗇夫、新佐、史主廥者，必以廥籍度之；籍之曰：‘倉禾若干石，倉嗇夫某、佐某、史某、廩人某。’”可見，秦在封緘倉廩時，“倉”的各級官員都要封印。

【二十則2015】

　　秦璽印亦有單字“倉”，文字風格與此封泥基本一致。從秦封泥來看，秦時很多中央機構都有自己的存儲物資的倉，如秦封泥有大倉、泰倉、尚臥倉印、尚浴倉印；璽印有泰倉、廄倉田印、蜀邸倉印和私倉等。里耶秦簡中有遷陵縣有關倉的官吏名稱“倉守”“倉嗇夫”“倉曹”和“倉佐”等，可見秦時縣倉的主管人員的組成結構和名稱。

　　瑞按：封泥舊讀“倉印”，首字殘，是否爲倉尚可存疑。

宜春□印

《大系》P326

□陽□卿

《新選》P89

□□帷□

《彙考》P257

瑞按：印文殘，似可釋爲“工居帷印”。

趙□□鄲
《酒餘2012》

華山
【簡讀2002】
此封泥介紹見《新見》，因非封泥全文，故暫不釋讀。

走□
《發掘2001》

□史

《發掘2001》

□寢

《發掘2001》

【考略2001】

　　相家巷遺址出土流散秦"上寢"封泥多件,疑此"□寢"亦當爲"上寢"。文獻記載秦之寢有多處,《史記·秦始皇本紀》載:康公、共公、景公均居雍"高寢",桓公居雍"大寢",躁公居"受寢"。出土秦印有"泰上寢左田"、秦銅壺有"北寢茜府"銘,陝西鳳翔雍城秦景公墓出土石磬之上有"寢""宮寢"之銘。上述諸寢有的爲生人所居宮室,也有的爲陵上之寢殿,還有的可能屬於寢廟。

鹿□丞印

《於京2005》

寺□之印

《發掘2001》

走□之印

《發掘2001》

【考略2001】

　　相家巷流散秦封泥有"走士丞印""走士",此"走□之印"當爲"走士之印","走□"或爲"走士"。關於"走士"之官,史籍失載。張家山漢簡《奏讞書》載:"爲走士,未嘗佩鞞刀,盜傷人,毋坐也。"《上海博物館藏印選》、周明泰《再續封泥考略》、羅振玉《齊魯封泥集存》均輯録有"齊走士丞"封泥。

北□弋□

《發掘2001》

【考略2001】

　　相家巷流散秦封泥有"北宮弋丞",此"北□弋□"封泥當爲"北宮弋丞"。"弋"

爲"佐弋"（或"左弋"）省文，秦封泥有"佐弋丞印"。《史記·秦始皇本紀》載有"佐弋竭"。"佐弋"係佐助弋射，爲少府屬官。秦咸陽宫遺址出土的秦瓦之上有"左弋""弋"等陶文，"弋"爲"左弋"省文。陶文"左弋"或爲北宫左弋之省文。

□浴□□

《發掘2001》

【考略2001】

相家巷遺址出土、流散秦封泥有"尚浴府印""尚浴"等，此"□浴□□"秦封泥印文或爲"尚浴府印"。出土秦漢印章、銅器銘文多有"尚浴"，如秦印"南宫尚浴"、漢印"尚浴"、長信宫燈銘"長信尚浴"等。"尚浴"之官戰國時代已有，《韓非子·内儲説下》云："僖侯浴，湯中有礫，僖侯曰：尚浴免，則有當代者乎？"《宋書·百官志》載："漢初有尚冠、尚衣、尚食、尚浴、尚席、尚書，謂之六尚。"這與《通典·職官八》所記載的秦之"六尚"基本相同，只是以"尚沐"替换了"尚浴"。從相家巷遺址出土秦封泥來看，"尚浴"更確。相家巷遺址流散秦封泥有"尚佩""尚卧"。這或者説明秦時不只限於"六尚"，可能會更多些；或者文獻所載"六尚"内容有不確之處。

左褐□□

《大系》P394

封泥索引

一、官印封泥

□田□印　1354　　　　□陽□守　1328　　　　□右司空　315
□廷□印　1338　　　　□陽□印　1327　　　　□興□尉　1061
□庭□馬　1228　　　　□陽丞印　1324　　　　□浴□□　1485
□土□印　1354　　　　□陽丞印　1324　　　　□礜桃丞　76
□尉□□　1342　　　　□陽苑丞　1336　　　　□原　1347
□尉之印　1344　　　　□醫□印　44　　　　□園之印　1337
□我丞印　199　　　　□隱　1346　　　　□苑□□　1336
□武丞印　1322　　　　□印　1482　　　　□苑之印　1335
□鄉之印　1262　　　　□茜□印　233　　　　□宰□□　1348
□鄉　1262　　　　　　□右□丞　1332　　　　□中材廥　1348
□言　1383　　　　　　□右□印　1332　　　　□左□□　1329
□陽□卿　1483　　　　□右夫人　440　　　　□左□印　1330

二、私名、吉語封泥

A

安□　1384
安宏　1383

B

彼死　1381
弁胡　1384
弁疾　1384
博金　1385
不疑　1384
步嬰　1392

C

蔡□　1385
蔡即　1385
曹鬲　1386
曹冣　1386

曹戎客　1458
曹順　1386
曹鐘　1386
曹子□　1458
察吴人　1459
昌　1359
敞　1359
毚□　1387
毚　1360
臣鷹　1390
臣鋌　1390
臣達　1390
臣説　1389
陳□　1389
陳瘳　1387
陳篤　1387
陳龍　1388
陳舍　1388

陳延　1388
陳亦　1388
陳贏　1389
成闌　1391
成樂　1391
乘　1360
芻狀　1392
楚　1360
褚愔　1391
處路　1391
淳于段　1459
淳于賈　1459
淳于寬　1460
淳于頻□　1471
淳于順　1460
賜　1361

後　記

　　1996年12月26日，西北大學召開"首屆新發現秦封泥學術研討會"。籌建中的北京古陶文明博物館館長路東之先生向西北大學博物館捐贈20品秦封泥，並以古陶文明博物館和西北大學歷史博物館名義，向學界公布西安秦封泥大量發現的消息，迅速引起各界關注。

　　當時我剛剛在西北大學完成考古專業本科學習，進入西北大學文博學院歷史文獻專業進行碩士研究生階段學習，非常有幸旁聽了這一個大型而隆重的會議。參加會議的導師周天游先生注意到這批資料的價值，讓我回頭要好好關注這批封泥。

　　衆所周知，周天游先生的導師——西北大學考古專業創建者之一的陳直先生，一直以傳世文獻與文物考古資料的有機結合深得學界推崇。而西北大學的考古學科，正是在陳直、馬長壽等先生的推動和直接影響下，得周秦漢唐都城所在的地利之便，在文獻與考古資料的結合上屢有新獲。

　　秦封泥發布者之一的周曉陸先生，是我攻讀本科考古專業時的授課老師，一直非常關注我的成長。會後不久，周曉陸老師讓我來年春節後和他一起到北京古陶文明博物館整理這批封泥，我當然非常激動地答應了下來。

　　1997年春季開學後不久，我隨周曉陸先生到籌建中的北京古陶文明博物館展開工作，協助周曉陸先生拍照，開展封泥登記。不久，周曉陸、路東之先生開始編寫《秦封泥集》，周曉陸先生安排我幫他到圖書館查核一些文獻資料，我於是有幸"第一時間"接觸秦封泥和秦封泥研究。

　　在此過程中，我利用已發表秦封泥，陸續發表《"左田"新考》(《周秦漢唐研究》1，三秦出版社1998年版)、《秦漢時期的將作大匠》(《中國史研究》1998年第4期)、《秦"屬邦""臣邦"與"典屬國"》(《民族研究》1999年第4期)等論文，不斷鼓舞自己的研究熱情。特別是《中國史研究》《民族研究》等"高等級"雜誌對初學如我的論文發表，讓我至今感激不盡。

　　因相家巷秦封泥發現之初的流散，使得研究成果收集和使用很不方便。於是在1997年從北京回來後不久，我就開始將各種秦封泥成果進行集中收集，在電腦中一一録文，以供研究之需。

　　由於1999年7月我碩士畢業進入中國社會科學院考古研究所工作，單位安排的考古發掘和資料整理是我當然的"主業",秦封泥研究也就只能在偶爾有空時默默慢慢地進行一些"三天打魚兩天曬網"式的工作。

2013年底,面對不斷發表的秦封泥,在周曉陸先生的不斷鼓勵下,我終於下決心以《秦封泥分期與職官地理重構研究》爲題申請國家社科基金,並在2014年夏幸運獲批。不久自己有幸承擔了王子今先生主持的國家社科基金重大課題"秦統一及其歷史意義再研究"子課題"秦統一的考古學研究"。這樣自己有了當然而充足的理由,將壓在心頭很久的秦封泥研究重新提起。在兩課題支持下(如前言指出,2018年又有新課題支持),我重新收集已發表的秦封泥資料。在考古隊劉賢鵬、張朋祥、楊超超、漆建强、祝軍輝等同事的幫助下,將收集的秦封泥考釋文字進行録文、排列、校對。不斷思考,不斷調整,其中辛苦一言難盡!

本來收集資料時並沒有想到出版,只是把它作爲自己開展研究的前期準備和完成上述課題必須進行的基礎成果整理。但在資料收集已基本結束時,2018年秦始皇帝陵博物院推出"秦文明新探叢書"出版的資助計劃,經西北大學史黨社兄推薦,我以《秦封泥集釋》爲題進行的申請幸獲資助——這當然是意外之喜。

於是得隴而望蜀,之後將收集的秦封泥圖像,以《秦封泥集存》爲名申請到中國歷史研究院出版資助,在2020年因新冠疫情居家隔離期間校改完畢,順利出版。

希望通過《秦封泥集存》和《秦封泥集釋》的工作,能讓喜歡秦封泥和關注秦漢制度的學者,少經歷一些收集和整理資料時遇到的種種"辛苦"。

感謝上海古籍出版社編輯姚明輝先生,正是有了他具有優秀的古文字專業素養的精心審讀,有了他認真不苟的編輯審校,才能不斷發現並修改之前文稿中"隱藏"的各類錯誤;從大到體例的修訂、版面安置,小到個別文字的繁體使用,都讓他費心費力。

錢大昕言,"校書如掃落葉,旋掃旋生"。由於自己2011年以來的主要精力,都放在作爲自己"本職工作"的秦阿房宮、秦漢櫟陽城、秦漢唐中渭橋、漢唐昆明池、漢唐漕渠、東馬坊遺址(廢丘)等不斷開展的田野發掘,而僅有的時間也多用在協助劉慶柱、李毓芳先生開展的漢長安城遺址出土骨簽資料的整理和出版,秦封泥的整理只能拖拖拉拉地"叼空"進行。加上《集釋》工作持續多年,前後的考慮肯定有別,雖在後期做了統一,並經過多次編校整理,但肯定依然"隱藏"了不少錯誤,甚至因自己眼界的"狹隘"而遺漏掉學者做出的重要考釋,希望在出版後能得到大家的諒解和一一批評。

2020年8月,延宕多年的《秦封泥分期與職官地理重構研究》順利結題。在《秦封泥集存》和本書出版後,作爲課題結題文本的出版自將提上日程。希望在這兩本書的閱讀中發現問題的讀者,能及時把其中的錯誤告訴我,讓我有機會在結題文本的出版過程中修改完善,避免以訛傳訛、禍及梨棗。

感謝周曉陸、路東之先生將我帶入秦封泥研究,使我能漸而"漁"之。

感謝周曉陸先生百忙中的賜序和多年來的不斷激勵。

劉　瑞

2021年8月28日

圖書在版編目（CIP）數據

秦封泥集釋 / 劉瑞編著. —上海：上海古籍出版
社,2021.12
　ISBN　978－7－5732－0149－2

　Ⅰ.①秦…　Ⅱ.①劉…　Ⅲ.①封泥－研究－中國－秦
代　Ⅳ.①K877.64

中國版本圖書館CIP數據核字（2021）第243589號

責任編輯：姚明輝
封面設計：王楠瑩
技術編輯：耿瑩禕

秦文明新探叢書

秦封泥集釋
（全二册）

劉　瑞　編著
上海古籍出版社出版發行
（上海市閔行區號景路 159 弄 1-5 號 A 座 5F　郵政編碼 201101）
（1）網址：www.guji.com.cn
（2）E-mail：guji1 @ guji.com.cn
（3）易文網網址：www.ewen.co
上海麗佳製版印刷有限公司印刷
開本 787×1092　1/16　印張 98.25　插頁 8　字數 2,094,000
2021 年 12 月第 1 版　2021 年 12 月第 1 次印刷
ISBN 978-7-5732-0149-2

K·3088　定價：680.00 元
如有質量問題，請與承印公司聯繫